EEN INTIEME GESCHIEDENIS VAN DE MENSHEID

Boeken van Uitgeverij Nieuwezijds

ZELDIN Conversatie
DARWIN De autobiografie van Charles Darwin
DARWIN Het uitdrukken van emoties bij mens en dier
JACOBS Twaalf emoties
KEESTRA (RED.) Tien westerse filosofen
FRANCES & FIRST Stemming en stoornis
DODDEMA-WINSEMIUS & DE RAAD Idioticon van de persoonlijkheid
VAN DE GRIND Natuurlijke intelligentie
O'CONNELL Psychologisch inzicht
BERRYMAN Psychologie van alledag
VAN DEN HOOFDAKKER E.A. Depressie
GAILLARD Stress, produktiviteit en gezondheid
KETS DE VRIES Worstelen met de demon
ADANG De machtigste chimpansee van Nederland
BUCHAN Bevroren verlangen
CLASON De rijkste man van Babylon
VAN DER HAM Geschiedenis van Nederland
STEFFELAAR Muzikale stijlgeschiedenis
DE BOER Kritisch denken
BERNERS-LEE De wereld van het World Wide Web
KELLY Nieuwe regels voor de nieuwe economie
SHAPIRO & VARIAN De nieuwe economie
BRAKMAN & VAN MARREWIJK Mondiale economie
D'IRIBARNE Eer, contract en consensus
DUPUIS Over moraal
WOLTERS Het geheugen
VERMIJ De wetenschappelijke revolutie
VERSTEGEN Vervuiling van het milieudebat
HOEKSTRA Een wereld vol bacteriën

De boeken van Uitgeverij Nieuwezijds zijn verkrijgbaar in de boekhandel in Nederland en België. Zie ook www.nieuwezijds.nl

Een intieme geschiedenis van de mensheid

THEODORE ZELDIN

Vertaald door Monique Bannink

Oorspronkelijke titel: *An Intimate History of Humanity*, London, Vintage, 1998

Uitgegeven door: Uitgeverij Nieuwezijds, Amsterdam
Vertaling: Monique Bannink, Amsterdam/Bosch en Duin
Redactie: Ingrid Jacobs, Nijmegen
Omslagontwerp: Marjo Starink, Amsterdam
Zetwerk: CeevanWee, Amsterdam
Druk: Krips BV, Meppel
Druk omslag: Zuidam, Utrecht
Bindwerk: Meeuwis, Amsterdam

Copyright © 1994, 1998, 1998, 2000, Theodore Zeldin
Nederlandse vertaling © 2000, Uitgeverij Nieuwezijds

Afbeelding omslag: Gabrielle d'Estrees (1572-99) en haar zus, de hertogin van Villars, School van Fontainebleau, laat 16de eeuw (Het Louvre, Parijs).

ISBN 90 5712 067 4
NUGI 711

Niets uit deze uitgave mag worden verveelvoudigd en/of openbaar gemaakt door middel van druk, fotokopie, microfilm, geluidsband, elektronisch of op welke andere wijze ook en evenmin in een retrieval system worden opgeslagen zonder voorafgaande schriftelijke toestemming van de uitgever.

Hoewel dit boek met veel zorg is samengesteld, aanvaarden schrijver(s) noch uitgever enige aansprakelijkheid voor schade ontstaan door eventuele fouten en/of onvolkomenheden in dit boek.

Inhoud

	Voorwoord	
1	Hoe mensen herhaaldelijk alle hoop verloren hebben en hoe nieuwe ontmoetingen, en een nieuwe bril, hen weer oppeppen	1
2	Hoe mannen en vrouwen geleidelijk aan geleerd hebben interessante gesprekken te voeren	22
3	Hoe mensen die op zoek zijn naar hun wortels nog maar net ver en diep genoeg beginnen te kijken	43
4	Hoe sommige mensen immuun zijn geworden voor eenzaamheid	55
5	Hoe nieuwe vormen van liefde zijn uitgevonden	72
6	Waarom er meer vooruitgang is geboekt in koken dan in seks	86
7	Hoe de passie die mannen voelen voor vrouwen, en voor andere mannen, door de eeuwen heen is veranderd	108
8	Hoe respect aantrekkelijker is geworden dan macht	131
9	Hoe degenen die geen bevelen willen geven, en zich ook niet laten bevelen, tussenpersonen kunnen worden	147
10	Hoe mensen zichzelf van angst hebben bevrijd door nieuwe angsten te creëren	166
11	Hoe nieuwsgierigheid de sleutel tot vrijheid is geworden	183
12	Waarom het steeds moeilijker is geworden om je vijanden te vernietigen	204

13	Hoe de kunst om je problemen te ontvluchten zich heeft ontwikkeld, maar de kunst om te weten waarheen je moet vluchten niet	221
14	Waarom mededogen zelfs op stenen bodem tot bloei kwam	236
15	Waarom tolerantie nooit voldoende is geweest	256
16	Waarom zelfs de bevoorrechten vaak wat zwaarmoedig zijn over het leven, zelfs als ze alles kunnen krijgen wat de consumptiemaatschappij te bieden heeft, en zelfs na de seksuele bevrijding	274
17	Hoe reizigers bezig zijn het grootste volk ter wereld te worden en hoe ze geleerd hebben niet alleen datgene te zien waar ze naar zoeken	299
18	Waarom vriendschap tussen mannen en vrouwen altijd zo breekbaar is	314
19	Hoe zelfs astrologen zich tegen hun lot verzetten	335
20	Waarom mensen nooit de tijd konden vinden om verscheidene levens te leiden	346
21	Waarom vaders en hun kinderen van mening veranderen over wat ze van elkaar willen	358
22	Waarom de crisis binnen het gezin slechts één fase is in de ontwikkeling van ruimhartigheid	375
23	Hoe mensen een manier van leven kiezen en hoe die hen niet helemaal bevredigt	396
24	Hoe mensen zich voor elkaar leren openstellen	426
25	Wat er mogelijk wordt als zielsverwanten elkaar ontmoeten	465
	Dankwoord	473
	Index	474

Voorwoord

Onze voorstellingswereld wordt bevolkt door geesten. Hier zijn de resultaten van mijn onderzoek naar vertrouwde geesten die ons geruststellen, luie geesten die ons koppig maken en, vooral, angstaanjagende geesten die ons de moed ontnemen. Het verleden achtervolgt ons, maar mensen zijn het verleden van tijd tot tijd anders gaan zien. Ik wil laten zien hoe individuen vandaag de dag op een frisse manier kunnen aankijken tegen hun eigen, persoonlijke geschiedenis en tegen alle wreedheden, conflicten en gelukkige momenten die de mensheid in het verleden heeft gekend. Voor een nieuwe kijk op de toekomst is het altijd eerst noodzakelijk geweest om een nieuwe kijk op het verleden te ontwikkelen.

Elk hoofdstuk begint met een portret van een bestaand iemand. Deze koestert verlangens en betreurt dingen waarin u misschien iets van uzelf herkent, maar wordt ook beperkt door zienswijzen waarvan de oorsprong al lang vergeten is. De geest is een toevluchtsoord voor ideeën die dateren uit vele verschillende eeuwen, net als de lichaamscellen diverse leeftijden hebben en zich in verschillend tempo vernieuwen of afsterven. In plaats van de karakteristieke eigenschappen van individuen te verklaren op grond van hun familie of kinderjaren, hanteer ik een breder perspectief. Ik laat zien hoe ze zich laten leiden door – of onverschillig staan tegenover – de ervaring van generaties uit vroeger tijden en hoe ze de worstelingen voortzetten van vele andere gemeenschappen over de hele wereld, bestaand of uitgestorven: van de Azteken en de Babyloniërs tot de Joruba en de volgelingen van Zarathoestra. Onder hen bevinden zich meer zielsverwanten dan ze zich misschien realiseren.

U zult zien dat dit boek de geschiedenis niet benadert zoals musea dat doen, waar elk imperium en elke periode zorgvuldig worden afgeperkt. Ik schrijf over iets wat altijd in beweging zal zijn, over het verleden dat leeft in de gedachten van de mensen nu. Maar voordat ik ga uitleggen wat ik met die geesten wil doen, wil ik u graag met een paar van hen laten kennismaken.

I

Hoe mensen herhaaldelijk alle hoop verloren hebben en hoe nieuwe ontmoetingen, en een nieuwe bril, hen weer oppeppen

"Mijn leven is een mislukking." Zo oordeelt Juliette over zichzelf, hoewel ze het heel zelden openlijk uitspreekt. Had haar leven anders kunnen zijn? Ja, net als de geschiedenis van de mensheid anders had kunnen zijn.

Haar uitstraling is waardig. Ze ziet alles wat er om haar heen gebeurt, maar laat niemand merken wat ze daarvan vindt. Alleen in kortstondige ogenblikken zal ze, aarzelend, iets prijsgeven van wat ze denkt. Dat doet ze fluisterend, alsof de waarheid te breekbaar is om van haar omhulsels te worden ontdaan. Een fonkeling in haar ogen zegt: Je denkt misschien dat ik dom ben, maar ik weet dat dat niet zo is.

Juliette is 51 jaar en sinds haar zestiende werkzaam als dienstbode. Ze is zo goed in huishoudelijk werk en het bereiden en serveren van maaltijden, dat alle overbelaste moeders die een glimp van haar opvangen, en die het zich kunnen veroorloven, hetzelfde denken: Hoe kunnen ze dit toonbeeld van degelijkheid overhalen om voor hen te werken? Heeft ze een paar uur over? Maar hoewel ze een ideale gezinshulp is, was ze niet in staat haar eigen gezin het hoofd te bieden. Op haar werk kun je volledig op haar vertrouwen, en ze besteedt eindeloos veel zorg aan elk detail, maar in haar eigen huis waren deze kwaliteiten nooit voldoende.

Haar moeder was ook een dienstbode. "Ik heb niets te klagen", zegt Juliette. "Ze heeft ons heel goed opgevoed, ook al sloeg ze ons." Juliette was pas zeven jaar toen haar moeder weduwe werd. Ze ging vroeg naar haar werk en kwam laat terug: "We zagen haar niet veel." Juliette hing liever rond in plaats van huiswerk te maken: "Ik zag het nut niet van school." Ze ontmoette geen medestander die speciaal voor haar zorgde, geen leidsman van buiten haar kleine wereldje om haar te helpen, en ze ging het huis uit zonder diploma's, zonder toegangsbewijs voor wat dan ook.

Op zestienjarige leeftijd "deed ik iets stoms". Ze trouwde met de vader van haar baby en kreeg nog acht kinderen. Ze was dol op baby's; ze vindt het heerlijk om ze te knuffelen, maar alleen zolang het baby's zijn. Worden ze eenmaal groter, dan "worden ze lastig". Haar man was een knappe timmerman en zat in militaire dienst. Aanvankelijk was hij aardig tegen haar: "Ik hield echt van hem." Maar al heel gauw ging alles mis. Toen haar eerste dochter zes maanden oud was, ontdekte ze via haar buren dat hij een maîtresse had. Vanaf dat moment was hun onderlinge vertrouwen verdwenen. Hij was vaak weg, bij zijn maîtresse zoals ze altijd vermoedde. Vervolgens raakte hij aan de drank en werkte hij steeds minder; hij zei dat werken te vermoeiend was. Hij begon haar te slaan: "Ik heb littekens over mijn hele lichaam." Maar ze vertelde het aan niemand, ze schaamde zich zo vreselijk. "Als ik hem door de tuin thuis zag komen, stond ik doodsangsten uit." Waarom ging ze niet bij hem weg? "Daar was ik te bang voor. Ik stond alleen in zijn geboortestad, waar ik niemand kende. Na mijn huwelijk had ik geen enkel contact meer met mijn familie; veertien jaar lang heb ik mijn zussen niet gezien. Ik mocht van hem het huis niet uit en de kinderen deden de boodschappen. Ik mocht zelfs niet van hem naar de begrafenis van mijn broer. Ik had geen vriendinnen meer. Ik ging alleen het huis uit om te werken." Dat betekende natuurlijk dat ze niet voor haar kinderen kon zorgen. Die werden door maatschappelijk werk bij pleegouders ondergebracht. Deze vernedering heeft Juliette erg aangegrepen. Als mensen haar willen beledigen, zeggen ze: "Je kon je eigen kinderen niet eens opvoeden." "Mensen moeten zulke dingen niet zeggen als ze de feiten niet kennen", stelt ze daartegenover.

"Uiteindelijk begon ik mijn man terug te slaan; dat had ik eerder moeten doen." Pas na lange tijd lukte het haar hem te verlaten. Eén maand na de scheiding stierf hij: "Ik was niet bedroefd; integendeel, ik lachte. Nu lach ik, maar toen we samen waren lachte ik niet." Sinds die tijd heeft ze gewerkt met maar één doel voor ogen: "Mijn levensdoel was om mijn eigen huis te bezitten." Onlangs loste ze de hypotheek op haar flat af. Dat vormt de basis voor haar trots, het maakt haar sterker. Maar ze is te bang om alleen te wonen, hoewel ze het geprobeerd heeft. Nu leeft ze samen met een man: "Voor de veiligheid, zodat ik 's nachts niet helemaal alleen ben." Soms zou ze liever niemand om zich heen willen hebben, en ze is vastbesloten dat ze niet met deze man wil trouwen. "Daarin ben ik net een jong meisje van tegenwoordig, voor wie het huwelijk niet langer een absolute noodzaak is." Ze kunnen met elkaar overweg omdat hij ook gescheiden is en "rust wil". Hij kookt en zij doet de boodschappen: ze vindt het heerlijk om 's zondags de markten af te struinen, alleen maar te kijken, en te genieten van het aanraken van nieuwe stoffen, een droom die niet door de werkelijkheid bedorven is. Het geeft haar een enorm gevoel van vrijheid om haar eigen geld te kunnen uitgeven. Hij heeft een eigen huisje op het platteland gekocht, omdat zij hem te verstaan heeft gegeven dat hij zijn biezen kan pakken als ze ruzie krijgen: ze herinnert hem er voortdurend aan dat de flat van haar is en zegt uitdagend: "Ik kan het huis uit wanneer ik wil, ik kan weggaan en een vriendin opzoeken wanneer ik wil."

Ze praten niet veel. Wanneer ze 's avonds thuiskomt, vindt ze het fijn om te rusten, om alleen op haar bed te liggen in het donker. Ze leest nooit een boek en kijkt amper televisie. In plaats daarvan denkt ze liever met het licht uit na over haar vroegere leven: haar moeder, haar man, haar kinderen en de angst voor werkloosheid. "Mocht er een tijd komen waarin de kinderen zonder werk zouden zitten, dan zou dat niet best zijn." Ze betreurt het dat hun leven niet beter zal zijn dan dat van haarzelf: "Het is niet eerlijk." Haar verklaring is dat er te veel buitenlanders in Frankrijk zijn die het werk en de huizen inpikken, zodat "de arme Fransen niets hebben. Niet dat ik kritiek heb op Arabieren of zwarten, maar ik vind het oneerlijk. Het is hun schuld dat mijn kinderen het moeilijk hebben." Eén dochter werkt in een fabriek, een andere op het hoofdbureau van politie, een derde is dienstbode, alsof deze familie tot in de eeuwigheid veroordeeld is tot de slechtst betaalde banen.

Waar denkt Juliette over na tijdens haar werk? "Hoezo? Over niets. Op mijn werk denk ik niet na, of het moest zijn over mijn steelpannen." Tijdens haar werk kan ze bijkomen van thuis. Want hoewel ze haar huiselijke leven zodanig heeft ingericht dat ze met rust gelaten wordt, ziet Juliette mensen als prikkende stekelvarkens en is ze in de omgang met hen voortdurend op haar hoede. Ofschoon ze zich nu minder breekbaar voelt, is ze nog steeds erg snel gekwetst door wat anderen over haar zeggen. Ze werkt liever alleen, als een onafhankelijke werkster, omdat ze bang is voor de roddels op kantoren en in fabrieken: "Mensen vertellen elkaar dingen over jou, waarbij ze je woorden verdraaien, en soms kan dat je duur komen te staan." Er is niets dat ze meer haat dan kritiek. Ze hoeft maar even iets afkeurends te horen, of ze voelt zich alweer gekwetst. Het kost haar voortdurend moeite om het hoofd niet te laten hangen. Haar waardigheid vereist dat ze niet klaagt. Nooit heeft ze haar zussen verteld hoe haar man haar behandelde. Wanneer ze hen nu bezoekt, past ze ervoor op dat ze niet zegt wat ze denkt over hun manier van leven; op hun beurt praten zij nooit met haar over haar verleden: "Ze weten dat ze me echt kwaad zouden maken." Haar jongere zus bijvoorbeeld, van wie de echtgenoot is overleden en die nu samenleeft met een man met wie ze niet echt gelukkig is, zegt vaak tegen hem: "Pak je spullen en hoepel op." Juliette hoedt zich ervoor zich met hun ruzies te bemoeien. "Het is haar probleem." En als ze, ondanks zichzelf, toch een vleugje kritiek uit, antwoordt haar zus: "Bemoei je met je eigen zaken." Al haar zussen, zegt ze, zijn even behoedzaam als zij: ze laten hun woede niet merken.

"In gezinnen met kinderen zijn er altijd ruzies." Van haar eigen kinderen is de oudste er waarschijnlijk het best aan toe. Haar echtgenoot is ook overleden en ze leeft samen met een man die haar gehoorzaamt: "Zij is de baas en hij een idioot, omdat ze te streng is voor hem." Maar ze voegt eraan toe: "Het privé-leven van mijn kinderen interesseert me totaal niets. Als ze in mijn bijzijn ruzie maken, dan zal ik me er niet mee bemoeien."

Degene die Juliette het meest irriteert, als een mug die steekt en maar niet weggaat, is de zeventienjarige dochter van haar man. Zij woont in een tehuis, omdat haar moeder gescheiden is na een tweede mislukt huwelijk. Hoe verstandig Juliette ook is, ze is een klassieke stiefmoeder. "Op moederdag wil ik je hier niet hebben, omdat je mijn dochter niet bent. Je kunt op vaderdag komen." Ze is ervan overtuigd dat dit meisje "echt niet deugt": ze heeft gehoord over Juliettes problemen en zegt altijd: "Je bent een mislukking." Juliette wordt razend. "Als ze mijn dochter was, zou ik haar een pak slaag geven": het meisje is verwend, slecht opgevoed en helpt nooit in het huishouden; de nieuwe generatie heeft het te makkelijk. Het meisje antwoordt dat ze naar de rechter zal stappen: "Je gaat de gevangenis in", waardoor Juliette doodsbang is dat ze met justitie te maken zal krijgen. Haar man bemoeit zich niet met deze ruzies: "Hij wil rust." Dus wanneer het geruzie haar de keel uithangt, "ga ik een eindje lopen met mijn chequeboek". Het is als een paspoort dat bewijst dat Juliette een onafhankelijke vrouw is. Ze heeft het gevoel dat ze, door de manier waarop ze het gebruikt, vooruitgang boekt in de kunst om onafhankelijk te zijn. Nog maar enkele jaren geleden gaf ze in het wilde weg geld uit om bij te komen van een belediging: "Ik dacht er niet over na voordat ik iets kocht, ik vergeleek geen prijzen. Maar nu ben ik stabieler. Waarschijnlijk heeft mijn vriend me daarin beïnvloed. Hij is voorzichtig; hij heeft me evenwichtiger gemaakt. Vroeger was ik nog nerveuzer." De consumptiemaatschappij werkt enorm kalmerend op gevoelige zenuwen.

Toen Juliette jong was, werkte ze dertien uur per dag; nu minder, maar ze verdient nog steeds minder dan de meeste mensen. Ze zou beter betaald werk kunnen vinden, maar ze houdt van werkgevers met wie ze overweg kan en die ze begrijpt, en die haar niet lastig vallen met kritiek. Om te zorgen voor een goed evenwicht werkt ze voor verschillende mensen, waarbij ze haar uren verdeelt als iemand die op dieet is. "Het zou onmogelijk zijn als ik een werkgever had die de hele dag tegen me schreeuwde en ik vervolgens naar huis moest naar een man die de hele avond tegen me schreeuwde." Eén van de vrouwen bij wie ze schoonmaakt schreeuwt inderdaad, maar "heeft een goed hart". Een ander is de kleindochter van een voormalige president van de Franse Republiek. Ze ligt de hele dag op de bank te niksen en heeft allerlei kwalen: "Als ze niet zo'n zelfmedelijden had, kon ze iets met haar leven doen"; maar vriendelijk, dat is ze absoluut. Een derde heeft problemen met zijn kinderen en zijn gezondheid: "Pas op uzelf, zeg ik. Ja dokter, antwoordt hij dan." Een vierde is een arts, die geen belangstelling voor haar toont als ze ziek is, in tegenstelling tot haar vijfde klant, die al bij het kleinste kuchje een en al bezorgdheid is; ze herinnert het zich als een hoogtepunt in haar leven dat hij haar een keer een uur eerder naar huis liet gaan met de woorden: "Het is hier geen fabriek."

In elk geval beschouwt ze sommige van deze werkgevers als "vrienden". Tegen een van hen zei ze: "Wat er ook gebeurt, ik zal u niet in de steek laten. Ik zou het niet over mijn hart kunnen verkrijgen om bij u weg te gaan. Ik zou niemand kunnen vinden die zo aardig is." Voor de dokter heeft ze 24 jaar lang gewerkt, ondanks zijn beperkingen, "omdat ik zijn karakter ken. Ik weet hoe ik met hem om moet gaan. Als ik zie dat hij een slecht humeur heeft, dan zeg ik niets." De keren dat mensen zeggen dat ze haar werk niet goed doet zijn dieptepunten. "De vrouw des huizes mag een werknemer niet uitschelden waar gasten bij zijn: dat moet ze in de keuken doen. Anders is het ordinair." Ooit vergat Juliette tijdens een etentje de aardappels om het vlees heen te draperen. Ze legde ze per ongeluk op een aparte schaal. Haar bazin noemde haar een stomme koe. Ze barstte in huilen uit en zei dat ze zou vertrekken. "De dokter bood zijn excuses aan, maar zijn vrouw niet." Juliette bleef. Ergens anders werd ze dienstmeid genoemd. "Ik laat me zo niet noemen." Maar dan zakt haar woede: "Je moet je aan iedereen aanpassen. Elke werkgever levert problemen op. Sommigen begrijpen het leven van een *femme de ménage*, maar anderen niet." Ze steekt zichzelf een hart onder de riem: "Deze mensen vertrouwen op mij. Ik raak meer ontwikkeld bij hen: ze vertellen me dingen. Een van hen – een intellectueel – vertelt me alles over zijn problemen, maar hij zegt: 'Zeg het tegen niemand.' Dus blijft het tussen hem en mij."

Misschien dat Juliettes leven er anders had uitgezien als de ontmoetingen die de loop ervan bepaald hebben minder stilzwijgend, oppervlakkig of routinematig waren geweest, als er meer ideeën waren uitgewisseld, als menslievendheid daarin een grotere rol had gespeeld. Maar ze werden belemmerd door de geesten die blijven beïnvloeden wat werkgevers en vreemden en zelfs mensen die samenleven wel of niet tegen elkaar mogen zeggen. Juliette houdt vol dat ze "gezien mijn talenten" een betere baan had kunnen hebben, dat werken voor oude mensen haar altijd had aangetrokken, maar dat het haar nooit gelukt was omdat ze geen diploma's bezat. Nog tragischer was het dat geen van de invloedrijke mensen voor wie ze werkte er belang bij meende te hebben om haar te helpen een bevredigender carrière te beginnen. Haar conclusie is: "Mijn leven is kapot."

Er zijn tegenwoordig verschillende manieren waarop je dit verhaal kunt interpreteren. Je kunt zeggen: zo is het leven, en er zijn tal van redenen waarom dat zo is. Of je kunt hopen dat als de knopen waarin de mensheid zichzelf verstrikt heeft eenmaal ontward zijn en haar idiote gebruiken beter doordacht worden, het leven zou kunnen veranderen en armoede niet langer zou bestaan; maar dat kan decennia duren, zo niet eeuwen. Of je kunt het leven haten omdat het zo wreed is en proberen het te verdragen door er de draak mee te steken, door er een karikatuur van te maken of door genoegen te scheppen in gedetailleerde beschrijvingen ervan, waarbij je jezelf steeds voor teleurstellingen behoedt door te weigeren voor de problemen oplossingen aan te dragen en door elke poging daartoe af te doen als naïef.

Mij staat een ander doel voor ogen. Achter Juliettes tegenslagen zie ik al diegenen die geleefd hebben maar zichzelf als een mislukking beschouwden of als zodanig zijn behandeld. Het ergste gevoel van mislukking was het besef dat je nooit echt geleefd had, dat je niet beschouwd werd als een onafhankelijk mens, dat er nooit naar je geluisterd werd, dat nooit naar je mening werd gevraagd, dat je beschouwd werd als bezit, het eigendom van een ander. Dat was wat er openlijk met slaven gebeurde. We stammen allemaal af van slaven, of van mensen die nagenoeg slaven waren. Als onze autobiografieën ver genoeg teruggingen, dan zouden ze allemaal beginnen met een uitleg hoe onze voorouders min of meer tot slaaf werden gemaakt en in welke mate wij ons aan die erfenis hebben ontworsteld. Wettelijk is slavernij natuurlijk afgeschaft (niet eens zo heel lang geleden: Saoedi-Arabië maakte er in 1962 als laatste land een einde aan), maar slavernij heeft ook een metaforische, bredere betekenis: je kunt een slaaf zijn van je hartstochten, van je werk, van je gewoonten, of van je huwelijkspartner die je om verschillende redenen niet kunt verlaten. De wereld is nog steeds vol mensen die, hoewel ze geen erkende meesters hebben, van zichzelf vinden dat ze weinig vrijheid bezitten, dat ze zijn overgeleverd aan de willekeur van onbeheersbare, anonieme economische en sociale krachten, van hun omstandigheden of van hun eigen domheid, en wier persoonlijke ambities daardoor permanent worden afgestompt. De moderne afstammeling van een slaaf heeft nog minder hoop dan een zondaar, die berouw kan tonen; de machteloze, verstrikte mens heeft geen vooruitzicht op een vergelijkbare directe remedie. Juliette is geen slaaf: niemand bezit haar. Ze is geen horige: niemand heeft recht op haar werk. Maar als je meent dat je leven kapot is of dat het een mislukking is, lijdt je onder dezelfde soort wanhoop die de mensen teisterde in de tijd dat de wereld ervan overtuigd was dat je niet zonder slaven kon. Daarom is het belangrijk om te begrijpen wat wettelijke slavernij betekende.

Dat mensen in het verleden slaaf werden had drie hoofdoorzaken. De eerste was angst: ze wilden niet sterven, ook al was hun leven één lijdensweg. Ze stemden ermee in dat ze veracht werden door koningen en ridders en andere geweldverslaafden, die geloofden dat sterven in de strijd de hoogste eer was en voor wie het knechten van mensen en het temmen van dieren deel uitmaakte van dezelfde jacht naar macht en rijkdom. Slaven slikten het ook dat ze behandeld werden als dieren, dat ze werden gekocht en verkocht, kaalgeschoren, gebrandmerkt, geslagen en neerbuigende namen kregen (Aap, Somberman, Hoer, Ergernis), omdat onderdrukking voor de meeste mensen een onontkoombaar bestanddeel van het leven leek. In het China van de Han-dynastie stamde het woord 'slaaf' af van het woord 'kind' of 'vrouw en kind'. In de meeste delen van de wereld werd een soortgelijke onvoorwaardelijke gehoorzaamheid geëist van de meerderheid van de mensheid, of men nu officieel slaaf was of niet.

Voordat twaalf miljoen Afrikanen ontvoerd werden om in de Nieuwe Wereld als slaven te leven, waren de belangrijkste slachtoffers de Slaven, van wie het woord 'slavernij' is afgeleid. Verjaagd door Romeinen, christenen, moslims, vikingen en Tataren, werden ze over de hele wereld geëxporteerd. De naam 'Slaaf' ging 'vreemdeling' betekenen. De meeste religies leerden dat het aanvaardbaar was om vreemdelingen tot slaaf te maken. Britse kinderen die als slaven geëxporteerd werden – de meisjes waren vetgemest, dan brachten ze meer op – werden ten slotte Slaven. Wat recenter, toen de Slaven ontdekten dat ze geregeerd werden door tirannen en geen hoop koesterden daaraan te ontkomen, concludeerden sommigen somber dat er iets in het karakter van de Slaven moet zitten waardoor ze gedoemd zijn als slaven te leven. Dit is een valse redenering, die ervan uitgaat dat wat er gebeurd is moest gebeuren. Geen enkel vrij iemand kan dat geloven: het is een redenatie die aan slaven werd opgedrongen om ze wanhopig te maken.

Angst is bijna altijd sterker geweest dan het verlangen naar vrijheid: mensen worden niet vrij geboren. Keizer Mauricius van Byzantium (582-602) ontdekte echter een uitzondering. Hij verbaasde zich over drie Slaven die hij gevangen had genomen en die geen wapens droegen. Het enige wat ze bij zich hadden waren gitaren of citers en ze zwierven rond, zingend over de geneugten van de vrijheid en van het verblijf in de open velden en de frisse wind. Ze zeiden tegen hem: "Het is normaal dat mensen die onbekend zijn met de oorlog zich met hartstocht wijden aan de muziek." Hun liederen gingen over de vrije wil en zij stonden bekend als de 'vrijheidsmensen'. In 1700 waren er nog steeds van deze mensen, toen Peter de Grote per decreet bepaalde dat er geen plaats meer voor hen was: iedereen moest voor de wet deel uitmaken van een bepaalde klasse met vastgestelde plichten. Maar 150 jaar later zong Tara Sevcenko, een vrijgelaten Oekraïense horige, verzen in dezelfde traditie, treurend dat "de vrijheid ter dood is gebracht door de dronken tsaar". Hij hield vol dat er in de natuur hoop gevonden kan worden:

Luister naar wat de zee zegt,
vraag de zwarte bergen.

In de eerste plaats was er slavernij omdat degenen die alleen gelaten wilden worden geen kans zagen degenen die dol waren op geweld te ontwijken. Gewelddadige mensen kwamen in het verleden meestal als overwinnaars uit de bus, omdat ze de angst aanwakkerden waarmee iedereen geboren wordt.

Ten tweede werden mensen 'vrijwillig' slaaf. In het Mexico van de Azteken kozen de meeste slaven ervoor – als je dat zo mag zeggen – om slaaf te zijn. Ze waren overmand door moedeloosheid en verlangden ernaar om hun verantwoordelijkheden van zich af te schudden – oud-patolli-spelers bijvoorbeeld (het nationale balspel), die geruïneerd waren als gevolg van hun verslaving aan de sport, of vrouwen die de liefde zat waren en de voorkeur gaven aan de zekerheid iets te eten te hebben: de basis van het slavencontract was dat een slaaf gevoed moest worden; als dat niet gebeurde, diende hij te worden vrijgelaten. Toen de Moskovieten hadden geleerd hoe ze weerstand moesten bieden aan hun plunderaars en in plaats daarvan elkaar tot slaaf begonnen te maken, ontwikkelden ze acht verschillende vormen van slavernij. De 'vrijwillige' slavernij kwam verreweg het meest voor. Hun *frontier society* kende geen liefdadigheidsinstellingen. Zij die honger hadden verkochten zichzelf als slaaf. Tussen de vijftiende en achttiende eeuw werd ongeveer een tiende van de Moskovieten slaaf, zodat er meer slaven waren dan stedelingen, soldaten of priesters. Een Amerikaanse historicus vergeleek deze slaven met de armen in Amerika die van de bijstand leven.

In Rusland was slavernij een soort lommerd voor mensen die niets anders te koop hadden dan zichzelf. Een derde van de slaven wist gewoonlijk te ontsnappen, maar keerde doorgaans terug, uitgeput door de vrijheid, niet in staat de gevangenenmentaliteit van zich af te schudden: "Niet elke slaaf droomt van de vrijheid. Na een paar jaar van volledige overheersing werd een onafhankelijk bestaan in de harde werkelijkheid bijna ondenkbaar", zegt de schrijver van hun geschiedenis, Hellie. In Amerika was het moeilijker om te ontsnappen: de zuidelijke staten van de VS hadden waarschijnlijk een van de wreedste slavernijsystemen ter wereld. Slaven werden intensief gebruikt om hoge winsten te halen uit de landbouw, terwijl ze in Rusland en China hoofdzakelijk als huisbedienden werden ingezet. Los van de manier waarop ze precies behandeld werden, betekende het feit dat er zoveel soorten slaven waren en dat ieder individu te maken kon hebben met een iets andere vorm van misbruik, dat ieder kon denken dat hij bepaalde privileges had, dat hij niet tot de allerlaagsten behoorde. Afgunst maakte hem blind voor hun gemeenschappelijke lijden. Op Amerikaanse plantages kon je Afrikaanse slaven andere Afrikaanse slaven zien geselen. Met andere woorden: wanneer een institutie eenmaal is gevestigd, vinden zelfs degenen die eronder lijden manieren om ervan te profiteren, hoe gering ook, en dragen ze er ongewild toe bij dat die institutie blijft voortbestaan.

De derde soort slaaf was de voorloper van de ambitieuze manager en bureaucraat van tegenwoordig. Het bezitten van slaven gaf prestige; slaaf zijn betekende werken. Vrije mannen beschouwden het beneden hun waardigheid om voor een ander te werken. Romeinse aristocraten weigerden om als bureaucraten voor de keizer te fungeren. Dus zette hij een ambtenarenapparaat op bestaande uit slaven, en de aristocraten bedienden zich van slaven voor het beheer van hun landgoederen. Slaven hadden geen gezin en waren alleen loyaal tegenover hun meester. Het waren de betrouwbaarste ambtenaren, soldaten en privé-secretarissen. Het Ottomaanse en het Chinese Rijk werden vaak bestuurd door slaven, soms door eunuch-slaven. Die klommen op naar de hoogste posten en werden soms zelfs grootvizier en keizer. Castratie zorgde ervoor dat ze loyaliteit aan de staat boven het gezin stelden. Er zijn geen statistieken die kunnen aantonen hoeveel mensen tegenwoordig moreel gecastreerd zijn door hun werkgevers.

Het Russische woord voor werk – *rabota* – stamt af van het woord slaaf, *rab*. De oorsprong van de vrijetijdsmaatschappij is de droom om als een meester te leven, terwijl het werk gedaan wordt door robots, mechanische slaven. Het venijn in de staart van deze geschiedenis van de slavernij is dat mensen, wanneer ze eenmaal vrij zijn, vaak robots worden, tenminste gedurende een gedeelte van hun leven. Er bestaat een geweldige terughoudendheid om alle vormen van slaafs gedrag op te geven. "Het toppunt van ellende is om afhankelijk te zijn van andermans wil", zei Publilius, een Syrische slaaf die een populaire entertainer en mimespeler was in het oude Rome. Toch zijn fantasieën over romantische liefde gebaseerd op afhankelijkheid. De vrijgelaten slaaf gaf er vaak de voorkeur aan om afhankelijk te blijven en hetzelfde werk te blijven doen; het duurde enkele generaties voordat de smet van slavernij vervaagde. In China en Afrika werd de vrijgelaten slaaf vaak een soort stiefkind; in Europa een cliënt. Het was een te beangstigend avontuur om buiten de bescherming te leven van iemand die machtiger was dan jijzelf.

De opvallendste eigenschap van slaven – althans van hen die zich niet voortdurend bezatten om hun verdriet te vergeten – was waardigheid. Velen van hen slaagden erin om hun autonomie te handhaven, zelfs als ze gedwongen waren ondergeschikt werk te doen. Ze deden alsof ze hun vernederingen accepteerden en speelden een rol, zodat hun meester in de illusie kon leven dat hij het voor het zeggen had, terwijl zij wisten dat hij van hen afhankelijk was. "Doe of je gek bent, dan heb je ze mooi te pakken", was het favoriete gezegde van de Jamaicaanse slaaf. Soms realiseerde een slavenbezitter zich inderdaad dat hij niet alleen voor de gek gehouden werd, maar dat ook hij een slaaf was: "Wij gebruiken andermans voeten wanneer we naar buiten gaan, wij gebruiken andermans ogen om dingen te herkennen, wij gebruiken andermans geheugen om mensen te begroeten en wij gebruiken andermans hulp om in leven te blijven – het enige wat we voor onszelf houden zijn de dingen waar we plezier aan beleven", schreef Plinius de Oudere in 77 na Christus. Deze Romeinse slavenbezitter, auteur van een immens werk over de natuurlijke historie, stierf nadat hij te dicht bij de Vesuvius was gaan staan; hij wilde namelijk getuige zijn van de uitbarsting daarvan: hij wist dat hij een parasiet was, want het observeren van de natuur is een goede manier om parasieten te leren herkennen.

De oplossing voor slavernij was niet de afschaffing daarvan, althans dat was niet een volledige oplossing. Immers, er werden nieuwe vormen van slavernij uitgevonden onder een andere naam. De fabrieksarbeiders die van zonsopgang tot zonsondergang zwoegden in giftige lucht, alleen op zondag het daglicht zagen en stilzwijgend gehoorzaamden, waren er waarschijnlijk nog beroerder aan toe dan veel slaven uit de oudheid. En al diegenen van tegenwoordig die liever doen wat hun gezegd wordt dan zelf na te denken en de verantwoordelijkheid te dragen – volgens een opiniepeiling zegt een derde van de Britten daar de voorkeur aan te geven – zijn de spirituele erfgenamen van de vrijwillige slaven van Rusland. Vergeet vooral niet dat het vermoeiend en moeilijk is om vrij te zijn; is iemand aan het eind van zijn krachten, dan wordt zijn drang naar vrijheid altijd minder, ongeacht de lippendienst die hij eraan bewijst.

De conclusie die ik trek uit de geschiedenis van de slavernij is dat vrijheid niet alleen een kwestie is van rechten die in de wet moeten worden vastgelegd. Ook al heb je het recht om je mening te uiten, dan nog zul je moeten besluiten wat je zult zeggen, zul je iemand moeten vinden die naar je luistert en zul je je woorden mooi moeten laten klinken; dat zijn vaardigheden die verworven moeten worden. Het enige wat de wet tegen je zegt, is dat je vrij bent om op je gitaar te spelen, als je er eentje te pakken weet te krijgen. Verklaringen van de rechten van de mens verschaffen daarom maar een paar van de ingrediënten waarmee vrijheid wordt gemaakt.

Ontmoetingen met anderen, met mensen of met plaatsen, die de inspiratie en moed verschaffen om aan de dagelijkse sleur te ontsnappen, zijn net zo belangrijk. Telkens wanneer er een ontmoeting plaatsvindt zonder dat er iets gebeurt, is er sprake van een gemiste kans. Zo kwam het zelfs bij geen enkele werkgever van Juliette op om haar op weg te helpen met de carrière van haar dromen. In de meeste ontmoetingen word je nog altijd belet door trots of behoedzaamheid om uiting te geven aan je diepste gevoelens. Het lawaai van de wereld bestaat uit stilten.

In plaats van te beginnen met een samenvatting van de antieke Griekse filosofie, wat gebruikelijk is als er over vrijheid gesproken wordt, hanteer ik liever één enkel voorbeeld van iemand die de juiste mix van mensen en omstandigheden heeft weten te verzamelen, hoewel het hem zijn halve leven gekost heeft om dat te doen. Domenicos Theotocopoulos, bijgenaamd El Greco (1541-1614), zou ongetwijfeld een onbekend en onbelangrijk kunstenaar zijn gebleven die steeds maar weer traditionele iconen schilderde en gevangen zat in vormelijkheden en gewoonten, als hij geen banden met anderen had aangeknoopt en niet geleerd had hoe hij de menselijkheid naar boven kon halen bij individuen die daar niet over leken te beschikken. Nadat hij zoveel mogelijk in zich had opgenomen van de diverse tradities van zijn geboorte-eiland Kreta – overheerst door de Venetianen, verdeeld door orthodoxe en katholieke christenen, verankerd in het verleden door vluchtelingen die de uitstervende Byzantijnse kunst onsterfelijk maakten – voegde hij nieuwe dimensies toe aan zijn erfenis door naar het buitenland te gaan. In Italië ontmoette hij een onbeduidende Kroatische schilder, Julio Glovio, bijgenaamd 'de Macedoniër'. Deze introduceerde hem bij Titiaan, wiens leerling hij werd. Hij had toen makkelijk zijn tijd uit kunnen zitten als een onbeduidende pseudo-Italiaanse portretschilder die deed wat er van hem gevraagd werd. Maar zijn ambities gingen verder dan imitatie. Zo kwam het dat hij zich op 35-jarige leeftijd in Toledo vestigde. Toen men hem vroeg waarom, antwoordde hij: "Ik ben niet verplicht die vraag te beantwoorden." Het was gevaarlijk om openlijk te zeggen dat hij zich daar vrij voelde, dat daar geen rivalen waren die hem lastig vielen en dat zijn ambitie om – zoals hij het uitdrukte – "oprechter en fatsoenlijker" te schilderen dan Michelangelo alleen maar vervuld kon worden in een stad op de grens van verschillende culturen. Toledo zinderde van opwinding, omdat het wist wat tolerantie en vervolging betekenden. Eens hadden christenen, moslims en joden er naast elkaar gewoond. Een van zijn koningen noemde zichzelf trots Keizer van de Drie Religies en een ander had zijn grafsteen laten graveren met een grafschrift in het Castiliaans, Arabisch en Hebreeuws. Desondanks was El Greco er getuige van dat ruim duizend vermeende ketters werden voorgeleid aan de plaatselijke inquisitie. Hij woonde in de joodse wijk, waar hij teruggetrokken maar ook sociabel leefde en zowel omgeven was door de spirituele gloed van de Contrareformatie als door filosoferende vrienden. Hier werd hij gestimuleerd te proberen het schijnbaar onverzoenlijke met elkaar te verzoenen, om het goddelijke en het menselijke ineengestrengeld te schilderen, de moed te hebben om zijn verf direct op het doek aan te brengen zonder eerst een schets te maken, alsof het karakter te veranderlijk was om vaste grenzen te hebben. Hij beschouwde schilderen als onderdeel van zijn streven naar kennis en begrip van het individu. Het duurde lang voordat de Spanjaarden hem erkenden als een van hen: de catalogus uit 1910 van het Prado Museum vermeldde hem nog steeds als een lid van de 'Italiaanse School'. Mensen doen er lang over om hun zielsverwanten te herkennen als ze een te beperkt idee hebben van wie ze zelf zijn. Het duurde lang voordat de Spanjaarden zich realiseerden dat hun bijdrage aan de geschiedenis van de verzoening van tegenstrijdigheden belangrijker was dan hun bijdrage aan de geschiedenis van de trots, of voordat ze de uitspraak begrepen die Alonso de Castrillo in 1512 gedaan had, namelijk dat mensen uiteindelijk "genoeg krijgen van gehoorzaamheid" (net zoals mensen uiteindelijk misschien genoeg krijgen van vrijheid als ze niet weten wat ze ermee aan moeten).

De hele mensheid kan tegenwoordig iets van zichzelf zien in de schilderijen van El Greco, die bij zijn dood slechts één ongebruikt pak, twee overhemden en een geliefde bibliotheek van boeken over elk onderwerp naliet. Vanwege hem kan iedereen zich tot op zekere hoogte een burger van Toledo voelen. Hij is een voorbeeld van iemand die ontdekt wat mensen gemeen hebben. Ik zal dieper ingaan op deze kwestie van hoe banden worden gevormd, of blootgelegd, tussen schijnbaar geïsoleerde individuen, zelfs door de eeuwen heen. Maar voordat ik daartoe overga, zal ik iets meer zeggen over mijn methode en doel.

Hoe wij over andere mensen denken en wat we in de spiegel zien als we naar onszelf kijken, hangt af van wat we van de wereld weten, van hetgeen we denken dat mogelijk is, van welke herinneringen we hebben en van de vraag of we meer binding hebben met het verleden, het heden of de toekomst. Niets beïnvloedt ons vermogen om aan de moeilijkheden van het bestaan het hoofd te bieden zozeer als de context waarin we ze beschouwen. Hoe meer contexten er zijn waartussen we kunnen kiezen, hoe minder de moeilijkheden onvermijdelijk en onoverkomelijk lijken te zijn. Gezien het feit dat de wereld voller zit dan ooit met allerlei complexiteiten, zou je op het eerste gezicht misschien zeggen dat het moeilijker is om een uitweg te vinden uit onze dilemma's. Maar in werkelijkheid is het zo dat naarmate er meer complexiteiten zijn, er ook meer spleten zijn waar we doorheen kunnen kruipen. Ik ben op zoek naar de openingen die mensen niet hebben gezien, naar de leidraden die ze hebben gemist.

Ik begin met het heden en werk terug, net zoals ik begin met het persoonlijke en me beweeg naar het universele. Telkens wanneer ik een impasse tegenkwam in hedendaagse ambities, zoals de levensbeschrijvingen van mensen die ik heb ontmoet laten zien, heb ik een uitweg gezocht door ze tegen de achtergrond te plaatsen van het geheel van menselijke ervaringen door alle eeuwen heen. Daarbij heb ik de vraag gesteld hoe ze zich zouden hebben gedragen als ze in staat waren geweest gebruik te maken van de herinneringen van de gehele mensheid in plaats van slechts op die van henzelf te vertrouwen.

De herinneringen van de wereld liggen doorgaans zo opgeslagen dat het niet makkelijk is om er gebruik van te maken. Elke beschaving, elke religie, elk land, elk gezin, elk beroep, elk geslacht en elke klasse heeft een eigen geschiedenis. Mensen zijn tot nu toe voornamelijk geïnteresseerd geweest in hun eigen wortels en hebben daarom nooit aanspraak gemaakt op de gehele erfenis die ze bij hun geboorte meekregen, de nalatenschap van *ieders* vroegere ervaringen. Elke generatie is alleen maar op zoek naar datgene waar ze behoefte aan denkt te hebben en herkent slechts dingen die ze al weet. Ik wil een begin maken met een samenvatting van de gehele nalatenschap. Niet door een chronologisch overzicht te geven van de daden van de doden, maar zo dat individuen gebruik kunnen maken van die onderdelen van hun nalatenschap die van invloed zijn op datgene waar ze het meest om geven.

Wanneer mensen in het verleden niet wisten wat ze wilden, wanneer ze hun richtinggevoel kwijt waren en hun hele wereld leek in te storten, vonden ze doorgaans troost door zich ergens anders op te richten, hun aandacht te verleggen. Op wat eens van het grootste belang leek te zijn wordt plotseling nauwelijks nog gelet. Zo gaan politieke idealen ineens verloren en worden ze vervangen door persoonlijke aangelegenheden, neemt materialisme de plaats in van idealisme en keert van tijd tot tijd de religie terug. Ik wil laten zien hoe prioriteiten tegenwoordig aan het veranderen zijn en wat voor soort bril nodig is om die waar te nemen. In de loop van de geschiedenis hebben mensen herhaaldelijk een andere bril opgezet om naar de wereld en naar zichzelf te kijken.

De oprichting van de Royal Society of London in 1662 betekende het begin van een belangrijke aandachtsverschuiving. Volgens de oprichters was die nodig omdat mensen niet wisten wat of hoe ze moesten zoeken. Deze wetenschappers, en hun opvolgers, legden enorme onderzoeksterreinen bloot en gaven de wereld daarmee een heel ander aanzien. Het doen van wetenschappelijke ontdekkingen is echter een specialistische bezigheid. De meeste mensen kunnen er alleen maar met ontzag naar kijken; voor de inrichting van hun dagelijks leven hebben ze er niets aan.

In de negentiende eeuw kwamen aandachtsverschuivingen vaker

voor en zorgden daardoor voor meer verwarring. De verkenningsreis van Alexis de Tocqueville naar de VS in 1831 was ingegeven door de overtuiging dat Amerika je een kijkje in de toekomst kon geven en dat je daar kon ontdekken welke verbazingwekkende dingen met vrijheid gedaan konden worden. Bijna iedereen die op jacht was naar geluk stelde zich ten doel om politieke instituties te hervormen teneinde ze democratischer te maken. Maar Tocqueville kwam terug met waarschuwingen over de dreigende nadering van de tirannie van de meerderheid, en er is nog altijd geen plek waar minderheden volkomen tevreden zijn. In hetzelfde jaar veroorzaakte Darwins verkenningsreis naar het dierenrijk, waarvan de mensen tot dan toe meenden dat het vooral voor hun profijt bestond, een aandachtsverschuiving naar de strijd om het bestaan. Dit werd steeds meer gezien als iets wat elk aspect van het bestaan domineert. Maar Darwin zelf klaagde dat hij zich door zijn doctrines voelde "als een man die kleurenblind is geworden" en die "de hogere esthetische smaken" had verloren en dat zijn geest "een soort machine" was geworden "waarmee uit grote verzamelingen feiten algemene wetten worden gemalen", wat een "verlies aan geluk" veroorzaakte en een "verzwakking [van] de emotionele kant van de menselijke natuur". De verkenningsreis van Marx naar het leed van de arbeidersklasse en zijn oproep tot een revolutie verscheurde de wereld honderd jaar lang, hoewel het snel duidelijk werd dat revoluties niet in staat zijn hun beloften na te komen, hoe oprecht ze ook zijn gedaan. Vervolgens begon Freud in de laatste jaren van de eeuw aan een verkenningsreis naar het onderbewuste van de neuroten van Wenen. Dat veranderde het inzicht van mensen in zichzelf, waar ze zich zorgen over maakten en wie ze de schuld gaven. Maar de hoop dat inzicht zou leiden tot vergeving is niet vervuld.

In de visie van al deze denkers staat de conflictidee centraal. De wereld wordt voortdurend achtervolgd door die idee. Zelfs degenen die het conflict willen afschaffen, gebruiken conflictmethoden om het te bevechten.

Maar het originele van onze tijd is dat de aandacht zich verlegt van conflict naar informatie. De nieuwe ambitie is rampen, ziekten en misdaden te voorkomen voordat ze zich voordoen, en de aarde te beschouwen als één enkel geheel. De toetreding van vrouwen tot het openbare leven versterkt de breuk met de traditie dat onderwerping het allerhoogste doel van het bestaan is. Er wordt meer aandacht geschonken aan het begrijpen van andermans emoties dan aan het oprichten en tenietdoen van instituties.

Dat neemt niet weg dat, ondanks deze nieuwe verlangens, veel van wat mensen doen bepaald wordt door oude denkwijzen. Politiek en economie staan machteloos tegenover de halsstarrigheid van diepgewortelde opvattingen. Opvattingen kunnen niet per decreet worden veranderd. Ze zijn immers gebaseerd op herinneringen, die bijna niet vernietigd kunnen worden. Maar het is wel mogelijk om je herinneringen te verbreden door je horizonnen te verbreden. Wanneer dat gebeurt, is de kans kleiner dat mensen steeds maar hetzelfde liedje blijven zingen en dezelfde fouten blijven herhalen.

Vijfhonderd jaar geleden maakte Europa een renaissance door als gevolg van vier nieuwe ontmoetingen. Het nam vier nieuwe prikkels in zich op en breidde zijn horizonnen uit. Ten eerste liet het vergeten herinneringen aan vrijheid en schoonheid herleven. Maar het beperkte zich tot de Grieken en Romeinen. In dit boek heb ik geprobeerd om de herinneringen van de gehele mensheid bloot te leggen en daarmee de huidige dilemma's in een perspectief te plaatsen dat niet gedomineerd wordt door de idee van voortdurend conflict. Ten tweede verloofden Europa en Amerika zich in de Renaissance, met hulp van nieuwe technologie. Maar het was meer een geografische ontdekking van een continent dan dat mensen elkaar als personen gingen zien. Er heerst nog altijd stilte en doofheid onder de bewoners van de aarde, hoewel de technologie bestaat waarmee ze met iedereen waar dan ook kunnen spreken. Ik heb onderzocht waarom oren dicht blijven en hoe ze opengemaakt kunnen worden. Ten derde was de Renaissance gebaseerd op een nieuw idee van het belang van het individu. Maar dit was een wankele basis, omdat individuen zich alleen maar staande konden houden als ze voortdurend applaus en bewondering kregen. Er is een tekort aan applaus in de wereld en er is niet genoeg respect om alles te laten draaien. Ik ben op zoek gegaan naar methoden om de voorraad te vergroten. Ten slotte bracht de Renaissance een nieuw idee met zich mee van wat de betekenis van religie zou moeten zijn. Het uiteindelijke doel van alle religies is mensen samen te brengen, maar tot nu toe hebben ze hen ook van elkaar gescheiden. Hun geschiedenis is nog niet afgelopen. Ik heb verder gekeken dan de verschillen in hun opvattingen, op zoek naar de spirituele waarden die ze delen, niet alleen met elkaar, maar ook met ongelovigen.

Er is genoeg bekend en er is genoeg geschreven over wat mensen verdeelt; mijn doel is te onderzoeken wat ze gemeen hebben. Zodoende heb ik me voornamelijk gericht op hoe ze elkaar ontmoeten. Naar mijn mening is het zoeken naar nieuwe en oude typen relaties, zowel dichtbij als veraf, de belangrijkste bezigheid van de mens geweest door de eeuwen heen, hoewel het veel verschillende paden volgde en onder veel namen schuilgaat. De ontmoeting met God is het allerhoogste doel voor al diegenen voor wie de ziel een goddelijke vonk is. Verrukt zijn van een held of goeroe is eigen aan het volwassen worden. Het persoonlijke leven wordt in toenemende mate gedomineerd door het zoeken van de 'andere helft'. Ouders streven er steeds meer naar om op dezelfde golflengte als hun kinderen te zitten. Cultuur bestond voor een aanzienlijk deel uit het proces op grond waarvan men is gaan inzien dat kunstenaars de gevoelens uitdrukten van mensen die ze nooit hadden ontmoet. De meeste ideeën komen voort uit geflirt met de ideeën van anderen, dood of levend. Geld en macht, hoe obsessief ook, zijn uiteindelijk een middel om een intiemer doel te bereiken. Ik onderzoek hoe de mensheid in verwarring is geraakt over haar doel en hoe het mogelijk is om een nieuw richtinggevoel te krijgen.

Wanneer individuen verder kijken dan hun vertrouwde omgeving en leren lezen en reizen, ontdekken ze dat veel vreemdelingen dezelfde emoties en interesses hebben. Toch is er zelden sprake van een vruchtbaar onderling contact. Nog maar heel weinig mensen die elkaar sympathiek zouden vinden en elkaar zouden stimuleren of die zich gezamenlijk in avonturen zouden storten die ze onmogelijk in hun eentje zouden ondernemen, hebben elkaar ontmoet. Nu een betere communicatie voor het eerst een van de belangrijkste prioriteiten van de mensheid is geworden, kun je pas zeggen dat iemand honderd procent heeft geleefd als hij geprofiteerd heeft van alle ontmoetingen die hij mogelijkerwijs had kunnen hebben. Tegenwoordig wordt hoop vooral gevoed door het vooruitzicht nieuwe mensen te ontmoeten.

Alle wetenschappelijke ontdekkingen zijn in feite geïnspireerd door een zelfde zoektocht en door de samenvloeiing van ideeën die nooit eerder waren samengekomen. Dat geldt ook voor de kunst om het leven betekenisvol en mooi te maken, waarbij het gaat om het vinden van verbanden tussen dingen die geen verband lijken te hebben, het verbinden van mensen en plaatsen, verlangens en herinneringen, via details waarvan de implicaties verloren zijn gegaan. Het zoeken van een zielsverwant die perfect bij je past, beslaat slechts één gedeelte van het innerlijke leven; individuen worden steeds veelzijdiger. Dus schrijf ik over zielsverwanten die minder compleet zijn en bepaalde karaktereigenschappen of opvattingen bezitten die een combinatie kunnen vormen met karaktereigenschappen of opvattingen van een ander, zodat ze samen meer voortbrengen dan ze in hun eentje zouden kunnen. Net zoals de materiaalleer veel nieuwe gemakken heeft uitgevonden door te ontdekken hoe dezelfde moleculen voorkomen in objecten die schijnbaar totaal verschillend zijn, hoe deze moleculen opnieuw gerangschikt kunnen worden, hoe schijnbaar onverenigbare moleculen ontvankelijk kunnen worden voor elkaar en gekoppeld kunnen worden door goedaardige, veelvuldige verbindingen, zo biedt de ontdekking van niet eerder erkende overeenkomsten tussen mensen het vooruitzicht op verzoeningen en avonturen die tot nu toe onmogelijk leken. Maar het is niet voldoende om alleen maar te wachten op wederzijdse erkenning. De droom van kosmopolieten dat tegenstellingen vanzelf zouden verdwijnen was te simpel en werd niet langer serieus genomen, omdat hij onderschatte hoe verschillend en kwetsbaar ieder mens – en iedere groep – is. Ik heb onderzocht hoe relaties met een uiteenlopende mate van intimiteit over grenzen heen aangeknoopt kunnen worden zonder je loyaliteit of uniciteit op te geven.

Het lijkt misschien je reinste onbezonnenheid om je de mogelijkheid van een andere renaissance zelfs maar voor te stellen. Hoop is echter altijd weer uit zijn winterslaap verrezen, hoe gehavend ook en hoe lang het ook duurt om te ontwaken. Hij kan natuurlijk niet terugkeren met zijn vertrouwen in utopieën, want die hebben te veel rampen veroorzaakt. Om een nieuwe richting te vinden moet hij de zekerheid van een mislukking in meer of mindere mate inbouwen; maar als men uitgaat van mislukking, en die bestudeert, hoeft die mensen niet de moed te ontnemen.

In plaats van mijn informatie te verpakken in traditionele categorieën, wat alleen maar zou bevestigen dat de gebruikelijke economische, politieke en sociale factoren een geweldige invloed hebben op alles wat mensen doen, heb ik een herindeling gemaakt. Daarbij heb ik nieuwe contactpunten gevonden tussen het alledaagse en het exotische, tussen het verleden en het heden. Zo kan ik de vragen behandelen die het meest van belang zijn voor de huidige generatie.

Ik heb me slechts met een beperkt scala van mensen, plaatsen en onderwerpen beziggehouden, omdat ik een methode en een benadering probeer voor te stellen, niet om alle feiten in hokjes te stoppen, en omdat zelfs een aantal mensenlevens niet voldoende zou zijn om mijn onwetendheid te verhelpen of om alle beschikbare informatie de baas te worden. Het grote raadsel van onze tijd is wat we moeten doen met te veel informatie. Mijn oplossing is: gelijktijdig door twee lenzen naar de feiten te kijken, zowel door een microscoop, waarbij je details kiest die die aspecten van het leven belichten die voor mensen van het grootste belang zijn, als door een telescoop, waarmee je vanaf een grote afstand omvangrijke problemen in ogenschouw neemt. Ik hoop dat ik aannemelijk zal maken dat mensen

veel meer alternatieven hebben dan ze gewoonlijk denken.
De portrettengalerij die de kern van mijn boek vormt bestaat uit individuen, niet uit een statistisch representatieve steekproef. Ze zijn er om aan te zetten tot nadenken, niet om oppervlakkige generalisaties te suggereren. Ik heb ervoor gekozen om over vrouwen te schrijven. Reden is dat ik er geen ben, dat ik er altijd de voorkeur aan heb gegeven te schrijven over onderwerpen die me niet in de verleiding brengen om zo arrogant te zijn dat ik meen dat ik ze ooit volledig kan begrijpen. Bovendien heb ik de indruk dat veel vrouwen een frisse kijk op het leven hebben en dat hun autobiografieën, in verschillende vorm, het meest originele onderdeel vormen van de hedendaagse literatuur. Hun conflict met oude mentaliteiten is de impasse die alle andere impasses in het niet doet verzinken. Nadenken over mogelijke oplossingen bracht mij in eerste instantie tot het schrijven van dit boek. Mijn conclusie was dat ik tegelijkertijd over beide seksen moest schrijven.

Freud schreef over de mensheid op basis van ontmoetingen met patiënten die grotendeels uit één land kwamen, ook al legde hij een oosters tapijt over zijn divan. Gedurende mijn onderzoek had ik lange gesprekken met mensen van achttien verschillende nationaliteiten. Ik had elk hoofdstuk kunnen beginnen met getuigen uit een ander deel van de wereld, maar ik wilde niet de suggestie wekken dat een bepaald land op de een of andere manier ontvankelijker zou zijn voor een bepaalde bron van zorg of zwakte. De meeste levende personages in dit boek komen daarom ook uit één land. Het is een rijk land (hoewel het ook armoede kent), een vrij land (dat echter wel vecht tegen vele subtiele restricties), een land dat vanwege zijn liefde voor het goede leven populair is onder toeristen, waarvan het er jaarlijks evenveel aantrekt als het inwoners heeft, maar dat het leven desondanks helemaal niet zo eenvoudig vindt, en een land dat waarschijnlijk door net zo veel buitenlanders verafschuwd als bewonderd wordt. Zodoende ben ik in staat de vraag te stellen wat mensen nog moeten doen wanneer ze eenmaal hun basisgemakken en hun vrijheid, of ten minste enkele vrijheden, hebben verworven.

De meeste van deze vrouwen heb ik in Frankrijk ontmoet, een land dat gedurende mijn gehele volwassen leven voor mij als een laboratorium is geweest, een voortdurende bron van inspiratie. Al mijn boeken over Frankrijk zijn pogingen geweest om de kunst van het leven te begrijpen, door het licht van het vuurwerk dat dat land de lucht inschiet in zijn poging zichzelf te begrijpen. Wat ik vooral op prijs stel is zijn traditie om over zijn eigen problemen in universele termen te denken en, hoe narcistisch het ook is, uit te stijgen boven de egocentriciteit die alle landen ervaren. De Verklaring van de Rechten van de Mens is opgesteld namens de hele wereld. Het schijnt mij toe dat elke nieuwe visie op de toekomst meer dan ooit tevoren de hele mensheid moet omvatten, en daarom heb ik mijn boek op deze manier geschreven.

Aanbevolen literatuur: aan het einde van elk hoofdstuk heb ik een selectie van mijn bronnen vermeld. Dit als suggestie voor de richtingen waarin de lezer volgens zijn eigen smaak zijn fantasie kan laten gaan, net zoals je na de maaltijd een paar drankjes kunt serveren om de conversatie zich verder te laten ontwikkelen. Ik heb de voorkeur gegeven aan recente boeken, omdat ik een indruk wil geven van de buitengewone rijkdom aan recent onderzoek en van de intellectuele levendigheid van onze tijd en van onze universiteiten, hoe gehavend ze ook zijn. Dit is een uiterst onvolledig overzicht van hoeveel ik ontelbare wetenschappers, zowel professionele als niet-professionele, verschuldigd ben van wier inspanningen ik geprofiteerd heb, temeer omdat ik ruimte heb bespaard door vele bekende werken weg te laten die al op de boekenplanken staan in de hoofden van de huidige generatie en omdat ik slechts een klein gedeelte heb genoemd van de voorbeelden en discussies die ik tijdens mijn studie heb verzameld, want anders zou dit boek tien keer zo dik zijn geweest.

Orlando Patterson, *Freedom in the Making of Western Culture*, Basic Books, NY, 1991; Orlando Patterson, *Slavery and Social Death*, Harvard UP, 1976; Richard Hellie, *Slavery in Russia 1450-1725*, Chicago UP, 1982; David Brion Davis, *Slavery and Human Progress*, Oxford UP, 1984; Philip Mason, *Patterns of Dominance*, Oxford UP, 1970; G. Boulvent, *Domestique et fonctionnaire sous le haut empire*, Belles Lettres, 1974; Robin Lane Fox, *Pagans and Christians*, Penguin, 1986; Jean-Paul Roux, *Les Barbares*, Bordas, 1982; A.M. Duff, *Freedmen in the Early Roman Empire*, 1928; James L. Watson, *Asian and African Systems of Slavery*, Blackwell, 1980; G. Freyre, *The Masters and the Slaves*, 2nd edn., California UP, 1986; M.L. Kilson & R.L. Rotberg, *The African Diaspora*, Harvard UP, 1976; M.I. Finlay, *Slavery in Classical Antiquity*, Heffer, Cambridge, 1960; Jonathan Derrick, *Africa's Slaves Today*, Allen & Unwin, 1975; Gail Saunders, *Slavery in the Bahamas*

1648-1838, Nassau, 1965; Paul A. David, *Reckoning with Slavery*, Oxford UP, 1976; Kenneth M. Stampp, *The Peculiar Institution: Slavery in the Antebellum South*, Knopf, NY, 1956; Lydia Maria Child, *Incidents in the Life of a Slave Girl*, written by Herself, published for the author 1861; T. Mitamura, *Chinese Eunuchs*, Tuttle, Tokyo, 1970.

Over het veranderen van de manier waarop men tegen de wereld aankijkt
Eugene W. Nester et al., *The Microbial Perspective*, Sanders, Philadelphia, 1982; Edward R. Leadbetter & J.S. Poindexter, *Bacteria in Nature*, Plenum, 1985; A.G. Morton, *History of Botanical Science*, Academic Press, 1981; T.S. Kuhn, *The Structure of Scientific Revolutions*, 2nd edn., Chicago UP, 1970; M. Teich & R. Young, *Changing Perspectives in the History of Science*, Heinemann, 1973; Robert Doisneau, *A l'imparfait de l'objectif*, 1989; B. Brodzki, *Life Lines: Theorising Women's Autobiography*, Cornell UP, 1988; M. Ignatieff, *The Needs of Strangers*, Chatto, 1984; Henley Centre, *Leisure Futures*, 1992 (statistische gegevens over mensen die het liefst willen dat hun gezegd wordt wat ze moeten doen); Reuven Feuerstein, *Don't Accept Me as I Am*, Plenum, NY, 1988 (stimulerend onderzoek naar 'achterlijke' kinderen); Jérôme Clément, *Un Homme en quête de vertu*, Grasset, 1992.

2

Hoe mannen en vrouwen geleidelijk aan geleerd hebben interessante gesprekken te voeren

Cognac (22.000 inwoners) is de moeite van een bezoek waard, niet alleen omdat het een beroemde drank fabriceert die je spraakzaam maakt, noch omdat het de geboorteplaats is van Jean Monnet, de grondlegger van het Europa dat debat in de plaats stelde van oorlog, en ook niet omdat het een oud kasteel heeft, maar omdat het zich bewust is geworden van zijn stilten. Hier kun je niet alleen de oude tradities van het praten observeren, maar ook de *nouvelle cuisine* van het converseren.

Op het politiebureau heeft hoofdagent Lydie Rosier, 27 jaar oud, de taak om bekentenissen op te nemen, maar nadat ik mijn gesprek met haar beëindigd had, verliet ze blozend de kamer. Ze zei dat mijn vragen heel moeilijk waren en dat ze niet gewend was vragen te beantwoorden, maar alleen ze te stellen. Ze had nooit veel gelegenheid gehad om over zichzelf te praten: "Ons beroep staat ons niet toe introspectief te zijn. We hebben geleerd discreet te zijn. We kunnen wel meningen hebben, maar we kunnen ze niet uiten."

Ieders spreekstijl is een mengeling van echo's uit verschillende periodes van het verleden: die van haar doet de verstandige en bescheiden ambtenaren uit de vorige eeuw herleven die trots waren dat ze de staat vertegenwoordigden en ervoor zorgden dat ze zichzelf niet compromitteerden door iets verkeerds te zeggen. Het heeft geen zin als ze maar wat aan zou kletsen: slechts concentratie op haar taken, en het proces van ouder worden kan haar een derde streep opleveren. Haar privé-leven ligt in de ijskast. Het geroddel in de fabriek waar ze zich eens in het zweet werkte en waar het merendeel van de arbeiders uit vrouwen bestond is geen prettige herinnering: persoonlijke relaties waren daar moeilijk, zegt ze, omdat "vrouwen gereserveerder en agressiever tegenover elkaar zijn dan mannen". Baart het haar zorgen dat ze niet vrijuit kan spreken? Nee, want ze leest veel. Ze heeft net een boek uit over... de geheime politie. Maar ze heeft onlangs ook de biografie van Marie Curie gelezen: "Haar zou ik graag hebben willen zijn. Ze had een enorm krachtige persoonlijkheid, een enorme wilskracht."

Lydie gelooft in wilskracht, niet in woorden: de meeste tegenslagen zijn het gevolg van een zwakke wil. Hoewel er tijdens haar opleiding nooit gesproken werd over de oorzaken van criminaliteit, zal ze nooit de omstandige verklaringen van de moderne psychologie accepteren. "Heel wat mensen leven in afschuwelijke omstandigheden en zijn geen criminelen geworden. Niemand wordt gedwongen het verkeerde pad op te gaan, zelfs als je een sterk karakter nodig hebt om het te vermijden." Maar hoe kom je aan een sterk karakter? "Dat is een kwestie van ambitie. Je moet zelf je leven ter hand nemen."

Ze voert graag gesprekken waarin criminelen dat begrijpen. Bijvoorbeeld: "Een knul van veertien stal een auto. Het was zijn eerste vergrijp. Hij zei: 'Wat ik gedaan heb was stom. Ik heb hulp nodig. Ik kan me niet alleen redden.' Wij gingen akkoord. Nu wil hij bij het leger en pleegt hij geen misdrijven meer. Hij heeft een ambitie." De televisie zou geen mensen moeten laten zien die vuurwapens dragen alsof dat iets normaals is. Natuurlijk draagt ze zelf een vuurwapen en "het kan gebeuren dat ik het tevoorschijn moet halen en iemand moet doodschieten". Ze praten daarover op het politiebureau. Ze zou ook zelf kunnen worden doodgeschoten. Alleen de dood maakt haar bang, maar daar praat ze niet over en ze denkt er ook niet over na. Als het gebeurt is het jammer. Ook maakt ze zich niet druk om de toekomst: "Ik leef van dag tot dag."

Haar motto is: "Problemen kunnen altijd opgelost worden." Haar vader werkt op het postkantoor; één zus werkt bij de politie, een andere op het stadhuis en een derde op een school. De wereld van lagere ambtenaren, draaiend om zijn eigen as, is groot genoeg om de conversatie binnen de familie te houden. Voor Lydie was indiensttreding bij de overheid een vlucht uit het alledaagse: "Ik heb altijd iets aparts willen doen." Nu heeft ze de ambitie om door haar gedrag te bewijzen dat vrouwen net zo goed beveiligingswerk kunnen doen als mannen, ofschoon het niet haar bedoeling is om hun plaats in te nemen, noch om ze uit te dagen. Immers, het "krachtsaspect van het vak moet behouden blijven en vrouwen stralen geen kracht uit". Ze maakt geen ruzie met vrouwenhaters, of het nu politiemannen zijn of niet. Seksuele misdrijven geven haar een kans om te laten zien wat haar waarde is: "Slachtoffers vinden het makkelijker om met een vrouw te praten."

Lydie ziet er heel modern uit in haar lange broek met haar revolver op haar heup. Maar ze heeft besloten dat ze zich meer thuis zal voelen in Réunion in de Indische Oceaan, wat haar volgende post zal zijn. Ze heeft al iets geproefd van Nieuw-Caledonië: daar, zegt ze, "leven ze als honderd jaar geleden". Maar ook in Cognac zijn oude gebruiken bewaard gebleven. Om met mij te kunnen praten had ze de toestemming nodig van haar superieur, die het aan zijn superieur moest vragen, die het aan zijn superieur moest vragen...

Op het omringende platteland kun je andere oude gebruiken vinden. Ook de wijnboeren van Cognac zijn voorzichtig met wat ze zeggen. De familie Bellenguez, in het bezit van een wijngaard van zestien en een halve hectare en dertig hectare landbouwgrond, blijft de traditie trouw dat je gezagsdragers niet tegenwerkt: "We hebben het nooit over politiek. We kunnen het met iedereen goed vinden. We stemmen, maar we zeggen niet op wie."

Elk lid van de familie heeft echter een individuele relatie met woorden. Oma is de intellectueel. Ze is 65 jaar, naaister van beroep en staat erom bekend dat ze belezen is, dat ze houdt van de nieuwste snufjes, dat ze kinderen met hun huiswerk helpt en dat ze tijdens het televisiekijken aantekeningen maakt over programma's waar ze graag over praat. Als verklaring voor haar genialiteit noemt men het feit dat ze afkomstig is uit het noorden, uit de Pas-de-Calais. Ze denken dat een van haar kleindochters in haar voetsporen zal treden, omdat ze zodra ze thuiskomt in een boek duikt.

Het hoofd van de familie, die de boerderij van zijn vader erfde, eet nog steeds soep, paté en worstjes bij zijn ontbijt, net zoals zijn voorvaders altijd gedaan hebben: hij kent iedereen in de streek, gaat op jacht, leest de krant en is geabonneerd op het conservatieve weekblad *L'Express*. Er zijn echter gespreksonderwerpen die te delicaat blijven. Hij heeft geen zonen: vindt hij dat jammer? Zijn vrouw antwoordt: "Dat heeft hij nooit gezegd."

Zijn vrouw praat makkelijk en vlot, maar praten fungeert alleen maar als begeleiding van haar werk. Ze voelt zich niet op haar gemak als ze niet voortdurend bezig is en in beweging. Zo zorgt ze voor de dieren en het huis, en ze staat twee uur in de keuken om het avondmaal te bereiden. Ze leest nooit, zelfs geen krant, en nooit hielp ze de kinderen met hun huiswerk: "We vertrouwden ze, wij zijn niet zoals andere ouders die zich ermee bemoeien. De kinderen moeten hun eigen weg gaan, het heeft geen zin om ze te dwingen betere cijfers te halen – ieder moet doen waartoe hij in staat is. Ik heb ze geleerd zuinig te zijn en voor zichzelf te zorgen."

Eén dochter, die de verpleegstersopleiding doet en vroedvrouw hoopt te worden, zegt dat het vroeger gezelliger was, tenminste tijdens de oogsttijd, toen het normaal was dat ze vijftien arbeiders in dienst hadden van allerlei nationaliteiten: er hing een feeststemming, en op zaterdagavonden hadden ze een grote maaltijd en een dansfeest. Ze houdt van een "warme ambiance", dat wil zeggen, van veel mensen om zich heen. Afgelopen zondag had de familie geen gasten: "Wat vreemd om alleen te zijn", zeiden ze. "Het huis lijkt leeg." Ook hier zijn er dingen waar ze niet over praten: "Wat we niet tegen elkaar zeggen, schrijven we in brieven." Die gaan naar penvrienden in het buitenland, in Afrika, Peru en Korea. De verpleegster stuurt drie of vier brieven per week. Je hebt buitenstaanders nodig om te kunnen uitleggen wat je doet en voelt.

Midden in het centrum van Cognac bestaat eveneens een tekort aan mensen om mee te praten. Annette Martineau en haar man hebben het zo druk met hun groente- en fruitwinkel dat ze slechts één week per jaar met vakantie kunnen: zij is gespecialiseerd in het maken van artistieke, sierlijke fruitmanden, die mensen van tachtig kilometer verderop komen kopen. Ze zegt: "Ik zou graag net als Troisgros [de driesterrenkok] willen zijn, professionele erkenning willen hebben. Ik wist niet dat ik dit in me had. Maar het tragische van de handel is dat mensen ons als kassa's beschouwen. Het is waar dat wij van hun geld leven, maar we willen ook andere dingen. Als je mensen ontmoet en ze hoort praten, dan worden ze interessant. Op mijn veertiende ging ik van school. Ik heb moeilijkheden met spellen. Voor mijn correspondentie gebruik ik een woordenboek. Maar nu heb ik overal belangstelling voor. Ik heb een onverzadigbare honger naar alles. Ik ben geen geletterd iemand, maar ik ga graag zo nu en dan naar een boekhandel om door een boek of tijdschrift te bladeren. Ik zeg geen nee, voordat ik het geprobeerd heb. In Frankrijk heeft de cultuur zich zo enorm ontwikkeld: het betekent dat je alles doet, over alles praat; alles is cultureel geworden, omdat je van alles iets opsteekt. De televisie komt met veel nieuwe ideeën en interessante biografieën, en je wilt daarover praten." Ze heeft geen minderwaardigheidscomplex over haar gebrek aan opleiding: "Er zijn mensen die geleerd zijn, maar dom."

Als kind werd haar geleerd dat ze niet aan tafel mocht praten.

"Mijn ouders spraken amper met elkaar. Mijn vriendinnen zeggen dat hun mannen ook niet praten. Dat is vaak zo. Echtgenoten zeiden niet veel in het verleden, omdat alles taboe was en omdat ze niets te zeggen hadden. Wanneer wij etentjes hebben, wordt er in het geheel niet gepraat of op een agressieve manier."

"Mijn man staat 's nachts om drie uur op om de inkopen te doen. Hij gaat helemaal op in zijn werk en is niet iemand om veel woorden aan iets te verspillen. Ik heb mijn dochter gewaarschuwd: 'Je zult meer van het leven genieten als je een man hebt met wie je kunt praten.' Onlangs kocht ik een boek waarin stond dat vrouwen meer belangstelling hebben voor conversatie dan voor seks. Vriendschap begint met praten over niets, gewoon voor de lol. Maar later praat je over het leven en begin je ervaringen uit te wisselen. Een echte vriendin is heel zeldzaam; dat is iemand die geen dingen zal doorvertellen of besmeuren wat ik gezegd heb. Ik vind veel mensen aardig, maar vriendschap is iets sterkers."

"Ik heb mijn dochters geleerd dat ze voor zichzelf moeten opkomen, in hun eentje. Ik heb met de oudste over vrouwenzaken gesproken. Ik spreek vrijuit, maar we zijn geen maatjes. Ik voel dat ik haar moeder ben. Ik zeg hun dat ze moeten werken, liefhebben, respecteren en leren. Ik wil graag dat ze echte vrouwen worden, dat wil zeggen, iemand die gerespecteerd en bemind wordt, die weet hoe ze moet beminnen en respect moet afdwingen; ik zeg hun dat ze vrij moeten leven, beter dan ik, en dat ze minder onwetend moeten zijn."

"Een vrouw heeft een man nodig. In het verleden steunden mannen hun vrouwen niet. Mijn vader steunde mijn moeder niet, en het leven was doorgaans passiever. Er waren niet veel dingen waar ze om vroeg, en ze had veel kinderen. Maar ik heb de steun, zekerheid en affectie van een man nodig. Waarom? Dat weet ik niet. Je moet op iemand kunnen leunen."

"Yves Montand was een voorbeeld van een echte man. Ik had niet met hem getrouwd willen zijn, maar grote mannen hebben schouders – een vrouw kan hun kracht voelen, door hen worden begrepen en gesteund. Maar ondanks de seksuele bevrijding is vriendschap tussen mannen en vrouwen nog steeds moeilijk; er is altijd een *arrière-pensée*. Vrouwen kunnen over alles praten waar mannen het ook over hebben en ze kunnen de conversatie breder maken. Ze zullen meer pauzeren, nadenken. Ze zijn niet minder intelligent. Relaties zijn aan het veranderen, maar blijven moeilijk. Vaak hebben mannen naarmate ze ouder worden nog steeds een moeder nodig of willen ze weer achttien zijn. Ze willen voortdurend bewijzen dat ze mannen zijn. Terwijl een vrouw elke fase van haar leven doorloopt, ze leidt verscheidene levens. Mannen weigeren dat. Mensen zeggen dat Montand door vrouwen geworden is wat hij was, en dat is waar." "In mijn winkel ben ik een winkelier. Met jou ben ik mezelf."

Madame Martineaus dochter van zestien merkt dat haar eigen conversatie op verschillende manieren wordt beperkt. Vroeger, zegt ze, namen meisjes alleen meisjes in vertrouwen. Maar nu kun je vriendschap sluiten met een jongen, zonder seks, "als een broer". "Er is geen verschil tussen jongens en meisjes, je kunt met allebei praten." Maar terwijl "meisjes bereid zijn om te experimenteren en te onderzoeken, hebben jongens vaststaande ideeën, in beslag genomen door geld en succes". Meisjes hebben een nieuw soort zelfvertrouwen, waar jongens niet helemaal aan kunnen voldoen: ze bewondert haar moeder, die, hoewel ze plezier heeft in haar werk, "iets anders zou gaan doen als ze kon; ze is in meer dingen geïnteresseerd, en als ze iets niet weet, dan gaat ze op onderzoek uit." Zo droomt ze ervan om uit Cognac weg te gaan, omdat "het alleen een plaats is voor 35-plussers" en omdat de kinderen van de armen in hun eigen klasse moeten blijven. Maar haar zelfvertrouwen is gemengd met schroom: "Ik hou er niet van om klanten te bedienen in de winkel, omdat ik bang ben dat ik ze niet aansta: misschien zijn ze ontevreden." Wat er in de hoofden van anderen omgaat, wordt steeds raadselachtiger.

Ik vraag een vrouw van 44: "Met wie hebt u uw beste gesprekken?" Ze antwoordt: "Met mijn hond. Hij begrijpt me." Ze behoort tot de generatie uit 1968, die meende dat wanneer taboes eenmaal waren afgeschaft en mensen openhartig tegenover elkaar waren en vrijelijk spraken over wat ze diep in hun binnenste dachten, er een nieuw tijdperk zou aanbreken. Lisa heeft ruim twintig jaar lang geprobeerd die formule toe te passen, maar het heeft niet bepaald gewerkt. Ze runt een nierdialysekliniek en is er trots op dat ze een behandeling kan bieden tegen een kwart van de kosten van het ziekenhuis. Maar haar collega's praten niet met haar zoals ze dat graag zou willen, en daarom stopt ze met haar werk. Toen ze begon, gingen jonge artsen en verpleegsters als gelijken met elkaar om: ze vormden een team, en de artsen zwoeren dat wanneer ze eenmaal de top bereikt hadden, ze zich nooit zouden gedragen als de tirannieke oude specialisten, die dachten dat ze God waren. Nu zijn de jonge artsen op middelbare leeftijd gekomen en machtig geworden; ze gaan op eigen houtje naar internationale congressen en hebben geen belangstelling meer voor de verpleegsters. Ze klaagt erover dat ze ervan uitgaan dat ervaren verpleegsters zoals zijzelf gewoon hun werk blijven doen, terwijl ze nauwelijks meer verdienen dan jonge verpleegsters die net van school komen: ze wil waardering voor haar ervaring, niet per se in de vorm van geld, maar in de vorm van respect. Het gebrek daaraan heeft haar verbitterd. Maar artsen klagen ook dat ze niet gerespecteerd worden door hun patiënten, die een hogere dunk hebben van de televisiemonteur. Niemand heeft voorzien dat de wereld een tekort aan respect zou hebben.

Vanuit het hele land komen er patiënten naar Lisa. Aan ieder van hen besteedt ze vier tot vijf uur, drie keer per week, en er zijn nauwe banden ontstaan. Toch heeft ze besloten om in opstand te komen. In bijna één adem zegt ze: "Ik heb genoeg van mijn patiënten" en "Ik zal ze geweldig missen." Ze is van plan beleidsmaker te worden, gespecialiseerd in ziekenhuishygiëne. De wereld weet niet hoe hij mensen moet belonen voor wie ze zijn, in plaats van voor de rang die ze in de hiërarchie vervullen.

Hoe reageerden de artsen op haar verzoek om respect? "Ik heb hierover nooit iets tegen ze gezegd." Opnieuw stilte. Haar trots staat haar in de weg. Ze heeft het gevoel dat ze haar met minachting bejegenen. Maar ze kan ze niet smeken om haar te stimuleren. Eens ontmoette ze een fantastische professor in de farmacologie, in wiens laboratorium ze enige tijd doorbracht. Hij was wereldberoemd en had in de VS gewerkt, maar hij kende geen greintje arrogantie; hij sprak nooit over *zijn* ontdekkingen, maar altijd over zijn "team", waarin iedereen elkaar bij de voornaam noemde. Die houding is haar ideaal. Ze vergeet dat het voor autoriteiten van wereldformaat makkelijk is om vriendelijk te zijn, terwijl middenmoters moeten laten zien hoe belangrijk ze zijn, anders zou niemand dat vermoeden. Lisa is echter op zoek naar "een nieuwe motivatie".

Ze had al haar hoop op haar carrière gevestigd. Ze trouwde met een arts die zelf ook druk bezig was met zijn loopbaan. "Wij zijn gelijkwaardig. Er zijn thuis geen mannen- en vrouwentaken. Ik ben helemaal geëmancipeerd. Ik kan doen wat ik wil en krijg geen aanmerkingen als ik laat thuiskom. We hebben aparte bankrekeningen. Ik zorg voor mezelf. We hebben allebei verschillende hobby's. Hij houdt van tennis en bridge. Ik van squash en fitness. Maar 's zondags kook ik alles voor de hele week, want ik ben gek op koken. Ik laat er al mijn creativiteit op los: ik wil niet dat hij me helpt." Omdat ze zo druk waren met hun werk, hebben ze geen kinderen. Daar heeft ze nu spijt van. Hij ook? "Dat weet ik niet. We praten er nooit over. Hij wilde niet echt kinderen."

Maar dat was niet het enige onderwerp waar ze het niet over

hadden. Houdt hij van haar? Dat vraagt ze nooit, en hij zegt het haar nooit. Zegt zij het tegen hem? "Het is makkelijker voor me om te zeggen: 'Je werkt me op de zenuwen'." Er zijn tijden geweest dat ze elkaar nauwelijks zagen, zo druk waren ze met hun patiënten bezig. Zo'n vijf jaar geleden besloot ze dat ze moesten afspreken om elke zaterdagavond om half negen alleen met z'n tweeën te eten. Zij bereidt een maaltijd alsof ze gasten hebben en ze praten over de geneeskunde en over mensen, wier karakters hij feilloos kan ontleden – "Hij heeft me geleerd hoe dat moet." Hij houdt van lekker eten, maar zegt dat ze te veel tijd aan koken besteedt; en wanneer ze echt gasten hebben, zegt hij, dan is de maaltijd door de poeha die ze ervan maakt minder gezellig dan ze denkt, omdat ze de gasten in een ondergeschikte positie plaatst. Ze is in haar hoofd echt al een hele maand van tevoren met deze grote diners bezig.

"We praten nooit over onszelf. Ik weet niet waarom. Ik denk na over mezelf, maar zeg niet wat ik denk. Als ik echt geëmancipeerd was, dan zou ik met mijn man over mezelf praten. Maar ik zou een man nodig hebben die zelf niet verlegen was, om mij van mijn verlegenheid af te helpen." Er is niets aan die verlegenheid te doen, behalve uitgaan en zichzelf bewijzen dat ze bewonderenswaardig is, wat nooit helemaal bevredigend is. "Ik denk dat mijn man weet dat ik uitzonderlijk ben, terwijl hij dat niet is; maar hij is het met me eens dat ik alleen uitzonderlijk ben om problemen te vermijden." Ze heeft een uitnodiging aanvaard om één ochtend per week aan een Economische Hogeschool les te geven. Dan doet ze haar mooiste kleren aan: "Ik doe alles wat ik kan om er goed uit te zien tegenover die jongeren. Ze letten erop wat ik aanheb. Ik zorg voor een imago dat hun aanstaat, zodat ze naar me luisteren. Ik wil niet oud worden. Ik wil me niet gedragen als een vrouw van 44. Ik vind mensen van mijn eigen leeftijd ouder dan ik. Omdat ik een sportvrouw ben, kan ik met jongeren praten." Omdat ze actief is in de sportwereld, ontmoet ze veel mensen: "Ik word niet door hen gekoeioneerd. Ze behandelen me als hun gelijke, wat ik belangrijk vind."

Er is ook een vriend die graag zijn problemen bij haar uitstort. Soms gaan ze samen uit, zelfs naar nachtclubs. Maar haar man weigert jaloers te worden. Hij vermaakt zich op de tennisclub en met zijn vrienden. "Waarom kunnen we onszelf niet apart amuseren?" vraagt hij. "Waarom niet samen?" antwoordt ze. "Als hij zich amuseert, dan wil ik er ook bij zijn. Ik amuseer me graag zelf, maar we hebben een verschillend idee over wat jezelf amuseren betekent." Een keer heeft ze hem weten over te halen om naar een gekostumeerd bal te gaan. Daarvoor maakte ze zichzelf totaal onherkenbaar en verkleedde ze hem als clown. Hij amuseerde zich kostelijk: "Het was een van onze beste avonden." Al is ze onafhankelijk, ze wil toch dat ze hechte vrienden zijn. Maar de tijd lijkt hen van elkaar gescheiden te hebben, zoals de artsen zich losmaken van hun verpleegsters. Het zou een hoop schelen als mensen vaker onherkenbaar waren en elkaar zouden verrassen.

Misschien is het wel zo dat één man niet genoeg conversatie kan bieden. Soms denkt ze dat het ideaal zou zijn om twee parttime mannen te hebben. "Ik zeg niet dat het nooit zal gebeuren. Maar ik denk niet dat ik het zou kunnen. Ik ben geen avonturierster. Risico's aangaan is aan mij niet besteed." Ze zegt tegen hem: "Je kent me niet. Je beseft niet hoe ver ik kan gaan." Maar dat doet ze alleen maar om hem bang te maken: "Hij irriteert me, maar ik zou niet kunnen leven met een alledaagse stereotiepe man. Bovendien ben ik niet zo makkelijk om mee te leven. Als je alles goed bekijkt is hij misschien wel de beste man voor mij."

Ik heb in Cognac een hoop klachten gehoord over echtgenoten. Naarmate mensen zich hoger op de sociale ladder bevinden, worden de eisen die aan echtgenoten gesteld worden hoger en groeit de irritatie over 45-jarige mannen die wanhopig proberen te bewijzen dat ze seksueel nog meetellen; op die leeftijd "is het erg belangrijk om hen te laten denken dat zij de baas zijn". Maar niet alle vrouwen nemen genoegen met deze oude strategie: wanneer ze ontwikkeld zijn, vrije tijd hebben en graag hun verstand gebruiken, hebben ze het land aan zakelijke gesprekken. Vroeger zochten ze afleiding in liefdadigheidswerk. Nu is er een groot aantal vrouwengroepen die bijeenkomen om te praten over literatuur en ideeën, religie en Europa. Bij de religieuze bijeenkomsten zijn ook mannen aanwezig, maar de literaire zijn alleen voor vrouwen: daar lezen ze elke maand een boek en praten erover tijdens een maaltijd. Ze hebben een particuliere bibliotheek geopend, die de recentste uitgaven koopt en deze voor vijf francs uitleent, of voor drie francs in het geval van oudere boeken. Het is een permanente ontmoetingsplaats geworden om over literatuur te praten, waaraan vrouwen uit alle standen deelnemen.

Vervolgens kwamen deze vrouwen bijeen voor een wel heel stoutmoedig intellectueel avontuur: ze richtten een Europees literair festival op, waarvoor internationaal bekende schrijvers, critici en artiesten worden uitgenodigd en waar een paar honderd man publiek op afkomt. Deels als gevolg daarvan heeft dit kleine stadje vier boekwinkels. Ik denk dat hieruit op een dag misschien wel een nieuw soort universiteit zal groeien. Oxford, immers, was een stad met slechts 950 huizen toen zijn universiteit werd gesticht. Die kwam tegemoet aan de behoefte aan priesters, advocaten en leraren. Maar nu intelligente mensen niet langer voldoening vinden in uitsluitend professionele training, is er ruimte voor een nieuw type universiteit: geen getto voor jongeren, maar een plaats waar alle generaties ervaring, cultuur en hoop kunnen uitwisselen.

"Mijn man wordt naar boven gestuurd tijdens onze vrouwenbijeenkomsten, en soms luistert hij ons af en stelt hij me na afloop vragen", zegt een vrouw. "Mijn man is alleen maar geïnteresseerd in natuurwetenschap en techniek", klaagt een ander. "Toen hij erachter kwam dat ik de hele dag op het festival zou zijn", zegt een derde, "was hij kwaad." "Iedereen van ons heeft een geheime tuin", zegt een vierde. "Niemand is zichzelf. Als ik mezelf helemaal zou blootgeven, dan zou niemand me geloven. Daarom hou ik mijn gedachten voor mezelf. Ik wil mijn sleutel niet weggeven." Weer een ander concludeert: "De mannen verdienen de kost, wij doen het denkwerk voor ze."

De conversatie tussen mannen en vrouwen is nauwelijks op gang gekomen.

Is het onvermijdelijk dat zoveel gesprekken vruchteloos zijn? Waarom zijn mensen na eeuwen van ervaring nog altijd zo onbeholpen, grof en onoplettend tijdens het converseren? Veertig procent van de Amerikanen – die nota bene zijn opgevoed met het idee dat het onvriendelijk is om te zwijgen – klaagt erover dat ze te verlegen zijn om vrijuit te praten. Het antwoord is dat converseren nog steeds in de kinderschoenen staat.

Het geheugen van de wereld zit voller met namen van generaals dan van praters. Misschien komt dat doordat mensen vroeger veel minder praatten dan nu. "Een man die geneigd is veel te praten, hoe verstandig hij ook mag zijn, wordt gerekend tot de dwazen", zei de Perzische prins Kai Ka'us van Goergan, en voor het grootste deel van de geschiedenis was de wereld het met hem eens. De ideale held van Homerus, iemand die evenzeer "een spreker van woorden" is als "een verrichter van daden", was een zeldzaamheid. De hindoegodin van de rede, Sarasvati, verbleef slechts "in de tongen van dichters"; wanneer gewone mensen spraken, deed ze hen beseffen dat ze goddelijk creatief probeerden te zijn. In 1787 maakte een Engelse reiziger een opmerking over de zwijgzaamheid van Franse boeren, in een land waar de elite beroemd was om zijn elegante breedsprakigheid.

Dat oude stilzwijgen van boeren kun je nog altijd horen in delen van Finland, dat de reputatie heeft van het minst praatgrage land ter wereld. Een Fins spreekwoord zegt: "Eén woord is genoeg om een hoop problemen te veroorzaken." De Finse provincie Häme is het meest zwijgzaam. Daar zijn ze trots op het verhaal van de boer die op bezoek gaat bij zijn buurman en lange tijd rustig zit zonder iets te zeggen, totdat zijn gastheer hem vraagt waarom hij gekomen is. Uiteindelijk komt het hoge woord eruit: zijn huis staat in brand. Deze Finnen woonden altijd in geïsoleerde boerderijen, niet in dorpen, en ze ervoeren het niet als last om stilte te verdragen. Antropologen melden dat er plaatsen zijn in Centraal-Afrika waar mensen "zich totaal niet verplicht voelen om in een sociale situatie te praten, omdat spreken, niet zwijgen, iemand in problemen brengt". Anderen hebben geanalyseerd hoe belangrijk het in Madagascar is om voorzichtig te zijn met wat je zegt. Informatie is een schaars goed dat je moet opsparen – het geeft immers prestige – en bovendien zal het verkondigen van iets wat later onjuist blijkt te zijn ernstig gezichtsverlies teweegbrengen. Dit is niet typisch iets voor een bepaald deel van de wereld, maar het is karakteristiek voor veel beroepen en veel formele situaties elders: er zijn veel redenen om niet te praten, vooral de angst om jezelf belachelijk te maken. Een paar kilometer van Oxford woonde een oude dame die ik kende, de weduwe van een landarbeider. Ze kreeg altijd bezoek van andere dames, die alleen maar "bij haar zaten" en een uur lang vrijwel niets zeiden. Wat Madagascar ons leert is dat de mannen zo bezorgd zijn dat ze gezichtsverlies lijden of andere mannen beledigen, dat ze het praten aan de vrouwen overlaten. Als ze kritiek willen uiten, dan vragen ze de vrouwen om dat voor hen te doen. Die doen dat in het Frans, niet in het Malagasi. Mannen gebruiken alleen grove taal als ze hun koeien bevelen geven, maar dan wel uitsluitend in het Frans. Vervolgens hekelen de mannen de vrouwen omdat ze zoveel praten.

Vrijheid van meningsuiting was een loos recht, totdat mensen zichzelf bevrijdden van het gevoel dat ze niet wisten hoe ze zich correct moesten uiten. Ook was het niet voldoende voor hen om bijeen te komen in steden om te leren converseren. Ze moesten allereerst hun oude, diepgewortelde afkeer overwinnen van onderbroken te worden, wat zij ervoeren als een soort verminking. Vervolgens werden ze tot praten aangezet omdat ze de behoefte hadden om te discussiëren over dingen waar ze onzeker over waren en omdat ze niet wisten wat ze moesten geloven. Mensen werden pas spraakzaam toen wetenschappers en filosofen begonnen te zeggen (zoals ze in het oude Griekenland gedaan hadden en zoals ze dat nu weer doen) dat het onmogelijk is om de waarheid te kennen, dat alles voortdurend verandert, en divers en uiterst complex is, en dat alleen sceptici weten wat wijsheid is. Ook de uitvinding van de democratie vereiste dat mensen zeiden wat ze dachten en dat ze zich uitten in volksvergaderingen. Syracuse op Sicilië, een stad van Griekse immigranten – een voorloper van de kolonisten van New England – was de eerste democratie die een leermeester kende in de kunst van het spreken, Corax genaamd. Spoedig werd de retorica de allerhoogste vaardigheid in de Griekse wereld en het belangrijkste onderdeel van de opvoeding. Hoewel sommigen meenden dat je bekend moest zijn met alle takken van wetenschap om als spreker te kunnen imponeren, waren de meesten te ongeduldig. Zodoende werd er een kortere weg naar succes bedacht: het onderwijsprogramma werd teruggebracht tot louter training in het disputeren, de techniek van het praten over elk willekeurig onderwerp, zelfs als je er niets van af wist. Het vermogen om overtuigend te spreken werd de nieuwe sensatie, het nieuwe intellectuele spel. Het maakte van de politiek en de rechtbanken één groot entertainment, waarbij redenaars als atleten met elkaar wedijverden, maar dan met een grotere, magische kracht om de emoties te prikkelen. De beroemdste leermeester in de retorica, Gorgias, oorspronkelijk een gezant van Syracuse in Athene, beschouwde zichzelf als een magiër en liet zijn frasen rijmen alsof het incantaties waren.

Maar dit was geen conversatie. De eerste die converseerde was Socrates, die deze woordenstrijd verving door dialoog. Hij was dan misschien niet de uitvinder van de dialoog, oorspronkelijk een Siciliaans mime- of poppenspel, maar hij introduceerde de idee dat individuen niet in hun eentje intelligent kunnen zijn en dat ze iemand anders nodig hebben om hen te stimuleren. Vóór hem was het toonbeeld van alle taaluitingen de monoloog: de wijze man of de god sprak en de rest luisterde. Maar Socrates had de traumatische ervaring natuurwetenschappen gestudeerd te hebben en was blijven zitten met het gevoel dat hij nooit zou weten wat hij moest geloven. Zijn briljante idee was dat als twee onzekere individuen bij elkaar zouden worden gezet, zij zouden kunnen bereiken waar ze ieder apart niet toe in staat waren: ze zouden zelf de waarheid, hun eigen waarheid, kunnen ontdekken. Door elkaar vragen te stellen en hun vooroordelen te onderzoeken, ze per stuk in vele onderdelen te ontleden en de zwakke plekken op te sporen, elkaar nooit aan te vallen of te beledigen maar altijd op zoek te gaan naar onderlinge overeenstemming, waarbij ze met kleine stapjes van de ene naar de andere overeenstemming gaan, zouden ze geleidelijk aan leren wat het doel van het leven was. Al wandelend door Athene, over de markten en ontmoetingsplaatsen, liet Socrates zien hoe de dialoog werkte. Hij klampte ambachtslieden, politici en mensen van diverse pluimage aan en stelde hen vragen over hun werk en opvattingen. Wat ze op dat moment ook aan het doen waren, ze moesten een reden hebben, ze moesten denken dat het goed was, of rechtvaardig, of mooi. En zo bracht hij het gesprek op de vraag wat die woorden betekenden. Hij stelde dat het niet voldoende was om eenvoudigweg te herhalen wat anderen zeiden, om opvattingen te lenen. Je moest ze zelf uitwerken. Hij was een leermeester zoals er nog nooit een had bestaan. Hij weigerde te doceren en zich te laten betalen, volhoudend dat hij even onwetend was als de leerling en dat het aangaan van een conversatie de manier was om een reden voor het leven te vinden.

Socrates was buitengewoon lelijk, hij zag er bijna grotesk uit, maar hij liet zien hoe twee individuen mooi konden worden in elkaars ogen door de manier waarop ze praatten. "Sommigen van hen die regelmatig mijn gezelschap zoeken, lijken aanvankelijk nogal onintelligent. Maar naarmate we verder gaan met ons gesprek, kan het gebeuren dat al diegenen die in de gunst staan bij de goden in zo'n tempo vooruitgang boeken, dat dat zowel bij anderen als bij henzelf verbazing wekt, hoewel het duidelijk is dat ze nooit iets van mij geleerd hebben. De vele bewonderenswaardige waarheden die ze hebben gebaard, hebben ze zelf vanuit het binnenste van henzelf ontdekt. Maar de bevalling is het werk van de goden, en van mij." Socrates' moeder was een vroedvrouw, en zo zag hij zichzelf ook. Willen ideeën geboren worden, dan is een vroedvrouw nodig. Dat was een van de grootste ontdekkingen ooit.

Sommigen vonden Socrates echter te eigenaardig, irritant, subversief, een 'schorpioen'. Dat een standpunt door iedereen gedeeld werd, maakte op hem geen indruk. Hij trok het desondanks in twijfel. Zijn ironie bracht mensen in verlegenheid, omdat het leek alsof hij op hetzelfde moment twee tegengestelde dingen bedoelde. Ook dreef hij de spot met de democratie en koos hij ervoor om ter dood te worden veroordeeld om te bewijzen dat de democratie onrechtvaardig kan zijn. Hij zei tegen zijn vervolgers dat een leven dat zichzelf geen vragen stelt niet de moeite waard is.

Maar conversatie bestaat niet alleen uit vragen: Socrates vond slechts de helft van de conversatie uit. Er was nog steeds een andere rebellie nodig, en die kwam in de Renaissance. Deze keer was het een rebellie door vrouwen.

Zolang succes in het leven afhankelijk was van militaire kracht, adellijke afkomst of een patroon die jou beschermde, werd 'converseren' opgevat als 'samenleven met, het regelmatig bezoeken van, het behoren tot de kring van een machtig persoon', waarbij je alleen maar hoefde te praten om je gehoorzaamheid en loyaliteit te tonen.

Etiquetteboeken voor hovelingen adviseerden hen zich te concentreren op het verdedigen van hun reputatie. Militaire metaforen dienden als leidraad voor het versterken van hun trots: vorm allianties, gebruik woorden als wapens en beledigingen als munitie tegen je rivalen, toon je kracht door je bereidheid confrontaties aan te gaan, een ruzie te beginnen, te bluffen. De taal van hovelingen bleef lange tijd grof, hun gedrag ostentatief, met praalhanen als voorbeeld. Maar toen kregen de dames aan de hoven genoeg van deze gewoonte. Er werd een nieuw ideaal bedacht, eerst in Italië, vervolgens in Frankrijk en Engeland, en ten slotte in de rest van Europa en daarbuiten, hoe een mens zich diende te gedragen. Dit eiste het tegenovergestelde – beleefdheid, vriendelijkheid, tact en beschaving. Het voorbeeld dat iedereen uiteindelijk navolgde was Madame de Rambouillet (geboren Pisani, ze was half Italiaans). Zoals Marilyn Monroe een hele generatie leerde wat het betekende om sexy te zijn, zo liet Madame de Rambouillet zien wat het betekende om op de meest verfijnde manier sociabel te zijn. Zo maakte het niet langer uit hoe rijk, hoe adellijk of hoe mooi je was, als je maar wist hoe je moest deelnemen aan een conversatie.

Ze organiseerde de conversatie op een geheel nieuwe manier. Een salon was het tegenovergestelde van de grote zaal van koningen of baronnen. Er hing een intieme sfeer, en er zat misschien een tiental mensen, op z'n hoogst zo'n twintig. Soms werd het een alkoof genoemd. De leiding was in handen van een dame die het talent bezat om het beste uit getalenteerde mensen te halen. Ze nodigde hen niet uit op basis van hun status, maar omdat ze interessante dingen te melden hadden en omdat ze die nog beter konden verwoorden in het gezelschap dat zij had gevormd. Socrates had de duetvorm van conversatie uitgevonden. Madame de Rambouillet probeerde niet om het gesprek de vorm te laten aannemen van een kamerorkest, omdat elk individu zijn eigen woorden sprak; in plaats daarvan zorgde ze voor een theater waarin ieder het effect van die woorden kon beoordelen en een reactie kon krijgen. Mensen van alle standen en nationaliteiten ontmoetten elkaar in haar salon – en in de vele andere salons die een imitatie waren van die van haar. Daar hadden ze conversaties waarbij ze met dezelfde afstand naar het leven keken als Socrates graag deed, maar in plaats van zich te kwellen door zichzelf vragen te stellen, richtten ze zich op het elegant uitdrukken van hun gedachten.

De salons deden voor de conversatie wat Garricks acteren deed voor Shakespeare. Het waren bemiddelaars, zoals Madame Necker het stelde, die ertoe bijdroegen dat "gevoelens toegang krijgen tot de zielen van anderen". Horace Walpole, die een afschuw had van het soort mensen dat naar salons ging ("vrijdenkers, geleerden, de hypocriete Rousscau, de spotter Voltaire ... in verschillende opzichten zijn het voor mij allemaal oplichters"), werd niettemin een toegewijd lid van de salon van Madame Geoffrin. Hij ontdekte dat hoezeer mannen ook een hekel hebben aan de pretenties van andere mannen, de aanwezigheid van intelligente vrouwen, die ze willen behagen, van doorgaans ongemakkelijke bijeenkomsten stimulerende ontmoetingen maakte. Hij schreef over zijn gastvrouw: "Ik heb in mijn tijd nog nooit iemand gezien die een ander zo makkelijk op fouten kan betrappen en kan overtuigen. Vroeger hield ik er nooit van om gecorrigeerd te worden ... Ik maak haar tot mijn biechtvader en leidsman. De volgende keer dat ik haar zie, zal ik denk ik zeggen: 'O, Gezond Verstand, ga zitten; ik heb over dit en dat nagedacht; is het niet absurd?'"

Dat intelligente vrouwen en intelligente mannen gemengd bij elkaar zaten, leidde tot een andere relatie tussen seks en intellect. "Er werden warme, intense en soms hartstochtelijke vriendschappen gesloten, maar die waren bijna altijd platonisch, niet familiair." Mannen en vrouwen leerden waardering voor elkaars karakter te hebben in plaats van voor elkaars uiterlijk, en ze profiteerden van hun verschillen om zichzelf en elkaar te proberen te begrijpen. Uit hun ontmoetingen kwamen epigrammen, gedichten, maximes, portretten, lofdichten, muziek en spelletjes voort. Daarover werd buitengewoon heftig gediscussieerd, maar zonder wrok, want de regel was dat de deelnemers inschikkelijk moesten zijn. Men deed een welbewuste poging om alle nieuwe ontwikkelingen op het gebied van literatuur, wetenschap, kunst, politiek en sociale gewoonten bij te houden, maar de vrouwen die deze salons runden, waren niet gespecialiseerd in al deze onderwerpen. Hun prestatie was mannen te verlossen van de lompe academische erfenis waaronder ze gebukt gingen, waarin het doel van discussiëren was anderen te verpletteren met het gewicht van je eigen kennis. Aldus doordrenkten ze het proza van de achttiende eeuw met helderheid, elegantie en universaliteit, "filtreerden ze ideeën door andere geesten", en stimuleerden ze het samengaan van ernst en luchthartigheid, verstand en emotie, beleefdheid en oprechtheid. Katherine Philips, die een salon was begonnen in Londen en van wie we wellicht meer hadden gehoord als ze in 1664 niet op 34-jarige leeftijd was gestorven, beschreef haar salon als "een Sociëteit van Vriendschap die openstond voor mannelijke en vrouwelijke leden en waarin gediscussieerd werd over poëzie, religie en het innerlijk van de mens".

Kleine groepen, echter, vormen vaak een beperking voor de individualiteit van hun leden en stellen hen minder in staat om zich daarbuiten te wagen. De smaak die de salons cultiveerden werd makkelijk tiranniek, zodat ze geen andere konden tolereren. Hoewel ze zichzelf probeerden te leren om "te genieten van het contact met anderen" en waarde te hechten aan wat Montaigne "de verscheidenheid en tegenstrijdigheid binnen de natuur" noemde, waren ze uiteindelijk vaak alleen maar bezig met het verheerlijken van hun eigen genialiteit, of hun imitatie van genialiteit, en vervielen ze in conversaties die feitelijk onoprecht waren. Toen de salon even saai werd als het koninklijke hof, bood een tête-à-tête de oplossing. Naarmate men steeds meer hunkerde naar een intiemere conversatie en steeds sterker geobsedeerd werd door oprechtheid, leken alleen brieven een geschikt toevluchtsoord te bieden voor de afgewogen uitwisseling van wat mensen persoonlijk bezighield.

Het verlangen om te converseren is niet voldoende om een conversatie levendig te houden. Spanje bijvoorbeeld ontwikkelde in de achttiende eeuw de kunst van het fluisteren (*chichisveo*), waarbij een vrouw aan een man, niet haar echtgenoot, het privilege verleende om alleen met haar te praten. Middeleeuwse ridders verrichtten grote daden voor hun dames; nu kregen mannen de kans om hun welsprekendheid te tonen. De echtgenoten maakten geen bezwaar, omdat dit geacht werd een platonische relatie te zijn, en bovendien omdat het de taak van de bewonderaar was om net te doen alsof hij was onderworpen, toegewijd aan een vrouw die hij niet kon bezitten. Hij zorgde inderdaad bijna als een bediende voor haar: hij kwam haar om negen uur 's morgens bonbons brengen als ze nog in bed lag, gaf haar zijn mening over wat ze moest aantrekken, begeleidde haar op haar wandelingen, stuurde haar bloemen en bonnetten. Als hij noch zij veel te zeggen had, dan bevatte de conversatie niet meer dan roddels en klachten over de bedienden. "Een dame die over hoeden, cabrioletten, harnassen en hoefijzers kan praten, denkt dat ze het toppunt van wijsheid heeft bereikt en dat ze de toon van een conversatie kan bepalen. Om vrouwen te behagen leren mannen hetzelfde woordenboek en maken ze zichzelf belachelijk." Deze valse start vond eveneens in Italië plaats en ongetwijfeld ook elders: "Wij, Genuese echtgenoten", schreef een van hen in 1753, "hebben het te druk, terwijl onze vrouwen het niet druk genoeg hebben om er genoegen mee te nemen zich alleen te redden, zonder gezelschap. Zij hebben een charmeur, een hond of een aap nodig."

Er ontbrak een cruciale factor: scholing. Maria de Zayas y Sotomayor had al in 1637 haar afkeuring uitgesproken over de onwetendheid waarin de meeste vrouwen werden gelaten, maar het was niet makkelijk voor hen om in opstand te komen zolang ze mannen alleen als potentiële huwelijkskandidaten zagen. De Kerk fulmineerde alleen al tegen het idee dat vrouwen met mannen praatten, zoals bijvoorbeeld in Gabriel Quijano's essay over *Het kwade van sociale bijeenkomsten: de excessen en nadelige effecten van conversatie, ook bekend als cortejo* (Madrid, 1784). De *chichisveo* of *cortejo* had het begin van iets nieuws kunnen zijn (wat ik in hoofdstuk 18 zal onderzoeken), maar het ontaardde in een reeks van "dermate rigide en obligate attenties, galanterieën en hoffelijkheden dat ze hun oorspronkelijke ondertoon van hartstocht verloren en verstarden in een code die zo saai en stijf was als het huwelijk".

Hoe moeilijk het is om te praten kwam uitzonderlijk sterk naar voren in Engeland. Dr. Johnson is de koning van de conversatie in Engeland en zal dat ook blijven, totdat een betere biograaf dan Boswell hem onttroont door met een alternatief te komen. Praten was echter een rookgordijn dat hij om zich heen optrok om de verschrikkingen, rampen en melancholie te verbergen waar hij voortdurend door achtervolgd werd en die hij als de absolute essentie van het leven beschouwde. Hij ging daarin zo ver, dat hij boos werd op iedereen die ontkende dat het leven noodzakelijkerwijs ongelukkig was. Hij hield vol dat het zinloos was om zulke gedachten te bestrijden; je kon ze alleen afwenden, en wel door je aandacht te vestigen op andere onderwerpen. Daarom was hij jaloers op vrouwen die breiden en knoopten; inderdaad probeerde hij vergeefs knopen en muziek te leren. Het grootste plezier beleefde hij aan gesprekken, omdat die hem verlichting brachten. Maar een gesprek met hem was geen echte conversatie, het was geen uitwisseling. Zijn talent was het geven van perfect geformuleerde meningen, in vlekkeloos proza, over ieder onderwerp. Onenigheid interesseerde hem niet, omdat hij meende dat een van de partijen uiteindelijk altijd als overwinnaar uit de bus moest komen, en hij vocht fel om ervoor te zorgen dat hijzelf steeds won. Hij heeft nooit de waarde ontdekt van tegengesproken te worden. Mensen bewonderden hem, omdat hij een probleem in een epigram kon samenvatten. Maar het effect was dat hij daarmee een conversatie beëindigde, niet begon. Zijn kernachtige uitspraken – bijvoorbeeld dat "wanneer iemand genoeg heeft van Londen, hij genoeg heeft van het leven, want Londen heeft alles wat het leven te bieden heeft", of dat hij "bereid was van de hele mensheid te houden, behalve van Amerikanen", of dat de "Fransen lompe, ongemanierde en ongeletterde mensen zijn" – zijn in tegenspraak met zijn interessantere stelling dat "ik elke dag als verloren beschouw waarop ik niet iemand heb leren kennen". Dr. Johnson mag dan veel voortreffelijke kwaliteiten bezitten, hij vertegenwoordigt een doodlopende weg. Ik heb even treurige en even geniale universitair docenten uit Oxford gekend die hem geïmiteerd hebben, maar die door te praten niet minder treurig werden.

De salons stimuleerden de conversatie tussen grote denkers, maar ze konden niet bijbrengen hoe je met buitenstaanders moest converseren of met mensen die geen pretenties hadden. De geschiedenis van de Engelse conversatie laat zien hoe een verfijnde manier van spreken de obsessie voor klassenverschillen liet voortduren waardoor verschillende groepen van de bevolking gezegend bleven met wederzijds onbegrip. In 1908 schreef een arts dat ze betwijfelde of "leden van twee klassen echt met elkaar kunnen converseren. De conversaties met mijn patiënten en hun vrienden zijn altijd buitengewoon eenzijdig geweest ... soms praatte ik, dan weer praatten zij, maar we hadden nooit een gelijkwaardig aandeel. Je hoefde doorgaans maar een vraag te stellen, ze enigszins te overrompelen, ook maar iets af te wijken van hun standpunt en na te laten het voortdurend met hen eens te zijn, of ze hielden hun mond; vaak bracht dat hen ertoe om plotseling een andere kant op te gaan en opvattingen te verkondigen die direct in tegenspraak waren met hetgeen ze daarvoor hadden gezegd."

Men heeft zich enorme moeite getroost om de ontwikkeling van een taal die iedereen kon begrijpen tegen te werken. "Al diegenen die nauwe betrekkingen hebben gehad met de werkende klassen", schreef deze zelfde arts, "weten heel goed hoe moeilijk het voor hen is om woorden te begrijpen die geen Angelsaksische herkomst hebben. Vaak snappen ze dingen niet die mensen tegen hen zeggen vanwege het voortdurende gebruik van termen die uit het Latijn of Grieks komen." Dat was precies de manier waarop de pas opgeleide middenklasse zichzelf probeerde te onderscheiden: 'praten als een boek', met zoveel mogelijk lettergrepen – een stijl die nu nog voortleeft in karikaturen van de officiële taal van de politie. De hoogste klassen gebruiken hun eigen *slang* om hun superioriteit te tonen, waarbij ze een onderscheid maken tussen typisch upper class en niet-upper class taalgebruik. Het doel van snobisme is de conversatie te beperken. Disraeli beschreef hoe dat gedaan werd door het gebruik van populaire clichés: "Engels is een expressieve taal, maar niet moeilijk om te leren. De reikwijdte ervan is beperkt. Voorzover ik kan zien, bestaat het uit vier woorden: leuk, aardig, prachtig en vervelend, en sommige taalkundigen voegen daar nog 'dierbaar' aan toe."

De Verenigde Staten lijken niet ontkomen te zijn aan soortgelijke belemmeringen van de conversatie, verergerd door verschillen in etnische en nationale afkomst. Maar het bedroevendste is dat het lijkt of ze daar de hoop hebben verloren dat vrouwen en mannen ooit in staat zullen zijn dezelfde taal te spreken. Deborah Tannen heeft haar leven lang onderzoek gedaan en is tot de conclusie gekomen dat ze elkaar niet kunnen begrijpen, dat ze het over verschillende dingen hebben als ze een gesprek voeren, en dat vrouwen steun verlangen van degenen met wie ze converseren, terwijl mannen oplossingen voor problemen zoeken. Vrouwen, beweert ze, klagen om hun gemeenschapszin te versterken en roddelen omdat ze, net als kinderen, geloven dat het vertellen van geheimen de manier is om vrienden te maken; daarom luisteren ze graag naar elkaars problemen, omdat het hun allerhoogste doel is zich niet alleen te voelen. Mannen daarentegen houden er niet van te luisteren, omdat "ze zich daardoor ondergeschikt voelen"; ze worden altijd geacht superioriteit na te jagen en hebben geen tijd om sympathie te tonen. Tegen mensen zeggen dat ze hun gedrag moeten veranderen, werkt gewoon niet, zegt Tannen. Haar oplossing is dat ze sociolinguïstiek moeten studeren. Dat zal hen ervan overtuigen dat de seksen "verschillende spelletjes spelen" en dat hun ongenoegens niet te wijten zijn aan persoonlijke tekortkomingen maar aan "verschillen tussen de seksen". De beide seksen zijn in "verschillende culturen" grootgebracht en moeten beseffen dat ze net vreemdelingen zijn die nooit correct zullen communiceren; ze moeten accepteren dat ze verschillende talen spreken. Ze wijst op het trieste statistische gegeven dat Amerikaanse echtparen gemiddeld slechts een half uur per week "met elkaar praten", en suggereert daarmee dat ze zelfs niet proberen te converseren. Ik geloof niet in de mythe dat Amerika het land is van de eenzame massa. Veel Amerikanen hebben zichzelf echter wijsgemaakt dat het waar is, omdat ze zich verbeelden dat conversaties mooier horen te verlopen dan ze normaal doen.

Is er dan in tweeduizend jaar niets veranderd? In de derde eeuw voor Christus zag Han Fei Tzu wat het probleem was. Hij kreeg het niet voor elkaar dat mensen naar hem luisterden. Hij werd altijd verkeerd begrepen: als hij geestig probeerde te zijn, werd hij van luchthartigheid beschuldigd; als hij inschikkelijk was, vond men hem onoprecht; en als hij voor zijn beurt sprak, werd hij bestraft. Verschillende mensen vonden hem afwisselend lomp, zelfingenomen, opschepperig, een lafaard en een vleier. Was het dan zo verwonderlijk, zei hij, dat hij schroom voelde om te spreken en zich zorgen maakte als hij het deed? Desondanks hield hij ervan om te praten en zijn mening te geven, wat hem uiteindelijk de doodstraf bezorgde. Han Fei liet een boek na met essays over 'Eenzame verbolgenheid' en 'Problemen op de weg der overtuiging'. Daarmee liet hij zien dat hij wist wat hij had moeten doen, maar niet kon: het obstakel voor conversatie was "het innerlijk niet te kennen" van degene met wie je sprak, "om daaraan mijn woordkeus aan te passen". Hij zag dat het probleem was dat mensen een mysterie zijn.

Dat is natuurlijk de reden waarom ze interessant zijn en waarom het de moeite waard is met ze te praten. Als ze voorspelbaar waren, dan zou conversatie geen zin hebben. Het zijn immers de verschillen tussen mensen waar de inspiratie vandaan komt om te converseren. Conversatie is heel iets anders dan een biecht of de geseculariseerde varianten daarvan, heel iets anders dan de praktijk van het uitstorten van je problemen bij iedereen die wil luisteren, waarbij je hen zonodig betaalt om te luisteren. De genezer die luistert, streeft ernaar een einde te maken aan de biecht door er een verklaring voor te geven, vaak op basis van een jeugd- of seksuele ervaring of een of andere zondebok. Conversatie daarentegen vereist gelijkwaardigheid tussen de deelnemers. Sterker nog, het is een van de belangrijkste manieren om gelijkwaardigheid te creëren.

Haar vijanden zijn retoriek, woordenstrijd, jargon en geheimtaal, of de wanhoop dat er niet naar je geluisterd wordt en dat je niet wordt begrepen. Om te floreren heeft ze de hulp nodig van vroedvrouwen van beide seksen: over het algemeen zijn vrouwen hierin bekwamer gebleken, maar er waren tijden in de geschiedenis van het feminisme dat sommigen conversatie voor gezien hielden en alles inzetten op overtuiging. Pas wanneer mensen leren converseren, zullen ze beginnen gelijkwaardig te zijn.

Kai Ka'us Ibn Iskandar, Prins van Goergan, *A Mirror for Princes: The Qabus Nama*, vert. Reuben Levy, Cresset Press, 1951; David Kinsley, *Hindu Goddesses: Visions of the Divine Feminine in the Hindu Religious Tradition*, California UP, 1986; *The Complete Works of Han Fei Tzu*, vert. W.K. Liao, Arthur Probsthain, London, 1939; Etienne Balazs, *Chinese Civilisation and Bureaucracy*, Yale UP, 1964; J.V. Neustupny, *Communicating with the Japanese*, Japan Times, Tokyo, 1987; Tullio Maranhao, *Therapeutic Discourse and Socratic Dialogue*, Wisconsin UP,

1986; George A. Kennedy, *Classical Rhetoric and its Christian and Seculair Tradition from Ancient to Modern Times*, Carolina UP & Croom Helm, 1980; Nicolas P. Gross, *Amatory Persuasion in Antiquity*, Delaware UP, Newark, 1985; Georges Vlastos, *Socrates, Ironist and Moral Philosopher*, Cambridge UP, 1991; M. Magendie, *La Politesse mondaine et les théories de l'honnêteté en France au dix-septième siècle*, Félix Alcan, z.j.; Ian Maclean, *Woman Triumphant: Feminism in French Literature 1610-52*, Oxford UP, 1977; Elizabeth C. Goldsmith, *Exclusive Conversations: The Art of Interaction in Seventeenth-Century France*, Pennsylvania UP, 1988; Carmen Martin Gaite, *Love Customs in Eighteenth-Century Spain*, California UP, 1991; W. Jackson Bate, *Samuel Johnson*, Chatto, 1978; C.B. Tinker, *The Salon in English Letters*, Macmillan, NY, 1915; K.C. Phillipps, *Language and Class in Victorian England*, Blackwell/Deutsch, 1984; John S. Nelson, *The Rhetoric of the Human Sciences*, Wisconsin UP, 1987; William Carey, *Dialogues Intended to Facilitate the Acquiring of the Bengalese Language*, 3rd edn., Mission Press, Fort William, 1818; N.H. Itagi, *Communication Potential in the Tribal Populations of Assam and Madhya Pradesh*, Central Institute of Indian Language, Mysore, 1986; K.S. Rajyashree, *An Ethno-Linguistic Survey of Dharavi, a Slum of Bombay*, Central Institute of Indian Language, Mysore, 1986; Raymonde Carroll, *Cultural Misunderstandings*, Chicago UP, 1988; Lila Abu Lughod, *Veiled Sentiments: Honor and Poetry in a Bedouin Society*, Califorinia UP, 1986; Deborah Tannen, *You Just Don't Understand: Men and Women in Conversation*, Morrow, NY, 1990 en Virago, 1991; Deborah Tannen, *Perspectives in Silence*, Ablex, Norwood, NJ, 1985; Jan Bremmer & Herman Roodenburg, *A Cultural History of Gesture*, Polity, Cambridge, 1991; Elinor Ochs Keenan, 'The Universality of Conversational Postulates', in *Language in Society*, vol. 5, 1976, pp. 67-80.

3

Hoe mensen die op zoek zijn naar hun wortels nog maar net ver en diep genoeg beginnen te kijken

En grijzende man en een jonge vrouw zijn aan het dansen. Hij is Engels, en hij zegt tegen haar: "Je hebt zo'n knap gezicht; alleen jammer van je accent."

Ze ziet eruit als half Japans, half Europees, misschien Duits, Slavisch of Frans... dat moet ze uitleggen. Ze heeft een Amerikaans accent. Ze vindt het niet terecht dat hij medelijden met haar heeft. Integendeel, ze heeft het gevoel dat ze in de juiste eeuw geboren is, omdat ze zich noch in het Oosten noch in het Westen helemaal thuis voelt.

Ze heeft op een meisjesschool in Tokio gezeten, waar ze gehoorzaam overnam wat de leraren op het bord schreven. Op haar vijftiende "had ik geleerd hoe ik me als Japanse moest gedragen". Niet helemaal, want toen ze ongehoorzaam was, gingen haar schoolkameraden haar uit de weg en noemden ze haar Amerikaans. Zodoende ging ze naar de VS om haar vaders beschaving te ontdekken en muziek te studeren, waarbij iemands afkomst er niet toe doet. Toch was ze er niet van overtuigd dat ze voldoende talent bezat om een volwaardig lid te zijn van de grensloze natie van artiesten. In plaats daarvan behaalde ze in Washington DC een academische graad in internationale betrekkingen en werd ze China-expert. Tijdens haar tweejarig verblijf in Taiwan werd ze verliefd op een Engelsman. Ze beschouwt zichzelf als een wereldburger, hoewel ze geen reden ziet om dat van de daken te schreeuwen. Ze gaat ervan uit dat ze nooit een groot artiest of een groot iemand zal zijn, maar ze heeft een alternatieve rol gevonden.

In Londen ontdekte ze dat wereldburgers niet per se welkom zijn. Haar aanstaande schoonmoeder had niet alleen een hekel aan haar accent. Ze had een nog grotere afkeer van haar gereserveerdheid, en zag niet in hoe de familie haar in zich op kon nemen. Na zes jaar kon haar vriend nog altijd niet besluiten of ze wel of niet bij elkaar pasten. Wat wordt een moderne vrouw geacht te doen die niet naadloos past in de geijkte groef? Welke moderne vrouw past eigenlijk naadloos in een geijkte groef?

Van alle steden in de wereld heeft Maya er nu voor gekozen om in Parijs te wonen, waar "alles wat ik doe goed is; in Frankrijk is alles toegestaan". Maar dat komt natuurlijk doordat ze niet geprobeerd heeft Frans te worden. "Ik beschouw mezelf graag als een zigeuner ... Ik heb het gevoel dat ik uit verschillende kleuren besta. Ik kan niet zeggen welk deel bepaalt wie ik ben – het Amerikaanse of het Japanse: ik ben de som, het totaal." Ze is nu presentator voor de Japanse televisie. Wanneer ze een westerling in het Engels interviewt, is ze volledig westers. Maar wanneer ze haar make-up opdoet en het interview in het Japans presenteert op het Japanse net, dan beginnen haar ogen anders te schitteren, transformeert de taal haar gezichtsuitdrukkingen en lijkt ze iemand anders te zijn. "Ik ben een kameleon", zegt ze. Het voordeel daarvan is dat ze zich met een veel groter scala van personen op haar gemak voelt. Zo heeft ze de kroonprinsen van Europa geïnterviewd zonder enige spanning "omdat ze allemaal geleden hebben", en liep ze in haar eentje door de meest gewelddadige delen van Washington "omdat ik ook tot een minderheid behoor".

Maya woont alleen, zoals de helft van alle inwoners van Parijs, de stad van eenzame gedachten. "Ik ben een afstandelijk iemand", zegt ze. "Als ik problemen heb, doe ik de deur dicht en denk ik alleen maar na; ik praat er niet over." Haar weg naar onafhankelijkheid was eenvoudig: ze geeft zichzelf de schuld van tegenslagen. Dat geeft haar een rustgevend gevoel, want het betekent dat er hoop is – ze hoeft alleen maar zichzelf te veranderen. Het veranderen van andere mensen is te moeilijk. "Ik heb het idee dat ik mezelf aan het polijsten ben en dat ik een basis heb van waaruit ik kan werken." Haar moeder leerde haar dat ze halverwege zou zijn als ze medelijden kan hebben met degenen die haar van haar stuk brengen. Ze meent dat het volgen van die regel haar vrij maakt. Ook zoekt ze de vrijheid door te proberen om niet te veel spullen om zich heen te verzamelen. Ze zegt dat ze niet gehecht is aan materiële zaken. Toen iemand haar lievelingstheepot brak, was ze wel even twee minuten boos, maar zei vervolgens tegen zichzelf: "Alles heeft een leven en aan alles komt een einde." Ze wil haar omgeving niet bezitten, maar erdoor gestimuleerd worden, en dat betekent dat die voortdurend moet veranderen.

De filosofie die momenteel populair is in de VS, namelijk dat de gevoelens van een individu belangrijker zijn dan wat dan ook, dat ze heilig en onschendbaar zijn en beschermd moeten worden, spreekt haar niet aan. Als kind deprimeerde het haar doorgaans dat ze geen overtuigd standpunt kon innemen, dat ze beide kanten kon zien. Het lukt haar niet de wijsheid van haar boeddhistische grootmoeder te evenaren, die meteen lijkt te weten wat je het best kunt doen. De christelijke zondagsschool waar ze als kind naartoe ging, slaagde er niet in haar vragen te beantwoorden. Het is niet haar eerste prioriteit om in staat te zijn haar opvattingen te ventileren. Ten eerste omdat haar opvattingen misschien niet juist zijn en ten tweede omdat ze van gedachten kan veranderen. Vooringenomen mensen geven haar het gevoel dat ze haar in de val laten lopen en haar dwingen te zeggen: "Je hebt ongelijk." "Het spijt me dat ik het zeggen moet, maar ik mag die mensen niet." Anderen met opzet onheus bejegenen, welbewust gemeen zijn, is voor haar "de ergste misdaad". Daarom is haar ambitie niet om te proberen macht te krijgen, noch om anderen te dwingen haar bevelen uit te voeren. "Liever zet ik mezelf opzij en doe ik waar ik goed in ben, namelijk mensen bij elkaar brengen."

Ze is een bemiddelaar, en bemiddelaars "kunnen niet groot zijn". Maar "omdat ik onpartijdig ben, kan ik tussen mensen in staan die verschillende opvattingen hebben en hen overhalen te praten". Haar zus is op dezelfde manier opgevoed, maar kende geen van haar problemen. Na de voltooiing van haar literatuurstudie in de VS ging ze terug naar Japan, waar ze voor een bank werkt. Ook Maya dacht aanvankelijk dat ze meer Japans dan Amerikaans was, omdat ze in Japan het leven had ontdekt. Maar vervolgens besloot ze dat ze daar niet langer kon leven, omdat "er dan één gedeelte van mij zou moeten sterven. In Japan ben ik te groot, te openhartig. Ik voel me opgesloten. De huizen zijn te klein." Maar misschien is elk land wel te klein voor haar.

Nu en dan is haar eenzame bestaan pijnlijk. Als ze ziek is, betreurt ze het dat ze niemand heeft die voor haar kan zorgen. Soms beschouwt ze het als een gemis dat ze niemand heeft aan wie ze advies kan vragen. Soms wil ze haar vreugde delen. Terwijl ze het heerlijk vindt om in een vertrouwde omgeving in haar eentje te wandelen, zijn verre reizen minder makkelijk: ze zou heel graag in het Midden-Oosten willen wandelen, om een ander continent toe te voegen aan haar geboorteland. Was ze maar een man, dan zou ze haar avontuurlijke kant tot het uiterste ontwikkelen. Ze streeft er voortdurend naar haar angsten te overwinnen. Dus heeft ze leren zeilen, omdat ze altijd bang was voor de zee. Dat dateert nog uit de tijd dat ze als kind op een klif woonde en nachtmerries had over golven die haar huis verpletterden. Ze droomt ervan om vlieglessen te nemen, en belooft zichzelf dat ze 's morgens eerder zal opstaan en haar dagen avontuurlijker zal maken.

Ondanks al haar succes heeft ze het gevoel dat er iets ontbreekt in haar leven (zoals dat bij iedereen die idealen heeft het geval zal zijn). Had ze maar een obsessie, een hartstocht, zoals kunstenaars die hebben (die de valse indruk wekken dat ze wel weten wat hun doel is en dat ze nergens over twijfelen). Waren er maar niet zulke hiaten in haar zelfkennis. Waarom had de moeder van haar vriend zo'n hekel aan haar? Ze zal echter geen genoegen nemen met een compromis dat haar niet de hoop biedt om ooit haar idealen in liefde en werk te combineren. "Ik ben erg hebzuchtig." Haar ideale man, zoals ze hem beschrijft, is niet van deze wereld: hij moet plezier beleven aan dezelfde dingen als waar zijzelf plezier aan beleeft, volkomen ontspannen zijn en dat laten blijken uit de manier waarop hij eet. Eten is het teken waaraan je iemands innerlijke schoonheid kunt herkennen. Ze heeft er een hekel aan als Japanners slurpende geluiden maken wanneer ze spaghetti eten, maar ze houdt ervan als ze hun eigen soep slurpen. Ze heeft maar een handjevol mensen ontmoet die weten hoe je mooi moet eten, die het als een kunst beschouwen. Ze houdt van mensen die het leven als een kunst beschouwen. Maar hoewel je andermans kunst kunt bewonderen, is het de vraag of iedereen wel een eigen kunst heeft.

Wanneer mensen hun levensverhaal vertellen, kun je aan de manier waarop ze beginnen meteen merken hoe vrij ze zichzelf vinden en in hoeverre zij zich op de wereld thuis voelen. Tot voor kort was het van het allergrootste belang wie je vader was. De ideale mens was als een eikenboom, met wortels die stevig vastzaten in een geboorteplaats. Wie woonde op hetzelfde stuk land als zijn voorouders, verwierf respect en prestige, hoe weerzinwekkend hij persoonlijk ook was. Aristocraten, die meer wortels hadden dan wie dan ook, beweerden zodoende dat het heden en het verleden hun toebehoorden. Maar het is niet langer nodig om aristocraten te imiteren. Er bestaat een andere manier om je eigen plaats in de algemene geschiedenis van de mensheid te vinden.

Wat zijn de wortels van iemands geneugten en emoties? Dat zijn totaal andere soorten wortels, die dieper liggen en verder terug reiken dan de stamboom van iemands eigen familie. Je kunt ze alleen maar vinden als je alle continenten afzoekt door alle eeuwen heen.

De verbindingsschakel met de dagen dat mensen ontdekkingsreizigers waren, vertrekkend vanuit de bossen van Afrika en Azië, herinnert ons eraan dat ze even vaak op reis waren als dat ze zich ergens vestigden. Tegenwoordig hebben steeds meer mensen een Chinees oog, dat de natuur ziet als iets wat zijn eigen leven heeft, op haar mooist wanneer ze grillig en ongetemd is. De eerste die die visie had en een kunstenaar genoemd werd, was Ko Shou, de zuster van keizer Shun, in 2000 voor Christus. Steeds meer mensen hebben een Arabisch en Perzisch hart, want het was uit het Midden-Oosten dat de romantische liefde tevoorschijn kwam. De Europeanen besloten niet alleen te vergeten dat hun taal uit India afkomstig is, maar ook dat daar de meest moderne opvatting over seksuele geneugten vandaan komt. Steeds meer westerlingen ontdekken gemeenschappelijke emoties via Afrikaanse muziek en dans. In het feit dat ze zich alleen maar vrij voelen als ze voortdurend op reis zijn en de stedelijke smog ontvluchten, weerklinkt een echo van de fantasieën van de Mongoolse en Scythische nomaden die eens de spot dreven met de bewoners van benauwde steden. Je voelt je dan misschien geïsoleerd in je eigen stad, maar je hebt voorvaderen over de hele wereld.

De geschiedenislessen op scholen leggen echter geen nadruk op zulke schakels. Ook zijn ze niet bedoeld om bloot te leggen welke herinneringen het belangrijkst zijn voor het heden. Als je een film zou maken die in een paar uur alles samenvat wat volgens de handboeken ooit gebeurd lijkt te zijn, waarbij per minuut een halve eeuw voorbijflitst, dan zou de wereld eruitzien als de maan, grijs en desolaat, en alleen opmerkelijk omdat hij een paar kraters heeft. De kraters zijn beschavingen – 34 belangrijke tot nu toe. Elke krater komt tot uitbarsting en sterft vervolgens uit, nadat hij korte tijd delen van de aardbol, nooit de hele aardbol, heeft verlicht; sommige blijven een paar honderd jaar bestaan, andere een paar duizend. Ondertussen strekken zich aan alle kanten rond de kraters duinen van grijs stof uit, zo ver als je kunt kijken: dat zijn de mensen die niet genoemd worden in de geschiedenisboeken, voor wie beschavingen nooit veel gedaan hebben, wier leven grotendeels bestond uit zinloos lijden. Sommige vulkanen zijn nog steeds aan het uitbarsten, maar het staat al vast wat er daarna zal gebeuren: uiteindelijk zullen ze uitdoven. Tot nu toe zijn alle beschavingen in verval geraakt en uitgestorven, hoe groots ze ook in hun glorietijd geweest zijn en hoe moeilijk het ook is om te geloven dat ze kunnen verdwijnen en vervangen worden door woestijn of jungle.

Maya kan niet verwachten dat ze een hoofdrol speelt in zo'n film of dat ze geschikt geacht wordt voor welke rol dan ook, behalve die van een stuk drijfhout dat onzeker dobbert tussen twee beschavingen, een probleemkind, een abnormaal persoon. Maar steeds meer mensen worden abnormaal en passen niet naadloos in één enkele beschaving. Volgens de film zouden normale mensen trots moeten zijn op de beschaving waarin ze zijn geboren, omdat ze wortels en zelfrespect nodig hebben. Toch komt de dramatische handeling voort uit de teleurstelling van degenen die niet persoonlijk hebben geproefd van alle verrukkingen van hun beschaving, die geen mogelijkheid zien om haar ontwikkeling te beïnvloeden, wier familie zover ze kunnen nagaan altijd buitengesloten is geweest van het meeste van wat hun beschaving te bieden heeft omdat ze arm waren – financieel, cultureel of spiritueel – en die klagen dat het bewonderen van de grote figuren van hun beschaving hun zelf niet erg veel voldoening schenkt. Ze leren dan misschien wel wat hun wortels zijn, maar niet hoe ze moeten uitgroeien tot een ornament van het landschap, noch hoe ze zich moeten ontwikkelen, noch hoe ze tot bloei moeten komen. Als geletterde vrouw zou Maya zich waarschijnlijk zelfs ongemakkelijk voelen als ze doodnormale wortels had.

Hoe prachtig beschavingen ook geweest zijn, hun verhaal heeft altijd iets treurigs: hun geluk is zo kort. Ik schrijf dit boek niet om mistroostigheid te verbreiden, noch om kritiek en scepticisme te stimuleren die nergens toe leiden, noch om geschiedverhalen te vertellen over verval en ondergang. Ik verwerp de obsessie voor de dood, en voor de herinnering die alleen maar de gaten tussen grafstenen opvult. Er is een ander scenario mogelijk, dat Maya er niet laat uitzien als drijfhout of stof. De film zou uit verschillende beelden kunnen worden samengesteld.

Als het verleden te snel wordt afgespeeld, lijkt het leven futiel te zijn en is de mensheid net water dat uit een kraan stroomt, recht naar beneden de afvoerbuis in. Wil je vandaag de dag een film over de geschiedenis tonen, dan moet dat in slowmotion, waarbij je iedereen die ooit geleefd heeft een ster laat zijn, zij het vaag zichtbaar aan een nachtelijke hemel, een nog onontgonnen mysterie. Close-ups laten zien hoeveel angst er uit ieders ogen spreekt en hoeveel van de wereld een ieder onbevreesd het hoofd weet te bieden. Ze laten elk hun licht schijnen op zo'n groot gebied als waarin ze zich thuis voelen, waarbij ze de ware grenzen van hun eigen, persoonlijke beschaving blootleggen. In zo'n setting is datgene wat ze gemeenschappelijk hebben minder afhankelijk van wanneer of waar ze geboren zijn dan van de houding die ze tegenover hun medemensen hebben. Je past bij degenen voor wie je sympathie voelt, in welke eeuw en in welke beschaving ze ook leefden. Zo'n film kan voor verrassingen zorgen door mensen naast elkaar te zetten die dachten dat ze vreemden waren, maar dat niet bleken te zijn.

Je kunt interessante ontmoetingen laten plaatsvinden. De boeren uit de Bigouden in Bretagne bijvoorbeeld weten in 1920 niet dat er slechts tien kilometer verderop een zee is. De wereld buiten hun eigen dorp is duister, vol duivels en gevaren. Hun levens zijn zwakke, flikkerende kaarsen. In 1950 kunnen de drieduizend bewoners van een heuvel die uitkijkt over het dal van de Argenton, in Bressuire, nog altijd hun horizonnen om zich heen wikkelen als een warme deken: een kwart van degenen onder de dertig heeft nooit een bezoek gebracht aan de plaatselijke hoofdstad Niort, 55 kilometer verderop, waar ze de glorie van de Franse beschaving zouden kunnen tegenkomen in de vorm van de middelbare school, de kazerne, de gevangenis, de belastingontvanger en de apotheker (de plaatselijke intellectueel).

Een dertiende-eeuwse Venetiaanse koopman daarentegen, die Perzisch en Mongools kan spreken, schrijft zijn memoires in het Frans om zijn reizen in India en Japan te beschrijven. De Kublai Khan heeft zoveel waardering voor hem, dat hij hem tot vice-gouverneur benoemt van een stad in China. Marco Polo is zo nieuwsgierig, dat hij zijn angst vergeet. De verscheidenheid aan mensen verschaft hem eerder plezier dan dat het hem bang maakt, zelfs al raakt hij niet van alle duisternis verlost – dat is nog nooit iemand gelukt; er blijft altijd het raadsel dat je niet kunt begrijpen, het vormeloze spook dat je haren automatisch overeind doet schieten. Het Venetië waar hij vandaan komt, is met zijn 160.000 inwoners de grootste stad van Europa, terwijl Hangzhou in China op hetzelfde moment een bevolking van één miljoen heeft. Stadsbewoners van tegenwoordig hebben meer gemeen met de laatste dan met de eerste stad.

In ieders leven zit een element van het overwinnen van angst. Daar moet naar gezocht worden, hoewel het een valse overwinning kan zijn. Steeds opnieuw walmen schijnbaar intelligente mensen minachting uit om zichzelf te beschermen tegen dingen die ze niet kunnen begrijpen, zoals dieren hun territorium verdedigen met vieze luchtjes. Regelmatig verliest men verworven vrijheden. Of mensen worden zo ruimdenkend, dat ze niet weten waarheen ze op weg zijn.

Dat is waar we tegenwoordig naar zoeken: waar we heen willen. Er zijn al voldoende boeken die de doden prijzen of die de levenden gelukwensen met het feit dat ze meer weten dan hun voorouders of die hen vertellen waarom ze zijn wie ze zijn. Nu moeten de stenen van de geschiedenis opnieuw gebruikt worden voor de constructie van wegen die daarheen leiden waar je naartoe wilt. Dat betekent dat je de illusie moet laten varen dat je mensen simpelweg kunt begrijpen als exponenten van hun beschaving, land of familie.

Het is niet langer voldoende om het soort wortels te hebben waarmee ze tot nu toe genoegen hebben genomen. Weten wie je voorouders waren en waar die trots op waren, volstaat niet langer voor mensen die zichzelf als anders dan hun ouders beschouwen, als unieke figuren met eigen opvattingen, en die zich niet op hun gemak voelen met tradities die verankerd liggen in geweld. Mensen die vrij willen zijn, moeten een veel groter gebied afgraven, en dieper, om hun persoonlijke emoties en ambities te begrijpen. Onderzoek van de meest voor de hand liggende wortels verschaft iemand niet automatisch het vermogen zijn vrienden, partner en dagelijks werk te kiezen, en ook niet om het hoofd te bieden aan woede, eenzaamheid en andere onvolkomenheden. Om te ontdekken welke richting je uit wilt gaan, moet je herinneringen verwerven met een nieuwe vorm, herinneringen die naar de toekomst wijzen en direct betrekking hebben op waar je nu mee bezig bent.

Wat mensen meenden in hun eigen leven te kunnen doen, werd gekleurd door wat ze in de natuur om zich heen zagen gebeuren. Hun ideeën over het ontstaan en functioneren van de wereld beperkten hun verbeeldingskracht, wanneer ze nadachten over hoeveel vrijheid ze persoonlijk hadden. Hun ideeën over wortels vormen een goed voorbeeld. In de moderne plantkunde zijn wortels niet alleen ankers waaruit al het voedsel wordt gehaald: ze produceren ook hormonen. Dus als mensen zichzelf met planten willen vergelijken, op basis van wat er tegenwoordig over planten bekend is, dan moeten ze niet van de veronderstelling uitgaan dat wortels alleen maar voor stabiliteit zorgen: ze zouden kunnen zeggen dat wortels ook stemmingen teweegbrengen. Alles wat men zich over het verleden herinnert is gewassen, en vaak ondergedompeld, in nostalgie, trots, en allerlei soorten illusies en hartstochten. In feite kunnen weinig mensen uit hun wortels oplossingen voor hun problemen halen. Het verleden spreekt niet langer met duidelijke stem; niemand lijkt het nog eens te zijn over wat de geschiedenis ons leert. De ouderwetse soort wortel kon de mensheid alleen voeden zolang afwijkende opvattingen beschouwd werden als onkruid en uitgeroeid of vergiftigd werden. Er is een nieuwe manier van kijken nodig in een wereld die meent dat ieder individu het recht heeft om op zijn eigen wijze, binnen bepaalde grenzen, tot bloei te komen.

Tot de achttiende eeuw was het een mysterie hoe planten functioneerden. Toen werd het geleidelijk aan duidelijk dat de bladeren, en niet de wortels, verantwoordelijk zijn voor het belangrijkste biofysische proces ter wereld: zij voeren de meeste voedingsstoffen en energie aan en stellen de planten in staat zich aan te passen en te overleven in koude en droge grond. De 250.000 verschillende soorten bladeren zijn alternatieve manieren om het hoofd te bieden aan de verrassingen van de omgeving. Tot nu toe heeft alleen fotosynthese (het woord dateert uit 1893) levende materie uit niet-levende elementen gehaald. Pas de huidige generatie heeft met behulp van elektronenmicroscopen (1965) de poriën van bladeren kunnen zien opengaan, elke ochtend als het licht wordt, ongeacht hoe grauw het de dag ervoor was.

Het is net zo vreemd om te zeggen dat mensen wortels nodig hebben als om te zeggen dat ze bladeren nodig hebben. Maar een generatie die evenveel waarde hecht aan aanpassingsvermogen als aan traditie en die streeft naar energie, creativiteit en openheid van geest, moet het idee aanstaan om het licht van de zon in zich op te nemen, uit welke richting hij ook schijnt. De geur van de lucht wordt zoeter wanneer wortels bladeren produceren, die het bestaan van andere vormen van leven mogelijk maken. Toegepast op mensen betekent dit dat het er niet alleen om gaat waar ze vandaan komen, maar ook waar ze naartoe gaan, wat voor soort nieuwsgierigheid of fantasie ze hebben, en hoe ze die gebruiken, zowel overdag als 's nachts.

In één opzicht is Maya al vrij: ze is vrij van de illusie dat ze geen illusies heeft. Maar is ze in haar verlangen om een bemiddelaar te zijn – een ambitie die in dit boek zal terugkomen, omdat heel wat van mijn personages dat verlangen delen – niet het slachtoffer van een andere illusie wanneer ze zich verbeeldt dat het mogelijk is een intiemere communicatie te bewerkstelligen tussen de ontelbare sterren waaruit de mensheid bestaat en die elkaar vandaag de dag nauwelijks verdragen? Om de vertwijfeling over het onvermogen van de mensheid het ooit met elkaar eens te worden te boven te komen, heb je nieuwe denkwijzen nodig en vooral nieuwe beelden. Een begin kan gemaakt worden met ideeën over eenzaamheid. Daarover zal ik het nu hebben.

Nomaden
C. Nelson, *The Desert and the Sown: Nomads in the Wider Society*, California UP, 1973; Centre G. Pompidou: Centre de création industrielle, *Errants, nomades, voyageurs*, 1980; C. Bataillon, *Nomades et*

nomadisme au Sahara, UNESCO, 1963; Sevyan Vainshtein, *Nomads of South Siberia*, Cambridge UP, 1980; J.P. Digard, *Techniques des nomades baxtyari d'Iran*, MSH en Cambridge UP, 1981; Elizabeth Atwood Lawrence, *Hoofbeats and Society: Studies in Human-Horse Interactions*, Indiana UP, Bloomington, 1985 (over relaties met het nomadenleven en nog veel meer); Elizabeth Atwood Lawrence, *Rodeo: An Anthropologist Looks at the Wild and the Tame*, Tennessee UP, Knoxville, 1982; Paul Vigneron, *Le Cheval dans l'antiquité gréco-romaine*, Nancy, 1968.

Migratie
Chen Yuan, *Western and Central Asians in China under the Mongols: Their Transformation into Chinese*, California UP, 1966; Werner Sollors, *Beyond Ethnicity: Consent and Dissent in American Culture*, Oxford UP, NY, 1986; J.L. Amselle, *Les Migrations africaines*, Maspero, 1976; Robert Mirak, *Torn Between Two Lands: Armenians in America, 1880-1914*, Harvard UP, 1983; Hasia R. Diner; *Erin's Daughters in America: Irish Immigrant Women in the Nineteenth Century*, Johns Hopkins UP, Baltimore, 1983; Jean I. Martin, *The Migrant Presence: Australian Responses 1947-77*, Allen & Unwin, Sydney, 1978; O. Lattimore, 'La Civilisation, mère de la barbarie', in *Annales*, 1962; Michael Todd, *The Everyday Life of Barbarians, Goths, Franks and Vandals*, Batsford, 1972; B.F. Manz, *The Rise and Rule of Tamerlane*, Cambridge UP, 1989; Albert Chan, *The Glory and Fall of the Ming Dynasty*, Oklahoma UP, Norman, 1982; Françoise Ascher, *Tourisme, sociétés transnationales et identités culturelles*, UNESCO, 1984 (het internationale reisverkeer is in de jaren tachtig vertienvoudigd); Yves Lequin, *La France mosaique*, Larousse, 1988; Clive Roots, *Animal Invaders*, David & Charles, 1976 (over de trek van dieren).

Ontmoetingen tussen beschavingen
Joseph A. Tainter, *The Collapse of Complex Societies*, Cambridge UP, 1988; Arnold Toynbee, *A Study of History*, revised edn., Oxford UP, 1972; Arnold Toynbee, *Mankind and Mother Earth*, Oxford UP, 1976; Jean Casemajou & J.P. Martin, *La Crise du Melting Pot*, Aubier, 1983; Alberto Asor Rosa, *En Marge: l'Occident et ses autres*, Aubier; 1978; Michael Grant, *From Alexander to Cleopatra*, Weidenfeld, 1982; Roland Martin, *L'Urbanisme dans la Grèce antique*, Picard, z.d.; Stephen L. Collins, *From Divine Cosmos to Sovereign State*, Oxford UP, 1989; Shusako Endo, *Foreign Students*, Sceptre, 1965 (reacties van Japan op Europa); Donald M. Topping, *Thinking Across Cultures*, Lawrence Erlbaum, Hillsdale, NJ, 1989; Centre Aixois de recherches anglaises,

no. 9, *L'Etranger dans La littérature et la pensée anglaises*, Aix, 1989; Raphael Samuel, *Patriotism: The Making and Unmaking of British National Identity*, Routledge, 1989; Walter Goffart, *Barbarians and Romans A.D. 418-584: The Techniques of Accommodation*, Princeton UP, 1980; Barry Cunliffe, *Greeks, Romans and Barbarians: Spheres of Interaction*, Batsford, 1988; Michael Grant, *The Fall of the Roman Empire*, Weidenfeld, 1986; J.P.V.D. Balsdon, *Roman Women*, Bodley, 1960; R.D. Milns, *Alexander the Great*, Hale, 1968 (over hoe hij Perzische kleding ging dragen en in de ban raakte van het Perzische absolutisme); Naphtali Lewis, *Life in Egypt under Roman Rule*, Oxford UP, 1983; *Nationalisme et Cosmopolitanisme dans les littératures ibériques au 19e siècle*, Lille, 1973 (BN 8. Z.45156 (1973)); M. Fogarty, *Irish Values and Attitudes*, Dublin Dominican, 1984 (op dat moment geloofde 2 procent in de eerste plaats bij Europa te horen en 6 procent bij de wereld als geheel); Yasuoka Shotaro, *A View by the Sea*, Columbia UP, 1984; Toshiaki Kozakai, *Les Japonais sont-ils des occidentaux?*, L'-Harmattan, 1991; Françoise Barret-Ducrocq, *Traduire Europe*, Payot, 1992; Sudhir Kamar, *The Inner World: A Psychoanalytic Study of Childhood and Society in India*, Oxford UP, Delhi, 1978; Ninian Smart, *The World's Religions*, Cambridge UP, 1989; Pierre Riche, *Education and Culture in the Barbarian West*, South Carolina UP, 1976; Centre de Recherches archéologiques, Valbonne, *Le Phénomène des grandes 'invasions'*, CNRS, 1983.

Gemengde huwelijken
Susan McRae, *Cross Class Families*, Oxford UP, 1986; Kenneth Little, *African Women in Towns*, Cambridge UP, 1973; Geneviève Vinsonneau, *Les Relations de couple mixte entre noirs africains et françaises*, thèse de 3e cycle Paris V, 1978 (in Marguerite Durand Women's Library); Augustus Barbara, *Mariages sans frontières*, Centurion,1985; Gabrielle Varro, *La Femme transplantée: Étude du mariage franco-americain en France et le bilinguisme des enfants*, Lille UP, 1984; Martine Muller, *Couscous pommes frites: Le couple franco-maghrébin d'hier à aujourd'hui*, Ramsay, 1987; Julius Drachsler, *Intermarriage in New York City*, NY, 1921 (komt drie keer zo vaak voor in de tweede generatie als in de eerste generatie).

Affiniteitenleer
Robert P. Multhauf, *The Origins of Chemistry*, Oldbourne, 1966 (hoofdstuk 14 over 'affiniteiten'); Colin T. Burrows, *Processes of Vegetation Change*, Unwin, 1990; James D. Mauseth, *Plant Anatomy*, Cummings, Menlo, California, 1988; D.S. Koltun, *The Quantum*

Mechanics of Many Degrees of Freedom, Oxford UP, 1988; P.D. Medawar, *The Uniqueness of the Individual*, Dover, NY, 1981; Lorraine Dennerstein, *Hormones and Behaviour*, Excerpta Medica, Amsterdam, 1986.

4

Hoe sommige mensen immuun zijn geworden voor eenzaamheid

De belastinginspecteur is zich ervan bewust dat ze mensen bang maakt. Maar waarvoor is de belastinginspecteur bang? Het feit dat ze behoort tot een wat ze noemt "hardvochtige overheidsafdeling, waar niemand waardering of genegenheid voor voelt", is geen ernstig probleem. Ze zegt gewoon niet wat ze doet. Anders vragen mensen haar om hen met hun financiën te helpen, "vooral artsen die erop uit zijn om zoveel mogelijk te verdienen en zo weinig mogelijk te betalen".

Aan het begin van haar carrière was Colette altijd bang. Haar ouders waren arm; ze konden het zich niet veroorloven om haar een universitaire opleiding te laten volgen. De belastingdienst, niet in staat nieuwe mensen te vinden vanwege zijn "slechte imago", bood studiebeurzen aan. Met tegenzin werd ze zijn sombere gangen ingelokt, wat bijna even traumatisch was als het toetreden tot een nonnenklooster. "Ik begreep wat er was gebeurd. Om mij heen gingen de slagbomen naar beneden. Het was de ergste periode van mijn leven. Ik realiseerde me dat een grote weg voor mij werd afgesloten." Ze had heel graag willen reizen en talen willen leren. Nu moest ze al haar avontuurlijke dromen naast zich neerleggen. Nu zegt ze dat ze liever een totaal andere baan zou willen hebben. Wat zou haar ideaal zijn, als ze vrij mocht kiezen? Er volgt een lange stilte. Ze zegt dat ze daarover nooit heeft nagedacht. Na bijna twintig jaar belasting innen is ze een overtuigd realistisch persoon. De angst in een wereld te leven die uit getallen bestaat, is verdwenen.

In plaats daarvan is alle ambitie een plant geworden die je netjes kort moet houden om te voorkomen dat hij verwildert: ambitieuze mensen, houdt ze vol, zijn nooit tevreden. Ze is niet opgevoed om ambitieus te zijn. Haar grootvader, een metselaar, vervulde zijn ambities gewoon door te overleven, hetgeen hij deed door van Sicilië naar Frankrijk te emigreren. Haar vader meende dat een tweederangs baan als ambtenaar, een vrouw en kinderen voldoende voor hem waren. Toen Colette het waagde om een financieel onafhankelijke vrouw te worden, sprak er uit haar rebellie veel meer ambitie dan haar ouders redelijk achtten; ze hadden niet gedacht dat meisjes vrijheid behoefden. Heel soms vraagt ze zich af of ze tot meer in staat zou kunnen zijn en zegt ze tegen zichzelf: "Je stelt niets voor." Maar ze antwoordt: "Om wel iets voor te stellen, moet je heel vroeg beginnen. Een dochter van arme ouders kan het zich niet veroorloven iemand te worden die iets voorstelt."

Dat ze belastinginspecteur is, maakt haar niet langer bang. Ze heeft namelijk interessante hoekjes in de gangen leren vinden. Een meesterstitel in de rechten en een diploma arbeidsrecht hebben deuren en ramen geopend. Zes jaar lang was zij de meest angstaanjagende van alle belastingambtenaren, een opsporingsambtenaar, die de boekhouding van de belastingbetaler uitkamt alsof hij op zock is naar luizen. Maar het was een walgelijke ervaring. Hoewel het detectivewerk haar fascineerde, had ze medelijden met haar slachtoffers. De onuitstaanbare kant van haar werk was de "soms meedogenloze" confrontatie met de particuliere belastingadviseurs die voor de boekhouding van kleine bedrijven zorgden en in wie ze regelmatig onoprechtheid bespeurde, zowel tegenover de staat als tegenover hun cliënten. Dat hulpeloze handelaars uiteindelijk aan de genade van de belastingautoriteiten waren overgeleverd, kwam doordat ze op zwendelaars vertrouwden. Afgebeukt door hebzucht en bedrog en de wanhoopskreten van de betrapten, werd ze steeds trotser dat ze in overheidsdienst zat. Geld was voor haar niet het belangrijkst. Het laatste wat ze wilde was zwichten voor verleidelijke aanbiedingen om een privé-praktijk te beginnen.

Een ander soort angst trof haar toen ze bezig was met een onderzoek naar de handel en wandel van een grote patisserie in het tweede arrondissement van Parijs. De eigenaar was ernstig ziek. Er waren veel dingen mis met zijn boekhouding. Ze ging naar haar superieur en zei: "We moeten de accountantscontrole stoppen, anders vermoorden we hem nog. Hij heeft hoe dan ook nog maar een paar maanden te leven. Laten we de werkzaamheden staken." Haar superieur vroeg zijn superieuren wat hij moest doen. Die werden niet tot medelijden bewogen, geïsoleerd als ze waren van de realiteit waarin mensen leefden. Dus kreeg de patissier een enorme belastingaanslag. Die kwam terug met de aantekening "overleden". Colette zag ervan af zich nog langer bezig te houden met het opsporen van belastingfraude.

Ze is nooit bang geweest dat ze de verkeerde prioriteiten stelde, zoals tussen haar openbare en privé-leven. Haar volgende taak gaf haar meer het gevoel dat ze iets nuttigs deed voor haar land. Ze hielp plaatselijke overheden met het beheer van hun financiële zaken, raakte geabsorbeerd door het lokale leven en liet burgemeesters zien hoe ze moesten betalen voor de diensten die ze nodig hadden. Maar hoewel dat interessant en dankbaar werk was, stopte ze ermee toen haar man promotie kreeg en overgeplaatst werd naar een andere stad.

Er zijn altijd nieuwe gangen om te onderzoeken: ze volgde een computertraining en werd de computertroubleshooter van de belastingautoriteiten. Ambtenaren die radeloos zijn door de complexiteit van hun systeem doen een beroep op haar, en zij en haar tien assistenten lossen hun probleem telefonisch op, net als luchtverkeersleiders die een vliegtuig in de mist laten landen. Deze baan brengt veel prestige met zich mee, veertiendaagse reisjes naar Parijs en vele cursussen: zij is een van de zes experts op dit gebied die er in het hele land te vinden zijn. "Ik ben bevoorrecht", zo luidt haar conclusie als ze naar haar carrière kijkt. "Ik ben erin geslaagd dingen anders te doen dan anderen. Ik zat op de juiste plek om interessante opdrachten te krijgen." Ze streeft er echter niet naar om hogerop te komen. Op het niveau boven haar gaan de banen bijna uitsluitend naar mannen.

Hier maakt ze zich alleen in theorie zorgen over. Ze is niet bang dat haar werk haar geen voldoening zal schenken. "Zodra je inziet dat je geen genie bent, moet je orde op zaken stellen. Ik heb nooit geprobeerd een minister te worden, alleen om zo weinig mogelijk schade te berokkenen." Het grote voordeel van haar baan is dat ze zich volledig aan haar gezin kan wijden zodra ze thuiskomt. "Ik had meer contact met mijn dochter dan ik met mijn moeder had, die niet werkte. Het gaat niet om de hoeveelheid uren die je aan je kinderen besteedt, maar om de kwaliteit van je aandacht." Ze heeft altijd bijna de helft van haar salaris gebruikt om thuis hulp te krijgen. Ze verontschuldigt zich er niet voor dat ze altijd gewerkt heeft; het is essentieel voor een vrouw om financieel onafhankelijk te zijn, en ze is er zeker van dat haar kinderen daardoor niets tekort zijn gekomen. "Ik help ze met hun huiswerk, doe spelletjes met ze, geef antwoord op hun vragen, discussieer met ze en besteed zoveel tijd aan ze als ze nodig hebben." Ze is trots op haar succes. Haar oudste zoon is "geniaal, hartelijk en geestig" en bereidt zich voor op de hoogste posten in het land, zijn vizier gericht op de topuniversiteiten. Haar dochter is "een tornado, levenslustig, ze zal geen onderdanige echtgenote worden, ze wil iets voorstellen en is ervan overtuigd dat niets haar zal tegenhouden".

Het is een klassiek geval van opklimmen van de onderste tree van de maatschappelijke ladder naar de bovenste in drie generaties. Maar het proces verliep niet automatisch of natuurlijk. Het gezin is een instituut, stelt ze, dat vraagt om een "voortdurende inspanning om het in stand te houden. Het is belangrijk dat je niet verlangt dat alles perfect is. Echtparen gaan uit elkaar omdat ze te veel van elkaar verwachten, weigeren concessies te doen en geen geduld kunnen opbrengen om op betere tijden te wachten." Ze beschrijft zichzelf als "mediterraan" omdat haar moeder Corsicaanse is, maar zelfs dat is geen garantie dat een gezin hecht blijft. Toen haar man haar familie voor het eerst ontmoette, dacht hij dat ze altijd ruzie maakten: "Dat was een verkeerde indruk. Nu is hij het gaan waarderen, omdat de oude mediterrane familie de man een prominente rol toebedeelt." Colette doet zeer haar best om haar man tevreden te stellen. Hij is veel ambitieuzer dan zij en gaat erg op in zijn werk als bestuurder in een ziekenhuis. Ze besloot welbewust om haar carrière ondergeschikt te maken aan die van hem. Hij heeft het nodig om succes te hebben in zijn leven, zegt ze. "Iedereen is kwetsbaar, maar mannen hebben er meer behoefte aan te horen dat ze bewonderd worden, dat ze belangrijk zijn; ze hebben elke dag complimenten nodig." Geldt dat ook niet voor haar? "Nee. Ik weet wie ik ben. Ik heb aandacht nodig, en geef anderen daar aandacht voor terug." Nog meer stappen op de professionele ladder zou het gezin schade kunnen berokkenen.

Dus als haar man thuiskomt en de dagelijkse verhalen bij haar uitstort over alles wat hij gedaan heeft en over wie wat tegen wie zei, is ze inschikkelijk: hij heeft geen collega's die hij echt in vertrouwen kan nemen. Hij heeft het nodig dat iemand naar hem luistert. Ze laat hem praten totdat hij het allemaal kwijt is. Pas dan vraagt hij naar de kinderen en haarzelf. Ze slikt veel, omdat hij een uitstekende vader en echtgenoot is en thuis altijd meegaand. "Ik ben selectiever in de anekdotes die ik over mijn kantoor vertel. Elke dag is er werk aan de winkel, je moet belangstelling tonen voor de problemen van je man, betrokken zijn bij zijn beroepsleven en weten wat hij denkt. Je moet je best doen, liefde geven en inschikkelijk blijven tegenover de mensen om je heen, als je ze niet wilt verliezen. Anders balanceer je op de rand van de afgrond."

Colette is ook niet bang voor haar vakbond. Toen die een staking organiseerde, deed ze er niet aan mee. Ze willen salarisverhoging voor iedereen, maar zij is ertegen dat ambtenaren hetzelfde verdienen ongeacht hoe goed of slecht ze hun werk doen. "Dat is niet de manier om bij het publiek respect af te dwingen." Ze is bereid te vechten voor haar ondergeschikten, wier salarissen belachelijk laag zijn, maar niet bereid om te profiteren van de macht van de ambtenaren, die pas ontslagen kunnen worden als ze "de kas leegroven of hun baas vermoorden". Ze vindt het niet juist om te staken voor een salarisverhoging voor zichzelf terwijl er nog altijd zoveel verschillen zijn.

Nee, het enige waar de belastinginspecteur echt bang voor is, is eenzaamheid. "Eenzaamheid is de ergste vorm van lijden. Ik kan niet alleen leven. Als mijn man en kinderen weg zijn en ik alleen ben, dan raak ik de kluts kwijt. Ik kan geen gebruik maken van de gelegenheid om alleen uit te gaan. Eenzaamheid maakt me echt bang. Ik heb er nooit last van gehad, maar er wel altijd over nagedacht. Ik heb twee zussen. Ik trouwde heel jong. Ik heb altijd mensen om me heen gehad. De ergste straf is ontdekken dat je alleen bent." Die overtuiging is de basis van haar leven. Het is niet toevallig dat ze in het centrum van de stad woont, zodat vrienden en de vrienden van haar kinderen altijd kunnen binnenvallen en zij nooit alleen is.

Colettes prestatie is des te opmerkelijker, omdat vrijwel niemand van haar vriendinnen erin geslaagd is een stabiel gezinsleven op te bouwen zoals zijzelf. Eentje is in de steek gelaten door haar man. Een ander kreeg een kind van een buitenlander die in een ander land woont. Een derde was geweldig succesvol in haar werk, maar werd geplaagd door eenzaamheid; ze haalde een man over om met haar te trouwen en haar een kind te schenken, en belde vervolgens de politie om hem het huis uit te gooien omdat hij gewelddadig werd: "Haar leven was geruïneerd vanwege haar angst voor eenzaamheid."

De angst voor eenzaamheid is een kluister die ambitie belemmert, een even groot obstakel voor een volwaardig leven als vervolging, discriminatie of armoede. Voor velen zal vrijheid een nachtmerrie blijven, totdat de kluister wordt opengebroken.

Maar de geschiedenis van de eenzaamheid is er niet een van simpele tirannie, en ze laat zien dat eenzaamheid geen onvermijdelijk gebrek is in het menselijk bestaan. Of iemand bang is fysiek alleen te zijn – zonder een hand om vast te houden, zonder een stem om naar te luisteren behalve die van de wind – of sociaal alleen te zijn – je te midden van veel mensen bevinden die geen oog voor je hebben, die je negeren en niet van je houden – of geestelijk alleen te zijn – normaal converseren, maar niemand vinden die je begrijpt – de problemen als gevolg van eenzaamheid kunnen herleid worden tot een mythe.

Het verhaal dat we doorgaans te horen krijgen is dit: in het begin leefde iedereen knus in familie- of stamverband; aanvankelijk wisten mensen zelfs niet wat eenzaamheid was, ze zagen zichzelf nooit als afzonderlijke individuen. Toen, heel recent, brokkelde het saamhorigheidsgevoel plotseling af. Nu wordt de wereld niet alleen geteisterd door een eenzaamheidsepidemie, hand in hand met voorspoed, maar geldt bovendien dat hoe succesvoller je bent, hoe groter de kans is dat je daar last van hebt; en met geld kun je je niet vrijkopen.

Feministen vormden de laatste groep die erdoor gedwarsboomd werd. De idee van Simone de Beauvoir dat werk een betere bescherming zou bieden dan het gezin, bleek onjuist te zijn. Zelfs zij, die verkondigde "ik heb genoeg aan mezelf", ontdekte dat ze iemand nodig had die ervoor kon zorgen dat "ik tevreden over mezelf ben". Zelfs zij "was zo dom om verliefd te worden". Zelfs zij voelde zich eenzaam toen Sartre in zijn laatste jaren niet langer zichzelf was. Alle vrijheidsbewegingen komen tot stilstand voor de muur van eenzaamheid.

Een kwart van de Amerikanen (26 procent) classificeert zichzelf als chronisch eenzaam. In Frankrijk zegt hetzelfde percentage zich vaak eenzaam te voelen, terwijl 54 procent zegt ooit last van eenzaamheid gehad te hebben. De Fransen hebben een uiterst diepgaand zelfonderzoek gepleegd over dit onderwerp. Het is niet het alleen wonen dat hen het meest last bezorgt, want onder de alleenstaanden bevinden zich evenveel mensen die ervan houden als die er een hekel aan hebben. Er is sprake van bijna evenveel eenzaamheid onder gehuwden als onder ongehuwden. Van degenen die zeggen dat ze zich eenzaam voelen is 59 procent vrouw en 41 procent man, maar je kunt er onmogelijk achter komen in welke mate iedereen zich openlijk durft uit te spreken: in Groot-Brittannië erkent slechts 14 procent van de volwassenen eenzaam te zijn, en dan nog maar eens per maand. Degenen die het vaakst verhuizen, zijn klaarblijkelijk het meest eenzaam; degenen die de meeste vrienden hebben, verlangen het meest naar nog meer. Artsen voegen daaraan toe dat eenzame mensen twee keer zoveel kans hebben om ziek te worden.

Het is echter niet zo dat eenzaamheid een moderne kwaal is. De hindoes zeggen in een van hun oudste mythen dat de wereld geschapen is omdat het Oerwezen eenzaam was. Zelfs toen de hele mensheid religieus was, waren er mensen die last hadden van eenzaamheid, zoals de profeet Job in de vierde eeuw voor Christus verklaarde in een van de schrijnendste gedichten die erover geschreven zijn:

"Mijn verwanten hebben het laten afweten en mijn beste vrienden zijn me vergeten. Mijn huisgenoten en mijn slavinnen houden mij voor een vreemdeling: ik ben een onbekende in hun ogen ... Mijn adem staat mijn vrouw tegen en mijn reuk is walgelijk voor mijn stamgenoten. Zelfs jonge kinderen verachtten mij; stond ik op, dan spraken ze tegen mij in. Al mijn vertrouwde vrienden verafschuwden me; en zij die ik liefhad hebben zich tegen mij gekeerd."

Toch is eenzaamheid niet ongeneeslijk, net zo min als pokken dat zijn. Haar geschiedenis laat zien dat sommige mensen er min of meer immuun voor zijn geworden door vier methoden. Wat deze methoden gemeen hebben is dat ze het principe volgen op basis waarvan vaccinatie werkt: het toedienen van eenzaamheid zelf, in afgepaste hoeveelheden, om te voorkomen dat je erdoor vernietigd wordt.

De pioniers waren de heremieten. Dat waren mannen en vrouwen die zich niet op hun plaats voelden in de wereld, die niet hielden van zijn hebzucht, wreedheid en compromissen, of die meenden dat ze verkeerd begrepen werden. Zoals een van hen, Narcissus, bisschop van Jeruzalem, in het jaar 212 zei: "Moe van 's werelds kwaadsprekerijen over hem, trok hij zich terug in de wildernis." In plaats van zich een vreemde te voelen in de maatschappij, trokken ze zich daaruit terug om professionele vreemdelingen te worden. Ze probeerden welbewust 'buitenstaanders' of 'ballingen' te zijn en verhieven die status tot iets edels. De beloning die ze zochten was innerlijke vrede. Sommigen onderwierpen zichzelf aan pijnlijke zelfkastijdingen om geestelijk verlicht te worden. Ze lieten zichzelf bijna verhongeren, bonden zich vast met zware ketens of leefden in graven. Anderen werden krankzinnig. Maar degenen die zegevierden en eruit kwamen met het gevoel dat ze hadden ontdekt welk deel van de realiteit er werkelijk toe doet, werden beroemd. Zij straalden een innerlijke vrede uit die geweldig veel indruk maakte: bewonderaars stroomden samen om hun zegen te krijgen.

Bijna elke beschaving heeft deze methode beproefd. Ze is waarschijnlijk bedacht door de hindoes en verspreidde zich vervolgens oostwaarts onder invloed van Boeddha, de prins die een heremiet werd, en westwaarts via het Midden-Oosten naar Europa, en trok perfectionisten aan. Onder de vroege christenen werd de H. Antonius een held – een ongeletterde Egyptenaar, die zich op 35-jarige leeftijd terugtrok om in zijn eentje in de woestijn te leven. Hij bleef daar twintig jaar om met "demonen" te strijden, in die tijd de grote plaag – dat was de antieke naam voor zorgen, twijfels, angsten en schuld. Hij versloeg de demonen, en een biografie maakte hem beroemd.

Grote aantallen mensen volgden zijn voorbeeld om zich van hun eigen demonen te ontdoen. Alleen zijn, leek een remedie.

Een heremiet was niet per se helemaal alleen. In Syrië zat Simeon de pilaarheilige (390-459) op de top van een hoge zuil om de menigten te ontvluchten die hoopten van hun problemen verlost te worden zonder de offers te brengen die hij bracht, maar eenvoudigweg door hem voor hen te laten bidden. Er waren zeker heremieten die niets met de mensheid te maken wilden hebben, maar velen keerden terug in de wereld; zij hadden ontdekt dat hun vlucht daaruit hun het gevoel had gegeven ervoor verantwoordelijk te zijn, een verlangen om te helpen. De bekendste westerse heremiet van deze tijd, Thomas Merton uit Kentucky, zei: "Eenzaamheid is geen afzondering." Hoewel hij een trappist was die zich aan zijn zwijgplicht moest houden, hield hij vol dat hij "openstond voor de hele wereld" en gaf hij via populaire boeken door wat voor hem echte waarden waren. Middeleeuwse Ierse heremieten leverden een ander voorbeeld: zij trokken zich dubbel terug door in het buitenland in ballingschap te gaan en door onder de heidenen te leven.

Het leven van een heremiet en dat van een gevangene die veroordeeld was tot eenzame opsluiting hadden vaak dezelfde uitwerking. Sommige heremieten konden uiteindelijk geen menselijk gezelschap verdragen, zoals Pachomius (290-346), die na zeven jaar vasten boos reageerde op het kleinste verschil van mening. Maar anderen kwamen eruit zoals Dostojevski uit Siberië kwam, waar hij eerst te lijden had onder eenzame opsluiting en vervolgens onder gevangenschap waarbij hij nooit een moment alleen was, emotioneel geïsoleerd te midden van criminelen: hij begon aan deze ervaring in een toestand van vertwijfeling over de mensheid, op het punt van een zenuwinzinking, en kwam er juichend uit, met vertrouwen in haar goedheid.

De heremiet pur sang werd mettertijd een overdreven curiositeit, maar hij (en zij, want er waren heel wat vrouwelijke heremieten onder de vroege christenen) maakte voldoende indruk op de gewone mensen om hen te stimuleren zich van tijd tot tijd een periode terug te trekken. Martinus van Tours (316-377) maakte dit idee populair in Frankrijk door zijn normale leven telkens te onderbreken om in retraite te gaan. Hoe waardevol korte retraites konden zijn, liet de Argentijnse Maria Antonia de San José de la Paz (1730-1789) zien. Zij organiseerde ze in haar tijd voor meer dan 100.000 mensen. In Birma brengen jongens die van school komen een paar maanden door in een boeddhistisch klooster om zich voor te bereiden op het leven als volwassene. De precolumbiaanse indianen lieten hun kinderen een periode geïsoleerd leven en vasten om contact te kunnen maken met een geest die hen door het leven zou leiden; na die periode werden ze beschouwd als dragers van een heilige kracht: de Canadese Athapasken deden dit op vijfjarige leeftijd, de Algonkin op twaalfjarige. De retraite keerde de oorspronkelijke idee van de hindoes vaak om: het werd een voorbereiding op het leven in plaats van op de dood. Naarmate het leven langer werd, wilden steeds meer oude mensen liever alleen wonen, maar dan wel vlak bij hun familie. De hindoes kenden al iets dergelijks, maar dan voor een arme maatschappij, zonder pensioenen en gezondheidszorg, zodat isolatie erop gericht was de bejaarden geestelijk te laten zegevieren over armoede en ziekte. Idealiter verdelen hindoes hun tijd op aarde in vier fases; twee waarin ze sociabel zijn – studeren en daarna een gezin stichten – gevolgd door twee waarin ze zich terugtrekken: wanneer hun haar wit wordt en ze de geboorte van hun kleinkinderen hebben meegemaakt, moeten ze heremieten worden in het bos of in een schuur achter in de tuin; daar moeten ze materiële dingen leren vergeten, zichzelf steeds meer ontberingen opleggen, in de openlucht leven tijdens het regenseizoen en 's winters natte kleren dragen, totdat ze er uiteindelijk in slagen alle aardse banden te verbreken en thuisloze zwervers worden, slechts in het bezit van een bedelnap en de vodden die ze aanhebben. Het moderne Westen zet mensen ertoe aan deze vier fases door elkaar te gooien door hen in de verleiding te brengen heen en weer te slingeren tussen onafhankelijkheid en verantwoordelijkheid.

Bij de tweede vorm van immunisering tegen eenzaamheid trok je je niet terug uit de maatschappij en was je ook niet op zoek naar God, maar keerde je je naar binnen. Doel was om je weerstandsvermogen te versterken door introspectie, door jezelf te begrijpen, door je eigen uniciteit te benadrukken, zelfs al kon dat aanvankelijk de eenzaamheid verergeren.

De mediterrane familie staat bekend als een zetel van saamhorigheid. Ze bracht echter ook mensen voort die op zoek gingen naar een onafhankelijke, individuele levensstijl. Dat vereiste moed. De kopstukken uit de Italiaanse Renaissance ontleenden hun zelfvertrouwen aanvankelijk aan het feit dat ze hun vak verstonden. Tot dan toe hadden kunstenaars er geen bezwaar tegen dat hun gezegd werd wat ze moesten doen en waren ze bereid de traditie te volgen. Het idee anders te zijn dan anderen beangstigde hen evenveel als ieder ander. Mensen sloten hun ogen voor hun eigen originaliteit en zochten zich voorzichtig een weg door het leven door anderen te imiteren.

Leidraad was de herinnering aan gevestigde toonbeelden van uitnemendheid. Ze geloofden dat gehoorzaamheid de manier was om in de gunst te komen bij zowel God als de mensen.

Er trad een verandering op, en enkele kunstenaars begonnen ontevreden te worden over wat ze aan het doen waren. Maar het ventileren van hun eigen ideeën was zo'n schaamteloos avontuur, dat ze steun nodig hadden in de vorm van voortdurende loftuitingen. De renaissancistische kunstenaars waren fanatiek in hun wedijver, verlangend naar de eerste prijs en verslaafd aan applaus alsof het om alcohol ging – zodra ze nalieten te doen wat er van hen verwacht werd, was er geen zekerheid meer dat ze juist handelden. Ze werden gekweld door een soort verlangen dat niet te bevredigen was omdat het geen duidelijk object had, een rusteloosheid die ze niet konden begrijpen.

Hoe individuen nu precies van elkaar verschillen, werd aangetoond door een arts, Girolamo Cardano (1501-1576). Hij schreef zowel een autobiografie om te laten zien hoe het in zijn geval zat, als omvangrijke wetenschappelijke werken, waarin hij zijn ideeën toepaste op de natuur als geheel. Hij bestudeerde zichzelf alsof hij zijn eigen patiënt was en onderzocht al zijn fysieke en geestelijke kenmerken tot in de kleinste details. Hij registreerde al zijn kwalen, zijn aambeien, de exacte hoeveelheid urine die hij dagelijks loosde en de problemen met zijn genitaliën "zodat ik van mijn 21ste tot mijn 31ste niet met vrouwen naar bed kon". "Ik heb veertien goede tanden en eentje die tamelijk zwak is." Hij gaf een uiteenzetting van wat hij bij elke maaltijd precies proefde en van "mijn manier van lopen en denken: omdat ik denk dat mijn pas onregelmatig is als ik loop; hoe ik loop, hangt af van hoe ik me voel". Hij beschreef de rare vorm van zijn voeten, "zodat ik nauwelijks schoenen kan vinden". Hij zorgde ervoor dat hij ook een hoofdstuk opnam over "Dingen waarin ik heb gefaald". Voor hem maakten de kleinste details alles uit in het leven, en hij vond dat ze moesten worden "geanalyseerd tot in hun allerkleinste componenten". "Intuïtie ... een intuïtieve flits van directe kennis, beslist de meest vervolmaakte gave die de mens kan ontwikkelen", gaf betekenis aan al deze details. Met andere woorden: hij kon niet uitleggen hoe hij ze verklaarde. Maar hij probeerde onbevooroordeeld naar mensen te kijken, net zoals hij naar dieren keek, waarvan hij zei dat ze niet geschapen waren om de mens te dienen, maar omwille van zichzelf bestonden. De grote boeken die zijn reputatie vestigden, hadden als titel *De verscheidenheid der dingen* en *De subtiliteit der dingen*. In plaats van mensen te zeggen dat ze zich moeten conformeren, luidde zijn conclusie: "Geluk wordt bevorderd door te zijn wie je kunt zijn, wanneer je niet kunt zijn wie je geacht wordt te zijn." Hiermee werd voor het eerst bevestigd dat mensen het moeilijk vinden om een conformistische houding aan te nemen. De nieuwe renaissancistische mensen waren nog maar beginnelingen in de kunst van het eenzaam zijn. Ze wilden anders zijn, maar desondanks bewonderd worden. Een uitzondering zijn, vereist echter een nieuwe houding tegenover andere mensen.

Het besef alleen te zijn, niet in staat je aan het normale menselijke patroon aan te passen, maakte iemand soms ongerust dat hij niet consistent was, geen coherent persoon. Petrarca, die als dichter in Rome gelauwerd was (1341), was ongelukkig, ook al had hij de top bereikt. Hij vertrok om zich te verbergen in de Provence. Daar schreef hij *Het geheime conflict van mijn zorgen*, waarin hij klaagde dat hij het slachtoffer was van een "verschrikkelijke plaag van de ziel, melancholie", waarvan het ergste was dat "ik me er op een ziekelijke manier toe aangetrokken voel om me te voeden met mijn tranen en pijnen". Met andere woorden, hij had een hekel aan bepaalde kanten van zichzelf, maar wilde ze niet opgeven: "Ik weet wat de beste koers is, maar ik houd vast aan de slechtste." Jezelf zien als een tweeledig persoon was het begin van alle latere creativiteit. Het maakt een nieuw soort relatie met anderen mogelijk, zonder dat je je eigen integriteit hoeft op te offeren. Maar dat realiseerde Petrarca zich niet: hij bleef zichzelf afvragen hoe hij "zichzelf kon zijn". Zorg dat je niet het voorbeeld van de grote massa volgt, was zijn antwoord; hij moest zich terugtrekken uit de wereld die hem zou kunnen "falsificeren". Maar het verlangen naar roem was ook een kant van hem: hij wilde zichzelf niet van de wereld afsnijden. Hij ging naar het buitenland en kocht een afgelegen landhuis in de Vaucluse, maar er was geen ontkomen aan. Als geboren balling maakte hij van zichzelf een professionele balling, nooit op zijn gemak, alleen met zijn roem.

Benvenuto Cellini (1500-1571) probeerde deze valkuilen te vermijden. Toen hij een wereldberoemde juwelier en beeldhouwer was geworden, meende hij dat hij een methode had gevonden om ervoor te zorgen dat hij niet aan zichzelf twijfelde. Hij raadde iedereen aan een autobiografie te schrijven, niet om zichzelf te begrijpen, maar gewoon om hun individualiteit te waarborgen. Hij ging zover dat hij mensen vermoordde van wie hij vond dat zij de ontplooiing van zijn genialiteit belemmerden, en ging prat op de prachtige dolken die hij gebruikte. Hij converseerde met God, die hem zei: "Heb geen angsten." Hij kreeg gratie van de paus voor "alle moorden die ik had gepleegd of ooit zou plegen in dienst van de Apostolische Kerk", waarmee hij zichzelf bedoelde, en was ervan overtuigd dat hij degene moest blijven die de natuur van hem had gemaakt: "Een mens moet doen wat hij moet doen." Cellini verwarde individualiteit met zelfzuchtigheid en megalomanie; hij hield vol dat zijn talenten hem het recht gaven eigenmachtig op te treden en verdreef de eenzaamheid door geen oog te hebben voor anderen, een van de vele verkeerde wendingen in de geschiedenis van de eenzaamheid.

De idee van het onafhankelijke individu komt niet alleen uit Italië. De meeste landen kenden uitzonderlijke individuen die diep nadachten over eenzaamheid. Enkele Duitsers bijvoorbeeld, door eenzaamheid in verleiding gebracht, vergrootten de aantrekkingskracht daarvan tot buiten het domein van kunstenaars. De romantici stelden dat ieder individu op een unieke manier menselijke eigenschappen met elkaar combineert en dat je ernaar moet streven om je eigen uniciteit tot uitdrukking te brengen in je levenswijze, net zoals een kunstenaar zichzelf uitdrukt in zijn creatieve werk. Sympathie te voelen met een ander was niet voldoende. "De ware spirituele mens voelt iets hogers dan sympathie": hij voelt de individualiteit van andere mensen en beschouwt die individualiteit als iets heiligs, niet omdat de betreffende persoon belangrijk of machtig is, maar omdat het individualiteit is. Zulke opvattingen gingen de dromen van de Renaissance te boven doordat ze vereisen dat men iemand aardig vindt omdat hij anders is. Mijn citaat komt van A.W. von Schlegel (1767-1845), die deze idee in de praktijk bracht door zowel Shakespeare als de *Bhagavad Gita* te vertalen.

In de enorme leegte van Amerika was eenzaamheid vanaf het begin een vijand die overwonnen moest worden. Nergens werd die met meer vastberadenheid bestreden, maar de Amerikanen waren wel zo slim om haar niet volledig te verwerpen. De cowboy die op zijn paard in zijn eentje de zonsondergang tegemoet reed, stelde zich nooit ten doel om zijn eenzaamheid te boven te komen: hij was geen lid van een team en verdroeg op stoïcijnse wijze de ongemakken van zijn onafhankelijkheid. Soms zette hij zijn verdriet om in muziek, soms in sport, soms in het temmen van paarden en soms in de verbeelding dat hij vrouwen op dezelfde manier kon temmen. Maar hoewel wildheid en onvoorspelbaarheid plagen voor hem waren, werd hij meteen weer rusteloos zodra hij ze overwonnen had. Geen land heeft de eenzaamheid zo serieus genomen als Amerika en zoveel specialistische organisaties in het leven geroepen om haar te bestrijden, maar tegelijkertijd is de bestudering van je innerlijke zelf nergens zo'n wijdverbreide hartstocht geworden.

"Ongelukkig zijn betekent alleen zijn, ongelukkigheid komt voort uit eenzaamheid." Bisschop Bossuet (1627-1704) vertolkte een volkswijsheid toen hij dat zei, vooral in een land als Frankrijk dat goede conversatie tot een van zijn belangrijkste hartstochten rekent. Maar zelfs de Fransen raken soms uitgeput door te veel conversatie, door de inspanning die het kost om de hele tijd geestige epigrammen te moeten bedenken en beleefd te moeten zijn tegen mensen die ze niet mogen. Een deel van het jaar het sociale leven ontvluchten, een maand op het platteland verkeren, werd een nationale gewoonte, noodzakelijk om weer zin te krijgen in gezelschap. Maar er was een storend element: verveling.

"Eenzaamheid is mijn grootste angst", schreef Jean-Jacques Rousseau, "ik ben bang voor de verveling die toeslaat als ik alleen ben met mezelf." Toen de verveling een van de grote krachten in de wereld werd, nam het bezit van de eenzaamheid. Er zit een grens aan de mate waarin je jezelf kunt kennen.

De derde manier waarop mensen eenzaamheid verdroegen was door er absurde elementen in te brengen. Britse excentriekelingen combineerden eenzaamheid met humor en putten moed uit deze mengeling. Jammer genoeg zijn excentriekelingen vaak weggelaten uit geschiedenisboeken, die een misplaatst idee hebben van het belang van de ernst. Excentriekelingen zijn monumenten, niet bang om alleen te zijn. John Stuart Mill stelde dat de mensheid onvolmaakt is en dat daarom verschillende soorten karakters alle ruimte moeten krijgen, als experimenten in de kunst van het leven. Hij betreurde het niet zozeer dat mensen "de voorkeur geven aan wat gebruikelijk is boven wat tegemoetkomt aan hun neigingen, [als wel dat] het niet bij hen opkomt neigingen te hebben, behalve tot wat gebruikelijk is".

De eerste overwinning van excentriekelingen was om beschouwd te worden als amusant in plaats van gevaarlijk. Dat kwam wellicht door de machtige aristocraten die zich excentriek gingen gedragen omdat ze zich geen zorgen hoefden te maken over wat mensen dachten. De veertiende baron Berners, een diplomaat, gebruikte excentriciteit om de spot te drijven met degenen die er bang voor waren: als hij met de trein reisde, wist hij een coupé helemaal voor zich alleen te krijgen door een zwart kalotje en een donkere bril te dragen en naar mensen te wenken om bij hem te komen zitten; als iemand dat inderdaad durfde, dan was hij hem snel kwijt door om de vijf minuten een grote thermometer tevoorschijn te halen en zwaar zuchtend zijn temperatuur op te nemen. De vijfde hertog van Portland, bezeten van privacy, weigerde zelfs zijn arts in zijn slaapkamer binnen te laten; hij verzocht hem om buiten zijn diagnose te stellen, waarbij een bediende als tussenpersoon fungeerde voor het stellen van vragen en het opnemen van de temperatuur. Hij droomde echter van een uitgelaten wereld en beschouwde privacy als een voorbereiding op iets anders. In zijn huis bouwde hij een balzaal die groot genoeg was voor tweeduizend gasten, een lift waar twintig mensen in konden en een bibliotheek met twaalf biljarttafels, waarvan er geen ooit werd gebruikt. Hij had vijftienduizend bouwvakkers in dienst, maar hij vermomde zichzelf om onherkenbaar te blijven; dat was zijn idee van vrijheid.

John Christie bouwde een eigen opera in Glyndebourne, waar formele avondkleding verplicht was; zelf droeg hij daar vaak oude tennisschoenen bij. Hij bejegende zijn klanten als gasten, maar hield ervan ze bij de verkeerde namen aan elkaar voor te stellen. Hij stierf voordat hij een cafetaria had kunnen bouwen voor gezelschapshonden. Excentriciteit was voor hem een manier om de kaarten van het leven te schudden. Het was excentriek om dieren als gelijken te behandelen – het zou ertoe kunnen leiden dat niet alleen de kaarten tussen species, maar tussen alle hiërarchieën geschud werden.

Vrouwen behoorden tot de stoutmoedigste excentriekelingen uit de geschiedenis, toen ze van kleding theater maakten en daarmee de regels van zowel fantasie als betamelijkheid overtraden. De couturier Worth wordt terecht gezien als degene die excentriciteit universeel probeerde te maken. De mode die hij ontwierp, trachtte elke vrouw individuele kleding te geven, zoals niemand die had. Als hij daarin geslaagd was en de mode niet was ontaard in imitatie, was eenzaamheid misschien niet zo vaak veranderd in angst.

De laatste vorm van immunisering werd bereikt door de gedachte dat de wereld niet slechts een enorme, angstaanjagende wildernis is, dat je er een soort orde in kunt onderscheiden en dat het individu, hoe onbetekenend ook, echo's van die coherentie bevat. Mensen die in een bovennatuurlijke kracht geloven, weten hun eenzaamheid te verzachten door het gevoel dat er, ondanks alle tegenslagen waarmee ze overstelpt worden, een zeer klein goddelijk vonkje in hen zit: zo raken zij immuun. Degenen die daar niet in geloven, kunnen een gevoel ontwikkelen dat ze nuttig zijn voor anderen. Ze zijn in staat te onderkennen dat zij met anderen verbonden zijn door ruimhartigheid, rationele en emotionele banden die erop duiden dat ze deel uitmaken van een groter geheel, ook al zijn ze misschien niet in staat de raadsels en wreedheden daarvan volledig te ontcijferen. Veel van wat vooruitgang heet is het resultaat van eenzame individuen die zich, zelfs wanneer ze vervolgd werden, niet volkomen alleen voelden doordat ze ervan overtuigd waren dat ze een waarheid te pakken hadden, een stukje van een veel grotere waarheid die te omvangrijk is om te bevatten. Maar door eenzaamheid op deze manier de baas te worden elimineer je nog niet alle vormen van eenzaamheid, net zo min als één vaccinatie een bescherming vormt tegen alle soorten ziekten.

Het hebben van eigen ideeën heeft vaak bizarre gevolgen gehad: de Russische zoöloog Metsjnikov (1845-1916) geloofde dat je door yoghurt te eten geweldig oud kon worden, en hij probeerde twee keer zelfmoord te plegen door methoden die op een lachwekkende manier tekortschoten. Niettemin was hij het die aan de wieg stond van de immunologie, waarmee hij eenzaamheid in een totaal nieuw perspectief plaatste. De ontdekking van de manier waarop het immuunsysteem werkt, heeft aangetoond dat elk individu onophoudelijk weerstand aan het opbouwen is tegen de onvriendelijke buitenwereld en dat iedereen dat zowel onafhankelijk als in samenwerking met anderen moet doen. Menselijke lichamen zijn niet identiek, maar ze worden wel allemaal in gelijke mate bedreigd door de microben om hen heen. De geneeskunde kan hen niet beschermen door eenvoudigweg een schuldige aan te wijzen voor elke ziekte en die te bestrijden. Het accent is verschoven van overwinning naar het inzicht in de verenigbaarheid en onverenigbaarheid van lichamen en de flexibele grenzen van tolerantie en afstoting. Wanneer je het leven eenmaal beschouwt als iets wat door een immuunsysteem in stand wordt gehouden, blijkt ieder individu uniek te zijn, een bijzondere combinatie van diverse kenmerken die je ook in anderen aantreft, maar die uiterst zelden bij twee individuen in precies dezelfde combinatie voorkomen. De ontdekking van allergieën heeft benadrukt hoe individuen in hun gevoeligheid verschillen. De ontdekking van bloedgroepen heeft hen opgedeeld langs lijnen die dwars door landen, religies en huidskleur lopen. De erkenning van de invloed van stress op de gezondheid heeft duidelijk gemaakt dat reacties nooit helemaal voorspeld kunnen worden. En aids heeft op dramatische wijze aan het licht gebracht hoe ernstig de gevolgen zijn wanneer het immuunsysteem in de war raakt in zijn poging om een onderscheid te maken tussen zichzelf en anderen. De geneeskunde kan het individu niet langer beschouwen als een machine die steevast aan strikte regels gehoorzaamt. God heet nu de Verwekker van Verscheidenheid.

Het is nu dus duidelijk dat iedereen kleine hoeveelheden vreemde lichamen nodig heeft en dat het noodzakelijk is, wil je naast anderen kunnen overleven, om een miniem gedeelte van hen in je op te nemen. Het is onmogelijk om jezelf af te snijden of om je vijanden voorgoed te vernietigen. Nieuwsgierig zijn naar anderen kan niet langer gezien worden als een luxe of een vorm van vermaak: het is onontbeerlijk voor je bestaan.

Geen van deze vier methoden is een garantie tegen eenzaamheid. Ze maken geen einde aan eenzaamheid, maar verminderen de angst om alleen te zijn: pas dan kun je op basis van wederzijds respect met anderen omgaan.

Het Chinese woord voor 'alleen' is *Tu*. Dat is een aardig toeval. *Tu* wordt in het Chinees soms gebruikt om een zwakte aan te duiden, wanneer het betrekking heeft op iemand die eigenzinnig is en zich niets gelegen laat liggen aan gezonde principes. Het wordt echter ook gebruikt ter verheerlijking van de taoïstische wijze en van diens recht om onafhankelijk te handelen, alleen te zijn, omdat hij weet wat hij doet: "Alleen degene die een volledig inzicht heeft in mensen en geesten is in staat alleen zijn leven in te richten."

Maar je hebt de prikkel van andere mensen nodig om helder te kunnen denken en om te weten waar je naar toe wilt. Alleen kennis van vroegere ervaringen van de mensheid kan iemand beschermen tegen ontgoocheling. Wanneer je eenmaal het recht verworven hebt om alleen te zijn, om een uitzondering te vormen op generalisaties (die nog veel gevaarlijker voor de vrijheid kunnen zijn dan generaals), wanneer je jezelf bevrijd hebt van de generalisatie dat mensen gedoemd zijn om onder eenzaamheid te lijden, kun je het op zijn kop zetten: draai het alleen-zijn ondersteboven en het wordt een avontuur. Hoe je metgezellen kunt vinden voor je avonturen, is het onderwerp van het volgende hoofdstuk en van verschillende andere.

Eenzaamheid
Robert Sayre, *Solitude in Society*, Harvard UP, 1978; M. Hojat, *Loneliness: Theory, Research and Applications*, Sage, 1989; Michel Hannoun, *Nos Solitudes*, Seuil, 1991; Anthony Storr, *Solitude*, Flamingo, 1988; M.D.S. Ainsworth, *Patterns of Attachment*, Erlbaum, NY, 1978; Vladimir Shlapentokh, *Public and Private Life of the Soviet People*, Oxford UP, NY, 1989; Jean Heuchlin, *Aux origines monastigues de la Gaule du Nord: Ermites et reclus du Ve au XIe siècle*, Lille UP, 1988; Jean Pierre Vernant, *L'Individu, la mort, l'amour: Soi-même et l'autre en Grèce ancienne*, Gallimard, 1989; Ch.A. Fracchia, *Living Together Alone: The New American Monasticism*, San Francisco, 1979; Margaret Mary Wood, *Paths of Loneliness*, Columbia UP, 1953; Richard Kiek-

hefer & G.D. Bond, *Sainthood: Its Manifestations in World Religions*, California UP, 1988; K.J. Weintraub, *The Value of the Individual: Self and Circumstance in Autobiography*, Chicago UP, 1978; Charles Taylor, *Sources of the Self: The Making of the Modern Identity*, Cambridge UP, 1989; R. Kuhn, *The Demon of Noontide: Ennui in Western Literature*, Princeton UP, 1978; Giti Amirami, 'Depression in Medieval Islam', ongepubliceerd postdoctoraal essay, Oxford, 1992; O. John Rogge, *Why Men Confess*, Da Capo, NY, 1959/1975; David Schweitzer & R.F Geyer, *Alienation Theories and De-Alienation Strategies*, Science Reviews, Northwood, 1989; Markus Fierz, *Girolamo Cardano 1501-76*, Birkhauser, Boston, 1983 ; Jack Stillinger, *Multiple Authorship and the Myth of the Solitary Genius*, Oxford UP, 1991.

Immunologie
Elie Metchnikoff, *Essais optimistes*, Maloine, 1914; Olga Metchnikoff, *Vie d'Elie Metchnikoff*, Hachette, 1920; Anne Marie Moulin, *Le Dernier langage de la médecine: Histoire de l'immunologie de Pasteur au Sida*, PUF, 1991; Niels Mygind, *Essential Allergy*, Blackwell, 1986; William F. Jackson, *Colour Atlas of Allergy*, Wolfe Medical, 1988; M.H. Lessof, *Allergy: Immunological and Clinical Aspects*, Wiley, Chichester, 1984; Thomas J. Kindt, *The Antibody Enigma*, Plenum, NY, 1984; W.R. Clark, *The Experimental Foundations of Modern Immunology*, Plenum, NY, 1984; Debre J. Bibel, *Milestones in Immunology*, Springer, Madison,1988; J.J. Merchalonis, *Antibody as a Tool*, Wiley, 1972.

Excentriekelingen
Catherine Caulfield, *The Emperor of the USA and Other Magnificent British Eccentrics*, Routledge, 1981; Enid Welsford, *The Fool: His Social and Literary History*, Faber, 1935; C.R. Snyder & H.L. Fromkin, 'Abnormality as a Positive Characteristic: The Development and Validation of a Scale Measuring Need for Uniqueness', *Journal of Abnormal Psychology*, 86, 1977, pp. 518-27; A.J. Berry, *Henry Cavendish*, Hutchinson, 1960.

5

Hoe nieuwe vormen van liefde zijn uitgevonden

In 1990 brak in Frankrijk de eerste kinderrevolutie ter wereld uit. Door gewoon in de straten te demonstreren, waren ongeveer honderdduizend tieners in staat een regering te dwingen vier en een half miljard francs af te staan. Geen enkele groep volwassenen had ooit zo'n snelle en totale overwinning behaald. Leraren hebben decennia lang vergeefs geprotesteerd. Stakende verpleegsters waren niet in staat hetzelfde te bereiken, ook al hadden ze de macht over leven en dood. Maar de kinderen waren dankbaar noch onder de indruk.

Mandarine Martinon werd beschouwd als de leider van de schoolkinderen van Lyon. De kranten spraken hun verbazing uit over het feit dat zo'n tenger blond meisje van zestien de autoriteiten zo had kunnen imponeren. Zijzelf kon echter zien dat de regering bang was voor haar en haar vrienden. De politici die de kinderen probeerden te paaien door hen op het ministerie en zelfs in het presidentiële paleis uit te nodigen, waren in haar ogen verachtelijk: hun toespraken, zegt ze, waren "heel doortrapt; ze wekten de indruk dat ze overal begrip voor hadden, maar wij hebben ons niet in de luren laten leggen". In zijn eentje zou elk kind zich misschien overweldigd hebben gevoeld, maar samen deden ze de retoriek af als demagogisch. Politici zijn niet dom, vindt Mandarine, maar het zijn intriganten, uit op onderhandse deals. Er is er niet één in wie "ik mijn idealen terugzie. Ik zal het moeilijk vinden om te stemmen als ik mag stemmen." Bovendien zijn de kinderen vastbesloten om zich niet door de politici te laten gebruiken; zelfs niet door hun oudere collega's op de universiteiten, met wie ze bewust geen gemene zaak hebben willen maken. Ze willen hun wereld onafhankelijk houden, omdat het alternatief van de volwassenen niet langer aantrekkelijk is.

Als provinciaal staat Mandarine wantrouwig tegenover Parijs. Ze stoort zich aan de arrogantie van de Parijse kinderen die menen dat ze voor de rest van Frankrijk kunnen spreken. Als bewoner van de voorstad Villeurbanne, waar veel arbeiders wonen, stoort ze zich aan de pretenties van de rijke bourgeoisie van Lyon. Onder geen beding kan ze het tolereren dat om het even welke kliek zijn ideeën aan haar beweging oplegt. Ze herhaalt dat ze een woordvoerder is, geen leider die een oplossing biedt; haar enige doel is om elke school in staat te stellen zelf te beslissen over zijn eigen reilen en zeilen.

Geestelijk zijn deze kinderen geen kinderen. Net als oude wijze mannen hebben ze kromme ruggen van de herinnering aan alle mislukkingen van hun ouders en van alle voorbije generaties. Er is zoveel kennis in hen gestopt, dat ze maar heel weinig dingen enthousiast kunnen bewonderen. Alle voorgaande revoluties – zo vertellen de geschiedenisboeken – zijn uiteindelijk op een of andere catastrofe uitgelopen. De opstanden in Oost-Europa hebben tragische problemen aan het licht gebracht: "We weten te veel van de wereld. We zijn onze ideologieën kwijtgeraakt; we weten dat ze in het echte leven niet in de praktijk gebracht kunnen worden." Er zijn geen buitenlandse modellen meer, zoals China of Rusland ooit waren. Mandarine is in Engeland geweest, maar vond de mensen daar "te eerbiedig"; de vs is "nog erger".

Persoonlijk heeft ze wel enkele idealen: gelijkheid is het belangrijkst, evenals democratie en verzet tegen overheidsonderdrukking, hoewel de overheid een rol moet blijven spelen op het gebied van cultuur en televisie. Ze is voorstander van demilitarisatie, maar zonder dat het leger wordt afgeschaft. Ze wil de armen helpen. Ze is voor innovatie en verandering, maar ook bang voor verandering, en ze betwijfelt of anderen verandering willen. Daarom probeert ze mensen niet te bekeren of te overtuigen. Haar school is bezig met het opzetten van commissies om in alle redelijkheid te discussiëren over de manier waarop het eigen budget gewijzigd zou moeten worden en over welke rechten elke groep binnen de school zou moeten hebben. De enige ambitie van de school is zichzelf te transformeren van een examenfabriek in een "woonplaats". School is een tweede thuis voor de kinderen geworden, dat ze net zo accepteren als hun eigen huis. Het enige wat ze willen is er het beste van proberen te maken.

Wanneer Mandarine echter haar diepere gedachten blootlegt,

blijkt dat het niet slechts een algemene ontgoocheling is die haar zo anders heeft gemaakt dan haar utopische ouders. Ze kan heel goed met haar vader opschieten, die maoïst was in 1968 en thuis kookt. Toen ze de posters voor haar demonstraties maakte, zei hij tegen haar: "Zo maak je geen posters." In zijn jeugd had hij prachtige exemplaren vervaardigd, en ze hebben vreselijk moeten lachen toen ze het overdeden. Maar het cruciale verschil is dat Mandarine geen zelfvertrouwen heeft. "Ik ben niet creatief. Ik heb niet het gevoel dat ik een kundig iemand ben. Misschien mis ik ambitie." Waarom? "Omdat je minder risico loopt als je beperkte ambities hebt." Ze is van plan in de "communicatie" te gaan werken: culturele evenementen organiseren voor een gemeente of in een theater helpen, maar niet zelf toneelstukken op de planken brengen. "Dat zou te veel stress geven. Ik ben iemand die zich zorgen maakt. Vooral tijdens examens heb ik last van stress, omdat elk examen mijn hele bestaan beoordeelt." Het is niet de wedijver onder jongeren om de beste banen die haar zorgen baart, maar de strijd in haarzelf om zichzelf te bewijzen dat ze competent is: "Misschien zal ik altijd gestresst zijn."

Het helpt niet veel dat meisjes zo succesvol zijn op school en dat er meer meisjes dan jongens tot klassenvertegenwoordiger worden gekozen. Wat ze fascinerend vond tijdens de demonstraties was te zien hoe makkelijk de meisjes de leiding konden nemen, zelfs wanneer de jongens in de meerderheid waren. "Wij konden onze charme gebruiken om ze in te pakken." Mandarine begon de demonstraties in Lyon met één ander meisje: "We beschouwden onszelf nooit als meisjes." Het vrouwenvraagstuk dient zich nooit aan, wordt nooit besproken. Dat is allemaal voorbij. Ongelijkheid tussen de seksen is een probleem, maar dat zullen ze pas tegenkomen als ze beginnen te werken. Op dat moment zullen ze het gaan aanpakken. Ondertussen hebben ze andere problemen dan die waardoor hun ouders, bezeten door de sensatie van de pil, gekweld werden.

Waar Mandarine uitvoerig met haar vriendinnen over praat, is liefde. Sinds haar twaalfde heeft ze vriendjes gehad, maar nog altijd heeft ze geen liefde gevonden, alleen vriendschappen. "We hebben het erover of vriendschap tussen mannen en vrouwen mogelijk is. Wij zijn tot de conclusie gekomen dat het mogelijk, maar moeilijk is, omdat de verlangens van het lichaam relaties compliceren." Vrije seks is niet langer het wondermiddel. Seks is zelfs niet langer een weg naar vriendschap. In plaats daarvan is het een probleem binnen vriendschap. Ze zijn geschokt door de grove manier waarop jongens erover praten, "maar wij denken dat ze proberen om de grip die meisjes op hen hebben te verbergen, net te doen alsof ze sterk zijn en hun emoties voor zich te houden". De meisjes zijn niet in staat overeenstemming te bereiken over hoe ze zich moeten gedragen en zijn in twee groepen verdeeld. Sommigen hebben regelmatig een andere partner, zodat ze ongebonden kunnen blijven. Maar de trend is hoe langer hoe meer om een partner te vinden als je nog erg jong bent en om de hele schooltijd trouw te blijven. Het doel is zekerheid. "We voelen ons sterker als we met zijn tweeën zijn." De kinderen van gescheiden ouders proberen ofwel een stabiele relatie te vormen, ofwel verwerpen het hele idee van een koppel.

Mandarine en haar vriendinnen staan zeer positief tegenover de liefde, maar kunnen haar niet vinden. "We zien haar in Amerikaanse films, maar niet thuis. We ervaren haar alleen maar via films." De hele discussie over aids heeft seks van zijn mystieke kant ontdaan. Maar ze doet haar best om het romantische idee van de liefde levend te houden, hetgeen betekent dat je voor jezelf moet uitmaken wat liefde is. "We willen niet dat liefde iets alledaags, iets banaals wordt. Het moet iets persoonlijks zijn. Ik wil de details van mijn privé-leven niet bekendmaken. Als we gedwongen worden om over ons privé-leven te praten, dan krijgt dat een plichtmatig karakter en zal het zijn betekenis verliezen."

Hieruit kun je opmaken dat liefde een van de laatste toevluchtsoorden is waar iemand het gevoel kan hebben dat hij of zij iets edels kan bereiken en de goedkeuring van een ander kan krijgen: een van de weinige vormen van succes die is opgewassen tegen gebrek aan zelfvertrouwen.

Liefde is niet meer wat ze geweest is. In de huidige wereld zijn er twee typen vrouwen van wie er in het verleden maar heel weinig waren: de opgeleide en de gescheiden vrouw. Telkens wanneer zich nieuwe soorten mensen voordoen, geven ze een nieuwe richting aan de hartstochten. Als je ze hoort praten over hopeloos verliefd worden, lijkt het misschien alsof ze blijven geloven dat liefde iets mysterieus is, alsof liefde nooit verandert. Maar in het verleden hebben ze de verschillende elementen waaruit liefde bestaat vaak uit elkaar gehaald en opnieuw gecombineerd zoals het hun uitkwam, door ze te verdraaien, dingen toe te voegen en weg te laten. Mensen staan veel minder hulpeloos tegenover hartstocht dan de overlevering wil doen geloven. Ze zijn in staat geweest om er telkens nieuwe betekenissen aan toe te voegen, even verrassend als dat ze graan transformeerden tot brood, knoedels en tompoezen.

Iedereen weet dat de Duitse romantische dichters een nieuwe vorm gaven aan gepassioneerde liefde en dat vóór hen de Franse ridders en troubadours dat deden, die op hun beurt echo's van emoties transformeerden, die verfijnd waren door de Arabische veroveraars van Spanje. Maar deze veranderingen wijzen niet allemaal in dezelfde richting. De geschiedenis van de liefde is geen radicale beweging naar meer vrijheid, maar een eb en vloed, een draaikolk en lange periodes van kalmte. De moderne westerlingen, die voorbehoedsmiddelen gebruiken, kunnen kiezen uit vele alternatieven. Nu er een grotere betekenis dan ooit wordt toegekend aan liefde, is het verbazingwekkend dat er op scholen geen aandacht wordt besteed aan haar geschiedenis, de veldslagen die ze geleverd heeft, de opkomst en het verval van haar machtsgebieden, haar diplomatieke methoden en retoriek, en de hypocrisie van haar rentabiliteit. Misschien zal onderwijs in seks wel de eerste les blijken te zijn van een veelomvattender programma.

Het proces waarbij gepassioneerde liefde in verschillende vormen gekneed wordt, kun je bijzonder goed waarnemen in het maanlicht van *Duizend-en-één-nacht*; de middeleeuwse Arabieren waren immers ooit de meest geraffineerde minnaars ter wereld.

De bedoeïenen in de Arabische woestijn, die uiterst eenvoudig leefden, moesten niets hebben van gepassioneerde liefde. In hun liederen uit de zesde eeuw beschouwden ze haar als tovenarij, het werk van djinns, dat hetzelfde effect had als wijn en dat de conventie tartte. Ze dreven de spot met de man die zijn vrouw te veel beminde. Dit is een houding die in de meeste landen op enig moment de overhand had. Het is een normale houding, omdat die gebaseerd is op angst, en angst is normaal. Maar onder de bedoeïenen was het wel toegestaan dat de beide seksen heel ongedwongen met elkaar omgingen. Het was onderdeel van de etiquette dat mannen en vrouwen onderling grappen maakten, en ze konden bijna alles tegen elkaar zeggen. Via deze speelsheid ontwikkelde zich de bijzondere gedachte dat twee mensen elkaar zo konden beminnen dat ze al het andere in de steek lieten. Af en toe tartte de grappenmakerij tussen een lokaal meisje en een vreemdeling die op bezoek kwam (die zich op grond van de traditie van gastvrijheid van de bedoeïenen vrijheden kon permitteren die zij zichzelf niet toestonden) de loyaliteit tegenover de stam. De humor, de veiligheidsklep van de conventie, liep uit de hand en de sensatie van het overtreden van regels, van het nemen van risico's, van een avontuur in het onbekende, en van het denken dat je gelijk had terwijl de rest van de wereld er anders over dacht, waarbij een mysterieuze figuur de voorkeur kreeg boven een vertrouwde, ontwikkelde zich tot een samenzwering van passie. "Wat was het tussen ons tweeën dat liefde bracht in het dal van Bagid?" vraagt een lied van de bedoeïenen, en het antwoordt dat het de schertsende beschimpingen waren die het paar uitwisselde, de snedigheid die geleidelijk aan schijnbaar onweerlegbare waarheden met de grond gelijkmaakte. De vreemdeling kon de conventie belachelijk maken. Aantrekkelijkheid werd explosief zodra plezier haar deed ontbranden. Ibn Hazm, de beroemdste Arabische expert op het gebied van de liefde, zei: "De liefde begint met grappenmakerij en eindigt in absolute ernst."

In Mekka en Medina introduceerden vrouwen in de eerste eeuw van de mohammedaanse jaartelling (beginnend in 622 na Christus) een ander ingrediënt in hun gevoelens: ze creëerden nieuwe stemmingen door middel van muziek. Het was niet toevallig dat dit gebeurde ten tijde van een omwenteling, toen mensen genoeg begonnen te krijgen van oude gewoonten en opgewonden raakten van de nieuwe die ze aangereikt kregen. De steden waren welvarend, dol op plezier en feesten, en probeerden verwoed de gevaren om hen heen te vergeten. Zangers waren 'almachtig', net zoals de moderne popsterren. Rijke vrouwen breidden hun traditionele vrijheden uit. Ze wilden alleen onder bepaalde voorwaarden met hun vrijers trouwen, waarbij ze elke suggestie dat een echtgenote zich als een slavin diende te gedragen van de hand wezen. Sukayna, de kleindochter van Ali, de neef van de Profeet, was zo'n vrijzinnige. Ze droeg geen sluier en gehoorzaamde haar man niet, maar organiseerde literaire en muzikale salons (het Arabische woord was *majlis*, dat 'een bijeenkomst van notabelen' betekent). Rijke jongemannen kwamen er in groten getale op af om verboden wijn of de minder verwerpelijke gegiste drank *nabid* te drinken en naar dichters en zangers te luisteren. Sukayna kreeg Umar b. Ali Rabia, de beroemdste zanger, zover om 's avonds naar haar en haar vrienden in de woestijn te komen. Daar praatten ze dan tot zonsopgang, over gevoelens. Zijn liederen gingen vooral over gevoelens. Een spreekwoord zegt: "Houd vrouwen ver van het lied, want het is een oproep tot overspel." Umar verpandde zijn hart tegelijkertijd aan verschillende vrouwen zonder te hunkeren naar degenen die er niet waren: "O, hoeveel vriendinnen heb ik gehad die ik verliet zonder ze ooit te haten, voor wie ik altijd waardering koester." Dit was nou niet bepaald de passie die deze vrouwen teweeg wilden brengen, en Umars liederen zitten vol met hun klachten. Hun poging om het leven spannender te maken, maakte het ook treuriger. Maar moed leidt steevast tot onverwachte resultaten. Daar wordt het door gedefinieerd: de bereidheid om het onverwachte te leren kennen.

Terwijl tijdens religieuze feesten alleen maar op de tamboerijn gespeeld mocht worden, introduceerden deze zangers uit Mekka en

Medina vanuit Perzië de luit (voorloper van de gitaar). Ondanks protesten dat het een wulps instrument was, legden de echtgenoten hun geen strobreed in de weg; die hadden het te druk met hun eigen pleziertjes. Het had een betoverende uitwerking. De zangers waren "buitengewoon mooie jongens", die hun haar los tot op hun schouders lieten hangen, een teken dat ze dronken. Het waren vaak vrijgelaten slaven zonder tirannieke familiebanden, van wie vermoed werd dat ze de onwettige kinderen waren van edellieden. Ze hadden altijd moeilijkheden met de autoriteiten, maar werden regelmatig voor hun straf behoed door hun vrouwelijke bewonderaars. Terwijl de oude liederen over oorlog gingen, zongen deze zangers alleen maar over de liefde, omdat de vrouwen om teksten vroegen waarin ze hun eigen gevoelens konden herkennen. Opnieuw was het met buitenlandse hulp dat men andere banden tussen individuen ging verkennen dan het stam- en familieverband. De import van vreemde melodieën vormde de bescherming van dit moedige gedrag door het in raadselen te hullen. Eén beroemde zanger, Ibn Muhriz, reisde naar Perzië om de muziek van dat land te bestuderen en zijn traditie van verfijnde liefde, van "zinnelijke bespiegelingen" en van verhalen die vertellen dat een heerser incompetent is om te regeren als hij niet weet hoe hij moet beminnen. Vervolgens ging hij naar Syrië om Griekse muziek te studeren, en hij kwam terug met klanken die men nooit eerder had gehoord. De mensen in de stad waren gek op iets nieuws, mits dat gemengd was met oude elementen van de bedoeïenen, zoals het onregelmatige ritme van kamelenliederen. Vreemde muziek was het tweede ingrediënt, na humor, waarmee gepassioneerde liefde een nieuwe vorm kreeg. Dat zou nog vele malen gebeuren, zoals in onze eigen tijd met Afrikaanse en Amerikaanse muziek. De Arabische liefde werd niet door filosofen doorgegeven aan de Franse troubadours, maar via de muziek. De musici aan beide kanten van de Pyreneeën begrepen elkaar, omdat een stemming beter aanslaat dan een idee. Het woord 'troubadour' komt wellicht van het Arabische *tarab*, dat 'muziek' betekent.

Islamitische vroomheid maakte ten slotte een einde aan het zelfonderzoek van deze vrouwen, die zich hadden gewijd aan de verheffing van de relatie tussen de seksen. Zo werd passie dus omgevormd tot iets nieuws. In de eeuw daarna maakte de bruisende stad Basra een soortgelijke periode van "duizelingwekkende onzekerheid" door: waarden waren in een maalstroom terechtgekomen, "vrijdenkerij en verslaving aan lichtzinnige genoegens – waarbij men het met de zedelijkheid niet zo nauw nam – leidden tot emotionele vervoering" en "er waren vrouwen met mystieke ervaringen". Een ander type ketter gebruikte liefde nu om twijfel het hoofd te bieden. De beroemdste, Bashar b. Burd, was een 'angry young man', die op zijn oude dag nog meer 'angry' werd. Hij was een begaafd dichter van Perzische afkomst, die zich niet op zijn gemak voelde te midden van Arabieren. Hij had het gevoel dat hij niet gewaardeerd werd. Sterker nog, uiteindelijk stierf hij na veroordeeld te zijn tot zweepslagen omdat hij zich de ergernis van de kalief op de hals had gehaald. Hij minachtte de wereld en haar gebruiken, erkende geen ethiek of religies, verwierp het gezag, was verscheurd tussen materialisme en het zoeken naar totale bevrijding, en wreekte zich in ongeremde hekeldichten. Hij deinsde er niet voor terug om gedichten te schrijven die zijn rivalen lieten weten wat hij van hen dacht:

*Jij, zoon van een bronstig beest, jij bent
een puistige, vuile, gemene klootzak.*

Om hem heen trok een veelheid aan ketterijen bijna alles in twijfel. De moetazilieten bijvoorbeeld (het woord betekende 'afstand bewaren') stelden dat niemand volkomen goed of volkomen slecht was en pleitten, tegen het dogmatisme, voor "een positie tussen twee posities", voor de vrije wil. Het enige waar ze echter zeker van waren was dat passie een onontkoombare fysieke of kosmische kracht was. Het was in deze sfeer van ontnuchtering dat liefdespassies tot de hoogste waarde werden verheven. Bashar zong niet over zijn liefde voor een specifieke vrouw, maar om de volharding in de liefde in het algemeen te verheerlijken, tegen alle obstakels die ze op haar weg vindt. Wat hem het meest aantrok was de strijd. Vervolgens dreef hij de spot met zijn eigen onoprechtheid: "Ik heb genoeg gelogen om het recht te hebben de waarheid te spreken." Van gepassioneerde liefde werd een vaandel van opstandigheid gemaakt.

Al Abbas b. Al Ahnef, een andere beroemde dichter uit Basra, verkondigde: "Er zit niets goeds in mensen die geen liefdespassie voelen", alsof minnaars een geheim genootschap vormden, toegewijd aan zelfkwelling. Nadat hij zich in Bagdad had gevestigd, aan het hof van Haroun al Rasjid waar zijn gedichten op muziek werden gezet, werd hij waanzinnig populair. De kalief, erbarmelijk verliefd op slavinnen van wie hij theoretisch alles kon verlangen wat hij maar wilde, had desalniettemin het gevoel dat er iets was wat buiten zijn almachtige bereik lag. Al Abbas verklaarde passie als een hunkering naar het onbereikbare. De partner op wie ze was gericht, was niet haar ware object. Liefde was een teken van zwakte binnen in jezelf, onvermijdelijk hopeloos. Al Abbas zong over ongelukkige, kuise en paradoxale liefde, plechtig verklarend dat hij het gelukkigst was als zijn geliefde buiten zijn bereik was. Liefde en seks waren niet langer met elkaar verbonden: "Degene die bemint terwijl zijn liefde onbeantwoord blijft en die daarbij zijn kuisheid bewaart, sterft als een martelaar." De idealisering van vrouwen verbeterde natuurlijk niet de manier waarop vrouwen in de praktijk werden bejegend. Integendeel, ze weerspiegelde de vertwijfeling hoe in de praktijk met vrouwen om te gaan.

Mannen van de wereld die geen behoefte hadden aan metafysische discussies over de betekenis van liefde en die gewoon plezier wilden hebben zonder pijn, hadden duidelijk een practischer aankleding van hun verlangens nodig. Zij hunkerden naar een goede afloop, niet naar de ongemakken, verslaving of extremen van opstandige passie. Hun affectie moest verenigbaar zijn met hun loyaliteit tegenover de gemeenschap waaraan ze hun statusgevoel ontleenden. Het kwam hen goed uit om niet te diep te graven in de persoonlijkheid van hun geliefde. *Het boek der verhalen* van Abul Farag al Isfahani (gestorven in 967) verwoordde hun houding. Hij was een voorloper van de jetset, beroemd om zijn opgeruimdheid, dol op vrolijk gezelschap van allerlei nationaliteiten, verkerend aan de periferie van de hogere kringen, voortdurend op reis, altijd vergezeld van een jongeman. Hij liet zien hoe liefde theatraliteit, pathos, drama of zorgen kon vermijden, met vrouwen die altijd alleen maar een ondergeschikte rol speelden; hoe liefde getemd en onschadelijk gemaakt kon worden om er later over op te scheppen, als de zoveelste vorm van nostalgie.

Voor mannen van de wereld die zich niet aangetrokken voelden tot zulke makkelijke en oppervlakkige relaties had Ibn Hazm uit Cordoba (994-1064) een alternatief. Zijn verhandeling over de liefde, *De ring van de duif*, was de climax van een leven waarin hij alleen maar tegenslagen had gekend; hij klaagt dat hij verbannen was, verraden, onderdrukt, beroofd en tot wanhoop gedreven, "wachtend op de verdere slagen van het lot". Het islamitische Spanje was volgens hem "zelfvernietigend". Een van zijn oplossingen was een nieuwe houding tegenover de liefde. Hij schreef niet zozeer over de liefde om haar te verheerlijken: na in de loop der jaren drie keer verliefd te zijn geworden, analyseerde hij in zijn boek zijn intieme ervaringen, ook al wist hij dat mensen dat ongepast zouden vinden voor een publieke figuur als hij, een voormalig dienaar van de kalief en wetenschapper. Wat hij zei was, dat liefde het leven vernieuwde, dat ze hebzuchtige mensen vrijgevig maakte, lompe mensen hoffelijk en domme mensen verstandig, waarbij ze op wonderbaarlijke wijze tekortkomingen omzette in kwaliteiten, zodat iedereen kon hopen te worden bemind: er bestond geen grotere vreugde in de wereld dan twee verliefde mensen. Hij verheerlijkte seksuele gemeenschap als een noodzakelijk onderdeel van liefde, als iets wat "de kring rond maakt en de stroom van liefde overvloedig in de ziel laat vloeien".

Maar het origineelste van Ibn Hazm was zijn overtuiging dat liefde vooral belangrijk was omdat ze veel meer kon zijn dan een kalmerend middel of persoonlijke troost. Hij wilde op een nieuwe manier van de liefde de centrale ervaring van het leven maken. Normaal, zei hij, gebruiken de mensen de taal van de liefde als masker, om te doen alsof ze zijn wat ze niet zijn; terwijl het ook het omgekeerde kan zijn, een stel spiegels die aan hen openbaren wie ze werkelijk zijn. Zijn boek was bedoeld om hen te helpen erachter te komen wat de taal en de handelingen van de liefde betekenden. Hij wilde dat die betekenis duidelijk was en maakte bezwaar tegen de traditie om aan uitspraken die in wezen simpel waren een mysterieuze inhoud toe te kennen. Hoewel hijzelf een deskundige was, wantrouwde hij deskundigen. Zijn panacee was helderheid in communicatie. Vat de waarheid zo simpel mogelijk op, zei hij, en negeer de verklaringen van al te subtiele geleerde theologen. De mensen hebben er verkeerd aan gedaan om zichzelf te verstrikken in hun slimheid. Hoewel hij in zijn sentimentele ogenblikken liefde "een uiterst verrukkelijke kwaal, een uiterst begeerlijke ziekte" noemde, beschouwde hij haar als een onderdeel van de zoektocht naar zelfinzicht – of wilde dat ze een onderdeel was. Hij zei dat hij door vrouwen was opgevoed en dat hij was geïnteresseerd in wat vrouwen dachten. Ofschoon hij alleen blondines kon beminnen – zijn eerste liefde was een blonde slavin geweest en hij had haar nooit helemaal kunnen vergeten – kon hij alleen maar geïnteresseerd raken in een ander "na langdurige vriendschap en langdurige conversatie". Om de ziel van een vrouw te willen begrijpen, moest je een deur openen die de meeste mannen liever dichthielden.

Hij behoorde tot de zahirieten-sekte, die probeerde om de islam begrijpelijker te maken. De belangrijkste dichter van de hoofse liefde in Bagdad, Ibn Daud (gestorven in 909), auteur van *Het boek van de bloem*, een erotische bloemlezing, was de zoon van de oprichter van deze sekte, Daud van Isfahan. Een andere zahiriet, Ibn Arabi (1165-1240), geboren in Spanje, een van de invloedrijkste mohammedaanse denkers, zei dat hijzelf in hoge mate beïnvloed was door een aantal opmerkelijke vrouwen; in *De interpretatie van verlangens* onthulde hij waartoe dit inzicht, verworven door de liefde, kon leiden:

Mijn hart staat open voor alle winden:
het is een weide voor gazellen
en een huis voor christelijke monniken,
een tempel voor afgodsbeelden,
de zwarte steen van de Mekkaganger,
de thorarol
en de koran.
Mijn religie is die van de liefde.
Waarheen de karavanen Gods zich ook wenden,
de religie van de liefde
zal mijn religie
en mijn geloof zijn.

Hier zien we dus vijf totaal verschillende soorten gepassioneerde liefde, die zich in een relatief korte tijd hebben ontwikkeld in slechts één deel van de wereld. Seksueel verlangen, emotie, fantasie en alles wat we instinct noemen, kunnen zonder twijfel op talloze andere manieren gecombineerd worden. Wanneer liefde beloond wordt, hoe kortstondig ook, door die nog ongrijpbaarder sensatie – zelfvertrouwen – dan wordt ze niet alleen maar een privé-geheim, maar een kracht die voor iedereen zichtbaar is.

Zo resulteert de speelsheid waarmee het allemaal begon niet alleen maar in plezier. Spelen betekent dat je jezelf tijdelijk bevrijdt van taken en verplichtingen, waarbij je vrijwillig risico's neemt en opgewonden bent omdat je niet weet waartoe het zal leiden. 'Doen alsof' is bewust behagen scheppen in alternatieve mogelijkheden en beseffen dat geen enkele overwinning definitief is. Is het toeval dat het werkwoord 'winnen' teruggaat op de Indo-Europese wortel *wen*, 'wensen', en het werkwoord 'verliezen' op de wortel *los*, 'bevrijden'? Kun je door te spelen om winst en verlies leren wat vrijheid is? Het Spaanse woord voor 'winnen', *ganar*, stamt af van het Gotische *ganan*, 'hunkeren', terwijl *perder* (verliezen) van het Latijnse *perdere* komt, dat oorspronkelijk 'in zijn totaliteit geven' betekende. De hoofse minnaar die zijn ideaal niet wilde bezitten, die speelde om te verliezen, ontdekte dat het bij zakendoen en oorlog prozaïsch om bezit ging, maar dat in de liefde het spel het belangrijkste was. Bereid zijn te spelen is een van de voorwaarden voor creativiteit. Liefde is allesbehalve iets wat de aandacht van creativiteit afleidt maar veeleer een tak ervan.

In alle vijf verhalen komt ergens een vreemdeling voor. Dat is niet zo verbazingwekkend, want liefde is altijd gericht op wat vreemd is, op het unieke, op degene die op niemand anders lijkt.

Vervolgens maakt ze het beangstigende tot iets vertrouwds. Waar minnaars vroeger waarschijnlijk het bangst voor waren, was eenzaamheid. Maar tegenwoordig is het opgesloten zijn in een statische relatie nog zorgwekkender. De dorst naar nieuwe ervaringen, naar het onbekende, naar vreemdelingen, is groter dan ooit. Dat twee bannelingen zich verenigen om een beschermd en onafhankelijk gezin te stichten, volstaat niet langer. De verleiding van deze tijd is een grotere creativiteit. De fascinatie voor het vreemde is, net als spelen, een stap naar creativiteit.

In het verleden werd liefde meestal als een bedreiging beschouwd voor de stabiliteit van het individu en van de maatschappij, omdat aan stabiliteit doorgaans meer waarde werd gehecht dan aan vrijheid. Nog in de jaren vijftig zei slechts een kwart van de verloofde Amerikaanse paren dat ze tot over hun oren verliefd waren, en beweerde minder dan een derde van alle vrouwen in Frankrijk een *grand amour* te hebben ervaren. Veertig jaar later klaagde de helft van de Franse vrouwen dat de mannen in hun leven niet romantisch genoeg waren en wilden ze dat ze op zijn minst vaker "Ik hou van je" zouden zeggen. Hun algemene opvatting is dat het moderne leven gepassioneerde liefde moeilijker maakt dan in het verleden, maar het gouden tijdperk heeft nooit bestaan. In hun wanhoop zeggen velen van hen dat ze meer passie voelen voor dieren en sport dan voor mensen. Bij het begin van de glasnost in Rusland stond zelfs onder pasgehuwden liefde pas op de vijfde plaats op de lijst van achttien redenen om te trouwen. Dat betekent dat passie een kunst is die mensen nog moeten leren, dat liefde een onvoltooide revolutie is.

Ongeveer tien eeuwen lang hebben in Europa hoofdzakelijk twee elementen van de Arabische liefde nageklonken – de idealisering van vrouwen en de versmelting van de zielen van de geliefden. Geen van tweeën kan de verlangens bevredigen van degenen die de ambitie hebben om hun partners te begrijpen zoals ze zijn en om te blijven voortbestaan als een min of meer onafhankelijk wezen. Ooit leek idealisering een ridderlijk antwoord op de tijdelijkheid van affectie en bood versmelting een romantische oplossing voor eenzaamheid. In beide gevallen werd liefde als een remedie gebruikt omdat de wereld een hypochondrische fase in de geschiedenis doormaakte, waarin het besef van zonde, schuld of schaamte overheerste en mensen onophoudelijk verzuchtten dat ze onbekwaam waren, niet in staat om goddelijke perfectie te bereiken. Liefde was geen slechter of beter middel dan andere folkloristische medicijnen om hen zich beter te laten voelen. Ondanks al deze eeuwenlange experimenten met passie, blijft ze iets voorbijgaands als altijd, terwijl eenzaamheid haar imperium gestaag uitbreidt.

Op haar zoektocht naar een alternatief voor de opvattingen van haar ouders over de liefde is Mandarine in haar keuze niet beperkt tot een terugkeer naar het "romantische". De sociologen die ontwikkelde meisjes als zij hebben ondervraagd, kunnen geen ander woord bedenken om nog vollediger uitdrukking te geven aan hun hunkering om het cynisme te ontvluchten, hun verlangen naar meer dan alleen tevredenheid, meer dan een evenwichtig leven dat zo nu en dan op smaak gebracht wordt met een pikante, erotische saus. Maar wanneer deze meisjes zeggen: "We willen het leven mooier maken" en wanneer ze liefde tot de kunsten rekenen, zijn ze niet geïnteresseerd in reproductiekunst: het is niet voldoende om het verleden te herhalen, als je weet hoe hard de werkelijkheid in het verleden is geweest. Zij zouden een nieuwe liefdeskunst willen uitvinden, en er zijn vele precedenten die laten zien dat dat mogelijk is.

Elke uitvinding vereist echter nieuwe ingrediënten, of ten minste het overboord gooien van een aantal oude. Het meest afgezaagde geloof, rijp voor de prullenbak, is dat koppels niemand hebben om zich op te verlaten behalve zichzelf. Dat is net zo ongefundeerd als het geloof dat de moderne maatschappij individuen tot de eenzaamheid veroordeelt. Nu jongens en meisjes samen naar school gaan en daar een soort vriendschap sluiten die daarvoor niet bestond tussen de seksen, kan liefde andere vormen aannemen. Welke andere vormen dat zouden kunnen zijn, zal duidelijk worden nadat we de mogelijkheden van andere passies een voor een hebben onderzocht.

J. Ashtiany, *Abbasid Belles Lettres*, Cambridge UP, 1990; Jean Claude Vadet, *L'Esprit courtois en Orient dans les cinq premiers siècles de l'hégire*, Maisonneuve, 1968; A.G. Chejne, *Ibn Hazm*, Kazi, Chicago, 1982; Ibn Hazm, *The Ring of the Dove*, Luzac, 1953; 'Ishk', artikel in *New Encyclopedia of Islam*, 1978; Émile Dermengheim, 'Les grands thèmes de la poésie amoureuse chez les Arabes précurseurs de poètes d'Oc', in *Les Cahiers du Sud*, speciale uitgave over Le Génie d'Oc, Marseilles, 1943; J.M. Ferrante, *Conflict of Love and Honour*, Mouton, 1975; Lois Anita Giffen, *Theory of Profane Love among the Arabs*, New York UP en London UP, 1971; Clinton Bailey, *Bedouin Poetry*, Oxford UP, 1991; L.F. Compton, *Andalusian Lyrical Poetry and Old Spanish Love Songs*, New York UP, 1976; W. Dols, *Majnun: The Madman in*

Medieval Islamic Society, Oxford UP, 1992; (hoofdstuk 11 over 'de romantische dwaas'); Alan H. Gardiner & K. Sethem, *Egyptian Letters to the Dead*, Egyptian Exploration Society, 1928 ('Wat ik u heb aangedaan in het mooie Westen', aldus een weduwnaar aan zijn overleden echtgenote); H.R.P. Dickson, *The Arab in the Desert: Badawi Life in Kuwait and Saudi Arabia*, Allen & Unwin, 1949; Richard Boase, *The Origin and Meaning of Courtly Love*, Manchester UP, 1977; Claude Tapia, *Jeunesse 1986: au delà du sexe: Psychosociologie de la vie affective de la jeunesse*, Harmattan, 1987; F. Dubet, *Les Lycéens*, Seuil, 1991; Statistische gegevens over de liefde in Armelle Oger, *Enquête sur la vie très privée des Français*, Laffont, 1991, pp. 317-23; P. Bancroft, *Human Sexuality*, Churchill Livingstone, 1983; V. Shlapentokh, *Public and Private Life of the Soviet People*, Oxford UP, NY, 1989, p. 178; Jérôme Duhamel, *Vous les Français*, Albin Michel, 1989, p. 334; E. Burgess & P. Wallis, *Engagement and Marriage*, Lippincot, Philadelphia, 1953; Reuben Fine, *The Meaning of Love in Human Experience*, Wiley, NY, 1985; Irving Singer, *The Nature of Love*, 3 vols., Chicago UP, 1984-7; 'Évolution historique du sentiment amoureux', in *Futuribles*, juli 1990.

6

Waarom er meer vooruitgang is geboekt in koken dan in seks

Wat gebeurt er met een Spaans meisje dat naar een door Franse nonnen geleide school wordt gestuurd, dat thuis door Franse gouvernantes manieren bijgebracht krijgt en met vakantie naar Franse gezinnen gaat om haar accent bij te schaven? Ze wordt iemand die je op straat onmogelijk over het hoofd kunt zien. Alicia R. Ivars draagt altijd opvallende kleren. Maar dan wel in haar eigen excentrieke stijl, nooit naar de laatste Parijse mode.

Welke invloed had het op haar leven dat ze als jonge vrouw geacht werd zich te bezatten aan het Frans-Duitse filosofische jargon en een vitalistische, voluntaristische, met gestalt brekende existentialistische aanhanger moest worden van Bergson, Bachelard, Fischer, Chiva, Calvo...? Ze is uiteindelijk een deskundige van wereldformaat op het gebied van olijfolie geworden. Niets is onvermijdelijk of voorspelbaar.

Onder haar theatrale kleding, speciaal voor haar ontworpen, en achter de combinatie van verlegenheid en exhibitionisme probeert Alicia een geisha te zijn. Als hoogst intelligente vrouw cultiveert ze liever het zinnelijk genot dan een andere kant van haar persoonlijkheid. Ondanks haar jarenlange theoretische opleiding, is ze erop gericht aangenaam gezelschap te zijn voor andere mensen, en vermijdt ze het om zich te verliezen in vragen als: "Wie ben ik?" Een geisha is natuurlijk het tegenovergestelde van een animeermeisje. Ze wordt niet bewonderd om jeugdige schoonheid, maar om een vaardigheid die ouder is dan die van het oudste beroep en meer die van een priesteres benadert: het uitvoeren van rituelen om mannen te verzoenen met het feit dat ze niet alles kunnen hebben wat ze willen.

Wat leraren doceren is één ding; wat er zich in je ziel afspeelt is iets anders. De erfenis van Alicia's kinderjaren is haar verlegenheid. Tot op de dag dat een man haar op twintigjarige leeftijd plotseling zijn liefde verklaarde, had ze zijn belangstelling niet eens gemerkt. Ze had niet alleen op een meisjesschool gezeten, ook het gezin waaruit ze kwam bestond, los van haar vader, uitsluitend uit vrouwen: drie zussen, een grootmoeder, twee dienstmeiden en een moeder die meer gecharmeerd was van de natuur dan van mannen. Mannen waren niet toegetreden tot haar wereld, waarvan ze had leren genieten zonder hen. Haar antwoord aan deze eerste man in haar leven (hij schreef: "Ik heb geprobeerd mijn gevoelens kenbaar te maken, maar jij slaat daar geen acht op") was op haar beurt verliefd te worden, "uit dankbaarheid" voor iets onbekends. Sindsdien heeft ze tegen haar verlegenheid gevochten door welbewust net te doen alsof ze extravert is, wat ze en passant dan ook bijna geworden is. Ze besloot dat het leven van een verlegen persoon niet zo interessant is als dat van iemand die zijn nieuwsgierigheid de vrije loop laat, die "half wild en half gemanierd" is.

Ze gelooft dat het niet zoveel uitmaakt op wie je verliefd bent; het is een vergissing bemind te willen worden door degene van wie je houdt. Nee, er is een "kosmische rechtvaardigheid" in de verdeling van liefde, die onze persoonlijke teleurstellingen in de liefde tenietdoet. Betoonde affectie is altijd een goede investering. Misschien krijg je haar niet terug van de mensen aan wie je haar toont, maar iemand zal je haar teruggeven; en hoe meer je ervan geeft, hoe meer je zult krijgen. Er is een tekort op de affectiebalans, omdat mensen aarzelen om affectie te tonen; ze willen namelijk geen affectie van zomaar iemand. Dus beperken ze hun kansen door een bekrompen beeld van zichzelf te ontwikkelen, dat ze niet meer zijn dan een bepaald type mens. Als gevolg daarvan wordt het moeilijker voor de onverwachte minnaar om hen te vinden en verrassende ontdekkingen in hen te doen.

Dus probeert Alicia een zo "plooibaar" mogelijke persoonlijkheid te hebben. Haar religie is de "cultus van het dagelijks leven". "Ik geloof dat het mogelijk is om de rollen te wijzigen die je vroeger had of die je geacht wordt te hebben, om maar niet te spreken van waanideeën of allerlei soorten psychologische belemmeringen en zelfgekozen beperkingen." Haar kennis van de Engelse taal is misschien niet perfect, maar dat strookt met haar principes. Ze houdt ervan om zich in de breedte te ontwikkelen en redt zich liever met vier talen dan dat ze één enkele taal foutloos en feilloos beheerst. Je kunt voorkomen dat je neurotisch wordt, als je niet langer als een bezetene analyses maakt van wat je denkt dat je karakter is: stoor je niet aan je onvolkomenheden, hou op te zeuren over je complexen en stort niet voortdurend bekentenissen uit over wat je wel en niet kunt, leuk vindt of verlangt. Beschouw elke ontmoeting met iemand als een op zichzelf staande gebeurtenis. "Een geisha is altijd bereid genot te verschaffen zonder aan haar eigen behoeften te denken." Zet persoonlijke ambities en de verwachtingen die je van jezelf hebt opzij. Leer een geisha te zijn door allereerst een geisha voor je eigen lichaam te zijn. Zorg ervoor, kook voor jezelf als je alleen bent alsof je jezelf trakteert. Zorg voor je geest door hem te voeden met poëzie en muziek. Zorg dat je geen overmatig rigide idee van je verlangens hebt. Beschouw jezelf als een amoebe, die ronddobbert door het leven en zich splitst: wees niet bang om je identiteit te verliezen. Of beschouw jezelf als een verzameling gloeilampen: stop niet alle elektriciteit in één enkele lamp, anders zal die ontploffen. Laat je energie vrij circuleren door de vele kanten van jezelf. Hoe vrijer, opener en onbegrensder je identiteit is, hoe beter. Beschouw je emoties als een tuin die je netjes moet houden. Wees ruimhartig, dat zal nieuwe middelen in jezelf opwekken, nieuwe ideeën. Volg de "wetten der natuur". De keus is aan jou.

Met zulke overtuigingen was het niet voldoende om een boterham te verdienen als docent, zelfs niet als een excentrieke. Alicia opende een restaurant. Aanvankelijk kookte ze drie dagen per week en doceerde ze drie dagen aan de universiteit. Vervolgens trok ze zich terug uit de academische wereld en stopte ze al haar energie in The Garden of Delights. Dit restaurant was haar theater; het was elke dag open en de klanten moesten verrast worden. "Ik was zo dankbaar dat mensen opgedoft binnenkwamen, dat ik altijd iets nieuws probeerde te dragen." Ze is buitengewoon origineel in wat ze aanheeft; aan bizarre, surrealistische kleine details kun je zien dat ze altijd met een optreden bezig is. Als de eters haar verzochten uit de keuken te komen, trok ze altijd iets anders aan voordat ze zich liet zien. Maar het was meer dan alleen maar twee voorstellingen per dag geven. Mensen weten nooit helemaal wat ze willen. Zij genoot ervan om aan hen te openbaren wat hun wensen waren, om zich als een fantasiedeskundige aan te bieden, "een culinaire tolk" die vage verlangens vertaalt in schitterende maaltijden, gehuld in zware symboliek. "De geishakok is oplettend, soms zwijgzaam, maar in staat om mystiek, extatisch, minimalistisch, ritualistisch en esthetisch te zijn, toegewijd aan anderen." Het werd haar specialiteit om ongewone feesten te organiseren; daarbij creëerde ze ongebruikelijke sferen, om mensen "zich anders te laten voelen": bijvoorbeeld pracht en praal uit de tijd van koning Edward gesitueerd in een koloniaal Egypte, tuinen verlicht door fakkels, fonteinen met badende schoonheden, wijnen met exotische vruchten en kleurstof, en Arabische gerechten. Ze noemde zichzelf Ali + Cia, als een magiër.

Ze is nooit een hippie geweest in de strikte betekenis van het woord, noch een feministe, "hoewel ik hun opvattingen deelde, maar dan zonder dat militante". Toch stelde haar deelname aan een groot aantal universitaire en politieke organisaties haar in staat tot "een zeer intiem en langdurig contact – ook seks – met veel verschillende compañeros". Pas op haar 28ste trouwde ze. Dat betekende dat ze de man van haar keuze ervan moest overtuigen – wat haar vijf jaar kostte – dat zij voor hem de ware was en dat hij zijn geriefelijke vrijgezellenbestaan diende op te geven, ondanks het feit dat ze "niet beantwoordde aan zijn idee van een echtgenote". Ook hij was geen maagd, "verre van dat", maar ze zei hem dat hij een conservatieveling was en dwong hem daar van af te stappen. Paco is de enige man ter wereld, zegt ze, die ze "honderd procent aanvaardbaar" vindt.

Dat belette haar echter niet om hem na tien jaar huwelijk te verlaten. Een enorm aantrekkelijke bohémien, een man uit de theaterwereld die zijn vuurdoop had gehad tijdens de gebeurtenissen van mei 1968 in Parijs, placht in haar restaurant te eten. "Kom eens siësta bij me houden", zei hij. Ze begon hem te bezoeken; ze gingen de provincie in en bedreven de liefde. "Het was het paradijs", een soort passie die ze nooit eerder had ervaren. Toen volgde "het grootste conflict uit mijn leven". Alicia zei tegen Paco: "Ik moet mijn situatie helder krijgen." Als ze de ervaring die haar nieuwe minnaar haar gaf zou afwijzen, zou dat haar persoonlijkheid aantasten. Dus genoot ze tien maanden lang van passie. Toen besloot ze dat haar minnaar "niet volledig aanvaardbaar" was. Ze ging terug naar Paco. Paco, de rijpe, beleefde, elegante, geschoolde meester in gereserveerdheid, was ondanks zijn onverstoorbaarheid gekwetst. Toch kwamen ze weer bij elkaar. "Paco heeft het onderwerp niet één keer meer aangeroerd." Haar huwelijk kwam er versterkt uit. Haar bewondering voor Paco kent geen grenzen; "hij wordt nooit kwaad".

Niettemin "kent Paco maar een deel van mij. We proberen niet om té intiem te zijn, dan blijft er een soort mysterie tussen ons bestaan. ... Als je te veel weet, word je een gevangene." De manier om een huwelijk in stand te houden is nalaten om in elkaars ziel te graven. Zorg er vooral voor dat je niet te direct praat, dat je de ander niet kwetst. Als je je hart per se moet uitstorten, zoek dan iemand anders.

Alicia heeft iemand gevonden in een "vrouwenhater, een ongehuwde maar niet homoseksuele" een theoloog gespecialiseerd in de patristiek, die ook bevriend is met haar man: hij is een zeer "spirituele man", en Alicia gaat met hem de provincie in om te picknicken. "Ik kan over alles met hem praten. Ik inspireer hem en hij inspireert mij. Hij begrijpt de details van mijn redeneringen." Van seks is geen sprake.

Seks is een op zichzelf staand iets, een afzonderlijke activiteit, "die niet kapotgemaakt mag worden door een overmaat aan intieme gevoelens of vertrouwelijkheden, want dan word je zijn slaaf". Dat betekent niet dat Alicia intieme gevoelens uit de weg wil gaan. "Ik ben nooit bang geweest voor mijn intieme gevoelens. Ik heb altijd genoten van psychotrope ervaringen zonder in paniek te raken bij het idee dat ik het contact met mijn innerlijke zelf of met mijn lichaam zou verliezen. Ik weet welke melodie, welk ritme, welke geur, liefkozing of streling mij het intieme gevoel zal geven waarnaar ik verlang." Seks hebben is dus vergelijkbaar met koken: beide brengen aangename "intieme gevoelens" teweeg en beide stellen je in staat zulke gevoelens in een ander teweeg te brengen.

Allereerst onderscheidt ze "zuivere seks". In haar jeugd had ze dat met een "tantristische man", met wie ze een "extreem erotische correspondentie" voerde, "met een overvloed aan illustraties", en die ze twee of drie keer per jaar bezocht om "al onze fantasieën te realiseren": ze noemde het emotionele weelde. Seks gecombineerd met vriendschap is anders; het is een prachtige combinatie, maar seks leidt zelden tot vriendschap, hoewel ze het "als prikkel niet zou afwijzen". Maar als seks verward wordt met liefde, kan er alleen maar onenigheid uit voortkomen, of een huwelijk.

Met het verstrijken der jaren zijn Alicia's seksuele activiteiten minder frequent en gevarieerd geworden. Vrienden zijn minder veeleisend; er is minder tijd, minder ruimte. Ze houdt niet van jongere partners; en degenen die even oud zijn als zij of ouder, zijn "twistziek, bezitterig, ambitieus, neurotisch en niet in staat tot rusten of vrijen". Een gevarieerd seksleven hebben is "fantastisch: zo blijf je verliefd op het leven". Vroegere minnaars blijven voor altijd bij haar, "geïntegreerd in mijn manier van beminnen". Ze houdt nog steeds van hen, ook al mist ze hen niet. Terugdenken aan voorbije liefdes, ze opnieuw zien plaatshebben in je verbeelding, is opwindend en bijna alsof je verliefd bent.

Volgens haar is er geen enkele reden waarom seksuele activiteit grenzen zou moeten kennen: "Ik heb nog geen grenzen ontdekt aan mijn geneigdheid." Groepsseks en lesbische contacten spreken haar weliswaar niet aan, maar ze herinnert zich het bezoek van een buitenlandse vrouw tot wie ze zich "bijzonder aangetrokken voelde: ik zou met haar gevreeën en lol gemaakt kunnen hebben, ik vond haar zo geweldig, ze had zoveel behoefte aan affectie, ze was net weduwe geworden; waarschijnlijk hadden we telepathische seks". Er zijn andere vormen van seks die haar niet aanspreken: bijvoorbeeld met "nietszeggende mannen, die veeleisend zijn of van mij afhankelijk", "vampiers" en "mannen die bij thuiskomst van hun vrouw verwachten dat hun sloffen en whisky met ijs al klaarstaan: wat een verschrikking".

Paco is de ideale man omdat hij nooit bezitterig is, altijd eerbiedig, vrolijk, grappig en bovenal "niet te aanwezig". Zijn grote verdienste is zijn sterke onafhankelijkheid. "We kunnen onze vrije tijd samen doorbrengen of niet, samen uitgaan of apart."

"Van kindsbeen af heb ik geleerd te genieten van zinnelijk genot. Ik bracht vier maanden per jaar door op een paradijselijke, onherbergzame plaats (tegenwoordig is het huis nog zo groot en mooi, maar de omgeving is verwoest), met vijgen-, amandel- en olijfbomen, wijngaarden en tomaten, de zee en vrijheid; het hele gezin, vrienden; dagenlang was ik zinnelijk genot aan het verkennen." Als ze op een onbewoond eiland zou worden achtergelaten, dan zou ze ervoor kiezen om een mes mee te nemen "om woorden in bomen te kerven, dieren te doden, hun bloed te drinken en hun vlees te eten, en een hut te bouwen voor een geïsoleerde liaison".

Alle ambities van Alicia zijn van persoonlijke aard. De wereld veranderen, interesseert haar niet. Los van Paco gelukkig maken, heeft ze geen specifieke doelen, behalve "een verlangen om op oosterse wijze perfectie te bereiken", dat wil zeggen haar mogelijkheden te ontwikkelen. Het is de moeite waard om roem na te jagen, maar uitsluitend omdat je daardoor meer interessante mensen kunt ontmoeten. Geld is nuttig om je kansen te vergroten, maar het is gevaarlijk omdat rijke mensen vaak alleen maar andere rijke mensen ontmoeten, zich zorgen maken over hun jurken van pure zijde en allemaal hetzelfde doen. Een succesvolle carrière is echter niet voldoende: die gaat te vaak samen met een hopeloos privé-leven. Vijf jaar een restaurant runnen, "als een liefdezuster, als een kapitein op een schip", heeft haar een groot gevoel van succes gegeven, maar dat is niet voldoende.

Toen Paco onlangs ziek was – gelukkig is hij volledig hersteld – zette dat haar aan het denken: wat zou ze doen als hij stierf? In elk geval niet op een kantoor werken. Ze zou twee kostgangers nemen en voor hen zorgen. Armoede deert haar niet: die zou haar niet beletten om naar hartelust te genieten van nadenken, van haar privé-leven. Ook alleen zijn maakt haar niet bang. De andere kant van haar extravagante sociabiliteit is haar verlegenheid, ofwel het opgaan in haar eigen geesteswereld. Net zoals degene die het meest lacht zich vaak ellendig voelt, is degene die dol is op feestjes vaak het meest alleen. Alicia houdt vol dat ze een eenzame figuur is. Als ze uit haar raam kijkt naar het platteland in de omgeving van Madrid, dan ziet ze natuur die zich niets gelegen laat liggen aan mensen. Daar neemt ze een voorbeeld aan: de noodzaak om ongevoelig te zijn voor je eigen zorgen, om afstand tot jezelf te bewaren. Maar als je eenzaam bent, wil dat nog niet zeggen dat je per se geïsoleerd bent. Zij is dat niet. Ze gaat nu eens uit met vrienden, naar de film (ook daarheen neemt ze iets te eten mee en nuttigt dat tijdens de voorstelling), dan weer is ze alleen. Sociabiliteit is voor haar een soort taal – hoe meer je oefent, hoe rijker het soort communicatie dat je met mensen kunt hebben. Maar op jonge leeftijd leerde ze haar eigen haar te knippen, en sindsdien is ze nooit naar een kapper geweest. Dat is het teken van haar onafhankelijkheid. Haar kapsels zijn altijd exotisch, zoals niemand anders ze heeft.

Krafft-Ebing, de expert op het gebied van seksuele perversiteiten en Freuds collega in Wenen, zei dat alle wereldzaken beheerst worden door honger en liefde. Maar beiden vergaten de honger en richtten zich op de kwellingen van de liefde. Dat was jammer, want seks, voedsel en drank zijn altijd reisgenoten geweest in de zoektocht naar genot. Als seksuologie geen afzonderlijk wetenschapsgebied was geworden, als de jacht naar kennis anders was georganiseerd en als er professoren in geluk waren geweest die de passie voor genot als geheel, in al haar vormen, hadden bestudeerd, dan zou er wellicht een andere visie tevoorschijn zijn gekomen. Fysieke driften zijn geen despoten en werden regelmatig genegeerd; smaken liggen niet voor altijd vast. Je kunt een andere kijk op begeerte krijgen door wat mensen aan tafel willen en in bed te beschouwen als deel van een geheel.

Gastronomie is de kunst van het gebruik van voedsel om geluk te creëren. Er zijn drie manieren van eten en drie corresponderende manieren om geluk te zoeken. De eerste en traditionele manier is eten tot je verzadigd bent, vertrouwend op oude recepten en beproefde methoden. Het doel is voldaan te raken, verkwikt te worden, je behaaglijk te voelen en tevreden te knorren. Dit is de behoedzame benadering van genot, onder het motto: "Bescherm jezelf tegen vreemde lichamen."

Vreemde lichamen zijn niet alleen de vlieg in de soep, maar ook alles wat ongewoon, verboden, niet modieus en bedreigend is. Het was door te leren eten dat mensen hun angst voor vreemde lichamen omvormden tot een deugd en smaak noemden. Er ontwikkelden zich mentale gewoonten die de patronen nabootsten die het eten had gevestigd, en de angst voor vreemde lichamen breidde zich uit naar vele andere aspecten van het leven. Routine, hoe saai ook, bleek de veiligste verzekeringspolis te zijn. Het verleden bestond voor een groot deel uit oorlogen tegen vreemde lichamen, omdat het eerste soort geluk dat mensen zochten datgene was wat veiligheid waarborgde. Er zou nooit iets veranderd zijn als behoedzaamheid had gewonnen, maar er waren altijd nerveuze en eenzame mensen die zich niet veilig voelden, die zichzelf ook als vreemde lichamen beschouwden, buitenstaanders in hun eigen omgeving; voor hen leek het onmogelijk om tevreden te zijn.

Dus werd er een tweede manier van eten uitgevonden, waarbij voedsel als iets plezierigs werd beschouwd, als een vorm van tolerantie, een streling der zinnen. Het doel was te verleiden en verleid te worden met de hulp van romantisch kaarslicht en gezelligheid te creëren rond heerlijke geuren. In zulke omstandigheden wordt je houding tegenover de wereld als geheel slechts tijdelijk gewijzigd: je flirt met vreemde lichamen tijdens een maaltijd, maar die hebben geen invloed op hoe je je op kantoor gedraagt. Deze manier van eten was geschikt voor degene die er niet meer in gelooft voldoening te kunnen vinden in een rustig leven, die hunkert naar vermaak en verrassingen, die een ander soort geluk zoekt in frivoliteiten, in grappig, cynisch en ironisch te zijn, en die weigert om zich blijvend ellendig te laten voelen door de grote problemen, zoals verhongering en domheid. De koks die eten voor hen klaarmaken, zijn net jazzmusici; ze improviseren vrolijk geschetter en komen nooit tot een afronding.

Maar je kunt natuurlijk niet gelukkig zijn, anders dan op een oppervlakkige manier wanneer anderen ongelukkig zijn. Toen vrede en rust, of geestigheid en gereserveerdheid hun aantrekkelijkheid begonnen te verliezen, werd er een ander verlangen geboren, namelijk om een persoonlijke, originele bijdrage te leveren aan het leven. Het zoeken naar een derde type geluk – tegenwoordig 'creativiteit' genoemd – vroeg om een manier van eten die daaraan beantwoordde. Alle uitvindingen en vooruitgang komen voort uit de ontdekking dat er een verband bestaat tussen twee ideeën die nooit met elkaar in aanraking zijn gekomen, uit het samenbrengen van vreemde lichamen. Voor individuen die ernaar streefden creatief te zijn, werd eten deel van het proces waarbij men de wereld avontuurlijker ging bekijken. Creatieve koks ontdekten kwaliteiten in voedsel waarvan niemand vermoedde dat ze bestonden, en combineerden ingrediënten die normaal nooit samengingen. Creatieve eters zijn voortdurend bezig hun angst voor vreemd voedsel, en voor vreemde lichamen, kwijt te raken.

Dit betekent echter niet dat er drie soorten mensen bestaan, die elk hun gewoonten trouw blijven. Creativiteit is de voornaamste zorg van de chef-kok, die voortdurend nieuwe dingen probeert te bedenken. Maar degenen die denken dat ze het tegenovergestelde doen en eindeloos dezelfde recepten van oma reproduceren, zijn soms creatief zonder dat ze het beseffen. Weliswaar zijn er mensen die grofweg hetzelfde eten als hun voorouders duizenden jaren geleden, maar toch sluipt er variatie in, hoe beperkt het menu ook mag lijken. Zo eet een arme gemeenschap in Ghana, totaal onbekend in de wereld van de fijnproevers, 114 soorten vruchten, 46 typen zaden van peulvruchten en 47 groenten. In de Andes kan een boer zonder probleem driehonderd aardappelvariëteiten onderscheiden, en voor zijn stoofpot gebruikt hij wel twintig tot veertig variëteiten, allemaal zorgvuldig uitgebalanceerd. Telkens wanneer een recept niet strikt gevolgd wordt, telkens wanneer er een risico wordt genomen door ingrediënten of verhoudingen te veranderen, is het daaruit voortvloeiende voedsel iets creatiefs, goed of slecht, waarin mensen een klein beetje van zichzelf hebben gestopt. Het bedenken van een nieuw gerecht is een daad van vrijheid, klein maar niet onbelangrijk. Er is nog altijd enorm veel ruimte voor zulke daden, aangezien de mensheid tegenwoordig niet meer dan zo'n zeshonderd van de honderdduizenden eetbare planten nuttigt.

Kinderen zijn doorgaans opgevoed om ofwel de smaak van hun familie trouw te blijven, ofwel, wat we sinds kort zien, een individuele identiteit te ontwikkelen door hun eigen smaak te verdedigen. Sommigen worden nu echter gestimuleerd om smaken te bejegenen zoals ze mensen bejegenen, namelijk als iets wat het verdient om gerespecteerd, erkend en begrepen te worden, en om geen hoge muren te bouwen tussen degenen met wie ze wel of niet willen praten, tussen spijzen waar ze wel of niet van houden. De Franse schoolkinderen die nu lessen in de kunst van het proeven in het onderwijsprogramma hebben, zijn de pioniers van een belangrijke revolutie. Door open te staan voor voedsel en voor vreemde smaken wijzig je onvermijdelijk je houding tegenover je buren.

Lange tijd was de wereld verdeeld in drie belangrijke wereldrijken, die grofweg even groot waren, op basis van de drie voornaamste soorten hoofdvoedsel tarwe, rijst en maïs. Maar wat mensen nog meer van elkaar scheidde, was de saus of specerij die ze toevoegden:

olijfolie in het Middellandse-Zeegebied, soja in China, chilipoeder in Mexico, boter in Noord-Europa en een heel scala van aromaten in India. Tussen 1840 en 1850 kwamen de Russen in opstand toen de regering hen probeerde over te halen om aardappels te telen. Ze waren gewend hoofdzakelijk van roggebrood te leven en vermoedden dat er een complot gesmeed was om slaven van hen te maken en hun een nieuwe religie op te dringen. Binnen vijftig jaar echter waren ze dol op aardappels. De verklaring daarvoor is dat ze dezelfde zurigheid – *kislotu* – toevoegden die altijd een aangename smaak aan hun voedsel had gegeven en waaraan ze uiteindelijk verslaafd geraakt waren. Elk volk voorziet zijn voedsel van een eigen geur en accepteert slechts een verandering als het die verandering voor zichzelf verborgen kan houden, en wel door elke nieuwigheid te smoren in zijn eigen geur. Je kunt alleen maar optimistisch zijn over verandering op politiek, economisch of cultureel gebied, als je deze vooronderstelling accepteert.

De Amerikanen gebruikten suiker als de smaak die alle nieuwigheden aanvaardbaar maakt. Suiker is reukloos en heeft de magische kracht om bijna alles min of meer eetbaar te maken. In feite zijn door suiker, meer dan door iets anders, de smaken van de wereld versmolten. Ooit was het een zeldzaam en goddelijk geneesmiddel – honing werd de transpiratie van de hemel, het speeksel van de sterren genoemd – maar de productie ervan is de laatste honderd jaar veertig keer zo groot geworden: het is de culinaire uiting van democratie. Pas toen chocola uit Latijns-Amerika, vroeger gekruid met chilipoeder, gecombineerd werd met suiker (door Coenraad van Houten uit Amsterdam, in 1828), wist die de tong van de wereld te strelen. In 1825 voorspelde Brillat-Savarin, schrijver van *De fysiologie van de smaak*, dat suiker voorbestemd was om de "universele smaakstof" te zijn. Op dat moment betaalde Goethe 2,70 goudmark voor één kilo; suiker was alleen voor de rijken het genotselixer, die er meer aan uitgaven dan aan brood. Nu is de voorspelling uitgekomen: bijna elk verpakt voedsel bevat suiker.

Alle vooruitgang op culinair gebied was afhankelijk van de assimilatie van vreemde spijzen en specerijen, die daarbij een transformatie ondergaan. Chinees voedsel bereikte zijn hoogtepunt in de twaalfde eeuw dankzij de importartikelen van avontuurlijke kooplieden. Het voedsel van Europa kreeg een oosters karakter door het massale gebruik van specerijen – in de Middeleeuwen was het bijna Indiaas. Vervolgens werd het veramerikaniseerd door de introductie van de aardappel, de tomaat, de kerstkalkoen en andere, indiaanse producten. Fastfood is Amerikaans noch Europees, maar een erfenis van de straatverkopers uit het Midden- en Verre Oosten. De nouvelle cuisine is het gevolg van een toevoeging van Japanse ideeën aan de Franse traditie. Dit importeren is altijd door een minderheid gedaan, in weerwil van verzet. Alle vernieuwing stuit op verzet.

Toch stillen wij onze honger nog steeds zonder ons volledig bewust te zijn waarnaar we hongerig zijn. Sommige heerlijke spijzen hebben geen voedingswaarde, andere zijn onaangenaam totdat we er een smaak voor hebben ontwikkeld, en weer andere maken geen einde aan ons hongergevoel maar stimuleren ons juist om nog meer te eten, om het eetplezier langer te laten duren, net zoals een geliefde probeert een omhelzing langer te laten duren. Door te proberen zulk gedrag te doorgronden, kun je veel meer aan de weet komen dan alleen maar wat je lekker vindt – bijvoorbeeld in hoeverre je belangstelling hebt voor nieuwe soorten genot, of voor innovatie en creativiteit in het algemeen, of je bereid bent teleurstellingen of mislukkingen op de koop toe te nemen, of je liever onverschrokken en vrij wilt zijn dan geprezen wilt worden, of je graag praat over de dingen waar je van geniet en of je het leuk vindt om het anderen naar de zin te maken. Gastronomie is een tak van wetenschap die nog in de kinderschoenen staat. Ze richt zich niet op genotzucht, maar op onderzoek; niet alleen op zelfonderzoek, maar op het onderzoeken van de gehele natuur. Ze zal beslist de horizonten van genot en inzicht steeds verder verbreden, ook al kent ze een schaduwzijde; ze heeft immers weinig gedaan om de weerzinwekkendheid van hongersnood en wreedheid aan te pakken, en zal misschien pas echt erkend worden als ze dat wel doet. Niettemin hebben vorken en lepels waarschijnlijk meer gedaan om mensen te verzoenen dan geweren en bommen ooit deden.

De seksuele geneugten hebben zich in de loop der eeuwen echter eerder versmald dan verbreed. Seks is het wonder waardoor mensen, die normaal bang zijn voor vreemdelingen, zich tot sommigen van hen voelen aangetrokken. Maar tot nu toe is het er niet in geslaagd om ook maar een fractie van de bloemen – van affectie of inzicht – voort te brengen die het had kunnen voortbrengen.

Hoe je in seksuele relaties iets van de warmte en geborgenheid – het gevoel dat je weet waar je bij hoort – kon verwerven dat moeders keuken je geeft, hebben de heidense religies onderwezen. Voor hen was de wereld één grote zichzelf onderhoudende seksuele machine: de hemel bevruchtte de aarde met zijn vocht, en elke copulatie was onderdeel van dit permanente proces van zelfvernieuwing, geen verachtelijke daad, maar een bevestiging dat je verwant was met de gehele natuur. De hindoegod Shiva gaf een voorbeeld door het behagen dat hij schepte in de verspreiding van zijn zaad onder vrouwen; zijn volgelingen konden hun seksuele instincten beschouwen als bewijs dat ook zij iets goddelijks in zich hadden.

De voldoening dat je deel uitmaakte van een geheel werd versterkt door het gevoel dat je een persoonlijke bijdrage kon leveren aan de instandhouding van de wereld; de natuur moest immers zowel gestimuleerd als bedankt worden. De Masai in Oost-Afrika deden dat door middel van periodieke *Liefdesfeesten*: enkele maanden lang werden alle beperkingen van vriendschap en huwelijk opgeheven, en mensen kwamen van heinde en verre bij elkaar om in het bijzijn van hun priesters de aarde, de dieren en elkaar te bevruchten. Iedereen bedreef de liefde met iedereen, met uitzondering van moeders en zussen. Deze gebeurtenissen waren geen orgieën, maar een manier om het leven een opkikker te geven. "Seks is een afmattende aangelegenheid", zei een Kikuyu-vrouw tegen een antropoloog, "je hebt geen tijd om te praten". Maar genot wordt niet minder als het je veel moeite heeft gekost om het te krijgen.

De Chinezen maakten van hun seksuele activiteit een bron van verlichting door haar een centrale plaats te geven in hun geneeskunst en de nadruk te leggen op haar essentiële rol in de bescherming van de gezondheid en de genezing van ziekten, de verbetering van de bloedsomloop en de ontspanning van het zenuwstelsel. Mannen konden zichzelf sterker maken door regelmatig geslachtsgemeenschap te hebben; dat leverde energie op als gevolg van de versmelting van de mannelijke en vrouwelijke principes. Ze moesten er echter wel goed voor zorgen dat ze vrouwen evenveel genot verschaften, zoals ze de grond van de aarde in goede conditie hielden; vrouwen produceerden immers vitale sappen die het leven verlengden. De bizarre uitwassen van deze doctrines verdoezelden hun diepere boodschap. In *De kunst van de slaapkamer* beschrijft de Han-minister Chang Tsang hoe hij 180 jaar oud probeerde te worden door de afscheiding van vrouwenborsten op te zuigen. Waar vrijwel alle antieke handboeken over seks echter op aandrongen, was dat het belangrijk was om aandacht te schenken aan de verlangens van vrouwen. Bevruchting was volgens de antieke folklore in Europa alleen mogelijk als de vrouw genoot. Onvruchtbaarheid, aldus Culpeppers *Gids voor vroedvrouwen* (1656), werd veroorzaakt door "een gebrek aan liefde tussen man en vrouw". Degenen die seksuele activiteit tegenwoordig beschouwen als een essentieel onderdeel van een gezond leven, wortelen diep in deze heidense tradities; zij zijn toegewijd, zoals de taoïsten zeggen, aan "de simpele en vreugdevolle kunst van het leven, uitsluitend met de bedoeling om te leven".

Maar zoals sommige mensen genoeg kregen van moeders keuken en exotische restaurants begonnen om zichzelf op verrassende manieren te vermaken, zochten andere vermaak omwille van het vermaak in exotische bedden. Terwijl de voedselkennis zich als gevolg van handel en reizen uitbreidde en voortdurend werd aangevuld, verviel de erotische fantasie echter al snel in herhaling. Omstreeks 450 na Christus waren de technieken van seksueel genot uitvoerig beschreven in de *Kamasutra*, een samenvatting van talrijke veel uitgebreidere werken, gecompileerd door de ascetische celibatair Vatsyayana. Hoewel dit wetenschappelijke en literaire werk is opgesmukt met beschrijvingen van persoonlijke avonturen – in het bijzonder Kshemendra (990-1065) in *Het brevier van een hoer* en Koka (?1060-?1215) in *De mysteriën van de passie* – bleef het scala van beschikbare geneugten vrijwel onveranderd; ruim duizend jaar lang na Ovidius en Lucretius had Europa niets toe te voegen. De pornografie had haar heilige boeken; liefhebbers raakten verslaafd aan een bepaalde obsessie. De fantasieën die zich in de hoofden van geliefden nestelden, richtten zich bovenal op verovering, overheersing en onderwerping, alsof de meest gangbare relaties buiten het bed om het bed hekken hadden gebouwd. Er was geen sprake van ware rebellie in fantasieën waarin je gedwongen werd verboden handelingen te verrichten of verleid werd door verboden bewonderaars. Elke generatie verbeeldde zich in deze fantasieën de vrijheid te hebben ontdekt, maar bond in feite steeds weer dezelfde oude strop – of eentje uit een kleine selectie stroppen – om haar verbeelding.

Zo was de meest opwindende seksuele ervaring die een Chinese man ongeveer vanaf de tiende eeuw kon hebben, een glimp op te vangen van de voeten van een vrouw die ze tot 7,5 à 10 centimeter had verkort door ze in haar kinderjaren de natuurlijke groei te belemmeren.

> *Ik weet niet van wanneer dit gebruik dateert:*
> *het moet door een verachtelijke man zijn geïntroduceerd*

schreef een Chinese dichteres. De gewoonte om voeten in te binden werd geïntroduceerd door danseressen van het keizerlijke hof en geïmiteerd door de aristocratie als een teken van voornaamheid. Vervolgens namen de middenklassen het over om hun fatsoen te tonen, waarbij ze lippendienst bewezen aan kuisheid. Gedurende honderden jaren daarna bleef het een onbetwist object van seksueel verlangen, omdat seks zichzelf niet graag ondervraagt over zijn eigen begeerten. Een vrouw met ingebonden voeten kon niet werken en ook niet ver lopen. Ze bewees dat haar echtgenoot het zich kon permitteren om haar werkloos thuis te laten. Mannen werden opgewonden van het onnatuurlijke strompelende loopje. Het betasten van de voeten werd het onontbeerlijke voorspel voor de geslachtsgemeenschap. Er werden handboeken over seks gepubliceerd die achttien standjes aanbevolen waarbij de coïtus gecombineerd kon worden met betasting van de voeten en die advies gaven omtrent verschillende manieren waarop ze konden worden vastgepakt om een steeds grotere extase te bereiken, namelijk door ze te kussen, eraan te zuigen, erop te sabbelen en erop te kauwen, één voet helemaal in de mond te stoppen of meloenzaadjes en amandelen te eten die tussen de tenen gestopt waren. Ouders wisten dat ze hun dochters voor meer geld als prostituees konden verkopen als ze misvormde voeten hadden, en meisjes werden geprezen als ze de extreme pijn verdroegen die het inbinden veroorzaakte, wat betekende dat ze hun leven lang gebroken botten hadden. Tijdens festivals in boeddhistische tempels placht men kleine-voeten-schoonheidswedstrijden te houden – de 'voetenkijkvereniging' – oorspronkelijk bedoeld om toekomstige kandidaten voor de keizerlijke harem ten toon te stellen. Hoewel de Mantsjoes, die China in de zeventiende eeuw veroverden, besloten tot de afschaffing van het gebruik en volhielden dat ze trots waren op hun grote voeten, was dat niet voldoende om vrouwen ertoe te brengen er voortaan van af te zien; sensualiteit is immers altijd zelfgenoegzaam in haar gewoonten. Ingebonden voeten werden gekoesterd als een genot dat naar men zei niet onderdeed voor dat van de coïtus zelf, en mannen genoten van de mengeling van medelijden en verrukking die ze ervoeren als reactie op de opoffering. De voeten werden verborgen gehouden en bleven zo even mysterieus als de geslachtsorganen zelf. Het was pas de beweging voor vrouwenemancipatie die twee eeuwen later redenen aanvoerde om vrijelijk op je eigen voeten te willen lopen. Nog in 1895 meldde een Franse arts dat christelijke Chinezen tijdens de biecht bekenden dat ze opgewonden raakten door de gedachte aan vrouwenvoeten. En in de noordelijke provincie Suiyuan bleven vrouwen nog tot in de jaren dertig fanatiek verknocht aan het inbinden van de voeten en aan het maken van prachtig versierde kleine schoentjes. Toevallig was dit de specifieke vorm van wrede erotiek die China op het hoogtepunt van zijn voorspoed ontwikkelde, toen het een wereldleider was op het gebied van de technologie en de kunsten; de voorspoed stond dat immers toe. Het korset met de wespentaille gaf Europa een soortgelijke bevrediging, ook al waarschuwden artsen vanaf de Romeinse tijd en de Renaissance tot aan de negentiende eeuw dat het een ernstig gevaar voor de gezondheid betekende.

In plaats van het begrip van genot te verruimen, volgden periodes van onderdrukking en verdraagzaamheid elkaar op. De rijken verweten de armen hun snedige schunnigheden, maar raakten vervolgens gefascineerd door de gewoonten die ze veroordeelden en namen ze over. De armen waren eerst dol op fatsoen en daarna niet meer. Ongelijke stapels erotische kunst zijn herinneringen aan wisselende decennia, en soms eeuwen, van losbandigheid. Hoewel er bijvoorbeeld in China pornografische voorwerpen zijn overgeleverd uit ten minste 1000 voor Christus, had het eerste hoogtepunt in hun productie in de zevende eeuw na Christus plaats, toen het rijk zich helemaal tot Iran, Korea en Vietnam had uitgebreid: voorspoed stimuleerde erotische weelde, ook al namen mensen hun succes zo verschrikkelijk serieus, of misschien juist daardoor. Dit was de periode waarin China het examensysteem uitvond, dat later door de hele wereld werd overgenomen. Het maakte geen verschil dat China geregeerd werd door een keizerin, Wu Chao, een dweepzieke en bijgelovige non. Pas in de dertiende eeuw werd het puritanisme hersteld als het officiële credo. In de achttiende eeuw vervolgens toonde een renaissance van erotische kunst modieuze prostituees in elegante bordelen als de centra van cultuur en vermaak, en Nanking werd beroemd om zijn gigantische 'wijken van plezier' waar een ongekende losbandigheid heerste. In de negentiende eeuw stierf keizer Tongzhi aan syfilis, en bij de Taiping-opstand (1850) werden zesduizend gevangen genomen jongens gecastreerd om als mannelijke prostitués te dienen, compleet met ingebonden voeten en zware cosmetica. De meeste landen zouden een vergelijkbaar verleden kunnen overleggen met golven van obsessie en afkeer: soms kwam het puritanisme van links, soms van rechts, soms van de kant van de machthebbers en soms als een reactie tegen hen. Als het om seks gaat, is er geen gouden tijdperk om op terug te kijken. In de jaren vijftig hebben de Chinese communisten systematisch enorme hoeveelheden erotische antiquiteiten vernietigd in een poging de herinnering aan deze dubbelzinnige tradities uit te wissen.

Toen Kinsey in de jaren dertig en veertig onderzocht hoe Amerikanen aan hun seksuele bevrediging kwamen, ontdekte hij dat de rijken en de armen totaal eigen ideeën hadden, alsof ze op verschillende planeten woonden. De armen gaven zich op jonge leeftijd "met een vastberaden overtuiging" over aan geslachtsgemeenschap, bedreven de liefde vóór het huwelijk zeven keer vaker dan de rijken en maakten drie keer vaker gebruik van prostituees. Maar met het klimmen der jaren bleven ze trouwer aan hun wederhelften dan de rijken, die het leven daarentegen behoedzamer begonnen: in hun jeugd masturbeerden ze tweemaal zoveel als de armen en beperkten ze zich meer tot liefkozen; maar naarmate ze ouder werden, cultiveerden ze de "liefdeskunst" en raakten ze sterk gericht op borsten en voorspel, in tegenstelling tot de armen, die hun twijfels hadden over experimenteren en zelfs over zoenen, en die naaktheid als iets obsceens beschouwden. Met andere woorden: hoe welvarender mensen werden, hoe minder rechtlijnig de seks. Het advies dat in de *Kamasutra* wordt gegeven, was geïnspireerd door de kooplieden uit de weelderige middeleeuwse steden van India die veel vrije tijd hadden.

De derde vorm van seksueel genot heeft liefde en duurzame genegenheid tot gevolg, en daarom is het creatief. Het is echter altijd als een mysterie beschouwd, vanaf de vroegste folklore tot op de dag van vandaag. Zo presenteren de sprookjes waarmee West-Afrikaanse kinderen seksuele voorlichting krijgen het als een vorm van verstoppertje spelen, zonder pasklare oplossingen: de populaire kinderverhalen over de avonturen van meneer Penis en mevrouw Vulva zijn tragikomedies, die in plaats van erop aan te dringen gehoorzaam te zijn aan de traditie, voornamelijk humor naar voren schuiven als de manier om onvermijdelijke moeilijkheden het hoofd te bieden. Ouders worden als groteske figuren neergezet. Meneer Penis, die uit de bomen tevoorschijn komt, is een ruimhartig man, maar meneer Testikels is een egoïst. De moraal van het ene verhaal wordt weersproken door die van het volgende. Overspel wordt zowel geïdealiseerd als bestraft. Seks is zowel leuk als wreed. En fantasieën wekken niet per se verlangen op.

De rest van de wereld is seks als een raadsel blijven beschouwen. Misschien komt dat doordat men meestal zaken deed op basis van de vooronderstelling dat egoïsme de beste manier is om succesvol te zijn. Daarom worden de seksuele krachten, die in staat zijn onzelfzuchtigheid te stimuleren, gezien als iets ontwrichtends, wat het best buiten de publieke arena kan worden gehouden, verbannen naar de privacy van je eigen huis. Zelfs het christendom, de religie van de liefde, is bang geweest voor seksuele liefde en beperkte haar strikt tot het huwelijk, dat Luther vergeleek met een ziekenhuis waar begeerte werd genezen.

Het vreemde lichaam dat een voortdurende bedreiging vormde voor seks als een schepper van liefde, was jaloezie. Diderot definieerde liefde in zijn omvangrijke *Encyclopedie* als "het bezit en genot van een ander wezen". Het was dit verlangen om te bezitten – misschien onvermijdelijk zolang eigendom alle relaties domineerde – dat geliefden zo onzeker maakte; de angst om te verliezen, de weigering om te accepteren dat een liefde elke dag opnieuw gevoeld moest worden. Deze houding is geworteld in de antieke Indiase handboeken over seks, die liefde als een gevecht beschouwden dat verovering impliceert – ook dat was onvermijdelijk toen oorlog ieders lot bepaalde. De *Kamasutra* suggereerde vernuftig dat liefde slechts volmaakt was wanneer beide partijen zegevierden. Veel te vaak werd echter de vraag gesteld wie het meest van wie hield.

Alles of niets, totale overheersing: deze militaire idealen beperkten de invloed van seks op relaties buiten de slaapkamer en beletten seks zo creatief mogelijk te zijn. Er bestaat immers een enorme hoeveelheid seksuele gevoelens die nooit op een geslachtelijke manier tot uiting worden gebracht – onbeantwoorde liefde, bekoringen en sensaties in diverse gradaties van mildheid, waarvan de meeste verloren gaan. Men vergeet dat bij jonge kinderen seksuele prikkels voortkomen uit een heel scala van oorzaken, waarvan vele niets met seks te maken hebben – ongebruikelijke of beangstigende ervaringen, achternagezeten worden, geslagen worden, in een vliegtuig reizen. Slechts geleidelijk wordt het scala van prikkels versmald: welke emoties seksueel opwindend zijn, wordt deels bepaald onder druk van gelijken. Door de aandacht te richten op het orgasme, op het moment van triomf en overgave, werd de idee van seksueel genot beperkt, evenals door te denken dat seksuele energie ontladen moet worden, als munitie die in je eigen gezicht zal ontploffen als je haar niet op haar doel afschiet. Men vergeet dat er onder de Chinezen en Indiërs velen waren die geslachtsgemeenschap zonder ejaculatie bepleitten, dat er in veel zogenoemde primitieve stammen, zoals de Dani in Indonesië, na elke geboorte vier tot zes jaar lang sprake is van seksuele onthouding, dat bij de Joruba de meeste vrouwen doorgaans niet in hetzelfde bed slapen als hun echtgenoten, en dat paren voordat voorbehoedsmiddelen makkelijk verkrijgbaar waren elkaar urenlang zoenden: penetratie is niet de enige vorm van liefkozing.

In de zeventiende en achttiende eeuw werden manieren onderzocht om vage seksuele bekoringen nuttig te maken, vooral onder de Fransen, die flirten en koketterie ontwikkelden als omgangskunst, waarbij exclusieve affaires werden vermeden. In die tijd kon het woord 'minnaar' (*amant*) nog steeds zijn oude betekenis 'bewonderaar' hebben en hoefde het niet per se een seksuele partner te zijn; 'vrijen' betekende oorspronkelijk 'het hof maken', en niet 'geslachtsgemeenschap hebben'. Flirten gaf een nieuwe richting aan de hoofse liefde; het was seks zonder seks, een verlenging van de voorbereidingen voor seks die nooit daadwerkelijk hoefde plaats te hebben. Maar in plaats van de geliefde te idealiseren, probeerde het hem of haar te begrijpen en te onderzoeken hoe ze het elkaar naar de zin konden maken en elkaar konden stimuleren. Maar de meeste mensen popelden om overwinningen te behalen en beschuldigden flirts ervan dat ze bedrog pleegden, huichelden, niet in staat waren te beminnen en zich gedroegen alsof ze permanent op een gemaskerd bal waren. Zolang huwelijk en voortplanting werden gezien als de belangrijkste taken van de vrouw, was die vijandigheid te begrijpen. Maar zodra vrouwen en mannen als onafhankelijke persoonlijkheden worden beschouwd, wier opvattingen het waard zijn om te ontdekken, kan flirten als eerste stap worden gezien in de vorming van een relatie die als doel heeft gezamenlijke en wederzijdse verkenning. Misschien zal flirten vervangen worden door een ander woord, om aan te geven dat de betekenis ervan breder is geworden: een avontuur dat gebaseerd is op bekoring, maar dat ernaar streeft om veel meer te doen dan alleen maar te bekoren.

"Eén man heeft niet genoeg aandacht voor één vrouw", luidt een spreekwoord van de Kung-bosjesmannen. Overspel en echtscheiding waren niet bijzonder fantasierijke manieren om zichzelf met dat feit te verzoenen. Maar de Kongolese auteur Sony Labou Tansi, die schreef dat erotiek de kunst is van "het goed koken van de liefde", herinnert ons eraan dat er nog steeds een enorm menu te ontdekken valt en dat er veel affectie verloren zal blijven gaan zolang we dat nog niet gedaan hebben. Natuurlijk gaat het bij koken niet alleen om de zinnen, maar ook om de belangstelling voor alles wat leeft; en voedsel smaakt het best als het degenen die samen eten vervult met welwillendheid jegens elkaar, al is het maar voor even.

Geschiedenis van voedsel
De discussies en publicaties van het Oxford Food Symposium, dat ik zo'n tien jaar geleden in het leven heb geroepen samen met Alan Davidson (voormalig Brits ambassadeur in Laos, die liever uit de diplomatieke dienst stapte dan weer terug in Londen geplaatst te worden om daar te werken te midden van de "Whitehall-krijgers") en dat ongeveer 150 gastronomische experts bij elkaar brengt, verwijzen naar de recentste onderzoeken; het tijdschrift *Petits Propos Culinaires*, onder redactie van Alan Davidson, bevat recensies van de meest zinvolle publicaties over voedsel. Ik noem hier slechts een selectie van

verschillende soorten boeken: Raymond Sokolov, *Why We Eat What We Eat*, Summit, NY, 1991; A.M. Barret, *Neuropharmacology of Appetite Regulation*, Proc. Nutrition Soc., vol. 37, 1978; N. Tinbergen, *The Study of Instinct*, Oxford UP, 1974; F.T. Simoons, *Food Avoidance in the Old World*, Wisconsin UP, 1967; H.P. Kleyngeld, *Adoption of New Food Products*, Tilburg UP, 1974; Hiromitsu Kaneda, *Long-term Changes in Food Consumption Patterns in Japan 1878-1964*, Yale Univ. Economic Growth Center, no. 127, 1969; J.M. Weiffenbach, *Genesis of Sweet Preferences*, US Dept of Health, 1977; Trevor Silverstone, *Appetite and Food Intake*, Dahlem Konferenzen, 1976; John Burnett, *Plenty and Want: A Social History of Diet in England from 1815 to the Present Day*, Nelson, 1966; Chris Wardle, *Changing Food Habits in the UK*, Earth Resources Centre, 1977; D.W. Walcher, *Food, Man and Society*, Plenum, NY, 1976; D.S. Ironmonger, *New Commodities and Consumer Behaviour*, Cambridge UP, 1972; Michael Lipton, *Why Poor People Stay Poor*, Temple Smith, 1977; Trygg Engen, *The Perception of Odors*, Academic Press, 1982; C.M. Apt, *Flavor: Its Chemical, Behavioral an Commercial Aspects*, Bundel van het Arthur D. Little Flavor Symposium, Boulder, Colorado, 1977; G. Blix, *Food Cultism and Nutrition Quackery*, Symposium van de Zweedse Stichting voor de Voeding, Uppsala, 1970; Mark Nathan Cohen, *Health and the Rise of Civilisation*, Yale UP, 1989 (zet vraagtekens bij de opvatting dat mensen gezonder zijn geworden; bevat indrukwekkend prehistorisch en antropologisch materiaal); John Yudkin & J.C. McKenzie, *Changing Food Habits*, McGibbon & Kee, 1974; A.I. Richards, *Hunger and Work in a Savage Tribe: A Functional Study of Nutrition among the Southern Bantu*, Routledge, 1932; Raymond F. Hopkins, *The Global Political Economy of Food*, Wisconsin UP, 1978; R. Robbins, *Famine in Russia 1891-2*, Columbia UP, 1975; Jean-Robert Pitte, *Gastronomie française: Histoire et géographie d'une passion*, Fayard, 1991; R.E.F. Smith & David Christian, *A Social and Economic History of Food and Drink in Russia*, Cambridge UP, 1984; Michel Maffesoli, *Aux Creux des apparences: Pour une éthique de l'esthétique*, Plon, 1990; William Kingston, *Innovation*, Calder, 1977; Sterling Ortman, *To Feed this World*, Johns Hopkins UP, 1976; R.N. Salaman, *The History and Social Influence of the Potato*, Cambridge UP, 1949; J.D. Haas & G.G. Harrison, 'Nutritional Anthropology', *American Review of Anthropology*, 6, 1977, pp. 69-101; J.H. van Stuyvenberg, *Margarine: A History 1868-1969*, Liverpool UP, 1969; B.A. Hennisch, *Fasts and Feasts*, Pennsylvania UP, 1976; K.C. Chang, *Food in Chinese Culture*, Yale UP, 1973; E.N. Anderson, *The Food of China*, Yale UP, 1988; T.C. Lai, *At the Chinese Table*, Oxford UP, 1964; Michel Jeanneret, *Des Mets et des mots: Banquets et propos de table à la Renaissance*, Corti, 1987; Piero Camporesi, *Bread of Dreams: Food and Fantasy in Early Modern Europe*, Polity, 1989; Barbara K. Wheaton, *Savouring the Past: The French Kitchen and Table from 1300 to 1789*, Chatto, 1983; Harold McGee, *On Food and Cooking: The Science and Lore of the Kitchen*, Scribners, NY, 1984; Georges Vigarello, *Le Propre et le sale*, Seuil, 1984; Om Prakash, *Food and Drink in Ancient India*, Munshi Ram, New Delhi, z.d.

Geschiedenis van seks
Opnieuw noem ik slechts een selectie: J. D'Emilio & D.B. Freedman, *Intimate Matters: A History of Sexuality in America*, Harper, NY, 1988; John Bancroft, *Human Sexuality and its Problems*, Churchill Livingstone, 1983; Herant Katchadourian, *Fundamentals of Human Sexuality*, 5th edn., Holt, NY, 1985; Oskar Koening, *The Masai Story*, Michael Joseph, 1956; Pat Caplan, *The Cultural Construction of Sexuality*, Tavistock, 1987; David M. Halperin, *Before Sexuality: The Construction of Erotic Experience in the Ancient Greek World*, Princeton UP, 1990, M. Feher, *Fragments for a History of the Human Body*, 4 vols., Zone, NY, 1989; Ronald & Juliette Goldman, *Children's Sexual Thinking: A Comparative Study of Children Aged 5 to 15 Years in Australia, North America, Britain and Sweden*, Routledge, 1982; R.H. Van Gulik, *Sexual Life in Ancient China*, Brill, Leiden, 1961; Lina M. Fruzetti, *The Gift of a Virgin: Women, Marriage and Ritual in Bengali Society*, Rutgers UP, 1982; Akhileshwar Jha, *Sexual Designs in Indian Culture*, Vikas, New Delhi, 1979; Michael Allen & S.N. Mukherjee, *Women in India*, Canberra ANU, 1982; B. Malinowski, *The Sexual Life of Savages in North Western Melanesia*, Routledge, 1929; B. Malinowski, *Sex and Repression in Savage Society*, 1927; Roy Ellen, *Malinowski between Two Worlds: The Polish Roots of an Anthropological Tradition*, Cambridge UP, 1978; Derek Freeman, *Margaret Mead and Samoa*, Harvard UP, 1983; Lowell D. Holmes, *The Quest for the Real Samoa: The Mead/Freeman Controversy and Beyond*, Bergin & Garvey, Mass., 1987; R. Firth, *Man and Culture: An Evaluation of the Work of B. Malinowski*, Kegan, 1957; Hans Licht, *Sexual Life in Ancient Greece*, Routledge, 1932; Lawrence Birken, *Consuming Desire: Sexual Science and the Emergence of a Culture of Abundance 1871-1914*, Cornell UP, 1988; Francis L.K. Hsu, *Iemoto: The heart of Japan*, Wiley, NY, 1975; Iwao Hoshii, *The world of Sex*, vol. 4, Woodchurch, Kent, 1987; Peter Brown, *The Body and Society: Men, Women and Sexual Renunciation in Early Christianity*, Faber, 1988; I.B. Horner, *Woman under Primitive Buddhism*, Routledge, 1930; Charles Fowkes, *The Pillow Book*,

Hamilton, 1988 (geschiedenis van erotische literatuur); John Byron, *Portrait of a Chinese Paradise: Erotica and Sexual Customs of the Late Qing Period*, Quartet, 1987; Howard Levy, *Oriental Sex Manners*, NEL, 1971; Howard Levy, *Chinese Footbinding*, Neville Spearman, 1972; Iris & Steven Finz, *Erotic Fantasies*, Futura, 1991; Patrick J. Kearney, *History of Erotic Literature*, Macmillan, 1992; Wayne Paul Robinson, *The Modernisation of Sex*, Elek, 1976; V. & B. Bullough, *Sin, Sickness and Sanity: A History of Sexual Attitudes*, New American Libary, 1977; Peter Wagner, *Eros Revived: Erotica of the Enlightenment in England and America*, Secker & Warburg, 1988; René Nelli, *Erotique et civilisation*, Weber, 1972 (over Arabisch-Europese relaties); Travaux de l'université de Toulouse le Mirail, série A, tome 24, *Les Visages de l'amour du dix-septième siècle*, Toulouse, 1984; Roger Bougard, *Erotisme et amour physique dans la littérature française du dix-septième siècle*, G. Lachurie, 1986; Gérard Clavreuil, *Erotisme et littératures: Afrique noire, Caraïbes, Océan indien*, Acropole, 1981; Suzanne Lallemand, *L'Apprentissage de la sexualité dans les contes d'Afrique de l'ouest*, Harmattan, 1985; Pierre Hanny, *L'Erotisme africain: Le Comportement sexuel des adolescents guinéens*, Payot, 1970; R.B. Symington, 'Sexual Behaviour of Rhodesian Africans', *Journal of Biosocial Science*, vol. 4, no. 3, pp. 263-75; William H. Hopkins, *The Development of 'Pornographic' Literature in Eighteenth-Century and Early Nineteenth-Century Russia*, Indiana Univ. Ph.D. thesis, 1977; N.N. Bhattachayya, *History of Indian Erotic Literature*, Munshshiram Manoharlat, New Delhi, 1975; H.C. Chakladar, *Social Life in Ancient India: Studies in Vatsyayana's Kamasutra*, Greater India Society, Calcutta, 1929; Jayadeva, *Gitagovinda: Love Song of the Dark Lord*, vert. Barbara Stoler Miller; Columbia UP, 1977; Edward C. Dimock, jr., *The Place of the Hidden Moon: Erotic Mysticism in the Vaisnavasahajiya Cult*, Chicago UP, 1966; Bernard Golse & M. Bloch, *L'Amour Chaos*, Hachette, 1987; 'La Folie Amoureuse' in *Dialogue*, no. 96, 1987; Sue Griswold, *Beautiful Merchandise: Prostitution in China 1860-1936*, Haworth NY, 1982; Edward J. Bristow, *Prostitution and Prejudice: The Jewish Fight against White Slavery 1870-1939*, Oxford UP, 1982, Jacques Rossiaud, *Medieval Prostitution*, Blackwell, 1988; Allegra Taylor, *Prostitution: What's Love Got to Do With it?*, Macdonald, 1991 (een experiment); Stephen Owen, *Mi-Lou: Poetry and the Labyrinth of Desire*, Harvard, 1989 ('Alle heldere kleuren van fysieke aangelegenheden schreeuwen naar elkaar; hoe kan een mens te midden van dit alles rust vinden?').

J.R. Planche, *Cyclopedia of Costume*, Chatto, 1976; C. Wilson, *Encyclopedia of Scandal*, Grafton, 1987; Donald Schon, 'The Fear of Innovation', in Barry Barnes (ed.), *Science in Context*, Open Univ.,

Milton Keynes, 1982; J. Puisais, *Le Goût et l'enfant*, Flammarion, 1987.

7

Hoe de passie die mannen voelen voor vrouwen, en voor andere mannen, door de eeuwen heen is veranderd

Is het onvermijdelijk dat naarmate vrouwen steeds avontuurlijker worden en almaar hogere verwachtingen van het leven hebben, zij mannen steeds ongeschikter zullen vinden?

In 1968 was Patricia een twintigjarige rechtenstudent die het op de barricaden zo naar haar zin had, dat ze voor haar examens zakte. Maar ze heeft er geen spijt van: "Het was enig." Ze nam een baan als griffier en zette als vakbondsactivist tien jaar lang haar protest voort: dat was ook enig. "Ik hield ervan. Het was een passie voor me. Maar je wordt snel oud." Dus ging ze op 35-jarige leeftijd terug naar de universiteit, deed vervolgens een opleiding aan de School voor Inkomstenbelasting in Clermont-Ferrand en nu is ze belastinginspecteur. Na in een vorig hoofdstuk een andere inspecteur ontmoet te hebben, is het nuttig eraan herinnerd te worden dat twee leden van dezelfde beroepsgroep zelden precies gelijk zijn.

Het geeft Patricia veel voldoening dat ze een soort agent is na in haar jeugd tegen agenten te hebben gedemonstreerd: de barricaden zijn niet helemaal voor niets opgeworpen. "Ik ben de manier waarop het bloed wordt geïnd aan het veranderen. Ik ben geen Sherlock Holmes, en ook geen Zorro. Ik ben van mening dat iedereen gelijkgesteld moet worden, zodat sommigen er niet vanaf komen met minder te betalen, ten nadele van de rest." Onder de 180 belastinginspecteurs in haar regio zitten slechts twintig vrouwen. Die aarzelen te solliciteren, omdat de baan in essentie een confrontatie met mannen is. Haar eigen ervaring is echter dat het geen problemen geeft als je vrouw bent: "Mensen maken zich zoveel zorgen als hun boeken onderzocht worden, dat ze alleen de inspecteur zien, niet de vrouw." Zij houdt zich alleen bezig met de machtigste mannen – elk jaar is het haar taak om twaalf miljoenenbedrijven te onderzoeken. "Ik ben volkomen rustig en niet rancuneus. Het is niet míjn rechtvaardigheid die ik afdwing, maar wat er in de wet is vastgelegd. Slechts zelden rapporteer ik dat er te kwader trouw is gehandeld – zoals in het geval van een managing director die in een Porsche reed die heimelijk was betaald door zijn onderneming. Integendeel, ik word emotioneel, bijna misselijk als ik het gevoel heb dat een bedrijf wellicht door mij in elkaar stort. Het is niet mijn bedoeling om koppen te laten rollen." Eén erfenis van 1968 is dat overheidsfunctionarissen niet meer zo agressief tegen burgers snauwen als ze plachten te doen.

Haat ze de rijken niet langer? Ze komt uit een welgesteld nest, zoals zoveel utopisten uit 1968. Toen de belastingambtenaren gingen staken, deed ze niet mee: haar salaris is laag, maar prima vergeleken met wat mensen in andere delen van de wereld verdienen. "Ik heb in New Delhi een meisje aan mijn voeten zien sterven, en de voorbijgangers liepen gewoon om haar heen." Ze zou twee keer zoveel kunnen verdienen als ze een particuliere belastingadviseur werd, maar dat zou langere dagen betekenen, en het aantrekkelijke van haar baan is dat ze "tijd om te leven" heeft. "Ik hou van mijn werk. Ik zou niets anders willen doen. Ik heb alleen maar met intelligente mensen te maken." Haar salaris gaat op aan vliegtickets. Er is geen continent, behalve Zuid-Amerika, waar ze nog niet is geweest, maar nooit met georganiseerde reizen. Ze staat net op het punt om naar Kenia te gaan; vorig jaar waren het Thailand en de Filippijnen. Ze zou het liefst zes maanden per jaar in het buitenland zitten en het leven van alledaagse mensen leiden, "geïntegreerd" in een andere beschaving. "Ik ben een wereldburger. Als er ergens iets pijnlijks gebeurt, dan voel ik dat persoonlijk." Racisme is haar grote, onverdraaglijke vijand.

Patricia beschouwt deze aspecten van haar leven als succesvol. Maar als het gaat over persoonlijke relaties tussen één man en één vrouw, dan is haar boodschap verdrietig. Haar eigen ouders gaven haar ook geen boodschap mee: telkens wanneer ze haar moeder om iets vroeg, kreeg ze te horen: "Vraag het maar aan je vader." Haar moeder, met wie ze op goede voet staat, heeft haar altijd gezegd dat ze van haar man hield en daarom nooit beslissingen nam zonder hem te raadplegen. Patricia, die weet hoe ze zelf in elkaar steekt, denkt dat haar moeder niet in staat was beslissingen te nemen. Besluitvaardigheid is in haar privé-leven altijd een kwelling geweest. Redetwisten is ook enig, en als ze iets zeker weet, dan houdt ze pas op als ze de man met wie ze is tot overgave heeft gedwongen. "Ik weet veel van economie en politiek, en als ik hem zeg dat hij daar niets van begrijpt, dan vindt hij dat niet leuk. Misschien zou ik mijn kennis minder fel kunnen gebruiken: het lijkt erop dat ik dat niet op een rustige manier kan doen. Dat komt doordat ik wil dat de man wint. Ik wil dat hij zijn legitimiteit behoudt."

De consumptiemaatschappij stelt vrouwen niet alleen in staat de hele tijd nieuwe snufjes en kleren te kopen; ze kunnen ook van mannen genieten en zich daarna van hen ontdoen, zoals je etensresten weggooit in de afvalbak. "Ik realiseer me nu dat ik mannen heb geconsumeerd." Haar trek in hen is nog niet verminderd, maar haar smaak is steeds verfijnder geworden. Het duurt even voordat je inziet wat je nu eigenlijk van mannen verlangt. Ze heeft hen niet nodig om een zekering te vervangen of om haar te helpen bij het kopen van een auto, en al helemaal niet om haar belastingformulier in te vullen. De man die ze zoekt, is iemand die dingen kan doen die zij niet kan, een man die ze kan bewonderen. Geen enkele man heeft tot nu toe aan die criteria kunnen voldoen, opgelegd door iemand wier werk het is om ervoor te zorgen dat mannen op hun benen staan te trillen. "Acht uur per dag ben ik geen vrouw, maar een ambtenaar. Mannen krijgen de kriebels van een vrouw die een managing director aankan; zij willen dat een vrouw zachtaardig is. Ik kan niet zachtaardig zijn in mijn werk; ik moet mijn zachtaardigheid verbergen, en dat heeft me een bepaald stempel gegeven. Het is de prijs die ik betaal voor het hebben van een interessante baan." Ze blijft verliefd worden op mannen. "Ik geniet ervan zolang het duurt, maar het duurt nooit lang. Ik ben niet in staat een duurzame relatie te hebben. Als ik verliefd ben, word ik dom, afhankelijk. Ik denk dat ik dat onbewust niet leuk vind, dus probeer ik het te laten mislukken. Het verandert in een machtsstrijd."

Ze heeft absoluut niet het idee dat ze de verkeerde keuzes heeft gemaakt. Wat ze deed, moest ze doen. In de jaren zestig waren vrouwen plotseling geëmancipeerd, en zij wilde de nieuwe vrijheid ervaren. "Het was het Tijdperk van de Pil, en daar moest ik van profiteren." Er was een kans op een nieuw soort leven voor vrouwen. Nu ziet ze in dat het fout ging, maar ze weet niet hoe het een volgende keer wel zou kunnen lukken.

De feministen gingen te ver, zegt ze, ze deden niets anders dan eisen stellen. Dat was een vergissing. Maar aan de andere kant: "We wilden laten zien dat we de gelijken waren van mannen." Nu zegt ze dat vrouwen weer vrouwelijk moeten worden; ze keurt het af dat haar feministische vriendinnen weigeren te koken, zelfs als ze een hoop mensen uitnodigen om te komen eten. Anderzijds stoort ze zich aan vrouwen die er wel bij varen het vrouwtje te spelen. Ze verwerpt "mannen die van vrouwen verwachten dat die geloven wat ze zeggen omdat ze nu eenmaal mannen zijn". Ze zou het niet kunnen verdragen om huisvrouw te zijn.

"Mijn leven als vrouw-man is mislukt. Ik ben voor de gek gehouden." Het idee van de koppeling lijkt haar wel uitvoerbaar, alleen kan ze het zelf niet voor elkaar krijgen. Ze schuift de verantwoordelijkheid af op de volgende generatie. Ze is onder de indruk van de behoedzame manier waarop zij met hun affecties omgaan, van de meer ontspannen sfeer die ze in relaties hebben gebracht, van hun romantiek, hun verlangen om relaties mooier te maken. Terugkijkend ziet ze weinig schoonheid in de manier waarop degenen van haar eigen generatie elkaar ontmoetten en seks hadden: "Ik gedroeg me altijd als een man. Als ik met iemand naar bed wilde, dan deed ik dat. Maar het was koud." In Kathmandu werd ze uitgenodigd om drugs te proberen en was daar trots op; vervolgens lag ze 48 uur lang in coma, wat haar volledig heeft genezen van haar verlangen om drugs te proberen. Nu zegt ze: "Seks is niet belangrijk. Het interesseert me niets, tenzij het deel uitmaakt van iets veel breders."

Nu is het aan de mannen om hun best te doen, in plaats van alleen maar naar vrouwen te kijken en tegen hen te glimlachen. Het probleem is dat veel van de mannen die ze kent zwak zijn: "Ze hebben gebrek aan initiatief." Wie vraagt ze dan om advies? Een astroloog: "We hebben iets nodig: astrologie vervangt religie." De astroloog zei haar dat ze altijd problemen met mannen zou hebben.

Florence is ongeveer vijftien jaar jonger, maar heeft ook nog allerminst een oplossing gevonden. Elk lid van haar familie heeft "een passie". Die van haar vader is bergbeklimmen. Voor een deel houdt hij daarvan omdat hij gefascineerd is door risico's, en hij is bereid risico's te nemen omdat zijn dagelijks leven hem verveelt; hij wil meer bereiken dan wat hij in het dagelijks leven is en ontvluchten aan de routine. Hij leerde al heel vroeg zich op zo'n manier terug te trekken, omdat zijn eigen ouders de hele tijd ruziemaakten; hij maakt nooit ruzie met zijn vrouw. Sommige mensen leren zelfverzekerd te zijn zonder degenen om zich heen in elkaar te slaan. De passie van Florences zus is paardrijden. Ieder ander lid van de familie wordt volledig in beslag genomen door één passie.

Maar Florence kreeg van haar ouders nooit te horen welke richting haar leven zou kunnen uitgaan. Ze gaven haar nooit advies, en zij heeft er ook nooit om gevraagd omdat ze het gevoel had dat hun advies haar niet zou aanstaan. Ze praat nooit met hen over de intieme onderwerpen die voor haar het belangrijkst zijn. Het enige wat ze willen, is dat zij gelukkig is – wat misschien betekent dat ze niet weten wat ze willen. Zij zegt dat de beste manier om kinderen gelukkig te maken is om zelf gelukkig te zijn; geluk werkt aanstekelijk. Het enige wat haar vader kan doen, is haar waarschuwen als ze te verwaand wordt, en dat waardeert ze. Maar misschien vindt hij zich niet geschikt om advies te geven, want hij is niet tevreden over zichzelf; dat vermoedt ze althans, omdat ze hem niet echt kent. Hoeveel mensen hebben hun ouders goed gekend? Sinds het privé-leven belangrijker is geworden dan het openbare leven, is het onmogelijk geworden om tradities van hoe je moet leven door te geven van de ene aan de andere generatie.

Hadden haar leraren haar maar een sterke ambitie kunnen geven, had ze er maar eentje ontmoet die geboeid was door wat hij onderwees en haar had kunnen boeien. Maar haar schoolcarrière was een absolute flop, ook al haalde ze hoge cijfers. Ook geen enkele universitaire docent beïnvloedde haar. Ze werd zelf leraar, maar dat maakte haar wanhopig over het onderwijs: vier op de vijf collega's waren depressief; slechts een of twee gaven om hun werk, voor hen was onderwijs bijna een religie.

Wie anders kon haar een richtinggevoel geven? "Ik ben opgegroeid in een wereld waar meisjes onder elkaar praatten", maar zelf houdt zij niet van geroddel. "Ons werd nooit verteld dat we met mannen konden praten." Gesprekken met hen worden altijd overschaduwd door de mogelijkheid van verleiding: "Er zijn er maar een paar die het idee accepteren dat je met vrouwen echt kunt converseren. Zodra een man ziet dat je hem leuk vindt, gaat hij ervan uit dat je verleid wilt worden. Naar bed gaan kan nuttig zijn om een conversatie op gang te brengen, maar is niet noodzakelijk." Dit alles komt veel minder voor onder de jonge vrouwen die ze kent. Haar beste vriend is een vroegere minnaar, en met hem omgaan is veel prettiger nu er geen sprake is van verleiding. De manier waarop mannen naar haar kijken bevalt haar soms wel, maar andere keren brengt die haar tot wanhoop. "Om met een man te praten moet je eerst het recht verwerven om met hem te mogen praten."

Haar probleem met mannen is hetzelfde als haar probleem met het hebben van één enkele "passie". Ze wordt door geen enkele activiteit volledig in beslag genomen. Haar passie is immers ontdekken, reizen, kennismaken met het onbekende, hetgeen betekent vrij zijn van één enkele obsessie. Haar persoonlijkheid heeft te veel kanten. Ze lijkt een carrièrevrouw te zijn, maar ze houdt ook van naaien. Ze weigert zich te conformeren aan het beeld dat haar baan met zich meebrengt; mannen kunnen dat doen, maar vrouwen niet. Als ze moest kiezen tussen haar carrière en haar privé-leven, dan zou ze de voorkeur geven aan het laatste. Als ze een kind had, zou ze daarvoor tijd vrijmaken, zonder zichzelf echter op te offeren. Te veel mannen worden in hun ontwikkeling belemmerd door het gevoel dat ze hun schuld aan hun moeder die zichzelf voor hen heeft opgeofferd niet kunnen terugbetalen. Mannen zeggen dat zij hen in verwarring brengt. Zij antwoordt dat ze slechts mannen heeft ontmoet die bang zijn. Ze begrijpen niet dat het geen zekerheid is wat ze van hen verlangt. "Het was in tijden van onzekerheid dat ik de interessantste dingen gedaan heb. Als ik besluit iets te doen, dan verbrand ik mijn schepen achter me. Zekerheid sust me in slaap." Een man die een vrouw bekoort, denkt dat hij haar verworven heeft; terwijl een liefdesrelatie elke dag een nieuwe bekoring met zich mee zou moeten brengen. "Ik heb geen behoefte aan totale zekerheid in mijn affecties. Ik moet in een toestand van gevaar gebracht worden." Dus is een van haar hobby's deltavliegen, maar ze wil ook andere dingen ontdekken.

Florence trouwde op jonge leeftijd, woonde een jaar lang samen met haar echtgenoot en vervolgens drie jaar op zichzelf. Het idee van een gemeenschappelijk huis sprak haar aan, maar ook om daarnaast een eigen huis te hebben. Slechts enkele mannen begrijpen dat, of dat ze een paar dagen weg zou willen. Zij verwachten van haar dat ze aan hen verantwoording aflegt over haar tijd. Zij beoordelen haar vrienden, hoewel ze hen niet vraagt om met haar vrienden te praten. Ze kan het niet uitstaan als ze alleen wil lezen en daarin belemmerd wordt. Het deert haar niet dat ze te veeleisend is: "Ik heb geluk dat ik weet hoe je alleen moet leven." Maar ze zal niet rusten voordat ze iemand gevonden heeft van wie ze houdt en door wie ze wordt bemind; dat is noodzakelijk voor de innerlijke rust die ze nodig heeft om andere dingen te kunnen doen. Misschien moeten mannen niets hebben van het idee dat liefde slechts een basis is voor het doen van andere dingen. Waren degenen die ze heeft ontmoet maar niet zo onwillig geweest om risico's te nemen; het is angst waardoor ze een leven leiden dat hen totaal niet bevredigt. "Ik wil niet dat mijn levensverhaal gewoon, alledaags is." Haar ideale man placht eruit te zien als die van ieder ander – intelligent, mooi, charmant en geestig – maar nu wil ze meer dan dat, om in staat te zijn hem intens te bewonderen. "Het klinkt pretentieus als je zegt dat je geen enkele man van je eigen niveau bent tegengekomen, maar ik heb er geen één ontmoet die gesteld is op mijn tegenstrijdigheden. Ik verander snel, maar de mannen van wie ik hield konden me niet bijhouden; het zijn

mannen die trager zijn geworden. Ik heb een man nodig die me zelfvertrouwen geeft, want soms heb ik twijfels."
Je hoeft daarom nog niet elke dag met je echtgenoot samen te leven. Haar echtgenoot zou geen goede vader geweest zijn; en "ik ben niet zo egoïstisch dat ik in mijn eentje een kind wil". Hij liet zich financieel afhankelijk van haar worden, en dat was rampzalig – afhankelijkheid verstoort een relatie; er hoeft maar iets te gebeuren, of je wordt vals en houdt minder van elkaar. Daarom gaat ze anders met geld om. Ze hield altijd van etalages kijken en dingen kopen: "Ze zeiden tegen me dat als ik ongelukkig was, ik geld moest gaan uitgeven; ik had iemand kunnen worden die vijftig paar schoenen bezat." Maar ze schept geen genoegen meer in het verwerven van bezittingen: ze geeft haar geld nu grotendeels uit aan reizen en boeken, niet aan kleren; ze vindt dat haar bescheiden inkomen genoeg is om te kunnen doen wat ze wil.

Risico's nemen betekende dat ze een reeks vaste banen opgaf. Iedereen raadde haar aan dat niet te doen, maar ze negeert adviezen omdat een baan net een liefdesaffaire is: als je er niet van houdt, moet je ermee kappen. Het is erg belangrijk dat je een affectieve relatie hebt met je baan. Na haar leraarschap werd ze journalist bij een groot provinciaal dagblad; maar in de drie jaar dat ze daar werkte, heeft nooit iemand tegen haar gezegd waarom ze daar zat. Alles verliep routinematig. "Routine is dodelijk." Er waren bekwame journalisten wier talenten vernietigd werden, die wisten dat ze flauwekul schreven maar zich daar niet langer om bekommerden, terwijl anderen hun talenten niet ten volle mochten benutten. Niemand wilde dwarsliggen, want de krant gaf baanzekerheid voor het leven. Toen ze ontslag nam, kreeg ze te horen dat ze gek was; maar ze hield vol dat je een baan moet opgeven zodra je je enthousiasme ervoor verloren hebt. De hele industriële wereld zou in elkaar storten als mensen naar haar luisterden: het is de moeite waard je voor te stellen wat je er voor in de plaats zou zetten.

Florence woont nu in Brussel, een stad die zichzelf in het onbekende stort. "Deze mengeling van mensen zal ergens toe leiden, maar niemand weet waartoe. Moed is een manier om plezier te hebben in de verrassingen die het toeval brengt. Ze is bezig een persagentschap op te zetten waar journalisten uit heel Europa, met verenigbare temperamenten, kunnen samenwerken. Het zoeken naar verenigbaarheid, verbonden met onafhankelijkheid gaat door. Nieuwe avonturen compliceren haar leven voortdurend. Ze had altijd een vooroordeel tegen de vs; ze hield niet van de daar heersende "geldbelustheid en obsessieve efficiency". Door toeval kwam ze daar terecht, en ze is van mening veranderd. Ze is in staat om dat te doen. Ze ontmoette zeker bekrompen mensen, maar ook anderen die dat niet waren. "Ik ben mijn complexen kwijtgeraakt." De efficiency maakte indruk op haar. In Canada ontmoette ze een fantastische man. Ze hebben vier dagen lang gepraat. Hij was niet bang te zeggen wat hij vond; hij leek oprecht: "Hij bevredigde mijn verlangen naar harmonie en zachtaardigheid." Maar ze weet niet wat deze vriendschap zal opleveren, die slechts appelleert aan één kant van haar. "Hij brengt me niet in gevaar. Ik heb geen behoefte aan totale emotionele zekerheid." De tijd zal het leren.

Vervolgens ging ze naar Libanon, waar echt fysiek gevaar heerst. Ze is bevriend geraakt met een Libanese familie en fungeert als een soort peettante voor hun dochter, die in Europa studeert. Dat is een nieuw soort relatie voor haar, een nieuwe variatie van de veelzijdigheid van vriendschap, om de mentor te zijn van een zeer jong volwassene van achttien (Florence is 27), met totaal andere ideeën dan zijzelf heeft.

Florences menu voor de toekomst is de ontwikkeling van haar fantasie. Op school hebben ze haar nooit geleerd hoe ze dat moet doen.

In dezelfde periode dat vrouwen veeleisender werden in hun verwachtingen van mannen, ontdekten wetenschappers dat de dierenwereld in feite niet gedomineerd werd door mannetjes. De grote mannetjesbaviaan leek zich te gedragen alsof hij zijn groep domineerde, maar na nauwkeuriger bestudering van de groep bleek een vrouwtje te bepalen waar ze naartoe gingen en wie naast wie mocht zitten. Men dacht altijd dat het mannetje een vrouwtje zocht en haar vervolgens alleen met de kleintjes liet zitten. Maar men ontdekte dat het vrouwtje vaker het initiatief neemt en dat bij ongeveer veertig procent van de primaten het mannetje voor de jongen zorgt. Men ging ervan uit dat vrouwtjes passieve slachtoffers waren van hun hormonen, maar deze bleken evenzeer te worden geproduceerd door hun eigen gedrag en dat van hun omgeving als door automatische, onvermijdelijke processen.

Bovenal heeft men benadrukt dat niet de hele natuur keurig verdeeld is in mannetjes en vrouwtjes, met name de vele schepsels die zich voortplanten zonder te copuleren en degenen die tijdens hun leven van geslacht kunnen veranderen, bijna alsof ze besluiten andere kleren aan te trekken. Er zijn species die voor het merendeel van de tijd vrouwelijk zijn en zich voortplanten zonder geslachtsgemeenschap, totdat zich een crisis voordoet en het voedsel opraakt; dan krijgen ze geen nageslacht meer dat identiek is aan henzelf en beginnen ze mannetjes voort te brengen, die de taak hebben verschillende oplossingen voor de crisis te presenteren. Mannetjes zijn niet per se sterker; vrouwtjes hebben niet per se veel belangstelling voor mannelijk gezelschap, behalve wanneer ze het ouderschap delen, en zijn uiterst kieskeurig in hun partnerkeuze: de vrouwtjesfuut wijst 97 procent van de avances van mannetjes af en, wat veelzeggend is, ze is qua uiterlijk niet te onderscheiden van het mannetje, behalve door haar stemgeluid. Veel solitaire dieren staan onverschillig tegenover seks, zoals het vrouwtjeshert dat slechts één dag per jaar met mannetjes samenleeft. Maar dieren hebben er ongetwijfeld vele duizenden jaren over gedaan om deze excentriciteiten en deze gevarieerde vormen van onafhankelijkheid te ontwikkelen.

Als dit iets zegt over mensen, dan is het nauwelijks verwonderlijk dat vrouwen het zo moeilijk vonden om mannen tegen te komen die beantwoorden aan hun ideaalbeeld van mannen. De pogingen van vrouwen om de houding van mannen tegenover hen te veranderen, kennen een lange geschiedenis. Hun doelstellingen daarbij varieerden steeds, aangezien veranderingen onvermijdelijk tot onverwachte en ongewilde resultaten leidden. Om een voorbeeld te noemen: vrouwen hebben geprobeerd om de hofmakerij te transformeren; daarbij hebben ze de regels van verleiding keer op keer gewijzigd, als een manier om de relatie tussen echtelieden te veranderen.

Hoewel de traditie vele gezichten kent, was een van de meest voorkomende dat meisjes geen omgang mochten hebben met mannen totdat ze hun echtgenoot trouwden; sterker nog, ze mochten ook na hun huwelijk geen andere mannen leren kennen. Onder zulke omstandigheden volgde de hofmakerij van de man deels commerciële methoden – onderhandelen met haar ouders – en deels militaire praktijken – de belegering, het machtsvertoon en het zaaien van verwarring door middel van geschenken en beloften, totdat ze zei: "Ik geef me over." Maar sommige vrouwen wezen hun vrijers af, om redenen waar geen man iets van begreep, en dat was als de uitvinding van een nieuw soort wapenrusting die pijl en boog in onbruik deed raken. Niet alle vrouwen waren jong toen ze trouwden, gehoorzaam aan hun ouders. In veel periodes was ongeveer een derde van de huwelijken een tweede huwelijk, omdat mensen zo vroeg stierven (ooit was de levensverwachting dertig jaar). Het is goed mogelijk dat weduwen (en later gescheiden vrouwen) de weg gewezen hebben.

Vrouwen kregen altijd te horen dat ze na het huwelijk van hun echtgenoot zouden leren houden, hoe onaangenaam ze hem aanvankelijk ook mochten vinden. Maar sommige vrouwen begonnen te eisen dat die mogelijkheid vóór de bruiloft bewezen werd, of tenminste dat de man hen er eerst van diende te overtuigen dat hij van hen hield. Toen dat eenmaal gebeurde, verloren mannen de controle over de hofmakerij; er was immers geen technologie voor verliefd worden, geen instituut dat daarvoor kon zorgen. De gevolgen zien we het duidelijkst in de geschiedenis van de hofmakerij in de vs, de minst geheimzinnige, de meest gevarieerde en waarschijnlijk de meest invloedrijke ter wereld. Al in de jaren zestig van de negentiende eeuw klaagden de Amerikanen over een mannelijkheidscrisis. Maar elke generatie, zich slechts bewust van de mate waarin ze van haar ouders en haar kinderen verschilt, vergeet hoe oud de meeste thema's zijn waarover mannen en vrouwen ruziemaken en hoe mensen voortdurend met het hoofd tegen dezelfde muur lopen.

William Alcott schreef in een boek getiteld *De jonge echtgenote* (1833) dat er "een heel algemene opvatting" bestond dat "de liefde tussen man en vrouw na het huwelijk wel moet beginnen af te nemen". Vrijende paartjes uit die tijd hebben brieven nagelaten waarin ze "de bijna universele ongelukkigheid van gehuwden" bejammeren. Vooral bruiden waren bang voor de "grote en onbekende taken waarvoor ik me ongeschikt vind", niet alleen huishoudelijke taken, maar ook de noodzaak om van hun echtgenoten "deugdzame en gelukkige" mannen te maken. "Het is vreselijk om me zo voor het leven te binden." "Dankbare vreugde" woog op tegen de "afschuwelijke verantwoordelijkheden" en het gevoel dat het met de intimiteit vaak snel gedaan was. Vrouwen waren dus twee eeuwen geleden al begonnen hun banden met mannen te wijzigen.

Eén manier was om als vrouw mannen precies alles te zeggen wat je voelde en wat je dacht: dat heette "openhartigheid". De traditie hield de seksen gescheiden, in twee aparte geestelijke en fysieke werelden. "De maatschappij staat geen oprechte diepgaande vriendschap toe" tussen mannen en vrouwen, schreef een bruid in 1860, "maar ik zal niet onoprecht zijn". Een ander zei: "Mijn liefde voor jou is sterker, omdat ik me aan niemand zo heb blootgegeven als aan jou en aan niemand zulke vertrouwelijkheden heb prijsgegeven." Maar een man antwoordde: "Mannen zijn bang om hun ware gedaante te tonen." Ze moesten vooral zuinig omspringen met hun reputatie in de buitenwereld, omdat hun succes afhankelijk was van hun reputatie. Het was een groot risico om zich in te laten met intieme conversaties en te zeggen wat iemand zich ooit veroorloofde: "Laten we onze ideeën, onze gedachten aan elkaar bekendmaken." Maar, schreef een ander, "het is een illusie dat twee willekeurige mensen speciaal voor elkaar gemaakt zijn en in alle opzichten bij elkaar passen, als volmaakte tegenhangers, in staat een mystieke, absolute eenheid te vormen".

De romantici zeiden: "We moeten gelijk zijn." Maar toen vrouwen vrijuit tegen hun vrijers gingen spreken, begonnen ze dingen over zichzelf te ontdekken. "Openheid werd na 1800 bijna een obsessie voor paren." Het was niet makkelijk voor vrouwen, wier reputatie afhankelijk was van kiesheid en preutsheid. Er was moed voor nodig om te eisen dat mannen prioriteit gaven aan het zoeken naar inhoud in hun leven: "Ik wil niet dat je zo hard werkt", schreef een jonge vrouw uit Boston aan haar verloofde. Vele miljoenen hebben sindsdien dat verzoek herhaald, als ze niet juist het tegenovergestelde vroegen. Het is beslist revolutionair om in opstand te komen tegen de idee dat inkomen belangrijker is dan intimiteit. Al in 1850 verlangde een vrouw ernaar de "spirituele arts" van haar vrijer te zijn. Hoe beter ze naar elkaar keken, hoe unieker elk van hen werd en hoe minder bruikbaar het stereotiepe beeld van de man en de vrouw leek te zijn.

Idealen liggen altijd net buiten je bereik. Sommige vrouwen maakten zich daar zorgen over, en hun zorgen betekenden een stap terug. Eerst maakten ze zich zorgen dat ze het niet waard waren door hun vrijer bewonderd te worden. Vervolgens maakten ze zich zorgen dat ze hun vrijers niet met voldoende passie aanbaden: "Ik heb het gevoel dat ik je niet zo intens bemin als ik zou kunnen." Ware liefde, meende een ander, zou "geen inspanning" moeten kosten. Maar, zei een derde, ze was nog altijd niet zeker dat ze de liefde had gevonden "met heel mijn hart, zodat mijn eeuwige bezorgdheid weg is". Met andere woorden: ze hadden de moed verloren. Gebrek aan zelfvertrouwen werd de grote onderdrukker. Ze vervielen weer in het bewonderen van schijnbaar zelfverzekerde, machtige en assertieve mannen, die het kostbaarste juweel leken te bezitten: zekerheid. Vervolgens raakten ze in de war als bleek dat de mannen zwak waren en onthulden dat ze een vrouw wilden "in wier ervaren oordeel je vertrouwen kunt stellen". Het grote probleem werd niet alleen om de juiste man tegen te komen, maar om dat op het juiste moment te doen, om verlangens te hebben die op dat specifieke moment overeenstemden, om nog maar te zwijgen van voor eeuwig. Een andere methode die door sommige vrouwen werd beproefd om hun relatie met mannen te wijzigen, was meer ervaring met hen op te doen. Hoe dat moest, leerde de middenklasse van de arbeidersklasse, die niet in een keurslijf geperst zat door de angst om mensen tegen te komen die zich lager op de sociale ladder bevonden. 'Dating', 'een afspraakje hebben', was oorspronkelijk slang van de armen, voor het eerst gebruikt in 1896. Omstreeks de jaren twintig was het merendeel van de Amerikaanse jeugd geobsedeerd door afspraakjes; onderzoeken lieten zien dat die meer tijd in beslag namen dan welke andere activiteit ook, los van school. Tot ongeveer 1945 was het de bedoeling van afspraakjes om met zoveel mogelijk mensen uit te gaan: degene die het meest gewild was, was de beste. Er werd toen minder over de liefde gepraat. Het doel was om op betrouwbaarder manieren zelfvertrouwen te krijgen, namelijk door het aantal afspraakjes dat je had. Een student ging er prat op dat hij in negen maanden met 56 meisjes een afspraakje had gehad.

Velen veronderstelden dat het hebben van afspraakjes een machtsstrijd inhield, omdat volwassenen het altijd over macht hadden. Inderdaad bevrijdde het de jeugd van het gezag van hun ouders, omdat het betekende dat je je vermaakte op plaatsen waar iedereen kwam en dat je de directe supervisie thuis ontvluchtte. Het verving het systeem van 'een bezoek afleggen', waarbij een vrijer toestemming moest vragen om bij een vrouw die hij begeerde langs te gaan; het was aan haar of ze hem dat toestond, of aan haar moeder, die het bezoekje vaak organiseerde. Mannen verbeeldden zich dat ze door de afspraakjes hun suprematie weer terugkregen; ze betaalden immers het vertier, de drankjes en de maaltijden waar ze de vrouwen voor hun lol op trakteerden, aan wie ze geld spendeerden als aan hun auto's. Veel meisjes raakten er ongetwijfeld van overtuigd dat als ze maar met zoveel mogelijk jongens afspraakjes zouden hebben, ze populair gevonden zouden worden en zo een populaire echtgenoot te pakken konden krijgen; die zou namelijk slechts een populair meisje willen hebben. Ze spendeerden buitensporig veel geld aan cosmetica en kleren, die de tegenhanger vormden van de uitgaven van de jongens. De Amerikaanse economie heeft beslist geprofiteerd van deze bestedingsdrang, die niet lang daarvoor nog uiterst on-Amerikaans was geweest.

Afspraakjes hebben leek de democratische methode voor het vinden van zelfvertrouwen; het was een vorm van stemmen, een eeuwigdurende verkiezing. In plaats van zich zorgen te maken over de ongrijpbare liefde, bewezen de jongeren elkaar dat ze populair waren door een vriendje of vriendinnetje te bemachtigen. Tijdens dansfeesten was de meest succesvolle vrouw degene die de hele avond danste, maar nooit twee keer met dezelfde man. "Wijs een vriendje nooit af", adviseerde de *Woman's Home Companion* in 1940, "want hij kan nuttig zijn als je een vrije avond hebt". Het was zozeer een mannelijk privilege om het initiatief te nemen, dat als een vrouw aan de universiteit een man vroeg om zaterdags mee te gaan dansen, "hij haar halverwege onderbrak en wegliep". Vrouwen hadden het privilege om te bepalen wie ze accepteerden en hoe volgeboekt ze zich voordeden. Aan de Universiteit van Michigan rangschikten de studentes de mannen naar hun uitgaanswaarde: "A – een spetter, B – oké, C – kan ermee door, D – een halve idioot, E – een griezel."

Maar na de Tweede Wereldoorlog verloren ze opnieuw de moed. Men had zestien miljoen jonge soldaten naar het buitenland gestuurd, van wie een kwart miljoen gesneuveld waren en honderdduizend met Engelse, Franse en andere buitenlandse vrouwen waren getrouwd. De paniek sloeg toe dat er niet langer voldoende mannen waren, en erger nog, dat de veteranen rijpe, ontwikkelde vrouwen verlangden zoals ze in Europa hadden ontmoet en niets moesten hebben van onnozele meisjes. Afspraakjes werden daarom getransformeerd. In plaats daarvan werden nu "jageressen", "kaapsters" en "mannendievegges" bewonderd. Naar de universiteit gaan, werd een manier om een echtgenoot te strikken, "een graad van mevrouw te halen"; als je tegen oktober nog geen partner had gevonden, was je een mislukking. De gebruikelijkste leeftijd voor vrouwen om te trouwen bereikte zijn laagste niveau ooit: negentien jaar. Schoolkinderen begonnen op steeds jongere leeftijd met het hebben van afspraakjes. In 1959 had 57 procent van de Amerikaanse tieners "vaste verkering". Het oorspronkelijke doel van het hebben van afspraakjes – je ervaring verbreden – werd opgegeven voor een gevoel van zekerheid, en de prijs was hoog.

Het advies dat de vrouwenbladen in de jaren vijftig gaven (zoals dat sindsdien om de zoveel tijd gegeven werd) was "terug naar de vrouwelijkheid". "Iedereen kan een voorbeeld worden van hoe je er tegenwoordig uit hoort te zien, als je de moed hebt om van jezelf dat voorbeeld te maken", verzekerde de *Ladies' Home Journal* zijn lezers. De *Woman's Home Companion* had een vragenlijst waarmee je je vrouwelijkheid kon bepalen. De eerste vraag was: Draag je nagellak? De tweede: Heb je carrièreplannen? Vanaf hun twaalfde droegen meisjes opgevulde beha's om van zichzelf imitaties van het toppunt van vrouwelijkheid te maken, actrices met enorme borsten. Doel hiervan was om het leven te vereenvoudigen, om het iedere sekse mogelijk te maken duidelijke rollen te hebben. In een opiniepeiling, georganiseerd door de *Senior Scholastic*, zei de overgrote meerderheid van de vrouwen dat ze liever een man hadden die de juiste etiquette kende dan eentje met een innemende persoonlijkheid. Door vrouwelijk en onderdanig te zijn, werden deze vrouwen geacht ervoor te zorgen dat mannen mannelijker werden, hen te helpen zich 'mannen te voelen'. Dat leek noodzakelijk toen vrouwen op het werk met mannen rivaliseerden en de code van de ouderwetse gentleman een manier leek te zijn om rivaliteit in het privé-leven te vermijden. Maar natuurlijk bleek al snel dat mannen wier mannelijkheid opgehemeld diende te worden niet voldeden, en vrouwen besloten dat ze de verkeerde weg waren ingeslagen.

Zo zien we dat hoewel vrouwen de manier waarop mannen om hen heen dansen hebben kunnen veranderen, de dansers zelf nog steeds vreemd en lastig zijn. Lang voor de seksuele revolutie van de jaren zestig maakten de Amerikanen zich zorgen over hun seksuele identiteit. De University of Southern California bood haar studenten in de jaren vijftig al cursussen aan over de "zes basisverschillen tussen mannen en vrouwen". Vrouwen die tegenwoordig klagen dat mannen geen bezieling of benul hebben, hebben te veel geschiedenisboeken over dappere ridders in blinkende wapenrusting gelezen en niet genoeg over huichelarij en leugens, en zijn vergeten hoe breekbaar de wortels van vertrouwen zijn. Bovendien is het veranderen van mensen net het schilderen van een huis: zodra één kamer gedaan is, blijkt pas goed hoe lelijk de andere zijn.

Intussen heeft men ook ontdekt dat de man die model stond voor Don Juan een homoseksueel was. Hij was dol op het achternazitten van vrouwen, maar hield niet van ze; het was het achternazitten waar hij opgewonden van raakte. Tot nu toe was men van mening dat de geschiedenis van homoseksuelen van ondergeschikt belang was voor de relatie tussen mannen en vrouwen. Wetenschappelijk onderzoek en openhartiger autobiografieën hebben onlangs echter een grote hoeveelheid nieuwe informatie aan het licht gebracht waaruit blijkt dat ze belangrijker is dan ooit gedacht werd. Hoewel het onderzoek bovenal tot doel had een identiteit voor deze minderheid te vormen, heeft het ook voor de meerderheid belangrijke ontdekkingen gedaan. Hoe anders gedroegen mannen zich als ze verliefd werden op andere mannen?

Seksuele relaties tussen mannen hebben vier fases doorgemaakt, maar elke nieuwe fase maakte geen einde aan de vorige, zodat ze alle vier nu naast elkaar bestaan. Oorspronkelijk was homoseksualiteit een behoudende kracht; ze versterkte gevestigde instituties en was evenzeer een ritueel als een bron van plezier. Ze was een wezenlijk onderdeel van de heidense religie, waarin de goden genoten van alle vormen van seks. Pas toen seks niet langer een goddelijk vermaak was, werd homoseksualiteit serieus vervolgd. Seks en magie waren altijd onderdeel van hetzelfde mysterie. Sjamanen probeerden vaak tegelijkertijd man en vrouw te zijn en gingen als zodanig gekleed om hun macht over beiden te vergroten. Toen de soldaten heersten en krijgshaftige eigenschappen vereerden, gebruikten ze soms homoseksualiteit als een methode om de militaire kaste te versterken: de Japanse samoerai gingen vergezeld van een jonge mannelijke seksuele partner de oorlog in; oude Keltische strijders "boden zichzelf zonder de geringste scrupule aan andere mannen aan" en waren beledigd als hun avances werden afgewezen. Veel samenlevingen maakten van homoseksuele relaties een verplichte tijdelijke fase in het proces van volwassen worden, en op sommige plaatsen gold dat ook voor vrouwen (maar schriftelijk historisch bewijsmateriaal over lesbiennes is minder overvloedig). Bij de oude Grieken werd de oudste partner in een homoseksuele relatie geacht aan de jongste te laten zien hoe je je als burger moest gedragen en deze voor te bereiden op het huwelijk; van de jongste werd verwacht dat die geen genot of verlangen voelde, maar dankbaarheid, hoewel er in de praktijk vaak weinig terechtkwam van dit ideaal. Toen de relaties tussen de twee seksen gedomineerd werden door eigendomskwesties, was homoseksualiteit een alternatieve manier om status te verhogen en een manier om met zijn weelde te pronken: enkele Chinese keizers hielden er zowel gepoederde en met rouge bedekte jongens op na als echtgenotes; de Normandische koning van Engeland William Rufus omringde zich met jonge mannelijke hovelingen met lang haar en vrouwenkleren; en onder koningin Elizabeth I liepen modieuze losbollen door de straten met aan de ene arm een maîtresse en aan de andere een schandknaap om te pronken met hun ridderlijkheid. Moderne kostscholen zetten zonder zich daarvan bewust te zijn homoseksuele tradities voort die gebruikelijk zijn bij talloze stammen over de gehele wereld. Er waren tijden – vooral tijden van conflict – dat mannen met vrouwelijke trekken bewonderd werden: zo was Napoleon de beschermheer van de beeldhouwer Canova, die dol was op het uitbeelden van verwijfde jongemannen, en van de castraat Crescentini, die mannelijke rollen een vrouwelijke stem meegaf; die traditie zet zich voort in het succes van moderne popsterren wier geslacht onbepaald is. Mussolini daarentegen liet een stadion bouwen, omgeven door zestig beelden van naakte mannen die één bonk spieren waren. Homoseksuelen werden evenzeer als heteroseksuelen heen en weer geslingerd tussen deze idealen.

In ongeveer twee derde van de menselijke samenlevingen werd op een of ander tijdstip homoseksualiteit min of meer geaccepteerd, en soms betrof het grote delen van de bevolking. Lange tijd werd het zelfs getolereerd door de Katholieke Kerk: in 1102 eiste de heilige Anselmus, aartsbisschop van Canterbury, dat er een gematigde straf op diende te staan, omdat "deze zonde zo algemeen is geweest dat nauwelijks iemand zich ervoor heeft geschaamd en velen zich er daarom in hebben gestort zonder zich bewust te zijn van de ernst ervan". Koning Richard Leeuwehart, die een kruistocht ondernam, was niet minder vroom vanwege zijn seksuele voorkeuren. De Kerk was er oorspronkelijk meer mee bezig om zijn priesters te beletten seksuele relaties met vrouwen te hebben; toen men daartegen campagne voerde, werd homoseksualiteit nog gebruikelijker, vooral in kloosters, waar de heilige Aelred van Rievaulx haar verheerlijkte als een manier om de goddelijke liefde te ontdekken.

Pas in de twaalfde en dertiende eeuw ontstond in Europa een massale onderdrukking van homoseksualiteit, als onderdeel van een campagne tegen allerlei soorten ketterijen, die uitliep op de terreur van de inquisitie. Dit is de tweede fase. Boetedoeningen werden niet langer voldoende geacht: in 1260 begon Frankrijk met de vervolging door in te stellen dat iemand voor de eerste overtreding gestraft werd met amputatie van zijn testikels, voor de tweede met die van zijn penis en voor de derde met dood door verbranding. Hitlers poging om alle homoseksuelen samen met de joden uit te roeien was het culminatiepunt van dat verhaal. Door die vervolging was homoseksualiteit niet langer een behoudende kracht, maar gevaarlijk en clandestien. "Weg met de hypocrisie. Discrete losbandigheid zegt me weinig. Ik wil in het volle daglicht overal van genieten." Dat schreef de dichter Abu Nawas (787-814), terwijl hij masturbatie verheerlijkte. Maar het was niet langer mogelijk om open te zijn. Oscar Wilde stelde dat als iedereen openlijk en vrijelijk uitkwam voor zijn verlangens, de wereld verjongd zou worden, maar dat er weinig kans was dat dat zou gebeuren omdat zelfs de dappersten bang waren om toe te geven hoe ze in werkelijkheid waren; dus, gegeven het feit dat vervolging van het non-conformisme de regel was, pleitte hij ervoor, als de op één na beste weg, dat mensen leerden ontdekken dat ze plezier konden beleven aan veinzen en verhullen, aan huichelen en het voor de gek houden van onderdrukkers en critici. Genet meende dat het geen zin had om te proberen jezelf te zijn, omdat het onmogelijk was te weten wanneer je echt jezelf was. Dominique Fernandez voegde daaraan toe dat hij als vrijheidlievend persoon verrukt zou zijn als er geen discriminatie tegen homoseksuelen bestond, maar dat hij veel van het plezier zou verliezen dat hij als homoseksueel heeft; voor hem betekent dat namelijk dat hij een paria is, en hij versterkt zijn gevoel dat hij anders is dan anderen door belangstelling te koesteren voor zaken waarover niet openlijk gesproken mag worden: "Seks", zegt hij, "is niet wat me het meest in homoseksualiteit interesseert", en als romanschrijver kan hij het zich niet indenken dat hij over gelukkige homoseksuelen schrijft. Zo kwamen openhartigheid en geheimzinnigheid tevoorschijn als gelijkwaardige rivalen, en het verlangen als medeplichtige van het verbodene. De sensatie van heteroseksueel overspel komt ook in belangrijke mate voort uit het feit dat het in het geheim gebeurt en risico's met zich meebrengt, zoals analisten uit Cambridge onlangs hebben benadrukt. Het is te simpel om te veronderstellen dat persoonlijke relaties geen problemen zouden kennen als iedereen openhartig was, zelfs als iedereen openhartig kon zijn; er is meer nodig, namelijk een verlangen om begrip te hebben voor wat jou onomwonden gezegd wordt.

De derde revolutie in de geschiedenis van de westerse homoseksualiteit begon in de negentiende eeuw, toen homoseksuele activiteit niet langer alleen maar als een zonde werd geclassificeerd, maar als een ziekte, een teken van een gebrekkige opvoeding of het gevolg van een genetisch bepaalde aanleg. Tot die tijd werden de mannen die de Londense 'nichtenkitten' vol met travestieten bezochten, die in de achttiende eeuw zeer populair waren, niet als homoseksuelen beschouwd, niet meer dan Tahitiaanse mannen die zich bedienen van de mannelijke hoer die je in elk dorp aantreft. Het woord 'homoseksueel' is pas in 1869 bedacht (toen Freud dertien jaar oud was) door de Weense schrijver Benkert; hij hoopte vervolging te vermijden door te laten zien dat homoseksuelen een "derde sekse" vormden, onafhankelijk van hun wil, en dat ze daarom niet beschuldigd konden worden van zedeloosheid of misdaad. Tot dan toe kenden ze speelse benamingen, geen medische classificaties, en het Engelse woord 'gay' doet die traditie herleven.

Deze afzondering bracht een enorme verontrusting teweeg, toen homoseksuelen gingen graven naar hun diepste gevoelens, soms met opmerkelijke artistieke resultaten. Maar gaandeweg werd hun individuele isolement verzacht door de ontdekking dat ze niet zo alleen waren als ze dachten; veel van de grootste prestaties van de mensheid bleken toegeschreven te kunnen worden aan mensen die hartstochtelijke genegenheid voelden voor leden van hun eigen geslacht, inclusief eminente grondleggers van de moderne natuurwetenschap (Newton, Halley, Robert Boyle), computertechnologie (Turing, die veroordeeld werd tot chemische castratie), economie (Keynes), kunst (van Leonardo, Michelangelo, Botticelli en Caravaggio tot Francis Bacon), filosofie (Wittgenstein), muziek (Beethoven, Schubert, Tsjaikovski), literatuur (Proust staat boven aan een lange lijst), kinderboeken (Hans Christian Andersen), zelfs de schepper van de archetypische Amerikaanse held, Horatio Alger, en zelfs wereldveroveraars als Alexander de Grote en Julius Caesar ("een echtgenoot voor elke vrouw en een vrouw voor elke echtgenoot"). Het renaissancistische Florence, bekend als 'het nieuwe Sodom', was een voorloper van San Francisco. Andere minderheden hebben ook beroemde voorouders gehad, maar wat belangrijk is aan deze genegenheden is dat ze oneindig veel uiteenlopende combinaties blootleggen van seksuele begeerte en andere diepe verlangens.

Michelangelo schreef: "Van iedereen die ooit geboren is ben ik degene die het meest geneigd is om mensen te beminnen. Telkens wanneer ik iemand zie die een talent bezit of een geestelijke vaardigheid aan de dag legt, die iets op een passender manier kan doen of zeggen dan de rest van de wereld, voel ik me genoodzaakt verliefd op hem te worden; dan lever ik mezelf zo volledig aan hem uit, dat ik niet langer mijn eigen bezit ben, maar helemaal dat van hem." Voor anderen lijkt de angst voor de ouderdom overheersend te zijn geweest, zodat de jeugd als verlosser optrad: de oplossing van Robert Louis Stevenson bijvoorbeeld was niet alleen dat hij inspiratie zocht bij zijn jonge stiefzoon Lloyd Osborne, maar ook dat hij avonturenverhalen voor jongens schreef waarin hij een fantasie vereeuwigde die elke gedachte aan verval elimineerde. Een heel genre van populaire 'liefdesverhalen', vanaf H. Rider Haggard, had hetzelfde doel. Freud zelf, die in ieder mens enige homoseksualiteit bespeurde, schreef: "In mijn leven heeft de vrouw de kameraad nooit vervangen." Maar het zoeken van een kameraad, in oneindig veel gedaanten, mannelijk of vrouwelijk, was zelden het hele verhaal.

Het hoogtepunt van deze fase was dat men in de openbaarheid trad en de onafhankelijkheid van de Homonatie verkondigde. Oppervlakkig gezien leek het daardoor alsof homoseksuelen per se alleen maar belangstelling hadden voor hun eigen soort. Maar degenen die hun eigen diepere drijfveren konden peilen, wilden vaak meer dan alleen zichzelf zijn; hun ultieme doel was zichzelf te ontvluchten en partners te zoeken uit andere culturen, van een andere generatie, uit een andere sociale klasse. Het besef daarvan markeert het begin van de vierde fase. Edward Said, die over oriëntalistiek schrijft, heeft gezegd dat vrijwel iedere Europese auteur die na 1800 naar het Oosten reisde een andere, vrijere seksualiteit zocht, minder gedomineerd door schuldgevoel, dan die welke in Europa beschikbaar was. De Arabische liefde, evenzeer als de oorlog, stelde T.E. Lawrence in staat om "mij van mijn Engelse zelf te ontdoen". Verlangen was de betovering die overgangen naar onbekend terrein mogelijk maakte. Het stelde de normaal neerbuigende welgestelde klassen in staat hun zogeheten ondergeschikten en zichzelf in een ander licht te bezien.

Toen aids de houdingen tegenover promiscuïteit veranderde, acuter onder homoseksuelen dan onder heteroseksuelen, begonnen sommigen nieuwe soorten relaties te onderzoeken, "gebaseerd op respect in plaats van op passie of conventie", en nieuwe vormen om de liefde te bedrijven, "seks zonder penetratie", waarbij ze dichter bij de opvatting van vrouwen over erotiek kwamen. Edmund White, een van de meest heldere homoseksuele schrijvers, zegt: "Onze kinderloosheid, onze minimale verantwoordelijkheden, het feit dat onze verbintenissen niet ingezegend zijn, zelfs onze terugtrekking in getto's voor homoseksuelen vanwege bescherming en vrijheid ... hebben een stijl gekweekt waarin we misschien wel dingen onderzoeken die, zelfs zonder dat we daar bewust naar streven, op een dag bestemd zullen zijn voor de heteroseksuele meerderheid." Vriendschappen tussen homoseksuelen en heteroseksuelen, waar het verlangen niet langer agressief is, zijn een belangrijke nieuwe relatie geworden.

De heteroseksuele meerderheid ontdekte in 1993 wat deze fase betekende, toen *Les Nuits Fauves* een César won, het Franse equivalent van de Oscar, voor de beste film en de beste eerste film van het jaar. Hij zit vol 'expliciete' scènes van homoseksuele liefde, en toch was de pers unaniem in zijn loftuitingen: de Minister van Cultuur gaf hem bijna een officiële zegen door te verklaren dat "een hele generatie zichzelf erin heeft herkend". De scenarioschrijver zei dat het geen film was over een homoseksuele man die verliefd wordt op een meisje, maar over "een gebroken man, die diep graaft naar al zijn tegenstrijdigheden", iets wat het publiek begreep. Cyril Collard, die het scenario schreef, de film regisseerde en Jean, de hoofdrol, speelde, werd een cultheld, niet alleen een nieuwe versie van James Dean, niet alleen een rusteloze rebel zonder doel, maar iemand die een stap verder ging en in staat was om zijn probleem te onderkennen en er op een manier over te praten die zelfs voor degenen die niet in dezelfde tragische impasse verkeerden als hijzelf betekenisvol was. Collard was wanhopig bezig te ontsnappen aan doelloosheid: "Ik had het gevoel dat ik door het leven ging als die Amerikaanse toeristen die door landen rennen en zoveel mogelijk steden 'doen', [en] ik was totaal alleen." Hij ging met zoveel mogelijk mannen naar bed, maar elke ontmoeting was slechts "een tragedie die eindeloos herhaald werd"; zijn verlangens waren "als eilanden, gebeurtenissen die nooit met elkaar verband hielden". Hoewel de erotische opwinding hem een kortstondige sensatie van "almacht" gaf, "was mijn afdaling in de hel niets anders dan een schimmenspel ... de konten, borsten, genitaliën en buiken die ik liefkoosde, waren van niemand". Hij converseerde bijna nooit met deze minnaars. Waar het om ging was de onmiddellijke bevrediging van zijn verlangen, maar het enige wat hij kon bereiken was een orgasme, "een kortstondig ogenblik van geluk". Al snel kon hij onmogelijk slapen zonder eerst een orgasme te hebben gehad, en hij zag zichzelf als "verslaafd aan seks zoals een cocaïnegebruiker verslaafd is aan zijn drug". Hij gebruikte cocaïne om zijn verlangen te vergroten en het orgasme uit te stellen. Dat hij leed, herinnerde hem eraan dat hij leefde, maar dat was niet voldoende. Hij vond het weerzinwekkend om te zien hoe makkelijk seks verviel in geweld, hoe geweld iets opwindends werd, wat hem van zichzelf deed walgen.

Collard was echter intelligenter dan James Dean: hij begon als wiskundige, studeerde techniek, gaf dat op om leider van een rockband te worden, publiceerde twee romans bij de beste uitgever van Frankrijk, Françoise Verny, maakte enkele films, bleef altijd boeken lezen en werd vervolgens acteur toen verscheidene sterren weigerden hun imago te bezoedelen door mee te doen aan *Les Nuits Fauves*, die ze te openhartig vonden. De betekenis van Collard is dat hij vastbesloten was om zich niet te schamen voor het feit dat hij zoveel verschillende personen was, zelfs al twijfelde hij voortdurend of ze wel talent bezaten, en hij maakte er geen geheim van dat zijn film autobiografisch was. Wanneer hij half verliefd wordt op een meisje dat klaagt dat hij niet voldoende van haar houdt, geeft hij toe dat zij alleen maar "gemangeld werd tussen mij en mij". Als zij uiteindelijk een andere man neemt, van wie ze niet houdt maar met wie ze tenminste samen een soort van toekomst kan opbouwen, is hij stoutmoedig genoeg om het algemeen gepredikte credo dat liefde de oplossing voor alle problemen is in twijfel te trekken.

Liefde blijkt net als vrijheid te zijn, slechts een uitgangspunt: vervolgens moeten er veel meer keuzes gemaakt worden. Collard weigerde iets af te wijzen zonder het eerst zorgvuldig te bekijken, en tegelijkertijd weigerde hij op wat voor manier dan ook in een hokje geplaatst te worden, zelfs in seksueel opzicht. Hij gaat een stap verder dan alleen maar te zeggen dat hij homoseksueel of biseksueel of wat dan ook is, dat hij doorgaans een man is maar zich soms een vrouw voelt, of dat er niet één enkel beeld van vrouwelijkheid is dat hem bekoort, net zoals zijn vriendin soms iemand anders nodig heeft, hoe gek ze ook op hem is. Helemaal springlevend zijn betekent voor hem meedoen aan het "planetaire gevecht", "deel uitmaken van de geschiedenis" via de bemiddeling van de liefde van iemand anders, maar in de hoop dat anderen ook aan het gevecht zouden meedoen en dat ze samen iets zouden vinden wat de moeite waard is om voor te vechten; het is niet simpelweg Mezelf zijn, en ook niet simpelweg Jij en Ik. Deze beginselverklaring, dat wat het belangrijkste is een edel doel vormt, is nog altijd vaag; er zullen nog veel films nodig zijn om het uit te leggen. Cyril Collard stierf op 35-jarige leeftijd aan aids, twee weken voordat zijn prijs aan hem kon worden overhandigd.

Door een vergelijking te maken tussen de manier waarop vrouwen hebben geprobeerd mannen op het gebied van de hofmakerij te beïnvloeden en de manier waarop mannen elkaar het hof hebben gemaakt, komt het seksuele verlangen in een nieuw licht te staan: het is niet slechts een onweerstaanbare orkaan, noch een slang die alleen maar reageert op het fluitspel van bepaalde soorten slangenbezweerders. Het is te simpel om te zeggen dat ieder individu hulpeloos moet ontdekken waar hij of zij opgewonden van raakt. Verlangen is niet onverklaarbaarder dan smaak. Door de eeuwen heen is het buitengewoon flexibel en veranderlijk geweest; het heeft tegengestelde doelen gediend en vele verschillende rollen gespeeld in de geschiedenis, als een acteur, zowel komisch als tragisch, soms eenvoudige rollen die afgezaagde stereotypen uitbeeldden en dan weer experimentele, complexe rollen, opzettelijk mysterieus. Dit duidt erop dat er ook andere verbintenissen, andere sensaties mogelijk zijn.

Wil dat duidelijker worden, dan is het noodzakelijk om de geest beter te leren kennen die in het verleden zoveel relaties heeft achtervolgd, het verlangen om macht te hebben over anderen.

Hofmakerij
Evelyn Shaw & Joan Darling, *Strategies of Being Female: Animal Patterns, Human Choices*, Harvester, 1984; Sarah Blaffer Hrdy, *The Woman That Never Evolved*, Harvard, 1981; D. Crews, 'Courtship in Unisexual Lizards', *Scientific American*, 1987, pp. 72-7; Ellen K. Rothman, *Hands and Hearts: A History of Courtship in America*, Harvard UP, 1987; Beth L. Bailey, *Courtship in Twentieth-Century America*, Johns Hopkins UP, 1988; *Cupid's Guide to the Wedding Ring*, reprinted Black Pennell Press, Greenock, 1988; Anon., *Conversational Openings and Endings*, Bentley, 1891; C. Nyrop, *The Kiss and its History*, vertaald uit het Deens door L. Sands, 1901 (erudiet en leerzaam); Nicholas J. Perella, *The Kiss: Sacred and Profane*, California UP, 1969 (in de zestiende eeuw stond in Frankrijk de tongzoen bekend als 'baiser à l'Italienne'); James T.Y. Liu, *The Chinese Knight Er-*

rant, Routledge, 1967 (trouw blijven aan degene die zich alleen loyaal opstelt tegenover "degene die jou bewondert"); Jacques Gernet, *Daily Life in China on the Eve of the Mongol Invasions 1250-1276*, Allen & Unwin, 1959; Jacqueline Huppert-Laufer, *La Féminité neutralisée?: Les femmes cadres dans l'entreprise*, Flammarion, 1982; Helga Dierichs & Margarete Mitscherlich, *Des Hommes: Dix histoires exemplaires*, Des Femmes, 1983; Lawrence Stone, *The Road to Divorce: England 1530-1987*, Oxford UP, 1990; P. Ariès & G. Duby, *Histoire de la vie privée*, 5 vols., Seuil, 1987 (een rijke bron van informatie); Jane Lazare, *On loving Men*, Abacus, 1978; Yan de Kerorguen, *Le Plaisir chaste*, Autrement, 1984 (over veranderende houdingen tegenover seks in Frankrijk tijdens de jaren tachting); Pascal Lainé, *La Femme et ses images*, Stock, 1974; Germaine Greer, *The Female Eunuch*, MacGibbon & Kee, 1970; Germaine Greer, *The Obstacle Race*, Secker & Warburg, 1979; Germaine Greer, *Sex and Destiny*, Secker & Warburg, 1984; Betty Friedan, *The Second Stage*, Summit, NY, en Michael Joseph, 1982; Ezra Storland, *The Psychology of Hope*, 1969; Robert J. Stoller, *Observing the Erotic Imagination*, Yale UP, 1985; K.S. Srinivasin, *The Ethos of Indian Literature: A Study of its Romantic Tradition*, Chanakya, New Delhi, 1985; Jo Ann McNamara, *A New Song: Celebrate Women in the First Three Christian Centuries*, Harrington Park Press, NY, 1985; Dana Vannoy-Hiller & W. Philliber, *Equal Partners: Successful Women in Marriage*, Sage, 1989; Gordon Thomas, *Desire and Denial*, Grafton, 1986 (over priesters); Julia Kristeva, *Les Samurais*, Fayard, 1990 (over intellectuelen); Michel Crépu, *La Force de l'admiration*, Autrement, 1988; M. Foucault, *The History of Sexuality*, Viking, 1986ff.; Didier Eribon, *Michel Foucault*, Flammarion, 1989; Michael Young, *The Ethnography of Malinowski*, Routledge, 1979; Frederic Errington & D. Gewertz, *Cultural Alternatives and a Feminist Anthropology: Culturally Constructed Gender Interests in Papua New Guinea*, Cambridge UP, 1987; Unni Wikan, *Behind the Veil in Arabia: Women in Oman*, Johns Hopkins UP, 1982; Andrea Dworkin, *Right Wing Women*, Women's Press, 1983.

Homoseksualiteit
David F. Greenberg, *The Construction of Homosexuality*, Chicago UP, 1988; Dominique Fernandez, *Le Rapt de Ganymède*, Grasset, 1989; Wayne R. Dynes, *Encyclopedia of Homosexuality*, St James Press, 1990; Wayne R. Dynes, *Homosexuality: A Research Guide*, Garlan, NY, 1987; Martin Duberman, *Hidden from History: Reclaiming the Gay and Lesbian Past*, Penguin, 1989; Jonathan Dollimore, *Sexual Dissidence: Augustine to Wilde, Freud to Foucault*, Oxford UP, 1991; Peter Binton,

Talking to ..., Third House, 1991 (gesprek met Edmund White); Edmund White, *Genet*, Gallimard en Chatto, 1993; Wayne Koestenbaum, *Double Talk: The Erotics of Male Literary Collaboration*, Routledge, 1989; Bret Hinsch, *Passions of the Cut Sleeve: The Male Homosexual Tradition in China*, California UP, 1990; T. Watanabe, *Love of the Samurai: 1000 Years of Japanese Homosexuality*, GMP, 1989; John J. Winkler, *The Constraints of Desire: The Anthropology of Sex and Gender in Ancient Greece*, Routledge, 1990; Eva Cantarella, *Bisexuality in the Ancient World*, Yale UP, 1992; Eve Elvin, *Sex and Society in the World of the Orthodox Slavs 900-1700*, Cornell UP, 1989; James W. Saslow, *Ganymede in the Renaissance*, Yale UP, 1986; Bruce R. Smith, *Homosexual Desire in Shakespeare's England*, Chicago UP, 1991; Allen Bray, *Homosexuality in Renaissance England*, GMP, 1982; R.P. Maccubbin, *'Tis Nature's Fault: Unauthorized Sexuality during the Enlightenment*, Cambridge UP, 1985; Laura Engelsten, *Sex and the Search for Modernity in fin-de-siècle Russia*, Cornell UP, 1992; Antony Copley, *Sexual Moralities in France 1780-1980: New Ideas on the Family, Divorce and Homosexuality*, Routledge, 1981; David M. Halperin, *One Hundred years of Homosexuality*, Routledge, 1990; Jeffrey Weeks, *Coming Out: Homosexual Politics in Britain*, Quartet, 1977; K. Weston, *Families We Choose: Gays and Kinship*, Columbia UP, 1991; Ken Plummer, *Modern Homosexualities*, Routledge, 1992; Gilbert Herdt, *Gay Culture in America*, Beacon, Boston, 1992; Warren J. Blumenfield, *Homophobia*, Beacon, 1992; Mary Searle Chatterjee, *Reversible Sex-Roles: The Special Case of Benares Sweepers*, Pergamon, 1981.

8

Hoe respect aantrekkelijker is geworden dan macht

Dromen, slapen en vergeten: is er ooit een politicus geweest die beweerde een specialist te zijn in deze kunsten? Alleen de burgemeester van Straatsburg, Catherine Trautmann. Suggereert deze vrouw, die nog in de dertig is en gekozen werd om de scepter te voeren over de parlementaire hoofdstad van Europa, dat de muziek van de politiek nooit meer hetzelfde zal klinken?

Haar avontuur begon met een proefschrift over dromen, slapen en vergeten, met een speciale verwijzing naar de gnostici. De gnostici vormden een sekte die zijn bloeiperiode kende rond Jezus Christus, en die in essentie geloofde dat ieder individu een vreemdeling is in de wereld; zelfs God is een vreemdeling, want Zijn schepping is onvolmaakt en Hij voelt zich er evenmin op zijn gemak. Maar het was een sekte van optimisten, die ervan overtuigd waren dat iedereen verlost zou worden, of tenminste iedereen die de symboliek waarin de wereld was gehuld ontrafelde en de noodzakelijke rituelen ontdekte om over het kwade te zegevieren. Het christendom rivaliseerde met het gnosticisme en nam er vervolgens ideeën uit over. Later behoorden William Blake, Goethe en Jung tot de grote denkers die er inspiratie uit haalden. Volgens Catherine Trautmann hebben de gnostici moderne mensen die zich eveneens slecht op hun gemak voelen in een onrechtvaardige wereld een heleboel te vertellen. Het waren randfiguren, net als zij (dat wil zeggen, ze voelt zich geen onderdeel van een gevestigde orde die stelt dat de dingen zijn zoals ze behoren te zijn). De gnostici kenden "een bepaalde afstandelijkheid", die zij ook tracht te cultiveren. Zij probeerden verder te kijken dan de schijn, om een verborgen betekenis te ontdekken in wat betekenisloos scheen te zijn, om "een exegese van de ziel" uit te voeren; ook zij zegt dat wat haar het meest interesseert niet het voor de hand liggende is, maar dat wat is vergeten. Zij geloofden dat schijnbare tegenstellingen niet per se verschillend waren en probeerden de verschillen tussen het mannelijke en vrouwelijke te overstijgen: dat raakt een gevoelige snaar bij haar, wier eerste politieke instinct was een feministe te zijn, vastbesloten om de manier waarop mensen elkaar bejegenden te veranderen.

Maar om haar doelen te bereiken maakte ze een weloverwogen keuze. In plaats van lid te worden van de vrouwenbeweging, sloot ze zich aan bij de socialisten. Om de wereld te verbeteren, zei ze tegen zichzelf, moet je je niet afzijdig houden, maar met de grote stroom meegaan. Ze besloot "een in de samenleving geïntegreerde randfiguur" te worden en die samenleving van binnen uit te veranderen. Een randfiguur blijft ze, maar nu betekent dat dat ze binnen de samenleving haar vrijheid bewaart en haar marginaliteit geen egoïsme of arrogantie laat worden. Toch vergeten randfiguren hun dromen niet.

Als kind zei ze altijd tegen zichzelf dat ze niet moest vergeten wat ze leerde; maar als adolescent las ze Freud en realiseerde ze zich dat vergeten niet altijd toevallig gebeurt. De irrationele kant van de menselijke natuur intrigeerde haar. Enerzijds was ze vastbesloten zich te ontwikkelen tot het type persoon dat ze wilde zijn en ze stelde zorgvuldig een lijst op van haar doelstellingen. Anderzijds kon ze zichzelf er niet van overtuigen dat ze ooit de mysterieuze processen zou ontrafelen die iemand één bepaalde weg laten bewandelen in plaats van een andere. Haar proefschrift over de gnostici vormt geen verklaring voor haar huidige politieke overtuigingen. Het was een oefening binnen een academisch kader, maar ook een poging om te ontdekken wat ze zocht. Ze is geen conventionele politicus geworden, omdat ze nog steeds bezig is te "ontrafelen", te proberen zichzelf en anderen te doorgronden.

Toen ze op 38-jarige leeftijd tot burgemeester werd gekozen, zei haar dochter: "Je wilde al een hele tijd burgemeester worden en hebt me dat nooit verteld." Zij antwoordde: "Ik wist niet dat het dat was wat ik wilde." Maar een goede kennis zei: "Je kunt niet net doen alsof je toevallig burgemeester bent geworden. Zie je dan niet dat je er de hele tijd naar gestreefd hebt?" Nee, zei Catherine Trautmann, "dat heb ik me niet gerealiseerd". Het is niet makkelijk om te weten waarnaar je streeft. Ze vraagt zichzelf: "Wat is mijn doel nu ik burgemeester ben?" Het antwoord is niet eenvoudig.

Voordat ze een belangrijk politiek principe kan formuleren, schiet haar gezin haar het eerst te binnen. Een van haar voornaamste doelen in het leven is een succesvol partnerschap te hebben met haar echtgenoot. Politici beginnen normaal niet over hun privé-leven te praten, hoewel dat de enige interesse is die ze met al hun kiezers delen, behalve degenen die meegesleept worden door eenzamere ambities. De afspraak die ze met haar echtgenoot maakte, toen ze op negentienjarige leeftijd trouwde, was dat geen van beiden ooit de vrijheid van de ander zou beperken. Ze is "dol op politiek", zegt ze. Het is een passie, zoals een verhouding. "Mijn twee dochters hebben dat erg goed geaccepteerd, omdat ik hun zeg dat politiek heel belangrijk is in mijn leven." Dit betekent dat ze hen minder ziet dan ze anders misschien zou willen. "Ik ben geen supervrouw." Haar echtgenoot, ouders en een kring van vrienden zijn te hulp geschoten en hebben een net van affectie rond de kinderen gevormd. Dat is niet iets wat vanzelf gaat. Ze weet hoe moeilijk het is voor een werkende moeder om een crèche te vinden: dat ze er zelf niet in slaagde er eentje te vinden, stimuleerde haar vóór alles om de politiek in te gaan.

Maar zelfs met al deze welwillendheid en toegevendheid kan een huwelijk makkelijk stranden. Een vrouw, zegt ze, kan zeer veeleisend zijn als ze wil dat er naar haar geluisterd wordt; haar hardnekkigheid kan "meedogenloos" zijn. Op een dag "zei ik tegen mezelf: Hou daarmee op. Je vraagt te veel. Huwelijken hebben de neiging theater te worden, toneelstukken die steeds opnieuw gespeeld worden. ... Je komt bij scène 3, acte 5. ... Je realiseert je dat je een voorstelling aan het opvoeren bent. Je bent een slachtoffer van de gewoonte en laat jezelf meesleuren." De sleutel die jou van het toneel haalt, is het besluit dat je nooit mag toestaan dat minachting haar intrede in je leven doet. "Minachting is het ergste van alles, het is een symbolische manier om iemand te vermoorden. Ik walg ervan."

Haar onconventionele conclusie is dat er geen sprake van kan zijn dat de politiek haar één sleutel, één dogma, één oplossing geeft voor alle problemen. Ze heeft theologische discussies uit de oudheid bestudeerd, en het trof haar hoezeer moderne politici in hun denkwijzen op de godgeleerden van toen lijken. "Daardoor kan ik onmogelijk een ideologische toespraak naïef blijven herhalen." Politici vormen dan misschien afzonderlijke partijen met anderen wier opvattingen ze grofweg delen, maar binnen elke partij is er altijd sprake van conflict. Zij houdt ervan om deze conflicten aan te pakken en listen te vinden om ze het hoofd te bieden, mits er spelregels zijn, zoals in een sport. Het zoeken naar macht kan niet het doel zijn, want "machthebbers verliezen een deel van hun identiteit: er is een voortdurende spanning tussen jezelf en het overheidsambt dat je bekleedt", tussen de individuele en de traditionele manier om gezag uit te oefenen. Ze wil dat politici individuen blijven. Degenen die ze het graagst mag, zijn "atypische" politici. Het belangrijkste in het soort politiek dat ze voorstaat is dat politici voortdurend bezig zijn met zelfinzicht, met hun "spirituele ontwikkeling".

Ze moeten geen succes verwachten, omdat elke overwinning tijdelijk is, slechts één stap, nooit de laatste. De politiek is een eeuwigdurende leertijd, waarbij van je verlangd wordt dat je jezelf aanpast aan het feit dat andere mensen anders zijn. Dat is haar beloning, ontdekken dat de mensheid divers is: "In de politiek zitten is een fantastische manier om te zien hoe gevarieerd het leven is." Natuurlijk zit het leven vol gebreken: "Het is belangrijk dat je je eigen gebreken onderkent; de test voor politici is hoe goed ze hun gebreken kunnen accepteren." Vrouwen waren bang voor de politiek, zegt ze, omdat dat in hun perceptie een "harde" wereld is. Maar feitelijk hebben ze iets op mannen voor; vrouwen zijn "tweezijdig": ze zien de wereld als openbaar en als privé, wat hen belet om het spoor bijster te raken in abstracties. "Vrouwen hebben als politici meer vrijheid. Mannen accepteren een heleboel dingen van hen die ze van elkaar niet zouden tolereren. En van vrouwen kun je nieuwe ideeën, verandering verwachten."

In haar jeugd was zij ook bang, en niet alleen voor de politiek: "beschroomd, angstig in gezelschap van anderen". Als jonge moeder maakte ze zich zorgen, omdat ze niet precies wist hoe ze met haar kinderen moest omgaan, hoe ze hun vragen moest beantwoorden. Dus werd haar ambitie "over mijn beschroomdheid heenkomen". Ze heeft altijd het gevoel gehad dat ze een eenzame persoon is, wat misschien in tegenspraak lijkt te zijn met haar imago van iemand die zowel op het werk als thuis gelukkig is. Maar ze heeft ontdekt dat het besef alleen te zijn waardevol is. "Eenzaamheid is mijn innerlijke steunpilaar, mijn geheime tuin. Niemand komt daar binnen, behalve degenen die het dichtst bij me staan."

Catherine Trautmann zorgt ervoor dat ze een dubbele persoonlijkheid blijft. Als studente droeg ze de bijnaam 'Granny Marmalade' (oma Jam). Het is nog steeds haar favoriete hobby om jams en confituren te bereiden van kweeperen, pompoenen en tomaten, volgens haar eigen recepten. Ze maakt graag kleren en "ongebruikelijke objecten", kunstwerken van allerlei kleine voorwerpen. Ze houdt het meest van kunstenaars met een bittere of sarcastische humor, de surrealisten en de grote cartoonisten. Thuis houdt ze geen toespraken.

Als ze samen met haar man is, is ze geen burgemeester. Koningin Elizabeth 1 van Engeland zei: "Ik weet dat ik het lichaam heb van een zwakke en fragiele vrouw, maar ik heb het hart en de maag van een koning." De ambitie om de maag van een koning te hebben is niet langer voldoende. Het model van de Sterke Man die tot gehoorzaamheid kan aanzetten, is uit de tijd. De vervlechting van het privé- en openbare leven door Catherine Trautmann duidt erop dat de politiek een ander weefsel kan hebben. In de ogen van haar tegenstanders is ze natuurlijk gewoon de zoveelste rivaal die verwijderd dient te worden, en één kant van haar voert dan ook de traditionele politieke oorlog; maar haar minder zichtbare kant doet vermoeden dat er binnen menselijke relaties nieuwe mogelijkheden zijn.

Koning zijn: ooit was dat de droom van iedereen, niet alleen van politici, maar ook van vaders die over hun kinderen heersten, echtgenoten die hun vrouwen als dienstmeiden behandelden, bazen die bijna met een hoofdbeweging: "Eruit" konden zeggen en ambtenaren die hun aambeien vergaten door zich in te beelden dat hun sjofele stoelen tronen waren. In het echte leven was de overgrote meerderheid van de mensen de afgelopen vijfduizend jaar onderdanig; men ging voor het gezag door het stof en, los van kortstondige protestuitbarstingen, offerde men zichzelf op zodat een kleine minderheid in weelde kon leven. Ze zouden staarten hebben gekregen, ware het niet dat de meesten van hen iemand anders vonden over wie ze zelf de tiran konden spelen, iemand die zwakker en jonger was. Ongelijkheid werd zo lang geaccepteerd, omdat degenen die gekoeioneerd werden slachtoffers vonden om op hun beurt te koeioneren. De machtige leider werd bewonderd, omdat hij dromen van gezag belichaamde die nederige mensen heimelijk koesterden en waaraan ze in hun privé-leven gestalte probeerden te geven. Maar nu wordt de obsessie voor overheersing en ondergeschiktheid meer en meer getart door een bredere fantasie, hongerig naar aanmoediging, naar iemand die wil luisteren, naar loyaliteit en vertrouwen, en bovenal naar respect. De macht om bevelen te geven is niet langer voldoende.

Vroeger bewezen uiterlijke tekens van respect – het afnemen van de hoed, het maken van een diepe buiging – dat mensen accepteerden dat ze onderworpen waren aan degenen die macht bezaten en dat erkenden. Maar nu is de kwaliteit van de persoonlijke relatie tussen twee individuen belangrijker geworden dan positie of status. Hoewel politici zich in koninklijke paleizen gevestigd hebben, wordt hun beroep het minst bewonderd, veel minder dan artsen, wetenschappers, acteurs en zelfs slechtbetaalde verpleegsters en leraren. Het is niet verwonderlijk dat vrouwen over het algemeen geen traditionele politici wilden zijn. Telkens wanneer een politicus iets belooft en zich daar niet aan houdt, worden alle koningen in de dop een beetje minder geloofwaardig.

Er bestaan twee werelden naast elkaar. In de ene duurt de machtsstrijd voort, bijna zoals dat altijd gegaan is. In de andere is het niet macht wat telt, maar respect. Macht is niet langer een garantie voor respect. Zelfs de machtigste persoon ter wereld, de president van de Verenigde Staten, is niet machtig genoeg om ieders respect af te dwingen; waarschijnlijk geniet hij minder respect dan moeder Teresa, aan wie niemand hoeft te gehoorzamen. Traditioneel werd respect omgezet in macht, maar nu is het aantrekkelijk geworden omwille van zichzelf, liever rauw dan gekookt. De meeste mensen hebben het gevoel dat ze niet zoveel respect genieten als ze verdienen, en voor velen is het aantrekkelijker geworden om respect te verwerven dan macht te verkrijgen. De aandacht richt zich op het gezinsleven. Daar is het doel niet langer om zoveel mogelijk kinderen te hebben, wat eens de manier was om rijk te worden, maar banden van affectie en wederzijds respect te creëren en die uit te breiden naar een selecte vriendenkring. Het is niet langer de stam of natie die bepaalt wie je moet haten en wie je het hof moet maken. De machthebbers worden meer bespot dan ooit, ook al is men nog steeds bang voor hen. De moderne overheid, die meer aspecten van het leven tracht te controleren dan koningen ooit hebben gedaan, wordt voortdurend vernederd; haar wetten bereiken immers zelden datgene waarvoor ze bedoeld zijn, worden ontdoken en verdraaid, slagen er zelden in mentaliteiten te veranderen, die bepalen wat er werkelijk gebeurt, en zijn zelden in staat weerstand te bieden aan speculanten of aan mondiale economische trends.

Fantasieën beginnen op een nieuwe manier te werken. Het is niet langer bewonderenswaardig om mensen als dieren te behandelen, wier domesticatie ooit de indrukwekkendste prestatie van de mensheid was. Men leerde koeien dag en nacht te werken om vijftienduizend liter melk per jaar te produceren, terwijl eens hun dagelijkse opbrengst weinig meer was dan een halve liter. Schapen leerden twintig kilo wol per jaar voort te brengen, terwijl eens één enkele kilo voldoende was om ze warm te houden; en gaandeweg hielden ze niet meer op te blaten, zich te gedragen als schapen, wat ze niet gewend waren. Varkens hebben een transformatie ondergaan van scharrelende, strijdlustige plunderaars van het bos tot makke dieren die zich in hun eigen urine wentelen, gedwongen om zo'n ongebruikelijk nauw contact met anderen te hebben en hun eten in een paar minuten naar binnen te schrokken – terwijl eens het zoeken van voedsel een eeuwigdurende bezigheid was – dat ze geen andere keuze hebben dan slaap af te wisselen met agressie, waarbij ze in elkaars staarten bijten. Zelfs seksueel gedrag is getransformeerd: sommige dieren zijn veel bronstiger geworden, andere hebben bijna hun belangstelling verloren. Sommige, die uitsluitend tussen mannetjes zijn opgegroeid, hebben duurzame homoseksuele relaties gevormd. Stieren, die eiwitrijk voedsel krijgen, ontladen zich door masturbatie. Sommige dieren zijn zo gefokt dat ze hun leven lang hun jeugdige eigenschappen behouden. Sinds de achttiende eeuw, toen inteelt in de mode kwam, zijn veel dieren uniformer, stereotieper geworden dan ze eens waren. Pas als dieren commercieel waardeloos geworden waren, begonnen mensen er plezier in te krijgen ze als gezelschapsdieren te houden: maar mensen zijn zich pas onlangs begonnen af te vragen of het wel de juiste manier is honden je affectie te laten blijken door ze welbewust in groteske en pijnlijke vormen te fokken.

Zo ontdekten mensen wat macht betekende: het vermogen om anderen zich te laten gedragen zoals jij dat wilde. Dat dwong altijd een geweldig respect af. De ervaring met domesticatie liet zien dat levende wezens onder dwang in staat waren tot een enorm scala van gedragingen en temperamenten en dat ze ertoe gebracht konden worden om bij te dragen aan hun eigen onderwerping, waarbij ze zich zelfs gingen hechten aan bazen die hen mishandelen. Slechts weinigen hadden in de gaten hoe de slavenhouder vaak aan zijn slachtoffer onderworpen was. Want al snel begonnen mensen te proberen om elkaar te domesticeren, en kweekten ze ondergeschiktheid en overheersing. Toen ze ook planten leerden domesticeren, werden ze het eerste slachtoffer van hun uitvinding. Eenmaal verwikkeld geraakt in het ploegen, het verzamelen van hun gewassen, het weven en het koken in potten, eenmaal gespecialiseerd in verschillende ambachten, ontdekten ze dat ze gedwongen waren om voor een minderheid te werken die erop uit was de goede dingen van het leven te monopoliseren: landeigenaars die de irrigatie organiseerden, priesters die voor de regen zorgden en strijders die hen beschermden tegen plunderende buren. De eerste gedocumenteerde theologische leer, die van de Soemeriërs, stelde dat mensen met opzet geschapen waren om de goden te bevrijden van de noodzaak om voor hun levensonderhoud te werken; deden ze dat niet, dan zouden ze gestraft worden met overstromingen, droogteperiodes en verhongering. Spoedig beweerden koningen dat ze goden waren en vroegen priesters een steeds hogere prijs voor hun vertroostingen door zich steeds meer land toe te eigenen. Edellieden en soldatenbenden intimideerden degenen die de grond bewerkten; hun levens werden slechts gespaard in ruil voor een deel van hun oogst, en het geweld tegen hen werd alleen opgeschort als ze vreemde landen hielpen plunderen. Zo trok een elite de macht naar zich toe, waardoor ze in grote weelde kon leven en de bloei van de kunsten kon stimuleren. Maar voor velen was beschaving weinig meer dan bescherming door een bende afpersers. Onder dit systeem ging het respect hoofdzakelijk uit naar degenen die ten koste van anderen leefden. De hoeveelheid respect is nooit toereikend geweest, omdat het tot nu toe slechts in kleine hoeveelheden gecultiveerd is.

De Romeinen, die een van de meest succesvolle afpersersbendes runden, maakten het mogelijk dat enkele honderdduizenden van hen stopten met werken en gratis voedsel van de overheid kregen; dat werd betaald door belasting, gevorderd van buitenlandse 'beschermde' gebieden die onderdeel waren van hun rijk. Maar de kosten van afpersersbendes zijn mettertijd altijd omhoog gegaan, naarmate meer mensen delen in de winst, het bestuur lastiger wordt en legers meer geld gaan kosten omdat veel burgers uiteindelijk liever huurlingen betalen om voor hen te vechten. Hoe welvarender een beschaving is, hoe meer mensen ze aantrekt van buiten haar grenzen – die graag een graantje willen meepikken – en hoe meer ze moet spenderen om zichzelf te verdedigen of om hen af te kopen. Ze bedenkt steeds ingewikkelder maatregelen om te overleven, die uiteindelijk te ingewikkeld worden, waarna de beschaving ophoudt te functioneren. De Sovjet-Unie werd apoplectisch toen het uiteindelijk het merendeel van zijn budget aan defensie uitgaf.

Pas in 1802 begon men overheersing en ondergeschiktheid onder alle levende wezens wetenschappelijk te bestuderen. Precies op het moment dat Napoleon hertogen en baronnen benoemde en hiërarchieën herstelde, beschreef de blinde Zwitserse naturalist François Huber hoe ook hommels in een strikt hiërarchische orde leefden. In 1922, het jaar waarin Mussolini premier werd, liet Schjedelrup-Ebbe zien hoe zelfs uitgehongerde kippen hun leider (de "alfa"-kip) altijd eerst lieten eten en het niet waagden haar te storen voordat zij klaar was; en hoe, als zij werd weggehaald, de kippen nog steeds niet aten, maar wachtten totdat de "bèta"-kip haar portie had gehad, en zo de hele rij af. De pikorde onder de kippen bleek even rigide te zijn als in een leger, en wel zo dat als ze voor enkele weken werden weggehaald en vervolgens weer bij hun oude groep terugkwamen, ieder onmiddellijk haar oude positie weer innam. De beloning was dat de groep in vrede leefde, niet om voedsel streed en meer eieren legde. De prijs was onrechtvaardigheid. De kippen onder aan de hiërarchie kregen niet alleen minder te eten, maar hadden ook minder nakomelingen, leden aan stress, gingen fysiek achteruit en werden in tijden van gevaar – als het voedsel opraakte, als er overbevolking dreigde – tot zondebokken gebombardeerd en meedogenloos aangevallen. Bij andere schepsels zag men dezelfde principes: de jongen van dominante konijnen, wolven en ratten werden vaak ook dominant; bavianen kenden aristocratische dynastieën. De natuur leek te zeggen dat gelijkheid onmogelijk was en dat alleen de sterken kunnen hopen op respect.

Maar in de jaren tachtig ontdekte men dat agressie, altijd beschouwd als de essentiële eigenschap van dieren, niet was wat het leek te zijn. Vrede sluiten na een gevecht was een vaardigheid die met nagenoeg evenveel aandacht gecultiveerd werd. Toen dominante en ondergeschikte chimpansees voor het eerst als individuen werden beschouwd en niet alleen maar als species, zag men dat ze voortdurend verwikkeld waren in ruzieachtige of gewelddadige confrontaties, maar dat niet minder dan de helft van hen binnen veertig minuten hun vroegere vijanden zoenden en aaiden. Soms kwam er een menigte van hen omheen staan om naar de verzoening te kijken en te applaudisseren voor de kus. Dit betekende niet dat ze niet agressief waren, want zonder de agressie zou er geen verzoening hebben plaatsgevonden, en ook niet dat ze allemaal op dezelfde manier vrede sloten. Mannetjes die onder elkaar gevochten hebben, sluiten twee keer zo vaak vrede als vrouwtjes die met vrouwtjes hebben gestreden, alsof macht voor mannetjes afhankelijk is van het vormen van allianties, die nooit blijvend zijn. De vriend van vandaag kan morgen een vijand zijn, en het uitwisselen van hulp op basis van vergelding houdt geen beloften in voor de toekomst. President Tancredo Neves van Brazilië verwoordde onbewust wat mannetjeschimpansees de hele tijd doen, toen hij zei: "Ik heb nooit een vriend gehad van wie ik niet kon scheiden en ik heb nooit een vijand gehad tot wie ik geen toenadering kon zoeken."

Vrouwtjeschimpansees daarentegen houden zich veel minder met status bezig en betuigen elkaar geen respect. Zij gedragen zich niet als soldaten die naar hun officieren salueren, zoals de mannetjes doen. Hun coalities bestaan uit een kleine kring van familie en vrienden, die ze om emotionele redenen uitkiezen en niet op basis van hun positie in de hiërarchie. Ze maken een scherper onderscheid tussen vriend en vijand dan de mannetjes en hebben vaak één of twee absolute vijanden met wie ze zich onmogelijk kunnen verzoenen.

Het verband tussen liefde en agressie is ook aangetroffen in het gebruik van chimpansees om hun jongen vrijwel nooit te straffen, en in het gevolg daarvan, dat ze ook geen nauwe banden met hen onderhouden. Dit in tegenstelling tot resusapen, die veel agressiever zijn en hun dochters wreed behandelen, maar levenslange banden met hen ontwikkelen. Waar vrouwtjeschimpansees goed in zijn is vrede stichten tussen mannetjes: een van hen brengt bijvoorbeeld twee mannelijke rivalen na een gevecht bij elkaar en gaat tussen hen in zitten zodat ze elkaar niet hoeven aan te kijken. Ze laat zich door beiden vlooien en knijpt er vervolgens tussenuit om hen elkaar te laten vlooien. Soms kijkt ze over haar schouder om zich ervan te vergewissen dat ze vrede gesloten hebben. Zo niet, dan keert ze terug om de arm van de ene om de andere heen te leggen. Terwijl de vrouwtjes affectie stimuleren, onderbreken de mannetjes de vijandelijkheden voor even door gemeenschappelijke belangen te ontwikkelen, of net te doen alsof. Ze vinden bijvoorbeeld een voorwerp en roepen iedereen erbij om te komen kijken. Iedereen komt en gaat vervolgens weer weg, behalve de oude tegenstander die net doet alsof hij gefascineerd is. Totdat ze elkaar uiteindelijk aanraken en vlooien en weer vrienden zijn, of liever gezegd tijdelijke bondgenoten tot het volgende gevecht.

Dit zijn ontdekkingen over chimpansees, niet over mensen. Ook al is onlangs ontdekt dat chimpansees bladeren eten die antibiotica bevatten als ze ziek zijn en andere soorten bladeren met contraceptieve, oestrogeenachtige eigenschappen als ze hun gezinnen willen verkleinen, het blijven chimpansees. Maar deze nieuwe kennis maakt wel duidelijk dat mensen dat wat ze hun dierlijke erfenis noemen verkeerd hebben geïnterpreteerd. Ze worden niet langer geconfronteerd met de simpele keuze die de hele geschiedenis gedomineerd heeft, om ofwel 'realistisch' te zijn en zich te gedragen alsof het leven een strijd is vol grof geweld, ofwel zich terug te trekken in utopische dromen en zich te verbeelden dat alles een en al harmonie zal zijn als agressie maar verboden werd. Velen, misschien de meesten van hen, geloven nog altijd in de 'realistische' visie, zoals Heinrich von Treitschke (1834-1896) die onder woorden bracht: "Ook al beschouwt je buurman jou als zijn natuurlijke bondgenoot tegen een andere macht waar jullie beiden bang voor zijn, hij is altijd gereed om zodra hij de kans krijgt en geen risico loopt, zich ten koste van jou een betere positie te verwerven. ... Wie er niet in slaagt zijn macht te vergroten, moet die verkleinen, als anderen hun macht vergroten." Maar naar nu blijkt was Treitschke een klein jongetje dat graag soldaat wilde worden en heeft hij omdat hij bijna helemaal doof was genoegen moeten nemen met een professoraat, dromend over machtige leiders die machtige landen leiden en oorlog voeren om hun minachting te tonen voor andere landen. Minachting blijkt nu een perverse manier te zijn om te bedelen om respect. Het is geen methode die werkt. Oorlog wordt niet langer gezien als de meest edele activiteit. Desondanks gebruiken politici nog altijd de metaforen: voor hun principes 'vechten' en hun rivalen 'verslaan'. Er is nog geen nieuw idioom bedacht voor het 'winnen' van respect.

De zakenwereld heeft de noodzaak daarvan sneller aangevoeld. Zijn held was altijd de agressieve manager die zijn werknemers angst aanjaagt en hen er tegelijkertijd van overtuigt dat ze het leuk vinden om te doen wat hun is opgedragen. In het zakelijke vocabulaire is agressie een goede eigenschap gebleven, hoewel ze cosmetische chirurgie heeft ondergaan. Daardoor heeft macht een jonger gezicht gekregen, dat verkondigt dat het eigenlijk een gezelschapsspel is waarbij iedereen die genoeg zijn best doet kan winnen. Managers zien zichzelf echter hoe langer hoe minder als mensen die bevelen geven of zelfs besluiten nemen en zijn in plaats daarvan gaan geloven dat het hun taak is om hun medewerkers te stimuleren zelf oplossingen te zoeken. Geconfronteerd met de komst van vrouwen in het zakenleven, zijn ze doorzichtiger geworden: de menselijke zwakheden die schuilgaan achter de façade van macht zijn zichtbaarder geworden. Wanneer de sluier tussen het openbare en het privé-leven wordt weggehaald, zijn de machtigen weerloos. Daarom wordt op de balans respect steeds vaker even belangrijk gevonden als macht.

Ondertussen schilderde de psychiatrie degenen die op macht belust waren af als ziek, lijdend aan een allergie voor onenigheid. Hitler (een bewonderaar van Treitschke) was een klassiek geval. Hij probeerde niet alleen maar onenigheid te elimineren, noch alleen vijanden, maar de twijfel zelf. Hij haalde zijn volgelingen over om hem zonder meer te gehoorzamen, waarbij hij uitlegde dat het geweten "een joodse vinding" was, "een smet, net als de besnijdenis". In de politiek is geen plaats voor vertrouwen, voegde Stalin toe, die zijn gezag stevig baseerde op terreur. Maar geen van deze twee dictators was tevreden met de bergen macht die hij verzameld had. Hitler klaagde voortdurend dat hij niet gehoorzaamd werd en dat zelfs het leger "consequent probeerde om elke actie die ik noodzakelijk vond te belemmeren". En hoewel Stalin zijn vijanden omkocht, oplichtte en door middel van alle mogelijke martelingen dwong te erkennen dat hij gelijk had en zij zich vergisten, wist hij nooit voldoende bevestiging te vinden dat hij het genie was dat hij graag had willen zijn. Beiden bleven ze wanhopig verlangen naar respect.

Een van de belangrijkste beloften van de democratie is dat ze ervoor zal zorgen dat iedereen gerespecteerd wordt. Athene garandeerde dit niet alleen door alle burgers stemrecht te geven, maar ook door de overheidsfuncties door loting te laten rouleren, zodat iedereen, hoe onontwikkeld of eenvoudig ook, een dag de hoogste macht kon hebben. Geen enkele Athener verlaagde zichzelf door in dienst van een medeburger te werken. Maar dit wederzijdse respect werkte alleen maar omdat Athene ook een afpersersbende was, afhankelijk van een rijk, en van slaven en vrouwen om hun fantastische filosofische discussies te kunnen voortzetten. Democratieën hebben nog altijd geen manier gevonden om de gradaties van gebrek aan respect, veroorzaakt door geld, opleiding en uiterlijk, te elimineren.

Zo wendden individuen, op zoek naar het respect waar ze naar hunkerden, zich meestal tot de religie. Alle grote Kerken ter wereld waren het erover eens dat elk mens, hoe eenvoudig ook, een spirituele waardigheid bezat. De eisen die door heersers gesteld werden, de beledigingen van werkgevers en de vernederingen van het dagelijks leven leken minder onverdraaglijk wanneer ze je uiterlijke zelf raakten en de vertroostingen van innerlijke overtuigingen intact lieten. Wanneer de religie niet voldeed, versterkten andere overtuigingen de verdediging van de menselijke waardigheid, zoals het stoïcisme, socialisme, liberalisme en feminisme. De belangrijkste veranderingen in de geschiedenis zijn minder het gevolg geweest van revoluties waarbij koningen werden afgezet dan van individuen die koningen negeerden en in plaats daarvan hun steun betuigden aan spirituele waarden. Dat gebeurt nog steeds. De voorspelling dat de 21ste eeuw een religieuze eeuw zal zijn, is geen voorspelling maar het onderkennen van iets wat in het verleden heel vaak is gebeurd. Het betekent niet dat politici vervangen worden door priesters, maar dat mensen de enorme druk van alledag waar ze geen controle over kunnen hebben de rug toekeren. In plaats daarvan richten ze hun energie op hun privé-leven: nu eens leidt dat ertoe dat ze egoïstisch worden, dan weer reageren ze op de vijandigheden van de grote wereld door meer koestering, meer ruimhartigheid en meer wederzijds respect te zoeken.

Het Romeinse Rijk is een goed voorbeeld van een geleidelijk verval van zekerheid, efficiency en waarden. Keizers gingen door met regeren, maar individuen betuigden privé hun steun aan religies die hen van de totale wanhoop afhielden. Het christendom verschafte met de doop niet automatisch een innerlijke overtuiging van iemands waarde, anders zouden er veel meer mensen op af zijn gekomen: waarschijnlijk bekeerde het in de eerste paar eeuwen van zijn bestaan niet meer dan een half miljoen individuen per generatie. Veel christenen waren er niet volledig van overtuigd dat God of hun medegelovigen hen respecteerden, want bekeringen vonden vaak plaats omdat christelijke wonderbaarlijke genezingen van ziekten verbazingwekkender leken dan heidense. Pas nadat ze een periode lid waren geweest van een gemeenschap van bekeerlingen, waarin ze elkaar hielpen en stimuleerden, begonnen christenen het gevoel te krijgen dat ze om zichzelf gewaardeerd werden. Maar vervolgens maakten ze ruzie; ze werden allergisch voor onenigheid, gebruikten geweld om respect af te dwingen en werden vervolgers, bondgenoten en imitators van de machtigen. Telkens wanneer Kerken te belust werden op macht en zich als overheden gingen gedragen, haakten de gelovigen uiteindelijk af en richtten ze zich op een nieuwe vertroosting of een nieuw idealisme.

De huidige onzekerheid over waar de dagelijkse portie respect van de mensheid vandaan zal komen is niet nieuw. Het is niet de eerste keer dat officiële bronnen van respect zijn afgebrokkeld, waardoor mensen opnieuw hun toevlucht zoeken tot oude geloofsovertuigingen en interesse tonen voor nieuwe ideologieën. De grote religies ontstonden uit een zoektocht om het leven zin te geven, net zoals we die vandaag de dag zien plaatsvinden. Ze zegevierden na een concurrentieslag met honderden sekten en rages, die nu vergeten zijn. De huidige beweging voor mensenrechten, gelijkheid van vrouwen en de heiligheid van het milieu komt voort uit dezelfde soort verlangens die de grote religies van 25 tot 13 eeuwen geleden trachtten te bevredigen. Totale vrijheid van twijfel biedt ze niet, en ze geeft iemand ook niet de zekerheid dat je simpelweg respect kunt winnen door lid te zijn van de winnende partij en gehoorzaam de leiders te volgen, noch de hoop dat er eens een samenleving zal bestaan waarin iedereen het erover eens is wat respect verdient. Men begint namelijk te accepteren dat onenigheid onvermijdelijk, ja zelfs een goede eigenschap is. Maar dat is niet erg verschillend van de houding van de modernste soort religie, die weinig gemeen heeft met het oude dogmatische klerikalisme. Het is veelzeggend dat de burgemeester van Straatsburg, die zegt dat ze vooral teleurgesteld is over het feit dat de democratie er niet in geslaagd is om werkelijk een nieuwe manier te vinden om met macht om te gaan, een achtergrond heeft die bestaat uit een combinatie van een gemoderniseerde religie en het zoeken naar meer respect tussen de seksen.

Respect kan niet met behulp van dezelfde methoden bereikt worden als macht. Daarvoor zijn geen leiders nodig, maar tussenpersonen, bemiddelaars, stimulerende en adviserende mensen, of wat de IJslandse sagen 'vredeswevers' noemen. Mensen die niet beweren een middel tegen alle kwalen te bezitten en die slechts de ambitie hebben om individuen te helpen elkaar te waarderen en onderling samen te werken, zelfs als ze het niet volledig met elkaar eens zijn, en om te voorkomen dat geschillen hen fataal worden. Het probleem in het verleden was dat zulke mensen vaak een te hoge prijs vroegen en uiteindelijk gehoorzaamheid eisten.

De meeste vrouwen die zich in het traditionele politieke leven begaven, waren min of meer teleurgesteld en hadden het gevoel dat hoe hoog ze ook opklommen, echte macht onbereikbaar voor hen was, dat ze gedwongen waren een spel te spelen dat door mannen gecontroleerd werd die hun normale leven opofferden om van de macht te genieten, en dat ze te maken hadden met bureaucraten die, hoe toegewijd ze ook waren aan de overheidsdienst, een fabriek runden die frustratie produceerde, een negentiende-eeuwse fabriek met onpersoonlijkheid als ideaal. Het is steeds opnieuw bewezen dat bedreven machtsmanipulators alleen verdreven kunnen worden door bedreven machtsmanipulators, die hetzelfde systeem instandhouden. Dat mensen tegenwoordig genoeg hebben van de ouderwetse politiek betekent niet dat ze geen belangstelling hebben voor het algemeen welzijn, maar dat ze de wanhoop nabij zijn vanwege het feit dat ze er moeilijk een bijdrage aan kunnen leveren en vanwege de regelmaat waarmee idealistische leiders compromissen hebben gesloten met hypocrieten, ondanks zichzelf, of met de dogmatici, ondanks hun principes, omdat de machtsstrijd meedogenloos is en niet zonder bondgenoten gevoerd kan worden. Wanneer ze eenmaal in die strijd betrokken raakten, hielden zelfs vrome christelijke bisschoppen, boeddhistische monniken en confucianistische geleerden op om devoot of onzelfzuchtig te zijn.

Vechten voor nieuwe wetten of om tegenstanders de voet dwars te zetten is dus nooit een volledig succesvolle strategie geweest, of een adequaat programma voor degenen die waarde hechten aan ruimhartigheid. Wat gewone mensen voor zichzelf kunnen doen om hun wederzijds respect te verhogen, zonder de fouten van het verleden te herhalen, zal ik in het volgende hoofdstuk behandelen.

Domesticatie van dieren
E.S.E. Hafez, *The Behaviour of Domesticated Animals*, 3rd edn., Bailliere Tindall, 1975; Peter J. Ucko & G. Dimbleby, *The Domestication*

and Exploitation of Plants and Animals, Duckworth, 1968; Yi-Fu Tuan, *Dominance and Affection: The Making of Pets*, Yale UP, 1984; S. Bokony, *History of Domestic Mammals in Central and Eastern Europe*, Akademie Kiado, Budapest, 1974; Hans Kruuk, *The Spotted Hyena: A Study of Predation and Social Behaviour*, Chicago, 1972; Maurice Caullery, *Parasitism and Symbiosis*, Sidgewick & Jackson, 1952; W.P. Rogers, *The Nature of Parasitism*, Academic Press, NY, 1962; Robert Delort, *Les Animaux ont une histoire*, Seuil, 1984; Keith Thomas, *Man and the Natural World*, Allen Lane, 1983.

Macht
Ann Ruth Willner, *Charismatic Political Leadership*, Princeton, 1968; Richard Sennet, *Authority*, Secker & Warburg, 1980; Douglas Yates, *Bureaucratic Democracy*, Harvard, 1982; P.F. Piven, *Why Americans Don't Vote*, Pantheon, NY, 1988; Burdett Loomis, *The New American Politician*, Basic, NY, 1988; Lisanne Radice, *The Job of a Backbencher*, Macmillan, 1987; Michael Rush, *Profession of the British M.P.*, Exeter Univ., 1989; *Fifth Survey of British Social Attitudes for 1988*, over 'Vertrouwen binnen het Britse establishment' (of een gebrek daaraan); G.R. Searle, *Corruption in British Politics 1895-1930*, Oxford UP, 1987; Gunnar Boalt, *The Political Process*, Stockholm, 1984 (in dit Zweedse onderzoek werden sportlieden het meest bewonderd (47 procent), gevolgd door 'pleitbezorgers van de vrede'(32 procent), wetenschappers(28 procent), acteurs (26 procent), popgroepen (26 procent), auteurs (25 procent), en dan pas politici, samen met financiers, namelijk 24 procent; José Tharakan, *Political Attitude of the Non-Voters in Switzerland*, Zurich thesis, 1983; André Bercoff, *La France des seigneurs*, Laffont, 1989; David A. Baldwin, *Paradoxes of Power*, Blackwell, 1989; Jan Winiecki, *Resistance to Change in the Soviet Economic System*, Routledge, 1991; Sharon Kelly Heyob, *The Cult of Isis among Women in the Graeco-Roman World*, E.J. Brill, Leiden, 1975; Philip Brook, *The Origin of Citizenship in Ancient Athens*, Princeton, 1990; Anne Phillips, *Engendering Democracy*, Polity, Cambridge, 1991; Yolande Cohen, *Femmes et contrepouvoirs*, Boreal, Montreal, 1987; Mike Savage & Anne Witz, *Gender and Bureaucracy*, Blackwell/The Sociological Review, 1992; Marilyn French, *Beyond Power: On Women, Men and Morals*, Cape, 1985; Judi Marshall, *Women Managers: Travellers in a Male World*, Wiley, Colchester, 1984; Michael A. Goldberg & John Mercer, *The Myth of the North American City*, UBC Press, Vancouver, 1986 (over de Canadese houding ten opzichte van macht); Jean Claude Lugan, *La Petite ville au présent et au futur*, CNRS, 1983; Sabine Chalvon-Demersay, *Le Triangle du 14e: Des nouveax habitants*

dans un vieux quartier de Paris, MSH, 1984; William M. Kurtines & J.L. Gerwirtz, *Moral Development through Social Interaction*, Wiley, NY, 1987 (over de Manville School van de Judge Baker Guidance Centre in NY); François Jullien, *La Propension des choses: Pour une histoire de l'efficacité en Chine*, Seuil, 1990; Bryce Taylor, *Assertiveness and the Management of Conflict*, Oasis, Leeds, 1989; Doris A. Graber, *Verbal Behaviour and Politics*, Illinois UP, Urbana, 1976; Alain-Gérard Slama, *Les Chasseurs d'absolu: Genèse de la gauche et de la droite*, Grasset, 1980; Alain-Gérard Slama, *L'Angélisme exterminateur*, Grasset, 1993; Patricia Hewitt, *The Abuse of Power*, Robertson, 1982; Peter J. Wilson, *The Domestication of the Human Species*, Yale UP, 1988; Paul Wheatley, *The Origins and Character of the Ancient Chinese City*, Aldine, Chicago, 1971; Ruth Glass, *Clichés of Urban Doom*, Blackwell, 1989; Norma J. Chalmers, *Industrial Relations in Japan: The Peripheral Workforce*, 1989; Michael Blaker, *Japanese International Negotiating Style*, Columbia UP, 1977; W. Dean Kingley, *Industrial Harmony in Modern Japan*, Routledge, 1991; F.C. Jaher, *The Rich, The Well Born and the Powerful*, Illinois UP, 1973: David Mercer, *IBM*, Kogan Page, 1988; Peter Hennessy, *Whitehall*, Fontana, 1989; John Dicki, *Inside the Foreign Office*, Chapmans, 1992 (laat zien dat 62 procent van de diplomaten zegt gefrusteerd te zijn en overweegt ontslag te nemen); Jean-François Kahn, *Esquisse d'une philosophie du mensonge*, Flammarion, 1989.

9

Hoe degenen die geen bevelen willen geven, en zich ook niet laten bevelen, tussenpersonen kunnen worden

Waaraan denkt Thérèse als ze je naar je tafel brengt in La Vieille Alsace in Straatsburg en je helpt bij het bestellen van je maaltijd? Ze wekt de indruk dat ze precies weet wat ze moet zeggen en doen, ze is een en al energie, heeft een kordate pas, een openhartige blik, en is vriendelijk bezorgd. Als je er eerder bent geweest, kan ze zich meer over jou herinneren dan je haar ooit hebt verteld. Hoe kun je weten dat ze geen kelnerin is die wacht op betere tijden, dat ze niet aan het berekenen is hoe groot de fooi is die jij je kunt permitteren te geven en dat ze afgestudeerd kunsthistorica is? Thérèse doet dit werk al vijftien jaar, omdat ze een doel in het leven heeft.

Haar zelfverzekerdheid lijkt de essentie van haar karakter te zijn: eigenlijk is het een van de dingen waar ze het meest mee bezig is. Ooit was ze een meisje dat volledig vermorzeld werd door beschroomdheid, een verwend enig kind. Op een dag ontsnapte ze daaraan nadat ze verliefd was geworden op een man die elf jaar ouder was. Die stortte haar in een totaal ander soort leven. Samen openden ze een restaurant, L'Arsenal: weldra werden de twee kleine donkere kamers, in een straat waar geen toerist ooit van had gehoord, een favoriete gelegenheid van de plaatselijke intellectuelen, kunstenaars en journalisten. Ze had geen verstand van voedsel en wist zelfs niet hoe je koffie moest zetten. Hij kookte, en zij bediende en leerde. Bovenal heette ze de klanten welkom, en geleidelijk aan werd ze de altijd even bescheiden ster die het restaurant zijn speciale sfeer gaf. "Ik werd uit mijn diepste zelf getrokken. Nu heb ik twee kanten." Haar verlegenheid verborg zich achter een nieuwe uitbundigheid. Het runnen van een restaurant stimuleerde haar om te proberen altijd inschikkelijk te zijn, zich tolerant op te stellen, de eerste indruk die ze van mensen heeft naast zich neer te leggen en vriendelijk over te komen zonder kruiperig te zijn. In ruil daarvoor kreeg ze het gevoel dat ze aardig gevonden werd. Haar probleem is echter dat ze nooit het gevoel heeft dat ze voldoende aardig of lief gevonden wordt: achter haar zelfvertrouwen knaagt onzekerheid. Na een dag onder de mensen verkeerd te hebben, houdt ze ervan om zich terug te trekken, op zichzelf te zijn, te lezen. In haar privé-leven is ze veel gereserveerder en, beweert ze, "lastig".

Geleidelijk aan begon de betekenis van haar werk tot haar door te dringen: mensen genezen van de verlammende verlegenheid waar ze zoveel van afwist was hetgeen waaraan ze zich wijdde. "Ik ontdekte dat mensen elkaar willen ontmoeten, maar dat ze altijd iemand anders nodig hebben die dat voor hen regelt." Ze begon zich te bekwamen in de kunst van het ontdekken wie met wie zou kunnen opschieten. Het samenbrengen van twee beroemde schilders bijvoorbeeld was niet verstandig: "Het is oorlog." Kunstenaars voelen zich nooit voldoende gewaardeerd; zij begrijpt precies hoe die onlesbare dorst aanvoelt. Een van de vaste klanten van het Arsenal was Tomi Ungerer. Hij had over de hele wereld tentoonstellingen gehad, maar zijn grootste ambitie was dat de mensen in de Elzas, zijn geboortestreek, van hem hielden als een uitverkoren zoon – een ambitie die nu vervuld is.

Thérèse heeft twee boeken gepubliceerd over de historische monumenten van de stad en ze schildert ook. Ze voelt een sterke behoefte om iets creatiefs te doen, maar omdat ze zich geen illusies maakt over haar talent is ze tot de conclusie gekomen dat haar behoefte aan creativiteit niet zo intens, niet zo "essentieel" is als die van beroemde schilders. Daarom "erken ik liever kunst in anderen, om hen het gevoel te geven dat ze gewaardeerd worden". Haar specialiteit is "schoonheid te erkennen". Er zijn tussenpersonen in het bedrijfsleven, er waren altijd tussenpersonen bij het huwelijk, maar de sociale tussenpersoon is een beroep dat nog in de kinderschoenen staat.

Naarmate ze ouder werd en dingen begon te ontdekken, was haar geliefde niet langer een god: "Hij verloor zijn gezag." Ze ging het huis uit, maar bleef in L'Arsenal werken. Haar vrienden begrepen daar niets van, ze konden niet bevatten waarom ze niet radicaal brak. Maar loyaliteit, dankbaarheid en een afstandelijke vriendschap bevielen haar, vriendschap in al haar gedaanten. Toen hij plotseling stierf, vervaagde haar verleden niet. Hij leeft nog altijd in haar voort. Maar als het aan hem lag, was zij nu misschien een stil muisje in een museum. Ze trouwde met zijn tegenpool, een man die twee jaar jonger is dan zij: al haar vriendinnen hertrouwen met jongere mannen. Iemand heeft veel soorten relaties nodig.

Er zijn ongeveer vijftien mensen met wie ze een "echte vriendschap" heeft. Sommigen kent ze nog uit de tijd dat ze studeerde, anderen zijn klanten die vrienden zijn geworden en eens per maand in het restaurant komen eten om de band te hernieuwen: "Het is onderdeel van het protocol." Met drie of vier maakt ze uitstapjes om steden te ontdekken die ze niet kent: maar met sommigen zou ze niet kunnen reizen – hoewel ze wel dol op hen is – omdat ze noch dezelfde instincten, noch hetzelfde inkomen hebben.

Ze werkt aan haar privé-leven. Dat is een weloverwogen, creatieve inspanning, niet makkelijk in een provinciestad waar mensen roddelen en niet begrijpen waarom iemand ervoor kiest om het smalle pad van de gelijkvormigheid te verlaten. Hoewel ze alom bewonderd wordt om de manier waarop ze een toonaangevend restaurant in het centrum van de stad bleef leiden, dat echter niet haar eigendom is, is Thérèse zich er zeer van bewust dat ze een "outsider", een "randfiguur" is. Maar wie zijn dan de insiders?

Ze droomt voortdurend over lange reizen naar het buitenland met een groep kunstenaars, schoonheid creërend, ze droomt over een evenwichtig leven (niet langer dertien uur per dag op haar benen staan te glimlachen), over een eigen restaurant of over het opzetten van een afdeling in het gemeentehuis om mensen die elkaar nooit hebben ontmoet samen te brengen. ... Haar uitgangspunt is dat ze een innerlijke wond heeft, maar dat het niet voldoende is om gewoon te accepteren dat die bestaat: ze moet hem transformeren door iets positiefs te doen.

Haar manier om van haar beschroomdheid af te komen is om als tussenpersoon anderen af te helpen van die van hen. Maar het zijn niet alleen mensen die last hebben van beschroomdheid die het als hun roeping zien om tussenpersoon te worden.

Omgeven door hoge golven is een team van Franse ingenieurs bezig om midden in de Noordzee de eerste offshorebooreilanden te bouwen. Niemand weet zeker of het zal werken, maar alles moet snel gedaan worden. De baas zegt tegen een vrouw van begin twintig dat er boven in de toren een probleem is, zestig meter hoog. Zonder blikken of blozen klimt ze naar boven. Ze weet dat hij haar alleen maar uitprobeert, dat het een soort initiatie is. Ze accepteert de uitdaging, omdat het haar ambitie is om lid te worden van wat zij "de industriële elite" noemt. Haar grootvader en vader hadden topbanen. Haar werd gezegd dat alleen jongens ingenieur konden worden: "Ik wilde hun bewijzen dat ze ongelijk hadden." Catherine Delcroix heeft nooit last gehad van beschroomdheid.

Ook haar man, manager van een grote elektronicafabriek, is lid van de elite. Haar dochter van zes geeft er al blijk van dat ze met de elite meedoet. Ze meet zich met anderen en verlangt er vurig naar om de beste te zijn op haar chique school, waar ze naartoe gestuurd is "om elitaire redenen, ik verberg het niet, om haar een betere kans in het leven te geven". Na plaatsvervangend managing director te zijn geworden van een groot ingenieursbureau, bekende ze: "Ik werk om mijn brood te verdienen, maar bovenal om sociaal erkend te worden. Een huisvrouw wordt niet erkend: hoe nuttig het werk dat ze doet ook is voor de samenleving, ze wordt beschouwd als een werkloze. Als je niet betaald wordt, ben je niets." Ze doet meer dan "de onverdraaglijke positie" te vermijden "dat ik onderhouden word door mijn man" en ervoor te zorgen dat niemand voor haar besluiten kan nemen; ze wil een soort vrijheid die haar het recht geeft om het werk te doen dat ze leuk vindt, het recht dat er naar haar geluisterd wordt wanneer ze praat. Haar carrière lijkt te zeggen: "Alleen de mensen aan de top zijn echt vrij."

"Ik heb altijd geweigerd te geloven dat er obstakels op mijn weg liggen enkel en alleen omdat ik een vrouw ben." Na haar studie maritieme techniek verrichtte ze vier jaar lang onderzoek naar nieuwe technologieën op het olieveld Helmdale van Mobil: "Het was alsof je in de Far-West was, te midden van cowboys, en ik hield ervan. Als vrouw vormde ik een uitzondering, maar ik moest die bijzonderheid gewoon op een goede manier gebruiken. Dat betekende vooral dat ik ervoor moest zorgen dat niemand greep op mijn privé-leven kon krijgen en dat ik door de mannen gerespecteerd werd."

Lid worden van de elite houdt in dat je weet wat er verkeerd aan is, dat je ook van mening bent dat er oplossingen gevonden kunnen worden en dat je niet ontmoedigd raakt als de oplossingen onverwachte rampen teweegbrengen. Het leuke van ingenieur zijn is dat je iets uit het niets opbouwt. "Je begint met een idee van een klant, die niet precies weet wat hij wil, en twee à drie jaar later zorg jij dat het werkelijkheid wordt. Dat is wat mij aan het ingenieurschap blijft aantrekken." Ze heeft vertrouwen in technologie. Het is waar dat ingenieurs bijvoorbeeld het Aralmeer om zeep hebben gebracht: "Je vraagt je af hoe ze zulke vreselijke fouten hebben kunnen begaan."

Haar antwoord is: "Je moet proberen te vermijden dat je in dezelfde fouten vervalt. De groei van de industrie is onverbiddelijk. Het doel ervan was winst te maken, maar ook de levensstandaard te verhogen, de communicatie te verbeteren en fascinerende nieuwe kennis te bieden." Misschien dat mensen vanuit psychologisch oogpunt niet beter af zijn, en ook niet slechter, maar je kunt onmogelijk de klok terugzetten en terugkeren naar het land. Mensen moeten gewoon hun verstand gebruiken om ervoor te zorgen dat goedbedoelde ingewikkelde plannen geen rampen teweegbrengen. Technische oplossingen zijn mogelijk. Overheden vormen niet alleen maar een obstakel voor initiatieven; ze hebben een goede kant, omdat voor hen winst niet op de eerste plaats komt. Dankzij de technologie hoef je 's morgens niet langer in de rij te staan om een theaterkaartje voor 's avonds te kopen; je kunt via minitel boeken. "Mensen zijn te nostalgisch."

Maar nu "doe ik iets anders, omdat ik een goed ingenieur ben". Aan de top staan betekent niet langer dat je bevelen geeft, maar eerder dat je een tussenpersoon bent. Als manager besteedt ze veel tijd aan onderhandelingen met vakbonden. "Ik dacht altijd dat de waarheid een technische waarheid was. Nu besef ik dat er een menselijke waarheid is." Ze heeft nooit geleerd na te denken over menselijk gedrag. Ze leert het management door het te doen, niet door managementboeken te lezen; die zouden doorgaans in een paar pagina's kunnen zeggen wat ze te zeggen hebben. Lid zijn van de management-elite zorgt er ook voor dat je met andere leden overhoop ligt. Ze denkt dat de mensen met de meeste macht geleerd hebben de wereld te zien als een reeks van systemen, niet van individuen, en daardoor systematische oplossingen kunnen aandragen: daarom worden bedrijven geleid door bestuurskundigen en niet door ingenieurs. Zij geeft de voorkeur aan opportunisme; luisteren en jezelf weten aan te passen is haar methode. "Ik wil dat relaties hartelijk zijn, ook al sta ik erom bekend dat ik soms een beetje afstandelijk ben. Dat is niet waar. Als ik door een gang loop, denk ik aan andere dingen."

Drie jaar later blijkt ze niet langer dingen te organiseren en te onderhandelen met driehonderd ingenieurs, maar gepromoveerd te zijn tot technisch directeur van haar hele groep; haar taak is, met een economische crisis in het vooruitzicht, die groep efficiënter te maken. Nu is het probleem dat iedereen in het bedrijf verschillende ideeën heeft. "Het verbaast me hoe vrijuit de ingenieurs spreken; dat deden wij nooit toen we jong waren. Zij hebben opvattingen, dat hadden wij niet. De jongeren willen meteen manager worden en anderen het praktische werk voor hen laten opknappen." Het ingenieurschap houdt zich in toenemende mate evenveel met mensen als met techniek bezig. Catherine Delcroix is uiteindelijk een tussenpersoon geworden tussen mensen en de realiteiten van het leven. Ze zorgt ervoor dat haar ingenieurs hun moreel behouden en dat de jongeren niet de moed verliezen omdat de recessie minder mogelijkheden biedt voor grootse avonturen.

Soms is het een voordeel om vrouw te zijn, zegt ze, omdat het haar in staat stelt "grappen te maken"; maar soms is het een handicap, omdat "een vrouw minder gezag heeft". Een Texaanse klant gaf iedereen een hand behalve haar, ervan uitgaande dat ze een secretaresse was, en stelde vervolgens een domme technische vraag. "Ik heb mezelf er niet van weerhouden hem te laten zien hoe achterlijk hij was op technisch gebied. Hij nam het goed op, zich realiserend hoe beledigend hij geweest was. Maar zelfs al was ik een secretaresse, dan zou dat nog geen reden zijn geweest om geen goedemorgen te zeggen."

De prijs voor een toppositie is dat je erg lange dagen maakt en alles rondom je beroep organiseert: toen haar een aantrekkelijke baan werd aangeboden waarvoor zij in Parijs moest zijn terwijl haar man in Nantes werkte, nam ze die aan, en ze leefden vier jaar lang gescheiden. "Ik bracht heel weinig tijd met mijn dochter door." Klagen heeft geen zin. Als ze parttime werkte, zou ze nooit zo'n interessante baan krijgen. Vrouwen die zich een hulp in de huishouding kunnen permitteren, zouden dankbaar moeten zijn dat ze alleen maar psychologische problemen hebben. Voor degenen die zich geen hulp kunnen permitteren, bestaat er geen oplossing: dat vindt ze erg jammer voor hen, maar zo is het leven nu eenmaal. Gelukkig bestaan er vrouwen die liever geen baan nemen en die het leuk vinden om voor kinderen te zorgen. "Het is goed dat we niet allemaal hetzelfde zijn."

Terwijl ze noch te zelfverzekerd noch te sceptisch is, betreurt Catherine Delcroix het dat ze amper gelovig is: "Ik zou graag over meer dingen zekerheid willen hebben." Ze voelt er zich wat ongemakkelijk over dat ze haar dochter op een katholieke particuliere school heeft gedaan: "Ik zou het niet prettig vinden om haar te veel zekerheden te geven." Maar katholieken leren "spirituele waarden als zelfopoffering", zoals andere religies ook doen, en ze gelooft in spirituele waarden. Een vrouw zei tegen haar: "Godzijdank hebben we ons geloof, anders zouden we niets doen."

Catherine Delcroix' geloof in succes is net zo volmaakt evenwichtig als een booreiland, een onvervalst staaltje nauwgezette techniek. Het bevat niets absurds of onmogelijks, maar precies genoeg persoonlijks om het elegantie te geven. Wat zou ze graag willen doen dat ze nog niet gedaan heeft? Boeken schrijven. Pas hier komt er een einde aan haar zelfverzekerdheid: "Ik heb niet het gevoel dat ik voldoende talent bezit. Ik heb niet genoeg sterke ideeën. Ik zou niet als Jules Romains willen schrijven. Ik zou zelfs niet als Colette kunnen schrijven, die geen ideeën had en slechts verrukkelijke beschrijvingen kon geven van het leven. Mijn boeken zouden geen waarde hebben." Maar ze voegt eraan toe: "Schrijven is de interessantste creatieve kunst die er bestaat." Ze vindt tijd om te lezen. Zelfs in haar eerste jaar op de technische school was ze binnen drie maanden door heel Proust heen. Sindsdien leest ze de klassieken, één auteur per keer. "Het helpt me de wereld te begrijpen." Op vakantie, wanneer ze skiet en paddestoelen verzamelt, "is er altijd iets nieuws te ontdekken", maar "ik weet niet of ik het hele jaar vrij zou kunnen leven".

Tegenwoordig is de elite een tussenpersoon tussen landen. Omdat ze is opgegroeid in Toulouse, gaan mensen ervan uit dat ze daar vandaan komt. Nee. "Ik kom niet uit een bepaalde streek van Frankrijk. Ik behoor tot geen enkele streek, dat deden mijn grootvader en vader ook niet; die verhuisden vaak, afhankelijk van waar ze werk hadden." Haar man komt uit een familie die diepgeworteld is in het noorden van Frankrijk. Toen ze erin trouwde, voelde ze zich een buitenstaander. Haar cultuur en taal, zegt ze, maken haar Frans, niet Europees. Ze heeft nog nooit iemand ontmoet die zichzelf vóór alles Europeaan noemt. Maar ze heeft geen problemen met mensen uit andere landen: "Sterker nog, je raakt verstard als je niet zulke relaties hebt. Het zou me niet uitmaken om in New York of Timboektoe te werken. Ik zou er geen bezwaar tegen hebben om in het buitenland te wonen. Eigenlijk werk ik liever met buitenlanders. Het is leuker, het biedt ontdekkingen." Zeven jaar lang was ze in Frankrijk in dienst bij een dochteronderneming van een Duits bedrijf. "Ik hou van de Duitse cultuur en spreek de taal."

Soms was de elite ook de tussenpersoon die de helpende hand bood aan degenen die minder gefortuneerd zijn. Vijftig jaar geleden besteedde haar grootmoeder, getrouwd met een fabrieksmanager, haar vrije tijd grotendeels aan liefdadigheid onder de armen. Vandaag de dag wordt dat echter afgedaan als 'paternalisme'. Tegenwoordig bestaan er in de voorsteden net voorbij Catherine Delcroix' kantoren krottenwijken, analfabetisme en straatgeweld. Maar een directeur van een industriële onderneming, die volledig bezet is en van de ene naar de andere afspraak rent, heeft geen tijd om over de problemen in de samenleving na te denken, laat staan die op te lossen. "In deze onderneming houden we ons bezig met de directe problemen van de onderneming. Ik heb niet nagedacht over wat we aan externe sociale problemen zouden kunnen doen. Daar heb ik het met mijn collega's nooit over gehad." Maar nu heeft het hoofd van de onderneming een conferentie georganiseerd over de relaties tussen industrie en overheid. Het is niet alleen het parlement dat als tussenpersoon fungeert tussen de burgers en de staat. De welgestelden zijn beschroomd geworden in hun relaties met arme mensen, die vreemdelingen zijn met wie ze niet durven te praten.

Er was altijd een duidelijke scheiding tussen wat de beschroomden en de dapperen konden bereiken. Alle prestigieuze beloningen gingen naar degenen die bevelen gaven, terwijl degenen die deden wat hun werd opgedragen min of meer veracht werden. Er is echter een derde soort activiteit, waarbij de beschroomden en de dapperen op gelijke voet kunnen staan. Tussenpersonen kunnen meer bereiken dan hun eigen persoonlijke talenten mogelijk maken. Muizen kunnen soms bergen verzetten. Daarom biedt het je meer hoop wanneer je een tussenpersoon bent dan wanneer je anderen probeert te domineren of wanneer je vecht voor de erkenning van je verdiensten. Jezelf terugtrekken is niet het enige alternatief voor de moordende competitie. Maar om te begrijpen waarom zo weinig mensen zichzelf als tussenpersoon zagen, zelfs wanneer ze dat juist waren, is het noodzakelijk om diep rond de wortels van ambitie te graven.

Tot voor kort werden de meeste gewone mensen geacht te werken hetzij als boer, hetzij als ambachtsman. Dat was de beste manier om "de Schepper te behagen", zei Luther. Maar priesters probeerden iets anders. Zij waren de eersten die tussenpersoon werden en wonnen veel prestige met hun onderhandelingen tussen de menselijke zwakheid en de goddelijke kracht, ook al waren ze zelf niet bijzonder dapper. Vervolgens wierpen ook kooplieden zich als tussenpersoon op, maar zij brachten het er minder goed van af: lange tijd werden ze met argwaan bekeken, omdat ze niet over magische krachten beschikten en de verbeelding van het gewone volk niet wisten te inspireren. Toen hongersnood een altijd aanwezig gevaar was, kregen zij de schuld van de tekorten en werd het hun verweten dat ze voor overdreven hoge prijzen verkochten. Hun god, Hermes, was een oplichter en een dief. Plato bepaalde dat het onmogelijk was om tegelijkertijd handelaar en een rechtschapen man te zijn, hoewel zijn Academie gesticht was door een koopman. De heilige Thomas van Aquino zei dat het voor kooplieden beslist moeilijk zou zijn om te worden verlost, omdat het inherent was aan hun beroep om tot de zonde verleid te worden. In China stonden handelaars officieel helemaal onder aan de sociale ladder en deden ze onder voor boeren en ambachtslieden. In India was het alleen aan leden van een aparte kaste toegestaan om zich in te laten met de smerige woekerhandel. Overal werden kleinhandelaars veracht omdat ze onderdanig moesten zijn aan klanten, ongeacht wie dat waren. Toen Napoleon de Engelsen een volk van winkeliers noemde, was dat alsof hij hen betitelde als een volk van pooiers. Het heeft tussenpersonen ongeveer 25 eeuwen gekost om gewaardeerd te worden.

Dat gebeurde vrij plotseling. Een nieuwe kijk op de wereld was nodig om dat mogelijk te maken. Tussenpersonen zijn nog zo'n voorbeeld van hoe je houding tegenover een probleem verandert door het in een andere context te bezien. Tot aan de negentiende eeuw wist niemand hoe twee stoffen zich konden verbinden om een derde te vormen. Het vermoeden bestond dat ze iets gemeenschappelijks moesten hebben, een affiniteit, een sympathie – men sprak over objecten alsof ze levend waren. Newton noemde deze affiniteit 'sociabiliteit'. Het was alsof objecten liefdesverhoudingen konden hebben. Goethe ontleende de titel van een van zijn boeken aan de chemie van zijn tijd: *Elective Affinities*; dat betekende dat paren voor elkaar gemaakt waren. Fontenelle verwonderde zich over de manier waarop een stof die zich verbonden heeft met een andere stof deze vervolgens verlaat om zich met een derde te verbinden: het overspel van objecten was even mysterieus als dat van mensen. Pas in 1835 introduceerde baron Berzelius uit Stockholm het woord 'katalysator' in de scheikunde, na waargenomen te hebben dat deze verbindingen vaak de aanwezigheid van een derde partij vereisten. Hij wist niet hoe katalysators werkten. Maar de derde partij werd plotseling van vitaal belang.

Het katalysator-idee geeft tussenpersonen een nieuwe status. Vroeger waren ze enkel schakels of verbindingsstreepjes, die voorzagen in behoeften van anderen. Als katalysators daarentegen hebben ze een onafhankelijk bestaan en doel: ze kunnen nieuwe situaties creëren en het leven van mensen transformeren door hen samen te brengen, zonder zelf arrogante pretenties te bezitten. De ambitie om een katalysator te zijn past het best bij degenen die de wereld in voortdurende verandering zien en die de richting daarvan willen beïnvloeden, zonder te denken dat ze er controle over kunnen uitoefenen.

Voordat men zich de zakenman kon voorstellen als iemand met zo'n creatieve rol, was het een bescheiden man die degenen met meer prestige achternaliep, zijn ambities vergat zodra hij rijk genoeg was, zich terugtrok op het platteland om landeigenaar te worden, ervan droomde om zijn dochters aan aristocraten uit te huwelijken, zich voordeed als kunstverzamelaar en meer bewondering koesterde voor andere beroepen dan voor dat van hemzelf. Zijn belangrijkste idealen waren zijn eigen voorspoed en die van zijn familie. Als hij een openbare rol speelde, dan was dat om doelen te steunen die zijn zelfrespect verhoogden; het gaf hem echter nog steeds geen centrale, onafhankelijke belangrijke positie. Zijn keuzes bleven grillig: nu eens steunde hij het protestantisme, dat zei dat woeker in orde was, dan weer het koninklijk absolutisme tegen de adel, die de vijand was van alle parvenu's zoals hijzelf. Als pluimstrijker van regeringen achtte hij het niet beneden zijn waardigheid om belastingen te innen waar hij een hekel aan had, mits hij een deel van de ontvangen gelden mocht houden. In Japan deed hij dat indirect, ook al werkte hij met anderen samen in grote ondernemingen en oefende hij een sterke invloed uit op de staat. In alle gevallen bleef de zakenman onopvallend.

De islam was de eerste wereldreligie die enig enthousiasme toonde voor de handel. De profeet Mohammed had zich met handel beziggehouden, en zijn eerste vrouw was een belangrijke zakenvrouw in de stad van kooplieden bij uitstek, Mekka. De koran zei: "Handelaars zijn de gezanten van deze wereld en Gods hoeders op aarde." Al-Ghazali voegde daaraan toe: "De markten zijn Gods tafels." De moslims waren de eersten die een boek uitbrachten ter verheerlijking van de handel: *De schoonheid van de handel*, in de twaalfde eeuw geschreven door Ja'far b. Ali ad-Dimishqi. Daarin staat dat handel "van alle lucratieve beroepen het beste is en het meest bevorderlijk voor het geluk". De buitengewoon snelle expansie van de islam over de halve aardbol was zowel een commerciële als een religieuze overwinning. Bagdad en Caïro werden tijdens de donkere Middeleeuwen in Europa de weelderigste van alle steden, en een bezoek daaraan was het equivalent van het proeven van de verrukkingen van Parijs vijf eeuwen later.

Mohammedaanse kooplieden hoefden de waarden van handelaars dus niet tegen de religie te verdedigen. Integendeel, ze gingen huwelijken aan met de geestelijke geleerden (*ulama*), die zich ook met de handel inlieten. Een voorbeeld is Abdallah al Sarqawi (van 1793 tot 1812 rector van de Azhar-universiteit in Caïro). Na aanvankelijk in armoede geleefd te hebben, werd hij op deze hoogste religieuze post buitengewoon rijk omdat hij ook zakenman was, terwijl zijn vrouw uitblonk als investeerder in onroerend goed, winkels en badhuizen. Handel was in de islamitische wereld een onderdeel van sociabiliteit, waarvan men evenzeer diende te genieten vanwege de geneugten van menselijk contact, conversatie en het pingelen, als om het geldelijk gewin.

In de achttiende eeuw begonnen ook Europeanen het beeld van

de koopman te veranderen. Intellectuelen zagen hem nu als een bondgenoot tegen de aristocratie. Voltaire schilderde Engelse zakenlieden af als toonbeelden van avontuurlijkheid en oprechtheid. Toneelschrijvers presenteerden hen als de zijden draden die volkeren via de handel met elkaar verbinden en vrede en voorspoed brengen, ware 'universele mannen'. De Franse Revolutie beloonde hen met vrijstelling van overheidsbemoeienis; maar zelfs daarna stimuleerden kooplieden, behalve de superrijken, hun zonen liever om een baan bij de overheid te nemen of een vak te leren. Pas recentelijk heeft de expansie van de dienstverlenende sector (een andere belichaming van tussenpersonen) plotseling in het Westen bewaarheid wat de 'Oprechte Vrienden van Basra', die in de tiende eeuw een encyclopedie schreven, in hun eigen wereld waarnamen toen ze met enige overdrijving zeiden: "Iedereen is ofwel handwerksman of handelaar." Tegenwoordig bevinden de meeste banen in westerse landen zich in de dienstverlening, en meer dan de helft daarvan worden bezet door vrouwen. Het idee om een tussenpersoon te zijn begint steeds normaler te worden.

Maar hij wordt nog steeds achtervolgd door zijn vroegere misstappen. Zelfs in de vs, dat graag herhaalde dat zaken in Amerika zaken waren, aristocratische waarden verwierp en het acceptabel vond om een priester te complimenteren door hem te zeggen dat zijn preek zakelijk was, had de tussenpersoon moeite om de nationale held te worden. De reden was dat de moneymakers, die een middelmatige verbeeldingskracht hadden, een voorbeeld bleven nemen aan koningen, en imperiums opbouwden; daarbij vergaten ze dat Amerika een land van onafhankelijke boeren en kleine ondernemers wilde zijn, en dat oorspronkelijk ook was. De grote zakenwereld bracht daar verandering in en transformeerde de meeste mensen tot werknemers in loondienst. Amerikanen waren oorspronkelijk zuinig; de grote zakenwereld haalde hen over om in plaats daarvan consumenten te worden, onverzadigbaar, en rijker maar kwetsbaarder. De mogols en tycoons van de zakenwereld (titels van de keizers van Hindoestan en Japan) predikten dat "elke Amerikaan het recht heeft om alles te doen, behalve directe diefstal of moord"; zo verdedigde de *New York Graphic* de gewetenloze miljonair Cornelius Vanderbilt. Toen zijn zoon William H. Vanderbilt in 1882 gevraagd werd of hij zijn spoorwegen in het algemeen belang exploiteerde, antwoordde hij: "Naar de hel met het algemeen belang. Wij doen graag al het mogelijke om de mensheid als geheel voordeel te brengen, maar we zorgen er allereerst voor dat we onszelf bevoordelen."

Miljonairs werden in Amerika dus niet als goden beschouwd,

maar alleen als een bewijs dat iedereen rijk kon worden, waarmee het vertrouwen werd gerechtvaardigd in een democratie die helaas bij lange na niet iedereen rijk kon maken. Alleen rijkdom creëren was nooit voldoende: ideale Amerikanen moesten ook filantropen zijn. Toch was er toen John D. Rockefeller in 1937 stierf een maatschappelijke discussie over de vraag of hij naar de hemel zou gaan of niet, ondanks zijn enorme liefdadigheidswerk. Er was meer nodig dan dat. Hoewel zakenlieden invloed hadden op overheden, is er nooit een zakenman als zodanig tot president gekozen. Herbert Hoover kwam er als mijnbouwkundig ingenieur het dichtst bij. De grote depressie van de jaren dertig verbrijzelde de reputatie van zakenlieden als wonderdoeners. Na de Tweede Wereldoorlog voelden ze zich verplicht om een van de grootste reclamecampagnes uit de geschiedenis op touw te zetten; ze spendeerden honderd miljoen dollar om het land ervan te overtuigen dat zij de belichaming waren van de ideologie van de vrije onderneming. De campagne was een flop, omdat Amerikanen ook zekerheid wilden. In 1958 verenigden zevenhonderd ondernemingen zich om het gewone volk de geruststelling te geven waar het om scheen te vragen: *Management Creeds and Philosophies* (Credo's en filosofieën van het management), gepubliceerd door de American Management Association, bracht het nieuwe beeld naar voren van zakelijke verantwoordelijkheid, en bekommerde zich om elke sociale kwestie, van gehandicapten tot symfonieorkesten. Stap voor stap kropen zakenlieden in een nieuwe rol van bemiddelaar tussen tegengestelde belangen. Maar de argwaan jegens hen werd slechts langzaam minder.

Operationele research in Amerika is een voortdurende zoektocht geweest naar een bedrijfsideaal dat meer dan alleen een ideaal is. Er werd een totaal uiteenlopende reeks formules bedacht die hogere winsten garandeerden, maar daarachter lag altijd een ongrijpbaar doel. Multinationals, die machtiger waren geworden dan veel landen, moesten een ander doel vinden dan hun eigen uitbreiding. De meedogenloze grootindustriëlen werden vervangen door managers die efficiency brachten, door leiders die inspiratie boden en vervolgens door manipulators van netwerken die een consensus konden bereiken die tot dusver onmogelijk was. 'Management by objectives', het credo van de jaren vijftig, 'organisatie en ontwikkeling' (in de jaren zestig) en 'bedrijfscultuur' (in de jaren tachtig) waren slogans die na elkaar ontworpen werden om een gevoel van eenheid onder werknemers te creëren. Maar in de jaren negentig is de idee om de krachten van een onderneming in koninklijke stijl te besturen, door bevelen uit te vaardigen, in diskrediet gebracht: "Ieder individu moet zich uniek voelen." Autonomie voor elke kleine groep is productiever gebleken. Het is de taak van de manager om te gedijen in een chaotische wereld waar hij geen controle over kan hebben. Hij heeft zich er uiteindelijk bij neergelegd om openlijk een tussenpersoon te zijn.

Natuurlijk is er door de hele geschiedenis heen onkruid onder de tarwe. Tussenpersonen waren vaak corrupt, misdadig en hebzuchtig, maakten misbruik van bijna elk beroep en profiteerden van bijna elke klasse, en het is dwaas om ze te idealiseren. Er is geen bezigheid, geen relatie, die een onbezoedelde reputatie heeft. Er waren zelfs heiligen die hun invloed gebruikten om anderen te manipuleren. Geen enkele institutie is ooit oprecht gebleven zonder persoonlijke rechtschapenheid, die ieder individu altijd zorgvuldig moest koesteren als een zeldzame plant die elk moment kan uitsterven. Maar tussenpersoon zijn geeft mensen die het gevoel hebben dat ze beperkte talenten of middelen bezitten wel een kans om iets positiefs aan de wereld toe te voegen, vooral een wereld die streeft naar evenveel respect voor iedereen.

Tussenpersonen hebben die roeping vaak aanvaard omdat het feit dat ze vervolgd of buitengesloten werden hen belette andere carrières na te jagen. Lange tijd leek hun lot dus niet benijdenswaardig. De Armeniërs en Libanezen bijvoorbeeld hebben ten koste van een geweldig lijden buitengewone tussenpersonen voortgebracht. De Grieken werden de meest toonaangevende reders ter wereld omdat de Ottomaanse bezetting hun mogelijkheden op het land afsloot. Joden waren de belangrijkste im- en exporteurs van ideeën en producten tot achter het doek dat in de Middeleeuwen de islam van het christendom scheidde: de meeste westerlingen hebben besloten te vergeten wat voor een enorme macht de islam was binnen een eeuw na de dood van de Profeet (632 na Christus); niet alleen Spanje en Noord-Afrika werden erdoor gedomineerd, maar ook Azië, helemaal tot aan de Punjab. De vaardigheden van de joden brachten beide beschavingen voordelen. Mozes Maimonides (1135-1204), geboren in Cordoba en lange tijd woonachtig in het oude Caïro waar hij hofarts was van sultan Saladin en diens zeventien zonen, was niet alleen de meest gerespecteerde vertegenwoordiger van het joodse geloof, maar ook iemand die op een buitengewoon rationele en wellevende manier het geloof met de wetenschap, de goddelijke schepping met een onsterfelijke wereld verzoende. Islamitische rechters onderzochten zijn opvattingen, en christelijke universiteiten gebruikten zijn werken als tekstboeken. Zijn *Gids der onzekeren* bood een manier om van "besluiteloosheid" af te komen: "Een goede reputatie bestaat in het uit de buurt blijven van dwazen", schreef hij, "niet in het verslaan daarvan. ... Ik zoek geen overwinning om mijn ziel aanzien te bezorgen." Die bescheidenheid, die verwerping van de militaire droom van het vernietigen van vijanden, is de essentiële houding van de tussenpersoon. Maimonides maakte het tot zijn principe om onverkwikkelijke twistgesprekken te vermijden: "Ook al word ik door mensen beledigd, ik trek me er niets van aan, maar antwoord beleefd met vriendelijke bewoordingen of zwijg. ... Ik wil niet beweren dat ik nooit fouten maak. Integendeel, als ik er eentje ontdek, of als ik door anderen overtuigd word van mijn dwaling, dan ben ik bereid alles in mijn geschriften, mijn gewoonten of zelfs in mijn karakter te veranderen." Hij moedigde vrouwen aan om te studeren, en beschouwde boeken – die natuurlijk ook tussenpersonen zijn – als het essentiële voedsel voor de mensheid.

Door de verwestersing van de wereld breidde het aantal tussenpersonen dat tussen twee culturen of twee economieën leefde zich aanzienlijk uit. Het Portugese rijk in het Oosten steunde op inheemse bemiddelaars, zogeheten *compradors* (in het Midden-Oosten bekend als dragomans en in China als *mai-pan*). Toen de Britten in 1842 de Opiumoorlog tegen China wonnen, gingen ook zij op zoek naar inheemse "experts op het gebied van barbaarse zaken", die pidgin-Engels spraken, om ter plaatse hun zaken te beheren. Deze mannen onderscheidden zich hierin dat zij kooplieden waren die er genoegen mee namen om kooplieden te blijven (in tegenstelling tot de traditionele Chinese kooplieden die hun winsten gebruikten om voor zichzelf de status van 'adellijke kooplieden' te kopen). Ze stuurden hun zonen naar scholen met een westerse stijl, weigerden om hun dochters hun voeten te laten inbinden, droegen westerse kleren, verzuimden zich te bekwamen in de confuciaanse klassieken, werden kosmopoliet en openden de deur voor nieuwe ideeën, hoewel ze die ideeën doorgaans meer imiteerden dan er creatief mee omgingen. Ze steunden Sun Yat Sen en de omverwerping van het Chinese rijk in 1911. Maar ze werden niet Europees, en compenseerden hun diensten aan het westers kapitalisme met een sterk nationalisme. Ze hebben een belangrijke rol gespeeld in de geschiedenis, maar onopvallend. Natuurlijk hebben overheden argwanend gestaan tegenover tussenpersonen, wier belangen nationale grenzen overschrijden; in diverse periodes was het een misdaad om zelfs maar met buitenlanders te praten. Maar aangezien reizen een algemene hobby wordt, breekt er een nieuw tijdperk aan voor tussenpersonen.

De vooruitgang in de wetenschap is grotendeels het gevolg geweest van het feit dat tussenpersonen zich buiten de grenzen of paradigma's van hun vakgebieden wagen en inzichten verbinden die uit verschillende wetenschapsdomeinen komen. Musici zijn waarschijnlijk de belangrijkste tussenpersonen van de emoties geweest; zij brengen mensen samen die enkel door woorden worden gescheiden.

Scheikundige katalysators zijn nog steeds een mysterie: men weet niet precies hoe ze twee afzonderlijke stoffen met elkaar laten reageren. Men dacht altijd dat ze tijdens reacties onveranderd bleven, maar men denkt nu dat ze een klein deel van de stoffen die ze transformeren in zich opnemen en daardoor de hoeveelheid energie verminderen die nodig is om een reactie te laten beginnen. Pas in 1926 werd bewezen dat de katalysators in levende cellen – enzymen, die de onmisbare regulators zijn van chemische reacties in het lichaam en de spijsvertering en het vrijkomen van energie controleren – feitelijke stoffen zijn en niet alleen eigenschappen van cellen. Terwijl men bezig was te ontdekken hoe hun activiteit werd gecontroleerd, bleek gaandeweg dat een enzym soms inactief is, totdat het door een ander enzym actief wordt gemaakt. Zo stolt bloed: twee enzymen moeten zich met elkaar verbinden.

Tussenpersonen hebben wellicht andere tussenpersonen nodig om hen op gang te brengen. Dat is een nieuwe manier om naar de wereld te kijken: een reeks minieme onderlinge reacties in aanwezigheid van anderen. Dat betekent dat geweld het niet langer volledig voor het zeggen heeft. Dat betekent ook dat eenvoudige of beschroomde mensen een bijdrage kunnen leveren aan grote avonturen zonder zich al te veel bezig te houden met de vraag wie superieur is aan wie: een miniem ingrediënt kan evenveel effect hebben als een groot ingrediënt. Tussenpersonen brengen iets onverwachts in het doen en laten van mensen, hetgeen zowel negatieve als stimulerende gevolgen kan hebben; en ze worden altijd in de verleiding gebracht om een veel te hoge prijs te vragen voor hun inspanningen. Maar ze hebben succes wanneer ze alle partijen gelijkelijk tevredenstellen en niemand onderdrukken.

Hét historische toonbeeld van de tussenpersoon is Maecenas, die in 8 voor Christus stierf en wiens naam synoniem werd met ruimhartigheid. Hij was een rijke Romeinse zakenman, die zijn vermogen aanzienlijk vergrootte door gebruik te maken van zijn connecties met de overheid, het huwelijk van de keizer te regelen, hem te verzoenen met diens rivalen, over vrede te onderhandelen met diens vijanden, een geweldige charme, eenvoud en hartelijkheid tentoon te spreiden en iedereen die hij respecteerde als een gelijke te bejegenen: "In noodsituaties doet hij geen oog dicht en is hij alert, maar als hij zijn zaken even laat rusten, is hij weelderiger en verwijfder dan een vrouw", zei een tijdgenoot. Hij schepte er genoegen in om de dichters uit zijn tijd te stimuleren, ook al bespotte iedereen zijn eigen literaire pogingen. In het besef dat hij zijn vermogen te danken had aan zijn vriendschap met de keizer, liet hij hem alles na toen hij stierf. Zijn methode was in essentie persoonlijk: hij genoot van het gezelschap van degenen die hij hielp; het was een wederzijdse relatie. Daarin onderscheiden tussenpersonen zich: ze werken op het niveau van het individu. Het is onmogelijk om een leger van tussenpersonen te hebben om een einde te maken aan onenigheid. Niet iedereen kan een leider zijn, maar wel een tussenpersoon.

Maecenas is echter een onvolmaakt toonbeeld. Zijn naam moet verbonden worden met de naam van de wiskundige en ingenieur Archimedes van Syracuse (287-212 voor Christus). Deze leeft in de herinnering voort via de anekdote dat hij uit zijn bad sprong en helemaal verrukt naakt door de straten van Syracuse rende, al schreeuwend: "Eureka, ik heb het gevonden"; hij had namelijk plotseling begrepen waarom zijn lichaam in water lichter aanvoelde. Maar hij verdient het om ook buiten de wiskunde in de herinnering voort te leven, want door rationeel te denken zorgde hij ervoor dat moeilijke taken eenvoudig werden en grote gewichten door kleine instrumenten bewogen konden worden, zoals in het geval van de beroemde waterschroef die hij uitvond, de hefboom, de katapult en het tandrad. "Geef me een plek om te staan", zei hij, "en ik zal de aarde bewegen". Tussenpersonen volgen datzelfde principe: de manier waarop de zwakken de sterken kunnen bewegen is niet door geweld, maar door hun relatie te veranderen, hun aanpak een andere invalshoek te geven. Toen de Romeinen Sicilië binnenvielen en een soldaat Archimedes' huis inging om hem te arresteren, vroeg de wiskundige hem om te wachten totdat hij een probleem had opgelost: de soldaat was ongeduldig en reeg hem aan zijn zwaard. Het probleem met de methode van tussenpersonen is dat die zeer veel geduld vereist en bovenal het vermogen om angst het hoofd te bieden.

P.D. Curtin, *Cross-Cultural Trade in World History*, Cambridge UP, 1984; Alice Teichova, *Historical Studies in International Corporate Business*, Cambridge UP, 1989; Johannes Hirschmeier & T. Yui, *The Development of Japanese Business 1600-1973*, Allen & Unwin, 1975; David Nye, *Image Worlds: Corporate Identities at General Electric 1880-1930*,

MIT Press, 1985; P.L. Payne, *British Entrepreneurship in the Nineteenth Century*, 2nd edn., Macmillan, 1988; Katrina Honeyman, *Origins of Enterprise: Business Leadership in the Industrial Revolution*, Manchester UP, 1982; Hélène Verin, *Les Entrepreneurs: Histoire d'une idée*, Vrin, 1980; Janet L. Abu-Lughod, *Before European Hegemony: The World System A.D. 1250-1350*, Oxford UP, NY, 1988 (over handel en steden in de Middeleeuwen); Yen Ping Hao, *The Comprador in Nineteenth-Century China*, Harvard, 1970; Susan Mann, *Local Merchants and the Chinese Bureacracy, 1790-1950*, Stanford UP, 1987; Denys Lombard, *Marchands et hommes d'affaires dans l'océan indien et la mer de Chine 13-20e siècles*, EHES, 1988; David G. Lo Romer, *Merchants and Reform in Livorno, 1814-68*, California UP, 1987; Oladipo Yemitan, *Madame Tinubu: Merchant and Kingmaker*, Ibadan UP, 1987; J.M. Thomasseau, *Commerce et commercants dans la littérature*, Bordeaux UP, 1988; André Raymond, *Artisans et commercants au Caire au 18e siècle*, Damas Institut Français, 1974; Maxime Rodinson, *Islam et capitalisme*, Seuil, 1966; Leila Tarazi Fawaz, *Merchants and Migrants in Nineteenth Century Beirut*, Harvard UP, 1983; J.D. Tracy, *The Rise of Merchant Empires: Long-Distance Trade in the Early Modern Period, 1350-1750*, Cambridge UP, 1990; C.D. Sheldon, *The Rise of the Merchant Class in Tokugawa Japan*, Augustin, NY, 1958; Jennifer Alexander, *Trade, Traders and Trading in Rural Japan*, Oxford UP, Singapore, 1987; Alfred D. Chandler, jr., *The Visable Hand: The Managerial Revolution in American Business*, Harvard, 1977; Richard Scade, *Reluctant Managers: Their Work and Life Style*, Unwin Hyman, 1989; S.M. Lipset, *The Confidence Gap: Business Labour and Government in the Public Mind*, Free Press, NY, 1983; Leon Hollerman, *Japan Disincorporated*, Hoover Institution Press, Stanford, 1988; Hiroshi Tanaka, *Personality in Industry: The Human Side of a Japanese Enterprise*, Pinter, 1988; Julia Davies & Mark Easterby Smith, *The Challenge to Western Management Development*, Routledge, 1989; Ronnie Lessen, *Managing Corporate Culture*, Gower, 1990; William Byrt, *Management Education, International Survey*, Routledge, 1989; Philippe d'Iribarne, *Eer, contract en consensus*, Nieuwezijds, 1998; Earl F. Cheit, *The Business Establishment*, Wiley, 1964 (voor vroegere geschiedenis); Sigmund Diamond, *The Reputation of the American Businessman*, Harper, 1955; Calvin A. Kent, *Environment for Entrepreneurship*, Lexington, 1984; John P. Kotter, *The General Managers*, Free Press, 1982; George A. Steiner, *The New CEO*, Macmillan, 1983; David Osborne, *Laboratories of Democracy*, Harvard Business School, 1988; Bennett Harrison & Barry Blackstone, *The Great U Turn: Corporate Restructuring and the Polarising of America*, Basic, 1988; David Vogel, *Fluctuating Fortunes:*

The Political Power of Business in America, Basic, 1989; Peter Halbherr, *IBM: Mythe ou réalité*, Favre, Lausanne, 1987; Renaud Sainsaulieu, *Sociologie de l'organisation et de l'entreprise*, FNSP/Dalloz, 1988; Franck Gauthey, Indrei Ratiu, Irene Rodgers, Dominique Xardel, *Leaders sans frontières: Le défi des différences*, McGraw Hill, 1988; Gérard Bordenave, *Ford en Europe*, 1988; Alain Ehrenberg, *Le Culte de la performance*, Calmann Levy, 1991; Rosabeth Moss Kanter, *The Change Masters: Corporate Entrepreneurs at Work*, Unwin, 1988; Serge Moscovici & William Doise, *Dissensions and consensus*, PUF, 1992; R. Francès, *Motivation et satisfaction du travail*, PUF; Renaud Sainsaulieu, *L'Identité au travail: les effets culturels de l'organisation*, 3rd edn., FNSP, 1988; David le Breton, *Passions du risque*, Metaillé, 1991; R.G. Streets, *The Impact of Service Industries on Underemployment in Metropolitan Economics*, Lexington, 1987; P.D. Anthony, *The Idea of Work*, Tavistock, 1977; Dawliffe Hall Educational Foundation, *Work versus Family*, 1991 (over experimenten in parttime banen); S.N. Eisenstadt & E. Ben Ari, *Japanese Models of Conflict Resolution*, Kegan Paul, 1980; K. Kressel, *Mediation Research: The Process and Effectiveness of Third Party Intervention*, Jossey Bass, S.F., 1989; Deborah M. Kolb, *The Mediators*, MIT Press, 1983; Susan J. Pharr, *Losing Face: Status Politics in Japan*, California UP, 1990 (over besluitvorming, 'het privatiseren van conflicten'); Roland Colari & Peter Lawrence, *The Business of Europe: Managing Change*, Sage, 1981; James J. Hunt, *Leadership: A New Synthesis*, Sage, 1991; Craig R. Hickman, *Mind of a Manager, Soul of a Leader*, Wiley, 1990; Elizabeth Chell, *The Entrepreneurial Personality*, Routledge, 1991; M. Masayuki Hamabata, *Crested Kimono: Power and Love in the Japanese Business Family*, Cornell UP, 1990; Nick Oliver & Barry Wilkinson, *The Japanisation of British Industry*, Blackwell, 1988; Alan Rosenthal, *The Third House: Lobbyists and Lobbying in the States*, CQ Press, 1993 ('lobbyisten streven naar compromissen zodat ze een andere dag kunnen ruziën', maar publieke organisaties 'zijn minder geneigd compromissen te sluiten'); Lawrence S. Rothenberg, *Linking Citizens to Government: Interest Group Politics at Common Cause*, Cambridge UP, 1992 (over de problemen). Jack C. Ross, *An Assembly of Good Fellows: Voluntary Associations in History*, Greenwood, Westport, 1976; *'Espaces et temps associatifs'*, aflevering van *Revue de l'economie sociale*, april 1988; Sofres, *Enquete Associations*, jan. 1988 (optimistischer over wat verenigingen kunnen bereiken in persoonlijke relaties dan in de organisatie van werk); Raoul de la Grasserie, *Des Intermédiaires sociaux*, 1908; Gilbert Moinier, *Le Rôle des intermédiaires dans la société moderne*, Paris thesis, 1924 (klaagt over hun groeiende aantal); Aix Colloque, Université de

Provence, *Les Intermédiaires culturelles*, cyclostyled 1978 (over valkuilen, en over genezers, zangers, woordvoerders); I. Epstein, *Moses Maimonides*, Soncinollen, 1959; M.R. Hayoun, *Maïmonide ou l'autre Moïse*, Lattès, 1994; A.J. Herschel, *Maimonides: A Biography*, Farrar Strauss, NY, 1982; M. Maimonides, *Guide for the Perplexed* (Eng. vert.) 1919; E.J. Dijksterhuis, *Archimedes*, Munksgaard, Kopenhagen, 1956; A.M. Laulan, *La Résistance aux systèmes d'informations*, Retz, 1986; Howard Good, *Outcasts: The Image of Journalists in Contemporay Film*, Scarecrow, Metuchen, NY, 1989; S.R. Lichter, *The Media Elite*, Adler, NY, 1986; T.R. Hewitt, *Advertising in Britain*, Heinemann, 1982 (over het ontstaan daarvan); Oliver Schwartz, *Le Monde privé des ouvriers*, PUF, 1990; *Dialogue* bevat vele zinvolle artikelen, evenals, vanuit feministisch perspectief, *Cahiers du Grif*; Joel A. Tarr, *Technology and the Rise of the Networked City in Europe and America*, Temple UP, 1988 ('steden ontwikkelen zich om communicatie te vergemakkelijken'); Michel Leiris, *African Art*, Thames & Hudson, 1967 (daarin is kunst niet zozeer iets om over na te denken, maar iets om te gebruiken, een tussenpersoon tussen het goddelijke en het aardse; weven als symbool van creativiteit); Howard Becker, *Art Worlds*, California UP, 1982; Leo Spitzer, *Lives in Between: Marginality in Austria, Brazil and West Africa, 1780-1945*, Cambridge UP, 1989; Alfred W. Crosby, jr., *The Columbian Exchange: Biological and Cultural Consequences of 1492*, Greenwood, Westport, 1972; Christopher Butler, *After the Wake: An Essay on the Contemporary Avant-Garde*, Clarendon Press, 1980.

10

Hoe mensen zichzelf van angst hebben bevrijd door nieuwe angsten te creëren

Vrouwen die worden gestreeld door de zachte gebreide kleding van Givenchy voelen niet dat de hand van Nina hen aanraakt, hoewel zij het is die hun kleren naaide en de knopen aanzette. Er is geen kans dat ze ooit een glimp van haar zullen opvangen als ze de grote showrooms van de ontwerper bezoeken, want ze werkt in een fabriek meer dan driehonderd kilometer verderop. Nina is trouwens nooit in Parijs geweest, laat staan dat ze uitgenodigd is om de modellen met haar kleren te zien paraderen. "Als ik de kans zou krijgen om een modeshow bij te wonen, dan zou ik me ongemakkelijk voelen omdat ik een onbelangrijk persoon ben. Ik ben maar een arbeider, *une petite*, ik stel niets voor, ik verdien het minimumloon. Ik zou me inferieur voelen in aanwezigheid van mensen met geld, want zij staan boven mij. Geld is alles. Ik ben onontwikkeld. Ik weet niet hoe ik moet converseren. Het zijn alleen de hogere kringen die naar modeshows gaan." Maar Nina is een elegante vrouw, warm en levendig onder haar gereserveerdheid.

Ze verlangt ernaar om haar akelige fabriek te ontvluchten, waar ze op haar zeventiende binnenkwam; ze is inmiddels 29. "Ik ben het hartstikke zat." Bezorgt haar werk haar dan helemaal geen plezier? Niet veel, afgezien van het feit dat ze trots is dat ze in de verte geassocieerd wordt met een grote naam. Sociologen mogen dan wel zeggen dat arbeiders genieten van het sociale leven in de fabriek, maar Nina klaagt er nou juist over dat in die van haar geen menselijk contact bestaat. Ze hield het uit omdat ze niet weet waar ze anders naar toe moet. "Ik heb geen diploma. Ik kan niets anders. Ik heb nooit van studeren gehouden. Volgens mij zou ik andere dingen kunnen doen. Op school had ik talent – ik was geen genie, maar ik had een hogere opleiding kunnen volgen." Ze betreurt het dat ze vroeg van school ging om geld te verdienen. Maar dan krabbelt ze terug. "Het moet heel zwaar zijn op de universiteit: ik zou het niet kunnen." Ze heeft belangstelling voor psychologie. Ze leest een hoop boeken, of tenminste "makkelijke boeken, omdat ik geen moeilijke boeken kan lezen".

Ik zeg dat veel psychologieboeken onbegrijpelijk zijn voor iedereen.

"Dat wist ik niet", zegt ze.

"Het ligt niet aan jou dat ze onmogelijk te lezen zijn", zeg ik.

"Dat is nooit bij me opgekomen." Bovendien heeft ze moeilijkheden met schrijven. "Tegelijkertijd denken en schrijven is iets wat ik niet kan. Dat kon ik op school al niet. Ze zeiden me dat ik geen verbeeldingskracht had. [Geen enkele belediging door een leraar wordt ooit vergeten.] Schrijven kost me heel veel tijd, omdat ik bang ben fouten te maken."

Nina ontkent dat ze ambities heeft – en ze haat zichzelf dat ze dat zegt. "Ik vind mezelf tweederangs." Haar moeder, die ook in een kledingfabriek werkt, zegt haar dat ze tevreden moet zijn met wat ze heeft omdat veel mensen proberen zichzelf te verbeteren maar daarin niet slagen. "Ik heb faalangst", zegt Nina. "Falen achtervolgt me." Stel de onmogelijke droom wordt werkelijkheid, stel ze gaat psychologie studeren, wat zou er dan gebeuren als ze faalde? Stel ze geeft haar baan op en komt zonder werk te zitten, wat zou ze dan doen? In Roanne, waar oude fabrieken sluiten en maar weinig nieuwe worden geopend, is een baan bijna het leven zelf. "Ik ben tevreden, gedwongen door de omstandigheden."

Maar hoe kan ze tevreden zijn als ze langs winkels loopt en zich de kleren die ze leuk vindt niet kan permitteren, ook al heeft ze een baan? "Ik word in de verleiding gebracht en kan het me niet veroorloven om te kopen." Ze droomt niet van een fortuin: haar loon is het laagste dat een werkgever wettelijk mag betalen. Ze zou al tevreden zijn met het dubbele, waarmee ze grofweg op het landelijk gemiddelde zou uitkomen. Maar zou ze echt tevreden zijn? Ze ging van school om geld te verdienen, in de mening dat "je met geld alles kunt doen"; maar nu zegt ze: "Dat is niet waar."

Ze is als een vogel in een kooi, die klapwiekt met haar vleugels, tegen de tralies aanknalt, in elkaar zakt en eindeloos blijft proberen om weg te vliegen. Nadat ze over haar ambities gesproken heeft, laat ze weten dat ambitie voor haar iets onmogelijks is; ze maakt zich namelijk altijd zorgen, dat heeft ze altijd gedaan: "Ik zit heel veel te tobben en te piekeren, over kleinigheidjes. Ik denk steeds na over dezelfde dingen, en over angst, en over de angst voor de dood, daar ben ik ontzettend bang voor. Toen ik klein was, was ik nog erger. Ik vraag me steeds af waarom we ter wereld komen als we daar vervolgens toch weer weg moeten. Waarom? Het is niet eerlijk. Ik kan het niet accepteren. Maar zo is het leven. Het is vreselijk om iemand te verliezen van wie je houdt. Ik ben katholiek en zou zo niet moeten denken. Maar ik sta sceptisch tegenover het leven na de dood. Twee jaar geleden verloor ik mijn grootvader – het eerste verlies dat ik geleden heb. Ik vind het vreselijk dat ik hem niet weer kan zien."

Gelukkig heeft ze haar ouders, maar haar psychologieboeken hebben haar in haar overtuiging gesterkt dat ze een bezorgd iemand is omdat zij ook bezorgd zijn. "Het komt allemaal uit mijn kinderjaren." Haar vader is een gepensioneerd pannendekker. Hij heeft een erg zwaar leven gehad en raakte zo depressief van zijn lijden dat hij maandenlang in een stoel kon zitten zonder iets te zeggen: "Het was vreselijk." Hij heeft in het ziekenhuis gelegen, en dat heeft haar ook aangegrepen. Maar ze houdt vol: "Ik ben niet ongelukkig, omdat er mensen zijn die het nog slechter hebben dan ik." Op de vraag waarom sommige mensen een gelukkiger leven hebben dan andere, heeft ze geen antwoord.

Ze zou graag een gezin willen hebben, maar "ik ben gereserveerd, argwanend en jaloers". De man van haar dromen zou iemand zijn op wie je volledig kunt vertrouwen. Er zijn voldoende andere typen die zich aangetrokken voelen door haar mooie uiterlijk. Wanneer ze naar openbare dansfeesten gaat, vragen mannen haar ten dans, bieden haar drankjes aan, praten over zichzelf en stellen vervolgens voor om naar bed te gaan. "Ik ben geen straatmeid. Die mannen zijn niet in mij geïnteresseerd, maar in seks." Het probleem met mannen is dat het leugenaars zijn. Soms zijn ze al getrouwd en laten dat niet blijken. Soms beloven ze dingen en ziet ze hen vervolgens met andere meisjes uitgaan. "Ik wil een man die van mij is. En ik ben niet vergevingsgezind, maar rancuneus. Ik heb de man van mijn leven nog niet gevonden. En ik zal niet trouwen met de eerste de beste man, want het huwelijk is voor altijd." Het zou niet uitmaken als hij arm was: iemand uit de periferie van de showbusiness zei haar dat de rijken verdorven zijn door geld. Zij wil "oprechtheid, vriendelijkheid en loyaliteit".

Ze heeft wel degelijk vrienden, "heel weinig", die ze herkent aan hun steun als dingen slecht gaan en die niet alleen maar voor de lol geïnteresseerd zijn in haar gezelschap. Deze vrienden nemen haar in vertrouwen, vertellen haar "hun intiemste geheimen" en vinden troost bij haar; daar is ze trots op. Oprechte, openhartige gesprekken verwarmen de ziel: "Mijn ouders praten niet veel." Ze was bang om met mij te praten, maar wilde het ook; en ze heeft lang op mij gewacht totdat ik klaar was met mijn gesprekken met anderen.

Haar conclusie was echter: "Mijn leven is een mislukking." Ik interpreteer dat als: "Ik zal pas beginnen te leven zoals ik wil, als ik mijn angsten kwijtraak."

De geschiedenis van angst door de eeuwen heen laat zien dat mensen zich van tijd tot tijd van angst hebben bevrijd, en wel door middel van twee methoden. De eerste was met behulp van de angst zelf, door van de ene angst naar de andere te vluchten, die meer hoop bevat. De tweede was via nieuwsgierigheid naar iets heel anders, waardoor het besef van gevaar tijdelijk werd uitgewist.

De vikings, die naar men zegt onbevreesd waren, bieden een vroege illustratie van hoe dit gebeurde. Zij waren de terroristen voor wie Europa tussen de achtste en twaalfde eeuw het meest bang was. Ze slaagden erin de zeeën te trotseren om te plunderen, losgeld te eisen en verwoestingen aan te richten van Constantinopel tot Lissabon en Dublin, ook al droegen ze van binnen alle gebruikelijke angsten van arme boeren en de eenzaamheid van de lange Scandinavische nachten met zich mee. Ze ondernamen deze reizen vol gevaarlijke avonturen omdat ze een nog ondraaglijker angst voelden dan hun buren die achterbleven. Ze werden namelijk gekweld door de gedachte dat hun naam en reputatie, en niet alleen hun lichaam en ziel, in het niets zouden verdwijnen. Het leek hun niet de moeite waard om slechts zo te leven dat ze zich in het paradijs konden terugtrekken; dat bood in hun ogen alleen maar een onophoudelijke afwisseling van oorlogen en feesten. Iedereen moet sterven, zo stond geschreven in de 'Het lied van de Hoge' (de god Odin):

> *Rijkdom sterft*
> *verwanten sterven*
> *en jij zult ook sterven;*
> *maar ik weet één ding*
> *dat nooit sterft:*
> *het oordeel over elke dode.*

Zo werd het doel van de vikings een onsterfelijke reputatie: niets kon erger zijn dan vergeten te worden; het respect van anderen was voor hen de zoetste vorm van rijkdom. Het was niet langer beangstigend om in de oorlog te sterven, zodra dat werd beschouwd als een mogelijkheid om oog in oog met gevaar zelfbeheersing te tonen; het sterven zelf werd gelaten geaccepteerd en gezien als iets triviaals vergeleken met de roem die verworven zou kunnen worden door waardig te sterven. De vikings waren dapper uit angst veracht te worden, en door die angst vergaten ze alle andere angsten.

Maar dit leidde tot een andere angst, niet om te zondigen, want de vikings probeerden geen respect te verwerven door zich als een heilige of wijze te gedragen, maar om verkeerde dingen te zeggen. Ze stelden hun vertrouwen niet in goden, die in hun ogen volledig in beslag genomen werden door hun eigen problemen: hun ideaal was onafhankelijkheid, hardnekkig en stoïcijns te blijven tegenover alle uitdagingen, onverstoorbaarheid. Hun eerste gebod was daarom hun mond te houden. Toen koning Harald de Hardvochtige (1015-1066) iemand een zeer groot compliment wilde maken, beschreef hij hem als iemand die onaangedaan was door plotselinge gebeurtenissen: "Of er nu sprake was van gevaar, verlichting of welk opdoemend risico dan ook, hij was nooit opgewekter of neerslachtiger, sliep nooit minder of meer, en at en dronk slechts zoveel hij gewend was." De theorie van de vikings was dat het tonen van angst geen nuttig doel kon dienen; het zou immers betekenen dat ze hun onafhankelijkheid verloren hadden.

Toen ze in Normandië aankwamen, werd hun gevraagd wat ze wilden. Ze antwoordden: "We komen uit Denemarken en willen Frankrijk veroveren."

"Wie is jullie aanvoerder?"

"We hebben geen aanvoerder; we hebben allemaal evenveel gezag."

Zouden ze ermee instemmen om trouw te zweren aan Karel, koning van Frankrijk?

"We zullen ons nooit aan iemand onderwerpen, wie het ook mag zijn. We zullen geen enkele onderworpenheid ooit accepteren."

Eigenlijk hadden ze wel een aanvoerder, Rollo, maar die beschouwden ze slechts als eerste onder gelijken; ze hadden hem zelf gekozen, omdat ze meenden dat hij hen het best naar de overwinning kon leiden. Toen ze voor zichzelf een veilige haven hadden gevonden in IJsland, stichtten ze een van de meest verbazingwekkende republieken aller tijden. Het was een soort democratie, waarbij ze de angst om hun zelfrespect te verliezen – wat gehoorzaamheid aan een koning zou impliceren – in overeenstemming brachten met respect voor anderen. Als een van hen een kwart of meer van zijn bezittingen verloor, dan was de afspraak dat de rest de helft van zijn verlies zou vergoeden. Iedereen mocht echter slechts één procent van zijn eigen vermogen weggeven, en niemand kon meer dan drie keer gecompenseerd worden. Ze namen hun besluiten in een algemene vergadering, waar echtgenotes (die hun eigen achternaam behielden) en kinderen bij aanwezig mochten zijn. Ze hadden Scandinavië verlaten, omdat ze er een hekel aan hadden door koningen gecommandeerd te worden; daarom creëerden ze een samenleving die gebaseerd was op de angst om gecommandeerd te worden en op de intens egalitaire overtuiging dat iedereen eeuwigdurende roem kon verwerven.

De buitengewoon rijke literatuur van IJsland laat zien hoe sommigen van hen dat doel bereikten, om individuen te blijven, ieder op zijn eigen manier. Als het waar is dat 'viking' afstamt van het woord dat 'zich terugtrekken' betekent, wat sommigen geloven en anderen betwisten, dan waren zij de eerste mensen die er trots op waren 'randfiguren' te zijn. Ze betaalden een hoge prijs, in de vorm van geweld, voor hun vrijheid. De mannen waren heetgebakerd, ongelukkig in de liefde, jaloers op elkaars roem en beschermden zich voortdurend tegen kritiek met hun zwaard of satire; de vrouwen traden soms op als 'vredeswevers' in de eindeloze twistgesprekken over eer, maar waren ook trots en rancuneus, en zetten de mannen aan tot bloedvergieten. Toch hadden de vikings het idee gevestigd dat het niet nodig was om mooi of onoverwinnelijk te zijn, wilde men beroemd worden. De god Odin, verantwoordelijk voor het onvoorspelbare, was geen van beide: hij had één oog, was fragiel, ontoegankelijk en sluw, en gebruikte evenzeer list en magie als geweld om te overleven; soms werd zelfs zijn mannelijkheid in twijfel getrokken, afhankelijk als hij was van vrouwen om hem op de hoogte te houden van wat er in de wereld gebeurde. Uiteindelijk konden de vikings alle andere angsten aan, omdat ze als rebellen ontdekten hoe ze de natuurlijke angst voor het onvoorspelbare konden omzetten in een bron van inspiratie. Dat is de tip die ze nalieten, en die niemand in de gaten had.

Tegenwoordig is de angst van de vikings een epidemie geworden: een steeds groter wordend gedeelte van de mensheid maakt zich zorgen over wat anderen over hen denken, niet langer over hoe hun voorouders zouden kunnen reageren die vanuit de hemel naar beneden kijken, en ook niet over wat er over hen gezegd zal worden in de geschiedenisboeken, maar over hoe iedere handeling, elke dag, bekritiseerd en beoordeeld zal worden, zowel door bekenden als door onbekenden. Een valse indruk wekken is de moderne nachtmerrie.

Reputatie is het moderne vagevuur. Hoe meer een samenleving zichzelf als democratisch beschouwt, hoe meer is reputatie daarin van belang en hoe obsessiever wordt de angst voor kritiek van andere mensen, hoe onbeduidend ook: een Amerikaans onderzoek beweert dat angst het meeste ongemak bezorgt. Het is geen toeval dat reclame en public relations de basis zijn geworden van het zakenleven, de politiek, de amusementswereld en zelfs de religie.

Harold Macmillan herinnerde zich hoe hij alle gevaren in de Eerste Wereldoorlog negeerde, tot hij op een dag van zijn troepen gescheiden bleek te zijn en plotseling begreep hoe bepalend zij geweest waren voor zijn moed. "Wanneer je in actie bent, vooral wanneer je verantwoordelijk bent voor mannen die onder je bevel staan, zijn goed gedrag, en zelfs huzarenstukjes, onderdeel van de show. Je beweegt en gedraagt je bijna automatisch, als lid van een team of een acteur op het podium. Maar nu was het allemaal voorbij; ik was alleen en niemand kon me zien. Het was niet nodig de schijn op te houden, en ik was bang."

Boven de angst om door de mand te vallen, wordt de moderne samenleving natuurlijk ook gekweld door de angst voor criminaliteit, beroofd of verkracht te worden, of om 's avonds alleen uit te gaan, de angst voor werkloosheid, ziekte, drugs, immigranten en oorlog. Daarom is het de moeite waard om de diepere wortels van deze angsten te onderzoeken, die in aanraking komen met andere wortels die je niet verwacht te vinden.

In het grootste gedeelte van de geschiedenis werd iemand die als gevolg van angst een ellendig leven had, niet geacht veel kans te hebben een moedig mens te worden. Moed werd beschouwd als een uitzonderlijke gave, aangetroffen bij ridders en martelaars, terwijl men ervan uitging dat gewone mensen door armoede te verzwakt waren om angst te overwinnen; heldenmoed in de strijd tegen de gebruikelijke rampen van het dagelijks leven werd niet erkend. Tot nu toe heeft het lid zijn van een bepaalde beschaving mensen nooit van meer dan een paar angsten bevrijd. Beschavingen hebben namelijk altijd het gevoel gehad dat ze omgeven werden door vijandige krachten en hebben zich er elk op haar eigen wijze in gespecialiseerd om de aandacht op een bepaald aantal gevaren te concentreren. Ze beloofden bescherming daartegen, maar elimineerden hen zelden; ze boden niet meer dan een verlichting van het ongemak door min of meer plausibele verklaringen voor die gevaren te geven. Onophoudelijk verschenen er plotseling nieuwe angsten om de angsten te vervangen die uit de mode waren geraakt, net als kanker en aids tuberculose en syfilis hebben vervangen.

Beschaving maakte van de zacht ruisende zee een gevaarlijk verblijf van demonen en monsters en voorspelde dat de golven en zwarte donderwolken de mensheid weldra zouden wegvagen: dat was het angstaanjagende beeld dat Dürer schetste van hoe het leven op aarde zou eindigen. Mensen hadden natuurlijk een reden om bang te zijn voor de zee; nog in 1854, in één enkel jaar, leed immers alleen al de Britse vloot 832 keer schipbreuk. Maar beschavingen hebben de verbeelding getraind om incidentele rampen te transformeren tot een voortdurende nachtmerrie. Kennis heeft onredelijke angsten niet uit de weg geruimd, omdat ze ook nieuwe ideeën leverde voor mogelijke toekomstige catastrofes. De doden werden in de verbeelding opgewekt om de levenden te achtervolgen en wraak te nemen. Dat verklaarde waarom dingen fout gingen, maar de prijs was een voortdurende angst dat de geesten niet op de juiste manier gunstig werden gestemd of dat de traditie niet werd gehoorzaamd. Wetenschappers bleven maar komen met angstaanjagende verklaringen, maar betrokken hun idee dat de "koude" maan, "bleek van razernij", mensen krankzinnig maakte niet op zichzelf.

Natuurrampen werden nog veel vreselijker gemaakt door ze toe te schrijven aan bovennatuurlijke krachten. Angst voor de duivel werd doelbewust, bijna liefdevol, aangemoedigd door degenen die beweerden te begrijpen hoe de wereld functioneerde. In Europa was er in de elfde eeuw een grote angstepidemie voor zijn machinaties, en in de veertiende eeuw nog een, en paniek in de zestiende eeuw, toen vooral de Duitsers het op hun heupen kregen: "In geen enkel land ter wereld heeft de duivel een tiranniekere macht uitgeoefend dan in Duitsland", schreef een commentator in 1561. Het voordeel om tegenslagen toe te schrijven aan de duivel, was dat hij je het gevoel gaf dat je je rampspoed begreep. Maar zijn aanwezigheid bracht ook emotionele crises teweeg wanneer je hem te vaak zag, waarheen je je ook wendde. Veel onschuldige mensen werden vervolgd omdat ze zijn agenten zouden zijn. Alleen al de gedachte aan de streken die hij leverde, deed de gevaren in aantal toenemen. Tegenwoordig mag de wereld dan dichterbevolkt lijken dan vijf eeuwen geleden, maar we vergeten de miljoenen duivels, gnomen, kobolden, monsters en boze feeën die er altijd in rondspookten. Zij vestigden een denkwijze volgens welke er altijd iemand moest zijn wiens schuld het was, een boze kracht die je diende te vrezen en aan te vallen. Satan bestaat nog steeds voor 37 procent van de Britten, voor 57 procent van de praktizerende Franse christenen en voor twintig procent van de niet-praktizerende. Degenen die hem belichaamd zagen in het marxisme, moeten nog altijd besluiten wie de opvolger zal zijn.

Het vagevuur illustreert de manier waarop remedies tegen angst nieuwe angsten teweegbrachten. Om de vrees voor de verdoemenis in de hel te verminderen, begon de Katholieke Kerk vanaf de twaalfde eeuw voor te stellen dat zondaars op een minder afschuwelijke plaats voor hun vergrijpen konden boeten. Maar dat verlegde de angsten alleen maar naar de pijn van het boeten. Vervolgens verminderde de Kerk de angst voor het vagevuur door aflaten te verlenen; die verkortten iemands verblijf daar, maar gaven de geestelijkheid ook een enorme macht. Charlatans begonnen aflaten te verkopen, want de vraag overtrof het aanbod. Toen maakten mensen zich zorgen over de vraag of de aflaten effectief zouden zijn, waardoor ze nog vaker dachten aan de kwellingen van het vagevuur. Om een einde te maken aan deze angsten stimuleerde de Kerk processies, broederschappen, benedicties en exorcisme. Steeds meer heiligen werden in de strijd geworpen als specialisten in het afweren van ziekten (niet minder dan tien van hen bijvoorbeeld konden uiteindelijk benaderd worden om syfilis te genezen). Vanaf de veertiende eeuw werd ieder individu wijsgemaakt dat er een persoonlijke beschermengel over hem waakte, hoe zondig hij ook was. Maar al deze bescherming maakte iemand zich alleen maar meer bewust van de gevaren waartegen hij zich moest beschermen.

Toen de spanning ondraaglijk werd, volgde een explosie. In één klap maakte de Reformatie een einde aan al deze voorzorgsmaatregelen tegen angst, in de hoop een einde aan de angst te maken. Alle oprechte gelovigen die berouw toonden, werd de verzekering gegeven dat er in de hemel een plaatsje voor hen was. Dit was een van de belangrijkste revoluties ter wereld, een revolutie tegen angst, die enkele eeuwen duurde. Het godsbeeld van de christenen onderging een totale verandering van een angstaanjagende en kwade tiran die volledige gehoorzaamheid eiste tot een barmhartige, buitengemeen vriendelijke vader. Er werd niet langer gedreigd met eeuwige straf. De meeste christenen gooiden hel en vagevuur in de prullenbak.

Maar toen de religie ophield mensen bang te maken, bedachten zij nieuwe angsten om zichzelf bang te maken, alsof ze angst als een noodzakelijk onderdeel beschouwden van hun levensgevoel. Het was de enige manier van leven die ze zich konden voorstellen. Sinds de achttiende eeuw is zekerheid bijna algemeen het officiële doel van dit leven geworden; het is echter een onbereikbaar doel, een paradijs, steeds moeilijker te vinden, onzichtbaar in een wolk van twijfels. De Amerikaanse grondwet verkondigde het recht op zekerheid, dat het recht inhield om geen angsten te hebben, maar tevergeefs. Psychoanalytici verklaarden dat zekerheid noodzakelijk was om normaal te worden, maar weinig mensen geloven dat ze volledig normaal zijn. In onze tijd klaagt men het meest over onzekerheid. Odin de Onvoorspelbare wordt niet langer bewonderd.

Inderdaad werd het na 1762, toen de eerste verzekeringsmaatschappij, de Equitable Life, werd opgericht in Londen, mogelijk om een einde te maken aan de angst voor de financiële gevolgen van natuurrampen. Het wonen in steden die 's nachts verlicht waren en bewaakt werden door de politie, verminderde (tijdelijk) de angst voor geweld, terwijl voorspoed en de welvaartsstaat het aantal mensen terugbrachten die bang waren voor hongersnood, dakloosheid, ziekte, werkloosheid en ouderdom. Toch geeft de huidige generatie veel meer geld uit om zichzelf tegen deze angsten te verzekeren dan haar voorouders ooit voor bescherming gespendeerd hebben aan kerken of magiërs.

Kinderen hebben in hun nachtmerries laten zien dat de oude angsten niet vergeten zijn, dat de boemannen van de nacht nog altijd leven, ook al worden volwassenen in beslag genomen door nieuwe boemannen. De geciviliseerden hebben ondertussen met behulp van literatuur en geneeskunde nog subtielere soorten ongemakken ontwikkeld, een groter besef van hun eigen tekortkomingen, angst voor zowel falen als succes, verfijningen in de kunst van de zelfkwelling. Telkens wanneer een religie of politiek credo in elkaar stort – zoals het recentst in Rusland – en mensen spiritueel naakt worden achtergelaten, zijn ze meer dan ooit ontvankelijk voor angst.

Telkens wanneer er een nieuwe ziekte wordt ontdekt, voegen hypochonders haar toe aan hun lijst van angsten. Studenten geneeskunde gaven het voorbeeld en zijn nog steeds de ernstigste slachtoffers. Toen verspreidden populaire gezondheidshandboeken de boodschap dat zich in elke kier een ziekte verborgen hield, net als de zonde. Cotton Mather (1663-1728), die medicijnen had gestudeerd in Harvard, bekende, voordat hij betrokken raakte bij de heksenjachten van Salem: "Ik maakte me zorgen over bijna elke kwaal waarover ik tijdens mijn studie las. Daardoor diende ik mezelf medicijnen toe waarmee ik mijn ingebeelde ziekten zou kunnen genezen." In de negentiende eeuw namen onzichtbare microben de plaats in van onzichtbare geesten. Artsen, die afhankelijk waren van rijke patiënten, ontleenden naar verluidt vijf zesde deel van hun inkomen aan de behandeling van ingebeelde klachten. Zelfs de meest begiftigde mensen vonden hypochondrie onweerstaanbaar opbeurend. Tolstojs vrouw schreef: "Uur na uur, van 's morgens tot 's avonds, denkt hij aan niets anders dan aan zijn lichaam en hoe hij daarvoor moet zorgen." Veel huwelijken werden zonder twijfel gaandeweg sterker, zoals dat van

Darwin, wiens vrouw eindeloos moederlijk kon zijn. "We zijn zo dol op elkaar, omdat we dezelfde kwalen hebben", zeiden de gebroeders Goncourt, die ziekte als een teken van gevoeligheid zagen. Hypochondrie lengde angst aan met hoop en verschafte een alternatieve manier om Jezelf te Leren Kennen. De Amerikaanse vrouw die in de handboeken terechtkwam omdat ze 548 bezoeken had gebracht aan 226 artsen en 42 studenten geneeskunde en 164 verschillende diagnosen had gekregen, wanhoopte nooit.

De poging om angst te elimineren in plaats van simpelweg de ene angst voor de andere in te ruilen, heeft vreemde resultaten opgeleverd. In de loop van de afgelopen honderd jaar, in dezelfde periode waarin het menselijk ras zich in steden vestigde, werd de bruine rat een permanente bewoner van wetenschappelijke laboratoria. Door meer dan driehonderd generaties zorgvuldig te fokken, werd hij getransformeerd tot een gedweeër, minder angstig wezen. Dit werd bereikt ondanks het feit dat het nu bijna zijn enige taak is om aan stress te lijden, door doolhoven te rennen, op knoppen te drukken om elektrische schokken te vermijden en stukjes van zijn lichaam te laten amputeren. Zo is het bewezen dat angst zelfs kan worden verminderd als de gevaren verschrikkelijker zijn geworden.

Er heeft zich echter een opmerkelijke fysieke verandering voorgedaan in deze rat als gevolg van het feit dat hij minder bang is. Hij paart nu op elk moment van het jaar, iets wat hij nooit deed toen hij nog wild en agressief was. Gevaar het hoofd bieden is vervangen door copulatie. Zijn bijnieren zijn verschrompeld tot de helft of een kwart van hun vroegere omvang en hun functies zijn overgenomen door de geslachtsklieren. Seksuele activiteit als alternatief voor vijandigheid is niet typisch iets voor ratten: je ziet het ook bij enkele apen, die niet ejaculeren als ze seks gebruiken als een manier om vrede te sluiten – bijna een equivalent van seks bij mensen waarbij voorbehoedsmiddelen worden gebruikt. Maar meer seks heeft de rat kennelijk niet gelukkiger gemaakt. Hoe meer nakomelingen hij heeft en hoe dichterbevolkt zijn verblijf is, hoe moeilijker zijn leven wordt. De vrouwtjesrat is in hogere mate van angst bevrijd dan het mannetje, omdat het mannetje volhardt in een hoogst competitieve hiërarchie. Het vrouwtje, dat zelden met mannetjes of andere vrouwtjes vecht, maakt daar geen deel van uit. De mannetjesrat blijft een slachtoffer van de ratrace; hij is vastbesloten om te overheersen, maar moet bijna altijd accepteren dat hij onderworpen is aan, en bang voor, degene die wint.

Bij katten daarentegen, die eenzame, onafhankelijke levens leiden zonder hiërarchieën, blijkt geen verschil in angst tussen mannetjes en vrouwtjes. Pas wanneer beide seksen deel uitmaken van hiërarchieën, zoals het geval is bij chimpansees en mensen, worden vrouwtjes even bang als mannetjes of banger. Hoewel de bruine rat in laboratoria leeft als in een hotel en op gezette tijden zijn eten krijgt, en hoewel hij uit eigen beweging het principe 'Make Love not War' ontdekt lijkt te hebben, kon hij zich er niet toe zetten om zijn sociale vertoon te laten varen, en daarom heeft hij de formule voor een leven zonder stress niet gevonden.

Vroeger dacht men dat de maag de zetel was van de emoties, maar wat er eigenlijk in de maag gebeurt als je bang bent – en je moet overgeven, of hebt vlinders in de buik of een van de vele verlammende gevoelens die de maag teweeg kan brengen – werd pas in de jaren vijftig duidelijk. De held van deze ontdekking – ook patiënten verdienen het om vanwege hun moed herinnerd te worden – is alleen bij zijn voornaam bekend: Tom, een Amerikaan van Ierse afkomst. In 1895, hij was toen negen jaar, dronk hij een kom soep van schelpdieren die zo kokend heet was, dat zijn slokdarm vernietigd werd. Omdat hij niet kon slikken, werd er in zijn maag een blijvend gat gemaakt waarin zijn eten gegoten kon worden. Hij kauwde zijn voedsel voor de lol, maar spuugde het vervolgens in de trechter die in deze 'stoma' was gezet. Los van het feit dat hij niet in staat was om in het openbaar te eten, leidde hij een normaal leven als toneelmeester, loodgieter, mecanicien en rioolwerker. Totdat hij een baan in het ziekenhuis kreeg aangeboden door professor Stewart Wolf uit Oklahoma, die vele jaren in het gat tuurde. Al ruim een eeuw lang had men soortgelijke onderzoeken gedaan, vooral bij gewonde soldaten, maar dit was de eerste keer dat de relatie tussen de maag en de emoties bestudeerd werd. Omdat Wolf elk detail van Toms privé-leven volgde en al diens gedachten besprak, bleek de maag veel interessanter te zijn dan het hart, de vermeende zetel van emotie, waarvan het monotone gepomp niet iets speciaal menselijks heeft.

Elk spoor van angst kon onmiddellijk in Toms maag gesitueerd worden. Toen zijn dochter bijvoorbeeld een telefoon installeerde, kreeg hij een maagbloeding uit bezorgdheid over de kosten die dat met zich mee zou brengen. Het waren niet alleen angstaanjagende gebeurtenissen die de maag tekeer deden gaan of hem tot staking aanzetten, zodat hij weigerde te werken en zo bleek werd als een panisch gezicht; alleen al het aanroeren van een onaangename gebeurtenis, en zelfs een herinnering aan iets uit een ver verleden brachten dat teweeg. De maag onthult dat mensen een enorme hoeveelheid emoties verbergen, die kolken in hun binnenste. Niet zelden probeert hij zelfmoord te plegen door zijn zuren de maagwand te laten wegbranden. Men heeft ontdekt dat emoties het effect van medicijnen tenietdoen die de maag weigerde in zich op te nemen als hij boos was. Andere patiënten met dezelfde soort stoma's hebben sindsdien de soevereiniteit en gevoeligheid van de maag bevestigd: een Italiaanse belastingontvanger, om slechts één voorbeeld te noemen, liet een volmaakte overeenstemming zien tussen de ups en downs van zijn privé-leven, een afwisseling van woede, opwinding en angst, en de zuurwatervallen in zijn maag. De maag zorgt ervoor dat mensen weten wanneer ze bang zijn.

Maar soms kan hij, en is hij er ook daadwerkelijk toe gebracht zich rustig te houden. De overwinning van de mens op zijn maag leek voor het eerst mogelijk in de achtste of zevende eeuw voor Christus. Dat blijkt uit *De leer van het grote bos* (*Brhadaranyaka Upanishad*), waarin staat: "Alle angst is ongegrond." De Indiase oorlog tegen angst deed er bijna tweeduizend jaar over om zijn tactieken volledig te ontwikkelen. Het was immers pas in de tiende tot de twaalfde eeuw dat de fysieke hatha yoga werd uitgevonden, in de streek in het noorden die later beroemd werd om zijn geharde Gurkha-troepen. Yoga, een preventieve geneeskunst gebaseerd op een programma van lichamelijke en geestelijke oefeningen, maakte het mogelijk om controle te hebben over wilsfuncties die normaal automatisch verlopen. Als onderdeel van een spirituele leer, het hindoeïsme of boeddhisme, bereidt yoga de weg voor de vernietiging van het individuele zelfbewustzijn. "Angst", aldus het boek, "ontstaat wanneer er iemand anders is". Dus als er in de wereld niemand anders is, kan er geen angst bestaan. Oefeningen onder leiding van een goeroe leerden de volgeling dat zijn individualiteit een illusie was en dat zijn ziel deel uitmaakte van de universele ziel. Met andere woorden: de prijs voor het uitbannen van angst is op te houden een persoon in de normale betekenis van het woord te zijn. De ware volgeling doet afstand van al zijn bezittingen, terwijl hij vaak overleeft in een toestand van halve verhongering, de baas is over zijn maag, de pauze tussen elke ademhaling, tussen de uit- en inademing, vergroot tot maar liefst vijf minuten en zich concentreert op één enkel voorwerp van meditatie, totdat de geest 'verdwijnt'. Yoga is niet iets voor de zwakken, maar vele miljoenen mensen hebben hun zenuwen en magen met mildere, vereenvoudigde versies ervan gekalmeerd. Verlichting van de symptomen van angst maakt het makkelijker te besluiten waarvoor je bang wilt zijn.

De import van deze ideeën in het Westen was beperkt doordat ze geassocieerd werden met mysticisme en met doctrines als reïncarnatie. En de al te eenvoudige voorstelling ervan in de jaren zestig bracht hen in diskrediet. Maar nu ze gebruikt worden in de rehabilitatie van verlamde mensen, die men kan bijbrengen hoe ze hun hartslag en bloeddruk naar believen kunnen wijzigen zodat ze zich weer kunnen leren bewegen, lijken de relaties tussen de geest en het lichaam, tussen angst en de maag, wellicht niet langer even onveranderbaar als men eens dacht.

De visie dat angst een natuurlijke dierlijke reactie is, waaraan niet veel gedaan kan worden, is onredelijk tegenover dieren, waarvan velen soms verrassend onbevreesd zijn. Het kan goed waar zijn dat sommige individuen met meer angst geboren worden dan andere of dat de temperamenten van baby's al heel vroeg vaststaan. Het meest recente onderzoek bijvoorbeeld beweert dat kinderen met blauwe ogen een speciale neiging hebben om geremd te zijn, "hetgeen wellicht te wijten is aan de prenatale aanwezigheid van een hoger norepinephrine-gehalte", en dat ze ook na hun kinderjaren geremd blijven, "waarbij ze zonder enige aanleiding angstaanvallen hebben". Maar dat is net zo min een reden tot wanhoop als de ontdekking, een eeuw geleden, dat sommige kinderen beter door intelligentietests heenkwamen dan andere. Het duurde even voordat men erachter kwam dat intelligentiequotiënten op zichzelf niet voldoende waren en dat succes afhankelijk was van de manier waarop de intelligentie werd gebruikt. Op dezelfde wijze werd de verdeling van de mensheid in introverten en extraverten gevolgd door het besef dat geen van beide groepen de garantie had creatief te zijn, dat daarvoor beide eigenschappen nodig waren en dat de combinatie zich niet per se in dezelfde persoon hoefde voor te doen: de ontmoeting tussen twee individuen heeft vaak meer originaliteit teweeggebracht dan genialiteit van één. Steeds opnieuw hebben toevallige ontmoetingen en minieme details zeer verschillende bestemmingen gegeven aan mensen die tot dezelfde categorie lijken te behoren.

"In de laatste paar jaar", schrijft een psycholoog, "is er belangrijke vooruitgang geboekt in ons vermogen om angst van mensen te verminderen. In gecontroleerde omstandigheden is het nu mogelijk om ingeburgerde angsten, zelfs angsten die mensen hun leven lang hebben, binnen dertig minuten aanzienlijk en blijvend te verminderen." Maar de moderne geneeskunde kan het niet eens worden over de beste remedie tegen angst. Ze twijfelt tussen medicijnen, het aanleren van nieuwe gewoonten en het oplossen van onbewuste conflicten, en zal ongetwijfeld nooit in staat zijn om angst op dezelfde manier aan te pakken als ze in het geval van pokken gedaan heeft: ze kan angsten vaak verminderen, maar elk individu heeft een andere oplossing nodig, en niemand weet of die oplossing zal werken of hoe lang een verlichting zal duren. Bovendien kan de geneeskunde mensen er niet van weerhouden om nieuwe angsten te bedenken. Het is niet verwonderlijk dat de enorme hoeveelheid wetenschappelijke informatie die er over angst is verzameld – elke tien jaar verschijnen er alleen al in het Engels meer dan tienduizend nieuwe studies – de vraag naar magie en onorthodoxe genezers niet heeft doen afnemen. Veel mensen geven er de voorkeur aan onwetend te blijven, zich vast te houden aan de angsten die ze kennen en hun ogen te sluiten voor de statistieken die hun vertellen waarvoor ze bang zouden moeten zijn. De psycholoog Martin Seligman uit Philadelphia, gespecialiseerd in het veranderen van pessimisten in optimisten, stelt dat angst in wezen een gevoel van hulpeloosheid of een verlies van hoop is en dat optimisme geleerd kan worden. Hij heeft ontdekt dat zelfs in de VS niet iedereen een optimist wil zijn: degenen die macht hebben, vooral net onder het hoogste echelon, zijn vaak pessimisten, omdat dat duidt op wijsheid. Het cultiveren van angst kent veel voordelen. Niemand kan degenen genezen die hun angsten willen laten voortduren uit angst dat hun iets nog vreselijkers zou kunnen overkomen. Van sommige angsten, in een milde vorm, is goed gebruikgemaakt. Claustrofobisch zijn is onprettig, maar intellectuele claustrofobie kan het begin van originaliteit zijn.

Maar de belangrijkste wetenschappelijke ontdekking over angst is dat er slechts een gradueel verschil bestaat tussen de fysieke symptomen van angst, in termen van de chemicaliën die geproduceerd worden om het lichaam te verdedigen, en die van nieuwsgierigheid. Daardoor kunnen we makkelijker begrijpen hoe mensen die door angsten gekweld worden in staat zijn geweest die te ontvluchten of te vergeten onder invloed van nieuwsgierigheid, van een preoccupatie met een doel waardoor ze dermate in beslag genomen worden dat ze zich gedragen alsof ze uitermate moedig zijn. Omdat de diepe wortels van angst verbonden zijn met die van nieuwsgierigheid, hoeft het feit dat vrijwel niemand geboren is met evenveel moed op alle terreinen van het leven niet te betekenen dat mensen voor altijd opgescheept zitten met hun eigen type lafheid. Je kunt jezelf verrassen. Vroeger zou zo'n opvatting absurd geklonken hebben, net zoals het altijd absurd geacht werd te geloven dat een armoedzaaier de gelijke kon zijn van een aristocraat. Slechts in een tijd waarin iedereen onderwijs geniet en reist is het mogelijk het cruciale belang van nieuwsgierigheid te erkennen. Daarover zal ik het in mijn volgende hoofdstuk hebben.

In 1991 beweerde een vergelijkende studie over depressie bij mannen en vrouwen dat mannen voornamelijk verlichting zochten in vermaak en zo minder leken te lijden, terwijl vrouwen liever piekerden, eindeloos over hun problemen nadachten en zichzelf dientengevolge meer ellende bezorgden. De zogenaamd emotionele sekse bleek meer tijd te besteden aan nadenken dan de zogenaamd rationele. De bijdrage die vrouwen kunnen leveren aan de beperking van angst staat nog maar in de kinderschoenen. Piekeren leidt immers niet per se tot zwaarmoedigheid, en ook niet tot paniek, waarbij gedachten in kringetjes ronddraaien en gevaren worden opgeblazen tot dreigende catastrofes en de angst bij het vooruitzicht bang te worden. Iemand die piekert kan angst ook op een afstand houden en kiezen waarover hij piekert. Mensen die die keuze niet hebben, zijn niet vrij.

Vikings
Peter Foote & David M. Wilson, *The Viking Achievement*, Sidgwick, 1970; Judith Jesch, *Women in the Viking Age*, Boydell Press, Woodbridge, 1991; Regis Boyer, *Le Christ des barbares*, Le Monde nordique, Cerf, 1987; Lucien Musset, *La Peuple scandinave au moyen âge*, PUF, 1951; Jon Johannesson, *A History of the Old Icelandic Commonwealth*, Manitoba UP, 1974; Aurélien Sauvageot, *Les Anciens finnois*, Klinckseick, 1961; Kirsten Hastrup, *Culture and History in Medieval Iceland*, Oxford UP, 1985; Kirsten Hastrup, *Nature and Policy in Iceland, 1400-1800*, Oxford UP, 1990 (een antropologische analyse van geschiedenis en mentaliteit); Eric Graf Oxenstierna, *The World of the Norsemen*, Weidenfeld, 1967; Maurice Gravier, *Les Scandinaves... des origines à la Réforme*, Lidis-Brepols, 1984; Jean L. Briggs, *Never in Anger: Portrait of an Eskimo Family*, Harvard, 1970.

Genezing van angst
Isaac M. Marks, *Fears, Phobias and Rituals*, Oxford UP, NY, 1987; S.J. Rachman, *Fear and Courage*, W.H. Freeman, NY, 1990; J.A. Gray, *The Psychology of Fear and Stress*, 2nd edn., Oxford UP, 1987; James C. Ballenger, *Clinical Aspects of Panic Disorder*, Wiley-Liss, NY, 1991; Rebecca C. Curtis, *Self-Defeating Behaviour*, Plenum, NY, 1989; Martin Seligman, *Learned Optimism*, Knopf, 1991; Susan Nolen-Holksema, *Sex Differences in Depression*, Stanford UP, 1990; Mar-

garet T. Gordon, *The Female Fear*, Free Press, NY, 1989 (in de Verenigde Staten is 61 procent van de vrouwelijke stadsbewoners bang om 's avonds alleen uit te gaan in hun eigen buurt); Susan Baur, *Hypochondria*, California UP, 1988; C.S. Gelernter, 'Cognitive Behavioural and Pharmacological Treatments of Social Phobia', *Archives of General Psychiatry*, 48, Oct. 1991, pp. 938-45 (laat 69 procent verbetering door phenelzine zien, 24 procent door cognitieve therapie, en 20 procent door placebo's, de cognitieve therapie heeft op de lange duur meer effect); Gerald Le Klerman, 'Birth Cohort Trends in Rates of Major Depressive Disorder', *ibid.*, juli 1985, pp. 689-719 (laat een toename gedurende de 20ste eeuw zien); Dwight R. Kirkpatrick, 'Age, Gender and Patterns of Common Intense Fears among Adults', *Behavioural Research and Therapy*, vol. 22, no. 2, 1984, pp. 141-50 (in Indiana was destijds 30 procent van de vrouwen niet bang voor spinnen of slangen, 28 procent van de vrouwelijke adolescenten was bang lesbisch te zijn, terwijl mannen bang waren voor God, het afleggen van tentamens en de gevolgen van masturberen); John G. Carlson & A.R. Seifert, *Perspectives on Self-Regulation and Health*, Plenum, NY, 1991; John V. Basmajian, *Biofeedback: Principles and Practice for Clinicians*, Williams & Wilkins, Baltimore, 1989. Dit is maar een kleine selectie: het aantal feiten over angst is schrikbarend.

Geschiedenis van angst
Jean Delumeau, *La Peur en Occident*, Fayard, 1978; Jean Delumeau, *Le Péché et la peur*, Fayard, 1983; Jean Delumeau, *Rassurer et protéger*, Fayard, 1989; J.J. Barloy, *La Peur et les animaux*, Balland, 1982; Elie Griguer, *Guide des dangers et des risques qoutidiens*, Lefeuvre, 1980; George Pickering, *Creative Malady*, Allen & Unwin, 1974; Denis Duclos, *La Peur et le savior*, La Decouverte; 1989; James M. Burns, *Roosevelt: The Lion and the Fox*, Harvard UP, 1963; Vivian Worthington, *A History of Yoga*, Penguin, Arkana, 1989; Jean Varenne, *Le Yoga et la tradition hindoue*, Culture, Arts, Loisirs, 1974 (Eng. vert., *Yoga and the Hindu Tradition*, Vehic, 1976; George Feuerstein, *Encyclopedic Dictionary of Yoga*, Unwin, 1990.

11

Hoe nieuwsgierigheid de sleutel tot vrijheid is geworden

"Wat een voorrecht om over jezelf te kunnen praten", zegt Mauricette, een gepensioneerd garagehouder van 67. Ze praat echter over hoe interessant ze andere mensen vindt. Wanneer ze terugdenkt aan haar Parijse grootvader, die koetsier was op een huurrijtuig, is ze er zeker van dat hij een leven vol fantastische avonturen gehad moet hebben: wat kon opwindender zijn dan mensen te ontmoeten die je niet kent en ze naar een bestemming te brengen waar je geen idee van hebt? Als ze over haar vader praat, een handelsreiziger in elektrische gloeilampen die in 1919 een van de eerste winkels begon met reserveonderdelen voor auto's, bejubelt ze hem als pionier. Hij stierf toen ze begin twintig was. Ze stopte met haar filosofie-proefschrift om zijn bedrijf over te nemen. Ze maakte het twee keer zo groot en voegde er een garage aan toe, en was misschien wel een van de eerste vrouwelijke automonteurs. Nieuwsgierigheid is altijd haar voornaamste inspiratie geweest.

Maar na veertig jaar zakendoen begon de uitdaging om elke dag klanten tevreden te moeten stellen haar te vervelen. Toen ze merkte dat haar werknemers veranderingen aan haar voorstelden – terwijl het vroeger altijd zijzelf was die hen tot veranderingen placht aan te sporen en die herhaaldelijk de etalage anders inrichtte – realiseerde ze zich dat ze niet langer een pionier was. Toen ze ontdekte dat haar eens zo trouwe klanten haar in de steek lieten omwille van de paar francs die ze konden besparen door een reserveonderdeel in een supermarkt te kopen, en toen ze 's morgens wakker begon te worden met de gedachte: "Verdomme, ik moet naar m'n werk", wist ze dat er een fase in haar leven voorbij was.

Dus verkocht ze het bedrijf en begon ze op haar 63ste een tweede leven. "Als je gepensioneerd bent – ik haat dat woord – dan blijf je helemaal alleen achter in je eigen wereldje. Dat van mij was te klein voor me, omdat ik graag alles wil weten; ik ben net een vlinderverzamelaar. Ik was geschikt voor de handel, omdat ik levenslustig ben. Hoewel de dagen soms lang waren, waren ze nooit leeg. Altijd leerde ik wel iets. Ik genoot van het contact met mijn klanten. Als er in mijn jeugd beroepsvoorlichting was geweest, dan was ik nooit aan filosofie begonnen. Maar ik heb er geen spijt van, want het heeft mijn blik verruimd. Ik wilde elke baan proberen, alles weten. De winkel bepaalde mijn leven alleen overdag. Ik leerde nooit koken, deed nooit boodschappen, had altijd hulp in huis en ging 's avonds altijd uit. Ik hou van feesten, eten, mijn handen gebruiken, maar ook mijn geest, en ik wil graag iets weten over religie en psychologie."

Nu heeft ze haar werk vervangen door een aantal uiteenlopende vriendenkringen. Haar oudste vriendin is kapper. Ze begon heel bescheiden en bouwde geleidelijk een zaak op die de grootste en populairste salon was van de stad: "Ze was een echte baas." Mauricette bewonderde haar om het feit dat ze alles in zich had wat zijzelf niet bezat; ze zag er altijd perfect gekleed en opgemaakt uit: "Als ik een sjaal draag, bedekt die alleen mijn hals; maar bij haar lijkt het een wolk, geweldig chic. Voor mij was zij het symbool van vrouwelijkheid, iets wat ik aantrekkelijk vind, terwijl ik voor haar het symbool was van ernst en evenwicht." Met deze vriendin heeft Mauricette over de hele wereld gereisd, onder meer door China, Japan, Sri Lanka en de vs. Voor haar eigen land heeft ze geen belangstelling, want wat ze met reizen probeert te bereiken is het bekende te ontvluchten en zich over dingen te verbazen; dat is geen makkelijke ambitie wanneer "de televisie het vermogen doet slijten om van iets versteld te staan". Maar onlangs is de kapster ook met pensioen gegaan; ze is een ander mens geworden, niet langer een knappe, sociabele vrouw van de wereld, maar een kluizenaar, zonder de lust om uit te gaan. Mauricette kan niet begrijpen waarom, want zijzelf gaat vaker uit dan ooit.

Eén groep vrienden is om lol mee te hebben, naar restaurants te gaan en uitstapjes naar België te maken, een andere is voor serieuze gesprekken over serieuze onderwerpen, met regelmatige bijeenkomsten om over boeken te praten: op dit moment Teilhard de Chardin. "Ik ben verwikkeld in een spirituele zoektocht, zonder overigens door angst gekweld te worden." Het katholicisme waarmee ze was opgegroeid, was oppervlakkig, een voorwendsel om zich te socialiseren. Maar nu ze zowel meer als minder tijd heeft, begint ze na te denken over de eeuwigheid. "Ik ben niet klaar voor de dood – hoewel ik er niet bang voor ben – omdat ik nog niet volgroeid ben, mijn zoektocht naar God nog niet heb beëindigd en ook niet mijn ontdekking van andere mensen. Ik ben geen liefdezuster, maar ik hou van mensen, binnen zekere grenzen; ik wil graag iets over hen weten." Betekent het plezier dat ze beleeft aan ontmoetingen met nieuwe gezichten tijdens haar filantropische werk dat ze dat eigenlijk om egoïstische redenen doet? Daar maakt ze zich soms zorgen over, en soms ook over het feit dat ze het goed heeft in een wereld vol armoede. Maar ze probeert haar nieuwsgierigheid nuttig te maken voor andere mensen. Door weer naar de universiteit te gaan en morfopsychologie te studeren – waarbij je leert hoe mensen zijn – heeft ze de gelegenheid jongere studenten te ontmoeten die gebukt gaan onder familieproblemen en werkloosheid. Ze springt bij in de blindenbibliotheek en geniet van de gesprekken met degenen die daar gebruik van maken. Op andere dagen werkt ze als vrijwilliger op het station, waar ze de zwervers helpt. Maar het werk dat haar de meeste bevrediging biedt, verricht ze in een tehuis voor prostituees – "ik wist niets van hen, schonk niet meer aandacht aan hen dan aan zwerfhonden op straat, maar toen ik toevallig dit tehuis ontdekte, begon het me erg te interesseren hoe je een prostituee wordt, een dubbele persoon. Ik zorg voor twee van hen en ik heb geleerd hoe ouders hun kinderen het huis uitschoppen als er te veel monden zijn om te voeden, in het besef dat ze uiteindelijk in bordelen terecht zullen komen. Ik behandel deze prostituees als mensen, ik spreek geen oordeel over hen uit. Eentje zei tegen me: 'Je hebt lachende ogen en dat doet me goed.' Dat komt doordat ik me ervan bewust ben gelukkig te zijn. Veel mensen hebben een reden om gelukkig te zijn, maar weten dat niet."

Het vrijwilligerswerk, zegt Mauricette, heeft haar uiterlijk veranderd. "Ik heb een streng gezicht, maar nu glimlach ik op straat. Toen ik mijn garage had, glimlachte ik altijd, maar dat was een masker, het masker van de winkelier die vriendelijk is tegen zijn klanten. Maar als ik nu glimlach, is dat geen masker. Het is eerder zo dat ik een masker draag als ik niet glimlach, als ik mezelf met mijn egoïstische masker op presenteer aan mensen die me altijd zo gekend hebben – het zou te moeilijk zijn om te veranderen: de wereld van de handel is egoïstisch. Waar ik nu ten aanzien van mijn verleden spijt van heb, zijn mijn zonden van nalatigheid: ik schonk geen aandacht aan dingen die me hadden moeten laten ontploffen, en ik had er geen erg in. Ik probeer mezelf te verbeteren."

Alle vriendinnen van Mauricette zijn weduwen, ongehuwde of gescheiden vrouwen. Zij is nooit getrouwd. "Soms denk ik na over de geliefde die ik nooit heb ontmoet." Maar geen enkele man leek ooit in staat om haar te helpen zich te ontplooien. "Ik ga graag met mannen uit, maar ik hou er niet van om aan hen vast te zitten en ik heb nog nooit hartstochtelijk van een man gehouden. Het is overbodig om te zeggen dat ik geen maagd ben en ook geen martelaar." Sommige van haar vriendinnen zouden geschokt zijn als ze haar hoorden zeggen dat ze graag een man had willen zijn, hoewel ze het prima vindt om een vrouw te zijn. Haar beweegreden is dat ze zou willen weten wat mannen denken, wat ze voelen als ze bijvoorbeeld de liefde bedrijven. Ze vindt hun gedrag ongelooflijk en hun emoties bizar: hoe konden nazi-mannen mensen executeren terwijl ze Mozart draaiden? Mannen zijn vaak ook lafaards: "Ze hebben de moed niet om hun echtgenotes in de steek te laten als ze liever bij een andere vrouw zouden willen zijn." Soms denkt ze erover na hoe ze zich zou gedragen als ze getrouwd was met een man die rot tegen haar ging doen: "Ik bedoel niet dat hij me ontrouw was – hoe onaangenaam dat ook zou zijn – maar dat hij me moreel bedroog, me gebruikte, mij mijn blikveld ontnam. Ik vraag me af of ik een moordenaar had kunnen zijn, of ik hem had kunnen vermoorden, of ik iemand zou vernietigen die mij probeerde te vernietigen, die me belette te leven." Het is veel moeilijker voor vrouwen om voluit van het leven te genieten, zegt ze, omdat de samenleving voor mannen is georganiseerd en vrouwen meer wilskracht nodig hebben.

Van eenzaamheid heeft ze geen last, en ook niet van spijt dat ze geen kinderen heeft, omdat de winkel haar kind was. In haar zeventiende-eeuwse huis geniet ze van het gezelschap van al diegenen die daar ooit woonden en die daar op een bepaalde manier nog steeds wonen. Haar herinneringen zijn niet zozeer van haarzelf, als wel van andere mensen. Ze kijkt 's avonds niet naar haar familiefoto's, omdat ze die koud vindt. Ook denkt ze niet na over haar eigen verleden. In plaats daarvan leest ze elke avond voor het slapengaan ongeveer twee uur lang reisboeken, biografieën, geschiedenis- en psychologieboeken; die vormen nieuwe schakels met de wereld die ze niet kent. "We hebben allemaal veel facetten, maar slechts een paar daarvan zien het licht. Als ik doodga, zal ik zeggen: Waar zijn mijn andere facetten?"

Het leven lijkt steeds meer op een winkel waar je naar binnen kunt gaan om 'alleen maar rond te kijken' en de kleren te passen die daar verkocht worden, ook al heb je geen geld om ze te betalen. Acteurs besteden hun tijd grotendeels slechts daaraan, voor zichzelf en omwille van hun publiek; daarbij gaan ze op zoek naar hoe het voelt om iemand anders te zijn en ontdekken ze dat je een stukje van die iemand anders in je draagt. Iedereen is tot op zekere hoogte een acteur, maar slechts enkelen hebben de kans om veel rollen te spelen. Professionele acteurs worden het meest bewonderd waar vrijheid het hoogst wordt gewaardeerd. Acteren is immers een instrument van vrijheid, dat mensen in staat stelt zich te realiseren dat ze niet in zichzelf gevangen zitten, maar anderen kunnen begrijpen en door hen begrepen kunnen worden.

Charlotte Kady is nog maar een aankomend sterretje. Ze begint beroemd te worden vanwege haar rollen in films van Bertrand Tavernier. Vroeger genoot ze meer plaatselijke bekendheid als presentator van een kinderprogramma op de Franse televisie. Ze wil nog beroemder worden, omdat dat de enige manier is om een ruimere keuze aan rollen te krijgen. Maar welke rol kan zij spelen?

Tot nu toe kent de wereld haar hoofdzakelijk als een stralend, blij meisje. "Dat beeld heb ik zelf geschapen. Ik deed alsof ik in alle opzichten fris en gezond was en geen problemen had. Maar binnen in mij zat angst." Haar kinderjaren waren inderdaad grotendeels gelukkig, behalve dat ze omringd werd door iets wat aanvoelde als een hek van prikkeldraad. Haar vader was Algerijn: een arts, opgeleid in Frankrijk, die ervoor koos om zich in Lyon te vestigen en met een Franse studente geneeskunde te trouwen, en die tijdens het geweld van de Algerijnse Onafhankelijkheidsoorlog gedwongen was om negen maanden lang onder te duiken, juist op het moment dat Charlotte geboren werd. Op school was racisme het hek dat de kinderen optrokken om degenen die anders waren. "Ik loog, deed net of ik Turks was, niet Algerijns, omdat ik een Russisch-Turkse grootmoeder had. Ik was bang dat ik door de mand zou vallen. Ik heb enorm geleden onder het anti-Arabische gepraat van mensen die dachten dat ik aan hun kant stond." Zelfs de familie van haar moeder weigerde het huwelijk met een Arabier te accepteren. Maar het is natuurlijk nuttig voor een actrice om twee afkomsten te hebben.

Ze heeft moeten vechten voor de vrijheid om een actrice te zijn. Als kind waren vermommen en imiteren haar favoriete spelletjes, maar als je in de respectabele wereld van de provinciale middenklasse zei dat je op het toneel je brood wilde verdienen, was dat nog altijd bijna hetzelfde als aankondigen dat het je ambitie was om prostituee te worden. Haar leraren vonden dat ze wiskundige moest worden, maar in haar vrije tijd las ze elke acteursbiografie die ze maar kon vinden. Ze was dus al twee personen in één lichaam. Om erachter te komen wat ze nog meer kon zijn, of wat ze nog meer in zich had, kondigde ze aan dat ze in Parijs wilde studeren.

Elke grote stad is een gigantisch theater, waar mensen uit de provincie met maskers op naartoe komen en nieuwe rollen uitproberen. Parijs is bijzonder succesvol geweest, omdat het zijn inwoners altijd heeft gestimuleerd om nieuwe rollen te bedenken. Zoals de *Grand Dictionnaire Larousse* in 1874 schreef, was zijn "hoogstaande cultuur" het resultaat van een "voortdurende kruising en vermenging"; nog steeds is slechts één op de vier inwoners daar geboren. Omdat Charlottes zus ambtenaar in de senaat was, kon ze bij haar wonen; dat was respectabel, en haar ouders vonden het goed. Maar in Parijs studeerde ze niet alleen aan de universiteit (waar ze vloeiend Russisch, Duits en Engels leerde spreken), maar ook op een toneelschool; zo studeerde ze af in reclame, theater en televisie. "Ik weet nog steeds niet hoe getalenteerd ik ben, of ik een gemiddelde actrice zal worden of een uitmuntende. Daar zal ik pas achter komen als ik meer ervaring heb. Ik heb het gevoel dat ik alles in me heb, maar het hangt niet alleen van mij af of ik het eruit kan halen. Ik moet door anderen erkend worden. En dat is deels een kwestie van toeval." Inderdaad kreeg ze haar eerste klus bij toeval: ze was met een vriendin meegegaan die auditie moest doen; de regisseur koos haar, hoewel ze achterin zat en niet had gesolliciteerd. "Toeval heeft altijd op mijn weg gelegen."

Niet alleen als student leidde ze een dubbelleven. Met mannen speelde ze zowel de rol van man als die van vrouw. De eerste man met wie ze samenleefde was een acteur die het niet kon uitstaan dat zij succes had terwijl zijn eigen carrière flopte. Hij zei dat ze hun inkomens moesten delen — hetgeen betekende haar inkomen. Daar ging ze mee akkoord, op voorwaarde dat hij meer zijn best deed om werk te vinden. Maar hij raakte er steeds meer aan gewend om van haar afhankelijk te zijn, alsof het normaal was dat alleen zij werkte. Hij smeet met haar geld, kocht allerlei luxeartikelen, gebruikte haar creditcards en liet haar bankrekening rood staan. "Dat maakte een einde aan mijn blindheid en ik hield op van hem te houden." Toen ze aankondigde: "Ik ga weg, ik hou niet van je", dreigde hij met zelfmoord en stond hij op de balustrade van de zesde verdieping, totdat zij beloofde hem niet te verlaten. Pas toen ze voor haar werk drie maanden weg moest, was ze uiteindelijk sterk genoeg om te gaan. "Hij zei dat hij niet zonder me kon leven en greep me bij de keel. Ik gilde. Gelukkig hoorden mensen mij en kwamen me redden." Nu, vier jaar later, is hij veranderd. "Ik heb hem altijd gezegd dat zolang we bij elkaar bleven, hij alleen maar zou stilstaan en dat het hem goed zou doen als we uit elkaar gingen. Hij heeft voor zichzelf moeten vechten en dat heeft gewerkt."

Haar tweede geliefde had ze met meer zorg uitgekozen. Hij was een student geneeskunde die in een andere stad woonde en deel uitmaakte van een andere wereld. "Ik wilde vermijden dat ik opgeslokt zou worden in het typische leven van een stel." Maar hij was vastbesloten om met haar te pronken, om haar zich te laten gedragen als een echtgenote die alleen zo nu en dan een baan had: "Hij kon niet begrijpen dat mijn werk mijn passie is. We zaten op verschillende golflengten."

Dat ze elke dag op de televisie is en op straat door mensen begroet wordt, en dat er in de kranten artikelen over haar staan, heeft haar niet verwaand gemaakt, zegt ze, maar volwassen. Haar partner in haar programma, Emmanuelle Bataille (die later ook een rol had in Taverniers film *Daddy nostalgie*), werd haar onafscheidelijke boezemvriendin. Hun relatie is "het equivalent van een liefde, net zo sterk als die van een stel, zonder de seks; daardoor geloof ik dat een relatie met een man veel meer moet zijn dan seksueel". Emmanuelle is Charlottes tegenpool: verlaten door haar ouders, ontredderd door een moeilijke kindertijd en door een huwelijk dat uitliep op een scheiding, pessimistisch en ervan overtuigd dat ze lelijk en oninteressant was; ze keek dwars door Charlottes uiterlijke opgewektheid heen en zag de beschroomdheid en angst achter haar imago van een blozend meisje: "Ik zal je van je masker ontdoen", zei ze. Op haar beurt helpt Charlotte Emmanuelle in haar strijd tegen haar buien. "We zijn als twee zussen, heel intiem."

Charlotte is praktiserend katholiek, maar onder invloed van Emmanuelle is ook haar geloof dubbel geworden. Emmanuelle is zowel boeddhistisch als katholiek. Charlotte is er sinds haar kleutertijd van overtuigd geweest dat ze een vorig leven heeft gehad. Het lezen van geschiedenisboeken was als een herinnering aan een verleden dat ze heeft meegemaakt. Ze gelooft in het bijzonder dat ze een courtisane geweest is aan het hof van Lodewijk XIV. "Als Mozart op zijn vijfde kon componeren, dan moest hij de ziel van iemand anders in zich hebben gehad. ... Als meisje dacht ik dat ik in een vorig leven misschien een vlieg was geweest, omdat het leven van een vlieg zo vreselijk moet zijn." Ze haalt haar inspiratie als actrice niet uit de ervaring van één enkel leven. Betekent dat dat haar leven vooraf bepaald is? "We zijn op deze wereld voor een doel, we hebben een missie te vervullen, we zijn begiftigd met kwaliteiten die we kunnen ontwikkelen."

Bijgelovig: zonder te aarzelen geeft ze toe dat ze dat is, in hoge mate, hoewel ze zichzelf liever "intuïtief" noemt; ze voegt eraan toe: "Ik geloof volledig in helderziendheid." Jaren geleden deed een helderziende voorspellingen over haar die uitkwamen. Recenter deed een andere haar versteld staan door over details van haar privé-leven te praten waar niemand iets van wist: "Ik ben ervan overtuigd dat zij dingen zien die wij niet kunnen begrijpen." De voorspelling was dat de man van haar leven veel ouder zou zijn dan zijzelf. Bertrand Tavernier is twintig jaar ouder, en met hem leeft ze nu samen.

Tavernier heeft bijna nooit een film gemaakt waarin hij niet uithaalt naar de Katholieke Kerk. Maar zij vertelt hem over haar geloof en hij luistert, zonder iets te zeggen. Vroeger wachtte hij buiten wanneer zij een kerk binnenging om te bidden. Maar na de dood van zijn vader heeft hij op een keer een kaarsje aangestoken en naast haar gebeden. Hij was zeer intiem met zijn vader, een ander onderwerp waar ze het niet over hebben. Maar deze relatie werkt omdat Charlotte zichzelf als Taverniers gelijke beschouwt, ook al is hij zoveel beroemder dan zij. Sommige mensen zeggen dat ze wel een vader zal zoeken of dat hij haar beslist zal vermorzelen: maar dat is niet zo. Ze voelt zich totaal niet vermorzeld, "simpelweg omdat ik een onbekende actrice ben. Vaak ben ik sterker dan hij. Ik voel me sterk op punten waar hij zwak is." Ze geeft hem wat hij ontbeert. Zijn gereserveerdheid wordt gecompenseerd door haar openheid. Hij zegt dat hij enorm veel aan haar te danken heeft. "Omdat er sprake is van gelijkheid, we vormen een evenwicht." Geen van de vrouwen die hij na zijn scheiding van Colo O'Hagan leerde kennen kon het feit accepteren dat hij beroemd was en zij niet. Hij was bezorgd dat hun relatie eronder zou lijden als Charlotte voor drie maanden bij een reizend repertoiregezelschap ging werken, maar zij was vastbesloten om zelf haar carrière vorm te geven. Ze belden elkaar iedere dag op. Doordat ze niet bij elkaar waren, begonnen ze te beseffen wat ze misten. "Twee levens leiden betekent dat je elkaar twee keer zoveel dingen te vertellen hebt."

Acteurs kunnen niet klagen dat ze te gecompliceerd zijn. Het is bijna hun taak om gecompliceerd te zijn, om hun verbeeldingskracht overeind te houden. "Actrice zijn", zegt Charlotte Kady, "betekent dat je je voedt met de veelzijdigheid van het leven". Ze stelt zichzelf tegenover haar oudere zus, die een belangrijke baan heeft als ambtenaar en briljant is als ze het over problemen van de overheid heeft, maar wier zelfvertrouwen verdwijnt als het gesprek overgaat op het privé-leven, waarover ze weinig te melden heeft. De wereld van de overheid probeert zich door middel van hoge muren af te scheiden van die van intieme gevoelens. Wetten aanvaarden en daarmee bekendmaken welke vrijheden er zouden moeten zijn, is één ding. Ontdekken hoe het voelt om vrij te zijn, is totaal iets anders.

De meest succesvolle remedie tegen angst was nieuwsgierigheid, maar niet gewoon elke willekeurige soort nieuwsgierigheid. Geïnteresseerd zijn in je werk, in een paar hobby's en in een paar mensen laat te veel zwarte gaten achter in het heelal.

Telkens wanneer er een baby wordt geboren, verschijnt er een nieuwe vuurtoren die nieuwsgierigheid uitstraalt, en lijkt de wereld weer interessant te zijn. Vorig jaar verwelkomde de aarde 78 miljoen nieuwe vuurtorens, maar hoeveel daarvan zullen na twee, drie of vier decennia vanaf nu hun vuur hebben verloren? In het verleden hebben erg weinig mensen hun oorspronkelijke belofte waargemaakt of zijn in staat geweest om met meer dan een fractie van hun vermogen te functioneren. Ze hebben altijd oogkleppen opgezet en muren om zich heen gebouwd om hun nieuwsgierigheid in bedwang te houden. Individuen die hun onafhankelijkheid wilden verdedigen, hebben altijd moeten vechten om de obstakels op de weg van nieuwsgierigheid af te breken. Als het een van de voorwaarden van vrijheid is dat je in staat bent om voor alles belangstelling te hebben, dan is vrijheid duidelijk niet een vrucht die je gewoon van een boom plukt.

Het eerste obstakel voor nieuwsgierigheid was de traditie dat het gevaarlijk is. De mythologie zit vol met straffende goden die degenen neerslaan die te veel wilden weten. En in de bijbel staat: "Hij die kennis vermeerdert, vermeerdert smart" (Prediker 1:18). Zelfs de joviale, onwettige kosmopoliet die door toenmalig Europa als held werd gekozen, Erasmus van Rotterdam (1466-1536), de vijand van elke vorm van dogmatisme en oorlog, hield vol dat nieuwsgierigheid voorbehouden moest blijven aan de elite en geen "vrouwelijke kletskousen" mocht bezoedelen.

De eerste verklaring van het recht op nieuwsgierigheid was afkomstig van Descartes (1596-1650), een door en door rusteloze man die voortdurend verhuisde op zoek naar gemoedsrust, van stad naar stad en van land naar land. Hij was echter ook een man die het heerlijk vond in bed te liggen en daaraan hechtte; omdat hij een zwakke gezondheid had, gunden zijn leraren op school hem het unieke privilege om laat op te staan: zijn hele leven hield hij vast aan deze gewoonte, omdat hij het bed als de beste plaats beschouwde om te denken, en het stimuleerde hem om van denken de absolute essentie van het menszijn te maken. Hij deed de historische en afvallige uitspraak dat nieuwsgierigheid iets was wat in alle mensen zat, dat niets haar kon tegenhouden en dat het onvermijdelijk is dat hoe meer je weet, hoe nieuwsgieriger je wordt. Montaigne (1533-1592) legde uit hoe je nieuwsgierigheid in het dagelijks leven moest gebruiken; hij zette zijn lezers ertoe aan om "het mysterie van alledaagse dingen" te onderzoeken en tijdens het reizen niet bang te zijn voor "de besmettelijkheid van een onbekende lucht". Nieuwsgierigheid, voegde Thomas Hobbes (1588-1679) daaraan toe, is "de lust van de geest", die verschilde van "de korte hevigheid van de vleselijke lust" in de zin dat hoe meer je eraan toegeeft, hoe meer je erdoor geboeid wordt.

Maar de meeste mensen bleven op hun hoede voor nieuwsgierigheid. Aan het einde van de negentiende eeuw werd, zelfs in de vs, "zuivere nieuwsgierigheid", in de vorm van zuiver wetenschappelijk onderzoek, beschouwd als een overbodige luxe. Zakenlieden waren zelden bereid om iets te steunen, behalve toegepaste wetenschap; dat was nuttig voor de grote massa, terwijl de rest "zinloze nieuwsgierigheid" was. Zelfs in de jaren vijftig vonden Amerikaanse vrouwen wetenschappelijk onderzoekers ongewenste echtgenoten, niet alleen omdat ze niet om geld gaven, maar ook omdat het geen "gewone jongens" waren met dezelfde smaken en interesses als ieder ander.

De geschiedenis van de spin laat zien dat nieuwsgierigheid nog steeds allesbehalve gewonnen heeft. De spin is een van de weinige wezens die gedurende hun 250 miljoenjarige bestaan niet veranderd zijn. Hoewel mensen zo lang de tijd hebben gehad om aan zijn zes ogen en acht poten te wennen, vinden ze het nog altijd moeilijk om belangstelling te hebben voor de problemen die dat veroorzaakt. Ze hebben alles gedaan om nieuwsgierigheid te vermijden. Eerst gaven ze er de voorkeur aan de spin te vereren: bij Afrikanen en bij de Inca's was de spin een god, een schepper van de sterren, een tussenpersoon tussen het sterfelijke en het goddelijke. Indiërs maakten hem in hun vindingrijkheid tot het symbool van de vrijheid, omdat hij het enige wezen is dat langs zijn eigen schoenveters omhoog kan klimmen. In Siberië, Vietnam en Colombia brengt hij dode zielen naar de hemel. Maar de joodse profeten keerden zich tegen hem: Job vond zijn web te fragiel en Jesaja hield niet van zijn vergif. In de vijftiende eeuw sloeg minachting om in panische angst, toen Italianen hysterisch werden als ze er eentje zagen. Sindsdien heeft de meerderheid van de mensheid gewoon niet willen weten wat spinnen doen of hoe onmisbaar ze als ongediertebestrijders zijn voor haar eigen overleving, zonder daarvoor erkenning te krijgen. Zelfs in de vs, toegewijd aan vrijheid, is zeventig procent van de vrouwen niet in staat geweest zich te bevrijden van angst bij het zien van een spin.

Het zou misschien anders geweest zijn, als de spin net als de bij gedomesticeerd was, wat ook bijna was gebeurd. Eén Fransman fabriceerde sokken en handschoenen van zijn zijden draden. Een andere (de uitvinder van de kunstmatige incubator, Réaumur) begon ze te fokken, maar gaf het op omdat het te duur was; hun onverdraagzaamheid jegens elkaar vereiste namelijk dat ze ieder in een aparte kooi gehouden werden. De vrouwtjesspin heeft een ware gave om zonder mannetjes te leven, aangezien ze voor maximaal achttien maanden sperma kan opslaan; zodoende heeft ze de neiging om het mannetje op te eten wanneer hij eenmaal zijn diensten heeft bewezen. Maar dit wekte niet veel nieuwsgierigheid bij mensen van het mannelijke of vrouwelijke geslacht. Réaumur leefde in een tijd dat insecten (hoewel spinnen ten onrechte als insecten worden beschouwd) het niet waard werden geacht om in een encyclopedie genoemd te worden, zelfs door de liberale Diderot. Toen Victor Hugo de spin te hulp kwam, was dat uit edelmoedigheid, niet uit nieuwsgierigheid: "Ik hou van de spin en de brandnetel", zei hij, "omdat iedereen er een hekel aan heeft".

Om nieuwsgierigheid ten aanzien van dieren mogelijk te maken, moesten mensen zich eerst ontdoen van alle angstaanjagende mythen die ze over hen hadden bedacht, stoppen met de strijd die ze vanaf het allereerste begin tegen hen hadden gevoerd en bovenal ophouden te denken dat alles wat leefde alleen maar bestond ten nutte van het menselijk ras. Dat betekende ophouden jezelf interessanter te vinden dan al het andere. Pas toen kon het idee worden geboren dat mensen zich niet wreed tegenover dieren dienden te gedragen. De rol van kinderen, en van degenen die hun kindertijd niet vergeten, in het creëren van dat idee heeft nooit erkenning gekregen, hoe wreed kinderen ook kunnen zijn: uit een onderzoek naar de houding van Parijzenaars tegenover ratten bleek dat tachtig procent van de volwassenen daar bang voor was tegenover slechts zes procent van de kinderen. Dus misschien is het moment daar om meer nieuwsgierigheid te tonen ten aanzien van de opkomst en ondergang van nieuwsgierigheid.

Niets is moeilijker geweest dan graag iets te willen weten over een voorwerp of een persoon zonder belemmerd te worden door vooropgezette ideeën. Soms wordt de sluier opgetrokken, en degene die dat doet wordt een genie genoemd. De sluier is echter vaak genoeg opgetrokken om het ook voor gewone stervelingen mogelijk te maken te zien hoe dat in zijn werk gaat.

Een van de eerste mysteries die mensen trachtten op te lossen was de betekenis van het voortdurende kloppen van hun eigen hart. Dat ze niet dom waren bleek al gauw, want omstreeks 2000 voor Christus waren ze tot de conclusie gekomen dat het de pomp was die het bloed door hun lichaam deed circuleren. Maar dat inzicht bestond alleen in China, waar het *Geneeskundige boek van de gele keizer* scherpzinnig genoeg was om 28 verschillende soorten hartslag te onderscheiden. Niettemin bleven deze ideeën voor de algemene nieuwsgierigheid in een sluier gehuld, gewikkeld in de complexiteit van de traditionele Chinese geneeskunst. Hoewel mensen niet dom zijn, bleven ze doorgaans hardnekkig vasthouden aan hun oude ideeën; niet alleen uit angst voor het onbekende, maar ook omdat een oud idee deel uitmaakt van een denksysteem, dat vergelijkbaar is met een spinnenweb: alle onderdelen ondersteunen elkaar, en wanneer je er eenmaal in zit, kom je er niet meer uit. China's ontdekking werd genegeerd door het merendeel van de rest van de wereld, dat vastzat in andere spinnenwebben en tot aan de zeventiende eeuw na Christus sterke verhalen bleef geloven over wat het hart deed. Hoewel een professor uit Caïro, Al Nafis (die stierf in 1288 na Christus), de ontdekking doorgaf in een boek dat vertaald werd in het Latijn, waren maar heel weinig mensen bereid te luisteren of te kijken.

Zowel christenen als moslims bleven liever verstrikt in het spinnenweb dat door Galenus (130-200 na Christus) was gefabriceerd. Hij was opgeleid in Alexandrië en vervolgens werkzaam als arts aan een school voor gladiatoren in Klein-Azië. Hij stelde dat het hart geen pomp was, maar een soort haard die lichaamswarmte produceerde. Gedurende ongeveer duizend jaar kenden vrijwel alle artsen in het Westen en het Midden-Oosten zijn handboeken uit het hoofd, en niets van wat ze bij hun patiënten zagen, kon hun nieuwsgierigheid tot een andere verklaring inspireren. De reden was dat de ideeën van Galenus een coherent geheel vormden. Hij had ook filosofie gestudeerd en liet artsen niet alleen zien hoe ze naar het lichaam moesten kijken en hoe ze consistente adviezen konden geven over voeding, groei en vitaliteit, maar ook hoe ze zich als mens en als arts moesten gedragen. Hij wierp zich op als modelarts; hij vroeg zijn leerlingen of patiënten nooit om een honorarium en zei dat hij zijn praktijk uitoefende uit "liefde voor de mensheid ... zodat ik het grootste deel van de nacht wakker blijf, niet alleen omwille van de zieken, maar ook vanwege de schoonheid van het studeren". Hij leefde bescheiden en bezat slechts twee gewaden, twee stel huishoudelijke benodigdheden en twee slaven. Natuurlijk imiteerden veel artsen deze onzelfzuchtige toewijding niet, maar ze koesterden het ideaal en hadden dat nodig. Hun zelfrespect raakte nauw verbonden met zijn leer.

De fouten van Galenus bleven voortleven, ook al leerde hij dat je oude boeken niet slaafs moet geloven. Als zijn leerlingen zorgvuldiger naar hem geluisterd hadden, dan zouden ze niet verlamd zijn geraakt door zijn ideeën. Hij zei dat sommige mensen hem uitlachten, omdat "hij zich langzaam voortbewoog, en daarom dachten ze dat hij een uiterst argwanende figuur was", wat hij ook was en waartoe hij anderen ook aanzette. "Ik weet niet hoe het gekomen is, als een wonder of door goddelijke inspiratie, in een vlaag van waanzin of hoe je het ook wilt noemen, maar al vanaf mijn jeugd heb ik de opvatting van de grote massa veracht en heb ik verlangd naar de waarheid en naar kennis, in de mening dat de mens geen edeler of goddelijker bezit kon hebben. ... We moeten moedig zijn en op zoek gaan naar de Waarheid. Ook al slagen we er niet in haar te vinden, zullen we er op zijn minst dichter bij komen dan nu." Mensen die zelf proberen na te denken, weten dat de spinnenwebben die ze fabriceren fragiel en onvolledig zijn. Maar degenen die er genoegen mee nemen leerling te zijn en verstrikt raken in de spinnenwebben van anderen, vergeten die fragiliteit en denken dat ze terechtgekomen zijn op een stevige, stabiele ondergrond. Overgenomen ideeën, die oorspronkelijk slechts als spinrag bedoeld waren, nemen aldus vaste vorm aan en verstenen. Ideologieën worden dogma's, en nieuwsgierigheid, die vrij als de wind zou moeten waaien, wordt plotseling bewegingloos. Maar dat hoeft niet zo te zijn. Nieuwsgierigheid is niet gedoemd om haar vrijheid te verliezen.

Een paar wetenschappers waren wel zo nieuwsgierig om het hart te bekijken en te zien wat het deed, maar ze ontdekten hoe moeilijk het is om te ontsnappen uit een nauwsluitend spinnenweb van ideeën. Andreas Vesalius uit Brussel (1514-1564) bijvoorbeeld wijdde zijn leven aan het bestuderen van de anatomie van de mens, vastbesloten om zelf na te denken. "Ik studeerde zonder leermeester", hield hij trots vol, hoewel hij vele jaren doorbracht aan de universiteiten van Leuven, Parijs, Bologna en Padua. Hij had de gewoonte om langs de kant van de weg op zoek te gaan naar de lichamen van geëxecuteerde misdadigers, wier vlees al voor de helft door de vogels was afgekloven, en nam ze, beschermd door de duisternis, in stukken mee naar huis om ze te bestuderen. In Parijs bracht hij vele uren door op het 'Kerkhof van de Onschuldigen', waar hij oude botten ondersteboven keerde, "waarbij ik ernstig gevaar liep vanwege de vele woeste honden". Zijn studenten vereerden hem, omdat hij lijken zelf ontleedde in plaats van dat door een assistent te laten doen. Ze werden zo enthousiast – hij noemde hen "mijn dierbare studiegenoten" – dat ze op een keer het lichaam van "een knappe maîtresse van een zekere monnik" ontvoerden door het onmiddellijk nadat het begraven was uit het graf te rukken, de hele huid er afstroopten om het onherkenbaar te maken en het vervolgens ter ontleding aan hun meester aanboden. Met de lijken aan katrollen waren Vesalius' ontledingen grote theatervoorstellingen, ook al was de stank ondraaglijk. Een rechter die erbij aanwezig was, was zo onder de indruk dat hij de lichamen van veroordeelden ter beschikking stelde, en soms executies zelfs uitstelde om de professor ter wille te zijn.

Vesalius liet zien dat Galenus' beschrijvingen van de anatomie van de mens vaak onjuist waren. De laatste had zich gebaseerd op gevolgtrekkingen uit de lichamen van dieren, voornamelijk honden en apen. Vesalius stelde twee skeletten naast elkaar op, eentje van een aap en eentje van een mens, "in elkaar gezet uit de botten van een Franse priester", om de verschillen duidelijk te maken. Hij schreef een prachtig boek in zeven delen, *Anatomie, oft levende beelden vande deelen des menschelicken lichaems*, waarin hij het in frappante houdingen liet zien, getekend door de leerlingen van Titiaan. Maar veel mensen weigerden hem te geloven. Als Galenus ongelijk leek te hebben, zeiden ze, dan moest dat te wijten zijn aan een fout in de vertaling van zijn boeken of aan "de degeneratie van de menselijke soort" sinds zijn tijd. Ook Vesalius zelf slaagde er niet in aan Galenus' spinnenweb te ontsnappen. Er waren nog steeds dingen die hij niet kon zien waarvan hij dacht dat ze er waren omdat Galenus dat gezegd had. Hij kon de onzichtbare "roetkleurige dampen" die het hart volgens Galenus produceerde niet van zich afschudden, en evenmin nam hij de bloedcirculatie waar. Zelfs William Harvey (1578-1657), die haar uiteindelijk vaststelde, bleef verstrikt in nog oudere aristotelische veronderstellingen over "levenskracht" in het bloed. Hij maakte zich zorgen dat sommige van zijn ideeën "zo nieuw zijn en tot nu toe door niemand geuit, dat wanneer ik erover praat, ik niet alleen bang ben dat ik misschien zal lijden onder de kwaadwilligheid van enkelen, maar ook vrees dat iedereen zich tegen mij zal keren. Zozeer is het ieders tweede natuur om een algemeen aanvaarde gewoonte en leer te volgen die, sinds hij voor het eerst werd ingeprent, diepgeworteld is; zozeer worden mensen beïnvloed door een vergeeflijk respect voor de oude schrijvers."

De oogkleppen die alle mensen ophebben, vallen niet af als ze simpelweg wetenschappelijker worden. Thomas Kuhn heeft laten zien hoe het werk van de meeste wetenschappers erop gericht is de denksystemen die hun tijdperk domineren te versterken en hoe ze ervoor zorgen dat nieuwe feiten in die systemen passen, of "paradigma's", of spinnenwebben, die er doorgaans eeuwen over doen om in elkaar te storten. Nu wordt het duidelijk dat de grenzen die de wetenschap aan nieuwsgierigheid stelt de laatste tijd in aantal zijn toegenomen. Laboratoria zijn niet alleen buitenposten in de strijd tegen de onwetendheid. Het zijn ook vestingen waarin specialisten zichzelf afsluiten voor de afleidingen van andere vormen van kennis. Slechts weinig wetenschappers zijn in staat de veronderstellingen van hun werk in twijfel te trekken, omdat de competitie om erkenning te krijgen zo intens is. Zonder de steun van degenen die de macht hebben, kunnen ze niet doorgaan. En degenen die de macht hebben, zijn even grote experts in politieke spelletjes als in onderzoek.

De knopen waarin wetenschappers zichzelf verstrikken, zijn beschreven door twee antropologen die een laboratorium voor endocrinologie bezochten en elke handeling vastlegden alsof die deel uitmaakte van het religieuze ritueel van een stam. Ze troffen een wetenschapper aan die stelde dat de veldtochten van Napoleon de inspiratie verschaften voor zijn onderzoeksmethoden: rivaliserende teams in verschillende landen hadden acht jaar lang een onderlinge strijd gevoerd om een probleem op te lossen; en hij sprak over zijn 'gebied' als "een slagveld, bezaaid met de lijken van rivalen". Een arts sloot zich bij dit team aan. Hij zei dat hij zijn medische praktijk niet alleen opgaf om meer geld te verdienen, maar ook om "een heel schaars goed" te verwerven, "erkenning door mijn collega's; ik wilde positieve feedback als bewijs van mijn intelligentie – daar zijn patiënten niet zo goed voor". Maar erkenning is moeilijk te krijgen: van de 64 wetenschappelijke essays die het team publiceerde, werden er in de hele wereld slechts acht ooit door iemand geciteerd. De overgrote meerderheid van wetenschappers wijdt een groot deel van haar inspanningen aan het schrijven van artikelen die nooit gelezen worden. Ze begeven zich liever op het ene terrein dan op het andere, niet alleen omdat ze het fascinerend vinden, maar net zo vaak omdat het minder druk bezet lijkt en daardoor meer succeskansen biedt, of omdat ze beschermheren vinden die hen aan subsidies kunnen helpen. Hoe georganiseerder, duurder en gespecialiseerder de wetenschap is, hoe meer wordt de individuele nieuwsgierigheid belemmerd. Wetenschap op zichzelf verdrijft geen angst.

Slechts nieuwsgierigheid die geen grenzen kent, kan effectief zijn tegen angst. Maar rond het begin van de achttiende eeuw werd die optie verlaten en werd het ideaal van encyclopedische kennis vervangen door specialisatie. Jezelf terugtrekken in een vesting van beperkte kennis betekende dat je jezelf op eigen bodem kon verdedigen. Het gaf je een beperkt soort zelfvertrouwen. Maar het liet je hulpeloos achter op enorme terreinen van je leven, vooral het emotionele gedeelte. Nu de stilten die door specialisatie zijn voortgebracht oorverdovend zijn geworden, en nu informatie de lucht vult als nooit tevoren, is het mogelijk die keuze te heroverwegen en onszelf af te vragen of veel mensen niet beter af zouden zijn als ze opnieuw op zoek zouden gaan naar de weg die verder leidt dan specialisatie en de wereld als een geheel probeerden te zien.

De eerste doordachte analyse van nieuwsgierigheid werd gemaakt door Alexander von Humboldt (1769-1859), wiens ontdekkingen op het gebied van de fysiologie, zoölogie, botanie, antropologie, archeologie, meteorologie en geografie (waarvan hij als een van de grondleggers wordt beschouwd) waarschijnlijk ongeëvenaard zijn in hun draagwijdte. Wat hij met zijn kennis deed, is nog interessanter. In tegenstelling tot Einstein, die zijn genialiteit gebruikte om de onzekerheid te bevechten waar hij doodsbang voor was, en in tegenstelling tot Hawking, die volgens zijn vrouw niets kan vinden waarmee hij God kan vervangen behalve hemzelf – die beiden op geen enkele manier de doelen of houdingen van gewone mensen hebben veranderd – probeerde Humboldt een nieuwe levenswijze te halen uit zijn onderzoeken, hoe abstract sommige daarvan ook mogen lijken. Dit is ongebruikelijk, omdat het in strijd is met de regels van specialisatie. Die vereisen immers dat je je niet uitlaat over onderwerpen waarin je geen ervaren expert bent; en aangezien niemand een expert kan zijn in de levenskunst, is het gevaarlijk geworden om daarover te praten. Intellectuelen hebben zich daarom steeds meer beperkt tot klagen over het gebrek aan waarden in de moderne tijd. De betekenis van Humboldt is dat hij een link durfde te leggen tussen kennis en gevoel, tussen wat mensen in het openbaar geloven en doen en wat hen in hun privé-leven bezighoudt.

Humboldt was een pionier in mondiaal denken, zonder te verhullen dat het niet alleen zijn doel was om de wereld in zijn totaliteit te begrijpen, maar evenzeer om de pijn te vermijden als gevolg van de tragedies die die wereld voortdurend teweegbrengt. Zijn *Natuurbeschouwingen* (1808) is opgedragen aan "geesten die overstelpt zijn met zorgen ... [en behoefte hebben] om de storm van het leven te ontvluchten". Hij voegde daaraan toe: "Laat degenen die genoeg hebben van het gekletter van strijdende landen hun aandacht richten op het stille leven van de plantenwereld ... en onthouden dat de aarde blijft wemelen van nieuw leven." Dus de manier om over de tragedies van het bestaan heen te komen was die vanaf een grotere afstand te bekijken, hun onderlinge samenhang vast te stellen en een besef te ontwikkelen dat je deelhebt aan een universeel proces. Zoals Humboldts broer Wilhelm, de eminente linguïst, opmerkte, had Alexander "een afschuw van het op zich staande feit" en meende hij dat "om iets te onderzoeken je het van alle kanten moet benaderen". De beloning, zei Alexander, is dat je het gevoel hebt dat je "in contact staat met de hele aarde". De romantische idealisering van het leven scheen hem nutteloos, en de visie dat mensen de gevangenen van de natuur waren onacceptabel: zijn doel was de weg naar de vrijheid te wijzen. Het hebben van een universeel perspectief betekende bijvoorbeeld de verwerping van racisme, dat de geesten van de meerderheid van de ontwikkelde westerlingen tot na 1945 gevangen hield; maar Humboldt schreef resoluut: "Er zijn geen inferieure rassen. Iedereen is in gelijke mate voorbestemd om vrijheid te verwerven." Een andere ongebruikelijke opvatting van hem was dat het zonder een verscheidenheid aan opvattingen niet mogelijk is de waarheid te ontdekken. En het doel van het kennen van de waarheid moet "niet macht zijn, maar het genieten van het leven". Daarom was zijn onderzoek erop gericht om "een inzicht te doen ontwaken in alles wat aangenaam is". Het ontdekken van eendracht biedt een tegenwicht tegen de tragedies. Hij overtuigde zichzelf ervan dat "het enige denkbeeld dat uit de geschiedenis tevoorschijn komt, het concept van vermenselijking is, de neiging om de barrières van vooroordeel en religie af te breken, en de mensheid te zien als één grote gemeenschap die in staat is haar inherente capaciteiten te ontwikkelen". Humboldt bleef een gevangene in het spinnenweb van zijn tijd – naïef optimisme – en verzuimde in te zien dat de geschiedenis zowel achterwaarts als voorwaarts kon gaan; maar wanneer je zijn ideeën van deze naïveteit bevrijdt, blijven ze wezenlijk en krachtig.

Hij was een van de meest bewonderde mensen van zijn tijd – Amerikaanse toeristen namen kleine borstbeeldjes van hem mee naar huis – niet alleen omdat hij onbekend gebied verkende (Latijns-Amerika en Siberië), en ook niet omdat hij terugkeerde met nieuwe informatie en duizenden onbekende planten, maar omdat hij mensen op een andere manier liet nadenken over de wereld. Voor hem waren bergen bijvoorbeeld niet alleen maar geaccidenteerde gebieden, maar verklaarden ze waarom continenten hun actuele vorm hadden; hij beklom niet zomaar vulkanen, maar onthulde dat ze verbonden waren langs een wereldwijde geologische kloof. "Ik zal nooit vergeten", zei Darwin, "dat mijn hele levensloop te danken is aan het feit dat ik als jongen zijn *Personal Narrative* heb gelezen en herlezen". Humboldt wilde niet alleen maar feiten verzamelen, hij wilde ook weten hoe hij zijn nieuwsgierigheid ergens op moest concentreren.

Het hoogtepunt van zijn verkenningen en onderzoek, na vijftig jaar peinzen, was *Kosmos*, een boek dat de wereld in al zijn fysieke verschijnselen beschreef en uitlegde hoe alles met alles was verbonden. "Als ik mezelf zou vragen wat de eerste impuls gaf aan mijn onuitroeibare verlangen naar tropische landen", schreef hij, "dan zou ik moeten noemen: George Forsters beschrijvingen van de eilanden in de Stille Zuidzee, een schilderij van de oevers van de Ganges door Hodges in het huis van Warren Hastings in Londen, en een kolossale drakenbloedboom in een oude toren van de botanische tuinen in Berlijn". Vanuit deze persoonlijke ervaring generaliseerde hij (in deel twee van *Kosmos*) dat de nieuwsgierigheid in de moderne tijd is toegenomen vanwege de prikkel die daaraan gegeven is door het openbreken van de verbeelding via literatuur en kunst, beschrijvende poëzie, landschapschilderijen en het cultiveren van exotische planten. Elke ontdekking stelt de verbeelding nog verder open en stimuleert tot meer ontdekkingen: ze "vergroot het gebied van ideeën" en wekt liefde op voor onderzoek, terwijl het creëren van nieuwe observatiemiddelen de intelligentie verhoogt. Hij borduurde voort op de idee van Descartes dat nieuwsgierigheid net een besmettelijke ziekte was, en liet zien hoe het een epidemie kon worden.

Maar boeken en schilderijen zijn niet voldoende. Humboldt is ook belangrijk omdat zijn leven noch door zijn werk, noch door zijn affecties overheerst werd, maar door een ongewoon intieme verbinding tussen beide. Er bestond "niet de geringste sympathie" tussen hemzelf en "de mensen die van mij hielden en vriendelijk tegenover mij waren" in zijn kinderjaren, die hij zich als ongelukkig herinnerde. Zijn moeder leek "een vreemdeling" voor hem. Maar hij sloot zeer hechte vriendschappen met een reeks mannen, van wie de meeste collega-intellectuelen waren. De intensiteit van zijn gevoelens kan worden afgemeten aan een brief aan een van hen: "Twee jaar lang heb ik geen andere aardse verrukking gekend dan jouw opgewektheid, jouw gezelschap en de minste uiting van jouw tevredenheid. Mijn liefde voor jou is niet alleen vriendschap of broederlijke liefde, maar verering, kinderlijke dankbaarheid en toewijding aan jouw persoon als mijn meest verheven wet." Tot de objecten van zijn affectie behoorden twee van Frankrijks meest eminente wetenschappers – Gay-Lussac, met wie hij een kamer deelde aan de École Polytechnique, en François Arago, die op zijn beurt als volgt antwoordde: "Buiten mijn familiekring is er niemand aan wie ik meer gehecht ben dan jij. Jij bent de enige vriend op wie ik in moeilijke omstandigheden kon rekenen." Of dit homoseksuele vriendschappen waren, zoals sommigen beweerden, of niet, Humboldt karakteriseerde zijn relatie met Gay-Lussac zo: "Hij is mijn beste vriend en ik vind zijn gezelschap uiterst opbeurend en stimulerend, en de stimulans lijkt wederzijds te zijn."

De nadruk op stimulans is de sleutel. Goethe, die Humboldt een paar keer had ontmoet, schreef: "Zijn gezelschap is buitengewoon interessant en stimulerend. Binnen acht dagen zou je niet zoveel uit boeken kunnen leren als hij je in een uur vertelt. [Zijn] aanwezigheid zou al genoeg zijn om een heel mensenleven interessant te maken en alles aan te moedigen wat mogelijkerwijs opwindend zou kunnen zijn op het gebied van scheikunde, natuurkunde en fysiologie. ... Hij is als een fontein ... voor altijd verfrissend." Wilhelm Humboldt deed zijn broers "vermogen om snel vriendschappen te sluiten ... en zichzelf aan anderen op te offeren" af als een teken van zwakte, een gebrek aan zelfrespect. Zeker, Alexander had incidentele vlagen van "melancholie", en zijn schoonzus had ongetwijfeld gelijk toen ze zei dat hij een "ongelooflijke mengeling van charme, ijdelheid, tedere gevoelens, koude en warmte" was; inderdaad zei hij dat hij meende dat "de loftrompet over jezelf steken erbij hoort". Maar toen hij in de jungle was, was hij verrukt dat hij niet belemmerd werd door "de afleidingen die in het geciviliseerde leven het sociale verkeer voortdurend met zich meebrengt. De natuur biedt onophoudelijk de nieuwste en fascinerendste leerobjecten. De enige nadelen van deze eenzaamheid zijn het gemis aan informatie over de voortgang van wetenschappelijke ontdekkingen in Europa en het ontbreken van alle voordelen die een uitwisseling van ideeën met zich meebrengt."

Ten volle te leven, ten volle nieuwsgierig te zijn, betekende dat hij zijn ideeën zowel "direct uit de wereld om ons heen" als via "een intelligente tussenpersoon" kreeg. Humboldt had altijd iemand nodig om zijn gewaarwordingen scherper te maken, zijn verbeelding in gang te zetten. Daarom woonde hij twintig jaar lang in Parijs, toen de onbetwiste intellectuele hoofdstad van de wereld. Men heeft wel beweerd dat hij nooit angst gekend heeft, behalve één keer toen hij plotseling een jaguar tegenkwam in een woud in Zuid-Amerika (maar hij had de tegenwoordigheid van geest om heel rustig te blijven doorlopen alsof er niets was gebeurd). Het zou dichter bij de waarheid zijn om te zeggen dat hij alle menselijke zwakheden bezat, inclusief angst en bezorgdheid, maar dat zijn onophoudelijke nieuwsgierigheid hem in staat stelde om die angsten te laten opgaan in het algemene mysterie van de wereld, om een mondiale visie op angsten te hebben en ze van persoonlijke bedreigingen te veranderen in natuurverschijnselen. Hij had dat waarschijnlijk niet zo gemakkelijk kunnen doen als hij geworden was wat zijn ouders wilden dat hij zou worden, namelijk een expert in één onderwerp, en evenmin als hij besloten had zich zorgen te maken over de vraag waarom zijn ouders hem niet mochten.

Ooit ontmoette Humboldt Napoleon op een feestje, die niets anders wist te bedenken om tegen hem te zeggen dan dit: "U bent geïnteresseerd in botanie. Mijn vrouw ook." En vervolgens liep de keizer door. Het is niet langer bevredigend om niet geïnteresseerd te zijn in de dingen waar je vrouw belangstelling voor heeft. Waar nieuwsgierigheid eindigt, begint de wanhoop, en mensen hebben altijd de neiging gehad om te vechten tegen datgene waar ze wanhopig over zijn. Nu zal ik het hebben over de problemen die door dat vechten worden veroorzaakt.

C.D. O'Malley, *Andreas Vesalius of Brussels*, California UP, Berkeley, 1964; Owsei Temkin, *Galenism: Rise and Decline of a Medical Philosophy*, Cornell UP, Ithaca, 1973; A. von Humboldt, *Cosmos: A Sketch of a Physical Description of the Universe*, Eng. vertaling, 1849; L. Kellner, *Alexander von Humboldt*, Oxford UP, 1963; Helmut de Terra, *Humboldt*, Knopf, NY, 1955; C.C. Gillespie, *Dictionary of Scientific Biography*, 18 vols., Scribners, NY, 1970-90; D. Gorlitz & J.F. Wohlwill, *Curiosity, Imagination and Play*, Erlbaum, NJ, 1987; H.I. Dutton, *The Patent System and Innovative Activity During the Industrial Revolution, 1750-1852*, Manchester UP, 1984; Norbert Wiener, *Invention: The Care and Feeding of Ideas*, MIT Press, 1993; Roger L. Geiger, *To Advance Knowledge: The Growth of American Research Universities, 1900-1940*, Oxford UP, 1986; Paul Von Blum, *Stillborn Education: A Critique of the American Research University*, University of America Press, 1986; Jerome Kagan, *Unstable Ideas: Temperament, Cognition and Self*, Harvard UP, 1989; Bruno Latour & S. Woolgar, *Laboratory Life*, Sage, NY, 1979; Warren O. Hagstrom, *The Scientific Community*, Basic Books, NY, 1965; B. Barber & W. Hirsch, *The Sociology of Science*, Free Press, NY, 1962; J.W. Stigler et al., *Cultural Psychology: Essays on Comparative Human Development*, Cambridge UP, 1990 ('Wiskundeonderwijs op Japanse, Chinese en Amerikaanse scholen'); J. Céard, *La Curiosité à la Renaissance*, Soc. d'Édition supérieur, 1986; R.E. Thayer, *Biopsychology of Mood and Arousal*, Oxford UP, NY, 1989; Ian I. Mitroff, *The Subjective Side of Science*; I.F. Clarke, *The*

Pattern of Expectation, 1644-2001, Cape, 1979; Judy Chicago, *Through the Flower: My Struggle as a Woman Artist*, Doubleday, NY, 1975; Geneviève Fraisse, *La Raison des femmes*, Plon, 1992.

12

Waarom het steeds moeilijker is geworden om je vijanden te vernietigen

De kracht van Antoinette Fouque is dat ze weet wat ze vindt. Dat is de bron van haar charisma. Maar het is ook de reden waarom ze voor velen uiterst controversieel is. Alles wat over haar gezegd werd, kwam van hartstochtelijke mede- of tegenstanders.

Wat kan ze doen aan degenen die het niet met haar eens zijn? Soms zegt ze: "Ik heb me nooit beziggehouden met wat mensen van me denken." En inderdaad, ondanks de wisselvalligheden van de publieke opinie is ze gedurende de afgelopen 25 jaar een van de meest volhardende actieve leiders van de vrouwenbeweging gebleven. Een andere keer zegt ze dat het enige waar het om gaat is een opvatting te verkondigen waar je oprecht achterstaat en dat het "overtuigen van mensen een vorm van geweld is". Maar het woord 'strijd' komt ook vaak in haar vocabulaire voor. Ze beschrijft zichzelf als een "militante theoretica", die betrokken is in een "politiek gevecht" om vrouwen te bevrijden van discriminatie en geweld en niet alleen gelijkheid voor hen te verwerven, maar ook een erkenning dat hun bijdrage aan de beschaving totaal verschilt van die van mannen. De militaire metaforen zijn niet enkel formuleringen. Ze impliceren een visie op hoe je het best kunt bereiken wat je wilt.

Uiterlijk is ze verre van militair: ze is tenger en fragiel, sinds ze vanaf haar zestiende lijdt aan een zich langzaam uitbreidende ziekte die het voor haar steeds moeilijker en afmattender heeft gemaakt zich te bewegen; na lange tijd weerstand te hebben geboden, is ze nu verplicht een rolstoel te gebruiken. Haar glimlach is levendig, zelfs flirtend. Ze draagt kleren van populaire ontwerpers. Haar nieuwsgierigheid als psychoanalytica, haar enorme belezenheid en de vastberadenheid van haar overtuigingen zijn onweerstaanbaar. Een aanzienlijk aantal hoogopgeleide vrouwen is niet enkel bewonderaar geworden, maar aanbidder; ze biedt namelijk antwoorden die tegelijkertijd hun problemen als individuen, als vrouwen en als burgers lijken op te lossen. Een van haar volgelingen is een rijke erfgename, die haar in staat stelde zonder financiële belemmeringen politiek actief te zijn op internationale schaal en een belangrijke uitgever te worden van vrouwenliteratuur.

Het is niet omdat ze fysiek onbevreesd is en omdat pijn, inmiddels een vaste metgezel, haar niet langer angst inboezemt dat ze zichzelf als militant ziet. Hoewel ze het ontkent, is ze gevoelig voor kritiek, bezorgd dat haar woorden verkeerd begrepen en verdraaid worden. Als ze vijandigheid vermoedt, dan wordt haar uiterlijk getransformeerd door nervositeit en verdedigt ze zich met een stortvloed van argumenten. Haar tegenstanders zeggen dat ze agressief is. Zij zegt dat zij dat zijn en dat ze zich alleen maar verdedigt. Zo beginnen alle oorlogen; maar er komt nog meer bij kijken.

Haar basisidee is dat vrouwen in essentie moeders zijn. Dat zwangerschap de belangrijkste sociale ervaring is, waarbij een moeder in vrede leeft met iemand binnen in haar die anders is dan zijzelf. Dat de band tussen moeder en kind de kostbaarste is. Mannen die tegen hun moeder in opstand zijn gekomen, zijn ziekelijk narcistisch en gewelddadig geworden, doodsbang om te worden gecastreerd, hoewel ze diep in hun onderbewuste nog altijd gehecht zijn aan hun moeder. Het is de taak van vrouwen om dat narcisme van zich af te schudden en mannen te doen beseffen dat hun eigen soort verlangen, bezeten van dominantie, niet het enige is: de manier waarop vrouwen voelen en "denken met hun lichaam" is anders. Afschaffing van seksuele verschillen zou alleen maar betekenen dat vrouwen vale kopieën van mannen zouden worden. Ze was geschokt dat haar zus pal na haar verloving plotseling veranderde in een voetbalfanaat. Vrouwen zouden eerder moeten proberen om zich bewust te worden van de mannelijke vooroordelen die zich in hun onderbewuste genesteld hebben en zich te bevrijden door beter te begrijpen wat het betekent om vrouw te zijn, een wetenschap en een taal van vrouwen te ontwikkelen, hun verschil te cultiveren. De democratie zoals die tegenwoordig bestaat, is ontoereikend omdat die de monarchie – de heerschappij van vaders – vervangen heeft door de heerschappij van broers – broederlijke broedermoord, zoals ze het noemt – waarbij het cruciale belang van moeders wordt genegeerd.

Degene bij wie ze zich het veiligst voelde, was haar eigen moeder, een Calabrische, "die me altijd begreep", een "sterke vrouw", die ondanks de protesten van haar man buitenshuis ging werken, zich niet door hem "de wet liet voorschrijven", de hele tijd "zat te piekeren", hoewel ze ongeletterd was, en haar bleef zeggen: "Je moet vrij zijn." "Als ik zou reïncarneren, dan zou ik mijn kleine (vrouwtjes)-hond willen zijn; volgens mij is ze namelijk de reïncarnatie van mijn moeder, zo liefdevol en troostend. ... Maar iedereen die een moederrol aanneemt – niet dat ik dat doe – wordt verafschuwd." Wanneer ze haar tegenstanders bevecht, verdedigt ze in haar ogen niet zichzelf, maar de vrouwenbeweging en haar uitgeverij 'Des Femmes', zoals een moeder wellicht haar kinderen verdedigt, zonder aan zichzelf te denken.

Is het vreemd dat een psychoanalytica vele jaren in appartementen gewoond heeft waar geen spiegels hingen en als kind nauwelijks gefotografeerd werd? Een van haar favoriete uitspraken is: "Geef me de moed om zonder walging in mijn hart en naar mijn lichaam te kijken." Ze is blij dat haar televisieoptreden met Catherine Deneuve haar niet deed "denken dat ik in haar gezelschap minder mooi was". Deze afstandelijkheid heeft haar in staat gesteld haar leven te wijden aan het voeren van niet één oorlog, maar meerdere tegelijk om de wereld van zijn eigen verlamming te genezen.

Haar eerste oorlog is tegen 99 procent van het menselijke ras; dat is haar schatting van het percentage vrouwenhaters, want de meeste vrouwen zijn gehersenspoeld om zichzelf te onderschatten. Mannen als zodanig zijn geen vijanden van haar; ze heeft alleen iets tegen het "imperialisme van de fallus". Ze houdt van mannelijk gezelschap, aanbad haar vader, werd verliefd op haar echtgenoot, kreeg een dochter bij hem (tegen de voorschriften van haar arts) en ging bij hem weg zonder officieel te scheiden, omdat ze zijn vriendschap nog steeds op prijs stelt. De meest invloedrijke persoon in haar leven is een man geweest, de psychoanalyticus Lacan: "Hij hield van mij en ik hield van hem." Ze was vijf jaar bij hem in analyse geweest toen ze naar een andere analyticus overstapte, de Hongaar Grunberger ("de grote vijand van Lacan, hoewel ik dat niet wist"). "Doordat ik met Lacan werkte, was ik niet van mannen afgesneden; zo werd ik behoed voor de mannenhaat van de sektarische feministen, wat betekent dat je jezelf haat." Ze ontkent dat ze een aanhanger van Lacan is, die verschillende beledigende dingen over vrouwen zei, maar "hij was mooi; misschien maakt liefde blind; maar hij begreep me, zelfs als we het oneens waren". Ze woont samen met vrouwelijke volgelingen omdat vrouwen zich van mannen moeten losscheuren om na te denken over hun strategie, maar ze is een even grote tegenstander van de lesbische liefde als van androgynie. Helaas had Lacan een grote voorkeur voor androgyne vrouwen. Ze benadrukt: "Ik ben geen man en ik wil geen man zijn. Ik denk niet als een man."

De tweede oorlog die gevoerd wordt door deze leider van de vrouwenbeweging is tegen "de feministen". Ze weigert zelf zo genoemd te worden, net zoals ze de nalatenschap van de suffragettes weigert. De stelling van Simone de Beauvoir, dat "je niet als vrouw wordt geboren, maar er eentje wordt", kenschetst ze als de "meest idiote uitspraak van de eeuw": de kinderloze, "geestelijk frigide" Beauvoir was geen toonbeeld, haar relatie met Sartre ("een leugenaar en hypocriet") was verre van bewonderenswaardig; haar ideeën waren van voor de oorlog. Ze heeft niet de moeite genomen om het nieuwste boek van Elisabeth Badinter te lezen, omdat "Badinter een volgeling van Beauvoir is ... en Beauvoir mij de oorlog heeft verklaard".

Veel feministen erkennen weliswaar dat Antoinette Fouque intelligent is, maar beschuldigen haar ervan megalomaan te zijn, een "bedrieger" en een "oplichter" die geprobeerd heeft zich de vrouwenbeweging toe te eigenen door de naam Mouvement de Libération des Femmes als haar eigen handelsmerk te laten registreren, zodat geen andere groep die kon gebruiken. (Zij zegt dat ze de beweging van de ondergang gered heeft.) Onlangs heeft ze uitgeverij Plon voor de rechter gedaagd, omdat die de letter F op de titelpagina van *Histoires des femmes* had gebruikt; dat is namelijk ook een geregistreerd handelsmerk van haar eigen uitgeverij. (Haar repliek is dat de feministen haar willen vernietigen, net zoals Sartre en Beauvoir Camus hebben vernietigd, en meer nog, dat ze haar uitgeverij willen vernietigen.) De feministen zeggen dat haar aanhangers net als de volgelingen van Moon in een sekte georganiseerd zijn en papegaaien zijn geworden die haar nazeggen. Een afvallige herinnert zich dat ze, toen ze het niet eens was met de opvattingen van de leider, te horen kreeg: "Dat komt doordat je niet genoeg van ons houdt." Beide partijen verdenken elkaar van onoprechtheid en tomeloze ambitie. Animositeit tegenover andersdenkenden en afvalligen is historisch gezien veel boosaardiger geweest dan vijandigheid tegenover hartgrondige vijanden.

Persoonlijke vendetta's en machtsstrijd waren natuurlijk schering en inslag in het Franse intellectuele leven, waaraan Antoinette Fouque actief deelneemt en dat ze wederom in militaire metaforen beschrijft. De eerste vijand die ze tegenkwam toen ze aspiraties toonde om theoreticus te worden, was Sartre; ze zag hem als de leider van de "antieken", uitgegeven door Gallimard, "de Bank van Frankrijk van het literaire establishment". Tegen hem hadden zich de "modernen" geschaard, uitgegeven door Seuil, die tijdens de oorlog was opgericht als onderdeel van het verzet. ("Waarom sloot Beauvoir zich niet bij het verzet aan in plaats van het land rond te fietsen en verhoudingen te hebben?" vraagt ze.) Elke partij had haar eigen tijdschriften, die als "ware oorlogsmachines" werden gebruikt; "de messen geslepen", slingerden ze elkaar lasterpraat naar het hoofd. Elke partij bedacht formules die in een notendop hun theorieën weergaven; het waren net strijdkreten, bedoeld om hun tegenstanders tot zwijgen te brengen. Liefhebbers van literatuur en ideeën, zegt ze, raakten gefascineerd door deze "theoretische oorlog ... ook al begrepen ze de gebezigde gekunstelde taal niet helemaal, die grensde aan het onbegrijpelijke". Maar zijzelf vond het "heel zwaar" om daaraan mee te doen, waarbij ze beschuldigingen van de hand wijst dat ook zij, beïnvloed door het woordenspel van Lacan, onbegrijpelijk werd. Voor haar waren Sartre en Beauvoir "tirannen", maar hun tegenstanders vormden "een oligarchie" en "terroriseerden" degenen die het niet met hen eens waren. Baudelaire zei: "Kunst is een strijd waarin de kunstenaar het uitschreeuwt van pijn alvorens verslagen te worden." Sollers zegt nog altijd: "Literatuur is strijdkunst."

In haar jonge jaren was Antoinette Fouque begonnen aan een proefschrift over de "avant-garde in de literatuur". Dat is nog steeds de plek die ze wil innemen, onafhankelijk van de grote meesters en van elke kliek: ze valt vrouwen aan die, naar ze beweert, roem verwerven in de schaduw van mannen. Daarbij noemt ze onder anderen Julia Kristeva, "de vrouw van farao Sollers" (haar boek, *Les Femmes*, noemt ze "een manifest van vrouwenhaat"). "Ik werd door iedereen gestraft, zelfs door de vrouwen, hoewel minder door Hélène Cixous" – maar toen was ze de uitgever van Cixous en noemde ze haar de grootste auteur in de Franse taal, sterker nog, ter wereld. Toen Elisabeth Badinter ter gelegenheid van de dood van Simone de Beauvoir schreef: "Vrouwen hebben alles aan haar te danken", was Antoinette Fouque een en al minachting: ze kaatste terug dat Simone Signoret vijf keer zoveel rouwenden bij haar begrafenis had. Toen de filosoof Althusser zijn vrouw vermoordde en door zijn vrienden voor vervolging werd behoed, ergerde Antoinette Fouque hen door te verklaren dat ze meer medelijden hadden moeten hebben met zijn echtgenote.

"Mijn tegenstanders wilden niet met me in debat onder het voorwendsel dat ik uiteindelijk altijd gelijk zou hebben." De combinatie van isolement en smaad was "uiterst pijnlijk". Begin jaren tachtig verdroeg ze het niet langer en vluchtte naar Californië om vier jaar lang bij te komen aan de andere kant van de oceaan. Vervolgens keerde ze terug om de strijd weer op te pakken. Nu heeft ze iets van een oudere staatsvrouw, onderscheiden met het Legioen van Eer en gepromoveerd in de politicologie aan de Universiteit van Parijs 8. Haar proefschrift is als geen ander. Het is een verzameling van haar toespraken, proclamaties, interviews en krantenartikelen door de jaren heen, in vijf delen, met slechts een korte inleidende 'synthese'; maar toch bevatten deze onacademische uitspraken meer ideeën dan menig wetenschappelijke dissertatie. Zij weet dat haar geschriften belangrijk zijn geweest, maar ze is vastbesloten om daarvoor publieke erkenning te krijgen.

Beeldt ze zich in dat ze een nieuwe Cortés is, in staat om met een paar ruiters een continent te veroveren? Nee, zegt ze, ze beschouwt zichzelf als een klein meisje van drie en een half, zoals ze op een zeldzame, dierbare foto staat, reeds volwassen, reeds wat ze is gebleven. Beschroomdheid is niet iets waarmee haar vijanden haar associëren, maar onder haar vermetelheid en onverbiddelijkheid zit een gevoel van fragiliteit, een angst om door anderen platgedrukt te worden: in haar weigering om zich bij wat voor partij dan ook aan te sluiten behalve bij die van haarzelf zit een angst voor instituties als "grote vreesaanjagers"; ze zijn "dwingend", en eisen dat je je onderwerpt. "Mijn eerste reactie is om 'ja' te zeggen en mijn tweede om 'ja, maar' te zeggen. Mijn agressie komt na een periode van sympathie." Het feit dat haar vader een Corsicaanse arbeider was, "maakte me nederig, was één bron van mijn beschroomdheid. ... Als puber was ik niet dominant, ik haatte originaliteit en wilde niet anders zijn. Ik wilde niet meedoen aan examens, die altijd tot competitie leiden. Als ik boodschappen ging doen, liet ik andere mensen in de rij voorgaan. Simone de Beauvoir deed dat bij mij, en ik liet haar passeren. ... Ik hou er niet van om uitdagend te zijn. Het beeld dat ik graag van mezelf heb, is dat van een open en vriendelijk persoon. De eigenschappen die ik het meest waardeer, zijn dankbaarheid en moed, geen utopische moed, maar de moed om elke dag 's morgens op te staan."

Sommige van haar conclusies stemmen overeen met die van Germaine Greer, die haar ideaal uiteindelijk zag in het Indiase gezin, waar zonen meer van hun moeder houden dan van welke andere vrouw dan ook, en die licht wierp op de betekenis van tevredenheid door haar zwangere poes te bestuderen. In de kwelling van beschroomdheid klinkt de ervaring na van Gloria Steinem. Maar Antoinette Fouque heeft nooit een boek gepubliceerd, omdat ze nooit tevreden is over wat ze schrijft, "omdat ik bang ben om te schrijven en omdat ik ben aangevallen voor misdaden die ik niet heb begaan". Toen ze haar memoires geschreven had en de publicatie daarvan had aangekondigd, besloot ze ze niet te publiceren.

"Ik ben niet zonder haat. Als ik het voorwerp van haat ben, dan zie ik de haat in mij. Met behulp van psychoanalyse kan ik de haat sublimeren in creatieve of militante activiteit. Binnen in mij zit frustratie. Waar ik me het meest bewust van ben is jaloezie, die zich achter haat verschuilt; jaloezie om wat anderen jou niet zullen geven, liefde bijvoorbeeld, of om wat anderen wel kunnen zijn en jij niet. Als je iets creëert, zullen anderen jaloers zijn. Hoe creatiever je bent, hoe meer vijanden je hebt. Hoe creatiever mensen worden, hoe meer spanningen er zullen zijn. We leven in een wereld van meedogenloos narcisme, waarbij iedereen de eerste wil zijn. We zijn op weg naar een verschrikkelijke narcistische oorlog; hoe succesvoller vrouwen immers zijn, hoe meer zal er sprake zijn van verzet." Daarom, hoe optimistisch ze ook is, voorspelt ze dat er voor het einde van de twintigste eeuw een apocalyptische "genocide van vrouwen" zal plaatsvinden. De verkrachtingen van Joegoslavië zijn een waarschuwing voor de verschrikkingen die komen gaan.

Antoinette Fouque wordt ervan beschuldigd sektarisch en dogmatisch te zijn, maar toch verklaart ze dat ze voor alles een hekel heeft aan sektarisme en dogmatisme. Ze zegt: "Ik heb een erg zwak ego. Maar elke dreun die ik krijg, zet ik uit mijn hoofd. Ik denk niet dat ik onaardig ben. Toen ik onderwijzeres was, hielden de kinderen veel van me. Ik ben een heel gelukkig iemand." Het feit dat ze omringd wordt door bewonderaars verklaart misschien waarom ze geen consistentere aandacht heeft besteed aan haar public relations: hoewel ze soms topbureaus heeft benaderd om haar te helpen, hebben ze weinig bereikt. "Als ik terugkijk, ging ik dom met de pers om. Ik begreep de media niet. Ik was me niet bewust van hun macht. Die van mij was de beschroomdheid van een Franse intellectueel. Waar ik in geïnteresseerd was, was kennis."

Calvijn en Luther waren beiden protestants, maar het kostte hun volgelingen ongeveer vier eeuwen om op te houden elkaar te wantrouwen. Hoewel communisten en socialisten beiden verdedigers van de arbeidersklasse waren, deden ze hun best om elkaars dood te bespoedigen. Ter gelegenheid van de tweehonderdjarige gedenkdag van de Franse Revolutie en van de verkrachtingen in Joegoslavië slaagde Antoinette Fouque erin om veel vrouwen voor gezamenlijke protesten op de been te brengen die een andere overtuiging hadden dan zij. Maar ze merkte dat sommigen haar niet groetten, terwijl anderen dat slechts heimelijk deden. Wat zou ze doen als ze, als psychoanalytica, oog in oog stond met een fascist? Haar antwoord is dat ze zijn haat op iets anders zou proberen te richten waar die geen kwaad kon doen. Maar hoe kunnen de persoonlijke vijandigheden om haar heen die haar zo van haar stuk hebben gebracht geëlimineerd worden? Daar heeft ze geen pasklaar antwoord op.

De traditionele remedie, die geen navolging verdient, is coalities oplappen met hypocrisie terwijl men elkaar blijft haten. Hopen dat een gemeenschappelijke vijand de herinnering aan oude twisten kan uitwissen, onder vrouwen die grondig van mening verschillen over hun visie op de toekomst, is absoluut geen oplossing. Mijn opvatting is dat het hele idee over hoe je met vijanden moet omgaan heroverwogen dient te worden.

Antoinette Fouque is geen typische leider van de vrouwenbeweging – dat is niemand – maar ik heb haar gekozen omdat zij zelfs met haar buitengewone eruditie als psychoanalytica door dit probleem uit het lood is geslagen. Ze zegt: "Misschien zit mijn tegenstander in mijzelf en wil ik hem niet in mijzelf herkennen." Ik wil een andere benadering onderzoeken. De diepere wortels van deze oorlogen gaan verder dan haar psychologie of beschroomdheid. Ze is niet in staat geweest zich te ontdoen van een oude monarchistische en militaire traditie, die ook door de arbeidersbeweging was overgenomen en waarin de vrouwenbeweging volhardde, namelijk dat de manier om gerechtigheid te krijgen is je onderdrukkers de oorlog te verklaren. Beide bewegingen hebben slechts een gedeeltelijke overwinning behaald, en wel om dezelfde reden: in de hele geschiedenis is oorlog nooit een afdoende efficiënt middel geweest om je doelen te bereiken.

Tot dusver hebben mensen drie strategieën gebruikt om hun vijanden aan te pakken: tegen ze vechten, wegrennen of er op de een of andere manier in slagen om van ze te houden. Maar geen van deze methoden is bijzonder succesvol geweest, en de wereld zit nog altijd vol vijanden.

Het probleem met pogingen je vijand te vernietigen was dat het steeds moeilijker werd dat te doen, ondanks de wonderen van de geavanceerde technologie. Toen mensen nog in heksen geloofden en elkaar konden betoveren, waren er tamelijk eenvoudige manieren om de verdachte te vinden die verantwoordelijk was voor elke tegenslag. In 1829 raadpleegde een boer uit de Maine-et-Loire, Poirier genaamd, een waarzegger om erachter te komen waarom zijn vrouw ziek was. Hij kreeg te horen dat als hij voor een kan met water zou bidden, haar vijand onthuld zou worden. Hij verbeeldde zich dat hij het gezicht van zijn zwager in het water zag en vermoordde hem onmiddellijk. Een veteraan uit de slag bij Austerlitz, die zich niet kon ontdoen van het ongedierte dat hem teisterde, viel in diezelfde tijd in Carney (Marne) zijn buren aan in de overtuiging dat zij hem hadden betoverd. In Ardres (Pas-de-Calais) bracht een man ernstige verwondingen toe aan een oude dame, omdat zij hem onverwacht begroet had op straat en hij bang was dat ze hem kwaad wilde doen. Tovenarij was een teken dat mensen overal vijandschap zagen, zelfs in de blik van een vreemde, maar het was ook een bescherming. Tegenwoordig echter kunnen de kwaadwilligheid van buren, de wrok van kibbelende families en de afgunst van collega's niet langer door magie worden geëlimineerd. Tegenslagen zijn nu het gevolg van ongrijpbare sociale of economische krachten waartegenover het individu zich van zijn stuk gebracht voelt. Dit betekent dat er steeds meer potentiële bedreigingen, persoonlijke en onpersoonlijke, instituties, reguleringen en mechanische snufjes zijn die een averechtse uitwerking hebben.

Er was een tijd waarin het met geweld beslechten van particuliere twisten een privé-aangelegenheid was, maar vervolgens maakten wetten een einde aan dit type vrijheid. De eerste bedrijfstak die genationaliseerd werd was die, welke te maken had met de vernietiging van vijanden: voortaan mochten alleen koningen en landen degenen die hun niet bevielen uit de weg ruimen. Je zou denken dat ze na zoveel eeuwen vechten de wereld van vijanden gezuiverd hebben, maar dat gebeurde niet omdat oorlog een manier van leven werd. Als de grote veroveraars al een boodschap hebben voor particuliere individuen, dan is het dat hoe meer ze veroverden, hoe meer ze op zoek waren naar nieuwe vijanden. Al in de vierde eeuw voor Christus adviseerde een Indiase verhandeling over hoe je moest regeren, de *Kautiliya Arthasastra*, koningen om tegen al diegenen die zwakker waren dan zijzelf oorlog te voeren en elk buurland als een natuurlijke vijand te beschouwen. Machiavelli versterkte dit advies toen hij zei: "Heersers dienen alleen maar aan oorlog te denken." Hoe meer wapens en soldaten ze onder hun bevel hadden, hoe meer macht ze steeds dachten nodig te hebben om de volgende vijand te bedwingen. Binnen enkele weken na de overwinning van de geallieerden op Duitsland in 1945 was de CIA bezig een plan de campagne voor te bereiden voor een mogelijke oorlog tegen de Sovjet-Unie. Landen zijn net zo productief geweest in het ontdekken van nieuwe vijanden als koningen. De militair historicus Quincy Wright heeft berekend dat in Europa oorlog is toegenomen volgens de volgende schaal; daarbij hield hij niet alleen rekening met de duur van de oorlog, maar ook met de omvang van de strijdkrachten, het aantal strijders in verhouding tot de totale bevolking, en het aantal slachtoffers:

12de eeuw:	18
13de:	24
14de:	60
15de:	100
16de:	180
17de:	500
18de:	370
19de:	120
20ste, tot 1945:	3080

Hoewel de verwachting bestond dat de verschrikkingen van de Tweede Wereldoorlog de mensheid zouden genezen van haar vechtlust, volgden tussen 1945 en 1990 zo'n 160 gewapende conflicten in verschillende delen van de wereld. Het zijn ook niet alleen tirannen die oorlog voeren: tussen de stichting van de VS en 1965 waren er maar twintig jaren dat zijn leger of marine niet ergens actief was in militaire operaties. Groot-Brittannië nam aan meer oorlogen deel dan welk ander Europees land dan ook: 75 tussen 1480 en 1945. Frankrijk volgde met 72. Het absolutistische Spanje had er 64 en Rusland 61. In de zestiende en zeventiende eeuw waren de belangrijkste Europese mogendheden 65 procent van de tijd in oorlog. Dat getal zakte gedurende de daaropvolgende drie eeuwen naar 38, 28 en 18 procent, maar als je rekening houdt met koloniale oorlogen, dan stopte het vechten bijna nooit. Hoewel het aantal dagen dat men streed is afgenomen, evenals de hoeveelheid mensen die zijn omgekomen, is het percentage van de bevolking dat bij vijandelijkheden betrokken was en van gewonde burgers toegenomen.

In 1898 stelde *The War of the Future* van Ivan S. Bloch, gepubliceerd in Sint-Petersburg, dat oorlogen zo kostbaar, zo moorddadig en zo gecompliceerd waren geworden dat het onmogelijk was om te winnen en dat oorlog daarom beslist in onbruik zou raken. In 1991 wijzigde een ander boek, *On Future War* van Martin van Creveld, deze voorspelling; hij zei dat het alleen landen zijn die de macht hebben verloren om overwinningen te behalen: hun "ongelooflijke oorlogsmachines en enorme legers zullen tot stof vergaan", want hoewel ze theoretisch in staat zijn om elkaar te vernietigen, durven ze in de praktijk hun dodelijkste wapens niet te gebruiken en zijn ze niet bij machte om terroristen aan te pakken, die zich niet bij de oorlogsconventies neerleggen. De ondergang van het kolonialisme betekende het einde van een tijdperk in de strijd tegen vijanden: kleine rebellenlegers waren in staat grote rijken te verslaan. Toen ontdekte de vs dat het Vietnam zijn wil niet kon opleggen, evenmin als Rusland in het geval van Afghanistan. De Verenigde Naties konden geen einde maken aan de oorlog in Joegoslavië. Grote oorlogen, ondersteund door geavanceerde technologie, worden vervangen door minder hevige conflicten, door een grote hoeveelheid guerrillaoorlogen en een opleving van terugkerende schermutselingen tussen stammen, die georganiseerde landen van hun stuk zullen brengen. Accumulatie van wapentuig is zinloos. De toekomst is aan kleine groepen die weerstand bieden aan grote, vanuit een hinderlaag op hen schieten, hen niet vernietigen maar uitputten, en het leven onaangenaam en gevaarlijk maken. In het privé-leven zijn de donderende gevechten om belangrijke instituties als het huwelijk ten val te brengen gestaakt; in plaats daarvan vormen echtscheiding, samenleven en het uit elkaar gaan van individuen een mozaïek van niet te classificeren confrontaties.

Het tweede probleem met vechten tegen je vijanden is het groeiende besef dat vechten vaak uiteindelijk geen ander doel dient dan het vechten zelf. Sun Tzu, die beschouwd wordt als een van de allergrootste militair theoretici (zijn *Kunst van de oorlogvoering*, geschreven in de vijfde eeuw voor Christus, wordt nog steeds door generaals bestudeerd), adviseerde dat "het de hoogste graad van voortreffelijkheid is om de vijand zonder vechten te bedwingen". Maar in het grootste deel van de geschiedenis werd de wereld beheerst door beroepsmilitairen die van zichzelf vonden dat ze het alleredelste beroep uitoefenden. Toen de held van de Amerikaanse burgeroorlog, generaal Robert E. Lee, bekende: "Het is goed dat oorlogen zo verschrikkelijk zijn, anders zouden we er te veel van houden", maakte hij duidelijk dat voor soldaten het gevecht zelf, de vaardigheden die het vergt en de sensaties die het biedt belangrijker waren dan het uiteindelijke lot van de vijand. Ze wilden eerder afrekenen met de ontevredenheid over zichzelf dan met hun tegenstander. Hun doelen waren avontuur en eer. De middeleeuwse ridders vochten om de goedkeuring van God, van hun vorsten en van hun beminde dame te verkrijgen teneinde zichzelf ervan te overtuigen dat ze niet verachtelijk waren. Als ze tijdens het vechten geld verdienden, buit veroverden en meer land verwierven, dan was dat mooi meegenomen, maar het was alleen maar een middel. Oorlogen zijn prestigieus gebleven zolang ze beschouwd werden als de meest gevaarlijke van alle sensaties.

Zelfs onwillige dienstplichtigen die onder de verschrikkelijke kwellingen van de beide wereldoorlogen hebben geleden, keken daar niet zelden op terug als de gelukkigste jaren van hun leven; ze vonden namelijk in de oorlog waar ze in hun saaie dagelijkse bestaan tevergeefs naar hadden gezocht. Wanneer ze hun leven op het spel zetten, ontdekten ze hoeveel waarde ze aan het leven in zijn simpelste vorm hechtten, veel meer dan aan de futiliteiten die zich daaromheen opstapelen. Wanneer ze oog in oog stonden met een vijand, realiseerden ze zich hoe kostbaar een vriend was. In de loopgraven en in tijden van gevaar kon kameraadschap soms de intensiteit van liefde bereiken, een gevoel erbij te horen, een geruststellende zekerheid dat ze alles zouden doen om degenen te helpen die met dezelfde gevaren geconfronteerd werden als zijzelf, die hetzelfde voor hen zouden doen, alle risico's vergetend. De voldaanheid over gezamenlijke prestaties, waarbij geen ruimte was voor egoïsme en jaloezie op andermans status, werd ondersteund door een vastbeslotenheid om het cruciale vertrouwen dat ieder in zijn collega stelde niet onwaardig te zijn. Ze hadden geen andere keuze dan zichzelf te overtreffen, blijk te geven van kwaliteiten waarvan ze nooit hadden vermoed dat ze die bezaten, heldhaftiger, loyaler en trotser – zelfs egalitairder – te zijn dan ze ooit voor mogelijk hadden gehouden en zich zodanig te concentreren dat ze door geen andere zorgen werden gekweld dan enkel het overleven, niet alleen van henzelf, maar ook van degenen die plotseling broeders waren geworden en niet lang geleden nog vreemden waren. Dat was tenminste hoe sommigen zich de oorlog herinnerden wanneer de verschrikkingen daarvan voorbij waren; wat betreft hun offers troostten ze zich met de overtuiging dat ze een hogere betekenis in het leven hadden gevonden door hun land of hun principes te verdedigen. De dapperen voelden zich met elkaar verbonden als een adelstand; ze hadden een veel grotere hekel aan de lafaards en lijntrekkers op veilige posten ver weg van de frontlinie dan aan de vijand. Mensen zijn niet alleen oorlogen blijven voeren omdat ze het niet eens kunnen worden, maar nog meer omdat zovelen van hen hielden van de stimulerende sensaties die dat teweegbracht. Animositeit jegens vijanden was een onwrikbaar substituut voor positieve doelen in het leven.

"Haat is heilig", zei Zola, die de vijanden van Dreyfus niet alleen uit liefde voor rechtvaardigheid bevocht, maar ook omdat hij van vechten hield en van mening was dat hij niet echt bestond, tenzij hij werd aangevallen. Daarom verheugde hij zich erover dat hij "trots en haat tot mijn twee metgezellen" had gemaakt. "Na elk van mijn protesten tegen de banaliteiten van mijn tijd voelde ik me jonger en moediger. ... Als ik tegenwoordig iets waard ben, dan komt dat doordat ik op mezelf sta en weet hoe ik moet haten." Hoe meer de twee partijen elkaar haatten, hoe meer ze gemeen hadden, maar dat werd genegeerd.

Antropologen hebben stammen ontdekt die nooit vechten en die beschroomdheid prijzen; zij verdienen echter geen navolging, omdat ze geobsedeerd zijn door de angst voor geweld. Er zijn ook stammen ontdekt die de hele tijd vechten, maar die hun agressie met drugs of andere stimulerende middelen in stand moeten houden. Zelfs kannibalen zijn bang voor hun eigen wreedheid en drinken paradoxaal genoeg het bloed van hun slachtoffers om zichzelf te kalmeren, om zich te bevrijden van het gevoel dat ze tijgers geworden zijn.

Ooit was het bijna een vorm van kunst om jezelf tot razernij op te hitsen: "Toorn is veel zoeter dan de honingraat", zei Homerus. Goddelijke razernij placht bewonderd te worden als iets heldhaftigs. In de laatste paar eeuwen heeft woede zijn prestige verloren; niet dat mensen minder boos zijn, maar ze beginnen zich voor hun woede te schamen. Niettemin bleek uit een Australisch onderzoek – het enige in zijn soort – dat mensen vijf keer vaker woede ervaren dan sympathie.

Er is dus weinig vooruitgang geboekt in de manier waarop je vijanden tegemoet moet treden. Wanneer een vijand eenmaal is geïdentificeerd, verveelvoudigt propaganda tegenwoordig het aantal bewijzen van zijn verdorvenheid om de vijandschap te versterken, in de veronderstelling dat mensen het prettig vinden om hun opvattingen bevestigd te zien. Wanneer John Foster Dulles bijvoorbeeld, de Amerikaanse Minister van Buitenlandse Zaken tijdens de Koude Oorlog, geconfronteerd werd met nieuwe informatie over de Sovjet-Unie, negeerde hij systematisch alles wat zijn oordeel over zijn tegenstander als een onverzoenlijke en onoprechte vijand in twijfel trok. Er bestaat een stevig ingeburgerde traditie die vijanden aanmoedigt zichzelf blind te maken voor elkaars standpunt. Op deze basis kan er eeuwig oorlog gevoerd blijven worden. Het feit dat particuliere individuen gevangenen zijn van een mentaliteit die hen ertoe aanzet om net als landen vijanden te zoeken, draagt daar alleen maar toe bij.

Als je meent dat er mensen zijn die jou verachten of jou kwaad willen doen, als er binnen in jou niet slechts een angst voor hen borrelt, maar ook een afkeer en een walging als je hen alleen al ziet, als je ervan overtuigd bent dat zij en jij volledig onverenigbaar zijn, dan zou het kunnen zijn dat jouw diepste wortels teruggaan tot het oude Perzië en dat je onbewust een volgeling van de profeet Zarathoestra bent, die in de tiende eeuw voor Christus leefde. Zijn aanbevelingen over hoe je op vijanden moet reageren, worden nog altijd algemeen opgevolgd, vooral in het Westen, ook al leeft hij in de herinnering alleen maar voort omdat zijn priesters, de magiërs, het kindeke Jezus bezochten. Voordat Zarathoestra de idee had dat er slechts één ware god was en dat alle andere goden eigenlijk boosaardige en hatelijke demonen waren, waren vijanden anders dan wat ze geworden zijn. In de tijd dat men geloofde dat de dingen die gebeurden afhankelijk waren van de luimen van een groot aantal goden en voorouderlijke geesten en van de vraag of je de juiste rituelen had uitgevoerd om bij hen in de gunst te komen, was het dwaas om te denken dat je onverzoenlijke vijanden had. Je hoefde degenen die jou kwaad deden niet te haten, omdat magie, offers en gebeden praktischer manieren waren om hen aan te pakken. Van de oudste godheden werd geloofd dat ze de macht hadden om ofwel behulpzaam ofwel vervelend te zijn, en veel hing af van hoe je hen behandelde. Zarathoestra verving dat door het geloof dat het leven een eeuwigdurende strijd was en dat ieder individu omringd was door vijanden die overheerst werden door Satan – de aartsvijand die jou haatte, ongeacht wat je deed, alleen omdat je een mens was.

Zarathoestra gaf Satan alle schuld van de tegenstand die zijn profetieën opwekten. Alleen boosaardigheid kon die tegenstand verklaren, dacht hij. Satan weigerde begrip voor hem te hebben en vertelde leugens over hem: Satan was De Leugen. Zo werd de universele zondebok geboren, en niets heeft het verstand meer verlamd dan het zoeken naar zondebokken. Je hoefde niet te graven naar de motieven of de problemen van je vijanden, wanneer je eenmaal had geleerd om Satan in hen te ontdekken en hen daarmee te haten. Verscheidene grote religies omhelsden de idee dat het een plicht was om Satan te bevechten, die schuilging achter de mensen met wie je het niet eens was. Kardinaal Newman schreef: "Je moet leren haten voordat je kunt leren beminnen." Zarathoestra legde uit hoe je het juiste object van je haat kon vinden, wie je de schuld kon geven van elke tegenslag. In andere opzichten was hij een profeet van vriendelijker instincten, wiens ideaal het was dat mensen vreedzaam en behulpzaam waren. Maar hij kon geen begrip opbrengen voor degenen die zijn ideeën verwierpen. Hij kon geen begrip opbrengen voor onenigheid.

Wetenschappers redetwisten nu over de mate waarin hij zijn doctrine zelf heeft bedacht. Zijn religie is officieel bijna verdwenen. Tegenwoordig zijn het alleen nog de parsen die hem eer bewijzen, van wie er momenteel minder dan zestigduizend zijn, die zich hoofdzakelijk in Bombay bevinden. Zij hebben echter een zeer gewijzigde doctrine geërfd. Rijk geworden door hun toewijding aan onderwijs en hard werken, werden ze India's toonaangevende industriëlen en zijn ze Zarathoestra's obsessie voor vijanden totaal kwijtgeraakt. Iran, waar ze oorspronkelijk succes hadden, werd uiteraard islamitisch, en het waren vermoedelijk ontwikkelde Iraniërs die de eenvoudige leer van Zarathoestra het grondigst hebben veranderd door een beschaving te ontwikkelen die gehecht was aan verfijning en subtiliteit: hun mystici zagen Satan als de uitvinder van poëzie; hun dichters troostten zich graag met de gedachte dat er niets bestond waarvan je moest aannemen dat het was zoals het leek te zijn en gebruikten ambivalentie als een middel om zich tegen onderdrukkers te beschermen. De ceremonie tijdens de pelgrimstocht naar Mekka, waarbij de gelovigen stenen gooien als symbool van hun haat jegens Satan, geeft slechts gedeeltelijk weer wat de koran zegt over hoe je vijanden moet behandelen. Zarathoestra leeft niet in een bepaald gedeelte van de wereld, maar in een temperament.

Hij is de profeet van degenen die bovenal een hekel hebben aan onzekerheid en die de twijfel willen uitbannen, waaraan ze geleden hebben en die een marteling voor hen was. Hij inspireert degenen die niet geïnteresseerd zijn in hun vijanden als individuen en die evenmin willen weten dat deze vijanden misschien niet volledig aan de andere kant staan of niet zo vijandig zijn als ze lijken. Doordat hij de wereld in vrienden en vijanden verdeelde, konden mensen die privé uiterst zachtaardig waren anderen tot de brandstapel veroordelen, een heilige oorlog tegen hen voeren of hen terroriseren en straffen zonder hen ooit ontmoet te hebben en zonder naar verklaringen te luisteren, juist omdat ze hun vijand niet wilden kennen.

Het is de stilte tussen vijanden die het sterkst naar voren komt uit de geschiedenis van hun confrontaties. Stilten kunnen verbroken worden. Wederzijdse onbekendheid met elkaars fragiliteit weerhield vijanden ervan om andere emoties uit te wisselen dan woede of haat. Mensen zijn op dezelfde manier haat blijven ontwikkelen als dat ze verliefd zijn geworden, door een instinctieve reactie, of ze beschouwden het als vanzelfsprekend dat vijandschap het onvermijdelijke gevolg is van de manier waarop de wereld is gemaakt. Maar het fabriceren van vijanden is een van de oudste en drukste bedrijfstakken van de mens. De grondstof is wellicht niet meer dan gekrenkte trots en woede, die zich geleidelijk aan verharden totdat de producenten gevangenen worden van hun haat. Als ze hun vijanden niet zelf uitkiezen, dan doen anderen dat namens hen. Hitler schreef: "De kunst van alle werkelijk grote nationale leiders bestaat er onder andere uit om de aandacht van een volk niet te verdelen, maar die te richten op één enkele vijand." Er is geen reden waarom dat soort ideeën voor altijd zouden moeten blijven bestaan.

Toen de Duitse Democratische Republiek in 1990 ineenstortte, werd ontdekt dat de geheime politie dossiers had over zes miljoen individuen, ruim een derde van de bevolking: intieme vrienden, zelfs leden van dezelfde familie hadden elkaar voor vijanden uitgemaakt. Dat lijkt misschien een afwijking van een paranoïde regime. Maar andere landen zouden wel eens verbaasd kunnen staan als ze statistische gegevens begonnen te verzamelen over wie verwikkeld is met wie in een geheime oorlog.

Wat is het alternatief? Voordat ik daarop inga, moet ik de twee andere oude manieren onderzoeken waarop vijanden het hoofd wordt geboden: wegrennen en hen omgeven door liefde.

John Keegan, *A History of Warfare*, Hutchinson, 1993; Quincy Wright, *A Study of War*, 2nd edn., Chicago UP, 1965; Martin van Creveld, *On Future War*, Brasseys, 1991; Fred McGraw Donner, *Early Islamic Conquests*, Princeton UP, 1981; George L. Mosse, *Fallen Soldiers: Reshaping the Memory of the World Wars*, Oxford UP, NY, 1990; Sam Keen, *Faces of the Enemy: Reflections of the Hostile Imagination*, Harper, San Francisco, 1988; Roderick C. Ogley, *Conflict under the Microscope*, Gower, Avebury, 1991: Jim Forest, *Making Enemies Friends*, 1987; Bob Altemeyer, *Enemies of Freedom*, Jossey Bass, 1988; Leonard W. Doogs, *Panorama of Evil: Insights from the Behavioural Sciences*, Greenwood, Westport, 1978; E. Zola, *My Hatreds/Mes Haines*, Edwin Mellor Press, Lewiston, 1991; A.F. Davies, *Skills, Outlooks, Passions: A Psychoanalytic Contribution to the Study of Politics*, Cambridge Up, 1980; Rosemary Ridd & Helen Callaway, *Caught up in Conflict: Women's Responses to Political Strife*, Macmillan, 1986; Signe Howell & Roy Willis, *Societies at Peace: Anthropological Perspectives*, Routledge, 1989; Carol Z. & P.N. Stearns, *Anger: The Struggle for Emotional Control in America's History*, Chicago UP, 1986; Roy Mottahadeh, *The Mantle of the Prophet: Religion and Politics in Iran*, Chatto, 1985; Howard Schuman, *Racial Attitudes in America*, Harvard UP, 1985; *Sun Tzu's Art of War: The Modern Chinese Interpretation by General Tao Hanzhang*, David & Charles, Newton Abbot, 1987; T. Haas, *The Anthropology of War*, Cambridge UP, 1990; Maurice Keen,

Chivalry, Yale UP, 1984; John Ellis, *The Sharp End of War: The Figthing Man in World War II*, Corgi, 1980; John Burton, *Conflict: Resolution and Provention* [sic], MacMillan, 1990; Joseph V. Montville, *Conflict and Peacemaking in Multiethnic Societies*, D.C. Heath, Lexington, 1991; David Binns, *Beyond the Sociology of Conflict*, MacMillan, 1977.

13

Hoe de kunst om je problemen te ontvluchten zich heeft ontwikkeld, maar de kunst om te weten waarheen je moet vluchten niet

Dit is geen gewoon succesverhaal over ambitie die obstakels overwint. Mijn verhaal gaat over een broer en zus die hun armoede ontstegen en beroemd werden, niet omdat dat was wat ze wilden, maar omdat ze geen andere manier zagen om het onverdraaglijke te ontvluchten; telkens wanneer ze vluchtten, ontdekten ze dat ze zich nog steeds op een onverdraaglijke plek bevonden.

Ze herinneren zich het flatgebouw waarin ze waren grootgebracht als "de hel", "een vloek", een groot kabaal van ruzies, gevechten en dronken gevrij, met een geur van alcohol en seks die nooit wegging. Hun vader was fabrieksarbeider, die weliswaar zelf probeerde te vluchten door avondcursussen te volgen en boekhouder te worden en uiteindelijk beheerder van een kindertehuis, maar zijn kans verspeelde door een huis te kopen waarvan de hypotheek hem armer maakte dan ooit. Terwijl hij hem zo zag, zwoer Gérard Colé op zijn tiende dat wanneer hij volwassen was, hij nooit geldgebrek zou hebben. En hij wachtte niet met volwassen te worden. Hij verliet zijn school zonder welk diploma dan ook, ging naar het plaatselijke abattoir en kocht de paarden die ter dood waren veroordeeld – sommige daarvan waren volbloeden, wier enige misdaad was dat ze niet voldoende races hadden gewonnen. In het besef dat er veel mensen waren zoals hij, gefascineerd door paardrijden, maar met het gevoel niet tot de sociale kringen van de paardenliefhebbers te behoren, zette hij een manege op voor de armen; uiteindelijk had hij zeventien paarden. Dat was zijn eerste vlucht, uit de armoede.

Maar toen meende hij dat hij ook een leven moest ontvluchten dat weinig gebruikmaakte van zijn intelligentie. De *New York Times* had nooit een Fransman in dienst gehad: hij haalde de Parijse correspondent over om hem als kantoorbediende aan te stellen. Zo werd hij journalist en omroepverslaggever, en uiteindelijk een succesvolle public-relationsman. Maar toen, zei hij, "zag ik in dat rijkdom een doodlopende weg was. Het is verschrikkelijk om geen geld te hebben; het is fijn om leuke kleren te dragen en goed te eten, maar ik zou geen enkele dag van mijn leven willen geven voor geld." Zo ontvluchtte hij de wereld van het geld en kwam terecht in de wereld van de macht.

Hij besloot dat François Mitterrand, die zich op dat moment geen raad wist omdat hij de verkiezingen verloor, uiteindelijk de machtigste man van het land zou worden: hij werd diens public-relationsadviseur, verantwoordelijk voor diens 'imago'; hij ruilde zijn luxe appartement van 350 vierkante meter in voor een van 40 vierkante meter, deed zijn Jaguar van de hand en kocht een klein autotje. Hij speelde een uiterst belangrijke rol bij de verkiezing, en daarna herverkiezing, van Mitterrand tot president. Maar hij meende dat de vaardigheden die hij voor deze overwinningen had gebruikt, voortkwamen uit het feit dat hij door en door "instinctief", een "man van het volk" was gebleven. Hij hoorde nooit bij de elite en wilde dat ook niet; hij had namelijk medelijden met degenen die daar wel bij hoorden, vanwege hun overdreven besef van hun eigen belangrijkheid en hun onvermogen om in te zien dat ze geen contact hadden met het electoraat, dat niemand nog langer naar hen luisterde. Het sociale leven van de machtigen trok hem niet aan.

Dus vluchtte hij nog een keer en werd als hoofd van de nationale gokonderneming, de Française des Jeux, de belangrijkste vluchtorganisator van het land. Het is zijn doel om daarvan de grootste vluchtfabriek ter wereld te maken die miljarden mensen bedient die zich alleen maar een vlucht uit hun gewone leven kunnen indenken op de rug van het fortuin. Hij heeft de onderneming al naar twintig andere landen uitgebreid, van China en Kazakstan tot Duitsland en Senegal.

Ondertussen is zijn zus, Michèle Blondel, beroemd geworden als beeldhouwer. Het lijkt misschien dat ze ieder hun eigen weg zijn gegaan, maar ook zij wijdt haar leven aan het onderzoeken van de kunst van het ontvluchten, meer in het bijzonder aan het ontdekken waaraan vooral een vrouw behoefte heeft te ontvluchten. Op haar zeventiende ging ze het huis uit; op haar negentiende was ze moeder. Haar zoon heeft haar veel voldoening geschonken, maar zelfs al blijven ze intieme vrienden, ook hij is op zijn achttiende het huis uitgegaan om als ontwerper in Milaan zijn eigen leven te leiden. Hoe dan ook, een kind kon haar niet beschermen tegen de manier waarop mensen naar haar keken. "Niets is wreder dan een blik." De lucht is niet alleen vol van de geur van alcohol en seks, maar ook van blikken die als messen haar zelfvertrouwen doorboren en littekens achterlaten die moeilijk te genezen zijn. Als kind dacht Michèle Blondel dat ze onaantrekkelijk was. Ze knipte haar haar kort als een jongen, droeg lange broeken, werd verliefd op een mannelijke homoseksueel en verkeerde in een kring die haar als jongen behandelde: ze genoot van hun verlangen, maar was beschermd tegen pesterij. Haar beste vrienden zijn nog steeds homoseksuelen, hoewel ze niet gelooft dat ze haar helemaal begrijpen; alleen vrouwen zijn in staat geweest om diep in haar binnenste te kijken. Als gevolg daarvan werd het thema van haar kunst niet hoe dingen of mensen eruitzien, maar hoe het voelt om bekeken te worden.

Wat ze het meest haat aan die starende blik uit de ruimte is dat die haar onmiddellijk in een hokje stopt. "Ik ben een vrouw: dat is een hokje. Ik ben een moeder: dat is een hokje." "Nee", protesteerde ze, "ik ben onzichtbaar": mensen konden niet zien wie ze echt was. Haar eerste schilderijen waren helemaal wit, verschillende tinten wit; dat bevat alle kleuren, maar het zijn kleuren die je niet kunt zien. Het waren schilderijen van haarzelf, en ze dacht dat ze erin geslaagd was om zichzelf door deze methode uit het zicht te houden; totdat ze besloot dat ze haar meer blootlegden dan ooit en dat het zinloos was om zichzelf bloot te geven. Niets ergert haar meer dan dat mensen geloven wat ze hun over zichzelf vertelt; dat sluit haar op in een hokje van eigen makelij. Dus begon ze kristallen sculpturen te maken, uiterst onzichtbaar en ondoorgrondelijk; ze stralen talloze kleurenprisma's uit, nooit dezelfde, die het gevolg zijn van het licht en van de manier waarop je ertegen aankijkt. Ze laat haar kristal speciaal voor haar maken in Baccarat, volgens nieuwe methoden, zodat het als geen ander kristal is. De technici worden door haar aangespoord om de ingrediënten zodanig te mengen dat het er zuiverder dan ooit uit tevoorschijn komt. Ze blijft in de fabriek slapen om het geboren te zien worden, niet wetend hoe het eruit zal zien. Vervolgens slaat ze het blok in individuele stukken en stelt ze die op in suggestieve houdingen. Daarmee herleidt ze het hele proces van hoe het komt dat mensen eruitzien zoals ze eruitzien en toch ongrijpbaar blijven. Telkens wanneer een kristal breekt door de tegenslagen van het leven, wordt het anders: dat bevestigt dat er hoop is tegenover degenen die zouden willen dat ze jou altijd kunnen herkennen, voor altijd opgesloten in hetzelfde hokje.

Ze is het bekendst geworden als schepper van fonteinen, als een tovenaar met water – transparant, maar onmogelijk om stevig vast te pakken, altijd op de vlucht. Elke treinforens op het Gare de l'Est in Parijs is langs haar fontein op het voorplein gekomen. Ze wil graag dat ze even stoppen en er naar staren. Soms komt ze om hen dat te zien doen. De allereerste man die ze de fontein zag gebruiken zoals ze wilde dat die gebruikt zou worden, was een fotograaf met een polaroidcamera. Hij bood aan om een foto te maken van een meisje dat hij nooit eerder had ontmoet, staande in de waternevel; weldra omhelsde hij het meisje en liep met haar weg. Dat is haar ambitie, dat haar sculptuur mensen er niet alleen toe aanzet om naar elkaar te kijken, maar ook om elkaar te ontmoeten en met elkaar te praten, om als water te mengen, om lief te hebben.

Maar het is niet waarschijnlijk dat de fotograaf daarna voor altijd gelukkig leefde. Hoe kunnen mannen van vrouwen leren houden zonder te proberen hen te bezitten? Dat is het refrein dat haar fonteinen zingen. Als arm kind dat zich geen modieuze kleren kon veroorloven op een school voor de rijken weigerde ze om gefrustreerd te raken omdat ze anders was en hechtte ze veel waarde aan haar onafhankelijkheid. Maar de meeste mannen die ze heeft gekend, waren gevangenen van hun frustraties. Ze proberen telkens weer te bewijzen dat ze aantrekkelijk zijn, maar overtuigen zichzelf daar nooit lang van; ze gebruiken geweld, overheersing of minachting als hun instrumenten en zijn eigenlijk altijd meer geïnteresseerd in zichzelf dan in haar. Ze zeiden haar dat ze onmogelijk te begrijpen is, net als een Bretonse menhir, een mysterieus monument uit het Stenen Tijdperk, waarvan niemand de boodschap kan ontcijferen. Inderdaad houdt ze er niet van om zichzelf te direct te uiten. Ze kan haar minnaar niet zeggen wie ze is, daar moet hij zelf achter zien te komen. Dat is liefde, een ander ontdekken. Ze wil dat haar minnaar ontdekt dat ze een creatief kunstenaar is en niet bang is omdat er zowel een man als een vrouw binnen in haar zit. Natuurlijk smelt ze als ze bemind wordt; dat is een uiterst bevredigende toestand om je in te bevinden, totaal schaamteloos, totdat ze zich realiseert dat ze simpelweg als een voorwerp van verlangen wordt gezien en niet als een uniek persoon. "Een etiket opgeplakt krijgen, is alsof je in een doodskist wordt gestopt." Zelfs als je als beeldhouwer wordt gezien, betekent dat dat je een etiket opgeplakt krijgt. Om te vluchten schreef ze een boek en maakte ze een film, maar de wereld toont geen begrip voor mensen die van het ene naar het andere hokje springen. Ze heeft het nooit langer dan zes jaar met een minnaar uitgehouden: als ze geen afhankelijkheid eisen, worden ze afhankelijk. "Ik ben een stuk zeep", zegt ze. De druppeltjes in haar fonteinen zijn vrouwen als zij, onmogelijk te vangen. Soms geeft ze de hoop op te kunnen communiceren: misschien zijn mensen niet meer dan schepen op zee, die door mist van elkaar gescheiden zijn, zo nu en dan in de verte een vage glimp van elkaars lichten opvangen en korte saluten uitwisselen als ze elkaar passeren. Maar de eenzaamheid is onverdraaglijk en ze blijft voortdurend proberen om die te ontvluchten. Haar verzet uit zich in het omkeren van wat haar deprimeert. Als haar lichaam niet mooi genoeg is, als het aftakelt, ontvlucht ze de pijn door dat te erkennen en er juist plezier aan te beleven, of tenminste plezier te hebben in oprechtheid en de ontdekking ervan. Als ze zich megalomaan voelt, zoals een kunstenaar zich bij tijd en wijle onvermijdelijk moet voelen, probeert ze dat om te zetten in ruimhartigheid. Als ze zich alleen voelt, dan denkt ze dat ze daardoor tenminste meer openstaat voor nieuwe mensen. Als mensen haar niet begrijpen, wordt ze provocerend en agressief: ze zullen tenminste niet reageren met de nietszeggende starende blik van onverschilligheid; ze heeft liever dat ze haar werk haten dan dat ze niet in de gaten hebben dat het er is.

Daarom houdt ze ervan om haar sculpturen in fabrieken te maken, te midden van arbeiders die nooit een touw aan moderne kunst hebben kunnen vastknopen. Ze gebruikte bijvoorbeeld de afvalproducten van een pottenbakkerij, waarbij ze de warme aarde pakte zodra die uit de machines kwam om er beelden van geslachtsorganen van te maken. Aanvankelijk waren de arbeiders geschokt. Ze hadden verwacht dat ze kleine figuurtjes zou maken met twee armen en twee benen. Maar gaandeweg begrepen ze dat ze probeerde te laten zien hoe het leven uit de aarde voortkwam. Vervolgens begonnen ze vragen te stellen; één arbeider zei ten slotte dat ze de wereld nu met andere ogen zou gaan bekijken. Toen ze de opdracht kreeg om kerken opnieuw te decoreren, voegde ze kristallen sculpturen van vloeibaar zaad toe in een poging om katholieken te verzoenen met erotiek, om de plaats van seksualiteit binnen de liefde te verheerlijken.

Momenteel heeft ze ook een studio in New York. Daar is ze een gedeelte van het jaar om te beeldhouwen, haar werk ten toon te stellen, en provocerend en rebels op te treden tegen iedereen die een etiket op haar werk probeert te plakken. Veel van Frankrijks grootste kunstenaars sinds de negentiende eeuw hebben het makkelijker gevonden om in Amerika erkenning te krijgen dan thuis. Maar Michèle Blondel voelt zich vooral nauw verbonden met één Franse kunstenares, Louise Bourgeois (een leerling van Léger, een vriendin van Le Corbusier en ooit op kamers in het huis van Isadora Duncan). Deze emigreerde in 1938 naar Amerika, waar ze in staat was vrijelijker uiting te geven aan haar obsessie voor het thema van vrouwen die in een hokje zitten opgesloten, in huizen of in sociale situaties die ze voortdurend proberen te ontvluchten. Michèle Blondel had minstens tien jaar geleden naar Amerika moeten gaan, zegt haar broer. Een beroemde kunsthandelaar beloofde: "Als je niet als heks wordt verbrand, zal ik een gigantische expositie van je werk organiseren." Doorgaans moeten kunstenaars eerst op hun verbranding wachten voordat ze even interessant gevonden worden als gangsters of moordenaars.

Een van de mannen op motorfietsen die door Parijs rijden om de hondenpoep van de straten te halen, zei haar dat ook hij plezier had in zijn werk; het paste bij zijn persoonlijkheid, omdat hij van de onafhankelijkheid hield en een hekel had aan honden. Zij heeft niet zo'n eenvoudige oplossing voor haar problemen gevonden, maar in haar atelier heeft ze het gevoel dat ze erin slaagt om de meest onverdraaglijke menselijke zwakheden tijdelijk te ontvluchten. In haar atelier jongleert ze met het fortuin, net als haar broer, terwijl ze nooit weet waar haar experimenten op uit zullen draaien of hoe een gebroken kristal eruit zal zien. De grote troost is te weten dat je jezelf niet herhaalt, dat je verdergaat.

Alle mensen zijn van oorsprong escapisten. Iedereen stamt af van vorouders die uit Afrika en Azië wegtrokken. Elke religie was een vlucht uit de armzaligheid van het echte leven, een zich terugtrekken uit het lijdende lichaam in de veilige haven van de ziel. Wanneer religies te conventioneel en oppervlakkig werden, was er altijd sprake van een vlucht in mysticisme en fundamentalisme, weg van de werkelijkheid. De industriële samenleving begon als een vlucht uit de armoede. Nu is er een vlucht uit het werk in vrije tijd, hobby's en sport. Maar zelfs een beschaving die gehecht is aan vrije tijd bevat vijanden, en daarom is de kunst van het vluchten nog verder verfijnd: men cultiveerde gereserveerdheid, humor en parodie om niet bezorgd te hoeven zijn dat men te serieus genomen werd. De vluchtroute van huwelijk naar echtscheiding en weer terug is een autosnelweg waaraan de hele tijd nieuwe banen worden toegevoegd. Meer mensen zijn van hun vijanden weggerend dan hen te hebben bevochten. Vluchten was een niet-erkende kunst, omdat de vele vormen die het aanneemt nooit gezien werden als een eenduidig antwoord op het leven.

Uit een onderzoek onder Amerikanen die tussen 1946 en 1966 geboren waren, bleek dat slechts 10 procent van hen agressieve rivalen waren in de manier waarop ze hun dagelijkse problemen aanpakten. Veel meer respondenten bouwden hun leven op rond de kunst van het vluchten: 25 procent was genotzoeker, 15 procent had het gevoel opgesloten te zitten en wist niet hoe ze moesten vluchten, en 28 procent was tevreden omdat ze nog leefden. Slechts 20 procent was helemaal tevreden omdat ze een evenwichtig leven hadden. Volgens de professor van de Harvard Business School die voor deze bevindingen verantwoordelijk was, zouden nog meer van zijn respondenten hebben toegegeven dat ze opgesloten zaten als ze eerlijker waren geweest. Hoe dan ook, uit een casestudy van een Amerikaans accountantsbureau, gepubliceerd in 1992, bleek dat slechts 6 procent van de particuliere grieven onder zijn leden leidde tot beschuldigingen en protesten; 21 procent leed liever in stilte. De meerderheid rende weg van haar vijanden: 31 procent "vermeed hen tijdelijk", 14 procent nam een houding aan van "strategische vervreemding" en 8 procent zocht counseling. In Groot-Brittannië geeft slechts 18 procent van de bevolking toe dat ze een mondelinge klacht hebben geuit in een winkel en slechts 2 procent dat ze deelgenomen hebben aan een demonstratie of boycot.

Wegrennen heeft zijn filosofie en zijn aanhangers, en die zijn niet minder interessant dan die van oorlog of rebellie. De meest welbespraakte moderne pleitbezorger van vluchten als een manier van leven was Henri Laborit, de wetenschapper die een van de meest algemeen gebruikte tranquillizers van dit moment, Largactil, heeft uitgevonden – de grote vluchtroute uit pijn en zorgen. Sindsdien gebruikt hij de royalty's van zijn scheikundige ontdekkingen om onderzoek naar alternatieven voor agressie te financieren. In de film *Mon Oncle d'Amérique* van Alain Resnais vertelde hij de wereld dat de wetenschap de opvatting van de oude wijzen bevestigde, voor wie wegrennen de ware wijsheid was.

Vermijd confrontatie, zegt Laborit, want het enige resultaat daarvan is dat je een orde van dominantie vestigt, zoals apen zoeken wanneer ze vechten om te besluiten wie met wie mag paren. Zit je eenmaal gevangen in de competitie om de superioriteit, dan verlies je je onafhankelijkheid. Het doel van het leven – hij spreekt als bioloog – is te overleven; dat vereist dat je rustig blijft en stress vermijdt. Hij heeft de stress gemeten van ratten die hij in zijn laboratorium martelde: de ratten die hij toestond naar een andere ruimte weg te rennen, hadden een week na de experimenten een normale bloeddruk. Maar wanneer hij ze belette te vluchten, was hun bloeddruk zelfs een maand later nog steeds hoog. Als ze geen uitweg kunnen vinden, ontwikkelen ze zweren en verliezen ze gewicht, en hoop, zodat ze, wanneer de kooi wordt geopend, te bang zijn om te vluchten. Een derde groep ratten werd in paren in kooien gezet; terwijl ze niet konden vluchten, mochten ze met elkaar vechten. Na onderworpen te zijn geweest aan dezelfde martelingen, bleef hun bloeddruk normaal. Vechten en wegrennen, zo luidt zijn conclusie, zijn alternatieve manieren om stress tegen te gaan. Maar als vechten succes oplevert, wordt het verslavend en sleurt het je in de stress van een competitief leven. Bovendien zullen zich gelegenheden voordoen dat het onmogelijk is om je rivalen te bevechten, zodat je tegen jezelf zult vechten, wat stress zal veroorzaken. Het is beter, houdt hij vol, om weg te rennen.

Wanneer de omstandigheden jou niet toestaan om fysiek te vluchten, kun je dat in je gedachten doen. De verbeelding is het enige gedeelte van jou waar niemand en geen enkele groep bij kan. Je mag dan machteloos zijn, maar in je verbeelding kun je de wereld transformeren. De beste boeienkoningen zijn kunstenaars die zichzelf onttrekken aan de realiteiten van het dagelijks leven en aan de beperkingen van de hiërarchie; ze creëren een eigen wereld en geven uitdrukking aan hun onafhankelijkheid en originaliteit. Laborit pleit er niet voor om weg te rennen teneinde emotie te vermijden, want dat zou iemand uiteindelijk alleen maar kleurloos en onverschillig maken. Iedere kunstenaar dient ontevreden te zijn, en zelfs bezorgd, maar kunstenaar zijn betekent dat je je wijdt aan de ontdekking van manieren om die bezorgdheid vruchtbaar en mooi te maken.

Natuurlijk kunnen de werknemers van een zelfzuchtige en akelige baas niet altijd vluchten, want dan zouden ze zichzelf simpelweg tot werkloosheid veroordelen. Ze kunnen niet altijd vechten, want er is een hiërarchie georganiseerd om hen te verlammen. Dus worden ze 'geremd'. Mensen die niet voldoende informatie hebben om te besluiten hoe ze op een bedreiging moeten reageren, worden ook geremd, net als wanneer ze te veel informatie hebben. Remmingen griffen zichzelf in het geheugen, dat, denkend aan vroegere missers, iemand ervan weerhoudt iets te ondernemen en zo meer missers stimuleert. Laborit heeft een scheikundige stof ontdekt die remmingen remt, hoewel zich toen nieuwe problemen voordeden. Ondertussen zet hij mensen ertoe aan om op alle mogelijke manieren hun remmingen te ontvluchten, door te praten, te schrijven, boos te worden of degenen die hen irriteren uit te schelden. Anders zullen de remmingen hun gezondheid verwoesten door hun immuunsysteem te remmen, en zullen zij psychosomatische ziekten ontwikkelen, wat een manier is om jezelf te straffen wanneer anderen nalaten begrip voor je te hebben.

Maar hij beweert niet dat zijn oplossing een formule voor geluk is. Als hij nadenkt over zijn eigen leven, dan geeft hij toe dat hij problemen heeft gehad om te vluchten. "Ik heb een ziekelijke behoefte om bemoederd te worden en in mijn werk te worden beschermd", zegt hij. Zijn werk is een lang, onophoudelijk gevecht geweest met zijn superieuren, die hem twistziek en opstandig vonden. Hij maakte bezwaar tegen het feit dat mensen promotie kregen als ze de hielen van het establishment likten en zichzelf conformeerden aan zijn waarden, niet vanwege hun prestaties in hun werk. "Ik had graag in de riddertijd geleefd", zegt hij. Het dichtst kwam hij daar in de buurt als scheepsarts bij de Franse marine, waar de ridderlijke mentaliteit volgens hem nog steeds leeft. Maar zijn werkgevers hadden weinig begrip voor hem; ze boden hem aan vervroegd met pensioen te gaan en weigerden hem promotie te geven waar hij gezien zijn dienstjaren recht op had (nooit is hij *Surgeon General* geworden, wat naar zijn mening wel had moeten gebeuren). Hij slaagde erin om te vluchten in een onderzoeksbaan in een militair hospitaal (hoewel hij niet van soldaten houdt, noch van handelaars, noch van verschillende andere soorten mensen). Zoals hij zelf bekent, is zijn temperament agressief; dat was het al sinds zijn kinderjaren. Het is niet toevallig dat hij zich wijdde aan de studie van stemmingsveranderende middelen en pijnstillers en dat anesthesie door kunstmatige winterslaap tot zijn andere uitvindingen behoort. Nog altijd is hij uitermate gepikeerd over het feit dat het Franse medische establishment nagelaten heeft het belang van zijn werk te erkennen. Alleen andere landen hebben hem met prijzen geëerd, waaronder de Lasker-prijs; deze werd in 45 gevallen gevolgd door de toekenning van de Nobelprijs, maar hij heeft die niet gekregen.

Vrienden maken was niet zijn sterkste kant. Al zijn vriendschappen, zegt hij, dateren uit zijn kindertijd; sindsdien heeft hij alleen maar rivalen gekend. Dat is niet helemaal waar, want er heeft zich een kring van bewonderaars om hem heen gevormd: Alain Resnais bijvoorbeeld genas zichzelf van een gedeelte van zijn zwaarmoedigheid door de boeken van Laborit te lezen; daarom maakte hij zijn film. En toen hij in de zeventig was, werd Laborit verliefd op een veel jongere vrouw; met haar vormen hij en zijn vrouw nu een trio, wat "noch volledig bevredigend, noch frustrerend" is. De ernstigste tekortkoming die hij in zichzelf ziet, is het feit dat hij geen vrouw is, want vrouwen kunnen beide hersenhelften gebruiken en zo een evenwichtiger leven bereiken. Hoe dan ook, er zijn dingen die hij niet kan ontvluchten; het is geen perfecte oplossing, zoals hij zelf toegeeft, maar het biedt respijt.

Mensen hebben langdurige ervaring met het vluchten in hun verbeelding. De vroegste vijand van iedereen was honger. Als die niet met voedsel verslagen kon worden, vluchtte men door middel van drugs. De gebruikelijkste Europese drug in de Middeleeuwen was waarschijnlijk maanzaad (enorme gebieden waren bestemd voor het kweken ervan op industriële schaal), het werd gebruikt om brood te bakken, net als hennepzaad, gekruid met koriander, anijszaad, komijn en sesam. Met behulp daarvan vluchtten de armen in een droomtoestand. Daarbij werden ze vaak achtervolgd door kobolden, vampiers en angstaanjagende visioenen, maar hun angsten waren tenminste niet zo slopend als de honger. Rusteloze kinderen gaf men aftreksels van maanzaad om hen kalm te houden. Wanneer honger veranderde in hongersnood, aten 'insectenmensen', die deden denken aan zwermen sprinkhanen, alles wat maar verslonden kon worden; ze plunderden vuilnisbelten, voedden zich zelfs met uitwerpselen en raakten geleidelijk in een bedwelmende verdoving, waarbij ze heen en weer geslingerd werden tussen narcose en neurose, maar droomden dat ze aan het eten waren.

Vluchten in veranderde bewustzijnstoestanden, in verdoving of opwinding, is overal, in alle eeuwen, een voortdurende ambitie geweest. Er was geen beschaving die niet geprobeerd heeft het alledaagse te ontvluchten met behulp van alcohol, tabak, thee, koffie en allerlei soorten planten. De Azteken, die een bijzonder zwaarmoedige levensvisie bezaten, hadden vierhonderd goden van drank en dronkenschap, de zogeheten vierhonderd Konijnen, om hen te helpen vluchten. Waarheen? Als ze nuchter waren, spraken ze vrijelijk over hun hallucinaties. Ze zagen zichzelf verslonden worden door wilde beesten, gevangen genomen worden in de strijd, veroordeeld worden voor overspel en de straf ondergaan, dat wil zeggen het verbrijzelen van hun hoofd, of ze verbeeldden zich dat ze rijk waren en veel slaven bezaten. Drank bevrijdde hen dus niet van hun gebruikelijke zorgen, maar stelde hen eerder in staat om erover na te denken, zoals een griezel- of fantasiefilm die steeds opnieuw bekeken wordt. De cactussen en paddestoelen die ze aten, gaven hun verscheidene dagen "afschuwelijke of komische visioenen", maar ze hielden vol: "Het gaf hun de moed om niet bang te zijn voor oorlog, dorst of honger, en ze zeggen dat het hen beschermt tegen elk gevaar." Zich sterk bewust van de risico's van bedwelmende middelen, straften ze een dronkaard voor zijn eerste overtreding door hem in het openbaar kaal te scheren, onder het gejouw van de menigte; als hij volhardde, werd hij ter dood veroordeeld. Ambtenaren en priesters werden geëxecuteerd bij hun eerste overtreding, terwijl edellieden het voorrecht hadden om in stilte te worden gewurgd. Maar toen zich werkelijk ernstige problemen voordeden, kon niets hen – 25 miljoen in totaal – ervan weerhouden om zich dood te drinken en te bedwelmen, totdat er nog maar één miljoen Azteken over waren. Dit was de grootste massale zelfmoord uit de geschiedenis, ongetwijfeld bespoedigd door de import van Europese ziekten. Maar het meest verwoestend was het verlies van hun mentale veerkracht, veroorzaakt door de Spaanse verovering, waardoor hun hele beschaving failliet werd verklaard – vrijwel net zoals het communisme failliet werd verklaard.

In Europa raakte opium in zwang als middel om pijn en verveling te ontvluchten, nadat de Zwitserse arts Paracelsus (1493-1541) het had gemengd met alcohol ter verkrijging van laudanum. De toonaangevende Engelse geneesheer in de achttiende eeuw deed opium in een cocktail met kaneel, kruidnagels en saffraan en noemde dat "een van de waardevolste medicijnen ter wereld". In 1854 herhaalde een standaard Engels medisch handboek dat opium "ongetwijfeld de belangrijkste en waardevolste remedie in de hele *materia medica*" was, "te gebruiken voor alledaagse kwalen"; het te roken werd echter gezien als "gevaarlijk voor het fysieke en ethische karakter, vooral van de lagere klassen".

De Verenigde Staten waren opmerkelijk vanwege de onverhoedsheid en veranderlijkheid waarmee ze van de ene drug op de andere overstapten, van de ene vlucht op de andere. Aan het begin van de negentiende eeuw verdubbelden de Amerikanen hun alcoholconsumptie en bestempelden het tot het symbool van hun egalitarisme – voor de fles was iedereen gelijk en niemand kon weigeren: "Ze drinken om vrij te zijn." De man die in de kroeg op de grond lag en schreeuwde: "Ik ben zo onafhankelijk als de vs", hoewel hij niet kon opstaan, gaf uiting aan een gevoel dat zelfs de beweging van geheelonthouders niet durfde te ontkennen, aangezien die haar leden toestond op 4 juli dronken te worden. In 1830-1850 kwam daar abrupt verandering in: de alcoholconsumptie halveerde, en voortaan werd de afhankelijkheid van de fles de specialiteit van een minderheid. Maar toen ontstond er een rage rond patentgeneesmiddelen met een hoog opiumgehalte, die zijn hoogtepunt bereikte in 1900, toen de import van opium per inwoner verviervoudigd was. Op dat moment kregen artsen hun twijfels. Zodoende werd het gedurende de tien jaar daarna mode om opium te roken, tot aan 1909, toen de import van opium verboden werd. Dus namen sigaretten het over, flink aangemoedigd door de Eerste Wereldoorlog. Toen het alcoholverbod zich over het hele land verspreidde, beginnend in het zuiden en het westen, schoten coladranken met een beetje cocaïne te hulp als de verlosser. Men beweerde dat cocaïne het beste middel was om verslaving aan alcohol, opium en morfine te ontvluchten en dat het ook een voortreffelijk algemeen tonicum was. William Hammond, legerarts, maakte trots bekend dat hij bij elke maaltijd een wijnglas cocaïne dronk. Cocaïne was het officiële geneesmiddel van de vereniging voor hooikoortspatiënten. Bars serveerden het in whiskey. Winkels verkochten het in de vorm van vruchtensappen. Het werd uitgedeeld aan mijnwerkers en bouwvakkers. Amerikaanse artsen wedijverden in loftuitingen. De professor geneeskunde aan de universiteit van Pennsylvania, dr. George Wood, voorzitter van het American Philosopical Society, beval het zelfs aan als een hulpmiddel voor degenen die echte, religieuze Amerikanen wilden zijn; het bood namelijk "een verheffing van onze beste geestelijke eigenschappen, een warmere sensatie van welwillendheid, een neiging om grote dingen te doen, maar dan wel op een onzelfzuchtige en liefdadige manier, een veel godsdienstiger geest en bovendien een sterker gevoel van onafhankelijkheid en machtsbesef. Het lijkt het individu tijdelijk beter en nobeler te maken." Aan de zoektocht naar een vlucht uit middelmatigheid en monotonie kwam nooit een einde.

Het wereldrecord alcohol drinken staat al lange tijd op naam van de Fransen. De reden is niet dat ze de beste wijnen produceren, aangezien ze nu het wereldrecord tranquillizers en slaappillen gebruiken aan hun lauweren hebben toegevoegd. Een plausibeler suggestie is dat hun beschaving zowel gekunsteldheid als kunst hoogacht. Een heg in een tuin in vreemde vormen knippen, kleren dragen die elk individu nog unieker maken en praten in een geaffecteerd proza maken allemaal deel uit van een zelfde houding, een geloof dat mensen te perfectioneren zijn en eerder gescherpt en gepolijst dienen te worden dan gelaten zoals ze zijn. Zij vluchtten niet in de vergetelheid, maar in een toestand die het hun mogelijk maakt dichter bij hun ideaal van een sociabel en interessant mens te komen, in staat om de gevaren van het bestaan het hoofd te bieden. Van de tien zijn er drie afhankelijk van koffie (vooral gehuwde vrouwen van middelbare leeftijd), twee van zowel koffie als tabak (hoofdzakelijk jongeren), twee van alleen tranquillizers (vooral bejaarden en minder welgestelden), één van thee, met zo nu en dan roken en alcohol (hoofdzakelijk hoogopgeleide jonge mensen), één van thee en niets anders (hoofdzakelijk hoogopgeleide jonge vrouwen), en één van wijn of bier, maar zonder roken. Slechts vijf op de honderd zijn tegelijkertijd zware rokers en zware drinkers van alcohol en koffie. Slechts 1,5 procent onthoudt zich geheel van alcohol, tabak, koffie, thee, tranquillizers en slaappillen, maar die mensen wekken alleen maar wantrouwen of verwarring. De edele wilde was zelden nuchter.

Het probleem met vluchten is weten waarheen je moet vluchten. Laborit zegt dat je niet van ellende in geluk kunt vluchten, omdat dat een onbereikbaar doel is. In de Griekse oudheid zei Heraclitus (552-487 voor Christus), die afstand deed van zijn erfelijke recht op het koningschap van Ephesus, gelegen in het huidige Turkije, dat je nergens heen kon vluchten, omdat de wereld voortdurend veranderde: "De menselijke natuur heeft geen vastgesteld doel"; de hele wereld was bezig weg te rennen van de toestand waarin hij verkeerde. De taoïsten, die hun oorsprong vinden in de tweede eeuw voor Christus en China's specialisten waren in het ontvluchten van ambitie en de normale beslommeringen van gewone mensen, waren de eersten die zeiden dat zowel vrouwen als mannen, jong en oud, konden leren aan ellende te ontvluchten, niet zozeer de dood, als wel het sterven op de verkeerde manier. Met behulp van drugs die hun potentie verhoogden maar hun lichaam gaandeweg verwoestten, probeerden ze met een glimlach weg te kwijnen, dronken, dansend op de ritmes van de natuur. Maar hun droom van gelijkheid, van mannen en vrouwen die "hun vermengde adem laten versmelten" en spontaan en natuurlijk zijn, ging verloren in magische formules, omdat ze via alchemie een kortere weg zochten naar de gelukzaligheid.

Toen de Japanse schrijver Mishima zelfmoord pleegde, trok hij de uiterste consequentie van het vluchten. Hij zei dat hij geïnspireerd was door het voorbeeld van Oshio Hehachiro, een politie-inspecteur uit Osaka die zijn positie had overgeërfd. Op zijn 37ste nam deze man ontslag omdat hij er genoeg van had om tegen corruptie te vechten. Hij besloot dat succes in het leven minder belangrijk was dan het maken van een heroïsch gebaar: je diende louter onbeduidendheid te ontvluchten, dat lag binnen ieders vermogen; zelfs een ongeletterde boerenvrouw die de hele dag zwoegde op de velden kon zo een wijze worden. "Het gaat om de reis, niet om de aankomst", en je moet er "als een gek" aan beginnen. (*Il faut toujours être ivre*, schreef Baudelaire in ongeveer dezelfde tijd.) Door jezelf vrijwillig op te offeren werd je ongevoelig voor anderen. Daarom organiseerde Hehachiro een opstand van "de ongelukkigen der aarde", beginnend met het verbranden van zijn eigen huis. Toen de opstand flopte, sneed hij zijn eigen keel door. Na zijn dood werd hij schuldig bevonden aan "het bekritiseren van de regering", en zijn gepekelde lichaam werd op bevel in het openbaar gekruisigd. Niettemin werd hij een Japanse held – als edele mislukking. Mishima imiteerde deze zelfmoord omdat die "een daad van oprechtheid", een vlucht uit de hypocrisie was, zelfs al werd er niets mee bereikt. Het was vluchten omwille van het vluchten. De vijand overleeft.

Mensen die de greep van de instituties van hun tijd en de opvattingen van de grote massa willen ontvluchten, en zelfs het gewone leven, zijn geen buitenbeentjes in de moderne samenleving: hun wortels gaan terug tot de vroegste oudheid, zover als die van strijders; ze zongen liederen als deze in het oude China:

> Ik kom aan, helemaal alleen, ik ga zitten, helemaal alleen.
> Ik betreur het niet dat mensen van tegenwoordig me niet kennen.
> Slechts de geest van de oude boom, in het zuiden van de stad,
> weet zeker dat ik een passerende Onsterfelijke ben.

Wie vraagt wat de praktische gevolgen van vluchten zouden kunnen zijn, begrijpt niet wat vluchten, waaronder het ontvluchten van een doel, inhoudt. Degenen die een doel willen hebben, moeten verder kijken dan vluchten.

Henri Laborit, *Éloge de la fuite*, Laffont, 1976; Henri Laborit, *La Vie antérieure*, Grasset, 1990; Dorothy Rabinowitz, *New Lives: Survivors of the Holocaust Living in America*, Knopf, 1976; Vladimir Bukovsky, *To Build a Castle: My Life as a Dissenter*, Viking, NY, 1977; M. Magdelaine & Rudolf von Thadden, *Le Refuge huguenot*, A. Colin, 1985; Dino Cinel, *The National Intergration of Italian Return Migration, 1870-1929*, Cambridge UP, 1991; M.M. Ktitz et al., *International Migration Systems*, Oxford UP, 1992; A. Hourani & N. Shehadi, *The Lebanese in the World: A Century of Emigration*, Tauris, 1992; Jerome L. Singer, *Daydreaming and Fantasy*, Oxford UP, 1981.

Roderick Philips, *Putting Asunder: A History of Divorce in Western Society*, Cambridge UP, 1988; Roderick Philips, *Family Breakdown in Late Eighteenth-Century France: Divorces in Rouen, 1792-1803*, Oxford UP, 1982; Dominique Dessertine, *Divorcer à Lyon sous la Révolution et l'Empire*, Lyon UP, 1981; H. Kent Geiger, *The Family in Soviet Russia*, Harvard UP, 1968 (over het enorme aantal echtscheidingen na de revolutie); G.B. Spanier & Linda Thompson, *Parting: The Aftermath of Separation and Divorce*, Sage, 1987; Elizabeth Martin, *Second Time Round: How Divorce Affects Future Relationships*, Macdonald, 1989; Sandra S. Kahn, *The Ex-Wife Syndrome*, Ebury, 1990; Mavis Maclean, *Surviving Divorce*, Macmillan 1991.

Jerome David Levin, *Alcoholism*, Hemisphere, NY, 1990; G.E. Valiant, *A Natural History of Alcoholism*, Harvard, 1993; David F. Musto, *The American Disease: Origins of Narcotic Control*, Yale, 1973; Q.J. Rorabaugh, *The Alcoholic Republic: An American Tradition*, Oxford UP, NY, 1979; Herbert Fingarette, *Heavy Drinking: The Myth of Alcoholism as a Disease*, California UP, 1988; H.B. & H.C. Jones, *Sensual Drugs: Deprivation and Rehabilitation of the Mind*, Cambridge UP, 1977; Timothy Leary, *Flashbacks: An Autobiography*, Heinemann, 1983; John Rosecrance, *Gambling Without Guilt: The Legitimation of an American Pastime*, Cole, Pacific Grove California, 1980.

14

Waarom mededogen zelfs op stenen bodem tot bloei kwam

Sinds haar twaalfde heeft ze haar bedenkingen gehad over hoe mensen elkaar bejegenen. De eerste keer dat ze daar blijk van gaf, was toen ze plotseling enkele maanden lang niet meer tegen haar ouders praatte en begon na te denken over de fragiliteit van volwassenen, hun neiging om uit elkaar te vallen. Hun wereld leek bijeengehouden te worden door een lijm, gemaakt van hypocrisie: haar vader, afkomstig uit de Elzas, voelde zich verplicht om zijn werkgever te gehoorzamen – "een afschuwelijke man die hem als zondebok gebruikte". Het eerste besluit in haar leven was dat hij de verkeerde weg had gekozen: onrechtvaardigheid mocht niet zomaar haar gang kunnen gaan. Maar wie zouden haar bondgenoten zijn? Ze kon niet begrijpen waarom haar vader niet in opstand kwam. Ook haar oudere zus kwam niet in opstand. In de achterbuurten waar ze nu werkt, kan ze nog steeds niet begrijpen waarom sommigen wel tegen hun vernedering in opstand komen, maar anderen niet.

Marie-Thérèse Gaab was een eenzaam kind, dat haar vluchtte in de muziek van haar viool. "Niemand kon me begrijpen. Mijn ouders gaven me de bijnaam Cohn-Bendit en stuurden me naar een kostschool, waar ik spijbelde en mijn viool meenam. Als ik jongens zag vechten, probeerde ik ze te laten ophouden." Ze had enige affiniteit met haar Duitse moeder, wier sterke karakter ze bewonderde, maar communicatie met volwassenen was moeilijk. Geen leraar op school, geen professor aan de universiteit van Straatsburg stak een hand naar haar uit.

Ze is een buitengewone schoonheid, lang en blond. Ze trouwde met Michel Krieger, wiens lichaam op zijn derde was verwoest door een reumatische aandoening en die na acht jaar ziekenhuis in een rolstoel zat. Hij straalt intelligentie en gevoeligheid uit, en triomf over lijden. Hij is het absolute tegendeel van onderworpenheid. Samen gaven ze een antwoord op onrechtvaardigheid, ieder op zijn eigen manier.

Als kunstenaar heeft hij nu internationaal de aandacht op zich gevestigd door de koude dreigende blik die op gehandicapten geworpen wordt terug te kaatsen naar het zogenaamd normale publiek. Hij schildert bijvoorbeeld enorme muren met een minuscule deur. Als je goed kijkt, weet je niet zeker of de deur jou naar buiten of anderen naar binnen laat. Hij ontmaskert mensen als weekdieren, die huisjes om zich heen bouwen en bescherming zoeken tegen gevaren waar ze liever niet te veel over willen weten. In zijn werk worden hun onderlinge grenzen eerder raadsels dan obstakels en onderwerpen ze vooroordelen aan een verhoor dat tegelijkertijd kwellend en sereen is. Soms heeft hij het gevoel dat het feit dat hij getrouwd is, kinderen heeft en erkend wordt de ijskoude blikken heeft doen smelten die zijn uiterlijk aanvankelijk teweegbrengt. Maar alleen soms.

Ze zegt dat hij er beter in geslaagd is dan zij om zich te genezen van het gevoel buitengesloten te zijn. Ze werkt namelijk met kinderen voor wie alle deuren onwrikbaar gesloten lijken te zijn, op een school waar negen van de tien leerlingen uit gezinnen onder de officiële armoedegrens komen. De torenflats staan als verspreide bomen in een woestijn die je niet kunt ontvluchten. Er is niets te doen, geen plek om naartoe te gaan, zelfs geen bioscoop, en er zijn geen andere tekens van beschaving dan een politiebureau en de veiligheidsmensen die de supermarkt bewaken. De hoogstaande cultuur van Straatsburg vervliegt boven de woestenijen die de stad scheiden van deze voorstad Le Neuhof, waar de helft van de bevolking van een uitkering leeft. "Het is een wonder dat de kinderen erin slagen om elke ochtend met hun schooltas naar school te komen. Daar hebben ze moed voor nodig. Ik kan niet veel voor ze doen, de obstakels op hun weg kunnen op geen enkele manier overwonnen worden. Als een meisje wier broers drugsverslaafden zijn en wier ouders geen rooie cent hebben mij om hulp vraagt, kan ik haar gezin niet veranderen. Nadat ik met haar gepraat heb, gaat ze 's avonds weer terug naar haar alcoholische vader en depressieve moeder. De leerlingen komen zonder diploma van school en kunnen geen werk krijgen. Maar de school is hier het enige effectieve instituut. Zonder dat zouden de leerlingen volkomen verloren zijn. De zomervakanties brengen ze door met zich in de nesten te werken in de welvarende gedeelten van de stad. Hun vaders zijn werkloze immigranten die hun onvermogen om hun gezin te onderhouden als een vernedering beschouwen en via de religie hun prestige herwinnen; ze worden de vertegenwoordigers van God en eisen gehoorzaamheid van hun vrouwen en dochters. Maar hun dochters willen niet als hun moeder worden. Op school werken ze veel harder dan de jongens en op hun achttiende grijpen ze hun vrijheid."

Wat kan Marie-Thérèse doen voor de jongen die door zijn moeder in de steek is gelaten en wiens vader een alcoholist is die met vier anderen een tweekamerflat deelt? Als ze een groter appartement had gehad, dan zou ze hem zelf in huis hebben genomen: "Op school komt hij me minstens vijf keer per dag opzoeken, alleen maar om een paar woorden van mij te horen. Hij durfde zijn leraar niet te zeggen dat hij geen geld had om de zwemlessen te betalen. Hij heeft zijn trots. Hij is voortdurend gewelddadig. Ik ben de enige met wie hij wil praten. Ik ging met hem mee naar de rechtbank zodat hij zijn moeder kon vinden, maar zij zei dat ze geen van haar kinderen ooit nog wil zien."

Wat kan Marie-Thérèse doen voor een zigeunermeisje wier vader in de gevangenis zit, die de oudste is van acht kinderen en wier moeder haar thuis houdt om voor de rest te zorgen? "Ik walg van de manier waarop ouders hun kinderen kapotmaken omdat ze het leven te moeilijk vinden. Sommige kinderen waren uitermate geslaagd geweest als ze andere ouders hadden gehad."

Marie-Thérèse blijft altijd diep geroerd door haar ontmoetingen met zulke kinderen. Zelfs als ze erover praat, komen er tranen in haar ogen. Ze blijft vechten voor hun rechten, hoewel ze het gevoel heeft niet zoveel voor hen te kunnen doen. Toch is ze iemand die ze in vertrouwen kunnen nemen, want vaak durven ze niet met hun ouders te praten. "Als ik een jaar lang met een jongen heb gepraat en hem zover kan krijgen dat hij zijn school accepteert, dan is dat iets. Het is moeilijk voor me, want ik voel me geïsoleerd. De leraren zeggen dat ik te meegaand ben, dat ik te veel luister. Aan de economische, sociale en politieke problemen kan ik niets veranderen. Ik ben maar een katalysator. Het zijn de kinderen zelf die hun vrijheid moeten winnen. Ik blijf een rebel. Ik kan dingen van binnen uit laten veranderen, ik verander de manier waarop ze dingen bekijken: in zoverre denk ik dat ik het goed doe."

Het kost enorm veel energie om een gevecht dat in zijn totaliteit nooit gewonnen kan worden elke dag opnieuw op te pakken. Die kracht krijgt ze van Michel. Wanneer ze thuiskomt van haar werk en hem rustig ziet schilderen in zijn atelier – een achterkamer in hun flat – "verdwijnen mijn zorgen en ben ik in de wolken".

Ik ben de Atlantische Oceaan overgestoken en in een straat beland waarvan het wegdek vol gaten zit en bezaaid is met troep: slechts weinig auto's komen hier langs. De gebouwen zijn vervallen en dichtgespijkerd. Lege ruimten zijn de grafstenen van huizen die verdwenen zijn. Het geraamte van een fabriek duidt erop dat hier eens arbeiders waren die hun loon naar hun gezin brachten, maar de mensen in deze straat werken niet: ze staan of zitten alleen maar te wachten. Soms zien ze eruit als vogelverschrikkers, met hun kleren die over gebogen, gezwollen, ongepolijste lichamen hangen. Ik bevind me in het rijkste land ter wereld dat zijn wonderen uit hoop heeft opgebouwd, maar in de ogen die mijn binnendringen observeren zit geen vleugje hoop. Of zijn het gieren die wachten op hun prooi? Wees niet bang: het zijn slachtoffers, geen gieren. Ze wachten op het moment dat het tehuis voor daklozen weer opengaat voor de nacht.

De Pine Street Inn is niet een van de toeristische attracties van Boston; om dit eens zo mooie gebouw, met zijn elegante Italiaanse toren, bevindt zich een kordon van troosteloosheid. Van binnen is het een reusachtige garage geworden, behalve dat er in plaats van auto's lange rijen bedden staan, enkele honderden per slaapzaal, zonder afscheiding. Overdag moeten de gasten, zoals ze genoemd worden, de wijde wereld in. Velen van hen staan buiten op straat, wachtend tot ze weer naar binnen mogen waar hun kleren worden ontsmet terwijl ze slapen. Alleen de zieken mogen blijven; die zitten met hun verweerde hoofden in hun ruwe handen, studies in stillevens, zoals zoveel Van Goghs behalve dat ze soms boos tegen zichzelf aan het mompelen zijn.

Zeventien jaar lang is Barbara McInnis hier al verpleegster. Ze probeert de pijn te verdrijven, met niet meer succes dan mensen in warme landen die de vliegen wegjagen om ze alleen maar weer terug te zien komen. Toen ze voor het eerst kwam, leefde ze samen met een loodgieter die alleen maar het geweld in de wereld zag: hij droeg altijd een geweer, bang als hij was om beroofd te worden. Het wilde Westen is hier verstedelijkt, een onafscheidelijk gedeelte van een stad vol schoonheid en cultuur. Voor Barbara werd het contrast ondraaglijk: terwijl ze zich overdag midden tussen vriendelijke mensen in Pine Street bevond, keerde ze vervolgens terug naar huis, naar het geweld van haar echtgenoot. Ze verliet hem. Met een aantal vrienden huurde ze een goedkoop huis in Jamaica Plain, kocht goedkope meubels en koos voor een eenvoudig leven. Ze maakten Bedelaarssoep (je vraagt een wortel aan de een, een aardappel aan een ander...) en deelden die uit in een soepwagen. Doorgaans hadden ze ook ongeveer vijf daklozen bij hen wonen. Nu helpt ze honderden van hen 24 uur per dag.

Hoe kan ze hen helpen? Ze was altijd een verpleegster, in dienst van de stedelijke gezondheidszorg, waar verpleegsters moeten doen wat artsen hun zeggen. Maar in Pine Street was ze in staat om haar eigen weg uit te stippelen. Toen het tehuis voor het eerst openging, maakten de organisatoren plannen, maar niets liep uiteindelijk zoals verwacht. Barbara maakt geen plannen. Het was zinloos om de gasten te zeggen hoe ze zich moesten gedragen: "Ik ben een vriend voor ze. Dat is wat ik doe. Het meeste wat ik kan hopen is dat als ik 's middags een man zie, hij 's avonds terug zal komen voor een nieuwe dosis medicijnen. Hier werken betekent een voortdurende inperking van doelen, om mijn eigen gezondheid te behouden. Lapmiddeltherapie is wat ik mijn werk noem. Ik droom niet van een andere samenleving. Daar denk ik nooit over na. Ik ben druk bezig te overleven, net als de gasten. Ik kan geen nieuwe manier zien om dingen te doen, omdat ik te druk bezig ben te overleven. Toen we begonnen, hadden we 240 gasten. Nu zijn dat er 780. We worden overstelpt. Ik doe mijn werk van minuut tot minuut. Ik heb geen enkele hoop dat mensen zullen veranderen."

Vroeger hoopte ze wel. In het begin van de jaren zestig meende ze als radicaal dat Ted Kennedy een hypocriet was, "dus werkte ik voor zijn tegenstander, die later niet beter bleek te zijn". Dat was de enige keer dat ze betrokken raakte bij de politiek. Nooit meer. "Ik heb het gevoel dat ik niets te zeggen heb over wie aan de macht komt. Bovendien ben ik niet goed in het veranderen van de samenleving. Ik ben intuïtief. Ik probeer geen oordelen te vellen. Ik dring mijn overtuigingen niet op. Ik bekeer niet. Ieder heeft het recht om te kiezen wat hij gelooft. Maar sekten die de wil van mensen vernietigen kan ik niet tolereren, hoewel ik niets doe om dat te veranderen." Ze zegt dat ze bewondering heeft voor radicalen die nog altijd hoop hebben of die een vrouw uit de arbeidersklasse gekozen proberen te krijgen als gouverneur van Massachusetts, maar voegt daaraan toe: "Iemand moet haar zeggen dat ze niet in staat zal zijn het geld bij elkaar te krijgen, dat ze geen kans heeft."

Eens leek het feminisme een oplossing. Een keer probeerde ze een paar plaatselijke feministen zover te krijgen om als vrijwilliger in het tehuis te helpen, "maar ze wilden niets met ons te maken hebben. Ik had geen ervaring met dakloze vrouwen, dus vroeg ik de vrouwenkliniek om ons te helpen. Ze maakten veel afspraken, maar kwamen nooit opdagen. Het feminisme heeft zijn plaats verworven, maar ik zou mezelf geen feministe noemen. Ik ben geen militante feministe, hoewel ik geloof in de rechten van vrouwen." Het plannen van de toekomst zou net zoiets zijn als het schrijven van sprookjes.

De zwervers die uiteindelijk in Pine Street belanden, komen niet om over ethiek of wat dan ook onderwezen te worden. "Sommigen kennen geen ethiek, ze praten over stelen alsof ze het over hun werk hebben." Waarover praat zij met hen? "Ik vraag hun hoeveel ze gebedeld hebben." Zijzelf geeft geen geld aan bedelaars, behalve op zondag. De mensen met wie ze verkeert "hechten niet veel waarde aan geld". Sommigen hebben geld nodig omdat ze alcoholist zijn, maar hoewel ze om geld vragen, is een conversatie even goed voor hun eenzaamheid als geld. De wereld die zich met geld bezighoudt is een andere wereld, een buitenwereld, die, zegt ze, "recht heeft op zijn opvattingen: in hun plaats zou ik misschien hetzelfde doen. Ik verafschuw de consumptiemaatschappij niet."

Waar haalt ze haar energie vandaan om door te gaan? Uit de armoede van haar gasten. En uit de heilige Franciscus van Assisi, die ze bestudeerd heeft. In haar vrije tijd woont ze bijeenkomsten bij van zijn volgelingen, de Jonge Katholieken, die meestal slechtbetaalde banen hebben. "Spiritueel gezien heb ik het gevoel dat ik bij deze mensen hoor." Na de mis hebben ze een discussie, drinken ze wat in de bar en gaan ze dansen. Maar erbij te horen is moeilijker geworden omdat ze om veiligheidsredenen nu de deuren afsluiten, en haar werk belet haar om op tijd binnen te zijn.

Hoewel Barbara van minuut tot minuut leeft en alle lange-termijnplannen verwerpt, is ze niettemin aan het wachten, zoals iedereen in de wereld aan het wachten is. "Ik leef nog steeds in de jaren zeventig. Ik moet veranderen, anders zal ik niet overleven." Het enige nieuwe wat ze in twintig jaar heeft geleerd is hoe ze een computer moet gebruiken. Haar moeder is ziek en eist veel van haar energie op. "Als mijn moeder doodgaat, zal ik in staat zijn te veranderen." Hoewel ze meer tijd nodig heeft (zoals ieder ander) om te kunnen uitzoeken hoe ze moet veranderen, gelooft ze dat ze alleen zal veranderen als "ik niet zeker ben van dingen". Wat ze momenteel doet is zo urgent, zo noodzakelijk, dat ze er uiterst zeker van is dat ze dat moet doen. Er zal een groot spiritueel trauma voor nodig zijn om haar uit haar routine los te schudden. Ondertussen draait de wereld door zoals hij altijd gedaan heeft, en blijft zij verbanden aanbrengen op de wonden van zwervers die nog niet eens zo lang geleden niet te onderscheiden waren van de gewone stadsbewoners: eentje is een voormalig advocaat, wiens vader rechter was bij de Hoge Raad; een ander is een arts, te gronde gericht door de drank; anderen hebben hun vaardigheden, baan, gezin of huis verloren, zoals mensen de sleutel van hun voordeur verliezen. Ze zijn uitgegleden over bananenschillen en met een katapult naar een eenzame planeet geschoten.

In Pine Street, Boston, trof ik ook de nazaat van een gezin uit de Elzas dat naar de VS was geëmigreerd en daar succesvol was; een van de kinderen werd naar Harvard en vervolgens naar Oxford gestuurd, een opleiding die culmineerde in een geniaal proefschrift over het socialisme in het negentiende-eeuwse Frankrijk (dat natuurlijk helemaal over hoop gaat). Maar de auteur ervan besloot dat hij in plaats van een conventionele academische carrière te volgen en in plaats van alle krachten te bevechten die de wereld gemaakt hebben zoals hij is, liever dagelijks het lijden van de mensheid wilde verzachten. Nu leeft hij sober en bescheiden, terwijl hij voor deze daklozen zorgt. Hij heeft te veel geleerd om in wondermiddelen te geloven: als het aankomt op het treffen van regelingen voor de toekomst, raakt hij van slag en fronst hij zijn wenkbrauwen; hij aarzelt zelfs om een paar dagen van tevoren afspraken te maken. Maar als hij zich onder zijn gebroken, gepijnigde en wegschrompelende gasten begeeft, lijkt hij het gevoel te hebben dat hier ten slotte alles ontdaan is van elke illusie en hypocrisie. Hij hoeft zich niet beter voor te doen dan hij is of zich af te vragen wat hij waard is. Zijn gezicht heeft een zachte, vriendelijke en opgewekte blik, de blik van iemand die onder het lijden waardigheid kan zien en wiens beloning bestaat uit het vermogen om iets aardigs te zeggen tegen een wanhopig mens.

In 1944 reisde de moeder van de dichter Jevtoesjenko van Siberië naar Moskou, waar ze een stoet van twintigduizend Duitse krijgsgevangenen door de straten zag marcheren. Vooraan paradeerden de generaals, die vol minachting waren en vastbesloten om te laten zien dat ze zichzelf nog steeds als superieur beschouwden. "De smeerlappen ruiken naar parfum", schreeuwde iemand. De menigte gaf brullend uiting aan haar haat. De vrouwen zwaaiden van woede met hun gebalde vuisten, en de politie had grote moeite om hen tegen te houden. Maar toen de Russen zagen hoe erbarmelijk mager en haveloos de gewone Duitse soldaten waren, smerig, toegetakeld en volkomen ellendig – velen van hen kwamen moeizaam op krukken vooruit – werd de straat stil. Plotseling brak een oudere vrouw door het kordon heen en bood een van de soldaten een korst brood aan. Vervolgens deden van alle kanten andere vrouwen haar na en gaven voedsel, sigaretten en wat ze ook maar bij zich hadden. "De soldaten waren niet langer vijanden. Het waren mensen." Zulke spontane uitbarstingen van mededogen zijn zelden meer geweest dan regenbogen in de lucht. Ze hebben het klimaat niet veranderd. Ze hebben tot dusver geen verlangen gestimuleerd om te luisteren naar wat vijanden te zeggen hebben.

Sinds het ontstaan van de wereld is mededogen de meest gedwarsboomde emotie geweest, meer nog dan seks. Individuele mensen voelden zich doorgaans slechts aangetrokken tot een kleine minderheid van het andere geslacht, maar wanneer ze onderkenden dat vrijwel iedereen lijdt, waren ze regelmatig diep geroerd. Niettemin hebben ze zich veel moeite getroost om te voorkomen dat mededogen inbreuk zou maken op hun andere prioriteiten. Allerlei soorten filosofieën en vooroordelen werkten als kuisheidsgordels: ze hielden het mededogen stevig onder controle. Impulsen van ruimhartigheid door stammen, landen of groepen zijn keer op keer vervlogen. Maar dan komen ze plotseling weer tevoorschijn, gewoonlijk via het voorbeeld van een excentriekeling die de conventie doorbreekt dat mensen hun mededogen dienen te richten op hun eigen familie en dienen op te passen voor vreemden. Mensen hebben door de eeuwen heen steeds meer obstakels gecreëerd om zichzelf te beletten mededogen te voelen. Daarbij versterkten ze een hardnekkige weerzin om een vijand of vreemde persoonlijk of intiem te leren kennen.

Het eerste obstakel was het taboe om mededogen te voelen met de verkeerde persoon. Confucius (551-479 voor Christus) tekende rond het individu een reeks cirkels van mededogen, waarvan de intensiteit afnam; hij wees erop dat je het meest van je vader diende te houden, dan van je gezin en dan in afnemende mate van anderen, afhankelijk van hoever ze van de kern verwijderd waren: als je als kind goed naar je ouders luistert, leer je "hoe je mensen moet beminnen en haten". Ook in andere beschavingen betekenden 'goede manieren' weten wanneer je mededogen moest tonen en wanneer je dat moest beperken. De houding van Confucius werd op elk continent alom gedeeld, omdat er geen totaal bevredigend alternatief leek te zijn. Mo-Tzu (479-389 voor Christus), die in de oudheid even beroemd was als Confucius, vroeg: "Als iedereen in de wereld een allesomvattende liefde aan de dag legde (en van iedereen hield als ze van zichzelf hielden) ... zouden er dan dieven of rovers zijn? Zouden clans onderling strijden? Zouden staten elkaar aanvallen?" Maar er waren slechts weinig mensen die van iedereen hielden. Mededogen was alleen maar een echt sterke kracht als het door een individu gevoeld werd voor een bepaald individu. Alle pogingen om het als een systeem te organiseren waarin iedereen gelijk wordt behandeld, hebben het zo dun uitgesmeerd dat het onzichtbaar geworden is. Mo-Tzu – en de vele utopisten die zijn ideeën hebben overgenomen – wilde dat mededogen geen emotie maar een keuze was, een plicht, een onderkenning van hoe dingen zouden moeten zijn, ontkennend dat het persoonlijke affectie vereiste. Hij wantrouwde de emoties, omdat die een te onbetrouwbare basis leken voor rechtvaardigheid. De welvaartsstaat was het met hem eens. Zodoende is mededogen tegenwoordig zorgvuldig gerantsoeneerd.

Er zijn geen statistische gegevens die zeggen hoe vaak volslagen vreemden de zieken en bedroefden te hulp zijn gekomen zonder een beloning te verwachten, gewoon omdat ze werden aangegrepen door hun lijden en omdat leed de gemeenschappelijke vijand is van de mensheid. Als die er waren, dan zouden veel beschavingen waarschijnlijk minder groots lijken dan hun monumenten suggereren. Maar door te kijken naar de manier waarop in verschillende periodes de zieken werden verpleegd, is het tot op zekere hoogte mogelijk om de opkomst, het verval en de uiterlijke verandering van mededogen te zien. Net zoals er golven waren van seksuele promiscuïteit en puritanisme, waren er periodes waarin ziekenhuizen floreerden en hun patiënten min of meer respectvol behandelden, en andere waarin ze hen niets konden schelen.

Gasthuizen voor zieken hebben niet altijd bestaan. In 1800 had de VS er slechts twee en in 1873 slechts 178. Pas een eeuw geleden begon dat land aanzienlijke aantallen gezondheidstempels op te richten – in 1923 had het er 4978. De reden was dat het verplegen van zieken oorspronkelijk de verantwoordelijkheid was van de familie. Het tweede door de mens opgeworpen obstakel om mededogen met vreemden te hebben was angst voor ziekte, misvorming en allerlei soorten handicaps. Gasthuizen in de oudheid waren bestemd voor armen en wezen; zieken, krankzinnigen, epileptici, ongeneeslijk zieken en degenen met vernederende of geslachtsziekten werden buitengesloten. De Assyriërs – en vrijwel alle beschavingen daarna – verspreidden het gerucht dat ziekte een straf was voor een zonde en slechts genezen kon worden door berouw of magie. Er bestond daarom weinig respect voor degenen die zich inzetten voor de fysieke noden van zieken, een taak die normaal werd overgelaten aan weduwen, gevallen vrouwen en werkloze boeren: verpleegsters werden vaak niet betaald, kregen slechts onderdak en eten, en werden als dienstmeiden behandeld. Het Wetboek van keizer Theodosius (438 na Christus) verbood verpleegsters naar het theater te gaan vanwege hun "schaamteloosheid, grofheid en gewelddadigheid".

Heel soms werd mededogen welbewust als een goede eigenschap uitgeoefend door rebellen die protesteerden tegen de wreedheden van de wereld. In Rome genas Fabiola, een patricische vrouw die twee keer gescheiden was, haar ongelukkigheid door christen te worden en een ziekenhuis te stichten waar ze zelf werkte, terwijl ze zieke patiënten van de straten opraapte. Basilius de Grote, de hartelijke en schalkse bisschop van Caesarea (300-379), bouwde een hele voorstad waar hij zich om allerlei soorten tegenspoed kon bekommeren; hij kuste lepralijders om te laten zien dat hij hen steunde en zette zich persoonlijk in voor hun noden. Zulke mensen leken te proberen om de gebruiken van de wereld op hun kop te zetten. De drijfveer achter hun inspanningen was zelfopoffering. Maar dat werd het derde obstakel dat de verspreiding van mededogen tegenging: de meeste mensen wilden geen martelaars zijn, noch monniken of nonnen, voor wie zielen belangrijker waren dan lichamen.

In 1633 werd in Frankrijk de orde van de liefdezusters gesticht. Zij werden het archetype van de lekenzusters in Europa en Amerika, ruimhartig en edelmoedig. Ze leefden niet in kloosters en zochten ook geen heiligheid in meditatie, maar droegen hun eigen regionale kleding en reisden heel Frankrijk door, en later naar het buitenland, terwijl ze praktische hulp en vertroosting boden aan de armen en zieken. Maar zelfs zij beschouwden hun werk als een vorm van boetedoening en martelaarschap: "Niemand kon hen anders zien dan als heilige slachtoffers die zich vanuit de overdaad aan liefde en liefdadigheid voor hun naasten gewillig repten naar de dood, waarnaar ze lonkten te midden van de stanken en infectieziekten."

Aan de wieg van deze verpleegstersorde stond een verbazingwekkend heiligenkoppel, verenigd in een platonische liefde. Vincent de Paul (1581-1660) was van oorsprong een boer, werd door piraten ontvoerd en was een jaar lang slaaf in Tunis, totdat hij ontsnapte. Louise de Marillac (1591-1660) was het bastaardkind van een aristocraat en een dienstmeid, opgevoed "als een man en ook als een vrouw", opgeleid in zowel filosofie als schilderkunst, gehuwd met een koninklijke secretaris en gekweld door de gedachte dat ze haar man moest verlaten om iets nuttigers te doen. Zij geloofden dat elke armlastige een nieuwe Christus op aarde was en dat elke zieke opnieuw de kruisiging opvoerde, en daarom nederig bediend moest worden. Om nederigheid te bereiken, zeiden ze, moest een verpleegster in een onbekende streek werken – "het is essentieel om een vreemdeling te zijn" – en accepteren dat "niemand gelukkig is in vreemde landen". Het was niet hun doel om zelf gelukkig te worden. In plaats daarvan leerden ze de zusters om opgewektheid en hartelijkheid onder vreemdelingen te verbreiden, vrolijkheid tegenover tegenspoed: de heilige Louise zei dat er geen dag van haar leven voorbijging zonder pijn. Alle spanningen die de verpleging in de daaropvolgende eeuwen zouden teisteren waren door dit buitengewone koppel voorzien, dat zowel uiterst praktisch was als intens idealistisch. Ze waren vastbesloten dat er geen machtsstrijd, trots of rancune onder de verpleegsters diende te zijn; hun taken rouleerden en niemand was superieur. Zij vestigden het toonbeeld van de onzelfzuchtige verpleegster van de toekomst.

Maar het was geen toonbeeld zonder problemen. Het verplegen van zieken werd altijd zowel door mannen als door vrouwen gedaan, ieder voor hun eigen geslacht. In de zeventiende en achttiende eeuw werd het een exclusief vrouwelijk beroep. Dat bood vrouwen enorme kansen, maar met onverwachte en betreurenswaardige emotionele gevolgen. Mensen meenden uiteindelijk dat slechts vrouwen geschikt waren voor de verpleging, dat het een taak was die je kon vergelijken met de hoedanigheid van huisvrouw en die onderworpen diende te worden aan controle door mannen. De stafchirurg van het ziekenhuis van New York schreef in 1860: "Zelfs al zijn mannen nog zo gekwalificeerd, ze kunnen niet tegemoetkomen aan de eisen van de zieken. Daar hebben ze het instinct niet voor." Zachtaardigheid (hoewel ook monniken die gecultiveerd hadden) werd beschouwd als een monopolie van de vrouwen. Dus werd er een vierde kunstmatig obstakel opgeworpen op de weg van mededogen: de stereotiepe man werd buitengesloten.

Religieus enthousiasme schiep de grote middeleeuwse verpleegstersorde van St.-Jan van Jeruzalem en Malta, met zijn witte kruis; het rode kruis komt van een andere kruisvaardersorde, de tempeliers, terwijl het zwarte kruis werd gevoerd door de Teutoonse hospitaalridders: zij allen, door elkaar heen, verzoenden oorlog met de zorg voor zieken. In de zestiende eeuw bouwden de ridders van St.-Jan op Malta een van de indrukwekkendste ziekenhuizen ter wereld, bestemd voor 700 patiënten, in een zaal van 152 meter lang, 10 meter breed en 9 meter hoog, elk bed in een klokvormige tent. Zonodig werden de lakens enkele keren per dag verschoond, en het eten was even buitengewoon als de persoonlijke aandacht: rijst en vermicelli en kruiden, gehakt, gevogelte, rund- en kalfsvlees, verse eieren, amandelen en zoete koekjes; de ridders kregen een dubbele portie.

Maar toen de Engelse hervormer John Howard er in 1786 een bezoek aan bracht, was hij geschokt door de vuiligheid en stank, verhuld door parfum, en door de verpleegsters die hij beschreef als "de meest smerige, haveloze, hardvochtige en onmenselijke personen die ik ooit heb gezien. Een keer trof ik acht of negen van hen aan terwijl ze zich geweldig amuseerden met een ijlende patiënt die op sterven lag." Er werd meer zorg besteed aan de paarden in de stallen. Dit gebeurde steeds opnieuw met ziekenhuizen. De belangen van de instelling gaan uiteindelijk voorbij aan die van de patiënten. Dat werd het vijfde obstakel op de weg van mededogen.

In het verleden hadden ziekenhuizen zelden artsen in dienst – zolang ze hoofdzakelijk armenhuizen waren. Een leerling-chirurg onderzocht dan misschien nieuwaangekomenen, maar alleen om diegenen buiten te sluiten die ongeschikt, want te ziek waren. De verpleegsters richtten zich op het voeden van de patiënten, want daar leken de armen het meest behoefte aan te hebben. Maar aan het einde van de achttiende eeuw protesteerden artsen dat jezelf overeten niet per se de manier was om op krachten te komen, en vanaf dat moment begonnen ze geleidelijk de controle over ziekenhuizen over te nemen; ze transformeerden ze tot voorzieningen voor medisch onderzoek, die zich eerder bezighielden met de technische genezing van ziekten dan met de spirituele behoeften van de patiënt. Uiteindelijk werden ziekenhuizen instellingen die bovenal financieel levensvatbaar dienden te zijn. Toen technologie prestigieuzer werd dan de verzorging aan het bed, kregen de bestuurders de overhand. Mededogen verdween niet, maar het was ondergeschikt aan efficiency.

Florence Nightingale zei: "Ik kijk uit naar de afschaffing van alle ziekenhuizen." Het was haar ideaal dat verpleging thuis gebeurde en ze waakte ervoor dat verpleegsters niet ongevoelig werden door te veel medische kennis: "Je kunt geen goede verpleegster zijn zonder een goede vrouw te zijn." Nu bewondert de hele wereld de bijna bovenmenselijke vriendelijkheid van verpleegsters, en toch zijn ze waarschijnlijk gefrustreerder dan ooit. Uit een recent onderzoek naar hun moreel door de universiteit van Edinburgh bleek dat minder dan een vijfde van de Britse verpleegsters helemaal tevreden was met hun werk, terwijl een kwart volstrekt ontevreden was. Die mate van ontevredenheid is veel groter dan onder vergelijkbare werknemers. Het is niet zozeer te wijten aan hun lage salaris, als wel aan het gevoel dat verpleegsters hebben dat ze belet worden hun patiënten de kwaliteit van zorg te geven die ze hun graag zouden willen geven; er is sprake van een conflict tussen de waarden van het ziekenhuissysteem en die van henzelf. Uit een Australisch onderzoek blijkt dat ze gekweld worden door de emotionele afstandelijkheid die ze beroepshalve dienen te tonen, door het onvermogen van buitenstaanders om te beseffen hoe veeleisend het is om de taboes te doorbreken die seks, ontlasting en dood onder een sluier bedekken en hoe hun oppervlakkige uitgelatenheid een voortdurende spanning verbergt. Toen verpleegsters de status kregen van een geschoold beroep en hun aantal steeg – in Engeland waren er in 1861 slechts 1000 ziekenhuisverpleegsters, maar in 1921 56.000 – meenden velen dat vechten voor een groter aandeel in de macht, tegen artsen, bestuurders en de staat, de oplossing was. Maar de verpleging kon nooit een baan zijn als welke andere dan ook.

Dat zoveel mensen vastbesloten zijn om verpleegster te worden, zelfs als de werkomstandigheden zwaar zijn, is een bewijs dat mededogen een vuur is dat niet gedoofd kan worden, hoeveel koud water er ook op gegooid wordt. Niettemin gaan de sintels van tijd tot tijd uit, tenminste aan de oppervlakte. Aan het einde van het eerste millennium na Christus sloten de grote oude Indiase ziekenhuizen een voor een hun deuren. In 1160 trof een bezoeker van Perzië zestig goed georganiseerde ziekenhuizen aan in één enkele stad. In de vijftiende eeuw besteedde Florence binnen Europa de meeste aandacht aan ziekenhuiszorg. Maar uiteindelijk raken alle instellingen hun enthousiasme kwijt. In de achttiende eeuw had Frankrijk met ruim tweeduizend ziekenhuizen het grootste aantal in Europa, het zestigvoudige van Engeland. Elk land heeft wisselende periodes doorgemaakt van liefdadigheid en harteloosheid.

De meest verraderlijke belemmering voor mededogen die aan het licht gekomen is, was een cynische of wanhopige visie op de mensheid. Wat de vs ervaren heeft kan dat illustreren. Van oorsprong is het een verzameling van volslagen vreemden die, zoals de eerste gouverneur van Massachusetts, John Winthrop, zei, van vreemden moesten leren houden – "we moeten behagen scheppen in elkaar"; ze zijn daar echter maar half in geslaagd. Tegenwoordig doet 45 procent van alle volwassenen aan vrijwilligerswerk, waarbij ze minstens vijf uur per week anderen helpen. Maar meer volwassenen (54 procent) menen dat mensen doorgaans zichzelf in de problemen brengen en dat liefdadigheid geen antwoord is, maar alleen een tijdelijk 'lapmiddel'. Vier van de vijf Amerikanen zijn van mening dat mensen zelf oplossingen voor hun problemen moeten bedenken. Amerikanen blijven een volk van vreemden, zelfs als ze ruimhartig zijn.

Hoewel 42 procent zegt: "Ik wil wel iets bijdragen ten behoeve van anderen", is slechts 15 procent bereid om, als de zin geherformuleerd wordt in "Ik wil mezelf opofferen ten behoeve van anderen", dat ook te doen. Albert Schweitzer hield vol dat mededogen niet alleen opoffering van tijd en energie vereist, maar ook van de gebruikelijke geneugten van het leven: het betekent dat je voor altijd achtervolgd wordt door de gekwelde gezichten van de armen en het geschreeuw van de zieken. "Ieder die de ellende van de wereld binnen in zijn hart ervaart, kan nooit meer het oppervlakkige geluk voelen waar de menselijke natuur naar verlangt." Maar slechts enkele Amerikanen zijn bereid zover te gaan.

Uit een recent onderzoek door de universiteit van Princeton bleek dat het enorme aantal vrijwilligersorganisaties tot gevolg had dat er grenzen werden gesteld aan menslievende gevoelens; er werden duidelijke rollen vastgesteld om te voorkomen dat mensen zich ondraaglijk ellendig zouden voelen bij het zien van alle ellende. Twee derde van de Amerikanen zegt dat het belangrijk is om niet te veel betrokken te raken bij andermans problemen: je moet eerst voor jezelf zorgen en daarna anderen helpen, als je nog wat energie overhebt. Wanneer ze hun weldaden eenmaal hebben bewezen, draaien ze de knop om en zijn ze in hun gewone relaties niet noodzakelijkerwijs hartelijk of mededogend. Men heeft ontdekt dat kerkgangers niet meer mededogen bezitten dan mensen die niet naar de kerk gaan; ze stoppen niet vaker om iemand met een kapotte auto te helpen en zorgen ook niet vaker voor oudere verwanten. Slechts een kwart van de Amerikanen gelooft dat er in hun land oprechte zorg bestaat voor de behoeftigen. Veel vrijwilligers bekennen dat ze anderen vooral helpen vanwege de beloningen en niet zozeer om wat degenen eraan hebben die ze helpen. Sommigen zeggen dat ze genieten van "de egotrip" om gezien te worden als edelmoedig of heldhaftig en geven toe dat ze avonturiers zijn die toevallig dingen doen met een verzorgend karakter; het is het avontuur waar ze van houden. Degenen die zeggen dat liefdadigheid hen in staat stelt om mensen buiten hun eigen klasse te leren kennen, gaan vaak niet veel verder dan een eerste kennismaking. In vroeger tijden probeerden Amerikanen mededogend te zijn uit gehoorzaamheid aan de geboden van God. Nu gebruiken ze vaker de taal van de therapeuten om hun drijfveren te verklaren: het geeft hun een goed gevoel, het verhoogt hun zelfrespect. Maar het helpen van anderen staat helemaal onderaan de lijst van dingen die hun zelfrespect verhogen. Al deze zelfkritiek doet geen afbreuk aan de enorme hoeveelheid genereuze filantropie waarin de VS zich heeft onderscheiden, maar het laat wel zien dat veel Amerikanen het moeilijk vinden om zichzelf als mededogend te presenteren of te zien; ze gaan ervan uit dat ze zich moeten verlagen om overtuigend te zijn. Het zesde obstakel op de weg van mededogen is het idee dat mensen hebben van wat een mens werkelijk is. Dat is net zo min onveranderbaar als de andere obstakels.

In 1977 was Zweden het land met de hoogste levensverwachting. Sindsdien is dat Japan. Elk hebben ze verschillende vormen van mededogen ontwikkeld om mensen te helpen hun hoge leeftijd te bereiken. Zweden democratiseerde mededogen, diepgaander dan ieder ander; het verleende iedereen alle soorten zorg, min of meer gratis, van de wieg tot het graf. Japan besloot echter moderne met oude methoden te combineren, westerse met oosterse praktijken, om zich te omringen met een heuse mengelmoes van soorten mededogen. Toen het het record van de langste levensduur won, was het gemiddelde verblijf in Japanse ziekenhuizen (WHO-cijfers over 1977) 42,9 dagen, vergeleken met 8,1 dagen in de VS, 16,7 in West-Duitsland en 12 of 13 in Scandinavië, Groot-Brittannië en Italië. Hoewel Japanse patiënten een moderne behandeling krijgen van evenveel artsen en verpleegsters als waar dan ook, wordt er daarnaast door verwanten voor hen gezorgd; die nemen hun intrek in het ziekenhuis en koken zelfs voor hen, waarbij ze de drie maaltijden die het ziekenhuis verschaft aanvullen. Een ziekenhuis is niet alleen een medische ervaring, maar ook een sociale. Al je verwanten en kennissen komen op bezoek, ieder met een cadeau, om je gerust te stellen dat je ondanks je tegenslagen nog steeds door de wereld gerespecteerd wordt – één patiënt had 114 bezoekers. Het populairste cadeau na voedsel is nachtkleding. Terwijl Amerikaanse ziekenhuizen patiënten als medische gevallen beschouwen en hen hygiënisch inpakken in uniforme steriele gewaden, zien de Japanners het ziekenhuis als een vakantie, weg van de gelijkvormigheid en strengheid van het gewone leven, en benadrukken ze hun normaal onderdrukte individualiteit door hun eigen nachtkleding te dragen. De moderne geneeskunde, die ziekten behandelt, is voor hen niet voldoende. Ze halen hun hart ook op aan de traditionele Chinese geneeskunst, die ieder individu anders en in zijn totaliteit behandelt. Vaak voegen ze daar ook nog religieuze geneeskunst aan toe, waarbij ze zelfs hun auto's bij heiligdommen laten 'reinigen'. Op deze manier proberen ze verschillende soorten mededogen te verzamelen; daar genieten ze van, terwijl ze met plezier openlijk al hun medische symptomen bespreken, hoe onbeduidend ook. Van de Japanners beweert 88 procent te lijden aan een of andere kwaal.

Na de seksuele bevrijding is het wellicht de beurt aan mededogen om bevrijd te worden. Maar het is naïef om te denken dat een primitieve basisgoedheid simpelweg zit te wachten op haar bevrijding en dat iedereen vervolgens blijk zou geven van de tederheid van een zichzelf opofferende moeder. Emoties hebben altijd met elkaar moeten wedijveren.

Vierduizend jaar geleden zei een Babylonisch boek met adviezen over hoe je je moest gedragen:

> *Doe iemand die ruzie met je heeft geen kwaad;*
> *geef wie jou kwaad doet weldaden terug;*
> *blijf rechtvaardig tegenover iemand die slecht tegen je is;*
> *wees aardig tegen je vijand.*
> *Vermijd lasterpraat; spreek goed over mensen;*
> *zeg geen gemene dingen; praat welwillend.*

Vrijwel alle religies hebben op dezelfde boodschap voortgeborduurd, maar met even weinig succes als toen ze mensen wilden overhalen om kuis te zijn. "Wees vrij van animositeit jegens alle levende wezens", is het gebod van de hindoegod Krishna. Boeddha en Christus lieten tijdens hun eigen leven zien dat het zelfs mogelijk is om mededogen te voelen tegenover degenen die jou kwaad doen. De joodse leer bevat de boodschap dat wraak niet helemaal bevredigend is: "Wie barmhartig is tegenover zijn naaste, is beslist een van de kinderen van Abraham." De god van de islam is Barmhartig en Mededogend.

Deze verheven aansporingen hebben slechts een beperkt resultaat gehad, omdat de meeste gelovigen hen hardnekkig hebben gereduceerd om van het redden van hun eigen ziel hun eerste prioriteit te maken; ze toonden meer belangstelling voor het krijgen van een beloning in het hiernamaals in ruil voor hun mededogen dan voor de daad van mededogen zelf. Ze hebben het zelden als onderdeel van hun religie gezien om begrip te tonen voor ongelovigen; zelfs de persoonlijke relaties tussen de gevers en ontvangers van liefdadigheid waren altijd dubbelzinnig.

Maar tegenwoordig worden verschillende soorten relaties tussen mensen mogelijk als gevolg van drie innovaties, gelijk aan drie nieuwe soorten emotionele hechtmiddelen. Ten eerste heeft de belangstelling voor psychologie een aanvullende betekenis gegeven aan het oude gebod: "Vergeef hen, want ze weten niet wat ze doen." Agressieve vijanden lijken nu evenveel door angst als door kwaadwilligheid geïnspireerd te worden; ze beelden zich in dat ze uit zelfverdediging handelen en strijden evenzeer tegen zichzelf als tegen hun tegenstanders. De veronderstelling dat iedereen in wezen egoïstisch is, lijkt te simpel nu de verwardheden van de geest worden blootgelegd. Vijanden blijken gemeenschappelijke hartstochten te verbergen die hen toevallig in dienst van tegengestelde doelen hebben gesteld. Fanatici die aan tegenovergestelde kanten vechten hebben veel gemeen. En de vijanden van fanatici hebben elkaar een heleboel te vertellen, ook al bevinden ze zich aan tegenovergestelde kanten. Een eeuw lang is de mensheid op zoek geweest naar redenen om blijk te geven van mededogen met degenen die domme of zelfs verschrikkelijke misdaden begaan. Overal wordt de wetgeving barmhartiger. Zo lijken banden tussen de meest onwaarschijnlijke mensen, die tot dusver voor onmogelijk werden gehouden, uiteindelijk heel aanvaardbaar te zijn.

Ten tweede heeft de belangstelling voor communicatieprocessen nieuwe opties te berde gebracht die verdergaan dan de romantische droom van twee zielen die elkaar zo goed begrijpen dat ze tot één ziel versmelten in een paradijselijke, volledig innige verbondenheid, dat ze dezelfde ideeën hebben en mededogen ervaren in de meest letterlijke zin. In de ogen van dichters die er hevig naar verlangden hun eenzaamheid te ontvluchten was het een zoete droom, maar in het gewone leven bleek volmaakte harmonie doorgaans verstikkend te zijn. Sinds de *relevance*-theorie gelooft men niet langer dat communicatie simpelweg een kwestie is van het coderen en decoderen van boodschappen. Mensen blijken datgene wat ze waarnemen te interpreteren in het licht van hun eigen vroegere ervaringen; ze zijn altijd meer of minder precieze vertalers en nooit helemaal zeker. Er is geen sleutel waarmee je volledig een andere geest kunt binnengaan. De waardigheid en het mysterie van elk individu blijven intact. Communicatie is een instabiel en flexibel hechtmiddel.

Ten derde is er nu een enorm aantal opgeleide vrouwen op de wereld, die relaties oude stijl onmogelijk hebben gemaakt. De predikers die zeiden "Hou van je vijanden", werden nooit in verband gebracht met de strijd tussen de geslachten. Maar het is precies in de intieme relaties tussen mannen en vrouwen, die niet langer gebaseerd kunnen zijn op dominantie en afhankelijkheid, dat mededogen een nieuwe betekenis krijgt. In plaats van enkel een gift van de natuur te zijn, die sommigen bezitten en anderen niet, wordt het de essentiële eigenschap die partners dienen te ontwikkelen om het partnerschap te laten functioneren. Wanneer de ideale relatie er een wordt van gelijkheid en uitwisseling, moet mededogen welbewust in stand gehouden worden. Koppels die zachtaardiger tegen elkaar proberen te zijn, veranderen vanzelf ook hun houding tegenover vreemden en zelfs vijanden. Persoonlijke ervaring vormt immers, meer dan de geboden van het gezag, in toenemende mate de inspiratie voor hoe mensen zich in het openbaar gedragen.

Dus hoewel het meeste van wat de kranten ons berichten, suggereert dat mensen nog steeds even wreed en onnadenkend kunnen zijn als ze altijd zijn geweest, kan er geen twijfel over bestaan dat de afkeer van alle vormen van wreedheid enorm is toegenomen. Mededogen is een rijzende ster, ook al wordt die van tijd tot tijd aan de hemel versluierd. Hij zal echter alleen maar rijzen als mensen hem een zetje geven. Dat kunnen ze doen door te besluiten of ze tevreden zijn met de oude stijl van mededogen, die inhield dat je anderen hielp om je geweten te zuiveren (je hoefde niet met ze te praten, het was al goed als je een cheque uitschreef), of met de nieuwe stijl, die inhoudt dat je anderen als individuen leert zien en een onderlinge verstandhouding kweekt. Het enige aanvaardbare mededogen in een wereld die vindt dat iedereen een gelijke waardigheid bezit, is dat iedereen het gevoel moet hebben iets bij te dragen, beide partijen moeten luisteren, en als de ontmoeting geen spoor van mededogen kent, is het een onvolledige, verloren ontmoeting.

De rij werklozen is niet uitgevonden met deze tweede mogelijkheid in gedachten: het was een noodzakelijke uitvinding om degenen die het moeilijk hadden te verlossen van de arrogantie van degenen die de producten van de wereld monopoliseerden, maar de anonimiteit die het bracht was slechts een halve overwinning. Vervolgens werd het noodzakelijk om nieuwe affiniteiten te creëren, nieuwe manieren waarop mensen elkaar konden ontmoeten. Maar lange tijd werden individuen meer in beslag genomen door het verlangen alleen gelaten te worden, in de hoop dat wederzijdse tolerantie een einde zou maken aan hun conflicten.

Het is tijd te onderzoeken waarom tolerantie niet zoveel bereikt heeft als gehoopt werd.

Karl F. Morrison, *I Am You: The Hermeneutics of Empathy in Western Literature, Theology and Art*, Princeton UP, 1988; M.A. Nutting & L.A. Dock, *A History of Nursing*, 4 vols., Putnam, NY, 1907; Celia Davies, *Rewriting Nursing History*, Croom Helm, 1980; Christopher Maggs, *Nursing History: The State of the Art*, Croom Helm, 1987; Colin Jones, *The Charitable Imperative: Hospitals and Nursing in Ancien Régime and Revolutionary France*, Routledge 1989; Monica E. Baly, *Florence Nightingale and The Nursing Legacy*, Croom Helm, 1986; Edinburgh University Nursing Studies Association, *Nursing Morale*, 1988; Jocelyn Lawler, *Behind The Screens: Nursing, Somology and The Problem of the Body*, Churchill Livingstone, Melbourne, 1991; Lindsay Granshaw & Roy Porter, *The Hospital in History*, Routledge, 1989; Charles E. Rosenberg, *The Care of Strangers: The Rise of America's Hospital System*, Basic Books, NY, 1987; Edwina A. McConnell, *Burnout in the Nursing Profession*, St Louis, Mosby, 1982; Jeffery Blustein, *Care and Commitment: Taking the Personal Point of View*, Oxford UP, NY, 1991; Richard Waite & Rosemary Hutt, *Attitudes, Jobs and Mobility of Qualified Nurses*, University of Sussex, Brighton, 1987; Madeleine Leininger, *Transcultural Nursing*, Wiley, NY, 1978; Robert Wuthnow, *Acts of Compassion: Caring for Others and Helping Ourselves*, Princeton UP, 1991; Paul Adam, *Charité et assistance en Alsace au moyen âge*, Istra, Strasbourg, 1982; Foundation Jean Rodian, *La Charité à l'épreuve des cultures*, SOS, 1985; J. Calvet, *Louise de Marillac par elle-même*, Aubier, 1958; Robert Sabatier, *Les Plus belles lettres de Saint Vincent de Paul*, Calman Levy, 1961; Henri Lavedan, *Monsieur Vincent*, Plon, 1928; M.A. & L. Wallach, *Psychology's Sanction for Selfishness*, W.H. Freeman, San Francisco, 1983; 'Philanthropy, Patronage, Politics', *Daedalus: Journal of the American Academy of Arts and Sciences*, vol. 116, no. 1, Cambridge, Mass., 1987; David Thomas, *The Experience of Handicap*, Methuen, 1982; Cyril Elgood, *A Medical History of Persia*, Philo, Amsterdam, 1951; Jeffrey Hopkins, *Compassion in Tibetan Buddhism*, Rider, 1980; Emiko Obnuki-Tierney, *Illness and Culture in Contemporary Japan*, Cambridge UP, 1984; Annie Cheetman & M.C. Powell, *Women's Values and the Future*, New Society, Philadelphia, 1986; Carol Gilligan, *Mapping the Moral Domain*, Harvard, 1988; Jo Campling, *Image of Ourselves: Women with Disabilities Talking*, Routledge, 1981; Mary Adelaide Mendelson, *Tender Loving Greed*, Vintage, 1973; S.P. & P.M. Oliver, *The Altruistic Personality: Rescuers of Jews in Nazi Europe*, Free Press, NY, 1988; Jean L. Briggs, *Never in Anger: Portrait of an Eskimo Family*, Harvard, 1970; John H. Ehrenreich, *The Altruistic Imagination: A History of Social work and Social Policy in the US*, Cornell UP, 1985; Anne Hudson Jones, *Images of Nursing*, Pennsylvania UP, Philadelphia, 1988; C. Hardyment, *Home Comfort*, Viking, 1992; Lauren Wispe, *The Psychology of Sympathy*, Plenum, NY, 1991; Robert H. Frank, *Passion Within Reason: The Strategic Role of the Emotions*, Norton, NY, 1988; Nancy Eisenberg, *The Caring Child*, Harvard, 1992; Seth Koven & Sonya

Michel, *Mothers of a New World: Maternalist Politics and the Origins of Welfare States*, Routledge, NY, 1993.

15

Waarom tolerantie nooit voldoende is geweest

Wanneer Sue in het noorden van Engeland is, voelt ze zich thuis en vervalt ze weer in het plaatselijke accent. Daar komt ze vandaan. Wanneer ze in het zuiden van Italië is, voelt ze zich ook thuis en is ze boos als de mensen daar zeggen dat ze een buitenlander is. Daar komt haar man vandaan. Hoe kan ze waardering hebben voor twee plaatsen die zo verschillend zijn, als de meeste mensen vreemde gewoonten zo moeilijk kunnen tolereren? De wortels van tolerantie moeten evenzeer gezocht worden in houdingen tegenover landgenoten als tegenover buitenlanders.

Sue's vader was een pilaar van Tory-fatsoen, een bankmanager, zoon van een doopsgezinde predikant. "Doe wat je belooft te doen", zei hij altijd, "maar wees geen dwarsligger". Hoewel hij het establishment steunde, betekende dat niet dat hij er 'lid' van was, of dat hij er zelfvoldaan over was of tevreden met zichzelf. Hij had nooit de kans gehad om een universitaire opleiding te volgen en kreeg niet de promotie die hij in zijn ogen had moeten krijgen. Deze wrevels lagen verborgen onder zijn bolhoed. Sue stak de draak met die hoed en was het niet eens met zijn politieke ideeën; ze protesteerde dat hij geen redenen gaf voor zijn standpunt als ze met hem in discussie trad. Ze groeide op als een onafhankelijk enig kind: alleen zijn hoort nu eenmaal bij het leven, net als de dood, zei haar moeder altijd, die al met haar over eenzaamheid praatte toen ze twaalf was.

Je weet maar nooit waartoe een protestants Engelse achtergrond, met zowel een traditioneel als andersdenkend karakter, kan leiden:

ten tijde van mevrouw Thatcher waren de leiders van alle drie belangrijke politieke partijen non-conformisten. In het geval van Sue kwam het anders denken tot uiting in haar enthousiasme voor buitenlandse dingen. Toen op de universiteit een charismatische linkse docent haar fascineerde met zijn pleidooien voor het existentialisme, de culturen van de Derde Wereld en de ordening van alles in denksystemen, verruilde ze haar studie Engels voor de studie Frans. Ze kreeg de reputatie van iemand die protesteerde. Maar toen ze een jaar in Parijs verbleef, van 1967 tot 1968, bleek dat het niet zo makkelijk is om tot het genootschap van francofielen te worden toegelaten. Toch sprak Sue de taal zo perfect dat niemand in de gaten had dat ze geen Française was.

Ze was niet welkom op de barricaden. Beter gezegd, toen ze achter haar nationaliteit kwamen, stuurden ze haar naar de Commissie voor Buitenlanders. De stenen die ze graag wilde slingeren naar de autoriteiten die te hoogdravend tegen haar waren geweest, werden nooit gegooid. De retoriek van Cohn-Bendit raakte haar niet. De manier waarop de menigten in vuur en vlam werden gezet, het feit dat ze heen en weer geslingerd werden tussen dweperij en scepticisme, bevreemdde haar en gaf haar het gevoel dat ze er niet bijhoorde. Frankrijk wees haar af. De les die ze daaruit trok, was dat links cynischer, sluwer diende te zijn, dat het geen zin had om idealen te hebben. Persoonlijk kon ze geen revolutionair zijn, ze wist niet hoe je stenen moest gooien. Om revolutionair te zijn, meende ze, had je dogmatisme nodig, en zij had dat niet. Sindsdien heeft ze altijd met dat probleem te kampen gehad. In de loop der jaren is ze hoe langer hoe meer gefascineerd geraakt door mensen wier opvattingen ze niet deelt.

Zonder een Italiaan te kennen ging ze naar Italië, en ontdekte daar een vreemd land dat helemaal naar haar zin bleek te zijn. Kun je dat verklaren zoals je liefde verklaart? Moet je aannemen dat ze de Italianen graag mag vanwege alle eigenschappen waarom ze bewonderd worden, namelijk hun levenslust en hun hechte gezinsleven? Lieten ze haar genereuzer toe tot hun samenleving dan de Fransen, die ze arrogant noemt? Net zoals ze als provinciaal uit het noorden even weinig in London past als in Parijs, voelt ze zich in Italië alleen volledig op haar gemak onder de gewone mensen, in sommige steden meer dan in andere. Zelfs haar man beschouwt zichzelf bijna als een buitenlander in streken waar het kouder is. Hun vrienden zijn Schotten en mensen uit Zuid-Italië. Ze wil niet dat het gezinsleven een oase is. Haar man droomt ervan om naar zijn geboorteplaats op het platteland terug te keren, zodat hij zijn zoon kan laten opgroeien zoals hij opgroeide, vrij om op straat te spelen; maar het is een droom, net zoals zijn droom om een alternatieve arts te worden, zijn werkelijke interesse. Waar je jezelf ook bevindt, de grond is nooit geschikt voor elk gewas. Als je je betekenis slechts ontleent aan je familiewortels, dan kunnen wortels net als knellende schoenen zijn. Sue heeft geluk dat ze schoonfamilie heeft waar ze dol op is en die ze bewondert om hun veerkracht en veelkleurige karakter.

Hier is iemand die drie talen vloeiend spreekt, maar zo weinig Europees is dat ze zegt dat ze een hekel heeft aan internationale mensen. Haar vrienden zijn allemaal buitenlanders, de gasten op haar bruiloft waren van zeven nationaliteiten, maar ze verafschuwt het idee dat ze een banneling is. Ze voedt haar kind op als een Italiaan, later zal hij zijn Engelse kant erbij krijgen. Haar wortels liggen nu in Italië, zegt ze, ze heeft wortels nodig. Maar ze voegt eraan toe dat het hectische mediterrane leven haar niet echt aanstaat.

Hoe is ze uiteindelijk precies een banneling geworden? Aan de universiteit volgde ze een opleiding voor leraar Frans en geschiedenis (hoofdzakelijk Engelse geschiedenis) voor Engelse kinderen. Terwijl ze stage liep op een scholengemeenschap in Manchester, kwam onmiddellijk dezelfde onafhankelijkheid of onbehaaglijkheid naar voren. Ze kon veel beter opschieten met de kinderen die gemeden of bespot werden dan met de conventionele kinderen. "Ik hou niet van de mensen van wie je geacht wordt te houden." Haar populariteit bij de oudere kinderen, die ze als volwassenen behandelde, stoorde de directrice. "Als je probeert om mensen aan het denken te zetten en hen aanspoort tot zelfonderzoek, werk je hen bijna automatisch op de zenuwen – tenzij je gelijkgezinde mensen treft, wat soms gebeurt." Maar alleen soms. De botsing met de directrice liep niet uit op een gevecht. Sue besloot niet te vechten. Ze staakte haar opleiding en ging naar Napels: ze dacht dat ze altijd weer terug zou kunnen gaan. Jarenlang deed ze vervolgens vanuit haar Italiaanse ballingschap hardnekkig haar best om een proefschrift te schrijven voor haar Engelse universiteit; daarbij sneed ze nooit de mogelijkheid af om terug te keren. Uiteindelijk wist ze beide werelden te verbinden. Dat maakte het minder noodzakelijk om terug te keren. Toch belette de enorme hoeveelheid onderzoek waar ze mee bezig was haar om de rol van een Italiaanse moeder te spelen.

Haar aarzelingen zijn het gevolg van een ontdekking die ze in haar eerste jaar aan de universiteit deed, namelijk dat filosofen over alles verdeeld zijn, dat niemand zijn gelijk kan opeisen. Dat was "een bevrijding", geweldig voor haar zelfvertrouwen, omdat het betekende dat ze opvattingen kon hebben die het waard waren om naar te luisteren. Maar het was verontrustend, omdat er aan haar vragen geen eind kwam. In de tweede plaats werd ze besmet door het intellectuele virus dat het onderwijs in sommige mensen kan verspreiden, namelijk het verlangen om alsmaar te lezen, schijnbare chaos in een structuur te dwingen en alsmaar te debatteren over hoe dingen bij elkaar passen. Maar dan twijfelt ze: hoewel ze vaak opgewonden raakt van haar ontdekkingen, besluit ze soms dat ze geen groot denker is: "Anderen hebben altijd een hogere dunk gehad van mijn intellectuele talenten dan ik."

Op grond van haar bruisende manier van doen, haar schaterende lach, haar warmte, de scherpzinnigheid van haar oordelen over mensen en de gevoeligheid waarmee ze haar zwakke plekken bejegent, zou je misschien denken dat ze bovenal een sociabel persoon is. "Mensen vinden me vriendelijker dan ik ben. Ik heb maar met heel weinig mensen een intieme band. Ik word heel stil als ik bezorgd of van streek ben." Bij een eerste ontmoeting lijkt ze uitermate uitbundig, maar ze zegt: "Ik hou niet van uitbundige mensen." Achter haar charme is ze een eenzelvig persoon. Ze voelt zich aangetrokken, zegt ze, tot mensen die nadenken, die "binnen in zichzelf aan het werk zijn": dat is een beschrijving van hoe ze zelf is.

Het is altijd haar obsessie geweest om de brug tussen haarzelf en andere mensen over te steken. Als kind liep ze op straat altijd vreemden achterna, waarbij ze hun manier van lopen imiteerde en oefende om iemand anders te zijn. Het theater is haar lust en haar leven. Sinds haar tienerjaren heeft ze toneelstukken geregisseerd: voor haar is acteren de voornaamste methode om in de huid van andere mensen te kruipen. "Acteren stelt je in staat om de opvattingen van andere mensen te begrijpen, om inzicht te krijgen in andere manieren van kijken en voelen. Als je acteert, moet je iets gemeenschappelijks aanboren. In acteurs zoek ik naar plooibare mensen die niet vastzitten aan één definitie van zichzelf." Wanneer haar Italiaanse studenten Engelse toneelstukken opvoeren, dwingt ze hen om verborgen delen van zichzelf te ontdekken. Een van de aantrekkelijkheden van Italië is misschien wel dat iedereen ook in het dagelijks leven vrij is om met grootsere gebaren te acteren dan in Engeland. Als ze lesgeeft, geniet ze in elk geval van de voorstelling; ze stopt er al haar energie in, is verrukt van haar "verbazingwekkende resultaten", is dol op haar studenten, raakt in hen teleurgesteld, besluit dat ze onderzoek moet doen en komt vervolgens opnieuw tot de ontdekking dat ze het meest van lesgeven houdt: er zit een onophoudelijke, afmattende hartstocht in haar zoeken naar contact. Toch betreurt ze het dat ze nooit een regisseur heeft gevonden die haar tot het uiterste drijft, zoals zij bij anderen doet.

Sue weet niet zeker wat haar volgende stap zal zijn. De ideologieën van haar jeugd hebben hun schittering verloren. Is ze nog steeds een rebel, is ze ooit een echte rebel geweest? "Ik werk mensen op hun zenuwen, ik irriteer mensen in de hiërarchie, zonder dat dat mijn bedoeling is." Het opvoeden van een kind laat veel minder energie over om te protesteren. "Het zoeken naar een doel is verdwenen; in plaats daarvan wil ik nu rust." Was haar man er maar een sterk voorstander van om zich op het paradijselijke platteland terug te trekken, dan zou ze in de verleiding komen. Maar ook hij is een intellectueel die de stimulans van steden nodig heeft, hoe onvolmaakt ze ook zijn.

Sue is iemand met twee kanten. Enerzijds probeert ze altijd op een welwillende manier in de huid van andere mensen te kruipen, anderzijds verzet ze zich, niet in staat zich in bepaalde soorten gezelschap of in bepaalde relaties op haar gemak te voelen. Ze leeft precies op het grensgebied van tolerantie, waar minieme nuances zowel aantrekken als afstoten, op de grens van een land dat 'Vervreemding' heet. Als zo'n zachtaardig iemand zoveel moeite heeft om Europeaan te zijn, of zelfs een burger van één land of één stad, welk nieuw soort paspoort moet er dan voor haar worden uitgevonden?

Zullen mensen ophouden om elkaar te irriteren, te haten of te bevechten wanneer de geest van raciale, politieke en religieuze tolerantie zich geleidelijk aan over de wereld verspreidt? Alleen degenen die kort van memorie zijn kunnen dat geloven. Tolerantie was altijd als een zomerseizoen, gevolgd door kou en stormen. Haar zonneschijn kwam en verdween door de eeuwen heen en verwarmde de aarde tijdens de heerschappij van bijvoorbeeld Haroun al Rasjid, zelfs dwars door de oorlogswolken van Djengis Khan, om vervolgens te verdwijnen alsof hij er nooit geweest was. Tolerantie is de gloed die straalt in periodes van euforie en voorspoed, wanneer alles goed lijkt te gaan en er dus geen behoefte is aan zondebokken. Of ze is als de herfst, bedrieglijk rustig, een begeleiding van de uitputting die volgt na periodes van bloedvergieten en strijd. Haat of minachting zijn er nooit blijvend door genezen. Het is altijd zinloos geweest om tolerantie te prediken tegenover mensen die vernederd, kwaad of wanhopig waren. Maar het is mogelijk om uit de kringloop van tolerantie en vervolging te breken. Er bestaat een derde weg, opwindender dan beide. Tolerantie was daarvoor alleen maar een voorbereiding.

Tegenwoordig beschouwt slechts 39 procent van de Fransen tolerantie als een van hun belangrijke waarden (33 procent aan de rechtervleugel, 45 procent aan de linker). Precies hetzelfde percentage Britten zei dat mensen met een verschillende huidskleur onmogelijk zonder problemen in hetzelfde gebied kunnen wonen. Tolerantie is er niet in geslaagd algemeen tot de verbeelding te spreken, omdat het geen hartstocht is: tegen je zin een last aanvaarden, het slikken van iets wat je niet kunt vermijden, is niet opwindend genoeg. Het onderwijs heeft ook niet veel geholpen, zoals bleek toen in 1933 het meest ontwikkelde volk in Europa plotseling het meest intolerante werd dat ooit had bestaan. Ontwikkelde mensen hebben een even droevige reputatie als het om tolerantie gaat als onontwikkelde, omdat het net zo makkelijk is om aangestoken te worden door intolerantie als om een verkoudheid op te lopen. Hoewel de landen en steden die het meest openstonden voor vreemdelingen daarvoor herhaaldelijk beloond werden met voorspoed, werden degenen die graag rijk wilden worden altijd in verleiding gebracht om intolerant te zijn, bang voor afgunst. In de VS zegt 29 procent van de zwarten en 16 procent van de blanken dat ze gedurende de afgelopen twee decennia minder tolerant zijn geworden tegenover mensen met een andere huidskleur.

Tolerantie is niet het moderne medicijn zoals algemeen beweerd wordt, maar een oud volksgeneesmiddel dat alleen maar korte-termijneffecten heeft. Hoewel sommige beschavingen verschillende rassen in staat hebben gesteld vreedzaam naast elkaar te leven, laaide de woede tegenover buitenlanders en minderheden keer op keer op, vaak zo plotseling dat ze erdoor overvallen werden. Zelfs na zoveel eeuwen ervaring lopen tolerante mensen nog altijd het risico zich argwaan op de hals te halen of beschuldigd te worden van losse zeden. Er is weinig veranderd sinds de Romeinse keizer Honorius in de vierde eeuw na Christus al te tolerante dandy's tot ballingschap veroordeelde omdat ze zich schuldig hadden gemaakt aan het dragen van lange broeken, de dracht van zijn Duitse vijanden. Romeinse soldaten droegen minirokken: dat was de grens van tolerantie.

De proclamatie van de Rechten van de Mens maakte van Frankrijk niet automatisch een tolerant land. Toen mensen aan het begin van de negentiende eeuw wedijverden om een baan in de nieuwe textielfabrieken, braken er rellen uit tegen de Engelse en Duitse immigranten. Vervolgens richtte men zich op de Belgische immigranten, toen steden als Roubaix, waar ze de helft van de bevolking uitmaakten, getroffen werden door werkloosheid. De buitenlanders in Parijs, wier aantal verdubbelde toen Haussmann de stad herinrichtte, hadden niet verbaasd hoeven zijn dat gastvrijheid omsloeg in animositeit zodra er een einde kwam aan de hoogconjunctuur. De aanvallen die tegenwoordig op Algerijnen plaatsvinden vormen een echo van de 'Marseillaanse vespers' van 1881, toen een menigte van tienduizend mensen op rooftocht ging door die stad en Italianen en hun bezittingen aanviel.

Dat betekent echter niet dat de mensheid machteloos staat tegenover fundamentalisme en dogmatisme. De neiging tot tolerantie heeft diepe wortels, maar je krijgt haar niet noodzakelijkerwijs van je voorouders. De wortels reiken terug naar het oude India, dat de langste traditie van tolerantie ter wereld kent. Ruim duizend jaar lang leefden daar de belangrijkste religies, en vele andere, min of meer in harmonie naast elkaar. Toch bezweek India in 1948 voor een weerzinwekkende uitbarsting van fanatieke intolerantie, waarbij meer dan een miljoen mensen omkwamen. Dit was niet onvermijdelijk, maar hoe het gebeurde, dat verhaal klinkt na in ieders biografie, hoe ver men ook van de rivier de Ganges af woont en wat men ook van zijn water denkt – waarvan verondersteld wordt dat het mensen van hun zonden reinigt.

Het hindoeïsme is in essentie ondogmatisch: om een goede hindoe te zijn maakt het niet uit of je gelooft dat er slechts één God is, meerdere of geen één. Het oude gezangboek van de hindoes, de *Rig-Veda*, onderscheidt zich van andere religieuze werken door zijn tolerantie tegenover twijfel:

> *Waar de hele schepping vandaan komt,*
> *weet hij, of hij haar nu wel of niet gemaakt heeft,*
> *hij die het allemaal vanuit de hoogste hemel overziet –*
> *of misschien weet zelfs hij het niet.*

Sommige hindoes vereren Vishnu en andere Shiva. Daarbij beschouwen ze elk hun eigen god als de oppermachtige, maar ieder accepteert dat de god van de ander het ook waard is om vereerd te worden en dat beide partijen uiteindelijk misschien gelijk hebben. Het hindoeïsme begon vijfduizend jaar geleden met de vooronderstelling dat dingen ingewikkelder zijn dan ze lijken, dat de rede niet voldoende is om de waarheid te ontdekken en dat hoe dicht je bij de waarheid komt niet alleen afhangt van je kennis, maar ook van het type persoon dat je bent, van hoe deugdzaam je leeft. Hindoes plegen nieuwe doctrines te benaderen met de gedachte dat de meeste waarschijnlijk een spoor van de waarheid bevatten, het waard om in je op te nemen, maar dat die waarheid gaandeweg veranderingen kan ondergaan, zoals voedsel dat gekookt en gegeten wordt. Als de combinatie van ideeën van andere mensen tegenstrijdigheden oplevert, zijn zij van mening dat de tegenstrijdigheden van het leven geaccepteerd dienen te worden, ook al kan dat verwarring tot gevolg hebben; een voorbeeld is de politiek, waar iedereen het met elkaar oneens lijkt te zijn en vervolgens unaniem voor een motie stemt waar ze tegen hadden gepleit.

De meest invloedrijke filosoof van India, Boeddha (die rond 483 voor Christus stierf), beweerde niet dat hij een god was en had geen belangstelling om aan het hoofd van een sekte te staan. In het noorden van India werd hij beschouwd als de negende van de tien incarnaties van Vishnu en zo in het religieuze leven opgenomen. De meeste gewone leken zagen zijn leer als een van de vele geloofsovertuigingen, die elkaar niet uitsloten en het allemaal waard waren om gerespecteerd te worden. Boeddha viel andere religies niet aan en hij werd ook niet vervolgd. Zijn boodschap was welwillend, mededogend en vriendelijk te zijn tegenover alle levende wezens: "Net als een moeder zolang ze leeft voor haar enig kind zorgt, zo dient iemand een allesomvattende liefde te voelen voor alle mensen. Hij dient een grenzeloze liefde te voelen voor de hele wereld, boven, beneden en op het aardoppervlak, ongeremd, zonder vijandschap. Of hij staat, loopt, zit of ligt ... hij dient steevast aan liefde te denken. Dat noemen mensen namelijk de Verheven Gemoedstoestand." Boeddha had zo'n respect voor onenigheid dat hij zelfs niet van monniken een eed van gehoorzaamheid verlangde; die mochten pas een besluit nemen als ze eensgezind waren.

Het is in India een wijdverbreide hartstocht gebleven om vrijelijk bespiegelingen te houden over hemel en aarde; 300 miljoen goden en ontelbare goeroes boden talloze toonbeelden van gedrag en geloof. Het jainisme, dat sinds de zesde eeuw voor Christus bestaat en een atheïstische religie is, is gebaseerd op de 'misschien-doctrine'; het stelt dat het onmogelijk is om de wereld precies te kennen of te beschrijven: het predikt geweldloosheid tegenover alles wat bestaat, want zelfs stenen en insecten verdienen respect.

Deze bijna grenzeloze tolerantie op het gebied van het geloof bestond zij aan zij met de meest hardnekkige intolerantie ter wereld op het gebied van vrij sociaal contact, het kastenstelsel. Tolerantie betekent dat je mensen met rust laat. Het kastenstelsel betekent dat je uit de buurt blijft van mensen die jou zouden kunnen bezoedelen, dat je niet met ze eet en ook niet met ze trouwt. De twee ideeën houden verband met elkaar. Tolerantie betekent niet noodzakelijkwijs dat minderheden ophouden te leven als geïsoleerde gemeenschappen, die alleen maar onder elkaar trouwen en slechts geïnteresseerd zijn in zichzelf. Dat isolement is een belangrijke reden waarom ze vaak plotseling tot de ontdekking kwamen dat ze geen vrienden hadden en niet langer getolereerd werden.

De eerste heerser ter wereld die de geest van religieuze tolerantie probeerde te stimuleren, was keizer Asjoka. Van 264 tot 228 voor

Christus regeerde hij over het grootste gedeelte van India. Hij was niet zoals zoveel monarchen alleen maar een zoveelste verzameling menselijke zwakheden die zijn plicht probeerde te doen. Asjoka besteeg op 24-jarige leeftijd de troon, nadat hij ervoor gezorgd had dat zijn oudere broer en vele andere rivalen werden vermoord. Hij was een typische potentaat die een enorme harem had en elke dag honderden dieren en vogels voor zijn maaltijd slachtte. Hij martelde zijn onderdanen in een verschrikkelijke gevangenis die hij voor dat doel had gebouwd. Volgens de legende ontmoette hij op een keer een jonge boeddhistische monnik die schijnbaar immuun was voor de pijnen waarmee men hem teisterde. Asjoka was zo onder de indruk dat hij boeddhist werd en het hele doel van regeren opnieuw overdacht. Hij stopte met oorlog voeren en wijdde zich aan het vergroten van "veiligheid, zelfbeheersing, rechtvaardigheid en geluk". Zijn wetten, die menslievendheid, vegetarisme en mededogen met alle levende wezens predikten, zijn gegraveerd in klifwanden en enorme rotsen. Ze bestaan nog steeds, geschreven in de vorm van een persoonlijke bekentenis, en geven uiting aan zijn wroeging over zijn wreedheid en blindheid in het verleden en aan zijn verlangen om zich te wijden aan de verbetering van de manier waarop mensen elkaar bejegenden. Hij vestigde een nieuwe ambtenarenklasse, de ambtenaar der rechtschapenheid, om hen te helpen zich fatsoenlijker te gedragen. Terwijl hij vanwege zijn kwaadaardige en heetgebakerde karakter oorspronkelijk bekendstond als Asjoka de Wrede, werd dat Asjoka Aangenaam Om Naar Te Kijken, ook al was hij kennelijk lelijk en werd hij om die reden door zijn vader gehaat. Hij trok zich terug uit de koninklijke jachtsport en zette zijn onderdanen ertoe aan zich in plaats daarvan te amuseren met pelgrimstochten. Hij beval dat er langs de wegen om de achthonderd meter logementen gebouwd werden, en ziekenhuizen en kruidentuinen voor zowel mensen als dieren. Hoewel hij boeddhist was, stimuleerde hij ook rivaliserende sekten: zijn Twaalfde Verordening verkondigt dat mensen van alle geloofsovertuigingen gerespecteerd dienen te worden. Zijn uiteindelijke doel was om een voorbeeld te geven, zodat alle koningen op de wereld hun gebruiken ook zouden veranderen. Hij lijkt vijf onbeduidende monarchen in Griekenland en het Midden-Oosten te hebben overgehaald om zijn principes over te nemen. Eén legende beweert dat zijn moeder een Hellenistisch-Syrische prinses was. Hoe dan ook, in Kandahar is een van zijn wetten tweetalig gegraveerd in het Grieks en Aramees. Natuurlijk waren er in het echte leven grenzen aan Asjoka's ruimhartigheid en pacifisme: hij ontbond zijn leger niet en schafte ook de doodstraf niet af. Maar het is veelbetekenend dat de Indiërs besloten zich hem te herinneren als hun allergrootste heerser, en een van zijn monumenten staat op het zegel van de huidige Indiase republiek.

Toen de islam zich naar India verspreidde en de moslims de heersende klasse werden (van 1021 tot 1858) en toen de christenen kwamen als kooplieden, missionarissen en uiteindelijk heersers, vermeden de hindoes een confrontatie en gaven ze de voorkeur aan een meerduidige uitwisseling van geloofsovertuigingen en erediensten. De drie religies vermengden hun tradities, waarbij ze elementen van elkaar overnamen. De heilige Franciscus en de heilige Thomas werden als genezers tot het pantheon van de hindoes toegelaten, terwijl hindoegodheden getransformeerd werden tot islamitische of christelijke martelaars. Christenen liepen samen met hindoes mee in ceremoniële processies, terwijl hindoeheersers financiële steun gaven aan christelijke heiligdommen. De Indiërs die zich tot de islam bekeerden, zagen die als een aanvullende vorm van goddelijke bescherming en als een indrukwekkende militaire macht, maar ze gooiden hun oude goden niet overboord. Moslims werden beschouwd als een aanvullende, nieuwe kaste. Deze onsamenhangende vermenging van geloofsovertuigingen is heel normaal in de vroege fases van bekering en verovering. Dat zie je niet alleen in Melanesië en Afrika, maar ook in Europa, waar christelijke heiligen werden aangepast om heidense genezingsriten te laten voortbestaan. Het is heel normaal dat degenen die niet geïnteresseerd zijn in theologische subtiliteiten lippendienst bewijzen aan officiële doctrines, terwijl ze die op hun eigen manier interpreteren.

Leven met tegenstrijdigheden is een kunst, die als elke kunst zowel spontaniteit als vernuftige ideeën met zich meebrengt. Als ze niet verdergaat dan troebele gedachten, leidt ze nergens toe. Om productief te zijn, moet ze een welbewuste keuze inhouden, een schepping vol verbeeldingskracht. Maar er zijn altijd mensen die het moeilijk vinden om het hoofd te bieden aan tegenstrijdigheden of aan een kunst die niet onmiddellijk toegankelijk is. In de negentiende eeuw werden ze in India (en ook elders) invloedrijker. De drie belangrijkste religies van dat land leefden opvallend harmonisch, totdat er leiders opstonden die verlangden dat er een einde kwam aan ambiguïteiten en tegenstrijdigheden en die een duidelijke scheiding eisten tussen doctrines die in hun ogen onverenigbaar waren. Geleerde theologen brachten vijandigheid tussen religies teweeg. Zij bestudeerden de oude boeken, herschiepen een volgens hen zuiverder doctrine, en pleitten voor gehoorzaamheid daaraan als middel om elke ontevredenheid weg te nemen. Ze zouden wellicht onopgemerkt zijn gebleven, ware het niet dat economische crisissen kansen boden om vijandelijkheden tussen gemeenschappen op te wekken; moreel verval werd verantwoordelijk gesteld voor armoede, en de verwaarlozing van religieuze plichten voor wanorde.

Toen de Britten heer en meester werden in India en de islamitische heersers verdreven, gebruikten ze hindoes om het bestuur te leiden; daarbij benadrukten ze de scheiding tussen religies (bureaucratieën zijn gespecialiseerd in het categoriseren van mensen). Vervolgens speelden ze de religies tegen elkaar uit. De hindoes werden de Engelse scholen binnengezogen en uitgespuwd als lagere ambtenaren, terwijl de moslims geïsoleerd bleven op islamitische scholen, luisterend naar hun eigen leraren die hun leerlingen als alternatief voor overheidsbanen verlossing en achtenswaardigheid door middel van religieuze orthodoxie boden. De oude kosmopolitische regels van beschaafd gedrag (afkomstig uit Perzië en bekend als *adab* of betamelijkheid), waarin moslims behagen schepten toen ze het in de wereld nog voor het zeggen hadden, werden nu vervangen door een nieuw gedragsmodel dat een strikte gehoorzaamheid aan de heilige wetten (*sharia*) met zich meebracht, gebaseerd op wantrouwen van andere religies. Het gewone volk voelde zich ertoe aangetrokken, omdat het een nieuwe waardigheid kreeg: terwijl het vroeger door de elites veracht werd omdat het onontwikkeld was en niet in staat om zich verfijnd te gedragen, kon nu iedereen door middel van vroomheid een ideale moslim worden. De eliminatie van vreemde invloeden werd een opwindende nieuwe hartstocht, een doel in het leven, in het patroon dat fundamentalisten overal hebben gevolgd. Veel van dergelijke intellectuelen waren geniale wetenschappers en dappere mannen, met hoge idealen, die nooit het bloedvergieten voorzien hadden dat het gevolg zou zijn van het feit dat ze wezen op de verschillen tussen religies; maar sommigen meenden dat het 't waard was bloed te vergieten in naam van de waarheid.

Is er een antwoord mogelijk op de intolerantie die het gevolg is van mensen die zichzelf verdedigen door de nadruk te leggen op een eigen identiteit? De meest interessante experimenten om daar achter te komen werden uitgevoerd door M.K. Gandhi (1869-1948), en ze zijn veelbetekenend – ver buiten hun Indiase context. Hij geloofde dat om tolerant te zijn een gewoon iemand eerst voldoende persoonlijke kracht moest verwerven, en dat betekende onbevreesdheid. Als kind leefde hij in angst voor de duisternis, dieven, geesten en slangen. Als jongeling was hij verlegen. Toen hij door een vriend werd meegenomen naar een bordeel, was hij niet in staat te praten en zich te bewegen. Al zijn moed was het gevolg van een vastberaden besluit om zijn zwakte, waarover hij zich onophoudelijk zorgen maakte, te overwinnen. Zijn doel was innerlijke rust. Hij meende dat hij die kon bereiken door anderen in staat te stellen die ook te vinden: harmonie tussen individuen en gemeenschappen kon alleen maar voortkomen uit een genezing van innerlijke angsten. Zo'n oplossing betekende dat de politiek getransformeerd werd tot een psychologisch avontuur, niet afhankelijk van een leider, maar van de inspanningen van elke burger. In plaats van anderen de schuld te geven van je ongenoegens, moest je je eigen gedrag veranderen. Het goede voorbeeld geven was de beste manier om invloed uit te oefenen op openbare gebeurtenissen.

Zo sprak hij openlijk over zijn eigen privé-leven; hij erkende zijn persoonlijke problemen en praatte over het feit dat zijn vrouw er niet gelukkig mee was dat hij alledaagse huishoudelijke gemakken verwierp en dat hij erop aandrong dat ze zo eenvoudig mogelijk dienden te leven en dat alle rijkdom, behalve wat nodig was voor de allernoodzakelijkste dingen, krediet was dat gebruikt diende te worden voor het algemeen welzijn. Zijn zonen namen het hem kwalijk dat hij hen verwaarloosde, hetgeen hij niet ontkende; hij hield vol dat je liefde zich niet diende te beperken tot je familie en eerder aan iedereen gegeven diende te worden met wie je een band kon ontwikkelen: hij rekende niet minder dan 150 individuen tot zijn "verwanten". De verspreiding van "begrip voor je naasten", van persoonlijke vriendschap, leek hem de manier te zijn om de barrières te overwinnen van religie, nationaliteit en klasse. Liefde diende bovenal tot uiting te komen in dienstbaarheid, waarbij je je zelfzuchtige belangen vergeet en jezelf aan anderen wijdt.

In experimentele dorpen probeerde hij deze ideeën in de praktijk te brengen. Tot grote ergernis van veel hindoes nam hij daarin ook onaanraakbaren op, de kaste die door iedereen vermeden werd. Ook hij was opgevoed om hen op afstand te houden, om hen het onaangename werk te laten doen zoals wc's schoonmaken; maar hier stond hij erop dat hijzelf wc's schoonmaakte en dat zijn vrouw dat ook deed. Elke dag hielp hij een uur met ondergeschikte taken in een ziekenhuis. Hij meende dat oude barrières alleen zo konden worden geëlimineerd.

Maar vrienden zijn met iedereen was niet makkelijk, vooral omdat Gandhi geen sociabel mens was in de conventionele zin van het woord. Hij had geen vrienden die zijn gelijken waren: Nehru was als een zoon voor hem en Gokhale als een vader. Het was onder de volwassen vrouwen die hem bij zijn werk hielpen dat hij de bredere emotionele steun vond die hij nodig had. Dat is veelzeggend, en niet alleen maar anekdotisch. Hoewel hij een ouderwetse kijk had op vrouwen en de ideale vrouw hoofdzakelijk als een trouwe echtgenote zag, ontdekte hij in deze vriendschappen hoeveel meer ze konden zijn. Maar hij zag niet dat vriendschap tussen de beide seksen wel eens de basis zou kunnen worden van een nieuw soort samenleving. Een van zijn vriendinnen noemde hij altijd Idioot, en zij noemde hem Tiran; niettemin luisterde hij naar haar, maar hij hoorde slechts een deel van haar boodschap.

Gandhi streefde er niet naar alle traditionele verschillen af te schaffen. Het was niet zijn hoop dat christenen of moslims uiteindelijk zouden inzien dat het hindoeïsme een superieure religie was. Voor hem hadden alle religies zowel goede als slechte kanten. Door ze te prediken werd de wereld niet verbeterd, omdat de meeste mensen hun religie niet op de juiste manier praktiseerden. Terwijl hij allesbehalve anderen tot zijn geloof wilde bekeren, drong hij erop aan dat iedereen zich diende in te spannen om de leerstellingen van liefdadigheid van de religie waarin ze geboren waren ten uitvoer te brengen. De waarheid had veel kanten: ze hoefde niet vereenvoudigd te worden tot één enkele geloofsovertuiging. Maar dat hield in dat hij niets deed om zich te verzetten tegen de zeloten die hun afzonderlijke religies gebruikten als oogkleppen.

Hij liet zien dat één individu het gedrag van 600 miljoen mensen kortstondig kan veranderen, dat iets wat op een wonder lijkt kan gebeuren. Toen in 1947 moslims die op de vlucht waren naar Pakistan met wagonladingen tegelijk werden afgeslacht – zijn commentaar was "we zijn bijna beesten geworden" – toen moslims wraak namen, toen er in Calcutta rellen uitbraken en het nieuws over wreedheden nieuwe wreedheden teweegbracht, nam de hindoe Gandhi zijn intrek in de moslimwijk in het huis van een moslim, onbeschermd door politie, een symbolisch gebaar van onbevreesdheid en verzoening. Binnen enkele uren stonden moslims en hindoes elkaar te omhelzen en baden ze zelfs samen in elkaars tempels en moskeeën. Vervolgens braken er opnieuw rellen uit. Gandhi ging vasten, terwijl hij aankondigde dat hij zou doorgaan totdat het gezond verstand weer terugkeerde. Opnieuw stopte het geweld, en mensen begonnen hun wapens in te leveren. De onderkoning Mountbatten zei: "Door morele overtuiging heeft hij bereikt wat vier legerdivisies slechts met de grootst mogelijke moeite met geweld voor elkaar zouden hebben gekregen." Maar hij bereikte het alleen maar voor korte tijd. Ondanks hun vooroordelen waren de menigten diep geroerd door zijn bereidheid zijn leven op te offeren in naam van de vrede. Maar het duurde niet lang voordat de haat weer opdook.

Gandhi was dus succesvol en schoot tevens tekort. Hij was succesvol in de zin dat hij liet zien dat vijandigheden overwonnen konden worden. Maar hoewel zijn succes echt was, was het slechts tijdelijk omdat de diepe wortels van vijandigheid onaangeroerd bleven. Hij schoot tekort omdat hij de moslims nooit goed genoeg leerde kennen. Mensen, zei hij, waren allemaal hetzelfde, ieders ziel maakte deel uit van een universele ziel; tolerantie tegenover iedereen leek hem iets natuurlijks. Maar zijn ervaring liet zien dat algemene welwillendheid en sympathie tegenover de hele mensheid overspoeld konden worden door plotselinge golven van wrok. In zijn experimentele dorpen waren ruzies en onbegrip schering en inslag. Als hij 120 jaar oud was geworden, zoals hij dacht te kunnen met zijn sobere en soms bizarre dieet – ooit dacht hij dat hij alleen op fruit kon leven – dan had hij misschien minder nadruk gelegd op de verspreiding van algemene welwillendheid en meer op het opbouwen van individuele relaties, op het ontwikkelen van een persoonlijke belangstelling voor de geloofsovertuigingen en denkwijzen van andere individuen. Zelf bekommerde hij zich altijd om de gezondheid en de families van de mensen die hij ontmoette, maar besteedde minder tijd aan het doorgronden van hun mentaliteit.

Hij was er eerder van overtuigd dat het mogelijk was om mensen zo beschaamd te maken dat ze zich ruimhartiger gingen gedragen. Hij liet zich door het Britse leger slaan en gevangen zetten zonder enige weerstand te bieden; hij ging gewoon vasten en daagde hen uit hem te doden. Zijn bereidheid om het martelaarschap te accepteren demoraliseerde de Britten beslist. Maar hij vergiste zich door te denken dat soldaten geen onschuldige mensen zouden slaan: integendeel, velen meenden dat ze de Indiërs gaven "wat ze verdienden". De onderkoning veldmaarschalk Wavell, die in geweld en traditionele politiek geloofde, bezat niet voldoende verbeeldingskracht om geïnteresseerd te zijn in het veranderen van de regels van politiek of oorlog, zoals Gandhi voorstelde: "Ik ben er zeker van", schreef hij, "dat er in deze kwaadwillige oude politicus heel weinig zachtaardigheid zit, ondanks al zijn schijnheilige gepraat". Maar Gandhi begreep zijn tegenstanders ook niet. Hij kon niet begrijpen en geloven dat mensen ervan genoten om gemeen te zijn. Maar hoewel hij ervan overtuigd was dat ruzies uiteindelijk te wijten zijn aan misverstanden en dat een vriendschappelijk gesprek moeilijkheden kon oplossen, en hoewel hij ernaar streefde om een 'tolk' te zijn, had hij nooit een echt vriendschappelijke conversatie met de leider van de moslims van India, M.A. Jinnah (1876-1948), de schepper van het islamitische Pakistan, "het Land van de Reinen".

Beide mannen begonnen als politieke rivalen in dezelfde Congrespartij. Gandhi begreep nooit hoe zijn eigen overwinningen als vernederende nederlagen werden ervaren door Jinnah, die persoonlijk een steeds grotere hekel aan hem kreeg. Pas na twintig jaar frustratie liet Jinnah zijn doel varen van een samenwerking tussen moslims en hindoes in een onafhankelijk India. Hij had gewild dat de hindoemeerderheid de problemen van de minderheid oploste door concessies te doen. Zijn argument was dat een minderheid, die zich onderdrukt voelde en uitgesloten van de macht, niets had om concessies te doen. Maar hij slaagde er nooit in om de gebaren van ruimhartigheid die hij zocht te verkrijgen. Zijn voorstel voor een constitutie waarin gekozen vertegenwoordigers verplicht zouden zijn om zowel de stemmen van de minderheidsreligie als die van de meerderheidsreligie te verwerven, werd verworpen. Jinnah was allesbehalve een fanatieke moslim; hij was een wellevende, kosmopolitische, extreem rijke advocaat, getrouwd met een onafhankelijke jonge vrouw van niet-islamitische afkomst (de dochter van een parsische of Zoroastrische industrieel die miljonair was), en hun dochter trouwde met een pars die tot het christendom bekeerd was. Alleen in het openbaar hield hij verborgen dat hij gek was op hamsandwiches en varkensworstjes. Zijn geheime ambitie was "de rol van Romeo te spelen in the Old Vic", en als hij zich buiten de politiek ontspande, dan las hij Shakespeare hardop. Toen zijn Indiase carrière zich op een dieptepunt bevond, stortte hij zich in Londen weer op de advocatuur en overwoog hij om Brits parlementslid te worden. Gandhi slaagde er niet in om de linken te zien, de eigenschappen en opvattingen die ze gemeen hadden; dat zou Jinnah misschien belet hebben om zich hoe langer hoe meer naar binnen te richten op zijn eigen moslimgemeenschap. Jinnah deed dat alleen maar uit wanhoop over wat hij beschouwde als de arrogantie en ongevoeligheid van de hindoes, voor wie moslims paria's waren, zoals hij het uitdrukte. Toen hij Pakistan onafhankelijk verklaarde, beloofde hij dat het een land zonder enige discriminatie zou zijn. Deze relatie illustreert hoe persoonlijke vijandigheid een nevel wordt die individuen die streven naar dezelfde doelen van elkaar scheidt en hen laat botsen, met een maatschappelijke catastrofe als gevolg.

In het leven van Gandhi kun je de beperkingen van tolerantie zien. Net als andere hindoewijzen wantrouwde hij bewonderende volgelingen, die van zijn doctrines misschien wel een verstarde catechismus maakten; alleen "collega-wetenschappers en mede-experimentatoren" waren welkom, erop gebrand om aan zijn zijde met zichzelf te worstelen, op zoek naar iets beters. Hij vond troost in de nostalgie naar het oude landelijke paradijs, maar in werkelijkheid wilde hij de wereld veranderen en een totaal andere creëren. "In de verborgenheid van mijn ziel heb ik een eeuwigdurende ruzie met God dat Hij zulke dingen maar laat voortgaan." Zijn zwakke punt was uiteindelijk dat hij een utopist was: zijn extreme ascetisme, zijn verwerping van de meest elementaire genoegens als familie, voedsel en seks, betekende dat hij een heilige was die te ver af stond van de gewone mensen. Het prijzen van armoede als een spirituele reiniging en het veroordelen van steden als zedenbedervers kon de hongerlijders en werklozen niet overtuigen. Hij verlangde te veel heldenmoed, en kreeg die soms ook, maar niet voor lang, niet voor de duur van een mensenleven. Hij werd pas verlost van zijn zorgen tijdens zijn zelfopgelegde marteling van zijn lichaam: maar hij vergiste zich door te veronderstellen dat anderen hetzelfde voelden. Een heilige kan een inspiratie zijn, maar geen voorbeeld: je kunt mensen niet opvoeden, overhalen of dwingen om erg lang tolerant te zijn. Zelfs Gandhi, met al zijn charisma, deed "de harten" van zijn onderdrukkers niet "smelten", zoals hij had gehoopt. Nadat harten zacht zijn geworden, verharden ze weer. Ook Asjoka vergiste zich door te denken dat hij de loop van de geschiedenis veranderde en dat zijn rechtschapenheid "even lang als de zon en de maan" intact zou blijven.

Toen Gandhi als jongeman in Londen rechten studeerde, leerde hij zich te kleden als een Engelse gentleman. Maar naarmate hij steeds meer in beslag genomen werd door zijn "experimenten met de waarheid", nam hij de gewoonte aan om alleen maar een lendendoek te dragen als symbool van zijn afwijzing van de westerse beschaving. Eigenlijk maakte hij in belangrijke mate een synthese tussen westerse en oosterse tradities. Hij was evenzeer beïnvloed door de Bergrede, Tolstoj en Ruskin, en door zijn strijd tegen rassendiscriminatie in Zuid-Afrika, waar hij van 1893 tot 1914 woonde, als door het boeddhisme en het jainisme. Hoewel hij gebruikmaakte van geweldloosheid en passief verzet, hetgeen oude hindoeïstische middelen waren om onderdrukking te weerstaan, en die met een ongekende vaardigheid ontwikkelde, veroordeelde hij de hindoemaatschappij: ze was corrupt, nodig toe aan een totale verjonging en bijna (maar niet helemaal) even decadent als de stadscultuur van het Westen.

Nadat hij India onafhankelijk had gemaakt, beschouwde hij die prestatie als zijn grootste falen. Wat eruit tevoorschijn kwam, had namelijk niets weg van het land van zijn dromen: gezuiverd van intolerantie, gewijd aan spirituele zelfverbetering en afkerig van geweld. Dat de moslims zich moesten afscheiden om de afzonderlijke staat Pakistan te vormen, was voor hem onverdraaglijk. Het ontkende immers het pluralistische talent van India om het schijnbaar onverenigbare te omarmen. Om dat te vermijden stelde hij voor om zijn islamitische vijand Jinnah president van het hindoeïstische India te maken, maar alleen hij kon zo'n ingenieuze oplossing bedenken: zijn volgelingen waren geschokt en niet bereid hun eigen ambities op te offeren. Omdat hij te tolerant was gebleken tegenover de moslims, werd hij vermoord door een fanatieke hindoe: zelfs het hindoeïsme kon intolerantie voortbrengen. Het leven van Gandhi bevestigt dat tolerantie een ontoereikend middel is, zelfs wanneer ze door een uiterst bijzonder mens in de praktijk wordt toegepast, en zelfs in een land waar de traditie haar gunstig gezind is.

Het Westen is voor het grootste gedeelte van zijn geschiedenis intolerant geweest, in verschillende mate. Pas tijdens de Reformatie en de godsdienstoorlogen begon het er pas serieus over na te denken om tolerant te worden, toen overheden ontdekten dat ze niet al hun onderdanen zover konden krijgen dat ze hetzelfde dachten, hoe streng de straffen voor afwijkende meningen ook waren. Uiteindelijk raakten de vervolgers uitgeput door hun vervolgingen. Het werd voor hen onmogelijk om er zeker van te zijn dat zij de waarheid monopoliseerden, of dat de waarheid ooit met zekerheid gekend zou kunnen worden. Tolerantie werd dus grotendeels om negatieve redenen toegepast, niet uit respect voor opvattingen van andere mensen, niet vanuit een grondige kennis van wat ze geloofden, maar omdat men de hoop had opgegeven ooit nog zekerheid te vinden. Dat betekende dat men zijn ogen sloot voor wat andere mensen geloofden.

Dat is niet langer bevredigend. Degenen die getolereerd worden, eisen steeds meer dat ze erkend worden, niet genegeerd, en worden steeds gevoeliger voor sporen van minachting die achter de minzaamheid schuilgaan. Ze willen niet te horen krijgen dat verschillen niet uitmaken, dat ze kunnen denken wat ze willen mits ze zich met niemand bemoeien en uit de buurt blijven van de meerderheid. Bovendien is er niet langer een meerderheid om de minderheid te tolereren, omdat meerderheden uiteenvallen in steeds meer minderheden. Enkel tolerantie zou uiteindelijk leiden tot algemene onverschilligheid.

Het ideaal van tolerantie kan nu gezien worden als een springplank, niet zozeer als een doel. Begrip hebben voor anderen is het grote avontuur dat daarachter ligt – ambitieuzer dan de oude obsessie voor veroveringen. De nieuwe spirituele zoektocht bestaat uit het onderzoeken van het mysterie van de gedachten en gevoelens van andere mensen. Het vinden van empathie is de nieuwe beloning voor intimiteit. Nu de twee seksen elkaar proberen te begrijpen op basis van gelijkheid, zoals ze nooit eerder gedaan hebben, is er voor het eerst in de geschiedenis een weg vrijgemaakt voor deze aspiraties. Het is daarom onjuist om te beweren dat de wereld zijn richtinggevoel is kwijtgeraakt en dat nooit meer terug kan krijgen, en dat we alleen maar achteruit kunnen gaan. Er is een nieuw avontuur begonnen, ook al blijven oude gebruiken voortbestaan.

John S. Strong, *The Legend of King Asoka*, Princeton UP, 1983; Susan Bayly, *Saints, Goddesses and Kings: Muslims and Christians in South India 1700-1900*, Cambridge UP, 1989; L.S. May, *The Evolution of Indo-Muslim Thought from 1857 to the Present*, Uppal, New Delhi, 1987; Katherine P. Ewing, *Shariat and Ambiguity in South Asian Islam*, California UP, 1988; Asim Roy, *The Islamic Synthetic Tradition in Bengal*, Princeton UP, 1983; Barbara Daly Metcalfe, *Islamic Revival in British India: Deoband 1860-1900*, Princeton UP, 1982; Babara Daly Metcalfe, *Moral Conduct and Authority: Adab in South Asian Islam*, California UP, 1984; A.A. Engineer, *Communalism and Communal Violence in India*, Ajanta, New Delhi, 1989; Judith M. Brown, *Ghandi*, Yale UP, 1989; Bhikhu Parekh, *Gandhi's Political Philosophy*, Macmillan, 1989; Stanley Wolpert, *Jinnah of Pakistan*, Oxford UP, NY, 1984; Henry Orenstein, *Gaon: Conflict and Cohesion in an Indian Village*, Princeton, 1965; Helmuth von Glasenapp, *The Image of India*, India Council for Cultural Relations, New Delhi, 1973 (over de ontdekking van de Indiase cultuur door Europa in de 18de eeuw); A. Leslie Willson, *A Mythical Image: The Ideal of India in German Romanticism*, Duke UP, Durham, 1964; A.L. Basham, *The Wonder that was India*, 3rd edn., Sidgwick & Jackson, 1967; Jean Herbert, *Spiritualité hindoue*, Albin Michel, 1972; R.C. Zaehner, *Hinduism*, Oxford UP, 1966; Preston King, *Toleration*, Allen & Unwin, 1976; R. Dahrendorf, *The Modern Social Conflict*, Weidenfeld, 1988; T. Raychaudhuri, *Europe Reconsidered: Perspections of the West in Nineteenth-Century Bengal*, Oxford UP, 1988 (informatief op een veel breder terrein dan de titel doet vermoeden); Hubert McClosky & Alida Brill, *Dimensions of Tolerance: What Americans Believe about Civil Liberties*, Sage, 1983; Colin Holmes, *A Tolerant Country?: Immigrants, Refugees and Minorities in Britain*, Faber, 1991; A.D. Falconer, *Reconciling Memories* (in Ierland), Columbia, Dublin, 1988; Michel Wieviorka, *La France raciste*, Seuil, 1992; Barry Troyna & R. Hatcher, *Racism in Children's Lives: A Study of Mainly White Primary Schools*, Routledge 1992; Phillip Cohen, *Multi-Racial Britain*, Macmillan, 1988; Robert L. Holmes, *Non-Violence in Theory and Practice*, Wadsworth, Belmont, California, 1990; Louis Dumont, *Homo hierarchicus: Essai sur le système de caste*, Gallimard, 1966; Joelle Affichard & J.B. Foucauld, *Justice sociale et inégalités*, Esprit, 1992.

16

Waarom zelfs de bevoorrechten vaak wat zwaarmoedig zijn over het leven, zelfs als ze alles kunnen krijgen wat de consumptiemaatschappij te bieden heeft, en zelfs na de seksuele bevrijding

Een schilder die de opdracht kreeg om een portret te maken van Annick Geille zou daar enthousiast aan beginnen met het idee dat dat geen problemen zou opleveren. De wereld krijgt er nooit genoeg van een chique Parisienne te bewonderen. Maar hij zou spoedig in moeilijkheden raken. Moest hij haar laten zien met een zelfverzekerde houding die verkondigt: "Dit is mijn plaats, onder de besten", of ademloos en slonzig, in kleren die zeggen: "Ik draag niets dat jou belet om mij als een persoon te zien"? Moest hij haar schilderen met de glimlach die haar gezicht transformeert en haar er als een puber uit doet zien, verlegen achter haar pony, ontwapend door een compliment? Maar insiders in de Franse media herinneren zich dat ze een geweldige macht was in de pers, met een vastberadenheid die deed denken aan de oprichter van *Elle*, Hélène Lazareff. Hoe moest hij tegelijkertijd haar vederlichte handdruk schilderen, de fragiliteit waarvan ze zich zo bewust is? Toen de mogols uit de zakenwereld haar probeerden binnen te halen voor haar laatste baan, viel het haar bovenal op hoe groot de mannen waren en hoe klein zij was.

Annick Geille heeft haar lezers gedurende haar hele leven willen laten zien wat het betekent om een onafhankelijke vrouw te zijn, op basis van experimenten met zichzelf. Terwijl Simone de Beauvoir, die een generatie eerder filosofeerde over de onafhankelijkheid van vrouwen, het probeerde goed te praten dat ze zich zo ongelukkig voelde als gevolg van Sartres overspeligheid en volhield dat de relaties tussen mannen en vrouwen uiteindelijk een bevredigende basis zouden kunnen krijgen, betwijfelt Annick Geille dat. Voor haar bestaat er geen oplossing: het leven is onvermijdelijk tragisch.

Misschien zou het meest waarheidsgetrouwe portret een reeks surrealistische studies van haar neus zijn, die zelfs expressiever is dan die van een waakzaam dier. Hij verandert voortdurend van vorm, waarbij hij betovering, nieuwsgierigheid, ontzag, pijn, afkeuring en verveling verraadt. Wat haar professioneel gezien succesvol heeft gemaakt, is haar talent om "l'air du temps" te ruiken; niet de stemming van het seizoen zoals modedeskundigen doen, maar langduriger en diepgaander trends in emotie: zij is een barometer van het klimaat dat de manier waarop vrouwen op mannen reageren subtiel verandert, een thermometer van de temperatuur waarbij ze elkaar graag ontmoeten. De achtereenvolgende stadia van haar carrière waren een commentaar op de evolutie van opvattingen onder ontwikkelde, ambitieuze vrouwen. De vier tijdschriften waarvan ze hoofdredacteur geweest is, vertegenwoordigen elk een fase in de emotionele geschiedenis van Frankrijk en, wat nog meer is, een zoektocht naar een uitweg uit het dilemma dat die geschiedenis niet heeft opgelost: als je krijgt wat je verlangt, wat doe je dan daarna, en waarom verlang je er maar zo kort naar?

In 1973, toen ze nog begin twintig was en werd uitgekozen om de driekleurige versie van *Playboy* te lanceren, gaf ze de generatie van de vrije moraal meteen een andere wending. De foto's van blote meisjes, hield ze vol, waren niet voldoende om de intelligente Fransman te bevredigen. Ze haalde de meest gerespecteerde intellectuelen over om een bijdrage te leveren in de vorm van artikelen waarin ze uitlegden wat zij "verfijnd hedonisme" noemde. Haar meesterzet was dat ze zag dat de jonge filosoof Bernard-Henri Lévy een rijzende ster was: zij gaf de opdracht tot zijn eerste belangrijke persinterview. Maar toen ze het ter goedkeuring naar Hugh Hefner stuurde, klaagde hij: "Wie is die man?" Ze telexte terug, smekend om de vijftien pagina's tellende diatribe van een onbekende te mogen publiceren: "Vertrouw me; je zult spoedig van hem horen." Als het flopte, dan zou ze ontslagen worden. Drie weken later deed *Time* haar na en kwam met een coverstory over Lévy en de Nieuwe Filosofen. Haar redactionele keuze werd nooit meer in twijfel getrokken.

Haar neus had waargenomen dat het moment was aangebroken dat een nieuwe opstand die van de uitgeputte studenten van 1968 verving. Ze vertelde dat eentje zei: "Ik geloof niet langer in politiek. Ik behoor tot een verloren generatie, zonder hoop, niet alleen verloren voor deze of gene zaak, maar voor elke zaak die zich ooit zou kunnen voordoen. We weten vanaf het begin dat het leven een verloren zaak is." Zelfs menselijke warmte maakte hem bang. Het enige waar hij in geloofde, zei hij, was de noodzaak om de waarheid te vertellen.

Sindsdien beschouwde Annick Geille het plezier in innovatie en de ontgoocheling over menselijke tekortkomingen als ballen die tegelijkertijd in de lucht gehouden moeten worden. De stroming die wil dat links rechtser wordt en rechts linkser, bevalt haar; zelf weigert ze tot een van beide te behoren. Oog in oog met tegenstrijdigheden is niet ambiguïteit, maar eigenzinnigheid haar principe. Dat paste ze bovenal toe op de felle strijd tussen vrouwen en mannen. "In het gezelschap van mannen voel ik me een vrouw", zegt ze, "en in het gezelschap van vrouwen voel ik me een man. Onder linkse mensen ben ik rechts. Als er een meerderheid is, behoor ik tot de minderheid. Zo is het ook met de feministen: ik voel me geen deel van hen. Dat is vrijheid." Als puber beschouwde Annick Geille *De tweede sekse* van Simone de Beauvoir als haar bijbel, maar ze publiceerde Nelson Algrens genadeloze ridiculisering van de filosofe die dacht dat ze een liefdesverhouding met hem had. Natuurlijk hadden de feministen bijtende kritiek op *Playboy*. Waarom ze zichzelf altijd in een hachelijke positie manoevreert? "Als ik dat wist, zou ik gelukkiger zijn."

Zodra *Playboy* niet langer een avant-gardistisch blad was, werd Annick Geille hoofdredacteur van *F Magazine*. Ze veranderde het in een "postfeministische" leidraad voor vrouwen die genoeg hadden van de strijd tussen de seksen en die meenden dat "het leven niet zo leuk is zonder mannen". Een leidraad, geen gids, omdat ze beweerde dat ze alleen maar vertelde wat de "nieuwe vrouw" voelde die "het leven van een man leidde en tegelijkertijd wilde laten zien wat voor geluk je had om een vrouw te zijn". Met Christine Ockrent op haar omslag besprak ze de nieuwe kunst van aantrekkelijkheid, gebaseerd op stellen die tegengestelde eigenschappen hadden. Opnieuw haalde ze populaire filosofen binnen, zoals Alain Finkielkraut, om uit te leggen dat complimentjes geven niet langer voldoende was: wat nu nodig was, was het "talent om jezelf origineel te maken. Je moet verrassend, anders en vermakelijk zijn." Dus is er niet één enkele formule. Ze publiceerde een opiniepeiling die beweerde dat zowel mannen als vrouwen intelligentie als de belangrijkste eigenschap in de andere sekse beschouwden; "sex-appeal" stond onder aan de lijst. Haar koppen zeiden: Maak plaats voor vrouwen; Wij willen de banen van mannen, met goede salarissen en verantwoordelijkheden; Hoe krijg je loonsverhoging. Maar daarna volgden artikelen waarin stond: "Actief en dynamisch leid je met ijzeren hand je carrière. Maar waarom zou je 's avonds het decor niet veranderen? Draag een korset en zijden kousen, word weer een femme fatale, een kind-vrouw, een vrouwelijke vrouw." Net zoals ze bewondering had voor de kunst om zowel links als rechts te zijn, zag ze nu vrouwen die hun charme wilden afwisselen met hun kracht.

Maar toen vrouwen er steeds vaker in slaagden om de top van hun beroep te bereiken, voelde ze dat er iets zou ontbreken. Zonder "cultuur" waren ze niet compleet. Jack Lang was haar profeet. Ze richtte een populair blad op, *Femme* geheten, dat betaald werd door dure haute couture-advertenties, maar waarin de meest bewonderde en ontwikkelde auteurs schreven. Literatuur, psychologie en kunst werden even essentieel als voorbehoedsmiddelen. Tegelijkertijd roemde *Femme* hedonisme en luxe, het plezier om op de meest verfijnde manier verlangens te bevredigen, zonder op de kosten te letten.

Toen werd het tijd om een nieuwe stap te zetten. Mannen traineerden de zaak. Gescheiden vrouwen van haar generatie vonden het steeds moeilijker om de juiste partner te vinden. In 1990 begon ze een ander tijdschrift. Maar in plaats van blote meisjes bood ze mannen hetzelfde recept dat ze vrouwen geboden had: cultuur. Nu was het de beurt aan mannen om zich te ontwikkelen, meende ze; er waren mannentijdschriften nodig om hen ontvankelijker te maken, om de culturele kloof tussen hen en vrouwen te overbruggen en om nieuwe normen op te stellen voor wat het voor een man betekent om chic te zijn.

Dit alles suggereert dat ze een optimist is. Haar tijdschriften bieden haar lezers altijd helden en heldinnen die als voorbeeld dienen. Maar het probleem is dat mensen in de praktijk nooit helemaal op die voorbeelden lijken, waar je hoe dan ook alleen maar van een afstand volledige bewondering voor kunt hebben. Hoewel ze in de hogere kringen verkeert, in het chicste deel van Parijs woont en getrouwd is met een rijke zakenman, bevredigt deze wereld niet elke kant van haar. Als ze thuiskwam van haar luxueuze kantoor, zat ze tot diep in de nacht aan haar tafel romans te schrijven. Deze bevatten haar intiemere bespiegelingen over haar ervaringen. In haar tijdschriften leek ze te zeggen: is het leven niet prachtig, met al deze verbazingwekkende mensen die fantastische dingen doen; net als jij... Maar haar romans onthullen wat zij als de ontbrekende schakel beschouwt. Ze gaan altijd over teleurstellingen in de liefde. Haar werk als journalist stelt haar in staat om materiaal te verzamelen over hoe mensen leven. In tegenstelling tot haar tijdschriften zijn haar romans treurig. De romanschrijver, zegt ze, is het niet eens met de journalist.

In haar *Voyageuse du soir* komt een scène voor waarin de vrouwelijke hoofdpersoon helemaal door het dolle heen thuiskomt bij haar man omdat ze net de hoogste onderscheiding in haar vak heeft gekregen; haar man zegt dat hij het te druk heeft om het te vieren, dat hij niet snapt waarom ze daar zo'n poeha over maakt en dat hij nog nooit gehoord heeft van de grote namen die haar hebben geëerd. Dat is de verwoording van het dilemma van Annick Geilles eigen leven. Haar werk is haar passie, haar grootste liefdesverhouding. Vaak werkt ze twaalf uur per dag. Veel mannen lijken zich te storen aan haar succes. Een ander personage klaagt: "Mannen die een vrouw in professioneel opzicht bewonderen, raken privé heel snel op haar uitgekeken." Haar boeken zitten vol succesvolle professionele vrouwen die "ondanks hun hoge salarissen niemand hebben om mee te praten". Op haar werk heeft ze de stem van een hoofdredacteur, heel anders dan de zachte, aarzelende toon die ze gebruikt als ze zich van haar vrouwelijke kant laat zien en mensen bejegent alsof ze gemaakt zijn van het teerste porselein. Macht op kantoor verzwakt een vrouw, zegt ze. Thuis wil ze in elkaar kunnen zakken en de man de beslissingen laten nemen. Maar mannen zijn ook moe als ze thuiskomen van kantoor. Soms heeft ze het nodig om een kind te zijn en om iemand te hebben die met bewondering luistert naar haar sterke verhalen over haar triomfen. In 1978 publiceerde ze een boek waarin ze de komst van de Nieuwe Man aankondigde die dit begreep, die alle eigenschappen in zich verenigde waar een geëmancipeerde vrouw om vroeg en die geen beroep op haar deed. Nu heeft ze daar spijt van; de vooruitziende blik was een hersenschim.

"Een vrouw heeft het gevoel dat ze gefaald heeft als een man haar niet begeert en haar niet prefereert boven alle andere vrouwen. Vrouwen denken dat ze geëmancipeerd en sterk zijn, maar ze hebben het altijd nodig om bemind te worden, om de uitverkorene te zijn." Maar hoewel ze graag in de liefde zou willen geloven, komt ze altijd tot de conclusie dat ze die jammer genoeg niet kan vinden in de idyllische, onmogelijke vorm waarin ze haar wil hebben. Verliefd worden was voor haar altijd als een droom – ze wordt wakker en het is verdwenen. Liefde is niet alleen niet blijvend, maar ook verwoestend zolang ze er is; ze maakt vriendschap kapot en brengt geen vrede maar conflict, omdat ze wezenlijk ongelijk is. De ene partner is altijd intenser verliefd dan de andere en dus in het nadeel; de andere, die zichzelf laat beminnen, kan de relatie immers onbeschadigd verbreken. Mannen zijn van nature ontrouw, meent ze. Trouweloosheid in al haar vormen is een voortdurend thema in haar boeken. Wil je deze tragische onverenigbaarheid van de seksen en "het onmogelijke lot van vrouwen" accepteren, dan moet je ophouden met jezelf en anderen voor de gek te houden. "Ik geloof niet in de liefde", zegt ze uitdagend, zoals ze zou kunnen zeggen: "Ik geloof niet in God." Maar liefde blijft in haar wonen. Soms oppert ze dat liefde een zoektocht is naar een zielsverwant, maar helaas "begrijpen degenen die van je houden jou niet en houden degenen die jou begrijpen niet van je". Soms komt ze uiteindelijk in een vicieuze cirkel terecht: je houdt van degene die van jou houdt. Maar vervolgens heb je het gevoel dat je minnaar dom moet zijn om van je te houden. Te veel intimiteit kan een inbreuk op je privacy worden, een bedreiging. Te veel oprechtheid kan liefde ruïneren. Je moet oppassen dat je niet verliefd wordt. Als een van haar personages zegt: "Ik hou van je", voegt ze daaraan toe: "Dat is al te vaak gezegd."

Als je genoegen neemt met vriendschap, verdwijnt het probleem bijna. Dat kan ze natuurlijk niet, maar dan nog meent ze vaak dat vriendschap betekenis aan haar leven geeft, of tenminste een veilig en beschermd gevoel biedt. Een van haar eerste liefdesverhoudingen was één voortdurende ruzie. Nu die getransformeerd is tot een vriendschap, zonder het recht om dingen te eisen, is de relatie volmaakt. Natuurlijk zit er iets van idealisering in deze verheerlijking van de vriendschap, omdat een drukke vrouw weinig tijd heeft. Ze kan haar vrienden niet zo vaak zien als ze zou willen, en soms hebben haar vrienden geen tijd voor haar. Toen een van haar boeken gepubliceerd werd, vroeg ze een bekende auteur met wie ze hecht bevriend is om er een paar regels over te schrijven. Hij had het te druk, antwoordde hij, het speet hem heel erg, maar ze zou wel begrijpen dat hij totaal in beslag genomen werd door zijn eigen boek en dat niet even kon onderbreken. Een verbolgen stilzwijgen wordt uiteindelijk gevolgd door vergevensgezindheid. Bij een vriendschap kun je je vrienden hun tekortkomingen niet kwalijk nemen; je moet ze accepteren. Maar ondanks de waarde die ze aan vrienden hecht, concludeert ze: "Ik heb veel mensen om me heen, maar ik blijf alleen... Het leven bestaat uit eenzame werelden die elkaar niet ontmoeten."

Seks, hetgeen Simone de Beauvoir aanbeval als een methode om snel en rechtstreeks te kunnen communiceren, is voor de voormalige hoofdredacteur van *Playboy* één van de vele oplichterijen van de natuur, een doodgeboren genot. Er zijn "liefkozingen die slechts enkele vrouwen kunnen weerstaan" en "mannengeuren" die "bedwelmend" zijn, en "zonder mannen loopt een vrouw het gevaar dat ze ophoudt te bestaan". Haar personages duiken het bed in en uit, en haar mannelijke personages hebben verscheidene vrouwen nodig om hun de illusie te geven dat ze leven. Maar ze vindt het zielig dat passie niet meer zou moeten zijn dan het najagen van die paar momenten.

De droom van de generatie van de vrije moraal is niet uitgekomen. Seks brengt alleen mensen samen die al samen zijn. "Iedereen leeft op zichzelf."

Annick Geille is geboren en getogen in Bretagne. Haar moeder was de dochter van een bankier en haar vader was zeeman, een beursstudent die scheepsbouwkundig ingenieur werd. Zo raakte ze verscheurd tussen twee werelden, waarbij ze aan de ene kant houdt van luxe en aan de andere kant het gevoel heeft dat ze eigenlijk thuishoort in de wereld van de sociaal zwakken. Ze was gebelgd over het feit dat ze geacht werd het huishouden te doen simpelweg omdat ze een meisje was en dat ze niet naar de kroeg mocht. Het was bij de plaatselijke boekhandelaar dat ze het soort affectie ontdekte waar ze naar zocht. Hij was haar eerste vriend, twintig jaar ouder dan zij. Hij deed haar passie voor lezen ontbranden, wat een ware passie is gebleven: zelden gaat ze ergens heen zonder een boek; er zijn maar weinig moderne literaire werken die ze niet heeft gelezen. Verder werd ze gestimuleerd door een kinderloze lerares die haar half adopteerde en haar ouders ervan probeerde te overtuigen dat ze te streng tegen haar waren en dat ze nalieten haar talent te onderkennen. Annick Geille dacht dat het enige wat haar moeder wilde was dat haar dochter gelukkig zou trouwen en kinderen zou krijgen. In Lorient voelde ze zich een gevangene van de rituelen van de provinciale bourgeoisie. Via boeken had ze een glimp opgevangen van een ander leven, waarvan de leiding berustte bij de Parijse schrijvers die ze vereerde als haar goden. De plaatselijke Balzac-achtige journalisten die ervan droomden Parijse beroemdheden te worden, evenals de gefrustreerde randfiguren van de stad, ongeschikt als echtgenoten, waren haar medeplichtigen aan de opstand. Haar beste vrienden waren altijd randfiguren door hun afkomst, temperament of seksuele geaardheid. Ze werd journalist omdat dat de manier was om haar goden te ontmoeten. De meeste toonaangevende literaire figuren van Parijs staan nu in haar adresboek. Ze bejegent hen met ontzag, respect en affectie, alsof een boek niet alleen een idee is maar ook een liefkozing en een liefkozing terug verdient. Het is het beste bewijs dat volslagen vreemden elkaars harten kunnen beroeren, ondanks alles wat hen scheidt.

Soms verschijnt de chique Parisienne op feestjes van mensen uit de mediawereld in gezelschap van haar tienerzoon en haar aktetas. In haar jeugd had ze vastberaden verkondigd dat een vrouw zich niet diende op te offeren voor haar kinderen. Dat gelooft ze nog steeds. Nu ze zelf een kind heeft, ontdekte ze dat wat haar ouders tegen haar zeiden – "We deden alles voor je" – misleidend was: een ouder doet graag alles voor een kind. "Het kind is jou niets verschuldigd. Jij bent het plezier in het leven aan hem verschuldigd. Hij onderricht je, hij dwingt je om jezelf de hele tijd te verbeteren." Haar liefde voor haar zoon is heel sterk. Ze kan zich geen groter verlies indenken dan dat van een kind. Vrouwen die een kind hebben verloren, wekken in haar een doodsbange, bijna bijgelovige nieuwsgierigheid. De enige illusie waar ze per se in wil blijven geloven is dat de liefde van kinderen de enige soort liefde is die altijd blijft bestaan. Toch is haar *Portret van een schuldige minnaar*, dat een belangrijke literaire prijs in Frankrijk won, een lange kreet van pijn voor een muur van onbegrip tussen een moeder en een dochter.

Nu eens wenst ze dat haar werk haar niet belette om haar man meer te zien, maar dan weer vindt ze het heerlijk om alleen te zijn. Sociaal contact maakt haar plotseling onvriendelijk en dan sluit ze zich af. Haar neus verandert van vorm, zoals luiken die gesloten worden. Denk niet simpelweg omdat ze zegt dat vrouwen zich er graag van bewust zijn dat mannen hen begeren, dat je ooit achter al haar gedachten kunt komen, net zo min als achter alle ingrediënten van haar parfum.

"De wereld is van degenen die weten waar ze naartoe gaan", schreef ze. Maar de wegwijzers die ze zoekt bevinden zich binnen in haarzelf. Ze besluit waar ze naartoe zal gaan op grond van hoe ze zich voelt. En aangezien verlangen constant noch bevredigbaar is, verwacht ze niet dat ze ooit een doel zal bereiken: "Er zal altijd iets ontbreken." Zij zal niet gauw naïef genoemd worden. "Vrouwen moeten vreemdelingen, buitenstaanders blijven, hun mysterie behouden, onvoorspelbaar zijn": op die manier worden ze nooit volledig verslagen. Maar nu heeft ze een nieuwe roman geschreven, haar belangrijkste, die niet treurig afloopt. Het is alsof ze in de lucht een zweem van hoop heeft geroken, alsof ze bespeurde dat mensen er uiteindelijk genoeg van krijgen om meer door de treurigheid dan door de mogelijkheden van het leven getroffen te worden.

Het is niet voor het eerst dat vrouwen bevrijd werden. De vrouwen van tegenwoordig die een interessanter leven op het spoor zijn, hebben voorgangers. Bijvoorbeeld in het tiende-eeuwse Japan.

Ik heb het natuurlijk over zijn aristocratie, maar de geëmancipeerde vrouwen van tegenwoordig zijn ook een aristocratie, een kleine minderheid. Het toeval wil dat in de tijd dat Kyoto de verblijfplaats was van de Japanse keizer en bekendstond als 'de hoofdstad van de vrede' (Heian-kyo), de vrouwen van die stad optekenden wat ze voelden. Ze belichtten menselijke emoties als het ware met een schijnwerper die plotseling alles onthult wat normaal duister is en die even plotseling weer uitdooft. Terwijl mannen geleerde teksten schreven over de gebruikelijke onderwerpen oorlog, recht en religie, in de taal die gewone mensen niet konden begrijpen (het Chinees, voor de Japanse wetenschappers het equivalent van het Latijn van de Europeanen), begonnen vrouwen romans te schrijven in de alledaagse Japanse taal en stonden daarmee aan de wieg van de Japanse literatuur. Ongeveer honderd jaar lang werden romans alleen door vrouwen geschreven. Ze bespraken de onderwerpen die hen interesseerden, namelijk de emoties. De eerste psychologische roman ter wereld is het *Verhaal van Genji*, geschreven tussen 1002 en 1022 na Christus door een weduwe van in de twintig, wier man, die tweemaal zo oud was als zij, gestorven was toen ze nog maar een paar jaar getrouwd waren. Degenen die beweren dat Japan alleen maar kan imiteren, zullen verbaasd zijn door deze buitengewoon lezenswaardige en intelligente voorloper van Proust, Murasaki Shikibu.

Een romanschrijver, zei ze, is iemand die zo getroffen is door haar ervaringen dat ze het niet kan verdragen dat ze in de vergetelheid geraken. Zij was getroffen door het chaotische liefdeleven dat ze aan het keizerlijke hof waarnam, waarop ze eerst met hoop en vervolgens met wanhoop reageerde. Haar boek heeft 430 personages, exclusief bedienden, alsof ze er zeker van wilde zijn dat er geen aanvullende bewijzen gevonden konden worden om haar conclusies over de kunst van het bestaan tegen te spreken.

Murasaki's hoofdpersoon was de ideale man, net als Annick Geilles Nieuwe Man. Hij is natuurlijk geweldig mooi, maar niet om die reden is hij ideaal, maar omdat hij vóór alles gevoelig is. Hij is een prins, maar Murasaki is niet geïnteresseerd in zijn macht, en evenmin in zijn vaardigheid als zwaardvechter of in zijn fysieke kracht; sterker nog, in het boek wordt met geen woord gerept over zijn maatschappelijke carrière. Hij heeft de ene liefdesverhouding na de andere, maar in tegenstelling tot Don Juan vergeet of verlaat hij een vrouw nooit. Hij behandelt ze allemaal als individuen en beantwoordt ieders unieke temperament: "Als hij de liefde bedrijft met Vrouwe Rokujo, dan is hij de grote edelman; als hij bij Yugao is, dan is hij de demonische minnaar; bij de beschroomde Vrouwe van Akashi is hij teder en bescheiden; en voor Tamakazura is hij vaderlijk." Hij vindt een ideale echtgenote voor zichzelf, maar de auteur staat hem niet toe dat hij alle andere vrouwen in de steek laat, alsof ze de vaardigheden van het beminnen in al zijn vormen wilde illustreren. Het is niet zijn ambitie om vrouwen te veroveren, want hij is een verliefde kunstenaar. Zijn maîtresses nemen er genoegen mee slechts een gedeelte van zijn affectie te ontvangen, omdat het genot dat hij verschaft onvergetelijk is en omdat hij hen nooit helemaal in de steek laat, niet wanneer ze niet langer jong zijn, en zelfs niet als hij erachter komt dat hij zich vergist heeft en dat ze niet zo bewonderenswaardig zijn als hij gedacht had dat ze zouden zijn: hij neemt nooit de benen, maar zorgt even teder voor zijn oude vlammen alsof hij nog steeds echt van ze houdt.

In deze tijd was het schandelijk voor een aristocratische vrouw om financieel afhankelijk te zijn van haar man. Trouwde ze, dan trok ze niet bij hem in; ieder hield zijn eigen huis aan. Slechts van tijd tot tijd kwam de echtgenoot bij haar op bezoek, zodat ze noch door hem noch door zijn moeder getiranniseerd werd, maar vrij was om van haar vrije tijd en van de voordelen van haar opleiding te genieten. Dit was de enige keer in de geschiedenis dat meer waarde aan dochters dan aan zonen werd gehecht. Maar niet alles was voor hen volmaakt; ze leefden afgezonderd in hun huizen, wachtend op mannelijke bezoekers, altijd wachtend. Beschut achter schermen (hun alternatief voor sluiers), stelde hun opleiding hen niet in staat om al hun energie te gebruiken; ze moesten zich beperken tot de kunsten en mochten zich niet bezighouden met geschiedenis, filosofie en recht; het was schandelijk voor hen om daar iets van te weten (hoewel Murasaki heel wat wist wat ze niet diende te weten).

Hun wereld was een huiselijke wereld. Dus hadden ze meer vrije tijd dan hun lief was en praatten ze over "gekweld worden door vrije tijd" of "hun vrije tijd verlichten". Maar ze hadden zowel het talent als de tijd om hun relaties met mannen te overdenken, die ook ongebruikelijk waren in de zin dat er ten aanzien van geslachtsgemeenschap vrijwel geen beperkingen bestonden. Lang voor de jaren zestig was hier sprake van een samenleving (of beter gezegd, een klasse) die promiscuïteit volledig tolereerde; men beschouwde het hebben van zoveel mogelijk relaties, met gehuwden of ongehuwden, als een bron van prestige. Mannen konden veel echtgenotes hebben (sommigen hadden er wel tien tegelijk) en nog meer concubines. Dat was één reden waarom dochters gewenst waren: zij hadden veel betere kansen dan zonen om een goed huwelijk aan te gaan, of tenminste met de machtigen te verkeren. Echtgenotes werden aangemoedigd om alle minnaars te nemen die ze maar konden krijgen, en maagden werden als bezoedeld beschouwd, bezeten door kwade geesten. Het dragen van kleren waarvan de kleuren niet bij elkaar pasten was laakbaarder dan het hebben van te veel minnaars. Goede smaak, daar ging het om.

Dat betekende dat het voor deze mensen een obsessie werd om

zich te conformeren in plaats van vrij te zijn. Smaak vereiste dat ze ongeschreven regels gehoorzaamden. Kennelijk sliepen mannen vaak elke nacht in een ander bed, maar bij zonsopgang moesten zij ongezien wegsluipen en de dame onmiddellijk een morning-aftergedicht sturen. "De genegenheid van een vrouw voor een man is grotendeels afhankelijk van de elegantie van zijn afscheid." Liefdesverhoudingen werden vaak een ritueel, van gevoel gespeend. Mannen bewonderden vrouwen niet om hun lichaam: "Het naakte lichaam is onvergetelijk afzichtelijk", zegt Murasaki. "Het heeft werkelijk niet de geringste charme." Zelfs blote tanden waren afzichtelijk, en werden zwart geverfd om ze te verbergen. Lang haar was de enige fysieke eigenschap die de moeite waard was om te bezitten. Vrouwen waren mooi door wat ze deden, door hun vaardigheid in het uitkiezen en dragen van kleding, door hun beheersing van de kunsten, door hun talent om schoonheid te creëren, heerlijke parfums te bedenken of zoete muziek te spelen. Een man kon simpelweg verliefd op hen worden bij het zien van een plooi van hun mouw of een voorbeeld van hun handschrift; kalligrafie was een belangrijke kunst, net als het kiezen van het juiste papier dat paste bij de stemming en het weer van een bepaalde dag. Dingen naar een huwelijkspartner was een ritueel dat met zich meebracht dat je een gedicht van 31 lettergrepen naar een meisje zond dat je misschien nooit had ontmoet en vervolgens uit haar antwoord haar karakter afleidde. Als de resultaten veelbelovend waren, moesten ze tot een besluit komen nadat ze bij wijze van proef drie nachten samen hadden doorgebracht. Seksueel verlangen werd teweeggebracht door brieven en gedichten. Vrouwen raakten in de war door hun vermogen om emotie op te wekken, en mannen schaamden zich als ze hartstocht voelden, wat betekende dat ze hun zelfbeheersing waren verloren. Zelfs promiscuïteit kent regels, die des te moeilijker zijn omdat ze bestaan uit subtiele nuances en het niet zo makkelijk is te pretenderen dat je je daaraan houdt als in het geval van huwelijkswetten.

Niemand verwachtte van een korte- of lange-termijnpartner dat die trouw was. Sterker nog, een echtgenote meende dat als haar man veel maîtresses had, zij een grotere kans had op een opwindende en tedere relatie met hem, mits zij de vrouw was die hij prefereerde; dat was een voortdurende uitdaging. Maar dit systeem werd een nachtmerrie, omdat deze geweldig elegante mensen de onzekerheid niet konden verdragen. Zowel mannen als vrouwen waren ziekelijk jaloers, ook al werd jaloezie beschouwd als een schending van goede manieren. Ze verlangden allemaal naar zekerheid, hoewel die hen verveelde. Ze maakten zich zorgen over het verliezen van een geliefde, om zichzelf vast te leggen, over hun toekomst en de toekomst van hun kinderen, en over wat de roddels zouden kunnen zeggen.

Dus ondanks de privileges en de schoonheid waarmee ze zich omringden, voelden ze zich vaak ellendig, of tenminste licht melancholisch ('zich bewust' is het Japanse woord dat ruim duizend keer gebruikt wordt in deze roman; het betekent het gevoel dat het leven zowel prachtig als afschuwelijk is). Op twee derde van haar boek ruimt Murasaki haar hoofdpersoon plotseling uit de weg: "Genji was dood", zegt ze ineens. Vervolgens richt ze zich op minder volmaakte mensen en op een eindeloze reeks mislukkingen als het gaat om wederzijds begrip. Haar boeddhistische kant laat zich opnieuw gelden. Daarin is het uiteindelijke doel het doven van het verlangen, de oorzaak van al het lijden. Hoewel ze lange tijd in verleiding werd gebracht door de grootsheid van een onbeperkte liefde, werden zij en al haar personages ten slotte overweldigd door het feit dat alles waaraan ze waarde hechtten van zo korte duur was: jeugd, liefde, macht en sociale status. Hun enige oplossing was te zeggen dat het erg treurig was en dat het van enorme elegantie getuigde om tegelijkertijd de schoonheid en de treurigheid van de wereld te kunnen onderkennen.

Murasaki's individualiteit zwichtte voor de traditionele Japanse oplossing voor wanhoop; die houdt in dat je daarvan een esthetische ervaring maakt, dat je slechts schoonheid vindt in wat vergankelijk is, dat je volhoudt dat schoonheid en liefde niet mooi zouden zijn als ze niet fragiel en van korte duur waren. Zoals Kenko schreef in zijn *Essays over ledigheid* (1330-2): "Als de mens nooit geleidelijk zou verdwijnen als de dauwdruppels op Adashino [een beroemd kerkhof], nooit zou vervagen als de rook over Toribeyama [een crematorium], maar voor altijd in de wereld zou blijven voortleven, wat zouden de dingen dan hun kracht verliezen om ons te roeren. Het kostbaarste in het leven is de onzekerheid daarvan." Deze fascinatie voor onzekerheid klinkt modern en verklaart mede waarom de Japanse kunst, die daarvan getuigde, een inspiratie werd voor de moderne Europese kunst. Maar het verlangen om geroerd te worden ten koste van een ongeneeslijk lijden is niet modern, maar erg oud. Hulpeloosheid tegenover de wreedheid van de wereld is geenszins typisch Japans, maar maakt deel uit van het gevoel van kosmische zwaarmoedigheid waarop vrijwel elke beschaving is gebouwd. Annick Geilles sombere Bretonse horizon is een fragment van een mondiale horizon.

De vrouwen van het tiende-eeuwse Japan waren zodoende niet tot meer in staat dan wachten. Ze wachtten op de ideale man die hen zou beminnen, ook al wisten ze half dat ze teleurgesteld zouden raken en dat liefde niet eeuwig duurt. Tien eeuwen lang zijn ze blijven wachten. Hoezeer mensen de inrichting van hun seksuele leven ook veranderd hebben, ze zijn de wereld blijven beschouwen als een huis waarin een geest rondwaart, namelijk het vooruitzicht van mislukking, verval en teleurstelling. Protesteren tegen de onrechtvaardigheid van het leven, of de draak steken met de absurditeiten waartoe het leidt, verandert niet veel. *De dame die van insecten hield*, een roman van een andere buitengewone jonge vrouw uit het Japan van de Heian-periode, laat een vroege blauwkous zien die weigert om haar tanden zwart te maken of haar wenkbrauwen te epileren en die volhoudt dat ze slechts geïnteresseerd is in "het onderzoeken van alles wat bestaat en uit te vinden hoe het begon". Natuurlijk zal geen enkele man van haar houden. Het loopt niet goed af, zoals dat onvermijdelijk voor alle mensen geldt die in de kosmische zwaarmoedigheid geloven.

Zelfs *Het hoofdkussenboek* van Sei Shonagon (geboren in 965), waarvan deskundigen zeggen dat het het geestigste boek is in de hele Japanse literatuur en een stilistisch meesterwerk, geschreven door een andere intelligente jongedame in dienst van de keizerin, kan niet ontsnappen aan de conclusie dat "als ik in de affecties van mensen niet op de eerste plaats kom, ik net zo lief helemaal niet bemind wil worden; eigenlijk zou ik liever gehaat of mishandeld willen worden. Je kunt beter dood zijn dan op de tweede of derde plaats bemind worden. Ja. Ik moet de eerste zijn." Maar dat was niet voldoende: "Niets is zo verrukkelijk als door iedereen bemind te worden." (Dat kon ze wel vergeten: Murasaki, die haar kende, zegt dat ze "de meest buitensporige houding van zelfgenoegzaamheid heeft".) Bovendien: "Het bezoek van een minnaar is het verrukkelijkste ter wereld." Helaas: "Ik ben iemand die goedkeurt wat anderen verafschuwen en die een hekel heeft aan de dingen die zij leuk vinden." Erger nog: "Ik realiseer me dat het heel slecht van mij is, maar ik kan het niet helpen dat het me plezier doet wanneer iemand aan wie ik een hekel heb een pijnlijke ervaring heeft gehad." Geestigheid noch fijngevoeligheid kan haar geven wat ze het liefste wil.

Enkele eeuwen later probeerde de nieuwe klasse van kooplieden in Japan te genieten van de geneugten van de aristocratie, maar dan zonder de problemen. Ze wilden hun eigen gedragswijze bedenken, "de manieren van de stedelingen" (*chonin-do*). Daarbij zochten ze rechtstreeks naar individueel geluk, niet via de omwegen van traditie en ritueel. De manieren van de samoerai, die liefde als verwijfd van de hand wezen en verlangden naar roem na de dood, waren niets voor hen. Vooral de inwoners van Osaka stelden zich ten doel om voor het ogenblik te leven. Ze wijdden zich in de eerste plaats aan geld verdienen. In 1601 werden munten geïntroduceerd, en ze waren gefascineerd door het nieuwe daarvan en ervoeren een zinnelijk genot wanneer ze eraan voelden en ernaar keken. "Niets op deze wereld is zo interessant als geld", zei de romanschrijver Ihara Saikaku (1642-1693). "Het is het enige wat essentieel is in de huidige wereld." Als je erover beschikte, hoefde je je niet druk te maken over wie je ouders waren; en het stelde je in staat exotische luxeartikelen aan te schaffen.

Maar de kooplieden besloten dat je geld het best aan seks kon uitgeven om de "treurige wereld" uit te poetsen met een "veranderlijke wereld" van plezier, alle soorten wellust te bevredigen, een "nachteloze" stad te creëren die zou fungeren als "het universele theater van plezier en vermaak". Op dat moment konden in Japan meer mensen lezen (veertig procent) dan in welk ander land dan ook, behalve Engeland en Nederland, en ze gebruikten hun kennis om boeken over seks te lezen. Courtisanes werden het centrum van het sociale leven in de stad, niet zelden dochters van samoerai, en extreem duur: weldra gingen er verhalen van miljonairs die enorme fortuinen aan hen spendeerden. Liefde was gevaarlijk; overspel werd bestraft met de dood. Maar zulke obstakels maakten de opwinding alleen maar groter. Seks was hetgeen waar deze voorloper van de consumptiemaatschappij zich onmiddellijk op richtte. Waar zakenlieden in termen van sociaal prestige op konden hopen, daaraan zaten grenzen, maar, zei Saikaku: "Vleselijk genot kent geen grenzen."

Hij was hun Balzac of Dickens, de eerste Japanse schrijver die zijn mannelijke en vrouwelijke hoofdrolspelers onder de gewone burgers vond, met precies zulke zinnelijke obsessies. Zijn *Vijf vrouwen die van de liefde hielden* laat zien hoe de zoektocht naar plezier geleid wordt door vrouwen die niet verlegen wachten tot iemand hen het hof maakt, maar zelfs avances maken en de beslissingen nemen. Hoe stoutmoediger ze zijn, hoe meer ze worden bewonderd. Ze leiden vaak tot rampspoed en dood, maar dan nog domineren ze de executie in de laatste scène. Soms moeten ze zelfs de mannen van de jongens wegtrekken: in zijn *Spiegel van mannelijke liefde* laat Saikaku zien hoe homoseksualiteit wedijvert met heteroseksualiteit; in het theater zijn de mooie jonge mannen die vrouwenrollen spelen de meest bewonderde sterren.

Maar hoewel Saikaku er enorme lol in had om de waanzin van het verlangen en de details van wellust te beschrijven, waarbij hij uiting gaf aan zijn verrukking over "de dwaze dingen van deze wereld", werd ook hij treuriger met de jaren. Hij begon zich zorgen te maken over degenen die geen geld hadden, over de moeilijkheid om geld te verdienen als je er aanvankelijk niet over beschikt, over de criminaliteit onder de jongeren, en over courtisanes die 95 abortussen hadden gehad en verslaafd waren aan "vleselijk genot", ook al bood dat geen genot. Ondanks zijn fascinatie voor vrouwen, zegt hij: "Alle mannen in de wereld zijn mooi, maar onder vrouwen zitten zelden schoonheden ... uiteindelijk moet je je ontdoen van vrouwen ten gunste van mannen." Diegenen onder zijn personages die van loyaliteit een heroïsche eigenschap proberen te maken, hebben ten slotte het gevoel dat ze hun lot niet in eigen hand kunnen hebben, dat individuele verdienste niet de beloningen oplevert die ze idealiter zou moeten opleveren, en dat ze een geloofsovertuiging nodig hebben om hen te ondersteunen. Maar ze kiezen er wel een die hun pleziertjes het minst in de weg staat, namelijk de populaire Amida-versie van het boeddhisme; die straft hen niet voor hun wandaden en eist ook niet dat ze zich gedragen, maar belooft bevrijding in ruil voor een paar gebeden.

Het lijkt misschien alsof er in de duizend jaar die Murasaki van Annick Geille scheiden weinig vooruitgang is geboekt als het erom gaat de wereld af te helpen van zijn gevoel van zwaarmoedigheid: het blijft maar terugkomen. In dat geval zou de conclusie moeten luiden dat mensen gedoemd zijn om ontevreden te zijn en om zelfs in hun glorieuze momenten het gevoel te hebben dat "er iets ontbreekt", zodat ze geen andere keus hebben dan te zwichten voor de bijgelovige overtuiging dat het verlangen onvermijdelijk evenzeer een bron van kwelling is als van genot.

Voor mij leidt de geschiedenis van het verlangen echter in een andere richting. Hoe mensen dachten over genot hing af van de vraag welke soorten genot ze voor mogelijk hielden, wat ze precies als een gemis ervoeren en hoe ver hun horizonten zich buiten hun persoonlijke problemen uitstrekten. In plaats van aan te nemen dat de wereld een fundamentele weeffout bevat, kun je het verlangen ook vanuit een ander oogpunt bekijken. Misschien zijn de weeffouten in de wereld, net als die in oosterse tapijten, helemaal geen weeffouten. Door naar de wereld te kijken heeft de wetenschap – ontgroeid aan haar jonge jaren, toen ze nog geloofde dat ze de onwetendheid zou bedwingen – geleerd om haar voldoening louter te ontlenen aan het besef dat elke ontdekking een uitnodiging bevat om nieuwe ontdekkingen te doen en dat een mislukt experiment slechts betekent dat de verkeerde vraag gesteld is, niet dat er geen antwoorden zijn. Zonder het zich te realiseren bezitten de meeste mensen nog altijd de mentaliteit die ze geërfd hebben uit de tijd toen men verwachtte dat de wereld heel spoedig zou ophouden te bestaan, en hebben ze niet geleerd om ertegen aan te kijken als iets wat oneindig veel mogelijkheden in zich heeft. Zo blijken pessismisme en optimisme in hoge mate een dispuut te zijn over hoe ver je bereid bent te kijken – over brandpuntsafstanden.

Het is niet nodig te ontkennen dat individuen met een bepaald temperament geboren worden en dat hun chemische eigenschappen hen bijna dwongen om de wereld in een verschillende tint roze of grijs te zien. Maar dat betekent niet dat ze in hun lichaam opgesloten zaten. Aristoteles zei dat de lever de zetel was van de emoties, en het is inderdaad bevestigd dat de hoeveelheid suiker die hij beschikbaar maakt iemands stemming beïnvloedt. Men heeft vastgesteld dat er fysieke verschillen bestaan tussen degenen die pas 's avonds helemaal wakker worden en degenen wier levenslust in de loop van de dag geleidelijk verdwijnt. Sinds de uitvinding van het elektrische licht is de wereld vermoedelijk evenzeer verdeeld geweest in nachtmensen en vroege vogels als door de ideologieën van links en rechts. Drugs kunnen attitudes veranderen, en elk lichaam heeft zijn eigen inwendige klok die een wisselende ontvankelijkheid veroorzaakt op verschillende momenten van de dag. Voor ratten die 's avonds ongedeerd bleven na het drinken van alcohol, was dezelfde dosis fataal wanneer ze die 's morgens namen. Mensen die gebrek hebben aan adrenaline (een toestand die zijn hoogtepunt bereikt in de ziekte van Addison), bleken vele malen (soms 150 keer) gevoeliger te zijn dan anderen, tot op het punt dat ze geluiden horen die een normaal oor niet kan horen. Ze lijden verschrikkelijk, omdat het niet makkelijk is om aan gevoeligheid het hoofd te bieden. Aan de andere kant zijn er altijd individuen geweest die de obstakels die hun lichaam had opgeworpen de baas zijn geworden. Geen wereldgeschiedenis kan compleet zijn zonder Mary Helen Keller (1880-1968) te noemen. Haar overwinningen op haar blindheid en doofheid waren aantoonbaar belangrijker triomfen dan die van Alexander de Grote, omdat ze nog altijd implicaties hebben voor elke levende persoon. Particuliere overwinningen op psychische en fysieke belemmeringen zijn echter zelden in de geschiedenisboeken terechtgekomen. Mensen zijn nog altijd als automobilisten die niet veel weten over hoe de interne verbrandingsmotor werkt. Maar ieder mens is op een bepaalde manier een uitzondering.

Ieder die waarde hecht aan vrijheid moet bedenken hoe mensen die van nature geen bijzondere aanleg hadden voor opgewektheid niettemin hoop koesterden. De belangrijkste methode die ze gebruikten was het verbreden van hun horizon. De allerberoemdste optimist, Leibniz (1646-1716) – wiens uitspraak men spottend citeert, dat alles goed is en dat dit de best mogelijke wereld is – was zich maar al te goed bewust van de wreedheden van het leven. Hij deed immers veel moeite om de koningen van Europa ertoe aan te zetten zich beter te gedragen en om te onderzoeken hoe de verschillende religies konden ophouden elkaar te bevechten. Het bijzondere aan hem was dat hij buitengewoon brede interesses had: geschiedenis, geografie, filosofie, wiskunde, politiek, theologie en rechten, waarin hij op zijn 21ste de doctorstitel behaalde. Dat hij optimistisch was, kwam niet alleen doordat hij geloofde dat een goede God het kwade in de wereld moest hebben toegelaten met goede bedoelingen, maar ook doordat hijzelf de wereld zag zoals wetenschappers hem tegenwoordig zien, namelijk bestaande uit een oneindig aantal deeltjes. Voor hem kenden de wonderen der natuur en de vindingrijkheid van het verstand geen grenzen. Er moest alleen maar voor gezorgd worden dat de bereidheid om nieuwe ontdekkingen te doen niet verstarde, zoals dat bij de meeste volwassenen het geval is. Leibniz' ambitie was, zoals hijzelf zei, "het slapende kind in ons allen wakker te maken", in iedere persoon iemand anders te zien, even complex als een tuin vol planten en een meer vol vissen, waarbij zich in elke plant en in elke vis weer een andere tuin en een ander meer bevindt. Hij geloofde dat vrijheid mogelijk was, omdat hij verder keek dan het heden, in de oneindige verte. Zijn held was Harlekijn, veelzijdig, geraffineerd, altijd op zoek naar iets anders. Leibniz bedacht de differentiaalrekening, maar ook een Academie voor Geneugten. Hij was meer dan hij leek te zijn, wat aangeeft hoe je intelligent optimisme moet opvatten en dat je de absurde overdrijvingen ervan links moet laten liggen: het is niet een geloof dat alles volmaakt is, maar een bereidheid om toe te geven dat er meer is dan het oog kan zien, goed of slecht; er is altijd een sprankje licht, hoe donker het ook mag lijken, omdat het leven ondenkbaar is zonder hoop. Optimisme wil zeggen dat je je ervan bewust bent dat er ondanks alle narigheid en stompzinnigheid ook nog iets anders bestaat. Pessimisme wil zeggen dat je erin berust, niet in staat om een uitweg te vinden.

Het eeuwige getouwtrek tussen optimisme en pessimisme is in het voordeel van het laatste beslist door schrijvers wier visie op de wereld meer gevormd is door navelstaren dan door het ondernemen van nieuwe avonturen. Volgens Roland Barthes was Voltaire (1694-1778) de laatste gelukkige schrijver. Hij was echter ook de eerste postmodernist, die zichzelf met wrange humor tegen ongelukkigzijn beschermde, die niet in staat was om over het feit heen te komen dat hij in zijn kinderjaren geen liefde had gekregen, die zichzelf als een eeuwige wees beschouwde, die probeerde zichzelf te ontvluchten, die zelfs dacht dat hij een bastaard was, altijd onzeker, die troost putte uit het gezelschap van vrouwen en de lof van prinsen, die hen imponeerde, maar zich desondanks niet op zijn gemak voelde in de samenleving, en die volhield dat hij een onverbeterlijke "dubber en geen dokter" was. Voltaire, de grote en moedige verdediger van de mensenrechten, hield wel en niet van de smaak van optimisme omdat hij zo kritisch was. Hij werd het toonbeeld van de literaire intellectueel, voor wie denken bovenal kritisch zijn betekent, in de zin dat je sterker getroffen wordt door wat onjuist is dan door wat juist is, dat je ene oog krachtiger is dan je andere. Kosmische zwaarmoedigheid is een onscherpe blik. Ze wordt verergerd door het verkleinen van de horizon en wordt verlammend wanneer een generatie de voorgaande zo fel bespot dat ze niet van haar fouten kan leren. Zo verkleinde bijvoorbeeld Jean-Paul Sartre, een recenter voorbeeld van de denkende persoon, zijn horizon door alle "zwijnen", en ook planten, buiten te sluiten; hij had namelijk een hekel aan het platteland, en zelfs aan rauw voedsel – alles waar hij geen controle over had. Ook kon hij geen begrip opbrengen voor het verlangen naar fysieke genoegens en evenmin voor dromen en dagdromen, het essentiële onderdeel van het bestaan. Doordat hij zich volpropte met drugs om de werkelijkheid in het gareel te houden, was het niet verwonderlijk dat de trip door het leven er akelig uitzag. Maar door alleen dat te zeggen, verklein je zelf je horizon: Sartre stimuleerde vele honderdduizenden mensen over de hele wereld om de voorkeur te geven aan ruimhartigheid boven egoïsme en voorzichtigheid. Door hem te veroordelen vanwege keuzes die uiteindelijk misrekeningen of tegenstrijdigheden bleken te zijn, terwijl je voorbijgaat aan het feit dat zijn visie deel uitmaakt van de eeuwigdurende zoektocht naar vrijheid, herhaal je dezelfde fout van het buitensluiten. Iemand veroordelen betekent een gebrek aan verbeeldingskracht, als je niet iets beters te berde kunt brengen.

Zwaarmoedigheid is dus niet als de zwartheid van de lucht, waar niet echt iets aan gedaan kan worden. Gewone mensen hebben zich in feite zelden volledig aan zwaarmoedigheid overgegeven. Wanneer ze wanhopig waren over openbare aangelegenheden, richtten ze zich op privé-genoegens en vice versa. De vlucht vanuit zwaarmoedigheid in persoonlijk vermaak was de geheime geschiedenis van de wereld, sinds de oude Egyptenaren weigerden te accepteren dat ze zouden sterven en met evenveel genoegen graven als huizen bouwden, en sinds ze de diagnoses van hun artsen weigerden te accepteren en specialist na specialist om advies vroegen – ze hadden artsen voor elk lichaamsdeel, tot aan "hoeders van de anus" – en in hun medische handboeken het voorschrift opnamen dat een patiënt bovenal over zichzelf moet praten: "Hij wil graag dat de arts aandacht besteedt aan wat hij zegt, nog liever dan te worden genezen." Zwaarmoedigheid leek pas een goddelijke straf te zijn toen de Babyloniërs besloten dat mensen en goden niet op gelijke voet konden strijden, dat de goden wellicht eerlijk waren in plaats van willekeurig, en dat mensen zichzelf de schuld moesten geven van hun tegenslagen en zich moesten afvragen hoe ze gezondigd hadden. In de loop der eeuwen heeft zwaarmoedigheid voor sommigen zelfs een duistere charme gekregen en heeft ze de status verworven van een vertrouwde kameraad. Annick Geille houdt vol dat literatuur altijd over de een of andere soort zwaarmoedigheid moet gaan, op grond van het principe dat er over gelukkige mensen niets interessants te melden valt.

Of mensen zwaarmoedig zijn, hangt dus sterk af van de vraag of ze denken alles te weten wat je moet weten over hoe de wereld in elkaar zit, of dat ze zich meer laten leiden door hun onwetendheid en de mogelijkheid van nieuwe ontdekkingen. De tot dusver meest uitgewerkte remedie tegen zwaarmoedigheid is de consumptiemaatschappij, hoewel die er niet in geslaagd is om haar te elimineren, evenmin als verveling. De reden is dat ze nog maar heel jong is, onzeker over haar toekomst, voor velen aantrekkelijk, maar gekweld door twijfels over de vraag of ze meer lelijk is dan mooi. Ze biedt nog altijd slechts een beperkt scala van luxeartikelen. Luxe betekende tot dusver verkwisting, wulpsheid, de verwerving van onbelangrijke bezittingen, totaalgenot met alle zintuigen, en vaak ook vertoon, de wens om indruk te maken op andere mensen zonder zich werkelijk om hen te bekommeren. Dit is nog maar het begin. De experimenten met luxe door de kooplieden van het zeventiende-eeuwse Japan waren ook een begin; luxe bleef een privé-aangelegenheid omdat de meerderheid van hun landgenoten bestond uit boeren die verknocht waren aan soberheid. Pas in het achttiende-eeuwse Engeland begon de massa-consumptiemaatschappij van tegenwoordig vorm aan te nemen. Tot dan toe verboden weeldewetten – in elk land – mensen om naar believen te consumeren; ze dwongen hen om alleen de kleding van hun eigen beroep of klasse aan te hebben en zich te gedragen overeenkomstig hun plaats in het leven. Iedereen geloofde in zuinigheid, totdat de Industriële Revolutie het gewone volk goedkope producten bood en het geld om die te kopen door vrouwen en kinderen werk in de fabrieken aan te bieden, waarmee het twee-drie-vierverdienersgezin gecreëerd werd met contanten om te spenderen. Toetreding tot het consumptietijdperk was het equivalent van het veranderen van je religie. De Engelsen begonnen te geloven in "Vooruitgang" in plaats van traditie, hoewel ze nostalgie als hobby koesterden om hun afvalligheid te verbergen. De "extravagantie van de lagere en middenklassen", waarbij iedereen degenen die iets rijker waren trachtte te imiteren, was iets wat buitenlandse bezoekers direct opviel. "Universele Luxe", ofwel "de weelde van alle klassen", werd de nationale ambitie, zoals de landbouwkundige Arthur Young in 1771 zei. Om "een passie voor nieuwe stijlen en trends" te stimuleren, werden tegelijkertijd krantenadvertenties uitgevonden; die werden gehekeld, omdat ze "een voortdurende prikkeling" en "een epidemische gekte" zouden veroorzaken. Maar geld alleen kan oude gewoonten niet transformeren. Mensen veranderen hun religie niet zonder wonderen. Ze geloofden pas dat alles mogelijk was, toen ze nieuwe diersoorten zagen die God niet in die vorm had geschapen, toen ze zelf buldoggen en hazewindhonden begonnen te kruisen en zaden kochten waaruit planten groeiden die hun ouders nooit gekend hadden, toen kinderen microscopen cadeau kregen om mee te spelen en toen kennis zich als nooit tevoren uitbreidde. Toen besloten ze dat het verlangen het waard was om gestimuleerd in plaats van ingetoomd te worden. Ze leerden opnieuw wat ze wilden en hoe ze daaraan konden komen, in de winkels, die even invloedrijk waren als scholen.

De consumptiemaatschappij verloor haar richtinggevoel, toen ze twee mythen als leidraad overnam. De eerste was dat individuele slechte eigenschappen de bron zijn van algemene voorspoed. Gierigheid, trots, afgunst en hebzucht, in plaats van vriendelijkheid en zorgzaamheid, zijn de noodzakelijke fundamenten van een succesvolle economie, zei Bernard Mandeville (1670-1733). Hij was zenuwarts, geboren in Nederland (mogelijk van Franse afkomst) en werkzaam in Engeland. Hij schreef de bestseller *Bijenfabel*, waarin hij liet zien welke rampen zich zouden voordoen als mensen aardig voor elkaar waren of een andere ambitie dan eigenbelang probeerden te hebben. Hij was de eerste die luxe bestudeerde, maar zoals we zullen zien bestudeerde hij die niet genoeg: zijn andere werken, over hysterie, hypochondrie en ter verdediging van openbare bordelen, laten zien dat hij zich slechts met een beperkt scala van menselijke talenten bezighield. Economische wetenschappen hebben zich van oudsher gebaseerd op deze tamelijk bekrompen visie dat consumenten rationeel en voorspelbaar handelen in hun eigen belang.

De tweede mythe werd bedacht door de eerste belangrijke sciencefiction-schrijver van Amerika, L. Frank Baum (1856-1919), de schepper van 'Het land van Oz', waar alles mogelijk is en waar fantasie werkelijkheid kan worden. In 1897 richtte hij *The Shop Window* op, het eerste tijdschrift over etalages: het zien van een object in een etalage, zei hij, diende "bij de kijker een begerigheid en hunkering op te wekken om de producten te bezitten". Daarvan genoot hij het meest, het gevoel van verlangen. Terwijl zijn vader een vermogen had verdiend met olie en zijn moeder een feministe was, wilde hij een ander soort leven. Hard werken en goede doelen verveelden hem; hij schreef liever sprookjes waarin hij het credo predikte: "Eet, drink en wees vrolijk, want morgen gaan we dood." Hij had een even hartgrondige minachting voor zuinigheid als voor religie (hoewel hij geïnteresseerd was in spiritualisme) en ergerde zich aan alle taboes die het verlangen in de weg stonden. Hij had een passie voor theater, fotografie en films. Het allermeest genoot hij van reizen, waarbij hij van het ene naar het andere hotel ging, die hij beschouwde als buitenposten van het paradijs, het ware sprookjesland.

John Wanamaker, eigenaar van de New Kind of Store in Philadelphia, zette in 1906 Baums droom om in een formule: Amerika, zei hij, was het Land van het Verlangen. Daarvoor was het slechts het land van de welstand geweest. Consumptie werd geherdefinieerd als de bevrediging van het verlangen in plaats van die van de behoefte. Men beschouwde de verering van het genot niet langer als on-Amerikaans, en weldra probeerden christelijke predikanten de VS tot een nieuw soort christendom te bekeren waarin de bevrediging van het seksuele verlangen heilig was.

Oorspronkelijk geloofde men dat als individuen hun verlangens bevredigden, welke soort dan ook, de wereld vanzelf een betere plaats zou worden. Maar de consumptiemaatschappij was zo succesvol omdat ze mensen meer dan luxe gaf; ze hield meer in dan een fascinatie voor technische vooruitgang of voor een systeem dat consumenten steeds rijker moest maken om ervoor te zorgen dat zij bleven kopen wat er geproduceerd werd. Door te kopen en geld uit te geven kregen mensen het gevoel dat ze erbij hoorden, bijna vergelijkbaar met dat wat religie bood. Toen Richard W. Sears zijn prijzen verlaagde zodat iedereen zich de producten uit zijn catalogus (die in 1928 35.000 verschillende items bood) kon veroorloven, betekende dat niet alleen dat het kopen van een aanbieding een overwinning was op de woekeraars. Zijn klanten gingen bovenal in op zijn uitnodiging om "het object te kopen dat iedereen heeft", omdat elk object dat ze kochten een vermindering betekende van hun gevoel dat ze van de goede dingen van het leven verstoken waren. Consumptie was een langdurige viering van de overwinning op armoede, een manier om van je huis een privé-vesting te maken, beschermd tegen de vernederingen van de werkplek, een huis gevuld met objecten die je zelf had uitgekozen, ook al waren het goedkope imitaties en ook al was er sprake van een permanente frustratie omdat je je niet alles kon veroorloven wat je wilde.

Sinds de vestiging van de consumptiemaatschappij hebben vier veranderingen de omstandigheden waarin ze functioneert volledig gewijzigd. Ten eerste is het zo dat terwijl oorspronkelijk slechts vijftien procent van de beroepsbevolking zijn brood verdiende in andere sectoren dan industrie en landbouw, tegenwoordig in ontwikkelde landen twee derde zijn brood verdient door diensten te verlenen in plaats van door objecten te maken. Dat betekent, in de tweede plaats, dat consumenten nu meer diensten kopen en verlangen dan objecten, dat wil zeggen persoonlijke contacten, hulp en advies. In de derde plaats is de prijs van producten verlaagd, maar die van diensten niet; een tijdje leek het alsof zelfbediening het antwoord was, maar vervolgens werd tijd het allerkostbaarste artikel. Het bezitten van producten maakte geen tijd vrij; integendeel, het voegde nieuwe verplichtingen en kansen toe om tijd te spenderen. In de vierde plaats heeft het luxe-idee zich zodanig ontwikkeld dat de meest gewenste luxe-artikelen die dingen zijn die je niet met geld kunt kopen; het gaat daarbij namelijk niet zozeer om bezittingen, als wel om menselijke relaties.

Tot dusver vatte men consumeren op als het gebruiken van een object totdat het nutteloos wordt. Maar je streeft je doel voorbij als je mensen zodanig gebruikt dat ze ophouden mensen te zijn: ooit was de magnaat die van zijn personeel robots maakt het ideaal, maar nu is hij onherroepelijk verloren. Mensen streven hoe langer hoe meer naar vervolmaking in plaats van naar consumptie; ze willen zo intens mogelijk van dingen genieten en niet alleen maar vrije tijd hebben. Je tijd vullen met de meest intense ervaringen brengt in de meeste gevallen andere mensen met zich mee. Het advies van de eerste generatie van de milieubeweging was om zo min mogelijk te consumeren. Maar dat was een overblijfsel van de oude ascetische traditie, die de wereld herhaaldelijk verworpen heeft en ongetwijfeld zal blijven verwerpen zolang er ongelijkheid bestaat, zolang er mensen zijn die vechten om zich aan de armoede te ontworstelen en geen verzadiging hebben ervaren. Zolang de milieubeweging zich voornamelijk bezighield met natuurlijke hulpbronnen in plaats van met het volledige scala van menselijke verlangens, kon ze geen belangrijke politieke macht worden. Haar tegenslagen zijn opnieuw een voorbeeld van hoe idealisme er niet in geslaagd is om van de grond te komen omdat het niet breed genoeg gekeken heeft naar menselijke aspiraties in hun totaliteit.

Het verlangen naar een geliefde en naar luxe maken deel uit van een heel boeket van verlangens dat ook het verlangen naar cultuur omvat en het verlangen om nuttig te zijn, evenals het verlangen naar opwinding of het substituut voor opwinding dat drugs bieden. Bedenk dat in dezelfde tijd dat de Britten de consumptiemaatschappij uitvonden, ze ook begonnen te drinken als nooit tevoren, en de VS volgde hun voorbeeld. Tijdens de vorige generatie was er sprake van een radicale verandering in de houding tegenover alcohol. Er vond een verschuiving plaats naar een gematigd drinken van kwaliteitswijnen in plaats van massaconsumptie van alles wat maar gegist was. Televisiekijken mag dan verslavend worden, maar geleidelijk zal er een kritische smaak worden ontwikkeld.

Consumptie ontwikkelt zich dus altijd tot iets complexers. Hebzucht en altruïsme waren eens vijanden, verlangen en onthouding waren eens de enige alternatieven. Maar verlangen kan zijn vervolmaking vinden in ruimhartigheid, en hebzucht in leergierigheid. Het is een kwestie van weten waar je de meeste waarde aan hecht. Mensen zijn nooit simpelweg passieve slachtoffers van hun verlangens geweest, maar hebben ermee gespeeld, hebben ze gepolijst. Spelen met zwaarmoedigheid heeft verfijnde kunst opgeleverd, maar in andere opzichten was het energieverspilling.

Het scala van mogelijkheden om rusteloosheid aan te pakken, is niet uitgeput. Vrije tijd is niet het enige doel dat de samenleving zich kan stellen. Daarom richt ik mij nu op andere wegen die onderzocht zijn op zoek naar bevredigender banden tussen mensen. Allereerst zal ik het hebben over reizen, dat de populairste methode is geworden om jezelf te bevrijden van het gevoel dat de wereld een gevaarlijke en onvriendelijke plek is, onherroepelijk beheerst door zelfzuchtigheid. Vervolgens onderzoek ik het gevoel dat al zulke inspanningen gedoemd zijn te mislukken, ofwel omdat mannen en vrouwen te verschillend zijn om ooit een einde te maken aan de oorlog tussen de seksen (hoofdstuk 18), ofwel omdat mensen niet kunnen veranderen (hoofdstuk 19, over 'het lot'), ofwel omdat ze steeds gestresster worden doordat ze te veel dingen proberen te doen en naar te veel plaatsen gaan (hoofdstuk 20, over tijdgebrek), ofwel omdat het gezin bezig is in elkaar te storten (hoofdstukken 21 en 22). Maar ik laat zien dat de geschiedenis van deze schijnbare obstakels positieve elementen bevat die vele nieuwe alternatieven aan het licht brengen. Daarom opperen mijn laatste drie hoofdstukken dat de menselijke verbeelding zichzelf niet heeft uitgeput en dat het menselijk avontuur nog maar net begonnen is.

Murasaki Shikibu, The Tale of Genji, vertaald door E.G. Seidensticker, Secker & Warburg, 1976; Sei Shonagon, *The Pillow Book*, vertaald door Ivan Morris, Oxford UP, 1967; Ihara Saikaku, *Five Women Who Loved Love*, vertaald door W.T. de Bary, Tuttle, Tokyo, 1956; Ihara Saikaku, *The Life of an Amorous Woman*, vertaald door Ivan Morris, Chapman & Hall, 1963; Ihara Saikaku, *Some Final Words of Advice*, vertaald door P. Nosco, Tuttle, Tokyo, 1980; Ivan Morris, *The World of the Shinning Prince: Court Life in Ancient Japan*, Oxford UP, 1964; Richard Bowring, *The Tale of Genji*, Cambridge UP, 1988; Andrew Pekarik, *Ukifune: Love in the Tale of Genji*, Columbia UP, NY, 1982; Norma Field, *The Splendor of Longing in the Tale of Genji*, Princeton UP, 1987; A. Martins Janeira, *Japanese and Western Literature: A Comparative Study*, Tuttle, Tokyo, 1970; Sokichi Tsuda, *An Inquiry into the Japanese Mind*, Ministry of Education, Tokyo, 1970.

Houdingen tegenover lijden
Ronald D. Mann, *The History of the Management of Pain*, Parthenon, Carnforth, en Park Ridge, New Jersey, 1988; P.D. Wall & R. Melzac, *A Textbook of Pain*, 2nd edn., Churchill Livingstone, Edinburgh, 1989; Anthony Diller, 'Cross-Cultural Pain Semantics',in *Pain*, het tijdschrift van de International Association for the Study of Pain, Elsevier, Amsterdam, vol. 9, 1980, pp. 9-26; Maurice Sendrail, *Histoire culturelle de la maladie*, Privat, Toulouse, 1980; L. Romanucci-Ross, *The Anthropology of Medicine*, 2nd edn., Bergin & Garvey, NY, 1991.

Consumptiemaatschappij
Gary Cross, *Time and Money, The Making of Consumer Culture*, Routledge, 1993; Neil McKendrick, *The Birth of a Consumer Society: The Commercialisation of Eighteenth-Century England*, Hutchinson, 1982; Simon J. Bronner, *Consuming Visions: Accumulation and Display of Goods in America 1880-1920*, Norton, NY, 1989; T. Scitovsky, *The Joyless Economy*, Oxford UP, NY, 1985; Peter Gardella, *Innocent Ecstasy: How Christianity Gave America an Ethic of Sexual Pleasure*, Oxford UP, NY, 1985; Ian Proctor, *Service Sector Workers in a Manufacturing*

City, Avebury, Aldershot, 1988; G. Paolo Prandstraller, *Le Nuove professioni nel terziaro: Ricerca sul professionalismo degli anni 80*, Franco Angeli, Milan, 1990; Hans Peter Blossfeld, *Expansion of the Tertiary Sector and Social Inequality: Is There a New Service Proletariat Emerging in the Federal Republic of Germany?* Florence European University Institute working paper 91/8, April 1991; G. Akehurst, *The Economics of Services*, Frank Cass, 1987 (bespreekt Gershuny's zelfbedieningstheorie); R.G. Streets, *The Impact of Service Industries on Underemployment in Metropolitan Economics*, Lexington, Mass., 1987; Paulette Carrive, *La Philosophie des passions chez Bernard Mandeville*, Paris I thesis, 1979, gedrukt Lille 1983; Paulette Carrive, *Bernard Mandeville*, Vrin, 1980; Hector Monro, *The Ambivalence of Bernard Mandeville*, Clarendon Press, Oxford, 1975; Thomas A. Horne, *The Social Thought of B. Mandeville: Virtue and Commerce in Eighteenth-Century England*, 1978; Colin Johnson, *The Green Dictionary*, Macdonald, 1991; Luc Ferry, *Le Nouvel ordre écologique*, Grasset, 1992.

17

Hoe reizigers bezig zijn het grootste volk ter wereld te worden en hoe ze geleerd hebben niet alleen datgene te zien waar ze naar zoeken

Wat een baan bij de spoorwegen altijd zo bijzonder aantrekkelijk maakte was zekerheid, en de gewaarborgde hemel was een pensioen op je 55ste. Beide ouders van Vivienne kwamen uit spoorwegfamilies; aan haar vaders kant ging dat drie generaties terug. Welk effect heeft dat?

Voor haar vader blijft de wereld vol gevaar en onzekerheid, ondanks alle waarborgen. Op zijn werk verloor hij een oog, kon niet langer machinist zijn en werd klerk. Hij kwam uit een gezin van acht kinderen en had er zelf vijf: het leven was altijd zwaar, en de angst voor armoede is hem voortdurend blijven achtervolgen. De grote prestatie elke maand was in staat te zijn om een beetje geld opzij te leggen voor het geval zich grotere rampen zouden voordoen. "Een cent is een cent" is zijn filosofie. "Hij leeft niet", zegt zijn dochter. "Hij is erg nuchter. Hij kent zijn eigen land niet, ook al heeft hij recht op gratis reizen met de trein." Nu hij gepensioneerd is, brengt hij elk jaar drie maanden aan zee door, maar altijd op dezelfde plek; daar kampeert hij, speelt jeu de boules en legt een kaartje. Waar denkt hij over na? "Ik weet het niet", zegt Vivienne. "Dat heb ik nooit gevraagd."

Ook haar moeder is Frankrijk nooit uit geweest, maar "in haar dromen is ze avontuurlijk". Hoezo? Omdat ze veel leest. Het avontuur begint in de verbeelding. Haar moeder is verantwoordelijk voor alle vijf kinderen, die de tegenpool zijn van hun vader. Behalve Vivienne zijn ze allemaal getrouwd met een buitenlander: een Duitser, een Afrikaan, een Amerikaan en een Rus. Haar vader was diep geschokt, vooral door de Afrikaan. Hij weigerde met zijn dochter te praten toen zij zijn bezwaren negeerde. Na in de oorlog naar een Duits concentratiekamp gestuurd te zijn, mocht hij de Duitser ook niet: "Het was erg moeilijk, maar geleidelijk aan accepteerde hij hem." Haar vader is nu 75 en blijft "chauvinistisch". Hij houdt niet van verandering.

Maar Vivienne is een en al nieuwsgierigheid. "Ik droom graag. Zo ben ik geboren." Haar hobby is vissen, "omdat ik graag alleen ben; dan kan ik nadenken over de toekomst. Ik ben een dromer." Haar favoriete schrijver is Proust, maar ze houdt van vele andere soorten boeken, vooral verhalen die "minutieus" zijn. Wanneer ze naar een film kijkt die haar niet interesseert, dwalen haar gedachten af en maakt ze plannen voor de tijd dat ze zal kunnen doen wat ze leuk vindt. Op dit moment werkt ze in een bejaardenhuis, en haar ambitie is om daarvan de directeur of onderdirecteur te worden. Maar dat zou betekenen dat ze in dat tehuis zou moeten wonen, wat ze niet wil: "Ik hou van mijn onafhankelijkheid." Dus aarzelt ze. Haar man is ook in dienst van de gemeente; hij zorgt voor het onderhoud van het sportveld en het zwembad. Ze zijn armer dan haar ouders en wonen in een pretentieloze gemeenteflat in het impopulaire gedeelte van de stad. Ze heeft zekerheid. Maar haar gedachten zijn elders.

"Ik hou van reizen", zegt ze. Ze heeft het zich niet kunnen veroorloven om zich verder dan Spanje en Afrika te wagen. "Maar als ik met pensioen ga, dan zal ik reizen om alles wat ik niet ken te ontdekken. Ik heb meer belangstelling voor de wereld dan voor Frankrijk." Ze zou het niet erg vinden om in het buitenland te leven, maar haar man weigert dat; zijn ervaring met het buitenland bestaat uit bouwwerkzaamheden in de Golf. Ondertussen brengt ze haar vakanties door met kamperen in een caravan. Dat stelt haar in staat om buitenlanders te ontmoeten, want ook al "spreek ik geen enkele taal, ik ben erg communicatief. Ik heb er behoefte aan om ideeën uit te wisselen." Sinds haar kinderjaren is ze grootgebracht met kamperen. "Hotels interesseren me niet, omdat mensen daar niet communiceren." Op het strand of tijdens de afwas daarentegen praten kampeerders met elkaar.

Haar kinderen zijn het huis uit en zitten in militaire dienst; eentje heeft een diploma internationale handel. Ze is vrij om plannen voor de toekomst te maken. "Ik weet dat ik zal doen waar ik van droom."

Als je professionals vraagt of ze hun werk leuk vinden, zullen ze in de meeste gevallen "ja" zeggen, ook al hebben ze iets te klagen. Maar als je vraagt of ze het leuk vinden wat hun werk hun heeft gebracht naarmate ze ouder werden, hoe het hen veranderd heeft, dan zal het langer duren voordat ze je antwoorden.

Caroline vond het jammer dat vijf jaar na haar studie informatietechnologie haar kennis haar geen beter mens maakte. Wanneer ze met haar neus op een computerscherm zat, gaf dat haar slechts een gevoel dat ze voldoende over haar machines had geleerd. Ze wisselde van baan, maar dat bleek een vergissing te zijn. Haar derde baan, bij een ingenieursbureau, beloofde meer reizen en contact met mensen. Toen deed zich toevallig de gelegenheid voor dat ze belast werd met de bouw van enkele ultramoderne geautomatiseerde magazijnen – op dat moment was er niemand anders beschikbaar. Hier is ze dan, zonder enige opleiding als civiel-ingenieur, opgeklommen tot een eminent projectmanager die verantwoordelijk is voor belangrijke beslissingen en contracten, en vergaderingen leidt van mensen die twee keer zo oud zijn als zij.

Ze weet zich heel goed te redden. Toen een ingenieur die haar cliënt vertegenwoordigde protesteerde: "Het is niet te geloven dat zo'n lekker stuk het project moet leiden", vond ze dat hij zich belachelijk maakte en negeerde zijn kritiek. "Als je technische bagage degelijk is", zegt ze, "dan kun je elke zet rechtvaardigen". Toen hij zonder haar te raadplegen de agenda van een door haar geplande vergadering veranderde, verliet ze de zaal. Ze gelooft dat als het gaat om de omgang met mensen, vrouwen over bepaalde kwaliteiten beschikken die mannen niet hebben. Omdat ze zich ervan bewust is dat ze andere vaardigheden moet leren, heeft ze zich opgegeven voor een managementcursus. Maar met de meeste cliënten en collega's kan ze het uitstekend vinden. Haar zelfvertrouwen groeit. Na een goed team te hebben geselecteerd om haar te ondersteunen, merkt ze dat het werk zonder problemen vordert; het was bovendien stimulerend om nieuwe taken te leren uitvoeren.

Maar haar werk brengt lange dagen met zich mee en neemt haar weekends volledig in beslag. Er zijn momenten dat ze denkt dat ze een andere baan zou moeten nemen met minder druk, maar dan denkt ze terug aan de tijd dat ze zeven uur per dag routinematig computerwerk deed, wat haar ging vervelen. Haar conclusie is dat ze liever tien uur per dag zou willen werken om dat te vermijden. "Ik geef mijn hele leven aan mijn werk. Ik doe niets anders. Ik droom zelfs over mijn werk. En ik ben altijd gestresst, omdat ik nooit zoveel werk gedaan heb als ik zou moeten doen, wat ik niet tegen mijn cliënt kan zeggen. Ik weet niet of ik het tien jaar zou kunnen volhouden; misschien drie jaar. Op mijn 40ste of 45ste zal ik mezelf afvragen: Waarom heb ik mijn leven opgegeven voor deze baan? Wat heeft het voor zin om steeds meer macht en geld te krijgen, alleen maar om te kunnen zeggen dat ik zo hoog op de ladder ben geklommen? Het is idioot. Mijn vrienden zeggen dat het idioot is. Het is niet goed om zoveel te werken. Maar we kunnen er niets aan veranderen. We accepteren het en spelen het spel en werken in het weekend, omdat we daartoe gedwongen worden door onze cliënten die altijd strakke planningen aanhouden." Het lijkt nog absurder als ze denkt aan de werklozen, wier situatie ze navrant vindt. Ze voelt zich schuldig: "Misschien zouden wij ons werk met hen moeten delen, lagere salarissen moeten accepteren, minder uren moeten werken en verstandiger moeten leven: maar hoe moet dat in praktijk gebracht worden?"

Caroline is niet de enige op haar kantoor die rusteloos is. De meeste jonge mensen maken na een paar jaar promotie. Maar zij deelt hun ambitie niet. Een briljante carrière is niet haar doel: "Toen ik van school kwam, wist ik niet wat ik wilde; ik heb het gevoel dat ik er goed aan gedaan heb om zo'n hoge positie bereikt te hebben. Ik wil geen managing director worden; daar heb ik de achtergrond niet voor. Als ik aan een topuniversiteit was afgestudeerd, zou ik dat waar willen maken. Maar ik ben tevreden met mijn baan."

Helaas waren de mensen die ze op haar werk tegenkomt niet van het type waar ze opgewonden van wordt. Ingenieurs zijn vaak "ernstig", zegt ze: het werk dat ze doen, stimuleert hen niet om bespiegelend te zijn. Ze ging op vakantie met een Engelse ingenieur (dat gaf er een exotisch tintje aan), maar hij had geen verbeeldingskracht; "hij was bijna treurig, te academisch in zijn houding tegenover datgene wat verboden is". De Fransen zijn minder gedisciplineerd, denkt ze. Toch had ze moeite om een echt ongedisciplineerde Fransman te vinden.

Er zijn onderwerpen waarover ze met haar collega's niet kan praten. Wat heeft het voor zin om discussies te voeren met praktische mensen die altijd zeggen dat je de wereld niet kunt veranderen? Het type dat zij leuk vindt zijn geen ingenieurs, maar mannen die banen hebben die hen vrij laten, die veel gereisd hebben, die over veel onderwerpen kunnen praten, die "uit het vaste patroon zijn gestapt. Maar omdat ik dat niet gedaan heb, vinden ze mij misschien saai." Wanneer ze na haar werk naar huis gaat, verlangt ze ernaar om totaal anders te zijn, om in staat te zijn "anderen te verrassen". Door een professional te worden, verklein je je wereld. "Op school had ik vrienden uit alle sociale klassen. Nu ken ik alleen maar diegenen die een hogere opleiding hebben genoten. En we doen allemaal dezelfde soort dingen. Je kunt niet echt kiezen. Ik weet totaal niets van de wereld van de kunst en de schilderkunst. Ik zou dolgraag mensen willen ontmoeten die grip op hun leven hebben gekregen en die dezelfde ideeën hebben als ik. Ik zou graag een gezin willen hebben, maar ik geloof nou niet bepaald dat ik op de goede weg zit. Waar ik van geniet, dat is contact met mensen. We zijn niet geschapen om alleen te zijn. Dus bevredigt mijn werk me niet helemaal."

Om nu weer zoals vroeger plaats te nemen achter het computerscherm is uitgesloten, evenals terug te gaan naar St-Jean-de-Luz (15.000 inwoners), waar de tijd langzaam voortglijdt en waar ze altijd tijdens lunchtijd en 's avonds naar het strand ging, maar waar slechts weinig interessante banen zijn. Weliswaar gaan de provincies vooruit en bieden de grotere steden meer kansen, maar het is daar veel moeilijker om van baan te wisselen dan in een nationale hoofdstad. Naar het buitenland gaan is onmogelijk; haar talen zijn ontoereikend. Amerika trekt haar niet aan, omdat de tegenstelling tussen rijk en arm te groot is. "Dus zijn we hiertoe veroordeeld. Maar ik heb niet het gevoel dat ik in een gevangenis zit."

Dat kan twee gevolgen hebben. Ofwel haar leven is zo slecht nog niet en ze heeft geen wanhopige behoefte om te vluchten. Ofwel ze is vrij om te vluchten omdat er geen muren zijn die haar tegenhouden, maar moet eerst besluiten waarheen ze zal gaan.

Ruim een eeuw geleden zei de historicus Hippolyte Taine (1828-1893) dat er zes typen toeristen waren. Toeristen van het eerste type reizen omdat ze het leuk vinden zich voort te bewegen en worden volledig in beslag genomen door het tellen van het aantal kilometers dat ze hebben afgelegd. Die van het tweede type gaan met een gids, waarvan ze nooit afwijken: "Ze eten forel in de gelegenheden die daarin worden aanbevolen en maken ruzie met de waard als zijn prijs hoger is dan het boek vermeldt." Die van het derde type reizen alleen maar in groepen, of met hun familie, terwijl ze vreemd voedsel proberen te vermijden en zich concentreren op het besparen van geld. Die van het vierde type hebben slechts één doel: eten. Die van het vijfde type zijn jagers, op zoek naar bijzondere objecten, zeldzame antiquiteiten of planten. En ten slotte heb je degenen die "vanuit hun hotelraam naar de bergen kijken ... genieten van hun siësta en luierend in een stoel hun krant lezen, waarna ze zeggen dat ze de Pyreneeën gezien hebben". Er zullen ongetwijfeld altijd toeristen zijn die deze routinematige procedures willen herhalen, maar er zijn andere mogelijkheden. Toeristen nemen wellicht genoegen met het bekijken van plaatsen en dingen, maar reizen is ook mensen ontdekken, wat interessanter is: het is zware arbeid, vereist inspanning en biedt als beloning een transformatie van zowel de bezoeker als de gastheer. Daarom kies ik zes voorbeelden – uit de duizenden wier leven veranderde door te reizen – om het mogelijke effect te onderzoeken van het maken van een reis en het ontmoeten van vreemden.

"Het leven is een eeuwigdurende reis", zei Vincent Le Blanc, in 1554 geboren in Marseille; op zijn veertiende liep hij weg naar zee, om pas op zijn zeventigste weer terug te keren. Nadat hij alle toen bekende continenten had bezocht, vond hij ten slotte in Brazilië een echtgenote. Maar zij bleek uiteindelijk "een van de verschrikkelijkste vrouwen ter wereld" te zijn, zoals hij zei. Het eerste kenmerk van reizigers die meer dan toeristen waren, was dat ze niet vonden wat ze verwachtten of waar ze naar zochten. Het vermogen om te beseffen dat je oog in oog staat met iets nieuws was niet makkelijk te verwerven, omdat de meeste mensen zien wat ze willen zien. Reizen werd een kunst toen verrassingen getransformeerd werden tot iets waar je je voordeel mee kunt doen.

"In de woestijn heb je veel visioenen en kobolden", klaagde Le Blanc, "die reizigers trachten te verleiden en hen van honger en wanhoop laten creperen". Een modern psychiater zou zeggen dat een reis verborgen angsten blootlegt. De bedoeïenen hadden het met Le Blanc niet over angsten of visioenen, maar over djinns; ze beweerden dat ze verdwenen als je hen in de ogen zag. Maar jezelf van je angsten bevrijden kan niet meer dan het halve doel van een reis zijn – dan komt de ontdekking van onverwachte vrienden.

Alle religies hebben reizen gestimuleerd in de overtuiging dat het goed is voor de ziel, ook al zijn overheden consequent van het tegendeel overtuigd geweest en hebben ze het met belastingen en bureaucratie belemmerd. Het reizen begon als pelgrimstocht. De islam, die het meest systematisch was in het codificeren van de verplichting om te reizen, verlangde veel meer dan een pelgrimstocht naar Mekka (de *hadj*). Moslims die in landen woonden waar ze hun religie niet vrij konden beoefenen, werden ertoe aangezet om ergens heen te gaan waar ze dat wel konden (de *hidzjra*). Sommigen interpreteerden dat tevens als de plicht om van een arm naar een rijker land te trekken, zelfs al was dat niet islamitisch; hun rechtvaardiging was dat je het geloof dan breder kon verspreiden. Het bezoeken van plaatselijke heiligdommen was een derde plicht (*ziyara*). Daar konden de onderdrukten tenminste korte tijd het gevoel hebben dat iedereen gelijk was voor God, zowel vrouwen als mannen. Bovendien, en niet in de laatste plaats, werd iedereen ertoe aangezet om te reizen op zoek naar kennis door over de hele wereld wijze mannen te bezoeken.

Maar in de praktijk heeft het reizen de ziel niet automatisch verbeterd, of althans niet op de manier zoals men verwachtte. Men klaagde erover dat het zoeken naar kennis de gelovigen soms subversieve ideeën gaf. Pelgrimstochten werden verschillend ervaren als boetedoening, wedergeboorte, bevrijding van materialisme of haat of jaloezie, maar ook als een gelegenheid om je sociale status te verhogen, handel te drijven of te smokkelen. Op het moment dat de trage, zware reis ten tijde van de Middeleeuwen, die mensen lichamelijk en geestelijk altijd transformeerde – de *hadj* naar Mekka kon enkele jaren in beslag nemen – vervangen is door een vierweekse package deal, gesponsord door de overheid, is het moeilijker voor de pelgrims om het gevoel te krijgen dat ze deel uitmaken van een grote internationale gemeenschap.

Om te achterhalen welke invloed het reizen gehad heeft op de ziel, geest en gewoonten van mensen, is het noodzakelijk om verder te kijken dan de technische prestaties van ontdekkingsreizigers – het voor het eerst in kaart brengen van bepaalde gebieden en de melding van onbekende feiten. Hoe verbeterde Ibn Battuta (1304-1368), die een gebied bezocht dat nu uit 44 verschillende landen bestaat, en die een afstand aflegde van zo'n 115 duizend kilometer, bijvoorbeeld zijn eigen leven of dat van anderen door te reizen? Terwijl hij zich aanvankelijk "liet leiden door een overweldigende impuls binnen in mij", ging deze zoon van een rechter op 21-jarige leeftijd gewoon naar Mekka om zijn opleiding te voltooien en op zijn beurt een bevoegde rechter te worden. Maar een verlangen naar iets nieuws, of pure lef, deed hem besluiten om nooit twee keer dezelfde weg te nemen. Hij werd een professionele reiziger toen hij zich realiseerde dat hij geen geboren student was en dat hij meer talent had om het dagelijks leven te observeren, om te roddelen, om een wandelende krant te zijn, verslag te doen van verbazingwekkende bezienswaardigheden en gebruiken, en mensen te verbijsteren. Het getuigde van moed om niet op de traditionele manier te proberen geleerd te worden, op basis van boeken, en in plaats daarvan erop te vertrouwen puur door de kracht van zijn persoonlijkheid indruk te kunnen maken op vreemden. Er gingen echter zes jaar voorbij voordat hij iemand tegenkwam die enigszins zijn zielsverwant was: Muhammad Tughluq (1325-1351), sultan van India.

Deze excentrieke ziener wierf welbewust buitenlanders om zijn rijk te leiden. Hij was meer geïnteresseerd in verre culturen dan in de realiteiten van zijn eigen land, leerde Perzisch en Arabisch, schreef poëzie, deed aan kalligrafie, studeerde Griekse filosofie en nodigde hindoeïstische wijzen uit om met hem te discussiëren – een sultan wiens geest geen genoeg kon krijgen van reizen. Ibn Battuta werd aangesteld als staatsambtenaar in Delhi. Hij leefde op grote voet, bouwde zijn eigen privé-moskee, enkel om te ontdekken dat de politiek niets voor hem was: een machtig iemand moest pretenderen machtiger te zijn dan hij eigenlijk was, en Ibn Battuta ruïneerde zichzelf uiteindelijk door een praalzieke extravagantie. Alleen de straat restte hem: hij pakte zijn reizen weer op, werd van al zijn bezittingen beroofd, waarbij hij er enkele malen ternauwernood aan ontkwam dat hij door bandieten gedood werd, maar bleef uitermate ruimhartig bejegend worden door volslagen vreemden. Na een afwezigheid van dertig jaar keerde hij in Marokko terug. Niemand had veel belangstelling voor hem, hoewel hem gevraagd werd zijn memoires te dicteren. De rest van zijn leven sleet hij als een onbekende rechter "in een of andere stad", wat hij wellicht ook gedaan zou hebben als hij op zijn 22ste meteen naar huis was gekomen.

Er waren bepaalde dingen die Ibn Battuta niet wilde ontdekken. Hij trouwde met een aanzienlijk aantal vrouwen in verschillende plaatsen, sommige voor slechts een paar weken, totdat hij weer verdering, een spoor van vergeten nakomelingen achterlatend. Maar er zaten grenzen aan de hoeveelheid nieuwe dingen die hij aankon. In Mali ontving een Afrikaanse moslim hem in aanwezigheid van vriendinnen: "Omgaan met vrouwen is voor ons aanvaardbaar", zei zijn gastheer, "en een onderdeel van goed gedrag, waaraan geen achterdocht kleeft. Zij zijn niet zoals de vrouwen in jouw eigen land." Ibn Battuta verliet terstond het huis, en hoewel hij verscheidene malen opnieuw werd uitgenodigd, is hij daar nooit op ingegaan.

Los van een korte missie naar China, begaf hij zich nooit buiten de islamitische wereld; zelfs in Hangzhou verbleef hij bij een Egyptische familie. Als soefi gaf hij overal de voorkeur aan de gastvrijheid van soefi-genootschappen. Na niet minder dan vier pelgrimstochten naar Mekka slaagde zijn spiritualiteit er nog altijd niet in om zich te ontwikkelen. Toen hij een soefi-kluizenaar ontmoette die volledig van vis leefde in de moeraslanden van Abadan, was Ibn Battuta zo diep geroerd dat "ik een ogenblik het idee koesterde om de rest van mijn leven in dienst van deze sjeik te slijten". Maar nederigheid trok hem nooit lang aan. Een Afrikaanse koning die hem slechts verwelkomde met drie broden, een stuk gebraden rundvlees en een kalebasfles met yoghurt, wekte zijn minachting; hij vond hem "zelfzuchtig en zwak begaafd": "Ik heb reizen gemaakt", antwoordde hij spottend, "naar de grote landen van de wereld en hun koningen ontmoet. Ik ben nu al vier maanden in uw land en u hebt me nog steeds geen welkomstgeschenk of iets anders gegeven. Wat moet ik tegen-

over andere sultans over u zeggen?"
Het reizen bevrijdde Ibn Battuta van de conventionele obsessie voor een zekere, levenslange carrière. Omdat reizigers nog steeds zeldzaam waren en daarom gewaardeerd werden als mensen die vertier brachten en beloond werden met geschenken en kosteloos onderdak, financierde hij zijn reis gewoon door te blijven rondtrekken. Hij ontdekte dat hij als zwerver een interessanter leven kon leiden dan hij thuis gedaan zou hebben. Dat was alles wat hij wilde.

Maar anderen, die minder bekend waren, reisden om zich diepgaander te bevrijden. Shakespeare had gelijk toen hij reizigers rebellen noemde, "teleurgesteld in hun geboorte ... God bijna lakend" omdat Hij hen geschapen had zoals ze waren. Zijn Chinese tijdgenoot Tu Lung beschreef waartoe zo'n verwerping van het alledaagse bestaan kon leiden. *De reizen van Ming-Liao-Tzu* is het verhaal van een man die genoeg had van de hypocrisie en van het onvermogen om vrijuit te converseren "terwijl we zoveel tegen elkaar zouden willen zeggen", die zich "als een gekooide aap" voelde in die zin dat "zelfs als een luis in ons lichaam bijt en onze huid jeukt, we er niet aan kunnen krabben" en die genoeg had van "het verlangen naar bezit en de angst voor verlies". Dus, in de hoop "zijn hart te bevrijden en zijn wil vrij te maken", ging Ming-Liao-Tzu "op reis in het Land van de Onverschilligheid". Het enige wat hij meenam waren honderd munten, en telkens wanneer een geschenk hem dat totaal deed overschrijden, gaf hij het weg aan de armen. Voor hem was reizen namelijk een vlucht uit het normale leven, uit "rijkdom en macht en de glories van deze wereld waarin mensen makkelijk verdrinken", een vlucht uit de zorgen om de dag van morgen. Als de rampspoed toesloeg, dan zou hij al dan niet sterven, en als hij niet stierf, dan zou hij zijn reis voortzetten. Het was zijn doel om zijn geest te trainen immuun te zijn voor de tragedie van het leven, zich één te leren voelen met de natuur, in staat te zijn in elke plant of elk insect alles te zien wat hij wilde zien en er genoegen mee te nemen om een hele dag te besteden aan het tellen van de stampers van bloemen. Zij, en niet mensen, waren zijn zielsverwanten. In hun gezelschap was hij niet eenzaam. Toen hij eenmaal ware gemoedsrust had verkregen, was hij bereid om naar huis te gaan, een hut voor zichzelf te bouwen en nooit meer op pad te gaan.

Het reizen in groepen was een manier om evenveel ontdekkingen te doen over je reisgenoten als over de landen die je bezocht. De eerste Europese expeditie naar Arabië, in 1761-1767, in opdracht van de koning van Denemarken, was niet alleen belangrijk vanwege haar geografische ontdekkingen, maar vooral ook vanwege haar dramatische onthulling van de invloed die een onafhankelijke geest op reizigers heeft. Dat de leden van deze expeditie elkaar zo moeilijk konden verdragen, kwam niet doordat het om een bont gezelschap van Deense, Zweedse en Duitse wetenschappers ging. Hun leider, de botanicus Peter Forsskal, "verachtte alle gevaren, obstakels en ontberingen, [maar] zijn tekortkomingen waren zijn neiging om ruzie te maken, zijn koppigheid en zijn humeur". Hij had een proefschrift geschreven over burgerlijke vrijheid, waarin hij onbeperkte vrijheid van meningsuiting eiste en stelde dat "het enige gevaar voor de menselijke vrijheid van de kant van degenen komt die door hun functie, positie of rijkdom uiterst machtig zijn geworden in hun land". Ondanks dat de faculteit van de universiteit van Uppsala hem verbood het te publiceren, deed hij het toch; hij deelde het onder de studenten uit, en zette zijn protest voort totdat Zweden in 1766 de censuur afschafte. Als pionier van wat later 'jongerencultuur' werd genoemd, weigerde hij toe te geven dat jongeren te arrogant konden zijn. Hij nam deel aan de expeditie op voorwaarde dat al haar leden gelijk waren, dat hij de titel van professor kreeg – hoewel hij pas 27 jaar was – en dat hij bij terugkeer een substantiële toelage ontving die hem in elk land van zijn keuze kon worden uitgekeerd, omdat "ik me niet zal onderwerpen aan de uiterst beperkte vrijheid van denken en meningsuiting die je in Zweden en waarschijnlijk ook in Denemarken aantreft". Hij kreeg alles waar hij om had gevraagd, en voordat hij vertrok liet hij zijn portret schilderen.

Hoewel de wetenschap beloond werd met vele kisten onbekende planten, kaarten en allerlei soorten informatie, kwamen deze ontdekkingsreizigers er niet achter hoe ze elkaar moesten verdragen. De antropoloog Von Haven, een ontwikkeld man die ervan genoot om onderweg bij elke Franse diplomaat langs te gaan en een wellevende conversatie te voeren over onderwerpen als de ideeën en het privéleven van Voltaire, voorzag zich van "voldoende arsenicum om twee regimenten te vernietigen" om zichzelf tegen zijn collega's te beschermen. "Wij leven in het grootste gevaar" was het bericht dat ze naar huis stuurden; niet omdat Arabië vijandig was, maar omdat ze elkaar dreigden te vermoorden. De koninklijke organisator antwoordde vanuit Kopenhagen: "Niets lijkt mij zo makkelijk als in goede verstandhouding, vrede en harmonie met alle mensen te leven. Het enige wat daarvoor nodig is, is dat je alle vooroordelen van je afschudt die dat verhinderen en dat je je gezonde verstand volgt."

Maar hoe kon Von Haven redelijk zijn als hij ook nog eens geobsedeerd was door het zand in zijn eten, het vervuilde drinkwater en

Arabieren, over wie hij klaagde dat ze hem niet rustig lieten eten, zijn onderzoek belemmerden en weigerden hem de voetstappen van Mozes te laten terugvinden? De arts die deel uitmaakte van de expeditie sloot vriendschappen door afrodisiaca voor te schrijven aan vermoeide oude sjeiks, maar zijn vaardigheden waren niet voldoende om te voorkomen dat alle wetenschappers op één na aan een ziekte bezweken.

De overlevende, Carsten Niebuhr, was het enige bescheiden lid van de groep: hij weigerde de titel van professor en ging zich nooit te buiten aan woedeuitbarstingen. Hij gaf niets om filosofie of poëzie, maar had er plezier in om vast te leggen en te meten wat hij zag; hij maakte een kaart van iedere stad en stelde vijf boeken samen met objectieve informatie. Net zoals de hoofdpersoon van Tu Lung wilde hij geen eerbewijzen van de wereld. Als beloning vroeg hij slechts om een aanstelling als klerk bij de gemeente van een dorp in de meest desolate moeraslanden van Denemarken. Zelfs in die stilte "werd hij enorm gekweld door heimwee naar de waardige rust van de oriëntaalse mensen". De Académie Française verkoos hem tot correspondentlid, maar hij weigerde Parijs te bezoeken omdat hij geen bekendheid wilde genieten. Zijn conclusie was: "Waren we maar meer bedacht geweest op verkoudheden en hadden we ook maar meteen vanaf het begin geprobeerd om in het algemeen meer in overeenstemming met de oriëntaalse gebruiken te leven, en hadden de diverse leden van de expeditie maar een beetje meer vertrouwen in elkaar gehad en de reis niet zo volgepropt met frustraties door hun achterdocht en geruzie, dan zouden we misschien allemaal blij in Europa zijn teruggekeerd." Deze conclusie gold voor veel meer dan alleen zijn eigen avontuur.

Leven volgens de plaatselijke gebruiken: is dat de leidraad? De meeste van deze reizigers spraken geen Arabisch. Maar leidde kennis van vreemde talen tot een ander type reis? Het antwoord kan komen van Sir Richard Burton (1821-1890), een van de meest begiftigde linguïsten aller tijden, die 25 talen – of 40, als je de dialecten erbij rekent – zo perfect beheerste dat hij voor een autochtoon kon doorgaan. Twee of drie maanden waren voor hem voldoende om een taal vloeiend te spreken. Deskundigen vonden hem zwak in slechts twee talen – Russisch, wat onbegrijpelijk is, en Duits, waarvan de klanken hem irriteerden, zoals hij zei. "Niets", meende hij, "maakt zoveel indruk op iemand als wanneer je in zijn eigen dialect tegen hem praat". Als student in Oxford was hij een ramp, omdat hij een taal graag leerde zoals die gesproken werd: hij zei tegen de professoren dat hun uitspraak van het Latijn absurd was (wat die ook was; hij was immers na de Reformatie kunstmatig bedacht). Zodoende werd hem het lot bespaard om zelf professor te worden en was hij vrij om zijn talent te gebruiken teneinde iets ongrijpbaarders te zoeken dan kennis.

Het hoeft niet nadelig te zijn om aan het begin van je carrière, zonder op teleurstellingen te wachten, erachter te komen dat je "een zwerver" bent, zoals Burton van zichzelf zei. De reden was niet dat hij een (vermeende) nakomeling was van een van de bastaarden van Lodewijk XIV, die naar Ierland was weggestuurd; ook niet dat hij de zoon was van rijke ouders die niet wisten wat ze met zichzelf of met hem aan moesten. Ze brachten hem niet in Engeland groot, maar in Tours, waar ze zwolgen in hun hypochondrie: "Wij hebben de Engelse samenleving nooit helemaal begrepen", schreef hij met een zekere voldoening, "en evenmin begreep de samenleving ons". Zodoende was hij een geboren reiziger. "Reizen is overwinnen", daar probeerde hij zichzelf van te overtuigen. Maar hij was niet onafhankelijk: hij had een publiek nodig dat voor hem applaudisseerde. "Het is echt een voordeel om bij een gemeente te horen. Wanneer je een strijd hebt gewonnen of Centraal-Afrika hebt verkend, is het geweldig om thuis verwelkomd te worden, door een klein hoekje van de Grote Wereld dat trots is op jouw wapenfeiten omdat jouw eer erop afstraalt." De prijs die betaald moest worden was respect voor dat kleine hoekje, eerbied voor het gezag daarvan. Maar Burton was te sceptisch om wie dan ook te respecteren, en het minst nog zijn ouders. Als jongetje werd hij een vakkundig leugenaar. Later zei hij dat hij zich overgaf aan het spreken van de waarheid, maar dat dat hem alleen maar in de problemen bracht. Het was symbolisch dat schermen "de grote vertroosting in mijn leven" was.

Het Indiase leger gaf hem de gelegenheid om een stuk of vijf talen te leren: meteen begon hij zich te vermommen als een Perzische handelaar in stoffen en juwelen, wat hem in staat stelde de gesloten wereld van vrouwen binnen te komen, zelfs de harem. De manier om een volk te leren kennen, beweerde hij, was door de vrouwen te kennen. Zo begon een levenslange toewijding aan seksuologie, in de loop waarvan hij de *Kamasutra*, de *Geparfumeerde tuin* en de *Arabische nachten* vertaalde. Maar hoe geniaal hij als wetenschapper ook was, hij leerde niet veel over vrouwen. De grote teleurstelling van zijn Indiase carrière was de openbaring dat hij een incompetente minnaar was. "Terwijl duizenden Europeanen jarenlang samenleefden met en kinderen verwekten bij inheemse vrouwen, zijn ze nooit door hen bemind; ik ben tenminste nog nooit een geval tegengekomen." Seksuologie was in het Victoriaanse tijdperk niet méér de sleutel tot "het begrijpen van vrouwen" dan in de swingende jaren zestig. Luisteren naar wat vrouwen zeiden, dachten en niet durfden te zeggen, was geen onderdeel van zijn programma. Zijn visie op vrouwen kwam het duidelijkst tot uiting door zijn huwelijk met iemand die vrouwen verachtte. Aangezien zij geen man kon zijn zoals ze eigenlijk had gewild, verbeeldde ze zich dat ze een deel van hem was en wijdde ze haar leven eraan om hem te behagen. Ze stelde voor zichzelf een gedragscode op, waarin ze beloofde om zijn tekortkomingen voor de wereld verborgen te houden, hem nooit verwijten te maken, hem nooit van repliek te dienen als hij iets op haar aan te merken zou hebben, haar eigen slechte gezondheid te verbergen om hem niet lastig te vallen, hem nooit om iets te vragen, maar "hem in zijn echtgenote datgene te laten aantreffen waarvan hij en vele andere mannen vermoeden dat het slechts in een maîtresse aangetroffen kan worden".

Burtons beroemdste wapenfeit was zijn reis naar Mekka als een pelgrim, vermomd als een Afghaanse arts en derwisj; hij maakte zijn gezicht donker met walnotenolie, liet een lange baard groeien en schoor zijn hoofd kaal: hij was onherkenbaar. Hij liet zich besnijden, "ervoor zorgend dat het op de islamitische en niet op de joodse wijze gebeurde". Er was geen ritueel of gebed dat hij niet kende, en in gesprekken citeerde hij veelvuldig uit de koran. Hij maakte voor de gelegenheid zelfs een arts van zichzelf en behandelde patiënten. Ondanks de hitte – die hij vergeleek met de adem van een vulkaan, en die enkele van zijn metgezellen tijdens de mars van uitputting dood deed neervallen – en ondanks de angstaanjagende aanvallen van bandieten – die de buik van een metgezel openreten, waarna ze het aan de gieren en jakhalzen overlieten om hem uit de weg te ruimen – verried hij zichzelf nooit. Waarschijnlijk benaderde hij het gevoel wat het betekende om een islamitische pelgrim te zijn dichter dan welke christen ooit. Er bleef echter één obstakel over.

Toen hij ten slotte het meest gewijde heiligdom van Mekka bereikte, was hij diep geroerd. Maar hij erkende, "om de vernederende waarheid te bekennen", dat terwijl de emotie die door zijn medepelgrims werd ervaren "het intense gevoel was van religieuze vervoering, die van mij de verrukking was van bevredigde trots". Het bedrog betekende meer dan het inzicht. Uiteindelijk was zijn uitvoerige respect voor de islam oppervlakkig. Een Arabier die te weten kwam wie hij eigenlijk was, zei: "Hij heeft in onze baarden gelachen."

Dat is de betekenis van Burtons leven. Ook al werd hij bewonderd als degene bij uitstek die het Oosten toegankelijk heeft gemaakt voor het Westen – hij bracht beslist een heleboel nauwkeurige informatie over –, hij vond geen bevredigende manier om zich te schikken in andere beschavingen, wat het uiteindelijke doel is van een reiziger. Hij zei dat de Indiërs zichzelf heimelijk als superieur beschouwden aan hun Britse heersers, die hen verachtten: de enige oplossing was om het uit te vechten, om met ijzeren vuist te regeren; liberalisme zou verward worden met zwakte, want "de oriëntaalse discipline bestaat uit persoonlijk respect gebaseerd op angst".

Misschien komt het doordat sommige vrouwelijke reizigers het reizen als een alternatief voor het huwelijk zagen dat zij de opheffing van de grenzen het dichtst benaderden. Voor hen was dat in tweeërlei opzicht een daad van openlijk verzet, waarmee ze zowel de conventie als het gevaar tartten. De Weense Ida Pfeiffer (1797-1858) bijvoorbeeld was in de ogen van haar buren een bezadigde, praktisch ingestelde huisvrouw, "die geen uiterlijke charmes bezat" en gedwongen was met een weduwnaar te trouwen die 24 jaar ouder was dan zij en geleidelijk aan zijn fortuin verloor. Maar nadat ze met moeite haar kinderen had grootgebracht, vond ze een nieuw leven als reiziger. "Ik had geleerd", schreef ze, "om mijn ouders te vrezen in plaats van hen lief te hebben". Nu zocht ze naar andere soorten relaties. In haar eentje, met een minimum aan spaargeld, ging ze twee keer de wereld rond en bezocht ze landen waar nog niet eerder een Europeaan geweest was – een nietige, ongevaarlijke oudere dame die niets bezat, behalve een "talent om sympathie op te wekken bij degenen met wie ze in contact kwam en daarvan te profiteren".

Na de geschiedenis van volkeren en van families moet er een andere geschiedenis geschreven worden, namelijk van degenen die daarin buitenbeentjes waren of zich daarin onvolmaakt voelden en die nieuwe affiniteiten creëerden, ver weg van hun geboorteplaats. Reizigers zijn altijd een speciaal soort volk geweest, zonder grenzen, en zijn bezig het grootste volk ter wereld te worden, nu reizen niet langer enkel een vorm van vermaak is maar een essentieel onderdeel wordt van iemands totale leefpatroon. Tegenwoordig reizen er jaarlijks ruim 400 miljoen mensen tussen de continenten. De meest bewonderenswaardige figuren in de geschiedenis van het reizen zijn degenen die zich uitermate verdienstelijk hebben gemaakt voor hun gastheren. Een reis is succesvol als de reiziger terugkeert als ambassadeur voor het land dat hij bezocht heeft, net zoals een acteur het succesvolst is als hij zich inleeft in een personage en iets van zichzelf ontdekt in de rol die hij speelt.

Reizen betekent niet per se naar verre oorden gaan. Ik zal nu de meest vertrouwelijke bestemming onderzoeken, namelijk de reis die mannen en vrouwen hebben gemaakt, elkaars geest binnen.

Ibn Battuta, *Travels*, ed. H.A.R. Gibb, Cambridge UP, 1958; Rose E. Dunn, *The Adventures of Ibn Battuta*, Croom Helm, 1986; Dale F. Eickelman, *Muslim Travellers: Pilgrims, Migration and the Religious Imagination*, Routledge, 1990; Richard Trench, *Arabian Travellers*, Macmillan, 1986; Thorkild Hansen, *Arabia Felix: The Danish Expedition of 1761-7*, Eng. vertaling, Collins, 1964; Richard Burton, *Narrative of a Pilgrimage to Meccah and Medinah*, 3rd edn., William Mullan, 1872; Frank McLynn, *Burton: Snow upon the Desert*, John Murray, 1990; Dea Birkett, *Spinsters Abroad: Victorian Lady Explorers*, Blackwell, 1989; Anon., *The Story of Ida Pfeiffer*, Nelson, 1879; D. Murray Smith, *Round the World*, Nelson, 1968; Valerie L. Smith, *Hosts and Guests: Anthropology of Tourism*, Pennsylvania UP, Philadelphia, 1977; Daniel J. Boorstin, *The Discoverers*, Random House, NY, 1983.

18

Waarom vriendschap tussen mannen en vrouwen altijd zo fragiel is

Absa zegt dat ze geen vrienden heeft. Ze heeft nooit op school gezeten, dus was het een grote gebeurtenis in haar leven toen haar zeventienjarige dochter (die de beste van haar klas is) slaagde voor haar examens. Ze besloten dat te vieren en nodigden een stuk of tien schoolkameraden uit voor een feestje. Ze bereidde een enorme hoeveelheid taarten en limonade. Slechts twee van de gasten kwamen opdagen.

Absa N'dai, 34 jaar, moeder van vier kinderen, woont al tien jaar lang in hetzelfde blok in Bordeaux. Al die tijd heeft ze nooit een praatje gemaakt met haar buren. Ze is een Senegalese: in hetzelfde portaal wonen vier Franse families en één Portugese. Ze heeft hen ook nooit met elkaar horen praten. Ze hebben nog nooit goedemorgen tegen haar gezegd. "Ik ben altijd degene die het eerst goedemorgen zegt, en soms geven ze geen antwoord. Een keer zat een van hen vast in de lift; ik belde de brandweer, maar het enige wat hij zei was: 'Dank u wel.' Een keer rook ik gas; mijn dochter belde om hulp, maar daarvoor kregen we alleen maar norse blikken. Mijn directe buren hebben twee kinderen, die nooit met de mijne gepraat hebben, terwijl onze deuren maar één meter van elkaar af liggen."

Maar bij haar thuis wordt ook niet veel gepraat. Haar man is arbeider in een koekjesfabriek; hij verdient het minimumloon en ziet de gedwongen ontslagen om hem heen als een bedreiging. Hij komt moe thuis, gaat voor de televisie zitten en "ieder van ons blijft stil in zijn hoekje. Hij is treurig en praat zelfs niet met zijn kinderen. Ik praat niet zoveel met mijn man. Hij is stil. Dat vind ik erg vermoeiend. Maar ik kan goed met mijn kinderen praten. Mijn zoon is aardig voor me; hij vraagt: 'Moeder, waarom ben je zo stil?'" Ze glimlacht. Haar kinderen zijn haar vreugde. Maar het geld vinden om hen te kleden en hun te geven wat ze voor school nodig hebben, is als een paraplu vasthouden in een storm.

Haar man kwam in 1976 naar Frankrijk. Zij bleef in Senegal met de kinderen totdat ze zich in 1983 bij hem voegde. De eerste twee jaar wijdde ze eraan om Frans te leren lezen en schrijven, en sindsdien zoekt ze werk, tevergeefs. "Ik heb mezelf beschikbaar gesteld voor elke soort baan. Ik heb mezelf als schoonmaker aangeboden. Elke week kijk ik naar de vacatures, hoewel het me een uur kost om er met de bus te komen. Ik vul formulieren in, en zij zeggen dat ze zullen bellen, wat ze nooit doen. Ik heb alles gedaan om een baan te vinden. Ik weet niet waarom ik er geen kan krijgen. Ik heb geld uitgegeven aan een advertentie in de krant. Ik ben helemaal alleen. Ik ken niemand."

In Senegal stonden de zaken er niet veel beter voor. Daar was ook geen werk, hoewel ze een beetje verdiende als naaister. In Frankrijk doet ze op initiatief van de overheid een trainingscursus, waarbij een stage in een fabriek is inbegrepen. Haar baas zegt dat hij erg tevreden over haar is, maar dat hij geen vacatures heeft en haar niet kan houden. Graag zou ze een kleermakerswinkeltje openen: met z'n zessen wonen ze in drie kleine kamers, dus thuis is er geen ruimte. Maar zelfs al kon ze zich een winkel veroorloven, dan zouden de belastingen die ze zou moeten betalen haar onmiddellijk ruïneren. "Ik hou van werken. Ik heb een hekel aan niets doen."

Haar oudste dochter had een vriendin op school die de dochter was van de wiskundeleraar. Die vriendin deed Absa een groot plezier door belangstelling te tonen voor Senegalees eten, en er werd een geweldig diner voor haar bereid. Maar de vriendschap verwaterde toen de leraar naar een ander deel van het land werd overgeplaatst. Nu bellen ze elkaar alleen nog maar zo nu en dan. Absa's dochter zegt dat ze erover denkt om terug te gaan naar Senegal.

Wat Absa mist is het Afrikaanse familieleven. "In Senegal leven we allemaal samen. We vergeten alles. We denken niet na. We eten samen. Hier moet je nadenken, helemaal in je eentje. Wanneer mijn kinderen naar school gaan en mijn man op zijn werk is, denk ik veel na en huil ik. Toen mijn vader stierf, heb ik een week lang gehuild; ik was helemaal alleen. In Senegal helpt de familie, maar hier praatte niemand met me. Wanneer mijn man nachtdienst heeft en ik alleen met de kinderen ben, dan denk ik: Waarom is er niemand om me te

helpen als er iets zou gebeuren..."
De organisator van de trainingscursus die geacht wordt Absa op een baan voor te bereiden (die echter toegeeft dat slechts een vijfde van de trainees een baan zal vinden) is een Kabyle van geboorte en een gerenommeerd econoom. Hij zegt dat toen hij in Parijs woonde en goedemorgen tegen zijn buren zei, ook niemand hem antwoordde.

Maken degenen die rijker of beter opgeleid zijn makkelijker vrienden? Martine Bedin, een internationaal bekend architect en ontwerper, is lid van een van de bourgeois families van Bordeaux, maar als kind was de eerste vraag die haar altijd gesteld werd door de moeders van haar schoolkameraden: "Wat doet je vader?" Aanzien wordt nog altijd in stand gehouden door oneindig veel gradaties van gereserveerdheid. Daarom probeerde Martine Bedin vrienden te maken door toevallige ontmoetingen aan te grijpen: je kunt de potentiële vrienden die je toevallig ontmoet niet uitkiezen, maar je hebt wel de keuze als het gaat om wie je als vrienden kunt proberen te houden, door je best te doen voor die vriendschap. Dus legt ze niet de nadruk op familierelaties, maar op de onafhankelijkheid en excentriciteit van haar erfenis: haar Corsicaanse moeder, geboren in Venezuela, had geen rooie cent en zat op de toneelschool toen ze haar vader ontmoette. Alle Corsicanen, beweert ze, hebben wel wat bloed van zeelieden die daar aan wal gingen; daarom heeft ze zelf blauwe ogen en blond haar. Ze koestert de gedachte dat ze wellicht ook wat joods bloed heeft. Haar grootmoeder van vaders kant was de eerste vrouw die als student werd toegelaten tot de handelsschool van Bordeaux; later zou ze fortuin maken als industrieel. Martine Bedin werd geïnspireerd door deze nuchtere vrouw, die haar aanspoorde om politicus of een of ander soort leider te worden.

"Maar ik heb geen gezag." Martine Bedin wilde niet gehoorzaamd maar aardig gevonden worden, en niet alleen thuis. Ze leerde vier vreemde talen. In Londen, waar ze haar Engels verbeterde, ontmoette ze op dertienjarige leeftijd de neef van filmregisseur Visconti. Die zat op hetzelfde taleninstituut, maar verbleef in Brown's Hotel. Die vriendschap stelde Italië voor haar open. Daar deed ze haar architectuurstudie, volgde de colleges van Natalini en raakte geboeid door zijn charismatische welsprekendheid. "Ik ben gefascineerd door mensen die dingen gedaan hebben." En wel zodanig dat ze dapper genoeg is om met hen te praten. Ze vroeg Natalini of ze hem kon helpen. Terwijl ze als ober werkte om zichzelf te onderhouden, sliep ze heimelijk in zijn kantoor. Toen hij daar achter kwam, nam hij haar

in huis. Toen Sottsass, de ontwerper van Olivetti's kantoormeubelen, op een tentoonstelling haar tekeningen van een huis zag, complimenteerde hij haar. Hij zei: "Wij moeten dit huis samen bouwen." "Zet je handtekening eronder, dan kan het", antwoordde ze. Jonge leerlingen zijn moeilijk te weerstaan. Natalini had geprotesteerd met: "Maar ik ben niet beter dan je vader." Sottsass protesteerde met: "Maar wat ik doe is saai."
Op haar 23ste werd ze een van de oprichters van Sottsass' Memphis Design Group. "Je zult moed moeten hebben om je bij mij aan te sluiten", zei hij. Maar het waren zij en haar collega's die hem moed gaven. Ze waren bijna allemaal jonge buitenlanders die in Milaan konden doen waarvan ze thuis niet hadden kunnen dromen. Sottsass had geen kinderen, hij was als een vader voor hen, alleen hadden zij hem uit eigen wil gekozen en "was hij jaloers, bezorgd dat we hem in de steek zouden laten". Martine Bedin gaf zich over aan een "tekenmanie". De radicale visie van de groep op schoonheid, hun volharding dat schoonheid aangetroffen kon worden in alledaagse objecten die niemand ooit de moeite waard vond om er aandacht aan te schenken, de mengeling van dure en goedkope materialen, het gebruik van felle kleuren en de welbewuste afbraak van de algemeen erkende smaak, verwierf internationale belangstelling, maar na zeven jaar besloten ze dat ze geen ideeën meer hadden en gingen ze uit elkaar.

Is deze soort samenwerking tussen kunstenaars en ambachtslieden de meest bevredigende vorm van vriendschap? In Milaan bestaat nog altijd het gevoel dat de ontwerpers van de stad, die onafhankelijk werken maar elkaar ruimhartig helpen, hebben ontdekt wat broederlijkheid eigenlijk betekent. Maar voor Martine Bedin bracht het feit dat ze te jong beroemd werd problemen met zich mee. Ze blijft alles ontwerpen van meubelen en huizen, bussen en openbare toiletten tot sieraden en lampen, tapijten, kranen, koekjes, handtassen en zonnebrillen. Ze heeft de meest prestigieuze en luxueuze firma's ter wereld geadviseerd en daarvan opdrachten gekregen. Maar toch hunkert ze naar een grotere intimiteit met degenen die haar producten gebruiken. Dus heeft ze La Manufacture Familiale opgericht, die meubelen voor in huis maakt en deze zonder tussenpersonen verkoopt aan mensen die naar haar eigen huis komen om te kijken hoe ze eruitzien.

Wordt de ontwerper dan de vriend van de klant? Martine Bedin ontwerpt wat ze leuk vindt, niet wat de klant wil. De klant heeft er immers geen verstand van en zou het nooit kunnen uitleggen, net zoals zij niet kan uitleggen wat ze zal doen voordat ze het gedaan heeft. Een ontwerper is in haar ogen een soort vreedzame terrorist, die creëert wat niemand verwacht, wat niemand kon voorzien: dat is de hele essentie van originaliteit. Maar als ze haar eigen ontwerp creëert, is ze altijd bang dat ze niet begrepen wordt, dat de klant niet ziet hoe ze elk object zijn eigen persoonlijkheid heeft gegeven, zijn eigen onafhankelijke waardigheid. Het bewustzijn van mensen binnengaan zonder dat ze in de gaten hebben wat je doet, net als een parasiet, is misschien de enige manier om dat begrip geleidelijk aan te verkrijgen, denkt ze. Slechts andere experts die hetzelfde probeerden te doen, kunnen bevatten wat een expert heeft gepresteerd. Dat is de reden waarom modernistische kunst niet populair is bij een groot publiek: zij geeft de voorkeur aan shockeren of verrassen, "intens individualistisch" blijven.

Haar beide echtgenoten daarentegen waren succesvolle industrieel ontwerpers wier werk de supermarkten overspoelden. Haar vriendschap met hen was verschillend. Haar eerste echtgenoot was ouder dan zij, een introverte Italiaan: "Ik weet niet zeker of ik hem begreep. Hij had geen behoefte om met anderen te communiceren. Hij leerde me om alleen te werken." Na een tevreden huwelijk van twaalf jaar werden ze op een dag allebei verliefd op iemand anders. Ze gingen als vrienden uit elkaar en zijn vrienden gebleven, want twaalf jaar uit je verleden moet je niet verspillen. Ook de dochter en voormalige echtgenote van haar tweede man zijn, na enige aarzeling, vrienden geworden en komen logeren. Hij is Piotr Sierakowski, die zijn succesvolle carrière in de VS opgaf om met haar in de landelijke rust van de Gironde te wonen, hoewel hij van steden houdt: ze hebben verschillende stijlen en verschillende ideeën; hij is kleurenblind, terwijl kleuren de kern van haar werk vormen, en voelt geen enkele sympathie voor de kunst van Memphis. Emotioneel zijn ze samen, maar intellectueel blijven ze onafhankelijk. Hun kind, hun prachtige achttiende-eeuwse huis dat ze van binnen zelf gemoderniseerd hebben en hun zakelijke partnerschap in La Manufacture zijn de domeinen waar ze elkaar treffen. Maar toen ze allebei gevraagd werden om college te geven op de kunstacademie en zij voorstelde om gezamenlijk een cursus op te zetten, wilde hij liever afzonderlijk optreden. Hij liegt nooit: voor hem is dat het grote probleem voor een ontwerper die opdrachten nodig heeft van industriëlen; die willen namelijk dat je doet alsof je hun ideeën deelt en dat je een vorig succes herhaalt in plaats van je in het onbekende te storten, terwijl hij ervan houdt om na te denken over de essentie van objecten. Zijn ideaal is om een Mozart in hout te zijn, om een stijl te hebben die vol zit met vindingrijkheid en verrassingen.

Nu eens heeft Martine Bedin het gevoel alsof La Manufacture de Corsicaanse clan of de oude ambachtelijke familiewerkplaats doet herleven, maar dan weer zegt ze: "Ik hou er eigenlijk niet van om met mannen te werken. Ik wil kunnen aankondigen dat ik vandaag geen zin heb in werken, laten we de stad uit gaan: dat kun je alleen met vrouwen doen. Ik heb vooral met vrouwen gewerkt, met wie ik heel intiem was. Ik transformeerde werk tot een vrouwelijke daad, ik schafte de scheiding af tussen werk en leven. De mannen met wie ik werkte hadden allemaal een vrouwelijke kant, ze hielden ervan om in gezelschap van vrouwen te verkeren en over vrouwelijke onderwerpen te praten; creativiteit is immers de toepassing van de vrouwelijke kant van mannen. Wanneer ik mijn meubelen ontwerp, dan zie ik die in mijn verbeelding als een onderdeel van een huiselijk tafereel. Ook Sottsass verklaarde zijn meubelen met een tafereel of een anekdote. Hij had zijn vrouwelijke kant, was emotioneel, huilde en werd boos. Mannen en vrouwen denken in verschillende ritmes: ik heb nooit het gevoel dat mijn geest helemaal vrij is. Ik ben altijd met iets bezig."

Het lijkt erop dat zelfs ontwikkelde mannen en vrouwen elkaar erg vaak slechts gedeeltelijk hebben leren kennen.

Waarom is vriendschap tussen mannen en vrouwen altijd zo zeldzaam en moeilijk? Het gebruikelijke antwoord is seks. Maar daarmee vergeten we dat vriendschap tussen mannen ook nooit makkelijk is. De allereerste vriendschap die historisch gedocumenteerd is, namelijk die tussen de Babyloniërs Gilgamesj en Enkidu, rond 2000 voor Christus, kwam onmiddellijk in de problemen omdat hun temperamenten te verschillend waren. Enkidu was een "wildeman". Ze moesten onderhandelen voordat ze uiteindelijk overeenkwamen om zich samen op weg te begeven "teneinde de wereld van het kwaad te bevrijden". Vriendschap werd niet zozeer gedwarsboomd door seks, als wel door angst voor mensen die anders zijn.

In 1936 begroetten de Amerikanen *How to Make Friends and Influence People* van Dale Carnegie als dé oplossing voor hun frustraties. Gedurende de daaropvolgende twee decennia werden vijf miljoen exemplaren verkocht. Het was bijna een tweede bijbel, want hoewel het de deuren van de hemel niet opende, leerde het wel hoe je op de deuren van vreemden moest kloppen en hoe je ervoor kon zorgen dat ze niet in je gezicht werden dichtgeslagen. Carnegie (1888-1955) was een handelsreiziger, die zijn kleine gestalte als een bron van ellende ervoer. Hij kwam daar overheen door een avondcursus te geven in de kunst van het spreken in het openbaar. In een land van immigranten ontdekte hij dat mensen geremd werden door hun angst om zichzelf belachelijk te maken als ze hun mond opendeden. Zijn voorschrift was eenvoudig: glimlach, maak nooit ruzie, zeg nooit tegen iemand dat hij ongelijk heeft, heb nooit aanmerkingen, wees een Brave Borst. Wees niet anders dan anderen, dan zullen die anderen je vrienden zijn. Met andere woorden, wees jezelf niet: het grote obstakel voor vriendschap was de ongelukkige omstandigheid dat mensen verschillend waren en dat ze niet genoeg deden om dat te verbergen. Carnegie schreef vervolgens een boek waarin hij zei dat hetzelfde voor vrouwen gold – *How to Help your Husband Get Ahead in His Social and Business Life* – ook zij moesten een rol leren spelen. In overeenstemming met het principe dat je een angst het makkelijkst kunt genezen door op een andere angst over te schakelen, verving hij de angst om jezelf belachelijk te maken door de angst om door de mand te vallen.

Carnegies remedie was niet typisch Amerikaans. Shakespeare schreef dat vriendschap "meestal veinzerij" is. Net als Europeanen waren Amerikanen half christelijk en half heidens, onmiskenbaar heidens in hun toewijding aan succes en in hun stilzwijgende tolerantie van onoprechtheid. Carnegie was niet onder de indruk van degenen die hem ervan beschuldigden hypocrisie te prediken: als de Amerikanen succes wilden, dan liet hij hun zien hoe ze dat konden bereiken; hun persoonlijke opvattingen konden hem niet schelen. Ook in het verleden was het zo dat vriendschap meestal niets met affectie te maken had. Een vriend was altijd bovenal een beschermer of een bruikbaar iemand tegenover wie je je loyaal gedroeg in ruil voor gunsten, voor zolang als die gunsten duurden. De oude Romeinen, die bijna iedereen met wie ze te maken hadden 'vriend' noemden, schaamden zich niet om hen in drie categorieën in te delen: degenen die ze in hun huis verwelkomden, degenen die in groepen de open hof voor hun huis mochten betreden voor de ochtendbegroeting, en de nederige cliënten die buiten wachtten onder de supervisie van bedienden.

De wereld heeft geen tekort aan idealen, maar aan methoden die ervoor zorgen dat ze ophouden veinzerij, leugens te worden. In het huidige Italië heeft het woord 'vriendschap' volgens Francesco Alberoni, de vriendschapsdeskundige van dat land, nog altijd een connotatie van bedriegen, van het op slinkse wijze kopen van voorrechten. Overal waar vooruitgang afhankelijk was van het kennen van de vrienden van vrienden, was het in feite een luxe als je hen aardig vond. Een specialist in hielen likken kan zeggen: "Hij is mijn vriend en ik veracht hem." Het is nog maar sinds kort dat de diensten van overheidsambtenaren, bankiers, advocaten, hoteliers of verzekeraars niet langer als een persoonlijke gunst verworven hoeven te worden en te worden betaald met een deel van je onafhankelijkheid. Zolang mensen hongerig zijn naar vleierij, zullen ze de smaak blijven genieten van Carnegies bitterzoete recept. Zolang hun vriendenkeuze beperkt is tot degenen met macht, hebben ze geen keuze.

De link tussen vriendschap en angst doet zich duidelijk voor onder de Maya's, of tenminste onder hun afstammelingen in Guatemala. Als een permanente mist hing er een sfeer van algemeen wantrouwen over hen, bestendigd door vierhonderd jaar veroveringen. De jonge mannen probeerden die te bevechten door *camarada* te worden. Ze liepen rond als onafscheidelijke koppels, terwijl ze elkaar in het openbaar omhelsden, met elkaar dansten en zelfs zeiden dat ze bereid zouden zijn te trouwen als de ander een vrouw was geweest. Dit waren geen seksuele relaties, want ze hielpen elkaar bij hun amoureuze avances tegenover de meisjes. Maar het huwelijk bood hun niet alles wat ze wilden in termen van intimiteit. Een man had het gevoel bijgebracht gekregen dat hij een *camarada* nodig had om ervoor te zorgen dat hij emotioneel niet alleen stond. Er eentje uitkiezen was net hofmakerij, en de verbintenis werd met een formeel contract bezegeld. "Iedereen heeft een *camarada* gehad", legde een oude man uit, "en heeft hetzelfde gedaan. Maar het is moeilijk om je hele leven een *camarada* te behouden." Want ondanks hun liefdevolle toewijding jegens elkaar waren ze niet in staat het wantrouwen te vermijden waarvan hun hele samenleving doordrongen was. Iedereen was trots een vriend te hebben, maar ook intens jaloers als zijn partner belangstelling toonde voor een ander: elke handeling die er niet uitsluitend op gericht was om de ander te plezieren, werd ervaren als een bedreiging. Hoewel ze ervan genoten om elkaar in vertrouwen te nemen, waren ze niet in staat het uit hun hoofd te zetten dat hun vriend een potentiële vijand was. Zelden hadden ze de moed om elkaar volledig in vertrouwen te nemen. Hun idylle eindigde gewoonlijk in beschuldigingen over en weer: vrienden werden vijanden. Terwijl ze verlangden naar een onmogelijke volmaaktheid in hun vriend en van hem oprechte bewondering eisten, maakten ze liever een einde aan hun vriendschap dan dat ze die met een ander deelden. De moraal die de oude man eruit trok was: "Je kunt en moet een ander niet helemaal vertrouwen." Daarom kon de mist van wederzijdse achterdocht niet optrekken.

Dat gebeurde ook niet bij de Grieken, hoewel die hartstochtelijk geïnteresseerd waren in vriendschap. Maar ze waren nog meer gebrand op het winnen van bewondering, en bovendien wilden ze rechtvaardigheid. Zo zaten ze er voortdurend over in dat misschien niet iedereen zijn rechtmatige deel kreeg van elk van deze drie verrukkingen. Aristoteles zei dat hij alleen maar bevriend kon zijn met een rechtschapen man, zoals hijzelf. Dat betekende een zeer ernstige beperking van zijn keuze. Hij vond het het beste om slechts een paar vrienden te hebben: dat een democratie een grote vriendschap tussen burgers zou kunnen zijn, was een idee dat hij alleen maar opwierp om het vervolgens van de hand te wijzen. Wat zou er gebeuren, vroeg hij, als twee vrienden niet helemaal gelijk zijn? Wat zouden ze besluiten als degene die rechtschapener was meer of minder bewonderd en gerespecteerd werd dan hij eigenlijk verdiende? Ditzelfde probleem kwelde de Grieken in hun homoseksuele liefdes, waarbij het niet alleen ging om lichamelijk verlangen, om zoals Zeus "opgewonden te raken van een dij": de volwassene die de liefde van een jongeling won, was bovenal trots dat hij bewezen had dat zijn verdiensten en ervaring het waard waren om bewonderd te worden; hoe meer de jongeling zich verzette, hoe meer minnaars hij had, hoe trotser de overwinnaar was. Zo werd vriendschap bovendien verward met trots en botste ze met rivaliteit. Hoewel Aristoteles ongetwijfeld een van de meest intelligente mensen was die ooit geleefd hebben, hoewel hij zeer scherpzinnige hoofdstukken over vriendschap schreef en hoewel hij (na een lange denkpauze) op een indrukwekkende wijze over elk aards onderwerp kon praten, zei hij op zijn oude dag, terwijl hij zich te goed deed aan zijn favoriete bezigheid, namelijk het nemen van warme oliebaden: "Hoe eenzamer en geïsoleerder ik ben, hoe meer ik van mythen ben gaan houden." Vriendschap bleef een mythe.

De Pers Abu Hayyan Al-Tawhidi (932-1023), wiens *Brieven over vriendschap* ook een buitengewoon oprechte autobiografie is, kon niet inzien hoe hij vriendschap met zijn andere verlangens in overeenstemming kon brengen. "Ik ben een man die gedomineerd wordt door een verlangen naar zekerheid", schreef hij. Die gaf vriendschap hem niet, omdat hij geloofde (in navolging van Aristoteles, wiens opvattingen gedurende twee millennia het denken over dit onderwerp van oogkleppen voorzagen) dat vrienden "één ziel in een tweetal lichamen" dienden te zijn, zo veel mogelijk op elkaar gelijkend. Zijn ideale vriendenkoppel – de filosoof Suleyman en de rechter Ibn Sayyar – hadden dezelfde verlangens, dezelfde passies en dezelfde angsten; zelfs hun dromen waren identiek. Ze vertelden elkaar alles "alsof hij mij was", terwijl ze alles met elkaar deelden en nooit boos op elkaar werden. Maar voor zijn eigen sociale leven had Al-Tawhidi niets aan zo'n voorbeeld. Van beroep was hij kopiist en kalligraaf, erop gebrand om zichzelf te verbeteren. Hij klaagde dat je diep religieus moest zijn en geen belangstelling moest hebben voor de geneugten van de wereld, wilde je je tegen ambitie verzetten, "wat moeilijk is". Hij kon geen vrienden maken met de grootvizier, bij wie hij zocht naar een aanstelling en een reputatie: ze hadden te verschillende temperamenten. Toen hij zijn zoon had overleefd en de erudiete mensen met wie hij optrok en correspondeerde, voelde hij zich intens alleen: "Ik heb geen energie, ik kan niet meer nadenken, mijn welsprekendheid is verdwenen, ik word steeds obsessiever en ik vertrouw geen mens meer." Dus verbrandde hij zijn verzameling boeken, het bezit dat hij boven al het andere koesterde, "hoewel het een soort moord was... [maar] ik wilde de boeken niet nalaten aan mensen die ze zouden bespotten en die op mijn onwetendheid en tekortkomingen zouden wijzen". Vriendschap was zijn "vertroosting", maar liet hem even onzeker achter als toen hij begon. Haar zwakke plek was dit ideaal van volledige harmonie, dat haar hopeloos zeldzaam maakte en dat, wanneer het bereikt was, het verenigde koppel afsneed van de rest van de mensheid.

Als vrienden identiek dienen te zijn, dan moeten mannen en vrouwen de hoop hebben opgegeven om vrienden te worden. Toch is gemeld dat in delen van Afrika, bijvoorbeeld onder de Bangwa in Kameroen en onder de Nzema in Ghana, mannen en vrouwen intieme vriendschappen aangaan die een leven lang duren. Wanneer ze samen zijn, "versoepelt de vrouw haar gebruikelijke houding van een bijna theatrale eerbied voor een man, en mogen ze grappen maken, openhartig praten en zelfs samen eten – iets wat normaal taboe is tussen mannen en vrouwen, vooral als ze gehuwd zijn". De vriendschappen blijven bestaan nadat ze met iemand anders getrouwd zijn; ze komen tussenbeide om elkaar te beschermen in hun ruzies met hun huwelijkspartners. Toen Ibn Battuta (besproken in het vorige hoofdstuk) in de veertiende eeuw Mali bezocht, was hij verrast om te zien hoe mannen en vrouwen van elkaars gezelschap genoten buiten de beperkingen van het huwelijk.

Mannen zijn niet altijd geobsedeerd geweest door geslachtsgemeenschap wanneer ze dicht bij een vrouw waren. In de twaalfde eeuw was het in de ogen van veel ridders niet de bedoeling dat hun toewijding aan de vrouw die ze bewonderden uiteindelijk haar vervolmaking zou vinden in de geslachtsdaad. In het zeventiende-eeuwse Engeland trouwden mensen pas als ze eind twintig waren, en toch was het percentage bastaarden die geboren werden slechts drie procent, maar een fractie van het huidige percentage, ondanks alle voorbehoedsmiddelen. Samuel Pepys, een van de geilste mannen, die tot in de allerkleinste details een dagboek bijhield van zijn flirtations, zoende en liefkoosde bijna elke vrouw die hij tegenkwam, maar ging zelden verder. In zijn tijd was het gebruikelijk voor een man die een vrouw het hof maakte dat hij door haar werd uitgenodigd om in haar bed te komen 'kweesten'. Dat hield in dat ze dicht tegen elkaar aankropen, praatten en sliepen maar hun kleren aanhielden, hoewel de vrouw soms haar bovenlijf ontblootte of haar schoenen en kousen uitdeed. Maar er was een "duidelijke afspraak dat het bij onschuldige liefkozingen bleef". Deze praktijk vond men "even ongevaarlijk als een tête-à-tête in een salon", maar genoot de voorkeur omdat hij warmer was. Kweesten was alleen voor de winter, vaak na de kerk op zondag. Het was niet beperkt tot vrijende paartjes, want een man kon een gast uitnodigen om met zijn vrouw of dochters te kweesten. Het was gebruikelijk in Engeland, Amerika, Nederland en naar het schijnt ook Afghanistan. De Fransman La Rochefoucauld weigerde het te geloven en schreef het feit dat Massachusetts zo dichtbevolkt was toe aan kweesten. De praktijk duurde daar voort tot 1827; Cape Cod was de laatste plaats die zich verzette tegen de gracieuze opvatting dat het gepaster was om op een bank in een salon te zitten. Pas in de laatste twee eeuwen is er op aanraken een taboe komen te rusten en werd dat vervangen door copulatie als het symbool van intimiteit.

Door de jaren heen had het begrip 'intimiteit' verschillende betekenissen. Oorspronkelijk had het betrekking op ruimte en voorwerpen – een intieme kamer bijvoorbeeld, waarin je je terugtrok uit het kabaal van verwanten en buren – of intieme souvenirs en relikwieën – zoals een haarlok – die je koesterde alsof ze magische krachten bezaten. Binnen het huwelijk betekende intimiteit 'huiselijkheid'. Vrienden gaven uitdrukking aan hun intimiteit door in elkaars armen te vallen, elkaar aan de borst te drukken. In landen waar oude zeden de overhand hebben, blijft aanraken het teken van intimiteit.

De romantici zeiden dat dit niet voldoende was en bedachten een tweede soort intimiteit. Die was beslist revolutionair, omdat gesteld werd dat een man en een vrouw die verliefd waren de vereniging van twee zielen konden ervaren die de antieken zo hadden bewonderd, maar die ze beperkt hadden tot mannen. De romantici voegden daaraan toe dat geslachtsgemeenschap de manier was om die vereniging te bereiken. Vóór die tijd moest een man die beweerde verliefd te zijn bewijzen dat hij het serieus meende door te laten zien dat hij rijk genoeg was om de vrouw te onderhouden. Hij moest zijn verstand gebruiken en zijn hartstocht – waaraan hoofdzakelijk buiten het huwelijk uiting werd gegeven – waardigheid verlenen door zich bereid te verklaren om te trouwen. Zij werd geacht verliefd op hem te worden alvorens zich met seks in te laten. De grote innovatie was te zeggen dat seks ervoor zou zorgen dat ze nog lang en gelukkig leefden. Op die manier hoefden ze zich geen zorgen te maken als ze elkaar niets te zeggen hadden: men bestempelde de vereniging van zielen als iets zo hemels dat het boven communicatie uitsteeg; idealiter verloren ze beiden gaandeweg hun afzonderlijke identiteitsgevoel. Je hoefde je partner niet als individu lief te hebben, omdat je het meest hield van liefde, verliefd zijn en bemind worden.

Dit alles was een overgangsfase in de geschiedenis van de relaties tussen mannen en vrouwen, veroorzaakt door de moeite die ze hadden met communiceren. Zo hoefden ze elkaar niet meer te leren kennen. Zo konden ze een onevenwichtige relatie ervaren als plezierig en onzelfzuchtig. Bovenal werden zo alle primaire voorwaarden om lief te hebben afgeschaft door het uitdagend raadselachtig te maken, door de geliefde te idealiseren, door iedereen in staat te stellen op iedereen verliefd te worden en door de schijn op te houden dat de liefde nooit zou eindigen. Dit was een van de meest fantastische uitvindingen van de mensheid. Intimiteit werd als het ware een paar vleugels, en het was niet nodig te leren vliegen. Maar degenen die erin slaagden om dit ideaal te incorporeren in de dagelijkse spanningen van het huwelijk waren echt zeldzaam. In de achttiende eeuw werd er uitvoerig over gediscussieerd of vriendschap dan wel gepassioneerde liefde mannen en vrouwen steviger bij elkaar hield. De zaak werd beslist door de aanvaarding van het idee dat seks de beste waarborg bood voor harmonie.

Sindsdien stelde men zich echter een derde soort intimiteit voor, een geestelijke intimiteit, voor mensen die lezen, denken en zowel naar anderen als naar zichzelf kijken en voor wie het leven een ontdekkingsreis is. In plaats van elkaar voortdurend te vragen: "Ben je nog steeds gek op me?" is de vraag geworden: "Is het nog steeds zo dat je me interesseert, me stimuleert, me helpt, me troost en om me geeft terwijl ik verander en me ontwikkel, en doe ik ditzelfde nog steeds voor jou?" Deze intimiteit is een partnerschap in de zoektocht naar de waarheid; ieder wordt in staat gesteld de wereld twee keer te zien, zowel door de ogen van de ander als door die van zichzelf. Penetratie in elkaars geest brengt noch onderwerping noch dominantie met zich mee: de partners proberen naar elkaar te luisteren, terwijl ieder een afzonderlijke persoon blijft, zich ervan bewust dat intimiteit conflicten kan veroorzaken, of te hecht en verstikkend dan wel defensief kan worden. Het biedt geen volkomen veilig toevluchtsoord, weg van de vijandige wereld, hetgeen impliceert dat twee mensen niet in staat zijn om elkaars behoeften in hun totaliteit te bevredigen. Maar hun verschillen stellen hen in staat om samen en ieder voor zich dingen te onderzoeken waaraan ze zich in hun eentje niet zouden wagen.

Hoe kunnen alle drie de vormen van intimiteit gecombineerd worden zodat je de best mogelijke wereld krijgt? Ten minste twee eeuwen lang, en onder de armen waarschijnlijk veel langer, probeerde men huwelijk en vriendschap onder één noemer te brengen. In 1782, op hetzelfde moment dat een Engelse rechter besliste dat het wettelijk was toegestaan dat een man zijn vrouw sloeg mits de stok niet dikker was dan zijn duim, antwoordde een Engelse vrouw: "Ik meen ... dat het voor het huwelijksgeluk absoluut noodzakelijk is dat de man zo over de intelligentie, principes en integriteit van zijn vrouw denkt dat hij ertoe wordt aangezet haar te verheffen tot de positie van zijn voornaamste en beste vriend." Enorme vooroordelen stonden dat echter in de weg: Michel de Montaigne, wiens leven gedomineerd werd door een aristotelische gehechtheid aan een gelijkgezinde man, vond dat vriendschap met een echtgenote inderdaad de meest volmaakte situatie zou kunnen zijn, maar dat vrouwen daar helaas "doorgaans niet toe in staat" waren: "hun ziel lijkt niet sterk genoeg om de druk van zo'n vaste en duurzame band te verdragen". Niettemin begonnen de presidenten van de VS zich tijdens hun verkiezingscampagnes hand in hand met hun echtgenotes te vertonen, en wees een Amerikaans onderzoek in 1980 uit dat zestig procent van de gehuwde mannen en vijftig procent van de gehuwde vrouwen hun huwelijkspartner beschreven als een zeer hechte vriend.

Maar een kameraadschappelijk huwelijk bleek een fragiele constructie te zijn, die steeds vaker in elkaar stortte en uitliep op een scheiding. De reden was dat vriendschap het huwelijk slechts van binnenuit overeind hield; er waren geen voorzieningen getroffen voor vriendschappen met het andere geslacht buiten het huwelijk, dat daardoor het risico liep aan de minste of geringste jaloezie te bezwijken. Externe vriendschappen bleven verdacht, en veel mensen bestempelden ze als onmogelijk. De algemeen aanvaarde opvatting was dat vrouwen en mannen fundamenteel onverenigbare houdingen hadden tegenover vriendschap: de betekenis daarvan was in de ogen van mannen dat ze samen dingen deden, terwijl ze hun intiemste gedachten (als ze die hadden) voor zichzelf hielden; voor vrouwen impliceerde ze echter een uitwisseling van intimiteit en emoties, waarbij openhartig gepraat werd over de dingen die hen echt bezighielden. Maar uit recent onderzoek bleek niet dat dit een onveranderlijk feit is. Vrouwelijke historici hebben de rijkdom en intensiteit van de vriendschap tussen vrouwen aan het licht gebracht, maar waarschuwden er ook voor om die te idealiseren. Ze lieten zien dat als die de vorm aanneemt van het uitwisselen van gemopper, ze vaak "psychologische hypochondrie" en "afhankelijkheid van therapie" stimuleert. Sociologen hebben berekend dat slechts de helft van de vriendschappen tussen vrouwen beschouwd kan worden als echt ondersteunend: de rest, zeggen ze, wordt gezien als iets wat energie vreet, hetgeen geduld wordt uit angst geen vrienden te hebben. Uit één onderzoek bleek dat veel van de gehuwde vrouwelijke respondenten het liefst hun echtgenoot in vertrouwen zouden willen nemen, maar dat ze zich tot vriendinnen wendden omdat er niet naar hen geluisterd werd. Janice Raymond, een voormalige non, een van de schrijvers die de vriendschap tussen vrouwen op een uitzonderlijk geniale en erudiete wijze heeft geroemd, dringt er niettemin op aan dat die een drastische hervorming behoeft en "diepzinniger" moet worden. Vriendschap tussen vrouwen blijkt niet zozeer een intuïtieve hartstocht te zijn als wel een kunstwerk dat met verfijning en inspanning gemaakt werd, en dat daardoor wezenlijk flexibel is.

Een deel van de mannen blijft herhalen dat ze geen vriendschap van vrouwen willen; ze beweren dat ze hun vriendschap van hun maten krijgen en dat vrouwen er zijn voor kinderen en seks. Maar bijvoorbeeld het onderzoek van Karen V. Hansen naar de correspondentie van gewone arbeiders in het negentiende-eeuwse Amerika liet zien dat de stereotiepe vriendschap tussen mannen niet zo onveranderlijk en onveranderbaar is als men altijd dacht. Uit hun persoonlijke brieven blijkt dat ze onderling hechte en intieme vriendschappen hadden, die niet anders waren dan die tussen vrouwen uit de middenklasse; ook leek de onderdrukking van emoties hun niet essentieel voor het tonen van hun mannelijkheid. Op bezoek gaan, diensten uitwisselen, teder en zorgzaam zieken verplegen en gastvrijheid verlenen maakten allemaal deel uit van hun dagelijkse routine, en vaak hadden ze ook warme relaties met hun zussen. Er zijn niet genoeg van deze brieven om te kunnen zeggen dat dit kenmerkend was, maar ze laten wel zien wat er mogelijk was en hoe de mode zowel gedrag als kleding kan veranderen. Toen mannen romantisch verliefd moesten worden om te trouwen, raakten de bijna-romantische relaties tussen mannen onderling in verval. Dat was het moment waarop ze agressiever met hun stoerheid pronkten om datgene te compenseren waarvan ze bang waren dat het als zwakte zou worden opgevat. Recente onderzoeken naar waar mannen hun emotionele voeding vandaan halen, wie ze regelmatig bezoeken en waar ze over praten, lieten zien dat een niet te verwaarlozen minderheid wel degelijk onderling intieme, openhartige gesprekken voert, vooral zolang ze nog ongehuwd zijn. Het is het huwelijk dat de luiken sluit. Vanaf dat moment is het grotendeels binnen de privacy van het huwelijk dat ze van hun hypocrisie worden ontdaan. Naarmate de mannelijke helden uit de geschiedenis door moderne biografen getransformeerd worden tot hopeloos eenzame en kwetsbare zwervers, wordt het onzeker of een huwelijk, zelfs gecombineerd met een vriendschap, voldoende is om mannen overeind te houden. Het kameraadschappelijke huwelijk was slechts een gedeeltelijke oplossing.

Wat het niet heeft opgelost, is het raadsel van vriendschap tussen de seksen buiten het huwelijk. Dat is het volgende punt op de agenda van de mensheid. Toen mensen het onbekende vreesden als een soort heiligschennis, was de ideale vriend een kloon van henzelf. Maar op het moment dat verveling de grote bedreiging wordt en originaliteit de enige bescherming daartegen, moet vriendschap een partnerschap zijn dat een einde maakt aan verveling. Voor degenen die afzonderlijk niet weten wat ze willen, kan vriendschap het middel zijn waarmee ze, als koppel, een doel kunnen vinden. Wanneer vrienden verschillende ideeën hebben, wanneer ze van verschillend geslacht zijn, wanneer ze van hun verschillen genieten en wanneer ze graag dingen willen leren over elkaars uniciteit, kan nieuwsgierigheid de drijvende kracht worden in hun relatie. Terwijl ze aanvankelijk graag dingen over elkaar willen weten, kan dat uitgroeien tot nieuwsgierigheid die externe aangelegenheden betreft en leiden tot onbeproefde ervaringen die te angstaanjagend zijn om als eenling het hoofd te bieden. Leergierigheid is de energie waaruit een doel groeit, als de bevrediging ervan al niet een doel op zichzelf is.

Het impliceert een kijk op het leven waarbij het verleden, het heden en de toekomst als een reusachtige sneeuwbal zijn, een onophoudelijke opeenstapeling van nieuwe ervaringen en idealen, of als het steeds uitdijend heelal zelf. Vriendschap tussen de seksen gaat verder dan volledig opgaan in het kortstondige ogenblik zoals de romantici deden, al het andere vergetend en alleen dromend over passie. Als passie de enige werkelijkheid is, kan het leven geen andere betekenis hebben, en iedereen weet dat passie verflauwt. Het groeiende aantal kieskeurige individuen die geen partner kunnen vinden die helemaal bij hen past, zoeken meer dan de wederzijdse bewondering van een vast koppel; terwijl ze schijnbaar onverenigbare ambities proberen te vervullen, hebben ze relaties nodig die niet verstijven als rigor mortis.

Maar vriendschap tussen de seksen vergt een bereidheid om niet in stereotypen te denken, niet per se een minnaar, vriend of familielid te willen zijn, en vereist dat er tussen zulke categorieën geen eb en vloed bestaat. De markiezin de Lambert (1647-1733), wier man gouverneur was van het hertogdom Luxemburg en die er uit eigen ervaring achter probeerde te komen hoe gemengde vriendschappen naast liefde tot bloei gebracht konden worden – ze was ervan overtuigd dat die altijd een "levendigheid" bezaten die ontbrak wanneer mensen van hetzelfde geslacht elkaar ontmoetten – kwam tot de conclusie dat het hart, net als het brein, ontwikkeld diende te worden en dat affectie als een kunstvorm moest worden bestudeerd. Een liefdevolle vriendschap (*amitié amoureuse*) is in feite een nieuwe kunstvorm, even interessant als een kameraadschappelijk huwelijk.

Spoedig nadat ze dit geschreven had, begonnen enkele mannen en vrouwen welbewust elkaars gezelschap te zoeken omwille van de vriendschap. In 1765 werd in Londen de eerste gemengde club opgericht, Almack's, waarbij de mannelijke leden gekozen werden door de vrouwen en de vrouwelijke leden door de mannen. Vervolgens brachten sport- en hobbyclubs hen van tijd tot tijd bij elkaar – hoewel die de seksen ook vaak gescheiden hielden. Telkens wanneer er een Berlijnse Muur wordt gesloopt, doet zich de mogelijkheid voor van een nieuw tijdperk in menselijke relaties.

Het meest succesvolle experiment met gemengde vriendschap, dat de interessantste praktische resultaten opleverde, was waarschijnlijk dat van het Genootschap der Vrienden (alias de quakers). Het was gebaseerd op het principe dat individuen zelf moesten beslissen hoe ze leefden: het had geen doctrine, geen boek met voorschriften en geen priesters, en bij huwelijksplechtigheden werd geen gehoorzaamheid beloofd. Het volgde een democratische koers; tijdens bijeenkomsten zeiden zijn leden wat ze vonden en er werd pas een besluit genomen als iedereen het ermee eens was. Ze negeerden rangen en standen en noemden iedereen Gij. Hun manier om hun vervolgers aan te pakken was hen persoonlijk tegemoet te treden en onder vier ogen met hen te praten. Verrassend genoeg werkte dat soms, zelfs bij felle tegenstanders en zelfs hoewel ze de grondvesten van de maatschappij in twijfel trokken. De verklaring voor hun succes was de vriendschap tussen hun oprichter, George Fox (1624-1691), een leerling-schoenmaker, en Margaret Fell, de vrouw van een rechter. Men was fundamenteel overtuigd van de gelijkheid tussen de seksen en bekrachtigde dat door gelijke scholing, zodat het genootschap enkele uiterst opmerkelijke vrouwen voortbracht. Een van hen, Mary Fisher, maakte een voettocht van ruim 2400 kilometer om de sultan van Turkije ertoe aan te zetten zijn gewoonten te veranderen, en hij ontving haar. Toen ze hem vroeg of hij haar boodschap begreep, antwoordde hij:

"Ieder woord, en het was de waarheid." Maar er veranderde natuurlijk niets in het Ottomaanse Rijk.

Het leek misschien dwaas te hopen dat er iets zou veranderen als gevolg van een paar mensen die zich toelegden op vriendschap, die algemeen werd beschouwd als een privé-aangelegenheid, van minder belang in openbare zaken. Na ruim drie eeuwen te hebben bestaan, heeft het Genootschap der Vrienden inderdaad minder dan een kwart miljoen leden – dun over de aardbol uitgesmeerd, het sterkst vertegenwoordigd in Bolivia, de VS, Kenia en Groot-Brittannië – maar het had meer invloed op hoe mensen elkaar bejegenen dan welke overheid van wat voor machtig rijk dan ook ooit heeft gehad. Het bracht niets tot stand met geweld of decreten; het verzette geen bergen, maar liet wel zien hoe voorbeeldige daden hen op z'n minst een beetje konden laten afbrokkelen, heel geleidelijk. De quakers richtten het eerste genootschap op dat tegen slavernij was. Dat leidde tot de eerste wet die slavernij aanvocht: elke slaaf die voet op Engelse bodem zette werd een vrij mens. Zij waren de eersten die een boycot organiseerden, in de achttiende eeuw, tegen producten uit landen waar slaven werden gehouden. Zij waren de eerste mensen ter wereld die een pleidooi hielden voor de afschaffing van de doodstraf. In de achttiende eeuw stelde John Belley een gratis nationale gezondheidszorg voor, evenals een studie van de Indiase en Amerikaanse geneeskunst als aanvulling op de Europese. Elizabeth Fry (1780-1845) was een van de vroegste instigatoren van de hervorming van gevangenissen: de Vrienden stelden niet dat mensen in de grond goed of slecht waren, maar dat je moest proberen om al het goede in hen eruit te halen, ongeacht de misdaden die ze hadden gepleegd. Zij kwamen op het idee om humanitaire hulp te bieden aan burgers die geruïneerd waren door de oorlog: in 1870-1871 brachten ze voedsel, kleding en medicijnen naar beide partijen in de Frans-Pruisische Oorlog. In 1914 gingen ze naar de gevangenis om de rechten van gewetensbezwaarden erkend te krijgen. Vier van de vijf leiders van de vrouwenbeweging in het negentiende-eeuwse Amerika waren Vrienden, een derde van de pioniers op het gebied van gevangenishervorming, veertig procent van de abolitionisten. Zij schreven het Equal Rights Amendment. Amnesty International is hun kind.

Maar ze hebben nooit geprobeerd de controle te behouden over de humanitaire instellingen die ze hadden opgezet, deels omdat ze al heel vroeg ontdekten dat ze niet tot het politieke spel in staat waren. In Pennsylvania, dat gesticht werd als een quaker-kolonie en opviel vanwege zijn ongebruikelijke, vredelievende houding tegenover de

Het Genootschap der Vrienden 331

indianen en vanwege zijn buitengewoon democratische overheid, werd het duidelijk dat vriendschap en het geven van bevelen onverenigbaar waren en dat vriendschap geen systeem was voor grote groepen mensen. Het was niet alleen omdat ze weigerden belasting te betalen die voor oorlogsdoeleinden gebruikt zou kunnen worden dat ze de controle over Pennsylvania verloren. De quakerij verdween ook uit het zakenleven, waar ze oorspronkelijk heel succesvol was; ze bood immers volledige integriteit, maar impliceerde dat de kwaliteit van relaties met werknemers en klanten belangrijker was dan winst, en ze was onverenigbaar met uitbreiding ten koste van alles. De meeste quakers zitten nu in de dienst- en zorgverlening.

De ervaring van de quakers, wier tolerantie van interne onenigheid bijzonder is, duidt erop dat vrienden niet hetzelfde hoeven te denken mits vriendschap beschouwd wordt als een verkenning in plaats van als een zoektocht naar zekerheid en mits van elke partner erkend wordt dat die een gelijke waardigheid bezit. Wanneer ze zelf hun standpunt bepaalden, maakten ze het luisteren naar de opvattingen van hun vrienden tot een essentieel onderdeel van hun methode, en het was met name belangrijk dat deze vrienden van beide geslachten waren.

De geschiedenis van vriendschappen binnen andere groepen – landen, steden, families – moet nog geschreven worden. Wanneer dat gedaan is, kunnen we de belemmeringen en vooruitzichten wellicht beter begrijpen. Polen bijvoorbeeld heeft duidelijk een rijke geschiedenis van de vriendschap. Het was beroemd om zijn unieke grondwet, die bepaalde dat een wet pas kon worden aanvaard als elk afzonderlijk lid van de heersende adelstand het ermee eens was: dit was de meest volmaakte politieke uiting van vriendschap die ooit was bedacht, en het resulteerde in chaos. Maar er zit iets waardevols in zo'n erfenis, die respect voor het individu tot het uiterste doorvoert. De huidige politieke partijen in Polen zijn partijen van vrienden, misschien omdat ze jong zijn; opnieuw volgt er chaos, maar de sfeer lijkt minder bedorven dan hij anders zou zijn. De *srodowisko*, of sociale kring, die familie, vrienden, collega's en bekenden samenbrengt, ontaardt doorgaans in een uitwisseling van invloed en diensten, een manier om overheidsbepalingen te omzeilen, maar er zit een edele kant aan. Jongens en meisjes spelen samen, maar daar volgt niet automatisch uit dat relaties tussen volwassenen makkelijk zijn. Vriendschap heeft nog niet de vruchten afgeworpen die we van haar konden verwachten; ze is als een boom waarvan de knoppen telkens door de vorst vernietigd worden. Tirannie en armoede hebben haar nu eens kapotgemaakt, dan weer gestimuleerd. Het is duidelijk dat er geen vijfjarenplan kan bestaan om vriendschap te creëren; omdat ze geen ideologie is, past ze bij een tijdperk dat genoeg heeft van kant-en-klare oplossingen. We kunnen de ongewenste gevolgen waartoe ze kan leiden niet voorspellen, maar het onverwachte is nu eindelijk iets wat mensen verwachten.

In de jaren zeventig meldde Igor Kon, Ruslands expert op het gebied van vriendschap, dat Russische meisjes van tegen de twintig twee keer zoveel gemengde vriendschappen hadden als jongens. Hoe geïsoleerd de Russen in andere opzichten wellicht ook waren, ze hebben geprobeerd om gelijkheid tussen de seksen in te stellen, en deze meisjes gaven uiting aan aspiraties die voortkwamen uit het gedeeltelijk mislukken en gedeeltelijk welslagen van die poging. Die aspiraties klinken in meer of mindere mate na in alle andere landen die op dezelfde weg zitten, wanneer jonge vrouwen praten over het aangaan van 'relaties' in plaats van zich te richten op het huwelijk; niet omdat ze het huwelijk verwerpen, maar omdat intimiteit en uitwisseling de oude traditionele obsessies hebben vervangen. Het meest recente Amerikaanse onderzoek naar gemengde vriendschappen wijst uit dat veel mannen nog altijd enorme moeite hebben met het idee. Het gebrek aan voorbeelden om te imiteren houdt hen tegen. Maar alles wat er tussen de seksen gebeurt, draait om de vraagstukken waar vriendschap zich mee bezighoudt. Na twee fases, waarin de seksen hun gelijkheid en vervolgens hun verschillen bekrachtigden, kan de volgende fase alleen maar een nieuwe synthese zijn. Gemengde vriendschap geldt nu niet alleen als de avant-garde van het privé-leven, maar ook als die van het openbare leven.

Onlangs werd de Fransen gevraagd waar ze de meeste waarde aan hechtten: vriendschap, of familie en kinderen, of vrijheid en onafhankelijkheid, of rechtvaardigheid, of loyaliteit, of werk, of plichtsbesef, of liefde, of eer, of succes en het bestijgen van de sociale ladder, of geld, of opoffering en toewijding, of het huwelijk, of seks, of patriottisme, of religie. De relatieve populariteit van deze idealen varieert een beetje van opiniepeiling tot opiniepeiling, maar niet veel: vriendschap staat altijd erg hoog op de lijst, en in één opiniepeiling stond het met 96 procent bovenaan; de rest volgt in de volgorde die ik gegeven heb, waarbij religie op de laatste plaats komt met 51 procent, niettemin een meerderheid. Alleen de Fransen stellen zichzelf zulke vragen op zo'n abstracte manier. Maar het kan zijn dat ze opnieuw voor de mensheid spreken zoals ze dat in 1789 deden, of tenminste voor dat gedeelte van de mensheid dat graag wil weten waarheen het op weg is.

Een van de belangrijkste obstakels op haar weg is altijd de overtuiging geweest dat er krachten bestaan die te groot zijn om ze de baas te worden, dat het lot niet kan worden getrotseerd. Maar zoals we in het volgende hoofdstuk zullen zien, werden zulke belemmeringen soms omzeild.

Roy Porter & Sylvana Tomaselli, *The Dialectics of Friendship*, Routledge, 1989; Robert R. Bell, *Worlds of Friendship*, Sage, Beverly Hills, 1981; Francesco Alberoni, *L'Amitié*, vanuit het Italiaans vertaald, Ramsay, 1984; Janice Raymond, *A Passion for Friends: Towards a Philosophy of Female Affection*, The Women's Press, 1986; Yan de Kerorguen, *Le Plaisir chaste*, Autrement, 1984; Pat O'Connor, *Friendships between Women*, Harvester, 1992; Peter M. Nardi, *Men's Friendships*, Sage, Newbury Park, 1992; David D. Gilmour, *Manhood in the Making: Cultural Concepts of Masculinity*, Yale UP, 1992; Igor S. Kon, 'Friendship and Adolescence' (in de USSR), *Journal of Marriage and the Family*, Feb. 1978, 143-55; Christine Castelain-Meunier, *L'Amour en moins: L'Apprentissage sentimental*, Olivier Orban, 1991; Ezra Vogel, 'From Friendship to Comradeship: The Change in Personal Relations in Communist China', *China Quarterly*, Jan.-Maart 1965, pp. 46-60; Maryon Tysoe, *Love is Not Enough*, Fontana, 1992; Ferdinand Mount, *The Subversive Family*, Unwin, 1982; Steve Duck, *Friends for Life: The Psychology of Close Relationships*, Harvester, 1983; Anthony Giddens, *The Transformation of Intimacy*, Polity Press, Cambridge, 1992; Laurens J. Mills, *One Soul in Bodies Twain: Friendship in Tudor Literature and Stuart Drama*, Principia Press, Bloomington, Idiana, 1937; David W. Plath, *Long Engagements: Maturity in Modern Japan*, Stanford, 1980; Robert R. Edwards & S.S. Spector, *The Old Daunce: Love, Friendship, Sex and Marriage in the Medieval World*, State University of NY Press, 1991; Ruben E. Reina, *The Law of the Saints: A Pokoman Pueblo and its Community Culture*, Bobbs Merrill, Indianapolis, 1966; M.E. Mullett, 'Byzantium, A Friendly Society?', *Past and Present*, Feb. 1988, pp. 3-24; Richard P. Saller, *Personal Patronage under the Roman Empire*, Cambridge UP, 1982; K.J. Dover, *Greek Homosexuality*, Duckworth, 1978; Robert Garland, *The Greek Way of Life*, Duckworth, 1990; Aristotle, *Ethics*, Penguin vertaling, 1953 (hoofdstukken 8 en 9); Gabriel Herman, *Ritualised Friendship and the Greek City*, Cambridge UP, 1987; Janine R. Wedel, *The Un-*

planned Society: Poland during and after Communism, Columbia UP, 1992; Robert Brian, *Friends and Lovers*, Granada, 1977 (vooral over Afrika); Marc Bergé, *Abu Hayyan Al-Tawhidi*, Institut Français de Damas, 1979; L. Stone, *The Family, Sex and Marriage in England, 1500-1800*, Weidenfeld, 1977; Maurice Aymard, hoofdstuk over 'Friends and Neighbours', in P. Aries & G. Duby (eds.), *History of Private Life*, Harvard UP, 1989, vol.3, pp. 447-92; Robert L. Selman & L.H. Schultz, *Making a Friend in Youth: Developmental Theory and Pair Therapy*, Chicago UP, 1990; Wayne Koestenbaum, *Double Talk: The Erotics of Male Literary Collaboration*, Routledge, 1989; Dana Vannoy-Hiller & W.W. Philliber, *Equal Partners: Succesful Women in Marriage*, Sage, Newbury Park, 1989; Marie José Fasiotto, *Madame de Lambert, ou le féminisme morale*, Peter Lang, NY, 1984; Madame de Lambert, *Oeuvres*, ed. R. Granderoute, Champion, 1990; Niklas Luhmann, *Leibe als Passion*, Eng. vertaling *Love as Passion*, Polity Press, 1986; P.G. Zukow, *Sibling Interaction across Cultures*, Springer, NY, 1989; Judy Dunn, *Siblings*, Grant Macintyre, 1982; George Levinger & H.L. Raush, *Close Relationships: Perspectives on the Meaning of Intimacy*, University of Massachusetts Press, Amherst, 1977; John Nicholson, *Men on Sex*, Vermillion, 1992; Margaret Hope Bacon, *Mothers of Feminism: The Story of Quaker Women in America*, Harper, 1986; Harold Loukes, *The Discovery of Quarkerism*, Harrap, 1960.

19

Hoe zelfs astrologen zich tegen hun lot verzetten

Een doel in het leven hebben betekent een besluit nemen, maar niets is ongrijpbaarder dan een krachtig en volledig bevredigend besluit. Zelfs de geniale managers van de Citroën-autofabriek konden niet besluiten op welke dag ze hun nieuwe model moesten lanceren: dus vroegen ze het aan een astroloog. Wie moest Michelin, fabrikant van autobanden, uitkiezen uit het enorme aantal sollicitanten? Ze vroegen het aan een astroloog. Je denkt al gauw dat er iets mis met je is als je aan besluiteloosheid lijdt. Dus is er een Parijse astrologe, een voormalige filosofiedocente, die haar klanten als "patiënten" behandelt en zegt dat hun ziekte is dat ze niet volwassen zijn geworden; ze moeten "ophouden met zich als kinderen te gedragen". Aan de andere kant legde een Franse protestantse predikant zijn functie neer om astroloog te worden, nadat hij besloten had dat slechts reïncarnatie kon verklaren waarom hij een ernstig gehandicapte zoon had; nu is hij weer terug en oefent hij beide beroepen tegelijkertijd uit.

Ghislaine Bourgogne laat zien hoe een vrouw zich aansluit bij de gelederen van deze schimmige figuren die schuilgaan achter de belangrijke besluiten van de wereld, waarvoor in het openbaar redenen worden gegeven die de werkelijke behoorlijk verdoezelen. Astrologie gaat schijnbaar over het lot. Maar haar hele leven was een protest daartegen en een reeks welbewuste persoonlijke keuzes. Haar belangrijkste kwalificatie voor het adviseren van mensen over hun toekomst is dat ze ongelukkig was.

Ze werd grootgebracht met het masker van burgerlijk fatsoen, maar deed nauwelijks iets op school en nog minder op de universiteit, waar ze geneeskunde studeerde. Haar ouders scheidden, haar vaders tweede huwelijk was een mislukking, ze trok in bij haar grootouders en woonde vanaf haar zestiende op zichzelf. "Ik was intens eenzaam en stelde mezelf vragen over de toekomst." Toen gaf iemand haar een boek over astrologie. Dat leek enkele antwoorden te geven, antwoorden die niet helemaal persoonlijk genoeg waren, maar in haar ogen op z'n minst relevanter dan die van haar docenten geneeskunde. Ze verzuimde colleges en besteedde acht uur per dag aan het bestuderen van astrologie. Maar ze had er een hekel aan als mensen haar een "type" noemden; bovendien onthulde haar horoscoop dat ze intelligent, gevoelig, artistiek en intuïtief was, maar dat ze problemen had in haar emotionele relaties: dat was maar al te waar. Dat irriteerde haar, omdat het geen hoop bood; bovenal maakte het haar bang.

Om tot een besluit over haar toekomst te komen, raadpleegde ze een professionele astroloog. Die versterkte al haar angsten: haar leven zou zwaar zijn, met "uiterst onaangename gebeurtenissen", hoewel het niet precies duidelijk was van wat voor soort; op haar 24ste zou haar hele leven zijn ingestort. Ze kreeg te horen dat ze haar succes verkwanselde door geen gehoor te geven aan haar roeping om arts te zijn. Haar vriend, met wie ze slecht overweg kon, was de enige voor haar, en al haar toekomstige liefdes zouden op een mislukking uitlopen. "Denk niet dat ik je een dolksteek probeer te geven", zei de astroloog, "maar dat is wat ik zie. En het is je eigen schuld: toen je besloot te leven zoals je nu doet, wist je wat je deed."

Ghislaine lag daarna 48 uur plat op haar rug. "Ik heb een ongeluksgetal getrokken, zei ik tegen mezelf. Ik kan nooit gelukkig zijn." Nu vindt ze dat de astroloog "onmenselijk" was; en daarnaast "is het onmogelijk om een heel leven dertig jaar vooruit te voorspellen". Ze besloot op een serieuze manier astrologie te studeren om te bewijzen dat de astroloog ongelijk had en liet de geneeskunde voor altijd varen.

Het doel van astrologie, in haar geval tenminste, was niet dat ze haar lot zou kennen. Weliswaar zei ze van tijd tot tijd tegen zichzelf: "Als het leven er zo uit gaat zien, dan accepteer ik dat." Maar ze accepteerde het niet. "Ons leven wordt bepaald door onze vrije wil en is eveneens gedetermineerd. Ik ontdekte dat ik de enige persoon was die me kon helpen. Ik moest op mijn kansen wachten en daar vervolgens in meegaan." Ze beweert dat astrologie haar in staat stelde zichzelf te ontdekken, maar ze wilde meer dan dat. In de verte zag ze

zichzelf sereen worden. Maar tot nu toe kwam die sereniteit slechts in schaarse ogenblikken langs. Elk gedeelte van haar leven was moeilijk. Telkens wanneer ik met haar sprak, zei ze me dat ze "moeilijke momenten" had doorgemaakt. Haar diagnose is dat ze "niet kan kiezen tussen twee verschillende soorten mannen". Haar man wilde dat ze uitsluitend belangstelling voor hém had. "Dat kon ik niet. Ik had contact met anderen nodig. Hij zei dat ik niet van hem hield en verbood me om andere mannen te ontmoeten. Hij voelde zich bedreigd, alsof ik hem probeerde te ontvluchten. Ik dacht erover na en realiseerde me dat ik mezelf niet wilde vastleggen en dat ik hem om die reden gekozen had."
Opgesloten zitten in een lot is even naar als opgesloten zitten in een stereotype. Eén kant van haar is inderdaad pessimistisch. "We hebben de illusie dat we andere mensen ontmoeten, maar we zien in hen waarnaar we op zoek zijn. Zelfs als twee mensen er wel in slagen een echte ontmoeting te hebben, is er een afstand tussen hen. Ze kunnen zich niet openstellen voor elkaar. We ontmoeten slechts onszelf. We kunnen de eenzaamheid niet elimineren." Niettemin verlangt ze ernaar om iemand te vinden die ze als een coherent persoon kan zien, niet om met hem "samen te smelten": ze heeft iemand nodig die anders is dan zij, zodat ze ieder "hun eigen waarheid kunnen vinden". Ook onafhankelijkheid is noodzakelijk. Het onvermijdelijke wordt alleen maar geaccepteerd als het daarna tot een grotere vrijheid leidt. "Het is maar goed ook dat aantrekkingskracht iets chemisch is", zegt ze, "en dat je degenen ontmoet die je voorbestemd bent te ontmoeten: ik ben gelukkig met deze beperking van mijn vrijheid, omdat dat betekent dat ik mezelf niet hoef uit te putten met het verslinden van mannen." Dan maakt ze haar keuze.
Na vijf jaar huwelijk is ze gescheiden. Ze woont met een kind dat soms wild en impulsief is, maar dat haar een hoop dingen geleerd heeft en haar veel geluk bezorgt. Maar ze voegt daaraan toe: "De liefde van een man is essentieel." De beoefening van astrologie beantwoordt aan haar behoefte om zichzelf te uiten. Ze doet het voornamelijk als een therapie voor zichzelf, zoals ze ook zingt en danst. Als anderen daar ook baat bij hebben, des te beter. Inderdaad voelt de woordenstroom die uit haar vloeit aan als menthol, fris en verzachtend. Ze hoefde geen reclame te maken. Klanten van alle rangen en standen — managers, artsen, kunstenaars, ploegbazen, secretaresses — komen "vanzelf". Het feit dat ze het druk heeft, overtuigt haar ervan dat ze de juiste keuze gemaakt heeft door de geneeskunde op te offeren en het grote risico te nemen om een randfiguur te worden zonder sociale status. Met enige trots op haar moed zegt ze dat geluk niet ge-

vonden kan worden waar ze aanvankelijk dacht, namelijk door te doen wat andere mensen doen: je moet het benaderen met onafhankelijkheid; dat weten haar klanten ook. Zij willen bovenal "zichzelf ontmoeten, omdat ze pas dan anderen kunnen ontmoeten"; met andere woorden: ze willen zich bewust worden van hun talenten. Haar eigen gave is dat ze "ingevingen" heeft over wat er met hen gebeurd is, zonder dat ze het haar gezegd hebben. Ze geeft gewoon aan hen door wat ze "ziet", en zij moeten haar stoppen als ze zichzelf niet kunnen herkennen. Zij hoeven niet te zeggen hoe ze over zichzelf denken: "Dat wil ik niet horen." Ze "luistert" zonder dat zij iets hoeven te zeggen. Dit luisteren is de essentie van haar astrologie. Ze weet een hoop over de sterren, maar ze rekent er niet op dat ze haar geven waar ze naar zoekt, wat een zeer individuele keuze is. Haar conclusie is dat "er evenveel waarheden zijn als mensen". Haar conversatie zit vol stelregels die niets met de planeten te maken hebben: "Leer in het heden te leven, hoewel dat erg moeilijk is omdat het heden door het verleden bepaald is. Luister naar jezelf. Communiceer. Luister naar anderen."

Doet het ertoe dat ze haar eigen advies niet kan opvolgen? Dat ze, zoals ze zelf toegeeft, beschroomd, kwetsbaar en eenzaam blijft? Het kenmerk van succesvolle astrologen is dat ze geen oordeel over hun klanten uitspreken en dat ze niet als individu worden beoordeeld. Paradoxaal genoeg worden ze gewaardeerd vanwege het feit dat ze mensen die door onzekerheid overmand worden keuzes helpen maken.

Besluiten om een nieuwe bladzijde in je leven om te slaan, leverde altijd twee problemen op: hoe moest je oude gewoonten aan de kant gooien en hoe moest je het gevoel kwijtraken dat je gelukkig of ongelukkig geboren was en dat daar niets aan te veranderen valt? "De schikgodinnen heersen over de wereld", zei een Noord-Afrikaanse burger van Rome in het jaar 10 na Christus. "Ons einde hangt af van ons begin: daaruit vloeien rijkdom, macht en armoede voort; daarvan krijgt iedereen zijn vaardigheden en karakter. ... Niemand kan verloochenen wat hij gekregen heeft, noch bezitten wat hij niet gekregen heeft, en evenmin kan hij door zijn gebeden de lotsbeschikkingen in zijn greep krijgen die hem zijn ontzegd. ... Ieder moet zijn lot verdragen." Tegenwoordig zullen hiervoor misschien andere woorden worden gebruikt, maar de idee blijft.

Om te begrijpen wat er met oude ideeën gedaan kan worden die zo hardnekkig blijven voortleven, is het nuttig om een van de alleroudste ideeën nader te beschouwen: astrologie is blijven bestaan, ondanks al haar verkeerde voorspellingen en ook al is ze herhaaldelijk door religie, wetenschap en overheden veroordeeld. Dat wijst erop dat nieuwe ideeën op zichzelf niet voldoende zijn om gedrag te veranderen, omdat oude ideeën niet zomaar opzijgeschoven kunnen worden. Astrologie laat zien hoe het oude en het nieuwe in het verleden zowel samengingen als elkaar bevochten.

"Nu de astrologie ten slotte niet meer bestaat, is het mogelijk de geschiedenis daarvan te schrijven", zei een professor aan de Sorbonne in 1899. Maar in 1975 publiceerde een groep van 192 eminente wetenschappers, onder wie negentien Nobelprijswinnaars, onder leiding van een professor van Harvard University een manifest waarin ze verklaarden dat ze zich zorgen maakten over "de toegenomen acceptatie van astrologie in vele delen van de wereld. ... De acceptatie van astrologie verspreidt zich over de moderne samenleving. Dit kan alleen maar bijdragen tot de groei van het irrationalisme en het obscurantisme". Hierbij ging het niet gewoon om een oorlog tussen wetenschappers en de rest. Een van de ondertekenaars, een hoogleraar astronomie aan het University College van Los Angeles, klaagde dat een derde van de studenten die zijn colleges bijwoonden in astrologie geloofde, evenals zijn vrouw. Paul Feyerabend, professor in Berkeley, weigerde te ondertekenen; hij zei: "Wetenschap is een van de vele denkwijzen die de mens ontwikkeld heeft, maar niet per se de beste."

Als alle bewoners van de wereld vandaag ondervraagd zouden worden, dan zou het heel goed kunnen zijn dat de meesten in astrologie geloven. En dat zou waarschijnlijk nog steeds het geval zijn als iedereen een beurs kreeg om aan Harvard University te studeren. In Frankrijk, waar luciditeit een nationale deugd is, zegt driekwart van de bevolking niet bijgelovig te zijn; toch doet 45 procent aan afkloppen en zegt ten minste een derde in astrologie te geloven. (Hetzelfde aantal Britten geeft toe erin te geloven.) Onder de Fransen stijgt het cijfer soms naar twee derde, afhankelijk van de vraag met wie ze praten; zeker negentig procent kent zijn sterrenbeeld. Wat de wetenschappers verbijstert, is dat de mensen die erin geloven geen ongeletterde oude boeren zijn. De meerderheid van de jonge mensen (55 procent) zegt in het paranormale te geloven, net als vele afgestudeerden in de alfawetenschappen en 69 procent van de ecologen. Frankrijk heeft nu twee keer zoveel professionele astrologen en waarzeggers als priesters. Hetzelfde geldt voor de vs...

De astrologie waar de westerse wereld tegenwoordig in gelooft, is niet dezelfde als die waardoor de Babyloniërs opgewonden raakten. Zij hadden geen belangstelling voor het lot van individuen en waren niet de uitvinders van de horoscoop, die pas in 410 voor Christus voor het eerst verscheen. Zij geloofden niet dat de goden zich bezighielden met zoiets triviaals als de details van het dagelijks leven: gewone mensen hadden geen lot, omdat niemand zich om hen bekommerde. Wat de eerste astrologen voornamelijk interesseerde was het resultaat van oorlogen en oogsten, en de geheime voorspellingsregels, die alleen zij konden begrijpen. Naarmate de wereld steeds complexer leek, werden de regels ingewikkelder. De Maya's gingen verder dan de Babyloniërs; zij ontdekten cycli van 374.440 jaar om gebeurtenissen te verklaren, waarbij ze ongelooflijk cryptische wiskundige berekeningen gebruikten. Daar had je weinig aan om de persoonlijke problemen van de slaaf in de straat op te lossen. De uitvinders van astrologie gruwden van onzekerheid, maar ze hadden ook niet het gevoel ooit zekerheid te bereiken. Dus leek het de moeite waard om elke vorm van waarzeggerij tegelijkertijd te proberen – orakels, hoe onnauwkeurig die ook waren, wichelarij, hoe gecompliceerd dat ook was, waarbij kippenlevers op niet minder dan 6000 waarschuwingstekens werden onderzocht. Vanaf het begin werd astrologie gecombineerd met andere vormen van geruststelling, niet altijd verenigbaar.

De Grieken, die geïnteresseerd waren in het individu, wendden zich tot de astrologie toen hun geloof in de Olympische goden begon af te nemen. Maar ze schakelden niet gewoon over van het ene systeem op het andere: ze vermengden eerder nieuwe ideeën met oude. Zo begonnen ze met het toevoegen van kleine hoeveelheden astrologie aan de beste geneeskunst van hun tijd. De Chaldeeuwse vluchteling die hen met astrologie liet kennismaken, Berosus, vestigde zich op het eiland Kos, waar de beroemde arts Hippocrates woonde. Zo begon de geneeskunst astrologie als een diagnosemiddel te gebruiken; ze maakte er een klinische kunst van en bood geen rigide voorspellingen, maar legde in elk individueel geval uit wat de mogelijkheden waren.

Het was Ptolemaeus van Alexandrië (actief van 127-151 na Christus), de meest succesvolle schrijver van handboeken aller tijden, die van astrologie een internationaal geloof maakte. Alles wat bekend was over wiskunde, astronomie, geografie, geschiedenis, muziek en optica werd in de werken van Ptolemaeus vastgelegd. Die vormden 1400 jaar lang 's werelds doe-het-zelf informatiehandleiding, en astrologie werd erin opgenomen als een tak van wetenschap. Hij legde alles zo kernachtig vast, dat men haast niet anders dan in de context van zijn wereldbeeld kon denken, of slechts met zijn hulp aan een willekeurig technisch wapenfeit kon beginnen, de zeeën kon bevaren of een plaats op de kaart kon vinden. Des te meer, omdat hij de meest uitvoerige beschrijving gaf van de wetenschappelijke instrumenten die in de antieke wereld bestonden. Natuurlijk wist hij vaak niet waar hij over sprak. Hij roofde zijn eruditie uit andere boeken en tekende zijn beroemde wereldkaart zonder ooit gereisd te hebben, waarbij hij zich verliet op geruchten. Maar men vertrouwde hem, omdat hij alles redelijk deed klinken. Astrologie werd niet geacht irrationeel te zijn. Nooit was fantasie zo gedetailleerd met feiten verweven als bij Ptolemaeus, met zulke vernuftige wiskundige berekeningen. Nooit bevatte iemands werk zoveel geloofwaardige fouten – zoals het 50 lengtegraden te laag inschatten van de afstand tussen Europa en Azië, wat Christopher Columbus stimuleerde om uit te varen naar wat later Amerika bleek te zijn.

Toch werd astrologie gepresenteerd als een vorm van technologie, die de realiteiten van het leven ontzagwekkend maakte, indringend mysterieus en praktisch bruikbaar. Ze kon degenen die geen astronomische kennis bezaten aanspreken, omdat ze geënt was op de tradities van het orakel en omdat ze de fascinatie voor het exotische versterkte. De toekomst werd treffend op de kaart gezet als een vreemd land, dat vreemde ogen nodig had om het te verklaren. Dus terwijl astrologie in de westerse wereld als een oosterse ontdekking werd gepercipieerd, verbreidde ze zich in het Oosten als een westerse wetenschap. Het systeem van Ptolemaeus, in de tweede eeuw na Christus in het Grieks geschreven, bereikte rond 500 na Christus India. Nadat het met plaatselijke gebruiken was gecombineerd, werd het daar overgenomen als de ruggengraat van een geloof in de sterren dat tot op de dag van vandaag voortleeft. In de achtste eeuw werd Ptolemaeus' werk vanuit het Sanskriet in het Arabisch vertaald en werd het een onderdeel van de islamitische cultuur. Aanpassing bracht altijd tussenpersonen met uitheemse eigenaardigheden met zich mee: in het geval van de islam was dat Abu Mashoor (805-885), een Afghaan die zich in Bagdad had gevestigd. Hij was afkomstig uit 'de moeder der steden', Balku of Bactra (eens de rivaal van Babylon en Ninevé, en de hoofdstad van de Zoroastrische religie), een stad die ook bevolkt werd door boeddhisten, hindoes, joden, en Nestoriaanse en manicheïstische christenen en die gewend was aan de vermenging van Griekse, Hebreeuwse, Indiase en Perzische ideeën. Pas toen astrologie meer prestige kreeg omdat ze deel uitmaakte van de Arabische wetenschap en op een breder terrein advies gaf over een groter scala van zorgen, werd ze in de twaalfde eeuw door Europa overgenomen. Ptolemaeus werd vanuit het Arabisch in het Latijn vertaald door mensen uit Bath, Sevilla en Karinthië die naar het Oosten reisden.

Waar astrologie ook heen ging, ze bleef een buitenstaander. Als ze een officieel geloof was geweest, dan zouden mensen op zoek zijn gegaan naar een exotischer alternatief. Wanneer ze niet tot een besluit konden komen, wendden ze zich ertoe als iets wat zich volledig buiten hun normale leven bevond, als een hof van appèl met de macht om hen te ontrukken aan de chaos die hun dagelijkse gezwoeg teisterde. Astrologen waren vernieuwers van het heidendom, dat ze aanpasten voor het gebruik door stadsbewoners die bedolven werden onder het groeiend aantal keuzemogelijkheden, maar die zich omdat ze heidenen waren liever niet aan één enkele god of één enkel geloof wilden binden. Voor de toepassing van astrologie was het niet vereist dat men andere geloofsovertuigingen liet varen. Ptolemaeus koppelde bijvoorbeeld astrologie aan het stoïcisme; dat was een favoriete filosofie van de verlichte mensen van zijn tijd, die de ambitie hadden om bezorgdheid te vermijden en het op prijs stelden om voor naderend onheil gewaarschuwd te worden. Ze geloofden in een leven volgens de natuur, en hij vertelde hun hoe de natuur werkte. Over Ptolemaeus als persoon weten we niets met zekerheid: hij was alleen maar een handboek, en zijn anonimiteit boezemde vertrouwen in.

Oorspronkelijk verwierpen het christendom en de islam de invloed van de planeten als een denkbeeld dat Gods almacht betwistte, maar uiteindelijk vonden beide er een plekje voor als onderdeel van de astronomie, onderworpen aan de wil van God. In 1348 sprak de medische faculteit van de Universiteit van Parijs, van haar stuk gebracht door de Zwarte Dood, zichzelf moed in met een dosis astrologie en verklaarde de ramp als iets wat te wijten was aan een verbinding tussen de invloed van Mars, Saturnus en Jupiter. Ontwikkelde Europeanen raakten bezeten van astrologie toen die in het deftige pak van klassieke wijsheid gestoken werd; van de dertiende tot zestiende eeuw gebruikte vrijwel elke vorst, en zelfs pausen, kennis van de sterren als een geheim wapen, als een nieuw soort artillerie.

Maar uiteindelijk stortte de geloofwaardigheid van Ptolemaeus in, omdat hij de aarde in het centrum van het universum had geplaatst. Volgens zijn kaart was het onmogelijk om rond Afrika te varen. Toen dat echter gelukt was, werden zijn kaart en al het andere dat hij geschreven had weggegooid. Er volgden drie eeuwen van eenzame bespotting, en het scheelde weinig of de astrologen waren voorgoed verdwenen. Het leek alsof oude ideeën voor eens en altijd naar de prullenbak verwezen konden worden. Maar nee, ze verdwijnen niet. Wanneer er een crisis is en mensen de hoop verliezen, of wanneer ze het gevoel hebben dat de wereld te snel verandert en hun niet geeft wat ze willen, wanneer ze niet weten welke kant ze uit moeten, ontdekken ze dat de oude ideeën alleen maar in de onderste la waren weggestopt. Ze halen hen tevoorschijn en proberen ze weer uit.

Tijdens de Industriële Revolutie was er een wedergeboorte van de moderne astrologie. Op beide terreinen was Engeland de pionier: van Moore's *Almanach* werden in 1803 393.750 exemplaren verkocht en in 1839 560.000; in 1824 verscheen *The Straggling Astrologer*, het eerste weekblad ter wereld dat geheel aan het onderwerp gewijd was. Frankrijk, gedesillusioneerd over zijn Verlichting, bracht tussen 1890 en 1941 170 auteurs voort die over astrologie schreven. Duitsland werd tegelijkertijd het machtigste industrieland en het land dat het meest verknocht was aan astrologie. De opkomst van Hitler vond juist plaats op het moment dat de belangstelling voor het paranormale haar hoogtepunt had bereikt. Ernst Röhm, chef van Hitlers privéleger, de SA, vroeg om een lezing van zijn horoscoop. Hij zei: "Misschien dat ik er dan achter kan komen wat voor soort persoon ik ben: eerlijk gezegd weet ik dat niet." Wie anders zou het hem kunnen zeggen? De Führer zelf was een scepticus; sterker nog, hij beval de liquidatie van astrologen. Maar Hess, Goebbels en vele andere nazi's hadden belangstelling, en vele tegenstanders van het nazisme ook.

Tegenwoordig steekt de VS natuurlijk buitensporig veel geld in astrologie, en niemand heeft het on-Amerikaans genoemd. Toen president Reagan vaste klant werd van de Hollywood-astrologe Joan Quigley, en toen haar horoscoop van Gorbatsjov oordeelde dat de Koude Oorlog beëindigd diende te worden, trad hij in de middeleeuwse voetsporen van de heilige Romeinse keizer Frederik II, koning van Sicilië en Jeruzalem (1194-1250). Nadat deze getrouwd was met de dochter van koning Jan van Engeland "weigerde hij vleselijke gemeenschap met haar te hebben totdat astrologen hem verteld hadden wat het juiste tijdstip was". In een wereld die gedomineerd werd door religie kon de keizer niet tot besluiten komen op grond van de tegenstrijdige adviezen van zijn priesters. Dus wendde hij zich tot wat in zijn ogen de wetenschappers van zijn tijd waren, maar zonder op te houden religieus te zijn. De president, op zijn beurt, kwam tot de conclusie dat de wetenschap te gecompliceerd was geworden om besluiten voor hem te nemen en dat ze daarnaast de emoties niet volledig bevredigde. Maar hij werd gerustgesteld door beweringen dat bepaalde wetenschappelijke ontdekkingen volgens enkele wetenschappers beweringen van astrologen ondersteunden, en tegelijkertijd bleef hij een vroom christen. Op deze tamelijk verwarrende manier maakte een oud idee, astrologie, de aanvaarding van een nieuw idee mogelijk, namelijk dat een panter zijn vlekken kon veranderen en dat Rusland niet per se de eeuwige vijand was. Staatshoofden probeerden de bevindingen van astrologen altijd geheim te houden. Ze vervolgden diegenen die ze niet zelf in dienst hadden, omdat ze bang waren voor voorspellingen van moord en onheil. Maar sinds 1930 zijn de massabladen de astrologen van de democratie geworden, nadat de *Sunday Express* bij de geboorte van prinses Margaret een horoscoop publiceerde die enorm veel belangstelling wekte. Nu bekijkt de overgrote meerderheid van de krantenlezers, lamgeslagen door de onophoudelijke informatie over hoezeer de wereld aan het veranderen is, hun horoscoop om te zien wat constant blijft, tenminste in hun eigen persoonlijke leven. De Nobelprijswinnaars waren te simplistisch toen ze dit een terugkeer van middeleeuwse bijgelovigheid en irrationaliteit noemden. Naarmate de wirwar van feiten die in hun hoofd gestopt werden groeide, zijn de mensen tegenstrijdiger geworden. Daarom wendden ze zich tot hun 'intuïtie' om onoplosbare conflicten uit de wereld te helpen. Astrologie laat zien dat ze tegelijkertijd zekerheden zoeken en vechten tegen zekerheden waar ze een hekel aan hebben, en dat ze in alle richtingen zoeken naar iets om naar uit te kijken. Astrologie is de zwarte markt van de hoop geworden.

Eén conclusie die uit haar geschiedenis getrokken kan worden, is dat hervormers die uit waren op het veranderen van de gewoonten van de mensheid steeds opnieuw dezelfde fout begingen en vergaten dat het zich aanmeten van een nieuwe mentaliteit niet hetzelfde is als het aantrekken van een schoon overhemd. Talloze historische precedenten hadden hen ervoor moeten waarschuwen dat de communisten van Rusland zich op z'n minst in enkele opzichten net zo zouden gedragen als de tsaren van wie ze dachten dat ze die kwijt waren. Overblijfsels van het heidendom zijn altijd blijven bestaan, zelfs in strenge godsdiensten die vastbesloten waren hen uit te roeien. Oude mannelijke vooroordelen, te oordelen naar de geschiedenis van vooroordelen, waren eerder geneigd zich te verbergen dan plotseling op te houden te bestaan.

Er zijn planten die niet makkelijk met zaad gekweekt kunnen worden. Om nieuwe gewoonten op de plaats van oude tot ontwikkeling te brengen, is het toepasselijker om zich tot de kunst van het enten te wenden. Het oude en het nieuwe wrijven doorgaans tegen elkaar, waarbij ze elkaar pijn doen. Maar enten wordt gedefinieerd als "het gezamenlijk helen van wonden". De ontdekking van een gemeenschappelijk lijden was altijd de beste basis voor verzoening en voor een vreedzame coëxistentie van het irrationele en het rationele. Daarnaast hebben nieuwe gewoonten tijd nodig om zich te vestigen.

Daarom zal ik het nu hebben over het probleem dat we niet genoeg tijd hebben.

S.J. Tester, *A History of Western Astrology*, Boydell Press, Woodbridge, 1987; T.O. Wendel, *The Mediaeval Attitude to Astrology*, Yale UP, 1920; Christopher McIntosh, *The Astrologers and Their Creed*, Hutchinson, 1969; Christopher McIntosh, *Eliphas Levi and the French Occult Revival*, Rider, 1972; Alexander Volguine, *Astrology of the Mayas and Aztecs*, vertaald 1969, oorspronkelijk in het Frans gepubliceerd in 1946; Ellic Howe, *Astrology and the Third Reich*, The Aquarian Press, Wellingborough, 1984; Joseph Head, *Reincarnation: An East-West Anthology*, Julian Press, NY, 1961; Michael Loewe & Carmen Black, *Divination and Oracles*, Allen & Unwin, 1981; Jerrold C. Frakes, *The Fate of Fortune in the Early Middle Ages*, Brill Leiden, 1978; Hellmut Wilhelm, *Change: Eight Lectures on the I Ching*, Routledge, 1960; *The I Ching, or Book of Changes*, ed. Cary P. Baynes, met een voorwoord van C.G. Jung, Routledge, 1951; Alan H. Gardiner & Kurt Sethe, *Egyptian Letters to the Dead*, Egyptian Exploration Society, 1928; Michel Gauquelin, *Dreams and Illusions of Astrology*, 1979 (Hachette, 1969); Vicomte Charles de Herbais de Thun, *Encyclopédie du mouvement astrologique de langue française*, Éditions de la Revue Demain, Brussels, 1944; Judith Devlin, *The Superstitious Mind*, Yale UP, 1987; Gerd Gigerenzer, *The Empire of Chance*, Cambridge UP, 1989.

20

Waarom mensen nooit de tijd konden vinden om verscheidene levens te leiden

"Mijn leven zal pas beginnen als ik met deze maskerade ophoud." Iedereen denkt dat ze chirurg is. Ze is inderdaad voor alle examens geslaagd, heeft veel bereikt en doet haar werk vakkundig. Maar ze vindt zichzelf een lafaard omdat ze chirurg blijft.

Wil je chirurg zijn, dan moet je je rol spelen. Je collega's zijn meedogenloos. Je moet je zwakheden niet laten zien; verwacht geen medelijden als je een fout maakt. Je patiënten weten dat je maar even met je hand hoeft uit te schieten, één ogenblik afgeleid hoeft te worden, en ze raken verlamd of gaan dood: ze verwachten van je dat je je als een onfeilbare god gedraagt. Daarom is ze in de operatiekamer anders dan privé. Tegenover haar patiënten is ze altijd rustig, nuchter, betrouwbaar, geruststellend, geïnteresseerd in ieders eigen problemen, en ze zal degenen voor wie ze niets meer kan doen nooit verwaarlozen: "Tijdens mijn ronde heb ik nooit iemand overgeslagen die op sterven lag, zoals sommigen doen."

Maar privé ziet ze zichzelf als nerveus, onvoldaan en aarzelend, de uitgesproken tegenpool van haar rustige publieke persoonlijkheid. Ze is niet alleen maar ontsteld over haar beschroomdheid in het dagelijkse, niet-professionele leven. "Ik heb er een hekel aan om winkels binnen te lopen en met winkeliers te praten; een verkoopster hoeft maar op een enigszins onvriendelijke toon te zeggen dat ze niet heeft wat ik wil, en ik voel me vreselijk. Ik zeg tegen mezelf: maar ik ben arts, zo kan ik niet reageren. Het is alsof ik niet echt volwassen ben." Het is de onzekerheid van het leven die haar van haar stuk brengt, zoals wanneer ze eindeloos aarzelt bij het kopen van een paar schoenen en vervolgens spijt heeft van haar keuze. Volgens haar man komt dat alleen maar doordat ze overal ambiguïteit ziet. Eigenlijk ziet ze er heel stijlvol uit.

Haar publieke rol is een maskerade, omdat ze het gevoel heeft dat ze het spel niet echt meespeelt, dat ze slechts toeschouwer is en er niet echt deel van uitmaakt, alsof ze de medische wereld in een film bekijkt. Haar collega's zien haar als iemand die respect heeft voor anciënniteit – ze zijn zich erg van hiërarchie bewust – en die soms grappen maakt, maar altijd afstand bewaart. Ze zegt dat haar relaties met hen non-relaties zijn. Haar man zegt dat ze haar werk misschien gebruikt om haar innerlijke zorgen te verlichten.

Zo zit de wereld nu eenmaal in elkaar. Het privé-leven behoudt zijn geheimen, zelfs al worden er flarden van voor het voetlicht gebracht. Ieder mens is een mysterie.

Als meisje had ze geen vriendinnetjes en deed ze net alsof ze met andere meisjes speelde, om ervoor te zorgen dat haar onderwijzer het niet merkte. Vervolgens sloot ze zich vanaf haar achtste op in haar kamer om poëzie te schrijven. Voor de aardigheid ging ze geneeskunde studeren, zonder dat ze zich daar speciaal toe geroepen voelde. Maar toen ze er eenmaal mee begonnen was, kon ze niet ophouden. Ze kon er geen genoegen mee nemen om "middelmatig te zijn", weigerde om huisarts te worden, wilde haar ouders of docenten niet teleurstellen. Bezit je kennis, dan wil je altijd nog meer weten en de opwinding voelen iets ontdekt te hebben. Haar specialisme stelt haar nu in staat om steeds de nieuwste technieken toe te passen, en ze geniet van het feit dat chirurgie handwerk is, "werk voor een doe-het-zelver": opereren is "net deeg in een vorm drukken".

Maar uiteindelijk is chirurgie technisch. Emoties spelen geen rol. En toch zijn het "de emoties die voorkomen dat we van verveling sterven. Zonder hen zijn we niets. Zonder hen zou het leven niets voorstellen." Wat haar kwelt, is dat ze niet kan uitmaken of mensen enkel stukjes emotie zijn die zijn samengevoegd, marionetten van externe krachten, in hoeverre ze hun lot kunnen veranderen en of gevoelens aangeboren zijn. Daarom schrijft ze in haar vrije tijd korte verhalen. Dat geeft haar de macht om het lot van de personages die ze creëert te bepalen – die meestal hun uiterste best doen om hun lot te ontvluchten. Bovenal wil ze greep hebben op haar eigen leven, op al die zorgen die haar overdonderen. Ze schrijft met veel kracht en gevoel. Haar verhalen geven blijk van een levendige fantasie en kennen steevast een verrassend einde – de fascinatie van het onverwachte.

Soms schrijft ze in haar kantoor en voelt ze zich schuldig dat ze zich voordoet als arts, met haar naamplaatje en academische titels op de deur: wat zouden de mensen van haar denken als ze wisten dat ze met haar gedachten ergens anders was? Haar volgende boek gaat over een oplichter. Hoewel uitgevers romans van onbekende auteurs regelmatig ongelezen terugsturen, heeft één uitgever belangstelling getoond. Pas wanneer ze zich aan de literatuur kan wijden, zal ze haar verstikkende gevoel kwijtraken. Ze heeft haar werk zelf geïllustreerd, want ze is ook een schilder met een geheel eigen stijl. Haar portretten laten vaak mensen zien die zich met een gedeelte van hun lichaam buiten het doek bevinden, mensen die hun uiterste best doen om het raamwerk te ontvluchten. Bovendien heeft ze haar gedichten op muziek gezet; ze is namelijk ook componist. Toen ze geneeskunde studeerde, werkte ze als jazzpianist in een bar – haar moeder heeft dat nooit geweten. Door het anderen naar de zin te maken heb je immers zelf meer plezier, en verder wil ze graag dat haar artistieke talent erkend wordt. Slechts in haar artistieke werk verdwijnt het masker van de koude kikker, die schijn van perfecte zelfbeheersing waar de buitenwereld tegen aankijkt en waardoor zelfs haar baas zich in de luren laat leggen als hij zegt: "Jij wordt nooit zenuwachtig." De manier waarop arbeid georganiseerd is, biedt mensen zelden de ruimte om zich volledig te ontplooien. Daarom wil ze geen promotie, die haar eigenlijk is opgedrongen, en ook niet meer verantwoordelijkheden, maar dagen van 48 uur. Haar gevoel van leegheid is erger dan dorst of honger; het kan alleen bevredigd worden door meer tijd dan de wereld bevat. Emotie is onverzadigbaar.

Ze beloofde zichzelf dat ze pas moeder zou worden nadat ze zich persoonlijk had waargemaakt en stelde het krijgen van kinderen uit. Voor de meeste moeders is hun kind hun meesterwerk, maar toen zij uiteindelijk zelf kinderen had, besloot ze dat die haar het schrijven niet zouden beletten, dat ze niet het uiteindelijke doel van haar leven zouden zijn. "Ik heb zeer intens van de kinderen genoten. ... Ik zie poëzie, humor en fantasie bij ze en ik hou van ze, maar ik ben geen moeder die ze zal verwennen. Ik vind het jammer dat ik geen man ben die minder tijd aan de kinderen zou kunnen besteden, hoewel ik graag bij ze ben." Natuurlijk maakt ze zich zorgen over de macht om andermans lot te veranderen: kon ze zich er maar toe beperken om de kinderen zelfvertrouwen te geven...

Haar man vraagt zich af of de emancipatie van vrouwen hen niet kapotmaakt door al deze keuzes open te stellen. Maar mannen werken zich natuurlijk ook kapot om niet tekort te schieten in alles wat er van hen verwacht wordt, in alles wat ze willen doen. Het is uitgesloten dat hij een jaar vrij neemt van zijn werk, net zo min als zij dat zou kunnen. Waarom? "Dat is onmogelijk." Uiteindelijk is het de angst om je plek te verliezen, gewoonten te doorbreken, je baas te ontstemmen door problemen te veroorzaken: ze durfde zelfs geen zwangerschapsverlof te nemen. Om één gewoonte te veranderen, moet een groot aantal andere gewoonten ook veranderd worden.

Mijn chirurg is anoniem. Ze vroeg om met me te spreken, maar zei meer tegen me dan ze had moeten doen in een wereld waar patiënten en werkgevers niet willen dat hun artsen emoties hebben. Ik had graag willen zeggen wie ze is, omdat ik hoop dat ze op een dag beroemd zal zijn als schrijver en kunstenaar. Wanneer dat gebeurt, zal ik vrij zijn om haar naam te noemen, en zullen degenen die baat hebben gehad bij haar professionele bekwaamheid trots zijn dat ze behandeld werden door iemand die veel meer dan professioneel is.

Hoe kunnen mensen denken dat ze vrij zijn als ze in hun leven geen moment hebben waar niets van hen wordt verwacht en als ze altijd te laat of gehaast zijn? Twee eeuwen geleden merkten de lilliputters op dat Gullivers God zijn horloge was en dat "hij zelden iets deed zonder het te raadplegen en zei dat het de tijd aangaf voor elke daad van zijn leven". Montesquieu filosofeerde dat de Engelsen onbeleefd waren omdat "ze drukke mensen zijn, die zelfs geen tijd hebben om hun hoed af te nemen wanneer ze elkaar tegenkomen". Zelfs in die vermeende ontspannen periode was er sprake van tijdgebrek. Hoe zouden we er dan vandaag de dag in kunnen slagen de tijdsdruk te ontvluchten?

Michelle Fitoussi (stercolumnist bij het tijdschrift *Elle*), auteur van *Waarom supervrouwen het zat zijn*, komt namens hen tot de conclusie: "Waar we het meest van alles gebrek aan hebben is tijd." Maar ze ziet geen oplossing. Terwijl mannelijke magnaten bereid waren om hun gezin aan hun carrière op te offeren, zijn supervrouwen volgens haar vastbesloten om in al hun rollen bewonderd te worden; ze weigeren te kiezen tussen behulpzaam, mooi, intelligent, geestig, hardwerkend, hard in zaken en toch altijd zo verfijnd te zijn. "De gevangenis heeft andere tralies gekregen. Vroeger, toen we vastgeketend zaten aan mannen ... vochten we voor rechtvaardige zaken. Nu binden we onszelf vast. ... Het verlangen om te imponeren is de harddrug geworden waaraan we verslaafd zijn." Ze ziet geen hoop voor haar eigen generatie, noch voor die van haar dochters: misschien zullen haar kleindochters een idee hebben...

Vóór de uitvinding van de klok kwam frustratie op een andere manier tot uitdrukking. Toen bestond de tijd niet uit kleine stukjes, uit uren en minuten waar je zuinig op moest zijn en waar je rekenschap voor moest afleggen. Hij was als een reusachtige wolk die de aarde omhulde, en de mensheid wachtte totdat die zou optrekken. Het verleden was een deel van het heden. In hun verbeelding leefden individuen omringd door hun voorouders en mythische helden, die even levend leken als zijzelf. Vaak wisten ze niet precies hoe oud ze waren; ze waren sterker gericht op de dood dan op de tijd, die in hun ogen slechts muziek was die een ander leven aankondigde dat eeuwig zou duren. Elke beschaving heeft een andere voorspelling gedaan als het ging om de vraag hoe lang het zou duren voordat de eeuwigheid zich aandiende. De hindoes bespaarden zichzelf directe bezorgdheid, omdat ze dachten dat het 300 miljoen jaar zou duren; de Chinezen gingen ervan uit dat de tijd in kringen ronddraaide (volgens Shao Yung in cycli van 129 duizend jaar), zodat niets ooit echt veranderde; en de aanhangers van Zarathoestra zeiden dat God alleen al 3000 jaar nodig had om de wereld te scheppen.

Maar toen introduceerden de joden een nieuwe tijdsopvatting, die alle moderne samenlevingen hebben overgenomen: ze maakten een duidelijke scheiding tussen het verleden en het heden. Ze hadden een contract gesloten met God en keken uit naar de implementatie daarvan in de toekomst, niet in de hemel, maar in deze wereld. Zij waren de eersten die zich een tijdstip voorstelden waarop rechtvaardigheid zou zijn ingeburgerd, waarop de woestijnen vruchtbaar zouden worden en waarop er voor iedereen een overvloed aan eten en drinken zou zijn. Deze visie was hun antwoord op de vervolging, en het begin van een nieuwe traditie van dromen over de toekomst, zich uitstrekkend van het boek Daniël tot middeleeuwse ketterijen, socialistische utopieën, industriële revoluties en sciencefiction. De vroege christenen volgden de joden in hun belofte van een betere toekomst, totdat ze een ingeburgerde en machtige Kerk bezaten die belang had bij de wereld zoals die was: maar in 431 na Christus veroordeelden ze het geloof in een millennium – betere tijden in dit leven – als bijgeloof. In plaats daarvan gingen ze ervan uit dat deze wereld geschapen was om slechts 6000 jaar te bestaan en beslist heel spoedig zou vergaan.

De meeste mensen die geleefd hebben maakten zich dus niet zo druk om het verstrijken van de tijd. De moderne tijdsopvatting is bijzonder, omdat die een nieuw besef behelst dat wanneer iets eenmaal gebeurd is, het voor altijd is verdwenen, dat tijd verandering betekent en daarmee onzekerheid. De mens verwelkomde het regelmatige getik van de klok, de onveranderlijke gewoonten en de tirannie ervan, omdat het voor hen een troost was in deze nieuwe onzekerheid. Die tirannie begon als een bevrijding, zoals zoveel andere tirannieën gedaan hebben. Middeleeuwse kloosters waren de eerste die elke minuut van de dag en de nacht een vaste taak toebedeelden; daarmee wilden ze mensen bevrijden van de pijn niet te weten wat ze met zichzelf aan moesten en van de verleidingen der ledigheid. Maar sommigen meenden dat de prijs voor zekerheid te hoog was. Rabelais protesteerde: "Ik zal mezelf nooit aan de uren onderwerpen; de uren zijn gemaakt voor de mens, niet de mens voor de uren." Hij gebruikte het woord 'uren', omdat die een tijdsindeling vormden waar mensen zich pas net bewust van werden. "Ik beschouw de mijne als stijgbeugels, die ik naar believen korter of langer maak." Dit was een aankondiging van de twist tussen de laconieken en de gedisciplineerden die enkele eeuwen zou duren, totdat de uren wonnen. Maar nu wordt die overwinning op de proef gesteld.

In 1481 dienden enkele burgers van Lyon een petitie in tot oprichting van een stadsklok, in de hoop dat die hen in staat zou stellen "gedisciplineerder te leven" en daardoor "gelukkig en tevreden" te zijn. Stedelijke kooplieden en industriëlen werden de voornaamste pleitbezorgers voor een nauwkeurige tijdwaarneming. Nadat ze kathedralen hadden gebouwd, richtten ze klokkentorens op, met hetzelfde doel, namelijk te laten zien dat er orde in de wereld was. De bouw van de klokkentoren van Straatsburg begon in 1527 en duurde 27 jaar, en misschien verhoogde die inderdaad de discipline van de inwoners. Maar pas in de jaren zeventig van de achttiende eeuw raakte het woord 'punctualiteit', dat 'stiptheid op de minuut af' betekent, in zwang. Men deed enorm veel moeite om fabrieksarbeiders ertoe te bewegen gehoorzaamheid aan de tijd als een goede eigenschap te beschouwen. In het begin van de Industriële Revolutie schreef een Schotse industrieel dat "onder de mannen een geweldige afkeer heerste van vaste uren of vaste gewoonten" en dat ze niet begrepen dat "ze niet naar believen in en uit konden lopen en geen vakantie konden krijgen als ze daar zin in hadden".

Maar regelmaat is nooit een afdoende antwoord gebleken voor het beheer van tijd. Noch was tijdsbesparing dat, waartoe Japanse keizers als eersten in zeventiende-eeuwse decreten hun onderdanen aanspoorden; want zelfs degenen die efficiënt waren, bleven geteisterd worden door te grote aanslagen op hun tijdschema's. De tijd bevechten om voor altijd jong te blijven resulteerde niet in een overwinning. Ook de tijd doden niet, want er zijn meer mensen dan ooit die zich vervelen, en uiteindelijk zal de tijd altijd jou doden. Tegenwoordig bestaan er bureaucratieën om de wet van Parkinson ten uitvoer te brengen dat er nooit genoeg tijd zal zijn en dat de hoeveelheid werk altijd zal toenemen om de beschikbare tijd op te vullen. Het oude Chinese idee dat regelmatige seksuele gemeenschap je helpt om veel langer te leven werd nog steeds gepropageerd door prostituees in het achttiende-eeuwse Londen, die klanten plachten aan te spreken met de woorden: "Meneer, mag ik uw horloge voor u opwinden?" Maar noch door de tijd met leuke dingen te vullen, noch door heel oud te worden of korter te werken heeft de moderne mens een volmaakte relatie met de tijd weten te vestigen.

De koe besteedt 22 uur per dag aan eten. Is dat de natuurlijke manier om je tijd door te brengen? De vrouwelijke huisvlieg besteedt slechts een derde van haar tijd aan eten en 40 procent aan rusten, waardoor ze 12 procent overhoudt om doelloos rond te lopen of te vliegen en 14 procent om zich te verzorgen. Het mannetje rust minder en eet sneller, zodat hij 24 procent van zijn tijd beschikbaar heeft voor zijn uitstapjes en een volle 20 procent om zich te verzorgen. Dat komt neer op 44 procent vrije tijd. Na vele eeuwen inspanning hebben de westerlingen het niet beter gedaan. Ze zijn niet in staat geweest om minder te gaan slapen, wat nog altijd 40 procent van hun totale bestaan opslorpt. Ze zijn er weliswaar in geslaagd om de tijd die aan arbeid besteed wordt te bekorten tot ongeveer 10 procent – in totaal ongeveer zestigduizend uur, ofwel zeven jaar, hetgeen de helft van de hoeveelheid werk bedraagt die in 1945 gedaan werd – maar ze moeten nu ongeveer 12 procent toevoegen voor de opleiding die ze nodig hebben om zich voor hun werk te kwalificeren, en een groot gedeelte van hun gereis (in totaal 8 procent, zes jaar) is nodig om naar en van hun werk te komen. Daarmee blijft er minder dan 30 procent vrije tijd over om te wandelen, te vliegen en helemaal niets te doen.

William Grossin, die vele jaren besteedde aan het bestuderen van de manier waarop de Fransen hun tijd besteedden, ontdekte dat twee derde van hen last had van spanning in zijn relatie met de tijd en dat de hoogopgeleiden en de rijken het meest ontevreden waren van iedereen. Hoe meer ze te kiezen hebben en hoe meer ze verlangen, hoe minder tijd ze aan elk ding afzonderlijk kunnen besteden. Vrije tijd is inmiddels georganiseerd en zo vol mogelijkheden die te verleidelijk zijn om te missen dat hij niet per se vrijheid biedt. De wens om zo intens mogelijk te leven, heeft de mens onderworpen aan hetzelfde dilemma als dat van de watervlo. Bij 8 graden Celsius leeft die 108 dagen, maar bij 28 graden slechts 26 dagen; dan is zijn hartslag bijna vier keer zo snel, terwijl zijn hart in beide gevallen in totaal 15 miljoen keer slaat. Technologie was een snelle hartslag; ze comprimeerde huishoudelijk werk, reizen en amusement en perste steeds meer in de beschikbare hoeveelheid tijd. Niemand verwachtte dat dat het gevoel teweeg zou brengen dat het leven te snel gaat.

Een andere socioloog, Stoetzel, beweerde dat een veel groter gedeelte van de Fransen, namelijk 36 procent, een ontspannen houding had tegenover tijd, maar hij telde velen mee die niet werkten. Grossin, die alleen werkende mensen bestudeerde, trof zo'n 7 procent aan die volledig ontspannen was. Hij concludeerde dat de druk, nauwgezetheid en eentonigheid van het werk een doorslaggevende invloed hebben op de manier waarop mensen de rest van hun tijd doorbrengen. Sommigen worden passief en raken hun vermogen kwijt om greep te houden op hun vrije tijd, terwijl anderen gestimuleerd worden om in opstand te komen tegen de beperkingen die ze onder werktijd krijgen opgelegd. Tot de rebellen behoren allereerst de jongeren die niet beteugeld zijn door de pogingen hen op school kort te houden. Zij tonen hun verzet door de mate waarin ze onverwachte gebeurtenissen en kansen verwelkomen. Binnen de Franse bevolking als geheel verwelkomt 42 procent onverwachte gebeurtenissen en 38 procent niet; de rest weet het niet. Een dergelijke verdeling is nauwelijks verrassend te noemen. Maar 68 procent van de 20- tot 25-jarigen houdt van het onverwachte. De tweede categorie mensen die daarvan houden wordt gevormd door vrouwen: één op de twee, tegenover slechts één op de drie mannen. De alliantie tussen vrouwen en jongeren, vóór improvisatie en tegen het opstellen van vaste schema's waar je onmogelijk aan kunt ontkomen, is inderdaad het nieuwe explosieve mengsel. Maar het zal pas exploderen als ze het nastreven van doelen kunnen combineren met de wens om zich nergens op vast te leggen.

Bovendien wil het simpele feit dat ze opgewonden raken van verandering niet zeggen dat ze ook daadwerkelijk zullen veranderen. Velen nemen vastere gewoonten aan naarmate ze ouder worden: de helft van de Franse vrijgezellen en stellen zonder kinderen eet niet op gezette tijden; hoe meer kinderen ze echter hebben, hoe meer regelmaat ze krijgen. De betekenis van vaste gewoonten is volgens Grossin dat ze gepaard gaan met de aanvaarding van beperkingen, een groter realisme, minder verwachtingen, een geringere hoop op een radicaal betere toekomst. Wanneer mensen handig worden in het doen van wat er van hen verwacht wordt, beschouwen ze zulke eisen niet langer als tiranniek; sterker nog, ze vinden een bepaald soort vrijheid in wat degenen die geringschattend over hen doen zelfgenoegzaamheid noemen. Volgens Grossins berekeningen leidt 45 procent van de Fransen een geregeld en 22 procent een tamelijk geregeld leven. Met zo'n meerderheid is het niet verrassend dat er niet serieus nagedacht wordt over nieuwe oplossingen voor de kwelling van een te druk bestaan. Twee derde kan het zich niet voorstellen minder dan dertig uur per week te werken. Ze hebben niet de wens om de vlieg naar de kroon te steken.

Niettemin bestaat er een nieuwe ontvankelijkheid voor de structuur van de tijd, voor datgene waardoor hij soepel, prettig en behaaglijk verloopt. Mensen dromen ervan om plezier te hebben in hun werk door dat in een ritme te doen dat bij hen past en door hun ritme te variëren afhankelijk van waar ze mee bezig zijn. De Industriële Revolutie viel deze notie van een persoonlijk ritme aan en probeerde haar te vernietigen. Hoe dat gebeurde, kunnen we zien aan de hand van de vergeten geschiedenis van het weekend. Bijna elke taal heeft het Engelse woord overgenomen, maar het symboliseert een vergiftigd geschenk van de Engelsen aan de mensheid.

In de ateliers van handwerkslieden in het achttiende-eeuwse Birmingham, schreef een bezoeker, "vond men dat de mensen buitengewoon ijverig waren en er een opmerkelijke stijl van leven op na hielden. Ze leefden als de inwoners van Spanje of volgens Aziatisch gebruik. 's Morgens om drie of vier uur waren ze al aan het werk. In het middaguur pauzeerden ze. Velen hielden dan siësta. Anderen brachten de tijd etend en drinkend door in de ateliers, waarbij die plaatsen vaak in gelagkamers veranderden en de leerjongens in tappers. Weer anderen vermaakten zich met knikkeren of op de kegelbaan. Drie of vier uren werden aldus besteed aan 'spelletjes', waarna ze weer aan het werk gingen tot acht of negen en soms tien uur, het hele jaar door." Op vrijdag werkten ze het hardst, zaterdags leverden ze hun werk in, maar ze namen behalve zondag ook maandag vrij, en vaak ook dinsdag, en soms zelfs woensdag. Dat was deels om van hun drinken te herstellen, deels om zich te vermaken met honden- en hanengevechten en de bokssport, maar nog meer omdat "de mannen zich laten leiden door de kosten van hun gezinnen en hun behoeften. Het is algemeen bekend dat ze niet verder zullen gaan dan waartoe de noodzaak hen, velen van hen, drijft." Met andere woorden: ze volgden dezelfde principes als die waardoor Indiase boeren zich laten leiden; die bepalen welke levensstandaard bij hen past en werken precies zoveel als nodig is om die in stand te houden.

De vrije zaterdag werd door fabrikanten uitgevonden om deze onordelijkheid uit hun fabrieken te bannen. Ze onttroonden de luie maandag door middel van een truc: ze boden aan dat er zaterdagmiddag drie uur minder gewerkt hoefde te worden, als men in ruil daarvoor de hele maandag werkte. De arbeiders aanvaardden dat uit angst voor werkeloosheid, maar nog meer omdat hun tegelijkertijd nieuwe 'rationele vormen van vermaak' werden geboden om hen hun 'slechte' vormen van vermaak af te leren. Toen in 1841 de eerste treinexcursies vanuit Birmingham werden georganiseerd, vonden die plaats op maandagen, en clubfeesten werden op maandagavonden gehouden. Maar geleidelijk aan werd er van de zaterdag een winkeldag gemaakt. Voor het goede leven was steeds meer geld nodig. Woningbouwverenigingen stimuleerden mensen om door harder te werken te sparen voor het kopen van een huis. Een langdurige strijd tussen de voor- en tegenstanders van de luie maandag eindigde in een scheiding tussen werk en vrije tijd. Maar nu eisen mensen dat hun werk bovenal interessant moet zijn. Er is een nieuwe houding tegenover tijd nodig. De luie maandag wordt wellicht weer tot leven gebracht, maar dan volledig getransformeerd; niet als de wekelijkse kater, maar als een lange, zeer lange vakantie die mensen zich een paar keer in hun leven gunnen. De huidige indeling van een mensenleven lijkt voor altijd te zijn vastgelegd, alleen maar omdat men vergeten is hoe nieuw het pensioen en het weekend zijn. De Engelse uitvinders van het weekend (het woord dateert uit het einde van de negentiende eeuw en werd in 1906 in het Frans geïmporteerd) waren ook vergeten dat hun vakantiedagen in de zestiende en zeventiende eeuw scherp in aantal afnamen, dat hun maandagse *Bank Holidays* symbolische overblijfsels zijn van de heerschappij van de luie maandag. Maar laat de wereld, die 'de Engelse week' overnam omdat Engeland eens het rijkste industrieland was, bedenken dat het slechts een trend is en dat trends kunnen veranderen.

Het weekend is slechts één helft van de sabbat. God droeg de joden ook op om elke zeven jaar een sabbatsjaar op te nemen, waarin ze moesten ophouden met het bewerken van hun land, schulden moesten kwijtschelden en hun slaven moesten vrijlaten. Het sabbatsjaar wordt wellicht het recht van de mens waar de 21ste eeuw om vraagt. Sinds 1971 hebben de Fransen wettelijk het recht om sabbatsjaren op te nemen om hun vaardigheden te verbeteren of nieuwe te verwerven, of gewoon om hun blik te verruimen; maar in de praktijk hebben maar weinigen dat gedaan. Nu de levensverwachting verdubbeld is, kan het leven niet beschouwd worden als iets wat slechts één kans biedt, in één beroep. Ervaring in meer dan één discipline is de sleutel tot succes geworden. Omdat kennis voortdurend vernieuwd moet worden en omdat individuen er steeds minder genoegen mee nemen dat ze talenten verspillen die ze niet in hun banen kunnen gebruiken, heeft het sabbatsjaar wellicht een toekomst; het biedt een kans om van richting te veranderen, of gewoon te doen waar drukke mensen geen tijd voor hebben, namelijk nadenken of een lange wandeling maken.

Natuurlijk is het pas te verwezenlijken als het wettelijk verplicht wordt, net als indertijd de 40-urige werkweek. Anders blijft de angst om de competitie te verliezen namelijk te groot. Als iedereen een sabbatsjaar zou nemen, zoals ze nu een weekend nemen, dan zou dat niet de indruk wekken van een gebrek aan loyaliteit of betrokkenheid. Bovendien zou er geen bezwaar gemaakt kunnen worden tegen moederschaps- of vaderschapsverlof. Het sabbatsjaar kan alleen maar gefinancierd worden door de hele idee van het pensioen te heroverwegen. Dat hoeft namelijk helemaal niet in één keer aan het einde van een carrière te komen. Volgens de Britse wet is het al mogelijk om vooraf een deel van je pensioen op te nemen, waarbij je je definitieve pensioen met een jaar of twee uitstelt om het te compenseren. Nu moet je tot je vijftigste wachten, maar misschien dat de veertigers op hun beurt de aantrekkelijkheid ervan zullen ontdekken, en dat één, twee, drie of meer sabbatsjaren in een mensenleven geleidelijk aan de norm worden – op steeds jongere leeftijd. De vindingrijkheid van de verzekeringsbranche staat nog maar in de kinderschoenen. Het sabbatsjaar is veel meer dan een manier om het hoofd te bieden aan het feit dat er niet voldoende fulltime banen zijn voor iedereen.

Pas wanneer het idee om van tijd tot tijd een jaar vrij te nemen normaal wordt, zullen mensen hun gezinsleven in hun curriculum vitae kunnen opnemen zonder statusverlies en zonder zich te hoeven rechtvaardigen. Zeven jaar vrij nemen zou ook normaal kunnen zijn. Een tijdsdieet volgen houdt niet alleen in dat je de dag of de week organiseert, maar ook dat je in etappen van ten minste zeven jaar denkt. Gewoonten zijn geriefelijk, maar als ze verstarren, raakt de mensheid geleidelijk aan van mensen ontdaan.

William Grossin, *Le Temps de la vie quotidienne*, Mouton, 1974; William Grossin, *Des résignés aux gagnants: 40 cahiers de doléances sur le temps*, Nancy, 1981; Jeremy Rifkin, *Time Wars*, Henry Holt, NY, 1987; E.T. Hall, *The Silent Language*, Doubleday, NY, 1959; Douglas A. Reid, 'The Decline of St Monday 1766-1876', *Past and Present*, mei 1976, pp. 76-101; Michal A. Meyer, *Ideas of Jewish History*, Wayne State UP, Detroit, 1987; Frieda J. Forman, *Taking Over Time: Feminist Perspectives on Time*, Pergamon, Oxford, 1989; V.G. Dethier, *The Hungry Fly*, Harvard UP, 1976; S.G.F. Brandon, *Man and his Destiny in the Great Religions*, 1962; S.G.F. Brandon, *History, Time and Deity*, Manchester UP, 1965; Stephen Toulmin & June Goodfield, *The Discovery of Time*, Hutchinson, 1965; Keith Thomas, *Age and Authority in Early Modern England*, British Academy, 1976; Richard Glasser, *Time in French Life and Thought*, Manchester UP, 1962; J.T. Fraser, *The Voices of Time*, Allen Lane, 1968; Patricia Hiwitt, *About Time*, Institute of Public Policy Research, 1993; John P. Robinson & V.G. Andreyenkov, *The Rhythm of Everyday Life: How Soviet and American Citizens Use Time*, Westview, 1988; European Foundation for the Improvement of Living and Working Conditions, *The Changing Use of Time*, Dublin, 1991; Michel Jouvet, *Le Sommeil et le rêve*, Odile Jacob, 1992.

21

Waarom vaders en hun kinderen van mening veranderen over wat ze van elkaar willen

Mijn eerste verhaal begint in China. Hij was communist, een van de eersten die zich bij het leger van Mao aansloot, terwijl zij de dochter was van een rijke grondbezitter die zijn volledige bezit geconfisqueerd zag worden en als boer op het land moest werken. Zij was mooi en droomde ervan actrice te worden. Ze trouwde tegen haar wil, om haar vader te plezieren die vrede wilde sluiten met de Roden. Van liefde was geen sprake en weldra had ze haar eigen mannelijke vrienden, want echtgenotes hoefden hun man niet langer te gehoorzamen. Hun dochter Wei-ling groeide op met het geluid van voortdurende ruzies. Dat werd onverdraaglijk, en op haar twaalfde koos ze ervoor om op kostschool te gaan. Maar haar affectie of respect voor haar ouders verminderde hierdoor in geen enkel opzicht. "Ik geloof niet", zegt ze, "dat er eeuwige liefde tussen man en vrouw bestaat, maar ik denk wel dat die er is tussen kinderen en ouders. Mijn ouders gaven me te eten, brachten me naar het ziekenhuis toen ik ziek was, voedden me op, investeerden een heleboel in mij. Het eerste salaris dat ik verdiende, stuurde ik in zijn geheel naar hen. Onze ouders laten ons in hoge mate vrij, maar wij behouden ons respect voor de ouderen. Niets is sterker dan de band tussen ouders en kinderen."

Wei-ling ontwikkelde zich niet tot een vrouw die doet wat haar gezegd wordt. Haar verklaring is dat ze vanwege de ruzies van haar ouders aan haar lot werd overgelaten. Het mag dan in het algemeen zo zijn dat wanneer ouders ruzie maakten, zij evenveel gedaan hebben om hun kinderen vrij te maken als alle grote bevrijders die tegen tirannieke regeringen vochten, maar vrijheid heeft mensen nooit gezegd wat ze met hun leven moesten doen. Wei-ling studeerde vreemde talen, nam Franse ideeën in zich op, zag Franse films en ontmoette Franse mensen op zoek naar een betere wereld dan de saaie die zij kende. Ondertussen werd er op haar gelet, dus toen het moment daar was dat ze een baan zou krijgen, werd er op aanraden van de "politiek adviseur" van haar school besloten haar als lerares naar het verre noorden te sturen, het equivalent van een verbanning naar Siberië. Hoe kon ze daaraan ontkomen? Ze slaagde voor het toelatingsexamen voor een prestigieuze postdoctorale opleiding. Maar daar vond ze nog steeds geen vrijheid. Een minister verwelkomde de nieuwe studenten met de woorden: "Jullie zijn soldaten zonder uniform", hetgeen betekende dat er absolute gehoorzaamheid werd verwacht. Elk contact met buitenlanders was verboden. Wei-ling had veel buitenlandse vrienden en had nu juist Frans gestudeerd omdat buitenlanders voor haar van essentieel belang waren. Haar nieuwe kameraden, die slechts geïnteresseerd waren in hun carrière, waren onsympathiek. Ze weigerde zich aan te sluiten bij de communistische partij, hoewel dat haar de sleutel tot succes zou hebben gegeven. Maar met opgeheven hand een eed afleggen dat je bereid was je leven voor de partij op te offeren, ging haar te ver. Ze zeiden dat ze een "egoïst" was, een "individualist". Haar broer bezat geen van haar problemen of scrupules: "Hij voelt zich niet zoals ik ongemakkelijk in een samenleving waar sprake is van extreme gelijkheid, waar iedereen geacht wordt hetzelfde te doen, en als je meer dan anderen doet, zijn mensen jaloers en ontzeggen ze je elke beloning, die altijd gedeeld moet worden; waar je compromissen moet sluiten met je superieuren, die vaak dom zijn, partijleden of mensen met connecties, die met instemming gehoorzamen en als leiders gekozen worden omdat ze zullen doen wat er van hen verwacht wordt. De communisten weten hoe ze het karakter van mensen moeten beoordelen en alleen aan conformisten banen moeten geven."

Het feit dat Wei-ling in China geboren is, maakt haar in haar ogen tot een lid van een ander soort familie, tegenover wie ze even loyaal en dankbaar wil zijn – welke meningsverschillen ze er ook mee heeft – als tegenover haar ouders. De trouwelozen, die "schandalige dingen" doen, krijgen nooit de kans het te vergeten: "Je torst de schande mee voor de rest van je leven. Ik ben moedig: ik weet wanneer ik moet oprukken, maar ook wanneer ik me moet terugtrekken. De anti-conformisten moeten vechten, maar het is een vergissing om je betrekkingen met je land te verbreken." Wei-ling slaagde erin om een baan te vinden waar een tolerante sfeer heerste en slechts één middag per week politieke discussies gevoerd werden. Ze kwam in contact met dichters en filmmakers en bezocht Frankrijk. Na de "gebeurtenissen" op het Plein van de Hemelse Vrede besloot ze daar te blijven. Maar ze heeft nog steeds goede betrekkingen met haar Chinese professoren. Haar vliegtickets vanuit China heeft ze zelf betaald, zodat er geen reden zou zijn om een klacht tegen haar in te dienen. Ze wil regelmatig terug om haar familie te bezoeken.

Nu staat ze op het punt met een Fransman te trouwen, maar dat doet ze niet uit blinde liefde. Ze is bezig een nieuw soort familie op te bouwen: "Er zitten grenzen aan de betrekkingen die Fransen en Chinezen kunnen hebben. Als ik me tegenover mijn verloofde op een Chinese manier zou gedragen, dan waren we uit elkaar gegaan. Hij is volkomen Frans. Het is aan mij om mijn best te doen, om me als een Française te gedragen, en soms irriteert me dat. Ik probeer het uit te leggen, maar kleine incidenten stapelen zich op. Hij eet kaas. Ik koop die voor hem. Maar wanneer hij boodschappen gaat doen, vergeet hij dat ik Chinees ben en soja en rijst nodig heb. Zijn vader werkt in het buitenland en zijn moeder zit ruim driehonderd kilometer verderop alleen. Als ik hem was, dan zou ik haar één keer per week opbellen, haar voor vakanties uitnodigen, cadeautjes voor haar kopen. Maar hij belt haar alleen maar één keer per maand. Dus als ik een brief van mijn moeder krijg, dan begrijpt hij niet dat dat me heel gelukkig maakt. Ik bel hem op zijn kantoor om te vragen welk cadeautje ik haar moet sturen. Dan antwoordt hij: 'Maar ik ben aan het werk, er zitten klanten tegenover me.'" Ze wil dat haar relatie meer beleefdheid bevat tegenover verwanten en vrienden.

Wat haar oude en nieuwe families bijeen zal houden is een gemeenschappelijk rechtvaardigheidsideaal. Dat is de eigenschap die ze in haar verloofde respecteert. Chinezen zijn volgens haar opportunistischer, meer bereid om compromissen te sluiten, om te geloven dat je gedrag afhankelijk moet zijn van de omstandigheden waarin je je bevindt. Daardoor waren fervente communisten in staat om kapitalistische bedrijven op te zetten: "Chinezen kunnen zich aanpassen, op een manier zoals westerlingen dat in het Oosten niet kunnen. Dat komt allemaal doordat ze niet één god hebben, maar een varken in het ene dorp en een paard in het andere. Hun goden symboliseren evenwicht, compromis en conformisme. Onder de Fransen heb je natuurlijk pragmatici die alleen maar geïnteresseerd zijn in geld, maar ook mensen met een diepe geloofsovertuiging, en dat ontroert me."

Wei-ling bereidt zich voor om protestants te worden, omdat haar verloofde dat is. Zelf is ze niet religieus, maar "religie is de basis van een beschaving, en als ik die beschaving wil begrijpen, dan moet ik haar religie begrijpen". De aantrekkelijkheid van het protestantisme tegenover het katholicisme is voor haar dat het gelooft dat God op vele manieren benaderd kan worden en dat de liefde van God lijkt op de liefde tussen kinderen en ouders. "Mijn ervaring heeft me een soort geloofsovertuiging gegeven."

In China, zegt ze, was ze nooit "helemaal Chinees" omdat ze zich ontwikkelde, leerde en haar gedrag veranderde. Er zijn Chinese mensen die menen dat ze hen verraden heeft. Maar "ik voel me ongemakkelijk als ze me vragen of ik Chinees of Frans ben: ik wil mezelf zijn". Dat is natuurlijk een steeds gebruikelijker ideaal. Wei-ling behoort tot het immense nieuwe volk van mensen die niet volledig bij wie dan ook horen.

Naar de maatstaven van sommige mensen in China, zegt ze, is haar verloofde een ongeschikte echtgenoot, omdat hij een "egoïst" is. Het ouderwetse Chinese criterium voor een goede echtgenoot is dat hij zachtaardig is tegen zijn vrouw, een goede sociale en financiële positie heeft en oprecht is. Maar wanneer zij de goede eigenschappen van haar verloofde opsomt, zet ze bovenaan dat hij intelligent is.

Als kind wilde Sandrine om diverse redenen alleen maar van huis weglopen. Haar verhaal mag dan totaal anders lijken dan dat van Wei-ling, hun ambities hebben veel gemeen. Haar moeder stierf toen ze zes was, en haar vader trouwde met een vrouw die, zegt ze, haar haatte: "Ik liep altijd in de weg." Dat zette haar aan het denken over hoe zij wilde leven. Ze ziet haar vader slechts drie of vier keer per jaar en vindt hem makkelijk noch sympathiek. Hij is niet slecht, zegt ze, alleen ontbreekt het hem aan moed. "Hij wil zijn leven door niets laten verstoren en gaat daarin zo ver dat hij het leven buitensluit. Maar natuurlijk ziet hij het niet zo. Hij zegt dat hij het leuk vindt om me te zien, maar hij laat zijn affectie niet blijken door concrete daden, hij zal geen enkel risico nemen om me te helpen." Sandrine wil dat affectie duidelijk getoond wordt. Soms denkt ze dat ze eigenlijk niets meer met hem te maken zou moeten hebben.

Daarom heeft ook zij besloten om een ander soort familie op te bouwen. Ze heeft een oudere vrouw als moeder "geadopteerd". Haar geestelijke onafhankelijkheid wordt niet op de proef gesteld, maar ze doet ook geen poging emotioneel onafhankelijk te worden. Ze scheidde van haar man toen hij voor haar een belemmering ging vormen om zelf verantwoordelijk te zijn voor haar leven. Vier jaar lang probeerde ze alleen te leven, maar ze miste het plezier van dingen te delen, samen dingen te doen, iemand te hebben die naar haar luisterde. Nu leeft ze met een man met wie ze graag samen is, een buitenlandjournalist die vaak naar het buitenland gaat. "De telefoon is mijn toeverlaat." Hij is haar morele steun, een bron van aanmoediging. "Hij komt op de eerste plaats. Ik heb affectie om me heen nodig. Ik kan niet alles aan mijn werk opofferen. Ik ben niet gehecht aan geld of macht."

Maar Sandrine brengt vaak minder tijd met hem door dan met haar zakenpartner, over wie ze zegt: "We hebben dezelfde ethische houding, dezelfde mening over hoe we moeten onderhandelen, wat we niet zullen doen, dezelfde vastberadenheid om niet door liegen te krijgen wat we willen. Ik weet dat ze elk probleem kan aanpakken als ik er niet ben. Ik hou ervan dingen te delen en op mensen te steunen in wie ik vertrouwen heb." Haar collega is eigenlijk een geadopteerde zus.

Sandrine werkte vroeger voor de Franse overheid, waar ze meehielp de Franse cultuur ervoor te behoeden levend begraven te worden op het kerkhof waar de Assyriërs, Maya's en andere dode beschavingen rusten in vrede, vergeten. Haar taak was mensen over te halen om van tijd tot tijd een Franse film te zien, hoe onbegrijpelijk die misschien ook was, mensen ervoor te behoeden een Hollywoodverslaafde te worden. Maar de vrouw voor wie ze werkte domineerde haar als een autoritaire moeder: "Ik was haar slaaf. Zij wilde Pygmalion zijn. Ze zei me zelfs hoe ik me moest kleden, vroeg me uit over mijn privé-leven, koos partij in mijn ruzies met mijn man. Ze wilde me veranderen. Eén keer zei ze: 'Zonder mij ben je niets.' Op een dag zei ik haar dat ik haar niet langer kon uitstaan, en ik ging weg. Ik vluchtte."

Sandrine is een paar keer in haar leven gevlucht. De enige soort zekerheid die ze heeft, het enige waar ze op vertrouwt, is haar vermogen te vluchten als de sfeer om haar heen verstikkend wordt en onverenigbaar is met hoe zij zichzelf in essentie ziet. Haar favoriete boek is *Éloge de la fuite* (lof van de vlucht) van Laborit, waar ik het in hoofdstuk 13 over heb gehad. Misschien is de wereld van televisie en film, die mensen met een druk op de knop de werkelijkheid helpt te ontvluchten, gemaakt voor de spirituele afstammelingen van die nomaden die door de eeuwen heen van het platteland naar de stad zijn gevlucht, van de oude naar de nieuwe wereld, altijd naar een onvoorspelbare bestemming.

Pas op haar dertigste realiseerde Sandrine zich wat haar vluchtinstinct inhield. Ze werd voor de keuze gesteld om terug te gaan naar de veilige en geriefelijke baan die ze vóór haar huwelijk had of een riskante uitnodiging te aanvaarden om zich aan iets totaal nieuws te wagen. "Hoe kun je aarzelen", zei haar vroegere baas, "tussen een baan die tot aan je pensioen zal duren, met uitzicht op een gewaarborgde oudedagsvoorziening, en de onzekerheid van televisie?" "Hij bepaalde mijn lot", zegt ze nu. "Ik gruwde van het idee om nooit te veranderen, om mijn leven lang hetzelfde te doen, om net zo te zijn als al die mensen die ik kende die hun weg bepaald hadden en fossielen waren geworden."

Toen ze haar eerste baan bij de televisie eenmaal onder de knie had, wilde ze er eentje die een grotere uitdaging voor haar zou betekenen. Ze ging naar een pas opgericht bedrijf dat beloofde haar de kans te geven om mee te doen met het maken van films. Dat liep uit op een teleurstelling. Haar nieuwe baas maakte niet voldoende gebruik van haar ervaring of talenten. Hij kon niet delegeren en vond het vanzelfsprekend dat ze in de weekends werkte wanneer dat nodig was, wat ze graag deed omdat ze deel uitmaakte van een gedreven klein team. Maar hij kon het niet accepteren dat ze een dag vrij nam als haar dat uitkwam. "Hij gebruikte me alsof ik een jong meisje was. Als hij zijn bril kwijt was, vroeg hij me om die te zoeken, en als hij te laat was voor een afspraak, moest ik een taxi bestellen." Dus vluchtte ze weer. Ze wilde niet meer in loondienst werken. Jezelf losmaken van je baan, jezelf losmaken van je man en jezelf losmaken van je ouders maken deel uit van dezelfde zoektocht naar een nieuw stel prioriteiten.

Ze richtte haar eigen bedrijf op. Zo hoeft ze haar talenten niet langer in een organisatie te steken die offers vraagt van haar privé-leven, maar kan ze ten slotte de precieze combinatie van toewijding en ontspanning creëren die aan haar eigen behoeften voldoet. Het basisprincipe van dit bedrijf is dat werken niet de enige bron van vreugde is. Zij (net als degenen met wie ze samenwerkt) wil tijd hebben om te lezen, te reizen en haar affecties te koesteren. Affecties komen voor Sandrine op de eerste plaats.

Het wordt tijd dat ouders hun kinderen vertellen hoe het leven werkelijk in elkaar zit. Niet alleen de waarheden die kinderen doorgaans zelf wel ontdekken, maar ook wat er in het verleden werkelijk gebeurd is als gevolg van het feit dat mensen in gezinsverband samenleefden. Te oordelen naar de ervaring uit het verleden bestaat het gezin om onverwachte dingen tot stand te brengen. Het is nooit mogelijk geweest om het zover te krijgen dat het precies deed wat men ervan verlangde. Natuurlijk betekent het gezin geborgenheid, een veilige haven en herinneringen die zelfs niet door de dood ongedaan gemaakt kunnen worden. Maar het is ook een laboratorium dat zich bezighoudt met gewaagde experimenten. In het bijzonder leert het je omgaan met de onzekerheden van het leven. Onzekerheid is een eerste vereiste voor vrijheid. Zonder onzekerheid zou alles onvermijdelijk zijn en had je niets om over te dromen. Daarom is het belangrijk iets te weten over het drijfzand waarin de wortels van het gezin liggen.

Toen de Zweedse toneelschrijver Strindberg (1849-1912) het gezin hekelde als bejaardenhuis voor vrouwen die een makkelijk leven wilden leiden, een gevangenis voor mannen en een hel voor kinderen, liet hij alleen maar zien hoe wanhopig hij was, omdat het mensen immers niet bracht wat ze verwachtten; "ik ga gebukt onder de pijn dat ik niet degene kan zijn die ik wilde zijn", zelfs na drie huwelijken. Maar de verwachtingen van mensen waren te simpel, omdat ze hun eigen verleden vergaten.

De eerste waarheid van het leven is dat vaders zich nooit helemaal heer en meester hebben gevoeld. In het begin was er sprake van angst in de relaties tussen vaders en hun kinderen. Dode vaders werden nog meer gevreesd dan levende, omdat men geloofde dat afwezige voorouders controle hadden over vrijwel alles wat er in de wereld gebeurde. Vaders boezemden oorspronkelijk ontzag in omdat ze ooit voorouders zouden zijn, geesten die gunstig gestemd moesten worden. De Chinezen waren verantwoordelijk voor de eerste grote emotionele revolutie ter wereld, toen ze de suprematie overdroegen aan levende vaders. Chinese vaders voerden een strijd tegen de angst voor de doden en wonnen. In plaats daarvan vestigden ze de religie van kinderlijke trouw. Die was eenvoudiger en kon door iedereen effectief beoefend worden, zonder dat er priesters nodig waren en zonder dat men zich zorgen hoefde te maken over wat de doden precies van hen verlangden. Een heleboel vaders over de hele wereld waren min of meer vale kopieën van Chinese vaders, hoewel christelijke, islamitische of joodse vaders nooit even machtig konden zijn omdat zij een God hadden die almachtig was en een goddelijk boek dat volledige onderwerping eiste.

Vaders hunkerden ernaar om als goden bejegend te worden, maar kinderen gedroegen zich zelden precies zoals hun gezegd was. Dus moesten er manieren bedacht worden om de irritatie te verminderen die ze veroorzaakten doordat ze hun vaders teleurstelden. De Chinezen vonden geen remedie maar een lapmiddel. Hun oplossing was de schijn op te houden door kinderlijke trouw in etiquette te hullen. Confucius wist dat blinde gehoorzaamheid onmogelijk was. "Een vader heeft een kritische zoon", schreef hij. Daarom adviseerde hij de zoon die een onredelijke vader had om zijn uitingen van respect te verdubbelen maar tegelijkertijd te blijven protesteren; als ze niet tot een compromis konden komen, moest de zoon vermijden om zijn vaders reputatie van een wijs man te schaden en diende hij weg te lopen in plaats van hem publiekelijk te schande te maken. Respect, of de schijn daarvan, werd veranderd in een ceremonie. Daardoor kon een buitenlandse bezoeker enerzijds zeggen dat in China ongehoorzaamheid jegens je ouders de ergste misdaad was en dat elke misstap terug te voeren was tot gebrek aan kinderlijke trouw, en anderzijds, dat "Chinese kinderen geen behoorlijke discipline bezitten, geen idee hebben van wat onmiddellijke gehoorzaamheid betekent".

Aangezien het vaderlijke gezag altijd min of meer in moeilijkheden verkeerde, probeerden vaders de basis van hun greep op hun kinderen te veranderen van angst in dankbaarheid. Lange tijd was dankbaarheid gedeeltelijk effectief, zoals lijm die niet altijd blijft plakken, om te voorkomen dat gezinnen uit elkaar vielen. Maar toen in het Westen zelfs God geen dankbaarheid ontving, was het met de vaders niet beter gesteld. De neergang van dankbaarheid werd bespoedigd door cynisme, afgunst en scherpzinnigheid: sommigen veroordeelden haar als iets wat slechts ingegeven werd door een heimelijke hoop op grotere gunsten, terwijl anderen meenden dat mensen er zo'n hekel aan hebben om ondergeschikt te zijn dat hun dankbaarheid een vorm van wraak is en dat ze de weldaden die ze ontvangen niet uit plezier belonen, maar omdat ze het pijnlijk vinden aan iemand verplicht te zijn. Bernard Shaw vroeg: "Hou je van dankbaarheid? Ik niet. Als mededogen verwant is aan liefde, dan is dankbaarheid verwant aan dat andere."

De eerste waarheid van het leven is dat gehoorzaamheid nooit gegarandeerd was en dat dankbaarheid altijd onvoorspelbaar was. Er is niets mis met een gezin als de vader niet krijgt waar hij van droomt: het is eerder verrassend als hij dat wel krijgt.

Ten tweede waren er altijd buitenstaanders die zich tussen ouders en kinderen probeerden te dringen, wat hun relatie nog onbestendiger maakte. Neem bijvoorbeeld het christendom: terwijl het kinderen ertoe aanzette hun ouders te eren, nodigde het hen ook uit om God als hun vader te vereren en het slechte voorbeeld van hun natuurlijke vader niet over te nemen. De Kerk verzette zich tegen de idee van de almachtige menselijke vader, iets wat de Romeinen in hun jurisprudentie hadden vastgelegd en wat in veel landen lange tijd is blijven voortbestaan. Spirituele vaders streden met natuurlijke vaders om invloed. Vanaf de achtste eeuw werd de biecht, vroeger altijd een openbare ceremonie, geleidelijk aan veranderd in een vertrouwelijke ethische inquisitie (Ierse monniken zijn daarin voorop gegaan): priesters begonnen advies te geven over de meest intieme onderwerpen. Ze stonden erop dat kinderen naar heiligen vernoemd werden en niet naar hun ouders, waarbij ze een alternatief imitatiemodel boden. Peetouders kregen verantwoordelijkheden om de onvolkomenheden van ouders te herstellen. Daarbij maakten ze kinderen evenzeer lid van de parochie als van het gezin. Huwelijken tussen neven en nichten waren verboden om de ambitie van vaders te dwarsbomen die van hun gezinnen clans probeerden te maken wier religie bestond uit zelfaanbidding.

In de Nieuwe Wereld beschouwden missionarissen kinderen als "voorgangers in de vernietiging van afgoderij". Systematisch keerden ze hen tegen hun heidense ouders, waarbij ze hen door middel van cadeautjes voor zich wonnen en vervolgens de vaders in het bijzijn van de kinderen vernederden. Tot hun bekeringsmethoden behoorde "ontmanning", waarbij ze mannen bij hun testikels grepen totdat ze van de pijn in elkaar zakten. Ze lieten vrouwen de spot drijven met hun echtgenoten door de traditionele arbeidsverdeling te veranderen; ze dwongen vrouwen te weven, wat altijd mannenwerk was, en mannen huizen te bouwen, wat vrouwen altijd deden. De Kerk bood zichzelf aan als de universele moeder en als de beschermer van moeders.

In Europa sloegen de vaders vanaf de zestiende eeuw terug. De koningen die hun eigen tirannieën tegenover de Kerk aan het vestigen waren, steunden hen. Maar hoe meer vaders zeggenschap over hun kinderen probeerden te krijgen, hoe meer de tegenstanders van tirannie protesteerden ten behoeve van de kinderen. De Verklaring van de Rechten van de Mens schafte de plicht van kinderlijke gehoorzaamheid af. "Toen de Republiek het hoofd van Lodewijk XVI afhakte", schreef Balzac, "hakte ze het hoofd van alle vaders af". Hoewel Napoleon de rechten van vaders weer probeerde op te bouwen toen hij de tirannie herstelde, namen de voorvechters van de kinderen wraak. De strijd duurde anderhalve eeuw en had een onverwacht resultaat: hoewel vaders de meeste van hun rechten een voor een verloren, waren het niet de kinderen die wonnen. De macht over hen werd grotendeels overgedragen aan leraren, artsen, rechtbanken en maatschappelijk werkers. Maar toen volgde opnieuw een verrassing: een verzetsbeweging van kinderen die eisten dat er naar hun opvattingen geluisterd werd, beperkte de invloed van de deskundigen en maakte daardoor de uitkomst van hun interventie nooit helemaal voorspelbaar.

Vervolgens probeerden de vaders hun verloren gezag weer terug te krijgen door de affectie van hun kinderen te winnen. Dat bracht een nieuwe onzekerheid met zich mee, want affectie waait net als de wind alleen maar als ze er zin in heeft, en geen enkele ceremoniële schijn kan haar ooit vervangen. Wanneer vaders en kinderen zich ervan bewust worden dat ze verschillende opvattingen en persoonlijkheden hebben, veranderen de affectiewinden in stormen. Niettemin was de poging van ouders om vrienden van hun kinderen te worden in plaats van tirannen een van de grote menselijke avonturen. Daarin slaagden de armen vaak beter dan de welgestelden, die andere prioriteiten hadden en hun kinderen gebruikten om hun eigen ambities te bevredigen. Hoewel er vrijwel geen beschaving is geweest waarin ouders niet genoten van het gezelschap van kleine kinderen, spelend met hen alsof ze zelf kinderen waren, kreeg strengheid doorgaans de overhand vanaf het moment dat het kind in staat was geld te verdienen. Maar zelfs onder de Victoriaanse vaders, die nu berucht zijn om hun kilheid en afstandelijkheid, tenminste aan de buitenkant, had je er veel die juist het tegenovergestelde waren: joviaal, hartelijk en frivool. Er zijn altijd gezinnen geweest die in hun privé-leven de regels overtraden; daar diende privacy voor. Romeinse vaders waren het toonbeeld van hardheid dat door de Victorianen werd nagevolgd en leken voor een deel van hun leven gevangenen te zijn van formaliteit en wettelijke subtiliteiten. Toch hadden ze soms uiterst hechte en tedere relaties met hun dochters, die meer gesteld waren op hun vaders dan op hun echtgenoten. Daarmee vonden ze een vorm van vriendschap uit die de Etrusken en Atheners niet kenden.

Vaders volgden niet alleen maar de traditie. Ze waren ook uitvinders, en er is geen reden om te veronderstellen dat ze zullen stoppen met het uitvinden van nieuwe typen vaderschap. Nu des te meer, omdat erfelijkheid een andere betekenis heeft gekregen.

"Idioten verwekken idioten": dat was de mening van de heilige Thomas van Aquino en tot voor kort van de meeste mensen. Als dat waar was, dan zou er niet veel kunnen veranderen. Maar toen Francis Galton (1822-1911) kinderen van genieën nauwkeurig onderzocht, ontdekte hij dat die doorgaans helemaal geen genieën waren. In de afgelopen anderhalve eeuw zijn erfelijkheidsideeën totaal veranderd, maar de meeste mensen zijn daarin niet meegegaan als je kijkt naar de manier waarop ze over hun privé-leven denken. Ouders worden heel anders als je ze beschouwt als een zak met genen en moleculen.

Vroeger geloofde men dat kinderen op hun ouders leken, en wel in een van de volgende drie opzichten. Sommigen zeiden dat de eigenschappen van de moeder en de vader vermengd waren; anderen dat het sperma van de vader een miniatuurversie van hem bevatte, zodat het kind geheel en al een reproductie van hemzelf was; terwijl enkelen beweerden dat de miniatuurversie in het eitje van de moeder zat. Waarom kinderen desondanks van hun ouders verschilden, was niet een mysterie dat mensen wilden oplossen. Ze konden de gedachte namelijk niet verdragen dat de opstandigheid van de jeugd misschien wel door de natuur was voorbeschikt.

Een nieuwe opvatting over vaders deed haar intrede in 1850, toen een boerenzoon voor zijn leraarsexamen zakte. De mensheid heeft enorm veel te danken aan missers, afvalligen en mensen die tijdens examens de verkeerde antwoorden geven en soms de loop van de geschiedenis veranderen. De eminente professoren van de universiteit van Wenen lieten Gregor Mendel (1822-1884) voor zijn examen zakken omdat hij autodidact was. Hij was voor zijn tijd ook abnormaal omdat hij, hoewel hij monnik was, geloofde dat het scheppingsverhaal nog niet was afgelopen; hij bedoelde daarmee dat de wereld niet altijd zo zou blijven als hij was. Hij nam de wereld inderdaad niet al te serieus. Hij ging verder als onbevoegd leraar en negeerde het feit dat hij gezakt was. Zijn lessen zaten vol grappen en grollen, waar hij zelf om moest blozen en lachen. Hij had "een kwajongensachtige schittering in zijn ogen en was nooit geneigd om iemand met de nek aan te zien". Hij praatte onbevloemd over seks, en als iemand giechelde, dan zei hij: "Doe niet zo dom; dit zijn natuurlijke dingen." Tocht was het enige waar hij bang voor was. Zodra hij de eolusharp in zijn tuin met haar geluid hoorde waarschuwen, zette hij ogenblikkelijk zijn hoed op. Kleine angsten zijn nuttig als ze beschermen tegen grote. Mendel was niet bang dat zijn ideeën moeilijk in overeenstemming gebracht zouden kunnen worden met de ideeën die in zijn tijd in zwang waren.

"*Waarvoor is de mens geschapen?*" vroeg hij in een poging tot dichten.
"*Voortdurend gezwoeg*
De verheffing en ontwikkeling van zijn krachten.
Dat is het lot van de mens hier beneden."

Dat optimisme stelde Mendel in staat experimenten uit te voeren met verschillende soorten erwten, waaruit bleek dat er geen sprake was van een vermenging van overgeërfde eigenschappen. Door op een onorthodoxe manier wiskunde met botanie te combineren, doorgrondde hij de danspassen van dominante en recessieve genen door de generaties heen. De moderne genetica is op die ene idee gebaseerd. Een eeuw later, in 1953, onthulden Watson en Crick hoe datgene wat ouders aan hun kinderen gaven eruitziet. Net als Mendel werden zij gezalfd door falen: Watson werd door Harvard afgewezen en Crick slaagde er niet in de hoogste graad te halen op het University College in Londen. Watson was een eenling, Crick een extravert persoon. Beiden schreven ze hun succesvolle ontdekking van de dubbele helix – de moleculaire structuur van de nucleïnezuren in genen – toe aan het feit dat ze zo verschillend waren, elkaar bekritiseerden, aanvulden en stimuleerden. De verschillen tussen mensen werden traditioneel als storend beschouwd. Nog maar sinds kort ziet men in hoe waardevol ze zijn. De grenzen tussen de verschillende takken van wetenschap brachten altijd specialisten voort die elkaar niet konden begrijpen, maar de wetenschap wordt hoe langer hoe meer voortgestuwd door gaten in die grenzen te slaan. Na *What is Life?* van de natuurkundige Schrödinger gelezen te hebben, raakten Watson en Crick ervan overtuigd dat de biologie vooruitgang kon boeken door de ideeën van de natuur- en scheikunde te gebruiken, dat er op de grens tussen het levende en het levenloze een brug was en niet alleen maar een afgrond.

Nu is het duidelijk dat het leven zichzelf nooit helemaal herhaalt. Zijn charme wordt bepaald door de onregelmatigheden en verrassingen die het als afdruk op de materie achterlaat. De verschillen binnen ieder individu worden door elke generatie gehergroepeerd, en zonder duidelijke reden worden er mutaties toegevoegd. Ouders kunnen de karakteristieke eigenschappen die ze tijdens hun leven hebben verworven niet overbrengen in het lichaam van hun kinderen. Ze zijn nu veel minder ontzagwekkend wanneer je hen van dichtbij bekijkt: niet langer zijn ze autoriteiten die weten wat goed is, maar een massa DNA dat zich nogal roekeloos inspant om nog meer DNA te produceren.

De vierde waarheid van het leven is dat 'gezinswaarden' door de eeuwen heen zodanig veranderd zijn, dat het steeds onzekerder is geworden wat ze nu eigenlijk inhouden. Soms waren kinderen nauwelijks te onderscheiden van bedienden. Zodra ze konden lopen, werden ze aan het werk gezet. Zo zorgden ze in de negentiende eeuw voor maar liefst een derde of de helft van het gezinsinkomen. Toen daaraan een einde werd gemaakt en vrouwen in hun plaats aan het werk gingen, vond er een andere grote emotionele revolutie plaats: kinderen kregen de taak om het geld van hun ouders uit te geven in plaats van het te verdienen. Tegenwoordig zegt 70 procent van de Fransen dat ouders geen recht hebben om offers van hun kinderen te eisen; 62 procent zegt niet te vragen om een deel van het loon van hun kinderen.

Het was niet makkelijk om liefde in plaats van economisch partnerschap tot fundamentele gezinswaarde te maken. In de VS vertelde de predikant dr. H.J. Kerr in zijn *Children's Story-Sermons* (1911) hoe een kind, Bradley genaamd, zijn moeder een rekening gaf: "Moeder is Bradley schuldig: 25 cent voor boodschappen doen, 10 cent omdat ik lief ben, 15 cent omdat ik op muziekles zit en 5 cent extra. Totaal: 55 cent." Zijn moeder gaf hem 55 cent en overhandigde hem haar eigen rekening: "Bradley is moeder schuldig: 0 cent omdat ik lief ben, 0 cent omdat ik hem verpleegd heb toen hij lange tijd roodvonk had; 0 cent voor kleren, schoenen en speelgoed; 0 cent voor al zijn maaltijden en zijn mooie kamer. Bradley is zijn moeder in totaal schuldig: 0 cent." Bradley kreeg tranen in zijn ogen en gaf het geld terug. Hij zei: "Laat me van je houden en dingen voor je doen." Deze predikantendroom over onzelfzuchtige gezinnen die niet uit berekening handelen, bleef een droom zolang liefde bijna net als geld werd getaxeerd, zij het in niet-convertibele valuta. Rond dezelfde tijd klagden maatschappelijk werkers over immigrantenouders: "Hoewel ze van hun kinderen houden, houden ze niet op de juiste manier van hen." Niet elk type liefde was acceptabel. Niettemin werd het steeds noodzakelijker om iemand te hebben van wie je hield. Dus hoewel het steeds duurder werd om kinderen op te voeden, werd er alsmaar meer waarde aan hen gehecht. In de *Annals of the American Academy* (1908) werd bepaald dat "het kind de opoffering van zijn ouders waard is". Vóór die datum waren er mensen die je voor tien dollar een onwettig kind uit handen namen. Tegen 1920 betaalden toekomstige ouders duizend dollar voor een adoptiekind. Mevrouw Georgia Tann uit Memphis was de eerste vrouw ter wereld die miljonair werd door een adoptiebureau te runnen. Een Amerikaans onderzoek uit de jaren zeventig liet zien dat kinderen gemiddeld drie en een half uur per week meehielpen in het huishouden, vergeleken met vijftig uur van de moeder.

Maar toen het gezin zich geheel en al op liefde baseerde, werd het kind in onzekerheid gelaten over wat het geacht werd te doen in ruil voor de liefde die het kreeg. Toen het geld binnenbracht, kon het zijn eigen waarde beoordelen; maar toen het economisch nutteloos was en een financiële last, had het voor zijn zelfrespect blijken van liefde en bewondering van zijn ouders nodig, waarbij het overigens geen enkele garantie had ook door de rest van de wereld bewonderd te worden. Soms moest het zijn ouders terugbetalen door de fantasie tot werkelijkheid te maken, door de ideale persoon te worden die zijn ouders graag zelf hadden willen zijn. Soms werd het ertoe aangezet zich tot een onafhankelijk, 'gelukkig' iemand te ontwikkelen, hoewel het snel afgelopen kon zijn met de liefde als het resultaat een al te grote schok was. Vervolgens besloten sommige ouders dat het gelukkig maken van hun kind niet de enige reden voor hun eigen bestaan kon zijn, dat er grenzen zaten aan de offers die ze bereid waren te brengen, dat hoewel hun kind koning was, het onttroond kon worden. Echtscheidingen bewezen dat het kind niet altijd op de eerste plaats kwam. Er was een groot verschil tussen de gezinswaarde volgens welke liefde een plicht is, en liefde als iets spontaans wat voortdurend vernieuwd moet worden.

Er was ook altijd een conflict tussen de gezinswaarde continuïteit en de eindeloze zoektocht naar vernieuwing. Los van de farao's uit het oude Egypte die met hun zussen trouwden, betekende het huwelijk voor de meeste gezinnen de introductie van nieuw bloed van vreemden. Huwelijkspartners zorgden voor een onmisbare vleug frisse lucht, of ze er nu een puinhoop van maakten of niet. Als kinderen niet beantwoorden aan de verwachtingen van hun ouders, wil dat niet zeggen dat het gedaan is met het gezin; ook is het geen breuk met de traditie als ze niet de exclusieve en totale aandacht krijgen van hun moeder. Het gezin is de alleroudste menselijke institutie omdat het de meest flexibele is. Zijn doelen zijn door de eeuwen heen steeds opnieuw veranderd. Een gezin met een of twee kinderen heeft weinig gemeen met de huishoudens die bestonden uit vazallen, kostgangers, bedienden en onwettige kinderen, alsmede verwanten van elke generatie. Een eeuw geleden had zelfs in Frankrijk, de pionier van kleine gezinnen, de helft van alle kinderen ten minste twee broers of zussen.

Het is een waarheid van het leven dat het gezin altijd van gedachten verandert over wat het probeert te zijn en hoe het zijn doelen kan bereiken.

Zijn laatste grote verandering bestond eruit dat het zichzelf transformeerde van een arbeidsorganisatie tot een organisatie die zich hoofdzakelijk met vrije tijd bezighoudt. Als werkverschaffer had het een bedroevende reputatie. Ouders speelden altijd op safe; ze hadden meer kinderen dan nodig was om de continuïteit van hun eigen vak veilig te stellen en lieten hun overtollige nakomelingen in de steden of in het buitenland aan hun lot over. Dat is waarom wezen en halve wezen het moderne leven hebben uitgevonden: ze hadden geen andere keuze. Een bredere opleiding had de jeugd in staat moeten stellen om het beter te doen dan hun voorgangers. Maar los van schaarse periodes van voorspoed waren er nooit voldoende geschikte banen of winstgevende markten voor degenen die hun fantasie de vrije loop lieten. In de jaren twintig en dertig van de negentiende eeuw "stelden jonge mensen hun werkloze krachten in dienst van het vertoon van wanhoop", zoals Alfred de Musset het stelde: "Spotten met roem, religie, liefde, met iedereen, is een grote troost voor degenen die niet weten wat ze moeten doen." De adolescentie, uitgevonden als een paradijs voordat het echte leven begon, bleek een kweekplaats te zijn van neurosen en criminaliteit. Toen raakten volwassenen gefascineerd door deze uitvinding, door het droombeeld voor altijd jong te zijn en door de gevaarlijke verrukkingen van het koesteren van de verbeelding. Zo bleek uiteindelijk eigenlijk bij toeval dat het gezin op z'n minst even goed was in het stimuleren van avontuur als in het verschaffen van stabiliteit.

De meest positieve ontdekking die ouders deden was hoe interessant kinderen konden zijn, hoe ze veel meer de moeite waard waren als mensen, vol onvoorspelbare buitenissigheden, dan als gehoorzame slaven. Het ouderschap is hoe langer hoe meer een gok geworden, nu kinderen hoe langer hoe meer een bron van niet te beantwoorden vragen zijn geworden die de oude antwoorden slap doen lijken en je dwingen om over alles wat je altijd als vanzelfsprekend aannam opnieuw na te denken. Haast je niet om de wereld te begrijpen, kreeg Tom Brown te horen, je bent nog niet oud genoeg om hem te begrijpen. Maar de nieuwe houding werd: er mogen dan misschien veel waarheden zijn die je niet kunt veranderen, er zijn andere die misschien helemaal geen waarheden zijn.

Er is door de eeuwen heen zo weinig vooruitgang geboekt om gezinnen stabieler te maken, een betrouwbaarder bron van deugdzaamheid, dat het tijd wordt om te bedenken hoe je beter gebruik kunt maken van al deze onzekerheid die in hun geschiedenis besloten ligt. De hele geschiedenis is tot dusver een poging geweest om van onzekerheid af te komen. Nu zou echter niet alleen het leven saai zijn zonder onzekerheid. Zekerheid op zichzelf is niet langer een geschikt ideaal, omdat ze nooit onfeilbaar is geweest. Plannen lopen bijna altijd mis. Hierbij gaat veel ervaring verloren, hoewel mislukkingen hergebruikt kunnen worden als kansen. De gedaante van hoop is altijd onzeker, en onzekerheid is onmisbaar voor hoop.

Maar op zichzelf is onzekerheid niet voldoende om een leven te sturen. Daarom zal mijn volgende hoofdstuk overwegen welke nieuwe doelen het gezin zichzelf kan stellen, zelfs al leiden ze tot onver-

Gezinnen zijn nooit stabiel geweest 373

wachte resultaten. Je moet weten waar je graag naartoe zou willen, maar je moet ook weten dat je de kans loopt om totaal ergens anders aan te komen.

Viviana A. Zelizer, *Pricing the Priceless Child: The Changing Social Value of Children*, Basic, NY, 1985 (citeert uitspraak van het National Child Labor Committee of USA uit 1905, dat het "zelden voorkomt dat affectie binnen een gezin de boventoon voert"); Michel Fize, *La Démocratie familiale: Évolution des relations parents-adolescents*, CNRS, Presses de la Renaissance, 1990 (42 procent van de Franse ouders zegt nooit met hun kinderen over hun persoonlijke problemen te spreken); Jean Delumeau & Daniel Roche, *Histoire des pères et de la paternité*, Larousse, 1990; Yvonne Knibiehler, *Les Pères aussi ont une histoire*, Hachette, 1987; R.A. LeVine, *Parental Behaviour in Diverse Societies*, Jossey Bass, 1988; Vitaly A. Rubin, *Individual and the State in Ancient China*, Columbia UP, 1976; Linda A. Pollock, *Forgotten Children: Parent-Child Relations 1500-1900*, Cambridge UP, 1983; Huxley J. Coale, *The Decline of Fertility in Europe*, Princeton UP, 1986; Pierre Guichard, *Structures sociales orientales et occidentales dans l'Espagne musulmane*, Mouton, 1977; Ursula Owen, *Fathers: Reflections by Daughters*, Virago, 1983; Morton H. Fried, *Fabric of Chinese Society*, Octagon, NY, 1974; Michael Mann, *The Sources of Social Power*, 1986; Eliezer Ben-Rafael, *Status, Power and Conflict in the Kibbutz*, Avebury, Aldershot, 1988; Paul Chao, *Chinese Kinship*, Kegan Paul, 1983; Caroline Blunden & Mark Elvin, *Cultural Atlas of China*, Phaidon, Oxford, 1983 (Ik heb ook veel profijt gehad van Elvins vele artikelen over emoties in China); J.L. Domenach & H. Chang-Ming, *Le Mariage en Chine*, FNScPo, 1987; Colloque UNICEF, *L'Étranger vu par l'enfant*, Flammarion, 1986; David Cohen & Stephen A. MacKeith, *The Development of the Imagination: The Private Worlds of Children*, Routledge, 1991; Maurice Daumas, *Le Syndrome des Grieux: Les relations père/fils au 18e siècle*, Seuil, 1969; Judith Stacey, *Patriarchy and Socialist Revolution in China*, California UP, 1983; L. McKee & M. O'Brien, *The Father Figure*, Tavistock, 1982; Judith P. Hallet, *Fathers and Daughters in Roman Society*, Princeton UP, 1984; Piere Duclos, *Les Efants de l'oubli, du temps des orphelins à celui des DDASS*, Seuil, 1989; Maurice Godelier, *La Production des grands hommes*, Fayard, 1982; Yushio Markino, *When I was a Child* (in

Japan), Constable, 1912; John Gillis, *Youth and History*, Academic Press, 1974.

22

Waarom de crisis binnen het gezin slechts één fase is in de ontwikkeling van ruimhartigheid

"Hoe ben je opgevoed?"
"Slecht." Hij is achttien en genoot alle privileges die een succesvol werkend gezin kan geven.
"Ik zag mijn ouders nauwelijks. Ze gingen altijd om acht uur 's morgens naar hun werk en kwamen om acht uur 's avonds weer thuis. Het wordt alleen maar erger nu het werk van vrouwen, en ook dat van mannen, steeds jachtiger wordt. Er zal niet langer voor kinderen gezorgd worden."

Zijn vader is een gerenommeerd advocaat, verdediger van de mensenrechten; zijn moeder, Monique, heeft een topfunctie in de muziekwereld. In hun jeugd, begin jaren zeventig, waren het rebellen, pioniers van een nieuwe manier van leven. Ze ontmoetten elkaar toen ze beiden een beurs hadden voor de VS, waar al diegenen die de toekomst als avontuur beschouwden heen gingen om in het moderne leven ingewijd te worden. Monique is een zeer moderne vrouw. Als dochter van een radiojournalist werd ze aangemoedigd te studeren in plaats van af te wassen, was ze vaak alleen en aan zichzelf overgelaten. Ze studeerde af aan de beste economische hogeschool van Frankrijk. (Dat was in 1968, vóór de explosie van het feminisme.) Een jaar lang gaf ze les aan arme kinderen in zwart Afrika, en later hielp ze de campagne van Angela Davis in Frankrijk organiseren. Haar man was een gewetensbezwaarde, die in plaats van militaire dienst ook in Kameroen lesgaf. Daar werd hun zoon geboren, die nu zegt dat hij geen Fransman maar een Kameroener is.

Monique wilde niet alleen maar echtgenote zijn. In de Franse provincies was dat moeilijk te vermijden als je in een van die welvarende provinciale families trouwde waar een vrouw in intellectueel opzicht heel wat in haar mars kon hebben, maar er niettemin mee instemde om haar hele leven af te stemmen op dat van haar man. Al kon haar schoonmoeder nog zo briljant converseren, ze wist niet hoe ze een cheque moest uitschrijven. In een kleine stad waar elk welgesteld gezin voortdurend in de gaten werd gehouden door alle andere, waar mensen er nooit genoeg van kregen om uit te rekenen wie de gelijke was van wie, werd een nieuwe echtgenote van buitenaf getrakteerd op hetzelfde gevoel als een jonge vlinder die wordt uitgenodigd om zich met een pin te laten doorboren zodat de buren hem kunnen bewonderen. Monique zocht afleiding in Parijs en keerde altijd in tranen terug naar huis. De plichten die van een echtgenote van een belangrijke advocaat werden verwacht, spraken haar niet aan. Ze prefereerde de conversatie van kunstenaars aan de rand van de samenleving. Ze weigerde als gastvrouw op te treden voor de collega's van haar man of hem te vergezellen naar routinematige recepties. "Ik liet hem zijn leven zelf bestieren." Haar werk was haar "geheime tuin"; zo kon ze onafhankelijk van hem blijven. Dat accepteerde hij.

Haar probleem was hoe ze voor haar twee zonen moest zorgen. Haar man kon zichzelf wel redden. "Ik wilde de kinderen altijd beschermen; eerst kwamen zij, en dan pas ons huwelijksleven." Hij hielp mee in het huishouden, kookte ook voor de kinderen en bleef thuis als zij laat moest werken. "We leidden parallelle levens." Het was makkelijk om huishoudelijke hulp te krijgen. Maar nu voelt ze zich schuldig, of beter uitgedrukt verward. Ze vraagt zich af of ze haar kinderen verwaarloosd heeft. Al haar vrienden hebben hetzelfde probleem, en het is het hoofdonderwerp van hun gesprekken: toen de kinderen klein waren, deden ze wat hun gezegd werd. Maar nu, naarmate ze steeds onafhankelijker worden, maken ze hun ouders ongerust. "Wij worden door de adolescenten afgewezen." Na al hun moedige rebellieën zijn ze tot de ontdekking gekomen dat ze het weinig verder hebben geschopt dan hun moeders, die zichzelf voor hun kinderen opofferden.

Monique vindt het jammer dat haar oudste zoon, die nu op de universiteit zit, een vreemde is. Telkens wanneer ze met hem praat, heerst er spanning. Volgens opiniepeilingen klaagt een op de vijf Franse adolescenten dat ze niet met hun ouders over hun problemen kunnen praten. "Hij zegt me niet wat hij denkt. Ik heb liever ruzies dan dat hij zwijgt." Hij weigert op hetzelfde moment te eten als de rest van het gezin, beschouwt thuis als een hotel, staat om twaalf uur 's middags op, komt om vier uur 's middags thuis om te eten en zegt hun nooit waar hij naartoe gaat. Eén keer is de jongen het huis uitgegaan, maar hij kwam terug omdat zijn flat geen bad had: hij wekt de indruk alleen maar thuis te wonen om te profiteren van de gemakken. Ze weten nooit waar hij is, net zoals hij zich als kind afgevraagd moet hebben waar zijn moeder was.

Waarom kan de moeder, die altijd zo gehecht was aan haar eigen onafhankelijkheid, die van haar zoon niet accepteren? "Omdat hij niet gemotiveerd is. Als hij een sterke hartstocht had, dan zouden we akkoord gaan." Maar dat is niet zo. Ze geeft toe dat hij veel van haar eigen waarden deelt. Hij zegt dat hij zijn leven wil wijden aan het helpen van de armen, dat hij in het armste land ter wereld wil wonen, Burkina Faso, en daar voedsel, onderwijs en medicijnen wil brengen. De rijke landen hebben te veel problemen; er is geen hoop die op te lossen. Daarom is het beter om jezelf aan een humanitaire zaak te wijden. "Omdat mijn ouders zich niet aan mij gewijd hebben, zal ik me aan anderen wijden."

"Dus je ruzies met je ouders zijn je wraak?"

"Ja. Als ik kinderen heb, zullen zij mijn eerste prioriteit zijn."

Misschien heeft de verwaarlozing waaronder hij geleden heeft iets goeds gebracht: hij is daardoor iemand geworden die zich om anderen bekommert.

"Als je ouders jou goed hadden opgevoed, was je dan egoïstisch geweest?"

"Ja."

Hij heeft geen ambities in conventionele zin, zegt hij. Hij vindt het niet erg om slechte cijfers te halen. Het is niet dat zijn ouders hem niet begrijpen, maar dat ze hem niet kunnen accepteren zoals hij is; ze kunnen de gedachte niet aan dat hij een mislukking is en keren zich af van zijn weloverwogen besluit om niet zoals zij een briljante student te zijn. De spanning thuis, zegt hij, is om te snijden.

De vraag is of Moniques besluit om haar gezinsleven te beperken ter wille van haar persoonlijke ontplooiing voldoende vrucht heeft afgeworpen om het te rechtvaardigen. Waarschijnlijk kon ze niet anders. Ze wordt zeer bewonderd als toonbeeld van wat een moderne werkende vrouw kan bereiken en is beslist een bron van inspiratie. Haar zoon is even indrukwekkend, en ze vergist zich als ze denkt dat ze hem beschadigd heeft. Maar ze gelooft niet dat ze de juiste manier heeft gevonden om als vrouw een drukbezet leven te leiden.

Ondanks het feit dat ze hooggekwalificeerd is, moest ze zelfs in een zogenaamd modern reclamebureau als assistent beginnen en in een 'vrouwelijk beroep' carrière maken. Op het eerste gezicht was die carrière er eentje waar de meeste vrouwen jaloers op zouden zijn: als hoofd public relations een televisiestation helpen opzetten, filmen muziekfestivals organiseren en een orkest beheren dat onder leiding staat van een charismatische dirigent. Wat een fantastische serie kunstenaars heeft ze in twintig jaar ontmoet. Tot in de kleine uurtjes voerde ze gesprekken met hen, was 's morgens vroeg weer op kantoor, maakte reizen, verwelkomde artiesten van over de hele wereld, en wierf fondsen van weldoeners en mensen op machtige posities: stimulerend, opwindend en vermoeiend werk dat onvermoeibare tact vereist.

Maar nu ze begin veertig is, begint ze zichzelf vragen te stellen. Moet ze in haar leven altijd nummer twee zijn? Het is niet dat ze macht of meer erkenning wil. De mannen met wie ze werkt hebben er veel meer behoefte aan dan zij om voortdurend bevestigd te worden; dat is hun fundamentele zwakheid. De complimenten die ze krijgt wekken haar achterdocht. Zij wil ze liever uitdelen aan anderen, mensen betoveren, het betoveringsproces op haar werk observeren, dat niet alleen een seksueel spelletje is. Politici leven van de betovering, net zoals haar dirigent zijn orkest betovert. Volgens haar kunnen vrouwen enorme macht hebben zonder zich ooit voor op het toneel te bevinden. Maar een man zou er nooit genoegen mee nemen om net als zij zijn ambities te beperken. Ze denkt dat ze te beschroomd is om een topfunctie te willen. Ze is nog altijd bang om in het openbaar te spreken. Hoeveel plezier haar hectische leven haar ook geeft, het verarmt haar omdat er niet genoeg tijd over blijft om te lezen, ontspannen te reizen en bovenal haar eigen creativiteit te ontwikkelen. Haar hele leven heeft ze artiesten geholpen om creatief te zijn. Wordt het geen tijd om zelf iets te creëren, des te meer nu ze kan voelen hoe deze baan haar energie opzuigt? Komt dat doordat ze ouder wordt? Ze voelt zich rijper, bekwamer en stabieler: heeft ze haar talenten volledig benut? Toen ze net bij de televisie kwam, hoopte ze filmregisseur te worden. Nu zou ze het leuk vinden om documentaires te maken, iets nieuws te doen, de eeuwigdurende zoektocht naar het nieuwe. "Wat ik nodig heb, is tijd voor mezelf." Maar het orkest doet steeds nieuwe dingen. Het geeft concerten op scholen, in fabrieken en gevangenissen, waarna fantastische, emotionele gesprekken plaatsvinden. Dat geeft haar het gevoel dat het gerechtvaardigd is wat ze doet; "het zou de wereld kunnen veranderen".

Waarom lijkt een jonge man die zijn leven in dienst stelt van de armen één grote treurnis, zowel in de ogen van zijn ouders als in die van hemzelf? Twee historische figuren die in een vorig hoofdstuk genoemd zijn, die kozen voor een leven in armoede, zouden tegenwoordig als probleemkinderen naar een therapeut gestuurd zijn. Iedereen is het erover eens dat de heilige Franciscus van Assisi een van de meest bewonderenswaardige mannen was die ooit geleefd hebben. Toch stelde hij zijn rijke vader teleur. Allereerst door zijn jonge jaren door te brengen als leider van een bende oproerige, genotzuchtige jongeren, en vervolgens door zijn bezittingen aan de armen te geven, partij te kiezen voor "de zwakken van geest", "dieren met 'broeder' aan te spreken [en] kleine wormen van de straat [te rapen] zodat ze niet platgetrapt zouden worden". Hoewel hij zich in de wrede wereld nooit op zijn gemak voelde, bleef hij een charmante en levendige persoonlijkheid. Toch had zijn vader liever gehad dat hij een doortrapte stoffenhandelaar was, net als hijzelf. Albert Schweitzer had een moeder die in de herinnering van haar schoondochter "keihard en heel streng" was en over wie hij zei dat ze regelmatig in tranen zat omdat hij op school zo achter was: "Ik heb de onbeperkte joie de vivre van de jeugd nooit echt gekend. ... Ik was geenszins een vrolijk type", vertelde hij, waarbij hij zich herinnerde dat het de nachtmerrie van zijn kinderjaren was om uitgelachen te worden. Maar in plaats van verbitterd te raken, werd hij als arts in Afrika, die "eerbied voor het leven" tot zijn credo maakte, een bijzonder toonbeeld van ruimhartigheid. Hij klaagde niet over zijn opvoeding en benadrukte: "Mijn ouders trainden ons voor de vrijheid." Inderdaad werd vrijheid vaak gevonden waar ze niet leek te bestaan. Ruimhartigheid is een uiting van vrijheid.

Idealiter was het gezin de plaats waar mensen ruimhartig tegenover elkaar waren. Maar tegelijkertijd stelde het als eenheid zijn eigen belangen doorgaans boven die van anderen en was het meedogenloos tegenover die gezinsleden die nalieten hun verplichtingen jegens het gezin na te komen. De eerste grote gedachte was te proberen de spanningen uit de weg te ruimen door het grote gezin vaarwel te zeggen, slechts een paar kinderen te nemen, de affecties te concentreren en zich af te sluiten voor de slechte buitenwereld. Dit leidde niet altijd tot het gewenste resultaat. Daarom is het grote gezin of de clan vervolgens in een nieuwe vorm weer in het leven geroepen, niet als een groep bloedverwanten, maar als een stel individuen die door affectie verenigd waren en emotioneel gezien vaak een hechtere band hadden dan verwanten ooit hadden gekend. In hun intieme leven gingen niet-verwanten een even belangrijke rol spelen als verwanten, en kinderen leerden evenveel van hun leeftijdgenoten als van hun ouders. De interne politiek van het gezin – die betrekking had op de vraag hoe je huiselijke ruzies kon vermijden en hoe je minder ondemocratisch kon zijn – is slechts een deel van zijn geschiedenis. Over zijn externe politiek – hoe je buitenstaanders moest bejegenen – is minder gesproken, terwijl die een doorslaggevende invloed heeft gehad op de groei van vrijheid en ruimhartigheid.

Ouders durfden zelden het risico te nemen dat hun kind tot een derderangs, werkloze heilige zou opgroeien. Hun doel is ervoor te zorgen dat het gelukkig wordt. Dat doel is echter onbereikbaar gebleken via de traditionele methode van het openen van alle deuren naar genot en verlangen. Het is immers onmogelijk om gelukkig te zijn als anderen ongelukkig zijn. Natuurlijk waren veel mensen gelukkig in enge zin, dat wil zeggen dat ze tevreden waren, terwijl ze hun ogen sloten voor de verschrikkingen om zich heen. Of ze probeerden gelukkig te zijn door te lachen om de dwaasheid van de mensen in plaats van zich boos te maken. Of ze troostten zichzelf met momenten van extase, terwijl ze het accepteerden dat die onvermijdelijk kort zijn. Maar geen enkel geluk is volledig als het zelfzuchtig is. Wie niets voor iemand betekent, veracht zichzelf. Zelfs voor degenen die dat koesteren – omdat ze mensen in de grond als hebzuchtig en grof beschouwen – is dat een bitter genot. Gelukkige kinderen hebben kan slechts het begin zijn van een droom. Ze kunnen alleen maar voldaan zijn over hun geluk als de wereld er baat bij heeft dat zij zich daarin voortbewegen. Dat geeft de opvoeding van kinderen, en sterker nog, het leven, meer dan een prozaïsch doel.

De raad die kinderen vroeger kregen was hun levenslot te accepteren, maar sommigen weigerden te luisteren. Vervolgens werd hun geadviseerd om zich bewust te worden van hun eigen identiteit, gedefinieerd door Erik Erikson als "een gevoel dat je thuis bent in je eigen lichaam, een besef dat je weet waar je naartoe gaat en een innerlijke overtuiging dat je bij voorbaat gewaardeerd wordt door degenen die ertoe doen". In het verleden hebben er maar weinig van zulke volmaakt coherente mensen bestaan, en zo ze al bestonden, waren ze te zelfingenomen om het volmaakte ook maar enigszins te benaderen. Erikson zelf bereikte niet wat hij bepleitte. Als onwettig kind dat niet wist wie zijn vader was, werd zijn filosofie geïnspireerd door een verlangen naar een normale toestand die hij nooit ervaren had. De idee van een identiteitsbesef was bedacht voor mensen die wilden dat de wereld minder gecompliceerd was. Het alternatief is om onder andere omstandigheden een ander persoon te zijn, om het verruimen van je sympathieën voor en je inzicht in anderen meer prioriteit te geven dan het inzicht in jezelf. Gezinnen die in hun eigen cocon verpakt zitten, zijn daar doorgaans niet op voorbereid.

Het is niet verwonderlijk dat Freud, een oudste zoon die in de bloeitijd van autoritair bestuur leefde, van de opstand tegen vaders de focus van zijn diagnose maakte. Tegenwoordig is het echter niet langer het ouderlijk gezag dat een bedreiging vormt, maar hun doelloosheid; niet de strijd om macht is het belangrijkste, maar de zoektocht naar een doel in het leven. Ouders domineren niet langer de fantasieën van hun kinderen. Tweeduizend Australische basisschoolkinderen, die ondervraagd werden over hun houding tegenover de wereld zoals zij die zien, leggen de verandering bloot: zij definiëren een ouder als iemand die voor je zorgt, dingen voor je koopt, geld aan je uitgeeft en je beschermt: "Ze houden van me omdat ik van hen ben en ik alles ben wat ze hebben." Ze voegen eraan toe dat een onderwijzeres helpt om de wereld toegankelijk te maken en er uitleg over geeft, maar niet genoeg; bovendien "is ze niet altijd eerlijk". Maar dan is een vriend van vitaal belang – een vriend die jou begrijpt, die plezier en dingen met je deelt, en je zegt dat je je geen zorgen hoeft te maken. De belangrijkste klacht van deze kinderen is dat ze niet genoeg tijd hebben om te doen wat ze willen: er wordt te veel van ze geëist en er zijn te veel dingen die hun nieuwsgierigheid wekken waaruit ze moeten kiezen.

Het verlangen om ten volle deel te hebben aan wat de wereld te bieden heeft, om mens te zijn in de ruimste zin van het woord, werd tegengewerkt door de achterdocht en minachting die mensen altijd jegens elkaar gevoeld hebben en door de moeite die het kost om hen zover te krijgen dat ze vreemden ruimhartig bejegenen. Tot nog toe leert de ervaring met het cultiveren van ruimhartigheid dat er geen noodzakelijk verband bestaat tussen ruimhartigheid binnen het gezin en de manifestatie daarvan tegenover vreemden. Jezelf concentreren op ruimhartigheid en harmonie binnenshuis, zoals het moderne denken doet, en vergeten wat zich daarbuiten afspeelt, is hetzelfde als kijken naar een weiland en de horizon niet zien.

"Gij hebt geen verstand. Jullie Fransen houden alleen maar van jullie eigen kinderen, maar wij houden van alle kinderen van de stam." Dat zei een Naskapi-indiaan (eens bekend als 'roodhuid') tegen een achttiende-eeuwse jezuïet die hem wilde leren wat goed gedrag inhield. Hoewel bij de indianen in het algemeen een kind geen systematisch onderwijs genoot, werden alle Europese reizigers getroffen door de uitzonderlijke hoeveelheid liefde die het kreeg, om het even van ouders, verwanten of niet-verwanten. Ieder kind was een welkome gast, waar het ook maar wilde zijn, en was altijd verzekerd van iemands liefde, hoewel niet altijd van dezelfde persoon. Omdat het zowel deelnam aan activiteiten voor volwassenen als aan die voor jongeren, was het zelden alleen. Het kreeg affectie, ongeacht of het een wettig of onwettig kind was. Wezen werden als gelijken opgevoed, net als krijgsgevangenen, want degenen die voor het scalperen gespaard bleven, werden geadopteerd en als verwanten beschouwd: een aanzienlijk aantal blanken die na hun gevangenneming geassimileerde 'roodhuiden' werden, weigerden naar de 'beschaving' terug te keren toen ze werden vrijgelaten. De Mohave kenden geen woord voor straf. Ze noemden een misdadig kind wild, gek of onhebbelijk, maar hun tolerantie werd er nauwelijks minder om. Ze geloofden namelijk dat wangedrag teweeggebracht werd door zowel bovennatuurlijke als aangeboren krachten, waar een individu geen greep op kon krijgen. Ze zagen in zo'n kind daarom een toekomstige sjamaan die met het onzichtbare kon communiceren, en vaak werd het uiteindelijk ook een gerespecteerde sjamaan. Alleen grof geweld ging alle perken te buiten.

Zo'n inschikkelijkheid tegenover kinderen was mogelijk omdat ze toebehoorden aan de gemeenschap en niet aan hun ouders, maar zo dachten de indianen toen over alle eigendommen. Voor hen was ruimhartigheid de allerhoogste deugd. Het opperhoofd was niet de man met de meeste maar met de minste bezittingen, want hij was degene die het meeste weggaf, die de meeste dankbaarheid had opgebouwd. Kopen en verkopen kenden ze niet, alleen een uitwisseling van geschenken. Door alles wat de doden toebehoorde te vernietigen, verdreven ze de verleiding om een familiefortuin op te bouwen. In de meeste stammen had rijkdom geen prestige, in tegenstelling tot waardigheid, wijsheid en spiritualiteit. Ieder kon het huis van een ander binnenlopen en verwachten dat hij iets te eten kreeg. Bovendien kon hij zich elk voorwerp toe-eigenen dat door niemand anders werd gebruikt. De blanken noemden de 'roodhuiden' 'dieven'; ze begrepen echter niet dat bezittingen alleen maar als privé werden gezien zolang ze actief werden gebruikt en nodig waren. Hoewel de mannen veel van hun tijd in het bos doorbrachten, terwijl de vrouwen en kinderen zich op de open plek bevonden, werden beide geslachten geacht alle taken te kunnen verrichten: de mannen moesten kunnen naaien en koken, de vrouwen schieten en sporen volgen. In sommige jaargetijden woonden gezinnen in aparte wigwams, maar in andere deelden ze een gemeenschappelijk huis.

De prijs voor de verspreiding van hun affecties was echter dat "volwassenen dol waren op vele personen, maar zelden of nooit smoorverliefd waren op of met handen en voeten gebonden aan één iemand". Huwelijken waren fragiel: bij de Apachen kwam een echtscheiding simpelweg tot stand als de vrouw de kleren van haar man buiten het huis legde, voor hem het teken om terug te gaan naar zijn moeder; of hij zei dat hij uit jagen ging en keerde nooit weer terug. De prijs die ze betaalden voor hun laconieke houding, voor hun weigering boos te worden, voor hun afschuw van persoonlijke confrontatie was dat ze hun woede richtten op andere stammen en zichzelf in de oorlog vernietigden. Oorlog werd hun remedie tegen verdriet. Bovendien hadden ze voortdurend nieuwe krijgsgevangenen nodig om de oorlogsslachtoffers te vervangen. Terwijl ze het evenwicht van natuurlijke krachten vereerden en het bestaan van het kwade ontkenden, wonnen ze een oppervlakkige vrede door altijd "ja" te zeggen – "Gij hebt gelijk, broeder". Ze weigerden elkaar te dwingen en beschouwden een vijandig gevoel net als een lichamelijke ziekte. Maar aan de andere kant werden ze gekweld door de angst voor bedrog. Hun eindeloze discussies, die nooit in een besluit resulteerden, en hun voortdurende kliekvorming ondermijnden hun krachten om weerstand te bieden. Hun beschaving was ontworpen voor grote open ruimten waarin de ontevredenen zich stilletjes konden terugtrekken: 16.000 Cherokees hadden ruim 260.000 vierkante kilometer van Texas helemaal voor zichzelf.

Een van de oorzaken van de ondergang van de oude indianenculturen was dat ze geen effectieve buitenlandse politiek hadden, ondanks het feit dat ze een indrukwekkend binnenlands beleid hadden ontwikkeld. Ze werden door vreemden in verwarring gebracht. Ze accepteerden conflict als deel van de natuurlijke orde, maar konden niet omgaan met agressors die een totaal ander idee hadden over wat natuurlijk was. Het is mogelijk om een klein lapje grond te bebouwen met ruimhartigheid te midden van de prairies van afgunst, maar dat verdubbelt de moeilijkheden. De indianen raakten uiteindelijk gedemoraliseerd, omdat hun gemeenschapszin beperkingen kende.

Tegenwoordig zie je dat de afstammelingen van de indianen, vermengd met afstammelingen van Afrikanen en Europeanen, nog steeds niet in staat zijn om de afstammelingen van hun indringers effectief het hoofd te bieden. In Brazilië bijvoorbeeld zijn ze arm genoeg om de oneindige hoeveelheid gradaties te herkennen tussen 'nederig' en 'arm', tussen 'zeer miserabel' en een 'wandelend lijk'. In de Nordeste, waar het minimumloon amper genoeg is om een individu in leven te houden, laat staan een heel gezin, waar vrouwen en kinderen daarom nog minder bereid zijn om zich in de zon uit te sloven met het snijden van suikerriet, waar de voornaamste ambitie van een goede arbeider bestaat uit het sparen van voldoende geld om zijn begrafeniskosten te betalen, waar de rijke landen enorme sommen geld investeerden om de rijken rijker te maken, terwijl de helft van de bevolking ongeletterd bleef, was armoede niettemin een stimulans voor een bepaald soort ruimhartigheid. De armen maken zich zorgen dat honger hen te gierig heeft gemaakt. Ze zijn zich ervan bewust dat geen zichzelf respecterend mens graag om hulp vraagt. Dus beschouwen ze het als hun taak om in de noden van hun naasten van tevoren te onderkennen. Ze delen kleine cadeautjes uit – een paar bonen misschien, of bananen, verpakt in bruin papier – en doen hun uiterste best om ervoor te zorgen dat degenen die er het slechtst aan toe zijn prioriteit krijgen bij de verdeling van liefdadigheid, ook al betekent dat dat ze zelf niets ontvangen en huilend naar huis gaan: hun naasten zullen de volgende keer aan hen denken. Van de vrouwen heeft 38 procent kinderen opgevoed die niet van henzelf waren; dit is tevens een graadmeter voor de geweldige hoeveelheid kinderen die in de steek worden gelaten of van huis weglopen omdat er geen eten voor hen is. "Houdt je moeder van je?" Een negenjarige bedelaar antwoordt: "Ze moet van me houden. Ik breng haar geld en eten." Een echtgenoot is eveneens vaak simpelweg de man die met eten thuiskomt, hoewel hij elk moment kan verdwijnen; in zulke omstandigheden komt een formeel huwelijk zelden voor.

Ruimhartigheid legt het meestal af tegen ambitie. Wanneer migranten zich voor het eerst in de sloppenwijken rond steden vestigen, op zoek naar werk, is het ieder voor zich. Daarna beginnen ze samen te werken. Maar wanneer ze eenmaal beginnen te sparen, is het vaak opnieuw ieder voor zich. De welgestelden denken uiting te geven aan hun ruimhartigheid door een armlastig kind als bediende in huis te nemen, en stellen zich ermee tevreden dat de armen doorgaan zich te vergapen aan de rijken. Maar daarmee stimuleren ze dat de armen zichzelf als hopeloos en uitgeput beschouwen: ik ben verloren, zeggen ze, zelfs als ze jong zijn. "Ik ben niet bang om dood te gaan", zegt een tienjarig straatkind.

Er leven in Brazilië tegenwoordig ongeveer zeven miljoen kinderen op straat, zij aan zij met de zwerfkatten, een stuk karton als bed. De mensen uit de middenklasse, die enorm liefdevol zijn tegenover hun eigen kinderen, hebben vaak geen oog voor deze vagebonden als ze hen passeren; ze beschouwen hen niet als kinderen, maar als bedreigingen voor hun bezit. Hoe kan een kind dat in de steek is gelaten anders overleven dan door te stelen? "Welke ambitie heb je?" Een negenjarig meisje, dat zeven keer gearresteerd is wegens diefstal, antwoordt: "Ik wil bij de politie." Waarom? "Zodat ik kan stelen zonder gepakt te worden." Winkeliers hebben moordenaarsbenden in dienst om deze straatkinderen uit de weg te ruimen, in het belang van de goede orde; één doodseskader noemt zichzelf De Discipelen van Jezus. Een zestienjarige beroepsmoordenaar zegt: "Ik heb alleen maar mensen vermoord die niets waard waren." We hebben het over het enige land ter wereld dat een Ministerie voor Kinderen heeft, met enkele van de meest moderne wetten op het gebied van de rechten van het kind.

Brazilië herhaalt de ervaring van het negentiende-eeuwse Groot-Brittannië. Daar ging de betere stand als zondags vermaak altijd naar Bedlam. Ze weigerden echter een bezoek te brengen aan weeshuizen, waartoe Charles Dickens hen had aangespoord; de wezen krioelden immers "als sprinkhanen" door de straten in de steden van de eerste Industriële Revolutie (terwijl de wezen van New York City bekendstonden als "kleine Arabieren"). De sprookjeswezen Hans en Grietje, die tenminste elkaar hadden, waren bedacht als tegenhanger van de droom van getrouwde stellen die nog lang en gelukkig leefden. Ze blijven actueel, omdat voorspoed aanvankelijk altijd tot gevolg heeft dat het eerder moeilijker dan makkelijker is om ruimhartig te zijn, zoals het ook het aantal gelukkige huwelijken niet vergroot. Zo vervielen de Argentijnse moeders, die zich verenigd hadden tegen de dictatuur waarvan de tegenstanders ontvoerd werden, en die hun bezorgdheid uitten over alle kinderen, niet alleen die van henzelf, weer in hun persoonlijke familieaangelegenheden toen het leven eenmaal min of meer zijn normale loop terugkreeg. Maar voorspoed is niet altijd noodzakelijkerwijs en als regel geëindigd in een doodlopende steeg van egocentrisme. Genieten van de geneugten van huis en haard is alleen maar in het begin een stimulans om bezit te vergaren. Dan komt de tijd dat het huis, hoe gezellig het ook is, te bekrompen wordt, niet voldoende stimulans biedt. Het verzamelen van voorwerpen wordt vervangen door het verzamelen van 'interessante mensen'. Uiteindelijk wordt leergierigheid belangrijker dan geriefelijkheid.

De rol van leergierigheid als prikkel tot ruimhartigheid was cruciaal. Maar ouders en kinderen voelden zich zelden in staat om zich tegenover elkaar volledig bloot te geven. In die relatie zitten er grenzen aan wat leergierigheid kan ontdekken of bereiken. Neem de Fransen bijvoorbeeld: hoewel kinderen hun ouders over het algemeen goede cijfers geven en zeven van de tien zeggen dat hun ouders hen helpen om "zichzelf te zijn", blijven ouders onzeker. Slechts vier van de tien ouders vinden hun kinderen toegenegen of zijn ervan overtuigd dat hun kinderen hen als "ruimdenkend en jong" beschouwen; 26 procent denkt geïrriteerd over te komen, 30 procent veeleisend en autoritair, en 20 procent bezorgd; van de kinderen denkt 44 procent dat hun ouders vinden dat ze lui zijn, maar slechts 12 procent van de ouders vindt dat ook echt zo. Met andere woorden, ze hebben er veel moeite mee om precies te raden wat er in elkaars hoofden omgaat.

Om de geneugten van ruimhartigheid te koesteren keken mensen daarom vaak buiten het gezin, waar ze geen verplichtingen hebben. Je kunt dit proces volgen bij de Swat Pukhtun in het noorden van Pakistan, dankzij een angstaanjagend beeld dat een antropoloog van hen geschilderd heeft, in precies die fel contrasterende kleuren, met precies dat vleugje overdrijving die nodig zijn om licht te werpen op een universeel dilemma. Hij beschrijft deze mensen als boeren die ervan dromen om zelfstandig en sterk te zijn, en die tegen alle anderen vechten om hun eer te behouden. Ze gaan zover in hun onafhankelijkheid, dat ze het liefst alleen maar de opbrengst van hun eigen land eten. Ze beschouwen het als vernederend om voor hun mede-Pukhtuns te werken, zodat zelfs artsen hun consulten liever gratis geven dan voor dienaren te worden gehouden. Hier, net als in het Westen, gaan de trots van het individu en de cohesie van het gezin moeilijk samen. Rivaliteit domineert de kinderen, zelfs zo dat gesprekken voornamelijk langdurige ruzies zijn over bezittingen: 'Dit is van mij, Nee het is van mij.' Hun wordt geleerd agressief te zijn, te liegen om straf te vermijden en alleen bang te zijn voor publieke vernedering, maar zich niet schuldig te voelen wanneer ze hun energie besteden aan het omzeilen van de onverholen vriendjespolitiek van hun ouders. Het beeld dat van vaders wordt gegeven is dat ze trots zijn zonen te hebben, maar dat ze hen in de loop der jaren minder mogen en jaloers op hen worden. De zonen wachten ongeduldig om hun land te erven, omdat een man zonder land niemand is. Hun relaties worden sterk economisch, een strijd om rijkdom en invloed; soms culmineert de rivaliteit in moord. Het is alsof alles georganiseerd is om iedereen van een vijand of rivaal te voorzien. Het gevolg is dat iedereen een vriend vindt, maar altijd onder degenen met wie ze niet rivaliseren.

Hoewel zussen elkaars rivalen zijn, hebben broers en zussen aldus een hechte band, de sterkste in deze samenleving. Een zus treurt het meest om de dood van haar broer, meer dan om die van haar moeder; en als een man in moeilijkheden zit, gaat hij allereerst naar zijn oudste zus. Vaders hebben 'krijgshaftige' relaties met hun echtgenotes – ze slingeren elkaar beledigingen over elkaars afkomst naar het hoofd – maar gedragen zich liefdevol en zelfs flirtend tegenover hun dochters. Moeders, die hun dochters weinig affectie tonen, houden het meest van hun zonen en beschermen die tegen hun vaders. Broers staan doorgaans op voet van oorlog met elkaar en plegen overspel met elkaars vrouwen, en zelfs de zonen van broers zijn vijanden. Maar deze mensen hebben een uitweg gevonden. Zij zien Allah niet als vader, maar als vriend en geliefde: het Zoroastrische woord voor God is Vriend. Een van hun gebeden luidt: "O God, vergun mij een ware vriend die mij uit zichzelf zijn liefde zal tonen." Ze hebben een vriend nodig die ze kunnen vertrouwen en tegenover wie ze blijk kunnen geven van toewijding en loyaliteit. De ideale vriend komt van buiten de stam; hij eist niets en probeert niet te domineren. Ze dromen van een vreemdeling die hun vriend zal zijn, die ze met gastvrijheid kunnen overladen, hetgeen ze het liefst doen. In het openbaar scheppen ze op over hun plannen om aanzien en rijkdom te verwerven, maar privé klagen ze dat ze zich opgesloten voelen door de afgunst binnen het gezin. Dus trekken ze gewillig weg, om vervolgens in een andere wereld de weg kwijt te raken. Dan klagen ze dat hun nieuwe land minder ruimhartigheid aan de dag legt dan ze thuis hadden gekend, en veel minder gastvrijheid. Telkens opnieuw kom je tot de ontdekking dat ruimhartigheid het best gedijt op barre grond, alsof onmenselijkheid daarvoor de beste meststof is. Dat is geen pessimistische conclusie, gegeven het feit dat onmenselijkheid in onbeperkte hoeveelheden voorhanden lijkt te zijn.

Over de hele wereld bracht de teleurstelling van individuen over hun eigen broers en zussen hen ertoe om op zoek te gaan naar kunstmatige broers en zussen buiten het gezin, om relaties uit te vinden waar geen plaats was voor afgunst. Bloedbroederschap bracht met behulp van min of meer bizarre ceremoniën de loyaliteit tot stand waar gewone broers niet voor instonden. In Timor bijvoorbeeld plachten de contracterende partijen een snee te maken in hun armen en een bamboestok met hun bloed en met wijn te vullen als symbool voor hun verbintenis. Volgens Tacitus bonden Armeense en Iberische vorsten hun duimen aan elkaar vast, doorboorden ze en zogen ze elkaars bloed op. Volgens het verhaal van Brunhilde bezegelden de Scandinaviërs hun broederschap door hun bloed in een voetafdruk te laten vermengen. In sommige landen werden kleren uitgewisseld, in andere namen of wapens. In weer andere wreven de partners elkaars speeksel over zich uit. Vaak werden er bomen geplant om de gebeurtenis te gedenken. Soms deelden bloedbroeders alles, soms zelfs hun vrouwen. Maar bovenal was het hun bedoeling dat hun loyaliteitsband onbreekbaar en volkomen betrouwbaar was; soms beschouwden ze zichzelf zelfs als twee helften van dezelfde persoon.

Negentiende-eeuwse reizigers vertelden over plaatsen waar alle jongeren die op hetzelfde moment geïnitieerd waren broers werden en elkaars vrouw met 'vrouw' en elkaars kinderen met 'kind' aanspraken. In Montenegro ontdekten ze drie niveaus van vrijwillige broederschappen: de kleine broederschap, die totstandkwam door elkaar viermaal te kussen, terwijl diepgaander banden de zegening door een priester en het ter communie gaan met zich meebrachten. Vrouwen, gehuwde en ongehuwde, gingen soortgelijke relaties aan door samen wijn te drinken, elkaar te kussen en geschenken uit te wisselen, waarna hun verbintenis uiteindelijk op de trappen van het altaar werd bezegeld. Naar verluidt spraken ze elkaar daarna aan met "zusje" (of "liefje" of "mijn hertje"), terwijl ze vaak dezelfde kleren en sieraden droegen. Zulke ceremoniën vonden ook plaats tussen personen van verschillend geslacht, hoewel die naar men zegt in het verre verleden gebruikelijker waren. In Servië, Kroatië en Bulgarije zijn er gevallen bekend waarbij broederschapsbanden elk jaar hernieuwd worden. Broederschap kon zelfs tot stand worden gebracht door een meisje door alleen de bergen in te gaan en de eerste man die ze tegenkwam te vragen om haar broer te zijn; hij was verplicht haar te beschermen alsof ze zijn eigen zus was. Op dezelfde manier kon een man die in buitengewoon groot gevaar verkeerde een beroep doen op een ander om zijn broer te worden. In Fiji "noemt men wapenbroeders 'man en vrouw', om aan te geven hoe hecht hun militaire verbintenis is". Maar als broederschappen zich tot twee of een paar individuen beperken, als ze tegenover de rest van de wereld geen andere buitenlandse politiek hebben dan oorlogvoering, zijn ze op de lange termijn zelfvernietigend.

De talloze pogingen om iedereen over te halen ieders broeder te zijn, zonder aanzien des persoons, op zeer grote schaal, zijn niet erg succesvol geweest. Neem bijvoorbeeld het christendom: terwijl het de hoogste idealen verkondigde van universele broederschap, ongeacht ras, geslacht, sociale status of karakter, voerde het in de praktijk strijd tegen afvalligen en heidenen, zoals ook het communisme deed. Wanneer een geloofsovertuiging eenmaal van de macht geproefd heeft, vergeet ze waarom ze macht wilde hebben. Pas kort geleden zijn Kerken weer naar hun idealen teruggekeerd, na hun politieke status verloren te hebben. De Franse Revolutie was onzekerder over broederschap dan over vrijheid of gelijkheid en kwam niet veel verder dan gebaren, zoals het planten van bomen aan de grens als symbolische verwelkoming en beschutting. De advocaat die broederschap probeerde te implementeren door erop aan te dringen dat er in de jury van het tribunaal in Parijs een katholiek, een protestant, een jood en de enige niet-blanke man die hij kende moesten zitten "om de broederschap der kleuren in te zegenen", noemde men "een slang die kruiperig tussen tegenover elkaar staande partijen kronkelt". Die achterdocht doet denken aan de angst die de Islamitische Broederschap van Zuiverheid (opgericht in 951 na Christus) bijna duizend jaar vóór hem inboezemde. Deze had belangstelling voor alle religies en vond dat er in elk van hen wel wat waars zat, met als resultaat dat haar *Encyclopedie van alle kennis* op last van de kalief tot verbranding veroordeeld werd. Terwijl de moderne welvaartsstaat iedere minder bevoorrechte persoon een wettelijk recht op hulp geeft, is hij niet in staat om daarbij ook menselijke warmte aan te bieden. Nu begraven conservatieve theoretici het ideaal van broederschap helemaal, doordat ze het afdoen als bedreiging voor privacy en concurrentie. De roep van Marcus Garvey, de leider van de zwarte Amerikanen, om "de universele broederschap van alle rassen" blijft een edele droom.

Maar ondertussen zijn kleine broederschappen onopvallend als paddestoelen uit de grond geschoten en proberen ze te doen wat grote broederschappen niet kunnen. Het meisje op de boerderij vlak bij Cognac dat haar persoonlijke gedachten meer uitstort bij haar penvrienden op andere continenten dan bij haar eigen familie, is een teken van een wereldwijde zoektocht naar zielsverwanten en vertrouwelingen waaruit zich een ander type gezin kan ontwikkelen en vriendschappen van een ander gehalte: gezinnen van het hart en van de verbeelding, die je vrijelijk gekozen hebt en die geen loodzware verplichtingen kunnen opleggen. Mensen kunnen niet langer alleen maar beschouwd worden als ingezetenen van de stad waar ze wonen. Immers, meer dan hun eigen buren zijn het steeds vaker contacten die zich kilometers, en soms duizenden kilometers verderop bevinden met wie ze praten en schrijven en naar wie ze luisteren. Ze zijn evengoed burgers van de republiek der letteren, der geleerden, der zakenlieden, der voetballers, of welke hartstocht ze ook hebben, als van hun eigen land. Elk individu ontwikkelt langzaam een internationale confederatie van persoonlijk gekozen individuen. Steeds meer mensen weigeren penen te zijn die vastzitten in de modder, onafscheidelijk verbonden met hun ene familiewortel. Sommigen proberen zich nog steeds zo te gedragen, zich geheel en al met hun eigen sap te voeden, maar dat is bijna onmogelijk geworden. Ze zenden heimelijk fibrillen uit naar verre streken op zoek naar gevarieerdere voeding. Nu de lucht niet alleen zuurstof bevat, maar ook radio- en televisiesignalen, kan geen enkel gezin, hoe hecht ook, zich afsluiten voor de gedachten die komen binnenvliegen als bijen door de ramen; zij verrijken de verbeelding, brengen stuifmeel van de ene geest naar de andere en maken hen verwanten van mensen die ze nooit hebben ontmoet. Dit is een totaal nieuw soort broederschap: kortstondiger, veranderlijker en toevalliger, maar minder geneigd verstikkend te zijn.

Hecht, maar niet te hecht, terwijl ieder een zekere mate van onafhankelijkheid behoudt: dat is een ideaal dat in overeenstemming is met de veranderingen in de gezinsstructuur, die men de crisis van het gezin noemt. Maar elke crisis biedt nieuwe mogelijkheden. De vergrijzing van de bevolking betekent ook dat er meer grootouders beschikbaar zijn om als mentor voor de jongeren op te treden; zij zijn rustiger en objectiever dan ouders en vormen in sommige opzichten een compensatie voor wat oudere broers en zussen vroeger deden in grote gezinnen. In de loop van de laatste twee eeuwen is het percentage twintigjarigen die nog grootouders hadden verdubbeld van een kwart tot een half. De trauma's van een misgelopen huwelijk hebben als neveneffect dat rollen worden herverdeeld. Zo worden kinderen soms raadgevers van hun ouders en vragen ouders om de toegeeflijkheid van hun kinderen. Bovendien zijn individuen die alleen maar een band hebben als gevolg van de grillige liefdes van hun verwanten samengebracht in een nieuwe, lossere versie van het traditionele grote gezin. De rigide barrières die gezinnen altijd afsneden van vreemden zijn aan het instorten. Afgunst en hebzucht worden dan misschien niet minder, de enorme toename van het aantal mensen dat op zichzelf leeft, was als een massale trek, weg van de directe confrontatie: in verscheidene westerse landen bestaat een kwart van de huishoudens uit één persoon. De toename van adoptie, niet langer als middel om bezit door te geven maar als een kosteloze daad van affectie, is heel recent. Net als open adoptie, waarbij niets voor het kind geheim wordt gehouden, adoptie door alleenstaande ouders en adoptie tussen landen: die vormen het begin van weer een ander soort broederschap, waarbij je je verwanten kunt uitkiezen.

Wanneer traditionele verplichtingen jegens het gezin hun kracht verloren, leken soms nieuwe relaties hun plaats in te nemen die evenveel appelleren aan het gevoel als aan het verstand. Precies op het moment dat ruimhartigheid het meest in gevaar leek te zijn – toen competitie als nooit tevoren in aanzien stond – brak er een nieuwe fase in haar geschiedenis aan. In het verleden raakte ruimhartigheid met zichzelf verstrikt, omdat mensen gevoel en verstand gescheiden wilden houden. Ze eisten van elkaar dat ze uit plichtsbesef juist handelden, wat ze ook voelden, wat voor tegenzin ze ook koesterden; ze overtuigden zichzelf dat ze uiteindelijk rechtschapen zouden worden als ze zich aanwenden aan liefdadigheid te doen. Maar degenen die die liefdadigheid ontvingen, vroegen om hulp als iets wat hun toekwam en weigerden op hun beurt de waarden van hun weldoeners over te nemen. Om uit de knoop te komen moet ruimhartigheid meer zijn dan alleen geven en ontvangen, dan dienst en wederdienst. Bij de traditionele vorm van liefdadigheid wordt de ontvanger tot schuldenaar gemaakt en kan een weldoener daardoor makkelijk een vijand worden. Ruimhartigheid kan dat alleen maar vermijden door de gezamenlijke inspanning te zijn van twee mensen die erin geslaagd zijn zich in de positie van de ander te verplaatsen.

Hoe kleiner gezinnen werden, hoe groter hun behoefte aan extern beleid werd. Maar het is geen kwestie van enkel het besluit nemen om zo'n beleid te hebben. Het favoriete instrument om gevaar het hoofd te bieden was altijd magie. Die had controle over de ontmoeting tussen het onzichtbare en het zichtbare, en bracht angst teweeg. Tegenwoordig is liefde de magie waar de meeste mensen in geloven, wanneer twee vreemden elkaar ontmoeten en tot de ontdekking komen dat ze alleen maar in elkaars armen kunnen leven. Ook die magie brengt angst teweeg, de angst om liefde te verliezen. Het kleine gezin baseerde zich op deze magie. Maar er bestaat een derde soort magie, waarbij een individu de wereld anders kan laten draaien door een ander individu te helpen zonder daarvoor iets terug te vragen, zonder iemands trots te krenken, zonder iemands vrijheid te beknotten, geheel en al uit ruimhartigheid. De angst die dat met zich meebrengt, is de angst belachelijk gemaakt of voor schut gezet te worden. Wetenschappers die zulke dingen onderzochten, kraakten degenen die dit voor mogelijk hielden steeds af; ze benadrukten dat mensen altijd iets terug willen en dat afgunst een van de onvermijdelijke neveneffecten is van het bestaan, net als kooldioxide.

Mensen kunnen kiezen voor relaties die prozaïsch dan wel magisch zijn, die koel, rendabel en gewaarborgd zijn of die iets schitterends en verbazingwekkends uitproberen en tegelijkertijd min of meer reëel zijn. Wetenschappelijke ontdekkingen die laten zien dat ruimhartigheid niet enkel fantasie is, stimuleren hen nu om doortastend te zijn. Zo dacht men altijd dat kinderen zelfzuchtig geboren werden. Recente observatie van zeer jonge kinderen (vanaf veertien maanden) heeft echter aan het licht gebracht dat zij in staat zijn tot veel verschillende soorten ruimhartigheid, niet toevallig, maar op manieren die tegemoetkomen aan de behoeften van anderen. Ze kunnen gevoelens en standpunten van andere mensen veel eerder onderkennen dan men vroeger dacht. Evenzo benadrukten wetenschappers tot aan de negentiende eeuw dat rassenhaat natuurlijk was. Nu wijzen enkele studies van kinderen er echter op dat discriminatie allesbehalve iets is wat ze zelf bedenken, maar iets wat hun door volwassenen wordt geleerd; dat ze het heftigst is als een kleine minderheid tegenover een grote meerderheid staat, maar dat ze niet gauw geaccepteerd wordt als er evenveel zwarten en blanken zijn.

Niet alleen verandert de idee van de menselijke natuur, wat het betekent om mens te zijn, maar ook de idee van de dierlijke natuur. De overtuiging dat dieren in hun overlevingsstrijd alleen maar voor zichzelf zorgen, werd in twijfel getrokken door de ontdekking dat enkele species een intelligente samenwerking kenden. Zelfs vampiers bijvoorbeeld, niettegenstaande hun angstaanjagende reputatie; wanneer die terugkeren van een succesvolle nachtelijke rooftocht om voedsel, geven ze een deel daarvan aan andere vleermuizen die minder geluk hadden. De white-fronted bijeneter voedt niet alleen zijn eigen nakomelingen, maar helpt ook zijn ouders om hun nieuwe kroost groot te brengen. De discussie over de vraag of mensen en dieren in de grond goed dan wel slecht zijn, is het echter niet waard om gevoerd te worden. Belangrijker zijn de lessen die ze geleerd hebben terwijl ze ruimhartig probeerden te zijn.

Telkens wanneer gezinnen hun ambities verruimden, moesten ze nieuwe instrumenten bedenken. Wanneer ze bijvoorbeeld niet langer tevreden waren met wat hun naaste bloedverwanten hun konden bieden, gebruikten ze peetouders om hun blik te helpen verruimen. In het Andesgebergte, dat zich ver van de moderne wereld bevindt, kunnen kinderen maar liefst zes peetouders hebben om de tekortkomingen van hun eigen verwekkers te compenseren. Mensen wie gevraagd wordt peetouders te zijn, kunnen niet weigeren. Ze worden op elk groot feest van het kind genoemd – de eerste keer dat het haar geknipt wordt op vierjarige leeftijd, de confirmatie en het huwelijk – en nadat ze een religieuze zegen hebben ontvangen, worden ze echte ouders en gedragen ze zich ook zo. Vaders proberen peetouders te vinden die het kind bij zijn carrière zullen helpen; boeren gaan op zoek naar kooplieden in de stad, een relatie die beide partijen tot voordeel strekt.

Nu het begrijpen van anderen de grote ambitie is geworden, krijgt de idee van peetouders, en peetzussen en peetbroers, een nieuwe betekenis. In het traditionele systeem heeft iedere persoon een andere peetouder, die niet gedeeld hoeft te worden met een broer of zus en die een onafhankelijke uitlegger kan zijn van wat er in het natuurlijke gezin gebeurt. Het onverwachte resultaat van nieuwe communicatietechnologieën is dat het mogelijk is een wirwar van netwerken te ontwerpen van mensen die die relatie uitbreiden, die voor elkaar zorgen, niet langer alleen maar in de naburige stad, maar overal ter wereld, en die, omdat ze een niet te hechte band hebben en geen rivalen zijn, de voorkeur kunnen geven aan ruimhartigheid boven afgunst. Dat is waar de beweging voor de rechten van de mens onvermijdelijk toe zal leiden; en het zal wellicht uiteindelijk een even gedenkwaardige ontwikkeling blijken te zijn als de groei van landen, die het resultaat waren van veel primitievere vormen van communicatie.

Er zijn enkele scholen in het Westen die kinderen proberen te leren om inzicht te krijgen in andere mensen door hen de rol van iemand anders te laten spelen, wat eigenlijk een uitnodiging is om je idee te verruimen van wat een thuis is. Als thuis de plek is waar je je op je gemak en begrepen voelt, maar waar je nog altijd je privacy en mysterie behoudt, waar je voor anderen zorgt en waar voor jou gezorgd wordt, terwijl je ook het recht hebt om alleen gelaten te worden, en als het een van de grote persoonlijke en collectieve kunstwerken is die alle mensen in hun leven proberen op te zetten en te behoeden voor neervallen, dan heeft de kunst om een thuis te creëren, wat iets anders is dan het bouwen van een huis, nog een lange weg te gaan en blijft ze nog altijd binnen het terrein van de magie. Instinct of imitatie zijn niet voldoende om een thuis te maken.

Ulla Bjornberg, *European Parents in the 1990s*, Transaction, New Brunswick, 1992; CEE, *Les Jeunes européens en 1987-1988* (de helft van de Ieren en 40 procent van de Britten en Duitsers had geen zin om een vreemde taal te leren); Daniel Linhart & Anna Malan, *Voyage au pays de 18-25 ans*, Syros, 1990; GRIF, *Les Jeunes*, Issue no. 34, Winter 1986; Maureen Baker, *Quand je pense à demain: Étude sur les aspirations des adolescents*, Conseil consultatif canadien de la situation de la femme, 1985 (over de beperkte ambities van ongeschoolden en tot wie zij zich richten voor advies); David M. Brodzinsky, *The Psychology of Adoption*, Oxford UP, NY, 1990; R.A. Hinde, *Relationships within Families*, Clarendon Press, Oxford, 1988; Robert A. LeVine, *Parental Behaviour in Diverse Societies*, Jossey Bass, San Francisco 1988; B. Sutton-Smith, *The Sibling*, Henry Holt, NY, 1970; Glenda A. Hudson, *Sibling Love and Incest in Jane Austen's Fiction*, Macmillan, 1992 (over haar voorkeur voor de affectie tussen broers en zussen); Christine Downing, *Psyche's Sisters: Reimagining the Meaning of Sisterhood*, Harper, San Francisco, 1988; No Addo & J.R. Goody, *Siblings in Ghana*,

University of Ghana, Legon, 1957; Jaqueline Goodnow & Ailse Burns, *Home and School in a Child's Eye View*, Allen & Unwin, Sydney, 1985; Moncrieff Cochran, *Extending Families: The Social Networks of Parents and Children*, Cambridge UP, 1990; Claude Boisleme, *Une Génération inattendue: Les jeunes de 15 à 24 ans*, B. N. L1 1 746(1), Montpellier, 1987 (zeer uitvoerig); Ségolène Royale, *Le Printemps des grand-parents*, Laffont, 1987; Judith Wallerstein & J. Kelly, *Surviving the Break-up: How Children and Parents Cope with Divorce*, Basic Books, NY, 1980; Carolyn J. Mathiasson, *Many Sisters: Woman in Cross-Cultural Perspective*, Free Press, NY, 1974; Ira L. Reiss, *Family Systems in America*, 3e editie, Henry Holt, NY, 1980; Sybil Wolfram, *In-Laws and Outlaws: Kinship and Marriage in England*, Croom Helm, 1987; Martine Segalen, *Historical Anthropology of the Family*, Cambridge UP, 1986; Mirra Komarovsky, *Blue Collar Marriage*, Yale, 1962; Sarah LeVine, *Mothers and Wives: Gussii Woman of East Africa*, Chicago UP, 1979; Carole Klein, *Mothers and Sons*, Houghton Mifflin, Boston, 1984; Leigh Minturn & W.W. Lambert, *Mothers of Six Cultures: Kwang-Ching Liu, Orthodoxy in Late Imperial China*, California UP, 1990; Linda Rennie Farcey, *Mothers of Sons*, Praeger, NY, 1987; Turid Bergljot Sverre, *Mothers and Daughters as Portrayed by Norwegian Woman Writers from 1984 to the Present*, University of Texas, Auwin, Ph.D. thesis, in BM; Helena Hurme, *Child, Mother and Grandmother: Intergenerational Interaction in Finnish Families*, University of Jyvaskyla, 1988, in BM; Betsy Wearing, *The Ideology of Motherhood: A Study of Sydney Suburban Mothers*, Allen & Unwin, Sydney, 1984; Sandra Barry, *Elles aussi: La maternité*, PUF, 1988 (interviews met carrièrevrouwen); Nichole Prieur, *Adolescents parents: Des rendez-vous manqués*, Casterman, 1981 (overzicht van opvattingen); Catherine M. Scholten, *Childbearing in American Society 1650-1850*, NY University Press, 1985; Stanley N. Kurtz, *All the Mothers are One: Hindu India and the Cultural Reshaping of Psychoanalysis*, Columbia UP, 1992; Ronald P. Rohner & M. Chalki-Sirkar, *Women and Children in a Bengali Village*, University Press of New England, Hanover, 1988; Charles Lindholm, *Generosity and Jealousy: The Swat Pukhtun of Northern Pakistan*, Colombia UP, 1982; Shanti Lal Nagar, *The Universal Mother*, Atma Ram, New Delhi, 1989; Suzanne Dixon, *The Roman Mother*, Routledge, 1988 (invloed van de moeder op het volwassen kind); G. Duby & M. Perrot, *Histoires des femmes en Occident*, 5 vols, Plon; Elaine Heffner, *Successful Mothering: The Challenge of Motherhood after Freud and Feminism*, Robson, London, 1980; Sara Ruddick, *Maternal Thinking: Towards a Policy of Peace*, Women's Press, 1989; Yvonne Knibiehler, *L'Histoire des mères*, Montalba,

1980; Megan Vaughan, *The Story of an African Famine: Gender and Famine in Twentieth-Century Malawi*, Cambridge UP, 1987; Katherine Arnup, *Delivering Motherhood: Maternal Ideologies in the Nineteenth and Twentieth Centuries*, Routledge, 1990; Beverly Birns & D.L. Hay, *The Different Faces of Motherhood*, Plenum, NY, 1988 (internationale essays); Lee N. Robins & Michael Rutter, *Straight and Devious Pathways from Childhood to Adulthood*, Cambridge UP, 1990 (revisionistische ideeën over de invloed van jeugdervaringen); Eileen Simpsons, *Orphans Real and Imaginary*, Weidenfeld, 1988; James Brabazon, *Albert Schweitzer*, Gollancz, 1976; E.G. Reynolds, *Life of St Francis of Assisi*, Anthony Clark, 1983; Miriam Lewin, *In the Shadow of the Past: Psychology Portrays the Sexes, a Social and Intellectual History*, Columbia UP, 1984; Janet Finch, *Family Obligations and Social Change*, Polity, Cambridge, 1989; Walter L. Williams, *The Spirit and the Flesh: Sexual Diversity in American Indian Culture*, Beacon Press, Boston, 1986; George Devereux, *Mohave Ethnopsychology*, Washington Smithsonian Institute, 1969; Diana Everett, *The Texas Cherokees*, Oklahoma UP, Norman, 1990; H.H. Stockel, *Women of the Apache Nation*, Nevada UP, 1991; Daniel K. Richter, *The Ordeal of the Longhouse: The Peoples of the Iroquois League in the Era of European Colonisation*, University of North Carolina Press, 1992; Fred Gearing, *Priests and Warriors: Social Structures for Cherokee Politics in the Eighteenth Century*, American Anthropological Association Memoir 93, vol. 64, no. 5, pt. 2, October 1962; Guy Lanoue, *Brothers: The Politics of Violence among the Sekani of Northern British Columbia*, Berg, NY, 1992; Gilberto Dimenstein, *Brazil: War on Children*, Latin American Bureau, London, 1991; C. Meyer, *Histoire de la femme chinoise*, Lattès, 1986; Wilson Carey McWilliams, *The Idea of Fraternity in America*, California UP, 1973; Ferdinand Mount, *The Subversive Family*, Unwin, 1982 (tegen broederschap); F. Furet & M. Ozouf, *Dictionnaire critique de la révolution française*, Flammarion, 1988 (over broederschap); Marcel David, *Fraternité et révolution française*, Aubier, 1987; Juliet B. Schor, *The Overworked American: The Unexpected Decline of Leisure*, Basic, NY, 1991; Alan Wolfe, *America at Century's End*, California UP, Berkeley 1991 (interessante artikelen over het gezin); Elizabeth Pybus, *Human Goodness, Generosity and Courage*, Harvester, 1991; H. Medick & D.W. Sabean, *Interest and Emotion*, Cambridge UP, 1984.

23

Hoe mensen een manier van leven kiezen en hoe die hen niet helemaal bevredigt

Ik heb deze zes vrouwen in zes verschillende steden ontmoet. Ogenschijnlijk had ieder een totaal ander verhaal te vertellen. Wat hebben ze gemeen?

Praten gaat de balletdanseres Dominique Lepèze niet makkelijk af, en ze doet het ook niet graag. Wat ze wil zeggen, blijkt uit de manier waarop ze zich beweegt en gedraagt. Een wuivend gebaar met haar hand, elke kleine gesticulatie is haar vervanging van een zin; haar manier van lopen is een alinea. Maar er bestaat geen woordenboek voor haar welsprekendheid. Wanneer ze eenmaal is overgehaald om te proberen uit te leggen wat ze voelt, zegt ze: "Het lijkt alsof er binnenin mij een klein mensje zit dat verbijsterd is over de woorden die ik spreek: 'Waar heb je het in vredesnaam over?' zegt het. Terwijl ik tegen u praat, zeg ik tegen mezelf: Wat praat ik slecht. Ik ben niet ontwikkeld. Monsieur is erg ontwikkeld." De intimidatie van de zwijgzamen door kletskousen is een andere ongeschreven geschiedenis.

Op haar twaalfde begon ze te dansen. Tot dan toe was ze ongelukkig geweest, wat ze verklaart met de woorden: "Ik heb geen wortels." Haar vader was een arbeider uit Lille die een baan kreeg in Marokko (waar zij is geboren), maar die vervolgens verdween. Haar moeder vond een andere man, die zij op haar beurt in de steek liet. Moeder en dochter vestigden zich toen in Toulouse, waar Dominique werd toegelaten tot de balletacademie. "Dansen was mijn lust en mijn leven, en maakte me erg gelukkig." Op haar zeventiende had ze een rol op toneel. Nadat ze op haar achttiende Felix Blaska had zien dansen, wilde ze een ster worden en zwoer ze dat ze met hem zou dansen. Zonder een cent op zak vertrok ze naar Parijs, waar ze samen met driehonderd andere vrouwen auditie deed. Hij koos er drie, en zij was een van hen. Verscheidene jaren danste ze bij een gezelschap waar ze het enorm naar haar zin had – "iedereen is daar solist". Ze had haar eigen flat, een goed salaris en ging regelmatig op reis.

Toch klopte er iets niet. Haar droom was uitgekomen, maar ze was niet gelukkig. Felix Blaska kon niet begrijpen waarom. Zij ook niet. Nu denkt ze dat het misschien niet bij haar paste om net als een ambtenaar een vaste baan te hebben en geld te sparen voor het kopen van een huis. Ze nam ontslag en ging "op zoek", want ze wist niet naar wat; ze werkte bij het Italiaanse theater, bij het Nationale Ballet van Ecuador, in Los Angeles, probeerde Indiase dans te leren ("maar dat vereist een ander spierstelsel, ik kreeg krampen"), sloot zich aan bij een flamencogroep en experimenteerde bij een gezelschap voor moderne dans. Maar nog altijd was ze niet tevreden. Haar conclusie was: "Ik hield van dansen, maar niet van de danswereld", niet van de rivaliteit die daar heerst, het ellebogenwerk, de choreografen met hun persoonlijke obsessies: "Ze haalden mijn dramatische, serieuze kant eruit, maar ik heb ook een komische kant, en die hebben ze nooit gebruikt." Voor haar moest dansen uitdrukking geven aan de gehele schoonheid van het leven. "Ik was geen prinses. Ik ben niet iemand die op een prins zit te wachten. Het gaat niet om de techniek, maar om boven jezelf uit te stijgen; wat je overbrengt is wat telt." "Zuiverheid" is het woord dat in haar ogen haar doel het dichtst benadert. Maar daar wensten haar collega-dansers het niet over te hebben; die wilden liever eindeloos over techniek discussiëren en over recensenten roddelen.

Op een dag ving ze uiteindelijk een glimp op van die ondefinieerbare "zuiverheid" waar ze naar zocht: ze las Krishnamurti. "Hij praatte tegen me in dat boek." Toevallig vond ook een van haar collega's, Nederlander van geboorte, maar iemand die vloeiend Frans sprak – met wie ze later trouwde – in de oosterse mystiek een antwoord op zijn eigen problemen. Hij leende haar zijn boeken over yoga en over tantristische en verscheidene moderne goeroes. Ze werd aangetrokken door een gemeenschap met vagelijk Indiase trekken, geleid door een Duits echtpaar en idyllisch in de Pyreneeën gevestigd, maar die bleek te autoritair te zijn. Ook haar overstap naar een andere goeroe, Bhagwan, voldeed niet aan haar behoeften. Hij was namelijk precies het tegenovergestelde. Hij vroeg zijn volgelingen alleen maar om rode kleren te dragen en liet hen voor de rest aan hun lot over; hij zei bijvoorbeeld dat als je wilde stoppen met roken, je gewoon moest wachten tot de sigaret uit je mond viel.

Ten slotte vond ze een goeroe met wie ze zonder woorden kon communiceren. Hij was een Amerikaan en zij sprak geen Engels. Hij droeg heel weinig kleren (Indiase stijl), in tegenstelling tot Bhagwan; die was altijd mooi gekleed en was mooi, maar had als tekortkoming dat hij altijd hetzelfde zei. Deze nieuwe goeroe daarentegen zag er zowel kwetsbaar als geweldig sterk uit. Franklin Jones, afgestudeerd aan Columbia en Stanford, had de Free Daist Community opgericht, met een hoofdkantoor in Fiji en ashrams in Nederland en Californië. Haar man werd een toegewijde volgeling, maar zij aarzelde – "Hij is me altijd een stap voor" – totdat ze de goeroe persoonlijk ontmoette. Ze was zijn eerste student die geen Engels sprak en volgde zijn colleges zonder een woord te begrijpen. Maar ze was geboeid, "uit intuïtie". "Hij was absoluut uniek."

Haar man begon de werken van de meester te vertalen, maar voor haar lagen de dingen moeilijker. "Ik twijfel de hele tijd. Ik zeg tegen mezelf: 'Je amuseert je, Dominique. Wat ben je van plan?'" Ze werd ertoe aangetrokken, maar was ook geïrriteerd. Ze had nu namelijk een kind, en deze goeroe eiste alle aandacht van haar man voor zich op. In de Nederlandse ashram was de voertaal Engels, dat ze niet sprak. Erger nog, de goeroe stond erop dat ze in gemeenschapshuizen woonden, zodat ze bevrijd zouden worden van een overmatige aandacht voor zichzelf. Ook hield ze niet van het eten – ze was per slot van rekening Française. Bovendien hadden de bekeerlingen groepsdiscussies waarbij ze openlijk over seks praatten. "Een Française kan dat niet. Het is heel interessant, maar vraag me niet om erover te praten. Daar krijg ik buikpijn van. Het is fantastisch, maar zo ben ik niet. Ik word er heel ongemakkelijk van." Ondanks haar glamour was ze een moeder uit een provinciestad.

Haar huwelijk kwam onder druk te staan. Maar vorig jaar gingen ze op bezoek bij de goeroe in zijn buitenverblijf in Fiji. "De toiletten waren vreselijk. Overal lag modder, en kikkers klommen tegen je benen op. Dat haatte ik. Maar ik was gelukkig. Alles waar ik bang voor was doorstond ik lachend. De goeroe zien is alsof je verliefd bent, en ik werd 's morgens wakker terwijl ik zei: 'Waar is hij?'" Hij verleende zijn bezoekers audiëntie, maar in stilte; haar hele lichaam kreeg een schok, alsof het geëlektriseerd werd door de ervaring. "Bij hem was mijn aandacht compleet. Hij accepteerde me, ook al sprak ik zijn taal niet. Als ik naar hem toe ga, voel ik dezelfde plankenkoorts als in een balletvoorstelling; en ik ga weg alsof ik vleugels heb, volkomen vrij. Ik was niet meer bang. Ik zei: 'Ik ben niet bang voor de dood, ik zou het prima vinden om hier te sterven.' Alles maakte me gelukkig. Ik bleef een maand in Fiji. Ik zag hem niet elke dag, maar ik voelde zijn kracht, voelde dat hij met ons werkte. Dansen in Fiji bezorgde me het grootste geluk. Het was de beste show die ik ooit had neergezet, veel beter dan in het Palais des Congrès. Het was echt liefde, een vlucht uit het lichaam. Nu neem ik mijn gebrek aan zelfvertrouwen minder serieus. Beroemd zijn maakt niet gelukkig. Nu heb ik geen illusies. Omdat ik niet kan praten, pak ik het dansen weer op. Met mijn dans kan ik mensen iets geven. Ik zou graag een keer voor de Meester dansen, zijn gezicht zien. Ik heb alleen maar gedanst voor de vrouwen die hem dienen."

Maar Dominiques problemen zijn verre van opgelost. Ze voelt zich niet bevrijd. Ze raakt nog altijd in paniek en zou willen dat ze meer afstand kon nemen als ze dat doet. Haar huwelijksleven, half in het openbaar, half privé, verontrust haar. Ze is niet langer jaloers op haar man, die een briljanter danscarrière dan zij had kunnen hebben – hij werd uitgenodigd om bij Béjarts gezelschap te komen, maar weigerde, misschien om haar niet de loef af te steken; in plaats daarvan vestigde hij zich als vertaler. Maar zij kan haar toekomst niet duidelijk overzien. "Ik zou daar graag geruster over willen zijn."

Catherine leert mensen hoe ze succesvol kunnen zijn. Daarmee bedoelt ze erin slagen je brood te verdienen, winst te maken, rijk te worden, wat altijd om geld draait. In een bescheiden kantoorgebouw, in een kleine ruimte die met tien mensen al vol zit, biedt ze een cursus aan mensen die hun eigen bedrijf willen opzetten. Catherine is tegelijkertijd directeur en docent. De meeste studenten zijn werkloos. Op zijn hoogst zal slechts een derde van hen zijn droom in werkelijkheid omzetten, en daarvan zullen er nog heel wat falen. Hoewel Catherine als mens zeer indrukwekkend is, hoewel ze een buitengewone warmte uitstraalt die zelfs de meest beschroomde student enthousiast maakt, en hoewel ze verbazingwekkend helder, vloeiend en snel kan praten, is ze zelf geen volslagen succes in termen van winst, geld en de resultaten die ze behaalt. Ze is niet rijk, is gescheiden, heeft het proefschrift dat ze wilde schrijven nooit afgemaakt en werd nooit de business manager die ze eens verlangde te zijn. Hoe bied je het hoofd aan de weigering van de werkelijkheid om op je dromen te lijken?

Haar zakelijke carrière begon veelbelovend: een baan bij de prestigieuze Nationale Bank van Griekenland, zes jaar ervaring in de internationale handel. Toen "ontdekte ik dat ik talenten had waarvan ik me niet bewust was": psychologische tests lieten zien dat ze precies was wat een specialist in bedrijfstraining zou moeten zijn. Op kosten van de bank ging ze naar Frankrijk om personeelsmanagement te studeren. Maar vervolgens kreeg ze niet de promotie waarop ze recht meende te hebben: ze had niet de patronage, zegt ze, en die heb je in Griekenland nodig om iets te bereiken.

Haar studie kwam tot stilstand. Hoewel ze in Saloniki door Franse nonnen was opgevoed en een baccalaureaat bezat in zowel Frans als Grieks (en bovendien Engels en Italiaans kon spreken), was ze in Frankrijk een vreemdeling. De Sorbonne had geen plek voor haar, dus ging ze naar de provincie. Maar het hoofd van haar opleiding was niet geïnteresseerd in haar, noch in zaken, noch in haar onderzoeksvoorstel om erachter te komen of de productiviteit van banken stijgt door trainingen. Hoewel ze een diploma behaalde, heeft ze het belangrijke boek dat ze gepland had nooit afgemaakt. Haar beurs hield op. Haar man liet haar in de steek. Ze had een baan nodig. "Ik beschouwde mijn studie als een investering en ik wilde de winst." Maar haar bank gaf haar die niet, en zij nam ontslag. Alleen met een zoontje moest ze opnieuw beginnen, en snel.

Haar huidige baan heeft ze zelf bedacht, en ze heeft de autoriteiten ervan overtuigd dat er vraag naar was. Dat is wat het ondernemerschap betekent: voorzien in een onbevredigde behoefte. Catherine is trots op haar prestatie, want het is een baan waar ze plezier in heeft. Bovendien heeft ze een nieuwe trainingsmethode geïntroduceerd, afkomstig uit het Franstalige deel van Canada. Daarbij ligt de nadruk niet op ervaring, maar op zelfkennis. Wat studenten op haar cursussen ontdekken, is het antwoord op wat zij de "Shakespeare-problematiek" noemt – een ondernemer te zijn of niet te zijn. Niet iedereen kan er eentje zijn. Dat is niet omdat ze een elitair standpunt heeft, benadrukt ze: mensen moeten gewoon eerlijk tegenover zichzelf zijn en zich afvragen of ze denken dat ze risico's kunnen nemen. Bij zakendoen gaat het om risico's nemen. Helaas, zegt ze, zijn vrouwen meer beducht voor risico's dan mannen. Het is een kwestie van opvoeding. Zo wordt in Frankrijk minder dan een derde van alle nieuwe bedrijven opgestart door vrouwen. Niettemin bestaat de meerderheid van haar studenten uit vrouwen.

Vrouwen, klaagt ze, zijn eerder geneigd om de handel, marketing en counseling in te gaan dan de industrie, ook al zouden ze op de lange termijn betere succeskansen hebben als ze zouden gaan produceren. Er zijn niet voldoende vrouwelijke ingenieurs. En niet één van haar studentes had een origineel idee voor een bedrijf. Maar zegt ze hun dat ook? Nee, ze is erg tactisch, ze moet voorzichtig zijn. Het doel van haar cursus is stimuleren. (Er zitten grenzen aan zelfkennis.) Waar het om gaat, herhaalt ze graag, is ambitie, wilskracht en dapperheid. "Alles is makkelijk, wij zijn het die dingen ingewikkeld maken." Dat zegt ze, ondanks haar eigen waslijst van problemen.

Natuurlijk is Catherine zelf niet de industrie ingegaan en heeft ze zelfs geen baan genomen die winst oplevert in conventionele zin. En haar werk heeft haar niet rijk gemaakt. "Je creëert geen bedrijf om rijk te worden", kaatst ze terug. Als je snel geld wilt verdienen, moet je in de olie gaan. Maar als je zakendoen wilt combineren met intellectueel plezier... haar eigen mengeling bevalt haar goed. Ze werkt weliswaar in loondienst, wat niet helemaal overeenkomt met haar ideaal van onafhankelijkheid, noch met haar familietraditie. Haar vader, een Griek uit Klein-Azië, maar deels Frans, opgevoed door de franciscanen in Aleppo, verbannen door de Turken, vestigde een textielbedrijf in Saloniki, dat veertig jaar bestond. Haar moeder, geboren in Bulgarije als dochter van een kruidenier, zette haar eigen kleermakersbedrijfje op. Maar Catherine creëerde tenminste haar eigen baan uit het niets, zelfs al werkt ze in loondienst.

Haar vaderland is nu Frankrijk. Ze voelt zich volledig geïntegreerd. Ze heeft het vrijwillig gekozen. Ze houdt van de Franse logica. Het feit dat haar Griekse werkgevers verzuimd hebben haar te waarderen heeft misschien een bittere nasmaak achtergelaten, maar ze had ervoor kunnen kiezen om naar Griekenland terug te gaan. Haar zoon spreekt geen Grieks; hij maakt liever Engels tot zijn tweede taal – dat is nuttiger voor het zakendoen. "Hij is net zo ambitieus als ik." Haar man nam er genoegen mee om zijn hele leven leraar aan de middelbare school te zijn. Dat is de reden dat ze uit elkaar gingen: hij kon geen begrip opbrengen voor ambitie, laat staan voor de wens om winst te maken. Hij, "een onvervalste communist van de harde lijn", hertrouwde, en zijn nieuwe vrouw werkt niet. Misschien is hij bang voor ambitieuze vrouwen. Catherine is nog altijd met hem bevriend en bewondert zijn intellect. Ze hadden beiden een hartstocht voor geschiedenis en filosofie, maar hij "miste een praktische kant". Het beste wat hij kan doen om bij te verdienen is privé-les geven. Ze hadden moeten beseffen dat hun ambities verschilden, maar Grieken waren het niet gewend om vóór het huwelijk samen te wonen. Ze leerden elkaar pas echt kennen toen ze al lang getrouwd waren. Ze hebben hun onderlinge klassenverschil onderschat; hij is een arbeiderszoon, die niets moest hebben van haar kapitalistische vader. Haar ex-man is heel gelukkig zoals hij is. Catherine zegt dat ze tevreden is zoals ze is. Maar daarbij droomt ze. "Ik droom voor mezelf en voor mijn zoon." Tegelijkertijd zegt ze echter dat de manier om het leven minder ingewikkeld te maken is: plannen, georganiseerd zijn. Ze woont vlak bij haar werk, waardoor ze tijd kan vinden om te lezen, te koken ("niet omdat het moet, maar op dezelfde manier als ik een roman lees") en vrienden te ontvangen. "Ik geloof heel erg in vriendschap." Wat vrienden bovenal kunnen geven is oprechtheid. Je hebt niets aan ze als ze hypocrieten, vleiers zijn. "Ik ben heel streng voor mezelf. Ik hou ervan om mezelf te bekritiseren. Dat is iets geweldigs om te doen, net als anderen ertoe aanzetten om zichzelf te bekritiseren. Op die manier zul je namelijk geen wrok tegen mensen koesteren. Dan zul je niet zeggen dat je hebt gefaald omdat de bankiers gemeen waren. Dan zul je je eigen grenzen kennen." Zo redeneert ze: wilskracht, daar gaat het om; maar aan de andere kant zijn er dingen die je niet kunt doen. Als je jezelf kent, is dat geen probleem. Maar kent zij zichzelf? Catherines kunst van het leven is de complexiteit ervan te zien en te vermijden. Ze gelooft in planning, maar ze zal niets doen om een andere man te vinden; ze zou hem graag toevallig willen ontmoeten. Ze gelooft in vriendschap, maar heeft weinig intieme vrienden. "Als je van vrienden verwacht dat ze trouw zijn tot aan de dood, dan zul je ze niet vinden."

Liefde is nog onoprechter, een fase waar jonge mensen doorheen moeten: "Het is belangrijk om fouten te maken en niet te jong te beginnen met filosoferen. Je zult geen spijt hebben van je fouten als je er lering uit trekt. Elke ervaring heeft een positieve kant."

Wat is dan het doel van de nieuwe moderne held, de ondernemer? Wat haar betreft, zij wil "de wereld niet opnieuw maken", maar zich alleen aanpassen aan de wereld zoals die is. "De wereld is zoals hij is en zo erg is hij nu ook weer niet." Enerzijds zegt ze dat vrouwen geen last hebben van ongelijkheid: "Het zit allemaal tussen de oren. Het is een kwestie van wilskracht, en die heb je of niet." Anderzijds heeft wilskracht voor haar geen wonderen verricht. Toch ziet ze zichzelf als iemand die haar eigen weg gegaan is. "De vrouwen die ik bewonder zijn degenen die erin geslaagd zijn erkenning te krijgen voor hun aspiraties en ideeën."

Is Catherine Frans of Grieks? "Europees", antwoordt ze. Door haar vraag je je af of Europeanen wellicht diegenen zijn die niet helemaal in bestaande landen passen, die alles tegelijkertijd van twee kanten zien, net als zij. Zij laat je een beeld oproepen van een Europa van mensen die veel teleurstellingen hebben gekend, maar vastbesloten zijn om die tot bronnen van kracht te transformeren.

Iedereen in Victorines familie had donker haar, maar zij werd blond geboren. Het familiegeheim liep gevaar onthuld te worden. Haar moeder – hoewel niemand van de buren in Fontainebleau dat wist – was de dochter van een Duitse soldaat die in de Tweede Wereldoorlog voorbijkwam. Om dat stigma te verbergen, werd Victorine weggegeven toen ze twee weken oud was. Het Elzassische boerenechtpaar dat haar adopteerde, was vriendelijk en liefdevol. Maar toen ze twaalf was, kwamen ze om bij een auto-ongeluk. Haar pleegbroers zeiden dat ze niet voor haar konden zorgen. Ze spoorden haar echte ouders op en zij ging bij hen wonen, maar haar geluk was verdwenen. Zodra ze kon ging ze weg. Onlangs, bij de geboorte van haar dochter Mélodie, kwamen haar ouders haar bezoeken en vroegen ze haar om vergiffenis. "Ik zei hun dat ik het hun vergaf, maar van binnen doe ik dat niet. Misschien zal ik dat nooit kunnen. Ik zou alles voor mijn dochter doen, of ze nu blond was of roodharig, dat maakt niets uit, ik zou van haar houden."

Als tiener woonde Victorine vijf jaar lang in tehuizen. Ze ging herhaaldelijk van het ene naar het andere, werd nu eens door deze, dan weer door die regeling buitengesloten en smeekte om voor haar een uitzondering te maken. Soms mocht ze in ruil voor een bed onbetaald schoonmaken of koken, maar "telkens wanneer ik van tehuis veranderde, verloor ik mijn vrienden. ... Ik was helemaal alleen. Het was heel moeilijk. Ik praatte wel met maatschappelijk werkers, maar die deden alleen maar hun werk, er was geen band van affectie. Mijn moreel kelderde ontzettend diep, vooral met Kerstmis, als ik andere meisjes hand in hand zag lopen met hun moeder en winkels zag binnengaan om dingen te kopen. Ik werd kribbig, prikkelbaar: alles maakte me kwaad, en als mensen boos op me werden, kon me dat niet schelen. Ik was alleen. Als u me op mijn achttiende had ontmoet, dan zou ik geweigerd hebben om met u te praten of zou ik ontkend hebben dat ik problemen had. Ik verzon een gezin. Ik loog." Ze werd opgeleid tot kantoorbediende, maar kreeg geen enkele baan aangeboden.

Overleven zonder geld – of met de incidentele uitkeringen van de sociale dienst – betekent dat je voortdurend het gevaar loopt naar de gevangenis gestuurd te worden. Wanneer Victorine met de trein reisde, betaalde ze niet. Toen ze een keer niet betaalde in een kroeg,

werd ze 48 uur lang in een politiecel gezet. Andere jongeren, die in dezelfde hachelijke situatie verkeerden als zij, "probeerden me in moeilijkheden te brengen. Ik werd in de verleiding gebracht, maar ik zei nee. Ik was bang om twintig jaar of langer de gevangenis in te gaan. De tehuizen waren al moeilijk genoeg. De gevangenis zou zwaarder dan zwaar zijn. Niet dat ik angstig was. Ik zat in de goot en wilde niet nog dieper in de problemen komen. Ik was niet aan de pil, maar ik was te bang om zwanger te worden. Ik wilde geen ongelukkige baby."
Toen ze op een dag aan het wandelen was, werd haar tas gestolen. Ze bezat helemaal niets meer. Haar maatschappelijk werker had net geweigerd om haar nog meer consumptiebonnen te geven en het tehuis had haar gevraagd te vertrekken. Ze besloot dat het geen zin meer had om te leven. Ze stond net op het punt om van een brug in de Loire te springen om aan alles een einde te maken, toen er een lange, slanke jonge man met een vriendelijke glimlach voorbijkwam. Hij stopte om naar haar te kijken. "Kun je zwemmen?" vroeg hij.
Ook hij leefde in een tehuis en ook hij was werkloos. "Kom met me mee", zei hij. Hij smokkelde haar zijn tehuis binnen en deelde zijn consumptiebonnen met haar. Ze praatten. Hij was zachtaardig en gevoelig en had net zulke overweldigende problemen als zij. "Het was een vriendschap. We werden maten."

Antoine, geboren in de achterbuurt van het negentiende arrondissement van Parijs, heeft zijn Bretonse vader nooit gekend. Zijn moeder uit Martinique had borstkanker en astma. Zij kon niet anders dan hem naar een min sturen, die "mij niet wilde, omdat ik zwart was". Vervolgens zorgde zijn creools sprekende grootmoeder, de bediende van een priester, voor hem, maar "zij stierf van vermoeidheid". Hij werd van de ene kloosterschool naar de andere overgeplaatst – zes in totaal – en werd voortdurend bestookt met klachten dat hij zijn lessen niet wilde leren. "Ik wilde leren", zegt hij, maar hij slaagde nooit. Hij heeft geen enkel diploma en is vier keer voor zijn rijexamen gezakt: "Ik kan de verkeersborden niet onthouden." Hij heeft een geweldig warme persoonlijkheid, lacht veel, praat snel en bevlogen, en wekt de indruk dynamisch en leergierig te zijn, overlopend van de toekomstplannen. Hij zou dolgraag dierenarts willen zijn. Of vrachtwagenchauffeur, als opstap naar autocoureur. Hij probeerde een baan te krijgen bij Renault, maar werd afgewezen "omdat ik geen diploma's heb". Of hij zou paarden gaan fokken, meedoen aan paardenraces, beroemd worden en Frankrijk vertegenwoordigen, om onafhankelijk te worden en een leuk huis te hebben.

... Of misschien gaat hij wel naar West-Indië om het stuk land dat zijn voorouders bezaten terug te vorderen.

Eén renstal was voldoende onder de indruk van zijn enthousiasme en jovialiteit om hem een baan te geven, maar uiteindelijk bleek zijn hoop een illusie te zijn. Zijn bewering een paardenkenner te zijn was overdreven, en hij werd ontslagen. Hij had het geluk om een baan in een supermarkt te krijgen. Hij komt moe thuis, "vooral omdat ik niet veel betaald krijg". Nu zijn Victorine en Antoine getrouwd en ze hebben een prachtige dochter. Zodoende kregen ze een tweekamerflat van de gemeente in een somber gebouw aan de rand van een kleine stad. Er zit zoveel vocht en schimmel op de muren, dat ze elk jaar opnieuw behangen moeten worden. De kale meubels zijn van het soort dat anderen weggooien: de zitting vande stoelen is kapot, hun bekleding gescheurd en in het plastic tafelkleed zitten gaten. Hoewel de kinderen in de buurt goedemorgen tegen hen zeggen, doen de volwassenen dat over het algemeen niet. Soms praten ouders met hen, over kinderen; maar als ze hun kind niet bij zich hebben, worden ze genegeerd. Vorige zomer besloten ze naar een discotheek te gaan, maar ze mochten er niet in. Ze is bang om met hem door de straten van het nabijgelegen Tours te lopen, dat ze "verstikkend" vindt. Mensen zeggen dat hun dochter (die blank is) snoezig is en vragen: "Waar is je vader?" Als Antoine antwoordt dat hij de vader is, draaien ze zich om. Hij is "diep gekwetst" door het racisme en de scherpe uitvallen van Le Pen.

"Het kan me niet schelen dat anderen een luxer leven leiden", zegt Victorine, "want ik ben verantwoordelijk voor mijn huis. Hier kan ik doen wat ik wil." Bovenal is Mélodie gelukkig. Mélodie is het centrum van hun wereld en de bron van hun vreugde. "Soms voel ik me nog steeds alleen", zegt ze, "maar zelden met de baby". Ze denkt ook dat haar man een gevoel van voldoening kreeg toen het kind geboren werd, ook al heeft hij een hekel aan zijn werk.

Ze zijn echter niet van plan een tweede kind te nemen. Het is heel moeilijk om alleen van zijn minimumloon rond te komen. "We halen de buikriem aan voor Mélodie. Zij komt op de eerste plaats."

De Turkse tortel (*Streptopelia decaocto*) is in Engeland een zeer geliefde inheemse vogel. Eeuwenlang leefde hij slechts in Azië. Aan het begin van de twintigste eeuw staken exemplaren van de species de Bosporus over en streken neer op de Balkan. Tussen 1930 en 1945 vestigde hij zich in Midden-Duitsland. In 1970 was hij een gangbare vogel geworden in Groot-Brittannië, Noord-Frankrijk en Zuid-Scandinavië. Toen zag men hem westwaarts vertrekken over de Atlantische Oceaan: misschien wordt hij weldra Amerikaans. Volgens deskundigen verklaart een genetische mutatie wellicht deze plotselinge expansie over drie continenten.

Parwin Mahoney is ook deel van drie continenten. Haar voorouders woonden oorspronkelijk in India en verhuisden toen naar Oost-Afrika, waar zij werd geboren. Op haar tiende werd ze naar kostschool in Engeland gestuurd. Haar ouders, die in Afrika bleven, zag ze slechts één keer in de twee jaar. Ze trouwde met een in Engeland gevestigde Ierse advocaat, die een baan kreeg bij het Europese Hof voor de Rechten van de Mens in Straatsburg. Hun kinderen gingen naar een Franse school. De oudste nam Duits als eerste vreemde taal en zit nu door de week in Freiburg op een tweetalige Duits-Franse school.

Er was een tijd dat het voor mensen die van omgeving wilden veranderen even weinig noodzakelijk was om een paspoort te hebben als voor vogels. Maar naarmate het aantal overheidsambtenaren groeide, maakte men er zelfs bezwaar tegen dat ze van de ene stad naar de andere gingen zonder papieren die bewezen dat ze waren wie ze zeiden dat ze waren. De Franse Revolutie schafte paspoorten af, omdat men die onverenigbaar vond met de vrijheid van het individu. Maar ze slopen terug. Het was vergeefs dat de Britten in de negentiende eeuw weigerden om een paspoort te dragen als ze Frankrijk bezochten, zelfs al konden ze volgens de wet gearresteerd worden als ze dat niet deden. Een tijdje werd de wet in hun voordeel genegeerd; sterker nog, na de revolutie van 1830 werd hij afgeschaft omdat men in vrijheid geloofde. Maar telkens wanneer er oorlog is, keert de angst voor spionnen terug; het paspoort werd opnieuw ingevoerd. In 1872 werden de Britten wederom bevrijd van de noodzaak om een paspoort te dragen; ze moesten gewoon hun handtekening zetten als ze de grens overgingen. Maar wereldoorlogen brachten het paspoort nogmaals terug. De reden dat het nu nog bestaat, is natuurlijk dat rijke landen bang zijn voor een massale invasie van arme mensen, en dictatoriale landen voor een vertrek van hun onderworpen onderdanen. Maar Parwin is een van die zeldzame figuren die erin slaagden rond de wereld te zwerven en daarbij hun paspoort te gebruiken als de gracieuze vleugels van een vogel.

"Toen ik in Engeland woonde, voelde ik me Engels en werd ik als Engelse geaccepteerd. Ik beschouw mijn kinderen als Engels. Thuis praten we alleen maar Engels." In Straatsburg hebben de kinderen zich Franse gewoonten eigen gemaakt; zo vegen ze hun borden bijvoorbeeld uit met brood, dopen het in hun koffie, of geven mensen een hand. Ze spelen in het Frans. Maar de regel is dat ze thuis geen Frans mogen praten. Het plan is dat ze naar een Engelse universiteit gaan.

Hoe denken anderen over Parwin? Mij werd verteld dat ze een "Straatsburgse" is. Zij zegt: "Mijn thuis is waar ik ben." Aanvankelijk dachten ze slechts enkele jaren in Straatsburg te blijven. Maar het werk van haar man was erg interessant, terwijl zij ook zelf naam gemaakt heeft en een verdienstelijk burger is geworden. De eerste week na haar aankomst zei ze tegen iedereen die ze tegenkwam bij de Raad van Europa dat ze van plan was een baan te zoeken. Ze lachten. Sommige vrouwen mochten van geluk spreken als ze incidenteel type- of correctiewerk konden doen. Ze lachten toen ze zei dat ze hoopte Franse vrienden te maken. Ze ging naar huis en huilde. "Is deze stad donkerder dan donker Afrika?" Kennelijk moesten de Elzassers niets van haar hebben. Al haar pogingen om geaccepteerd te worden waren vergeefs. Ze besloot het initiatief te nemen. "Niemand zal zeggen: 'Je ziet er anders uit, ik zou je graag leren kennen.'"

In het begin probeerden Parwin en haar man zich net als de autochtonen te gedragen, die zich voornamelijk met hun voedsel leken bezig te houden; aten ze het niet, dan praatten ze er wel over. "De Engelsen vertellen meer grappen en hebben het minder over politiek." Parwin begon als de dames van Straatsburg te koken, omdat ze niets beters te doen had. "Maar we werden er alleen maar dik en arm van, dus keerden we weer terug naar Engelse gewoonten." Indertijd, halverwege de jaren zeventig, kreeg ze de indruk dat de vrouwen van Straatsburg tweederangsburgers waren: makelaars bijvoorbeeld namen haar niet serieus. Ze weigerde haar hoop op te geven en ging naar de universiteit om Frans te leren. Daar ontmoette ze een vrouw die haar uitnodigde om Engels te doceren, waar een geweldige vraag naar was. "Doe niet zo mal", zei Parwin. "Ik heb nog nooit lesgegeven." We zullen je helpen, zeiden ze. Dat deden ze, en zo opende de Elzassische wereld zich voor haar.

Via het lesgeven maakte ze vrienden. Na de geboorte van haar derde kind besloot ze ermee op te houden maar daar kreeg ze van haar leerlingen de kans niet toe: ze kwamen bij haar thuis voor privélessen. Zo creëerde ze wat een soort Engelse school aan huis is geworden, open tijdens de uren dat haar kinderen op school zitten. Haar huis is een ontmoetingsplaats geworden voor mensen uit alle beroepen: advocaten, artsen, vrouwen die zeggen dat ze Engels nodig hebben voor hun cocktailparty's, en mannen die zeggen dat ze binnen een maand Engels willen leren en bereid zijn daarvoor elke prijs te betalen. Een belastingadviseur kwam bij haar op les, nadat hij een logopedist had geraadpleegd die hem zei dat hij "geen gevoel had voor de Engelse taal"; "binnen 210 uur" had hij de taal onder de knie: belastingadviseurs moeten precies zijn. Parwin kiest uit wie ze lesgeeft, omdat ze bij haar thuis komen. Het is net kleine feestjes organiseren voor vier, zes of acht man. Ze lezen teksten waar hun belangstelling naar uitgaat.

Het primaire gevoel waar alles om draait, is Parwins affectie voor haar gezin. Haar lessen vinden plaats op de uren dat haar gezin haar niet nodig heeft. Er komt echter heel wat voorbereiding bij kijken. De vraag is toegenomen, zodat mensen nu tegen haar zeggen: "Je ziet er moe uit" of "Is er iets mis met je huwelijk?" Eigenlijk heeft haar man het allemaal mogelijk gemaakt. Als hij net als andere mannen was geweest die ze kent in de stad, iemand die om zijn pantoffels en zijn eten vraagt, dan had ze het niet kunnen doen. "Als ik 's avonds uit wil, dan zeg ik tegen Paul: 'Wil je de kinderen alsjeblieft te eten geven?' Dan zegt hij: 'Da's goed, veel plezier.' Een Franse echtgenoot zou zeggen: 'Wat, zonder mij?' Die zou zijn eten willen hebben. Je zou niet tegen hem kunnen zeggen dat hij maar sandwiches moet nemen." (De Fransen gaan niet prat op hun sandwiches, maar als er een wereldbeker voor sandwiches bestond, dan zouden zij en de Amerikanen voortdurend strijden om het kampioenschap.)

Het probleem is nu of Parwin kapot zal gaan aan haar werk, ook al is ze niet ambitieus. De enige ambitie die ze heeft is dat haar gezin een succes wordt. "Mijn werk is niet alles voor me. Ik zou er niet honderd procent van mezelf in kunnen stoppen. Ik wil dingen kunnen vergeten, mijn gezin kunnen zien. Ik ben niet bereid te veel op te offeren." Maar het net van de technologie dreigt zich om haar te sluiten. Misschien, denkt ze, zou ze in visuele hulpmiddelen moeten investeren, diaprojectors en kopieermachines, uitbreiden, van haar lesgeven een serieus bedrijf maken, personeel werven, een adviesbureau beginnen. Zal ze dan meer of minder vrijheid hebben? Ze overweegt uitbreiding, ook al is het enige waarin ze zichzelf zou willen veranderen dat ze in staat zou zijn zich minder zorgen te maken.

Momenteel maakt ze zich zorgen over de vraag of ze wel in staat is om intelligente gesprekken te voeren met haar man en zijn collega's. Dat is moeilijker dan de wetenschappelijke vragen van haar kinderen te beantwoorden, omdat ze hen daartoe hun tijdschriften kan voorlezen. Ze dwingt zichzelf *Money* van Martin Amis te lezen: "Het boeit me niet. Maar ik zal het lezen. Ik doe altijd wat ik besloten heb te doen. En ik lees het omdat ik erover wil kunnen meepraten." Daarvóór las ze *The Bonfire of the Vanities*. Toen ze eenmaal doorhad wat de plot was, bood het haar niets meer om over na te denken – en ook geen verrassingen op, wat haar teleurstelde: "Ik hou ervan om het echte leven te ontvluchten. Mijn werk is zwaar, dus moet ik me 's avonds niet te veel hoeven inspannen." Parwin heeft een wereld gecreëerd die bij haar past: "Dat heb ik altijd gedaan", zegt ze.

Eén groot verschil tussen de twintigste eeuw en alle voorgaande eeuwen is dat er nu veel meer jonge vrouwen zijn die niet voornamelijk op zoek zijn naar een man maar naar zichzelf. Corinne, met haar lange, glanzende, loshangende haar, is geen reclame voor een luxe shampoo, maar een gedachtewereld met twee gezichten. Nu eens zit ze te peinzen en is haar gezicht een elegante sluier, zodat je alleen maar kunt vermoeden dat de geest daarachter wilde acrobatische toeren uithaalt. Dan weer glimlacht ze, niet met de halve glimlach van de Mona Lisa, maar als een revérence, die zegt dat jouw en haar ideeën gereed zijn om samen te dansen. En omdat ze er zo op gebrand is te weten wat ze denkt, heeft ze er als vanzelfsprekend haar beroep van gemaakt om erachter te komen wat anderen denken. Wat haar het meest interesseert is wat kinderen denken. Ze begon haar carrière als "psychomotorisch specialist", waarbij ze jonge kinderen hielp die niet wilden praten of lopen. "Om te lopen, moet je ergens heen willen gaan", zegt ze, en die kreet geldt niet alleen voor baby's. Gaandeweg is ze erachter gekomen waarom kinderen zoveel voor haar betekenen. Toen ze er zelf eentje was, had ze het gevoel dat zij naar anderen moest luisteren, maar dat niemand naar haar luisterde. De volwassenen bleven haar maar zeggen: je mag dit niet en je mag dat niet; alles was gevaarlijk. Veel later besefte ze dat ze was opgevoed om een voorbeeld te nemen aan volwassenen die, nu ze zelf volwassen was, geen waardige voorbeelden leken te zijn, die te zelfzuchtig waren om bewonderenswaardig te zijn. Volwassenen maakten haar altijd bang met hun macht en hun kennis, totdat het duidelijk werd dat ze hen idealiseerde. Rond haar 20ste of 21ste begon het tot haar door te dringen dat de onbetwistbare waarheid die volwassenen tegenover haar verkondigd hadden niet bestond, een lege doos was, dat de wereld niet zo eenvoudig was als ze hadden beweerd. Ze vindt het jammer dat ze nooit helemaal van haar kinderjaren heeft mogen genieten. Ze zoekt naar de stukjes ervan die kapotgingen. In haar werk probeert ze anderen de gelegenheid te geven hetzelfde te doen. "Ik wil dat er naar kinderen geluisterd wordt." Maar wat ze te zeggen hebben is niet vanzelfsprekend. "Een kind is een raadsel." Volgens haar zit de wereld vol raadsels. "Je weet nooit veel over andere mensen." Ze is ook een raadsel voor zichzelf: "Ik heb het gevoel dat als ik in mezelf kijk, er iets is wat ik niet kan begrijpen, en niemand kan me dat zeggen. Waar ik het allerbangst voor ben is gelijkvormigheid: in een sjabloon gevangen te zitten, passief en afhankelijk te zijn – alsof we allemaal hetzelfde zouden kunnen zijn, wat ik niet geloof. Het is mijn doel om iets in mijzelf te ontdekken, en als ik mezelf conformeer, dan zal ik daar niet in slagen. Daarom stimuleert het me om een raadsel te zijn. Ik geloof dat ik een fundament voor mezelf aan het bouwen ben. Ik ben ervan overtuigd dat ik op weg ben om iets nieuws te creëren. Ik was altijd bang voor wie ik was, dat ik er niet tegen opgewassen zou zijn als anderen me veroordeelden. Het is belangrijk om een zelf te creëren waar anderen niet aan kunnen komen."

In haar werk met jonge kinderen die faalangst hebben of door druk beschadigd zijn, probeert ze geen wondermiddel te bieden of te bewijzen dat zij kan doen wat ouders niet hebben gedaan. "Ik val ouders niet aan. Zonder ouders zou een kind een dier zijn, het heeft hun bescherming nodig." Ze beweert niet dat ze weet waaronder het kind lijdt, en zegt slechts: "Laten we samen dingen doen om erachter te komen wat moeilijk is, we kunnen altijd een andere weg vinden." Het kind zal die weg zelf vinden. Het hoeft niet in woorden uit te drukken wat onverdraaglijk is. Dat kan het al spelende doen. Zij zal meespelen. Als het bijvoorbeeld moedertje speelt, dan zal het alles laten zien wat je over zijn moeder moet weten. Waar het om gaat is te proberen om dingen anders te doen: "Laten we het samen proberen. Ik ben succesvol als een kind in staat is alleen te zijn en ik kan weggaan." Een kind kan niet zelfstandig leven, maar zit vol mogelijkheden en kan volwassenen meer leren dan ze zich realiseren.

Faalangst houdt Corinne ook in haar persoonlijke leven bezig: ze probeert voorzichtig een houding te vinden waarbij falen van zijn schadelijke werking is ontdaan. Ze had een relatie met een collega. Hij probeerde een gevoel van onderlinge rivaliteit te creëren om te zien wie als eerste elk doel bereikte. Dat vond ze onverdraaglijk. Hij maakte bezwaar dat zij weigerde samen met hem dingen te doen. Voor sommige dingen die hij deed had ze bewondering, maar "die waren me vreemd, zo was ik niet; ik wilde niet dezelfde weg bewandelen. Ik herkende mezelf niet in hem." Op een dag aanvaardde hij een uitnodiging voor hen beiden om op een congres te spreken, zonder het haar eerst te vragen. Hij zei dat het belangrijk was dat zij dezelfde ervaringen had. "Dat was de breuk tussen ons. Ik heb geen stem die ver reikt. Ik hou van schrijven, maar niet van publiceren. Hij genoot ervan om in het openbaar te spreken en was daar goed in. Ik ben anders. Ik heb andere mogelijkheden. Ik wil rivaliteit vermijden. Als ik verlies, kan ik nog steeds doorgaan met werken, in het besef waarom ik verloren heb. Een winnaar heeft de verliezers altijd tegen zich, hij zal zijn energie niet moeten gebruiken om zichzelf te verbeteren, maar tegen anderen, om zijn plaats te behouden."

Niet iedereen, zegt ze, kan of wil veranderen, omdat dat betekent dat je afstand doet van het vertrouwde. Elk individu moet zelf bepalen of hij wil veranderen. Degenen die dat willen, zijn mensen die zich realiseren dat ze niet volmaakt zijn en bescheidenheid bezitten, die weten dat ze niet in hun eentje kunnen veranderen en hulp nodig hebben. Het is haar ervaring dat hoogopgeleide mensen het moeilijkst te helpen zijn. Werken met analfabeten was het dankbaarst: het geeft je het gevoel dat er affectie wordt uitgewisseld.

"Ik ben altijd bang mezelf te herhalen, te denken dat ik verander terwijl ik dat niet doe. In tijden van crisis verander ik wel, als ik mijn zelfvertrouwen en daarmee mijn illusies verlies." De eerste verandering in haar leven vond plaats toen ze begon te werken, de tweede toen ze wegging bij haar vriend; daarbij verloor ze het vertrouwen in haar vermogen lief te hebben en haar werk te doen. Haar remedie was zich een jaar lang te trainen in een nieuwe carrière, als psychotherapeut. Dat gaf haar haar zelfvertrouwen terug, maar loste niet alles op. "Ik heb het gevoel dat ik iets te bereiken heb, maar ik weet niet wat." Ieder modern mens zingt dat lied. "We kunnen altijd kiezen", houdt ze vol, maar er zijn zoveel deuren om uit te kiezen.

In vroeger tijden waren mensen in staat door middel van oorlogvoering gemeenschapszin te verkrijgen. De generatie van de ouders van Corinne hield zich staande met de mythen van 1968. Haar eigen generatie, zegt ze, heeft geen duidelijk doel. Wat haar desondanks aan schoolkinderen van tegenwoordig bevalt, is dat ze iets proberen te vinden wat ze gemeenschappelijk hebben, maar dan wel vanuit het principe dat ze allemaal verschillend zijn. Het accepteren van verschillen, als anders geaccepteerd worden, daar begint ze mee. Tot dusver heeft ze dat makkelijker op kinderen dan op volwassenen kunnen toepassen. Volwassenen moeten nog steeds leren om meer belang te hechten aan het kind binnen in hen.

Elke week heeft de Franse versie van het tijdschrift *Glamour*, te midden van honderden foto's van mannequins, kleding en modieuze dingen om te doen, één artikel dat misplaatst lijkt te zijn. Het wordt geschreven door een filosoof, historicus of antropoloog, die probeert uit te leggen waar het in het leven nu werkelijk om gaat. Anne Porot zoekt de knappe koppen en zegt hun wat ze moeten uitleggen, met een mengeling van diepzinnigheid en humor. Hoe weet ze waar haar lezers belangstelling voor hebben? Is ze er om hun te geven wat ze willen horen of hoopt ze hen ideeën aan de hand te doen? Welke ideeën heeft ze die ze graag zou willen doorgeven? Dit zijn niet de vragen die je moet stellen. Anne Porot heeft in haar leven nog nooit een vrouwenblad gekocht. "Ik heb geen hoge dunk van mensen die vrouwenbladen kopen." *Glamour* heeft nooit geprobeerd om met behulp van opiniepeilingen achter de smaak van zijn lezers te komen. Het is een kunstwerk, en het is aan de lezers om het te doorgronden. Ze woont samen met Jean-Pierre Mougin, hoofdredacteur van het stripblad *À Suivre*. Zijn vriend Martin Veyron, een even beroemd striptekenaar, is de man van de hoofdredacteur van *Glamour*, Anne Chabrol. De connectie met stripverhalen is niet toevallig. De Parijse editie van *Glamour* ligt in bepaalde opzichten in het verlengde van de excentrieke stripbladen van Frankrijk. Die werden geweldig populair, omdat ze ongedwongen intelligentie en gevatheid combineerden met een gevoel ingewijd te worden in een objectieve kijk op de wereld. Anne Chabrol, vroeger adjunct-hoofdredacteur van *Elle*, heeft van *Glamour* een reeks studies gemaakt van de kunst om dingen niet al te serieus te nemen. De modefoto's zijn het evenbeeld van strips. De mensen die voor *Glamour* schrijven, beschouwen nooit iets als vanzelfsprekend.

In haar eigen vaste rubriek, *Un homme mis à nu* (Een man ontkleed), interviewt Anne Chabrol een beroemde persoonlijkheid. Hoewel deze zo naakt gefotografeerd wordt als hij toestaat, wordt hij niet geacht zijn ziel volledig bloot te leggen. Het is een woordenspel dat ze met hem speelt, vol ironie en woordspelingen, gevat maar welbewust oppervlakkig, een spel dat herkenbaar is als een vorm van parisianisme, de kunst om van relaties epigrammen te maken. Het slang van het blad is zo actueel, dat veel van zijn eigen medewerkers het niet kunnen begrijpen. Het effect is dat er een gevoel gecreëerd wordt dat er fantastische eigen werelden, eigen kliekjes, eigen talen bestaan waar je in door kunt dringen en waarin kenners zich van het gepeupel onderscheiden.

Anne Porot is streng voor haar lezers, omdat ze een heleboel met hen gemeen heeft, omdat ze ook heel streng is voor zichzelf. Haar probleem is dat ze eronder lijdt ontwikkeld, intelligent, alert en zelfbewust te zijn, terwijl ze tegelijkertijd geen echt zelfvertrouwen heeft. Als ze Freud moet geloven, ligt de schuld bij haar ouders. Maar ze gelooft niet in Freud, niet meer. Haar gebrek aan zelfvertrouwen is niemands schuld, zegt ze. Je moet het accepteren zoals je het zou accepteren dat je rood haar had. Tegelijkertijd moet je proberen de rampen die het veroorzaakt te beperken en jezelf te troosten met de gedachte dat zelfverzekerde mensen niet beter af lijken te zijn dan jij. "Het grootste deel van de tijd leef ik met angst. Ik sla mezelf 24 uur per dag voor m'n kop. Tot aan mijn dertigste was het leven een voortdurende uitdaging, ik lag vreselijk met mezelf overhoop. Nu gaan de dingen een beetje beter."

Ze heeft verscheidene oplossingen uitgeprobeerd. Omdat ze uit een hoogontwikkeld gezin komt, dat haar nooit een steen in de weg legde, was het voor haar geen probleem om op een universiteit te komen. Maar op haar achttiende had ze geen idee wat ze met haar leven wilde, nog minder dan nu. "Ik was geestelijk zo verward, dat het feminisme voor mij op het juiste moment kwam." Terwijl ze doelbewust verbloemde dat ze er goed uitzag, vocht ze voor de zaak. Het positieve gevolg, zegt ze, is dat vrouwen nu privileges hebben die ze niet op grond van afkomst of goddelijk recht verwierven, maar door hun eigen inspanningen, vanwege hun verdiensten, een voldoening die mannen niet kennen. Daarom kunnen vrouwen intenser van het leven genieten en zijn ze eerder geneigd om zich in nieuwe avonturen te storten. "Wat vroeger het teken van onze onderdrukking was, onze belangstelling voor koken of bloemen bijvoorbeeld, hebben we veranderd in een verrukkelijk genot." Ze heeft te doen met mannen die zulke gevoeligheden ontberen.

Aan de andere kant heeft het feminisme voor haar bevestigd dat er twee typen mensen bestaan, mannelijke en vrouwelijke. "Des te beter, vind ik. Ik bedoel niet dat er geen communicatie mogelijk is, maar er is een gebrek aan begrip tussen de twee. Hoe sterk de liefdesbanden ook zijn, ieder blijft een vreemde voor de ander. Er zijn dingen die we alleen maar tegen andere vrouwen kunnen zeggen. Daar is niets mis mee. Het is verrijkend, opwindend, dat er een verschil is. ... Als ik twijfel, kalmeer ik mezelf door te zeggen: 'Als ik van hem hou, dan is hij lief.'" Maar dit betekent dat het voor mannen niet makkelijk is om vrouwen te helpen zelfvertrouwen te krijgen, want vrouwen moeten nu hun eigen problemen oplossen. En ze kan niet bedenken wat de volgende stap voor vrouwen zou moeten zijn. Ze voelt zich ongemakkelijk dat ze niet langer kan formuleren wat ze probeert te doen, waar ze naartoe gaat, ook al stelt ze dat vrouwen "basisopvattingen hebben, maar daar nooit over nadenken; ze nemen genoegen met algemene veronderstellingen, verrijkt met anekdotes en kleine tekens, die ze elkaar vertellen". Als ze bedenkt wat de oplossing voor de problemen van vrouwen van tegenwoordig zou kunnen zijn, antwoordt ze als in een automatische reflex: "We moeten vechten." Maar dan voegt ze er snel aan toe: "Ik zou alleen maar vechten als ik de energie had, maar eigenlijk wil ik het niet, omdat we toch geen succes zouden hebben."

Vervolgens trachtte Anne Porot haar gebrek aan zelfvertrouwen op te lossen door te proberen het respect te winnen van mensen die zij respecteerde. "Waar ik in mijn werk onder leed, was een gebrek aan erkenning als professional." Er diende zich al snel een mogelijkheid aan in de vorm van een baan die automatisch prestige biedt en het gevoel dat je het hebt gemaakt: als redacteur van kunstboeken werd ze onderdeel van het gewoel van chique mensen die elkaar voortdurend op de schouders kloppen. Nu denkt ze dat ze een fout gemaakt heeft: het was een oppervlakkige oplossing. Het probleem was dat je voortdurend door anderen in de gaten werd gehouden, voortdurend beoordeeld werd; je moest altijd gevat zijn en vermijden dat je iets stoms zei: het was een strijd tegen een nieuwe vorm van onderdrukking, het gebrek aan tijd om alles te doen wat er van je verwacht werd. Dat past alleen bij mensen die niet kunnen stilzitten en die het gevoel zouden hebben in een horrorfilm beland te zijn als hun telefoon was afgesloten.

"Maar ik ben anders. Ik heb echt eenzaamheid nodig." Nu is ze naar het platteland verhuisd, anderhalf uur verwijderd van haar kantoor, waar ze slechts een paar dagen per week naartoe gaat. Omgeven door bloemen en vogels kan ze tien uur per dag werken zonder moe te worden, of althans niet op dezelfde manier. Je hebt daar niet dat je je voortdurend zit op te vreten omdat je steeds maar mensen om je heen hebt. Ze kan haar tuin in staren en aardig proberen te zijn voor haar gezin. Alle sociale prikkels die ze nodig heeft, krijgt ze in die paar dagen dat ze in Parijs is; vervolgens is het weer terug naar de cocon en de bomen.

Toch verontrusten deze landelijke geneugten haar een beetje: ze lijken zelfzuchtig. Soms denkt ze dat het enige wat je kunt doen, als je ziet dat de dingen niet zijn zoals ze zouden moeten zijn, is je ogen te sluiten; maar dat lukt zelden helemaal. Het idee om alles opnieuw te overdenken, een voorjaarsschoonmaak te houden van gangbare opvattingen, vereist volgens haar het soort brede intelligentie waar zij niet over beschikt. "Als de kans om dit te doen zich aandiende, dan zou ik het leuk vinden, maar ik zou het niet uitlokken. Vragen stellen, jezelf in de beklaagdenbank zetten, is vermoeiend. Net als het hoofd bieden aan het onverwachte. Met mensen die je kent, zit je nog steeds in de beklaagdenbank, maar dan minder extreem." Op haar twintigste kon ze in een wereld leven die onvoorspelbaar was, maar nu is het afmattend om nieuwe mensen te leren kennen. Dat brengt haar werk met zich mee, elke dag moet ze zich opnieuw aanpassen. Wat een verademing om thuis te komen, bij mensen met wie je dingen gemeen hebt. "Mijn werk biedt me genoeg nieuwigheden om aan mijn trekken te komen. Thuis kan ik terugkeren naar de diepere kant van het leven, weg van de strijd naar perfectie, terug naar eenvoudige vriendschappen, naar een hele middag in de keuken staan om je affectie te tonen." Ze ambieert geen creativiteit, beweert ze. Het zou al voldoende zijn als ze degenen om haar heen geen last bezorgt en goed met haar man kan opschieten.

Thuis doet ze dus het tegenovergestelde van wat ze op haar werk doet. In Parijs laat ze Parijs vuurwerk knallen, waarna ze haastig terugkeert naar het platteland om het neerslaan van de as te vermijden. In twee werelden leven, daar gaat het moderne leven om.

Dat geldt ook voor de hoofdredacteur van *Glamour*. Haar belangstelling voor cultuur, zelfverbetering en prestatie, allemaal uitingen van een sterke persoonlijkheid, wordt gecompenseerd door haar onzekerheid. Anne Chabrol is streng tegen de beroemdheden die ze voor haar blad interviewt. Die mogen nooit van tevoren zien wat er uiteindelijk over hen in staat. De enige uitzondering op deze regel is haar helderziende, voor wie ze een bijna religieus respect heeft. De helderziende was vroeger docent filosofie, maar tijden veranderen.

Mensen hebben tot dusver zes lessen gedistilleerd uit hun pogingen de beste manier te vinden om met de minste pijn te overleven. Ze lijken tot de conclusie te zijn gekomen dat je op zes manieren door het leven kunt reizen, dat er zes vervoersvormen bestaan. Wat deze zes vrouwen gemeen hebben, is dat ze elk hoofdzakelijk kozen voor een van deze manieren, alsof ze besloten hadden dat het voor hen het beste was om met de bus, de trein of het vliegtuig te reizen en bij hun keuze te blijven. De populairste moraalfilosofieën ter wereld, die advies geven over hoe je moet leven, berusten telkens op een van deze zes typen. Maar omdat elk type ervan overtuigd is dat het als enige het juiste antwoord biedt, is er nooit zoiets als een vvv-kantoor geweest om bezoekers van het leven op aarde een volledige selectie van deze mogelijkheden aan te bieden. Het lijkt misschien dat er duizenden alternatieven zijn, dat de geschiedenis een gigantische vuilnisbelt is van verschillende soorten adviezen die uitgeprobeerd en ter zijde geschoven zijn. Maar de meeste adviezen gaan feitelijk terug op een van deze zes soorten.

De eerste manier is gehoorzamen, de wijsheid van anderen respecteren, het leven accepteren zoals het is. Vroeger reisde waarschijnlijk de meerderheid van de mensen langs deze weg, vaak omdat ze daartoe gedwongen werden, maar niet minder omdat het je verzekert van innerlijke rust en een harmonieuze relatie met je naasten. Om degenen die dat betwijfelden te overtuigen, zijn er experimenten met ratten uitgevoerd. Die wezen uit dat ratten die confrontaties vermijden gezonder en minder gestresst zijn dan dominante ratten, die verstijfd zijn van angst, alsof ze zich zorgen maken dat hun uitgebuite soortgenoten hen misschien niet langer gehoorzamen. Mensen hebben ook geprobeerd het aantal besluiten dat ze zelf nemen te beperken, in de hoop vaster te slapen. Er zijn geen officiële cijfers die laten zien hoeveel mensen nog steeds voor deze strategie kiezen, buiten het statistische gegeven dat ik eerder genoemd heb (gestaafd over een periode van drie jaar), namelijk dat een derde van de Britten zegt liever te horen te krijgen wat ze moeten doen dan zelf de verantwoordelijkheid te dragen. De reden waarom gehoorzaamheid zo hardnekkig is blijven bestaan, is dat je onmogelijk over elke kwestie zelf beslissingen kunt nemen. Daardoor zijn de meeste mensen in hun gedrag in meer of mindere mate altijd conformisten gebleven.

Het is nooit makkelijk geweest om te gehoorzamen en het wordt steeds moeilijker, naarmate het scala van keuzes groter wordt. Veel mensen geloofden dat religie gewoon een kwestie is van regels volgen, maar dat is maar een begin: belangrijker is de geest waarin ze gevolgd worden. De meest diepgelovigen waren degenen die zich het meest van de moeilijkheden bewust waren. Er zit geen grens aan hoe perfectionistisch ze kunnen proberen te zijn. Het is niet verwonderlijk dat elke religie interne ruzies heeft gekend over details. Die lijken soms onbeduidend of theoretisch, maar in religie is elk detail van belang. De islam is de religie van gehoorzaamheid. Het woord betekent 'overgave' aan de wil van God, maar het betekent ook verzoening, en daarvoor is constante inspanning nodig. Het is niet alleen obstinaatheid die verklaart waarom het christendom nu uiteen is gevallen in ruim driehonderd onafhankelijke Kerken, die elk op een andere manier gehoorzamen.

De specifieke religie of ideologie die individuen aanhangen, zegt uiteindelijk minder over henzelf dan over hoe ze die beoefenen. Degenen die een geloofsovertuiging aannemen en ophouden die in twijfel te trekken, hebben een heleboel gemeen, om welke geloofsovertuiging het ook gaat. Aan de andere kant kan religie ook ongehoorzaamheid betekenen, een afwijzing van de wereld, een zoeken naar iets beters, onophoudelijke zelfondervraging. Toen Dominique Lepèze, de balletdanseres, haar westerse erfenis inruilde voor oosterse filosofie, was dat zowel een teken van verzet als van hoop dat gehoorzaamheid haar het tegenovergestelde daarvan zou geven: vrijheid; maar het is haar nog altijd niet gelukt los te komen van de onzekerheden die haar kwellen.

De religie van gehoorzaamheid aan de regels van mode of etiquette, waarbij men de goedkeuring van andere mensen najaagt en doet wat anderen doen, heeft evenveel gedupeerden als volgelingen. Het is steeds moeilijker geworden om er precies achter te komen wat anderen doen, welke leugens schuilgaan achter de façade van gelijkvormigheid, of om te weten waaraan je je moet conformeren. Mensen hebben willen geloven dat ze van hun problemen konden afkomen door één grote beslissing te nemen, maar dat heeft het enorme aantal kleine beslissingen die je nog steeds elke dag moet nemen niet uitgebannen. Stapten ze in de bus van gehoorzaamheid, dan was het altijd een reis met vele stops en vele verleidingen om uit te stappen.

De tweede methode van reizen is als onderhandelaar, waarbij je marchandeert om de best mogelijke deal uit het leven te halen. Heidenen van vroeger en van nu prefereren die boven alle andere methoden. Mensen van tegenwoordig gedragen zich nog steeds als de Romeinen. Die geloofden dat de wereld vol krachten zat die hen konden benadelen of helpen, maar wier gunsten gekocht konden worden. De kunst is te weten wat de laagste prijs is die je moet betalen, wat het minimum aan offers is dat je moet brengen om te krijgen wat je wilt of, in moderne taal, om succesvol te zijn. Marchanderen kon leuk zijn, een spel, zoals enkele concurrenten van tegenwoordig nog steeds vinden. Nadat ze aan de goden geofferd hadden, hielden de Romeinen gastronomische banketten. Ze maakten vrienden en beïnvloedden mensen in broederschappen die individuele goden vereerden. Bacchus was bijna een vriend. Onderzoek naar particuliere geloofsovertuigingen kenden ze niet. Hun religie bestond eenvoudigweg uit de uitvoering van rituelen in ruil voor weldaden. Het originele aan hen was dat zij er de nadruk op legden dat mensen succes konden behalen als gevolg van hun onderhandelingsvaardigheden (met een klein beetje hulp van de goden), terwijl andere religies en filosofieën lastige vragen stelden over ethiek en rechtvaardigheid of ervan overtuigd waren dat alles bepaald wordt door onbeheersbare krachten (een opvatting die veel mensen nog altijd huldigen).

Als je ervoor kiest onderhandelaar te zijn, zet je je zorgen opzij over de vraag of je het wel verdient om succesvol te zijn. Persoonlijk succes werd het doel van democratieën, omdat iedereen daar evenveel recht op heeft. En je kunt het in dit leven behalen, je hoeft niet te wachten tot het hiernamaals. Het heidense systeem om aan persoonlijke verlangens te voldoen is de meest invloedrijke nalatenschap van het oude Rome aan Europa en Amerika. Machthebbers beweren niet langer dat ze godheden zijn, maar verlenen nog altijd op dezelfde manier gunsten als heidense goden vroeger deden: in ruil voor offers verzachten ze angsten, beloven ze zekerheid en breken ze hun beloften. Het probleem is dat het moeilijk is te weten wat je verlangens zijn en je voldaan te voelen als ze zijn vervuld. Zekerheid is moeilijk te kopen.

Wanneer je eenmaal afstapt van het geloof dat er goden in de hemel zijn die bereid zijn deals te sluiten, is de moeilijkheid met marchanderen dat als je een specifieke onderhandeling met concurrenten verliest, je steeds minder kans hebt om volgende onderhandelingen te winnen. Je verliest de hoop om te winnen. Vervolgens weet je niet meer wat je anderen moet bieden in ruil voor wat je wilt, en te veel mensen krijgen nooit de kans een bod te doen. Als je besluit je eigen auto te besturen, is de kans dat iemand er uiteindelijk tegenaan knalt niet verwaarloosbaar. Catherine, de expert op het gebied van de ondernemingsgeest, ontdekte dat niet alle aspecten van het leven van een onderhandelaar haar bevielen en moest troost zoeken in andere werelden, waar het niet nodig is te winnen.

De derde optie is je eigen tuin cultiveren; leiders, rivalen en bemoeizuchtige naasten de toegang tot je wereld ontzeggen en jezelf concentreren op je privé-leven. In het begin bestond er niet zoiets als een privé-leven, was er geen bescherming tegen de starende blikken en onophoudelijke kritiek van het publiek. Toen begonnen de middenklassen geheimen te koesteren. Hoe meer je voor jezelf hield, dachten ze, hoe meer kans je had te vermijden dat mensen jaloers waren op je rijkdom of je smaak, en hoe meer kans je had respect te genieten, mits je een zorgvuldig gepolijst publiek imago liet zien. Een eigen kamer – tot aan de twintigste eeuw een grote bijzonderheid – werd een onafhankelijkheidsverklaring. Paren stelden hun openbare huwelijk uit totdat ze zelf bepaalden van wie ze hielden. Privé kon je niet alleen je eigen gedachten hebben, maar ook fouten maken zonder berispt of veracht te worden. Degenen die hun eigen tuin cultiveren, laten de grote wereld in zijn eigen steeds ingewikkelder vet gaar smoren. Ze beschouwen democratie als het recht om met rust gelaten te worden, in ruil voor het betalen van belasting, net als protectiegeld. Politieke discussies hebben geen betekenis meer en politici worden voor hen marionetten op een toneel, dronken van hun machtsfantasieën. Zelfs in de communistische wereld, waar tijdens komsomol-bijeenkomsten altijd openlijk gediscussieerd werd over overspel, drinkgewoonten en burenruzies, boekte privacy geleidelijk aan winst tegenover de overheidsdruk, de nieuwsgierigheid van collega's en intimidaties binnen de familie in. In Moskou en Sint-Petersburg ziet op dit moment slechts een tiende van de inwoners regelmatig zijn buren. Privacy betekent dat je alleen mensen ziet die je wilt zien. De rest bestaat niet, behalve als geesten of goden op de televisie – de grote privacy-beschermer.

Het cultiveren van je eigen tuin is een manier waarop degenen voor wie de wereld wreed was, zoals voor Victorine en Antoine, een eerste stap kunnen zetten op weg naar vrijheid. Maar de verkenning van privacy, vooral door vrouwen, bracht enkele problemen aan het licht. Wanneer ze het zich konden veroorloven om op te houden met werken en zich terug te trekken in de beslotenheid van het huis, waarbij ze zichzelf vrijmaakten om te doen wat ze echt wilden, ontdekten ze soms dat privacy ook een gevangenis kon zijn. Simpelweg je eigen tuin cultiveren om er zelf voordeel van te hebben, is net als planten kweken en niet weten wat je ermee aan moet als ze volgroeid zijn. De ontdekking van een minuscuul stukje van de wereld dat ze hun eigen stukje kunnen noemen, hoe tijdelijk ook, heeft Victorine en Antoine veel voldoening gegeven; maar het is niet voor zichzelf dat ze leven, maar voor hun dochter.

Je zou je kunnen voorstellen dat als je in een boot stapt die jou bij alles en iedereen vandaan haalt, je het besluit kunt nemen om vrij rond te dobberen en elk doel te vergeten. Maar ook dat is een doel, en er zijn maar verrassend weinig mensen geweest die niet geprobeerd hebben om van tijd tot tijd toch een koers te volgen of voor anker te gaan. Je zou kunnen denken dat je je leven lang alleen maar met je eigen zaken bezig kunt zijn, maar om dat goed te doen, betekent uiteindelijk dat je een heilige of wijze wordt; en diens ambitie behelst tevens dat hij zich in een of ander opzicht voor anderen nuttig maakt. Je kunt nooit interessant genoeg zijn om het enige voorwerp van je eigen aandacht te zijn.

De vierde manier is op zoek gaan naar kennis. De idee dat iedereen die kan verwerven is recent. In het grootste deel van de geschiedenis was kennis zeldzaam en geheim. Deze esoterische erfenis, met haar ideaal van meesterschap en mysterie, leeft voort in het jargon waarmee elk vak zichzelf beschermt. Kennis is nog steeds een slang die in zijn eigen staart bijt.

Tussen de vijfde en elfde eeuw ongeveer omvatte India bijna de helft van de mensheid en accumuleerde het voldoende kennis om het beste voedsel en de beste kleding ter wereld te hebben. Iedereen die streefde naar een betere levensstandaard was er jaloers op en probeerde een deel van de daar aanwezige katoen, rijst en suiker te bemachtigen. India bracht misschien wel de belangrijkste wetenschapper aller tijden voort: de anonieme wiskundige die het systeem bedacht om met negen cijfers en een nul te tellen. Toch leerde het hindoeïsme dat de enige kennis die echt de moeite waard was om te bezitten die kennis was die het verlangen uitbande; het liet zien dat een individu een massa illusies was: kennis, zo benadrukte het, maakte geen einde aan het lijden. In China, de eerste technologische beschaving, was het net zo. Hoewel het een leger van een miljoen man bijeenbracht onder de Sung-dynastie (960-1279) en de grootste ijzerindustrie ter wereld ontwikkelde, in staat om 16 miljoen ijzeren pijlpunten per jaar te produceren, kwam het tot de conclusie dat veel van zijn meest bekwame burgers alleen maar kennis verwierven om voor examens te slagen en overheidsreguleringen te onthouden. Geleerdheid is herhaaldelijk vervallen tot nazeggen, kopiëren en geestelijke verlamming. En de Arabieren, wier wetenschappelijk onderzoek de ontdekking van Amerika mogelijk maakte, die als eersten erkenden dat kennis in wezen een internationale aangelegenheid is, die in de negende eeuw de eerste vertaalacademie ter wereld oprichtten onder de zeer bereisde arts Hounain, en die het Bagdad van die tijd tot een van de wereldcentra maakten waar intelligent gediscussieerd werd, raakten niettemin uitgeput en geïrriteerd door de wetenschappelijke geschillen en stelden eeuwenlang paal en perk aan leergierigheid.

Het lijkt misschien dat het Westen er zo lang over deed om de geneugten van kennis te ontdekken omdat het christendom na het intellectuele vuurwerk van de Grieken liefdadigheid boven alle deugden stelde: iemand mag dan de kennis bezitten om bergen te verzetten, zei de heilige Paulus, zonder liefde "ben ik niets". Luther noemde de rede "de hoer van de duivel". Anderen namen dezelfde houding aan. Zelfs de Chinezen, die de wetenschap vereerden, hadden taoïsten die zeiden dat de verwerving van kennis leidt tot het verlies van geluk.

Je kunt een uiterst plezierige reis hebben op zoek naar kennis, maar de kans bestaat dat je trein op een zijspoor gerangeerd wordt, weigert verder te gaan en zijn bestemming vergeet. Kennis zoeken omwille van de kennis is een andere manier om niet te hoeven beslissen waar je haar voor wilt gebruiken. Parwin Mahoney heeft geen moeite om leerlingen te vinden die talen willen leren. Wat ze met die kennis doen, is hun eigen zaak. Maar zij, net als alle professionele handelaars in kennis, weet dat kennis niet voldoende is.

De vijfde manier is praten, je opvattingen de vrije loop laten, jezelf blootgeven tegenover anderen, je zwaarmoedigheid van je afschudden door al je geheimen, herinneringen en fantasieën, bewuste en onbewuste, naar buiten te brengen, terwijl je in je doen en laten korte metten maakt met hypocrisie en fatsoensnormen. Het is net als fietsen, waarbij je volledig zichtbaar bent en wuift naar iedereen die je tegenkomt. Het vertrouwen in praten moest eerst het geloof overwinnen dat het gevaarlijk is om woorden te gebruiken, dat woorden, zoals de Soemeriërs zeiden, deel uitmaakten van de adem van de goden die "de aarde deed trillen".

In Antigua wordt praten soms als een vorm van muziek beschouwd. Als mensen bluffen, vloeken en redetwisten, die elk een eigen melodie hebben, zegt men dat ze "lawaai maken" (in de dagen van Shakespeare kon lawaai een ruzie betekenen, of een groep muzikanten, of een aangename klank waarbij elk instrument zich op zijn eigen specifieke wijze uitdrukt). Het is niet nodig om op iemand te wachten die luistert, want praten komt vanuit het binnenste van de spreker. Dus kunnen verschillende mensen gelijktijdig aan het woord zijn. Als iemand anders zich bij de groep aansluit, zal hij beginnen te praten als hij zover is, maar niet noodzakelijkerwijs over hetzelfde onderwerp, en het is niet gezegd dat iemand hem aankijkt. Als er niet naar hem geluisterd wordt, zal hij zich telkens opnieuw herhalen, vaak met dezelfde opmerking, totdat er uiteindelijk naar hem geluisterd wordt of hij het opgeeft. Mensen bluffen omdat ze zich goed voelen. En ze voelen zich beter door hun gevoelens te uiten, zoals je doet met zingen of zoals de bokser Mohammed Ali altijd deed, net als Beowulf en de vikings.

De twintigste eeuw verkondigde de komst van een nieuw communicatie- en informatietijdperk en vond opnameapparatuur uit om het praten onsterfelijk te maken, maar vergat het hoofd te bieden aan het grote probleem dat praten met zich meebrengt, namelijk: hoe vind je iemand die naar je luistert? Voor steeds meer mensen is het niet voldoende om enkel te praten, voornamelijk over zichzelf, zoals vogels zingen vanaf boomtoppen. De trots van de mensheid om beter te kunnen communiceren dan elk ander schepsel wordt gelogenstraft door het feit dat praten meestal onthaald wordt op stilte of onbegrip. Seksuele frustraties zijn niets vergeleken met de frigiditeit van luisteraars. Corinne is absoluut niet de enige die beheerst wordt door de zoektocht naar iemand die zowel luistert als begrijpt.

Ondanks hun tekortkomingen behouden deze vijf methoden van vervoer door het leven hun aantrekkelijke kanten. Er rest een zesde, die veel minder is uitgeprobeerd: creatief zijn, hetgeen zoiets is als reizen per raket. Oorspronkelijk was alleen God een schepper, de Schepper. Pas in de jaren zeventig van de negentiende eeuw kwam het woord 'creatief', toegepast op gewone stervelingen, in het Franse slang terecht; het werd door kunstenaars gebruikt wanneer het publiek in de salons hen niet begreep. Pas toen originaliteit gewaardeerd begon te worden – wat slechts in bepaalde kringen het geval is – werd het mogelijk om zich individuen als creatief voor te stellen. De genieën uit het verleden die vandaag de dag bewondering wekken omdat ze aantoonden dat alle anderen ongelijk hadden, hadden in hun eigen tijd steevast zwaar te lijden. Maar het ideaal van creativiteit verbreidt zich snel.

Een Franse enquête onder adolescenten van beide geslachten over het soort werk dat ze het liefst zouden doen, wees uit dat bijna de helft een baan wilde die hun artistieke, creatieve kant tot ontplooiing bracht; geld, vrije tijd en zekerheid waren niet alles. Volgens een andere enquête, onder Franse vrouwen tussen de 18 en 24 jaar, wilde 32 procent journalist worden, 30 procent kunstenaar, 29 procent advocaat, 26 procent directeur van een bedrijf, 25 procent baas van een reclamebureau, 25 procent arts, 19 procent wetenschappelijk onderzoeker, 18 procent huisvrouw, 13 procent filmactrice, 12 procent topmanager in een bank of andere financiële instelling, 8 procent ingenieur, 7 procent televisiester en 5 procent politicus. Adolescenten van tegenwoordig smachten niet naar een eenzaam leven als martelaar. Ook zeggen ze niet zoals Mozart dat de dood "het ware doel is van ons bestaan ... de sleutel tot ons ware geluk" (4 april 1767).

Een paar jaar geleden echter vatte de Palestijnse uitgever Naim Attalah het plan op een beter begrip te krijgen van Vrouwen met een hoofdletter V. In verschillende landen interviewde hij er driehonderd die succesvol waren. Als gevolg daarvan raakte hij "de opvatting toegedaan dat vrouwen misschien wel interessanter waren dan mannen". Hij had het niet verwacht, maar elke vrouw leek een andere opvatting te hebben. Toch waren ze het op één punt met elkaar eens: ze geloofden niet dat vrouwen creatief waren, of althans ze zeiden dat vrouwen zelden genieën waren, omdat ze hun energie verspilden, te sensueel waren, genoegen namen met de wereld zoals die was, of niet dapper, meedogenloos of onevenwichtig genoeg waren zoals mannen; creativiteit was het mannelijke substituut voor het baren, dat voldoende was om alle creatieve neigingen van vrouwen op te slorpen. Een van de vrouwen die Attalah ondervroeg, een Egyptische die haar opleiding had genoten in Maleisië, Nigeria en Engeland, zei dat vrouwen sociaal gezien – als gastvrouw, moeder en vriendin – creatiever waren dan mannen; dat was in hun ogen echter geen verdienste, omdat ze het niet als een centraal aspect van hun leven beschouwden, maar als een aanvullende eigenschap die hen verrijkte en waar je maar beter niet de nadruk op kon leggen; vrouwen hoorden immers te zwichten voor de druk om zich als een vrouw te gedragen.

Ongetwijfeld zouden de meeste mannen, als ze eerlijk waren, net zo gereserveerd antwoorden als het ging om hun eigen creativiteit: dat die in haar ontwikkeling belemmerd was door de druk zich te conformeren, dat ze de benodigde vastberadenheid misten, en dat ze te veel in beslag genomen werden door hun hobby's, gezin of werk. Te veel mensen (zoals Anne Porot) maken zich zorgen dat ze niet het gewenste niveau kunnen bereiken. Maar het grote probleem met creativiteit blijft dat er geen garantie is dat ze iets oplevert wat iemand zal waarderen of begrijpen, of sterker nog, wat niet een verkapte imitatie is. Daarom is het noodzakelijk om één stapje verder te gaan.

De mens heeft tot dusver zijn vervoersmethode op dezelfde manier bejegend als hij een huwelijkspartner zocht: wachten op de magische klik en je vervolgens settelen, in de hoop dat het een leven lang duurt. Dat was niet vreemd toen het leven kort was, toen, zoals in het oude India, het huwelijksleven gemiddeld zeven jaar duurde, of toen tijdens de voorspoedige belle époque in Frankrijk vijftien jaar samen het hoogste was wat de meerderheid van de echtparen kon verwachten. Maar wanneer een leven bijna een eeuw duurt, wordt het tijd om opnieuw na te denken over de vraag of je je leven lang wel in dezelfde bus wilt reizen, of iemand die uit het leven wil halen wat erin zit alle zes methoden moet uitproberen of dat zelfs dat niet voldoende is. Wanneer je je vervoersmethode eenmaal hebt uitgekozen, moet je immers nog altijd weten waar je naartoe gaat.

Gehoorzaamheid en ethiek
James Hastings, *Encyclopedia of Religion and Ethics*, 13 vols., Scribner, NY, 1908-26; John Carman & Mark Juergensmeyer, *A Bibliographic Guide to the Comparative Study of Ethics*, Cambridge UP, 1991; Britse statistische gegevens over gehoorzaamheid in het Henley Centre, *Leisure*, juli 1992 (cf. *Nouvel Observateur*, 22 feb. 1990, p. 86); Barrington Moore, *Injustice: The Social Bases of Obedience and Revolt*, Macmillan, 1973; Rudolf L. Tokes, *Dissent in the USSR*, Johns Hopkins UP, 1975.

Op zoek naar nieuwe en oude geloofsovertuigingen
Thomas Robbins, *Cults, Converts and Charisma*, Sage, 1988; Joseph H. Fichter, *Autobiographies of Conversion*, Edwin Mellen, 1987; Eileen Barker, *New Religious Movements*, HMSO, 1989; Eryl Davies, *Truth under Attack: Cults and Contemporary Religion*, Evangelical Press, Durham, 1990 (suggereert dat nieuwe culten 96 miljoen mensen hebben bekeerd); Marc Galanter, *Cults and New Religious Movements*, American Psychiatric Association, Washington DC, 1989; Marc Galanter, *Cults, Faith-Healing and Coercion*, Oxford UP, NY, 1989; Stuart A. Wright, *Leaving Cults: The Dynamics of Defection*, Society for the Scientific Study of Religions, Washington DC, 1987 (78 procent van de afvalligen gaat over op een andere religie); Nathan O. Hatch, *The Democratisation of American Christianity 1790-1840*, Yale UP, 1989; Sharon Keely Heyob, *The Cult of Isis among Women in the Graeco-Roman World*, Leiden Brill, 1975; Helen Ralstron, *Christian Ashrams: A New Religious Movement in Contemporary India*, Edwin Mellen, NY, 1987; Frans Bakker, *Da Love-Ananda*, Free Daist Community, 1983; R.I. Moore, *The Birth of Popular Heresy*, Arnold, 1975; Michael Cole, *What is New Age?*, Hodder, 1990; Rupert Sheldrake, *The Presence of the Past*, Collins, 1988; Sorcerer's Apprentice Press, *The Occult Census*, 1989; Wilfried Floeck, *Esthétique de la diversité* Biblio, 1989;

Daniel Offer, *The Teenage World: Adolescents' Self-Image in Ten Countries*, Plenum NY, 1988; William M. Johnston, *The Austrian Mind*, University of California Press, 1972.

24

Hoe mensen zich voor elkaar leren openstellen

"Ik ben bestand tegen harde klappen, ook al heb ik het als kind moeilijk gehad." Voor Francine, een Française van Afrikaanse afkomst, nog geen achttien, is die zekerheid de basis waarop ze haar zelfvertrouwen bouwt, welbewust, alsof ze de fundering van een huis neerzet. Haar methode is rustig en diepgaand over haar ervaringen na te denken, waarbij ze het nooit als vanzelfsprekend beschouwt dat ze door een tegenslag per se voor het leven getekend moet zijn. Haar ouders gingen scheiden. Francine werd in een tehuis geplaatst, maar ze koestert geen wrok. Haar moeder, zegt ze, had problemen. In plaats van rancuneus te zijn vanwege de moeilijke tijden die ze heeft doorgemaakt – en "er is heel wat gebeurd" – verbaast het haar dat ze die overleefd heeft. Het geeft haar het gevoel dat ze het hoofd zal kunnen bieden aan elke vijandigheid die ze in de toekomst nog zou kunnen tegenkomen. Vroeger had ze niet zo'n zelfvertrouwen, maar nu ze alleen is, heeft ze veel over zichzelf nagedacht en is ze tot haar eigen conclusies gekomen.

"Ik heb het allemaal op m'n eigen houtje voor elkaar gekregen." Ze heeft geen vrienden. "Van elke tien mensen die ik ontmoet, is er waarschijnlijk maar één die me een beetje interesseert. Sinds ik de leeftijd bereikt heb waarop ik mijn eigen vrienden kon kiezen, heb ik maar drie mensen gevonden die me interesseren; maar dat zijn geen vrienden." Een van hen zou ze bijna een vriend kunnen noemen, maar dat woord is te sterk, ze zegt liever kameraad. "Niet dat ik moeilijk ben", dringt ze aan. Het is alleen niet voldoende voor haar om iemand aardig te vinden. "Het is normaal dat iemand aardig is als hij of zij niets verkeerds gedaan heeft. Ik ga van de vooronderstelling uit dat iedereen leuk is." Zij zoekt echter mensen die meer zijn dan dat, meer dan alleen maar onderhoudend. "Plezier is maar een deel van mijn programma." Waaruit bestaat haar programma dan? "Ik hou van discussiëren." Haar eerste criterium voor een vriend, als ze er ooit eentje vond, zou zijn dat hij of zij er plezier in heeft om na te denken, er dol op is om over een grote verscheidenheid aan onderwerpen te praten. Vervolgens moet er sprake zijn van "een zekere medeplichtigheid", wat niet inhoudt dat ze op elkaar lijken, noch dat ze totaal tegengesteld zijn, maar iets daartussenin, zodat het "klikt" tussen hen. Ze moeten dezelfde waarden hebben, "omdat het waarden zijn die een individu vormen, en ik denk dat mijn waarden breed genoeg zijn voor iedereen". Bovenal moet de vriend veeleisend zijn, haar dwingen om zichzelf te overtreffen, en dat moet wederzijds zijn. Een vriend die egoïstische motieven heeft, zal ze niet accepteren: de ontmoeting moet "zo maar" plaatshebben. Ze somt deze vereisten vloeiend op, alsof ze er zorgvuldig over heeft nagedacht.

Er is nog geen jongen geweest die toenadering bij haar gezocht heeft — "Ik bekijk jongens van een behoorlijke afstand." Daarvoor heeft ze twee verklaringen. Allereerst haar eigen tekortkomingen: ze is niet hartelijk genoeg, wat volgens haar erfelijk zou kunnen zijn. Alle meisjes op school geven elkaar een zoen als ze elkaar tegenkomen, maar dat kan ze niet: "Daar heb ik helemaal niets mee." Hoogstens biedt ze haar wang aan. Maar dat zou kunnen veranderen: "Het is een gewoonte. Hartelijkheid is iets wat ik niet heb, ik weet waarom, dus kan ik er wat aan doen." Moeilijker is het een ander zwak punt aan te pakken: ze is traag, zowel geestelijk als lichamelijk. Ze eet te langzaam; iedereen is eerder klaar dan zij (maar daarin boekt ze vooruitgang). Wat erger is, ze denkt traag: "Dat staat in mijn schoolrapporten, mensen zeggen me dat, ik moet het wel geloven." Ondanks dat ze dit toegeeft, is volgens haar een andere onvolkomenheid dat ze niet bescheiden genoeg is. "Laatst zei iemand me dat ik pretentieus was." Het is niet makkelijk om zelfvertrouwen op te bouwen als je daar vervolgens om bekritiseerd wordt. "Ik mag mezelf zoals ik ben. Ik ben tamelijk narcistisch." Dat was vroeger niet zo, maar Francine heeft zichzelf in stilte goede cijfers gegeven voor haar overleving en heeft gaandeweg een hogere dunk van zichzelf gekregen, alsof ze iemand anders was. Toch vraagt ze zich af van welke andere gebreken ze zich niet bewust is.

Haar tweede verklaring voor het feit dat ze geen vrienden heeft is dat haar school iemand er bijna van weerhoudt om nieuwe vriendschappen te sluiten. Kinderen die van de ene naar de andere school en van de ene klas naar de andere gaan, hebben de neiging vrienden trouw te blijven die ze al kennen. Volgens haar kent haar klas buitengewoon veel kliekvorming. Veel leerlingen hebben nog nooit met elkaar gesproken. De slimsten helpen de zwakkeren niet. De beschroomden blijven uit de buurt van degenen die de trends volgen. Er wordt weinig echt geconverseerd, behalve als je alleen met iemand anders bent. "We verdragen elkaar zonder elkaar te leren kennen." Zelf zit zij in één schoolbank met hetzelfde meisje dat een jaar geleden in een andere klas ook naast haar zat, gewoon omdat dat zo gelopen was, niet omdat ze zo'n hechte band hadden. Die koppeling snijdt haar af van andere koppels.

Desalniettemin is Francine gekozen tot klassenvertegenwoordiger. De reden is niet dat ze populair is, maar dat ze het hardst protesteerde toen de directeur – over wie ze ironisch spreekt als "de charmante heer" – besloot om tegen de wil van de leerlingen enkele cursussen te schrappen. "Ik viel op zonder dat ik het me realiseerde. Ik ging ermee akkoord, niet omdat ik vertegenwoordiger wilde zijn, maar omdat ik het leuk vond om gekozen te worden." Daar schaamt ze zich enigszins voor. Haar klas vergiste zich niet in haar. Toen een leraar lessen gaf die iedereen onbegrijpelijk vond, was ze dapper genoeg om dat tegen die leraar te zeggen. De kritiek schoot hem in het verkeerde keelgat. Francine kreeg onmiddellijk lagere cijfers ("ik weet welke cijfers ik verdien"), en de leraar bleef haar steeds maar vragen of ze het begreep, "alsof ik dommer ben dan de anderen; hij negeerde het feit dat ik namens de hele klas gesproken had". Maar haar klasgenoten hebben haar nooit gezegd dat ze haar inspanningen waarderen. Ze zeggen erg weinig tegen haar. "Misschien dat sommigen niet tevreden zijn omdat ze van mij verwachten dat ik dingen voor hen doe die ze zelf kunnen doen. Ik zet ze op hun plaats." Maar volgens haar vinden de leraren die ze in de klassenraad ontmoet haar een goede afgevaardigde, "omdat ik die leerlingen verdedig die het verdienen om verdedigd te worden". Haar conclusie is: "Er zijn dingen waarvan ik weet dat ik er goed in ben."

Wie neemt ze als voorbeeld voor hoe ze zich gedraagt? Ze heeft geen voorbeelden. Geen enkel personage uit de literatuur trekt haar voldoende aan: Madame Bovary, zegt ze, terwijl ze de romanfiguren die ze kent doorneemt, is geen voorbeeld. En Colomba van Mérimée heeft goede eigenschappen, maar is ook geen voorbeeld. Ook politici zijn voor haar geen helden. Maar er is toch zeker wel iemand die ze bewondert? Ja, als ze per se iemand moet noemen, Jack Lang vindt ze goed. "Hij lijkt serieus te zijn, oprecht, een sterk karakter te hebben, geïnteresseerd te zijn in wat iedereen te zeggen heeft, en bovendien is hij links." Heeft hij tekortkomingen? Niet dat ze kan zien. Zijn er politici die ze niet bewondert? Alle anderen. Die zijn zwak en doen niets anders dan verklaringen afleggen. Lang daarentegen is dynamisch. Hij lijkt te willen vechten voor zaken die de moeite waard zijn, mooie daden te willen verrichten. Zijn verdienste is dat hij niet op-en-top een politicus is.

Jack Lang keurt altijd elk soort discriminatie af. Maar Francine heeft haar eigen antwoord op racisme ontwikkeld, opnieuw door in afzondering na te denken. "Ik heb zo mijn ideeën over het onderwerp." Le Pen maakt haar boos, maar ze is van mening dat degenen die hem steunen niet zozeer racistisch als wel dom zijn. Ze denken niet genoeg na. Als ze geen werk kunnen vinden, dan nemen ze aan dat dat komt doordat er te veel immigranten zijn. Of het zijn mensen die vanwege een onaangename ervaring in de metro verkeerde conclusies trekken. Of het zijn rijke mensen die zich alleen maar bezighouden met hun eigen materiële welstand. Kwamen ze maar goede mensen tegen, dan zouden ze hen waarderen. Francine beschouwt racisme als onderdeel van het dagelijks leven. Je moet het aankunnen. Als kind heeft ze een paar keer gevochten, voornamelijk met jongens, omdat jongens racistischer zijn dan meisjes. Maar ze heeft het gevoel dat ze het aankan.

Ofschoon ze zo veel heeft nagedacht, beantwoordt Francine vaak vragen met: "Dat heb ik mezelf nooit afgevraagd." Los van een vaag verlangen naar een eenvoudiger manier van leven, naar meer contact met de natuur (niettemin houdt ze van steden) en naar een langzamer tempo – ze is bereid afstand te doen van wasmachines en haar eigen kleren te maken – trekt de Derde Wereld haar aan, maar "zonder zijn problemen". Ze heeft geen recept om die problemen uit te bannen. Ze wil psychotherapeut worden, niet om zichzelf beter te leren kennen – ze heeft het gevoel dat ze zichzelf goed genoeg kent – en ook niet om haar moeder te begrijpen – hetzelfde geldt voor haar – maar gewoon omdat het leuk is om te studeren en later om anderen te helpen. Toch is haar doel uiterst specifiek. Ze wil gelukkig zijn. Maar niet op de manier waarop andere mensen gelukkig zijn. Wat die geluk noemen, noemt zij alleen maar welbevinden. De ervaring die haar interesseert komt dichter bij extase, "een hoogtepunt dat zich van tijd tot tijd voordoet, dat kort duurt en dat je niet kunt opwekken". Maar het is mogelijk om het "uit te lokken", en ze hoopt dat te bereiken door een gezin te hebben.

Voor haar betekent een gezin een man en kinderen en een leuk huis, en dat iedereen zich kan ontplooien. Maar zijn er niet veel gezinnen, inclusief dat van haarzelf, die ongelukkig zijn? Ja, maar opnieuw gelooft ze dat intelligentie dat probleem kan oplossen. "Er moeten gezinnen bestaan, hoewel ik er nog nooit eentje ben tegengekomen, waar kinderen over hun problemen praten. Ouders moeten iets kunnen doen aan de problemen van hun kinderen." In haar eigen huis werd nooit gediscussieerd, haar moeder had altijd gelijk. En met haar kameraad heeft ze nooit over gezinnen gepraat; die is niet geïnteresseerd in dat onderwerp, alleen in maatschappelijk succes. Maar Francine benadrukt dat ze niet al haar hoop op een gezin vestigt. Ze zegt dat mensen zich niet realiseren dat ze gelukkig willen zijn. Dat is wat zij wil. Het gezin is alleen maar een middel daartoe. Als het niet werkt, zal ze haar geluk via een andere weg zoeken.

Ook op een mislukking is ze voorbereid. Een van de vakken die ze op school het leukst vond, was filosofie. Het liet haar nadenken over dingen waar ze vroeger nooit over nagedacht had. De belangrijkste les die ze daaruit getrokken heeft, is dat je niet bang hoeft te zijn voor de dood. Als ze ooit het hoofd zou moeten bieden aan een sterfgeval binnen haar familie, dan zou ze in staat zijn om zich dat niet al te erg aan te trekken. Dat is de maatstaf voor Francines gang naar onafhankelijkheid. Ze kan zich voorstellen dat ze nog meer totaal alleen is op de wereld.

Als het zo is dat je het leven pas aankunt door er dieper over na te denken, moet je dan een genie zijn om dat goed te doen? Vanaf jonge leeftijd had Olga goede redenen om te geloven dat ze wel eens een genie zou kunnen zijn. Tegen de tijd dat ze twaalf was, reisde ze als schaakwonder de Sovjet-Unie rond. Het leek erop dat ze een toekomstig grootmeester zou kunnen worden. Maar toen ze andere wonderkinderen ontmoette, vond ze dat die slimmer waren dan zij en besloot ze dat ze de absolute top nooit zou halen. Dat is het ontmoedigingsproces waar honderden miljoenen kinderen doorheen zijn gegaan, of ze nu genieën waren of niet. Maar zelfs echte, erkende genieën zijn gefrustreerd omdat ze niet slim genoeg zijn. Hoe slimmer je immers bent, hoe meer doelen net buiten je bereik liggen.

Ze besloot ook dat schaakkampioen zijn geen "echte baan" was en ging in plaats daarvan wiskunde studeren. Daarin werd ze een bijna-genie, en ze kreeg uiteindelijk een van de beste banen in het land, namelijk aan de Academie van Wetenschappen. Nu, zegt ze, "is mijn werk het belangrijkste in mijn leven. Het komt vóór mijn gezin en

Het leven van een genie 431

mijn kinderen." Dat zegt ze openlijk in hun bijzijn, terwijl ze toegeeft dat haar houding "niet bewonderenswaardig is". Voor haar is het bestaan als wiskundige vergelijkbaar met dat van een kunstenaar, en geen routinebaan. Er wordt van haar verlangd dat ze "ingevingen heeft", zoals visioenen, die vervolgens bewezen moeten worden. Met enkel technische vaardigheid ben je nog geen goede wiskundige. De beloning bestaat uit denkplezier. "Ik ben erdoor gedrogeerd. Het is de beste manier om al het andere uit je hoofd te zetten." Genieën vinden het niet makkelijk om te bepalen wat de moeite waard is om over na te denken en wat niet. Ze hebben de reputatie volledig in beslag genomen te zijn door hun specialisme, maar creatief denken is feitelijk juist het tegenovergestelde, een zwerftocht door onbekend gebied, een zoektocht naar verbanden waar die niet lijken te bestaan. Wat genieën karakteriseert, is de overtuiging dat ze op een dag op het juiste spoor zullen zitten en uit de doolhof tevoorschijn zullen komen. Ze zijn niet bang om te verdwalen.

Vóór de glasnost was het belangrijkste in Olga's leven het bevechten van het regime, als hoofdredacteur van een ondergrondse krant. Al haar vrienden waren gearresteerd. Er was niemand anders om de publicatie ervan voort te zetten. "Ik moest het doen." Politiek interesseerde haar niet, en ze was sceptisch over wat dissidenten konden bereiken. Maar ze kon het niet verdragen dat de krant zou verdwijnen, dat alles wat goed was zou verdwijnen. Daarbij hebben mensen recht op zoveel mogelijk informatie: "Ik ben gek op informatie." Ze wist dat ze uiteindelijk ook in de gevangenis zou belanden, maar was niet bang. Ze wachtte bijna fatalistisch op het moment dat dat zou gebeuren, eenvoudigweg denkend: "De gevangenis zal een onderdeel van mijn carrière zijn." Wat zou haar dan bang kunnen maken? "Ik ben helemaal nergens bang voor."

Toen de KGB haar eenmaal als dissident had aangemerkt, "had ik meer vrijheid dan de man in de straat, die doodsbang is voor elk contact daarmee". Degenen op wie de KGB jacht maakt, raken vertrouwd met zijn gebruiken: ze leerde het onderscheid te maken tussen wat veilig was en wat niet; de vijand is slechts angstaanjagend als je niets van hem weet. Net toen ze bijna gearresteerd zou worden, raakte ze zwanger, doelbewust, om zichzelf te redden; ze wist dat de KGB, ondanks al zijn wreedheid, geen zwangere vrouwen gevangen zette. Natuurlijk voelde ze zoms fysieke angst, zoals op momenten dat ze haar vrienden gearresteerd zag worden. Maar dat zou haar niet doen aarzelen om, als zij opnieuw gearresteerd werden, nogmaals een dissident te worden. "Maar nu is het leven beter. Ik kan naar het buitenland reizen en geld verdienen." Dit onderscheid tussen lichamelijke en geestelijke angst was eeuwenlang een van de fundamenten van heldhaftigheid.

Op andere momenten was het belangrijkste in Olga's leven "smoorverliefd" zijn. Dat was altijd een probleem, omdat ze er tot haar 25ste zeker van was zichzelf volledig onder controle te hebben. Door "zelfontwikkeling", vanaf haar zeventiende, had ze geprobeerd "mezelf op ieder moment in de hand te hebben". Ze was verlegen en had zich voorgenomen om zich van een introvert tot een extravert iemand te transformeren. Toen ze haar eerste man ontmoette, werd haar overtuiging greep op zichzelf te hebben niet aan het wankelen gebracht, omdat ze hem "rationeel" uitkoos: "Ik denk dat ik het hem heb aangepraat om met me te trouwen." Door dat huwelijk kon ze in Moskou blijven. "Natuurlijk maakte ik mezelf wijs dat ik verliefd was." Maar op haar 25ste had ze een zenuwinzinking. Niet omdat ze te diep nadacht over wiskunde, en ook niet als gevolg van haar scheiding, maar omdat ze niet tussen twee mannen kon kiezen. Die kwelling overtuigde haar ervan dat ze "niet helemaal rationeel" was. De volgende keer dat ze verliefd werd, op haar huidige man, ging het om "echte, geen gekozen, passie, lichamelijk, liefde op het eerste gezicht". Daarop terugkijkend meent ze dat hij representatief is voor haar poging om dat wat het mens-zijn met zich meebrengt dichter te benaderen. "Het is niet voldoende om onafhankelijk te zijn en ook niet om een gelukkig huwelijk te hebben. Ik heb andere mensen om me heen nodig." Trouwen, of je nu verliefd bent of niet, is een nuttige ervaring. Scheiden is niet erg. "Beide helpen je van je complexen af."

Ook vrienden zijn erg belangrijk voor haar. Opnieuw zijn haar keuzes niet helemaal rationeel: ze mag hen als mensen, meer dan om hun kwaliteiten. Maar wat zou iemand ongeschikt maken om haar vriend te zijn? Als hij een verrader was. Haar eigen vader was de eerste die om die reden haar liefde verloor. Hij had haar met de paplepel ingegoten dat bepaalde vrijheden nooit opgeofferd konden worden, dat het bijvoorbeeld schandelijk was om lid te zijn van de Communistische Partij. Maar vervolgens sloot hij zich bij die partij aan: als biochemicus die experimenteel onderzoek deed en een passie had voor zijn werk, bestond er geen andere manier om aan de benodigde apparatuur te komen. Ze vond dat hij zichzelf verraden had en is nooit meer vriendschappelijk met hem omgegaan. Dat gebeurde toen ze achttien was. Was ze niet te streng tegen hem? "Ja, ik ben streng."

Onafhankelijkheid is niet alles, maar ze hecht er wel waarde aan en beweert dat ze onafhankelijk is en eveneens zelfdiscipline heeft.

"Ik kan bepalen waar ik niet over wil nadenken en het uit mijn hoofd zetten. Ik hou ervan om één ding tegelijk te doen." Ze kan "onaangename gedachten" van zich afschudden door wiskunde te doen of een roman te lezen. Die vaardigheid heeft ze gekregen toen ze in een tehuis woonde: met vijf anderen dezelfde slaapkamer moeten delen heeft haar geleerd zich voor hun gesprekken af te sluiten. Samen met één iemand op een kamer te zitten was veel moeilijker: de enige uitweg was je te leren concentreren. Nu is het zo dat "als mijn gezin tegen me praat, ik niet hoor wat ze zeggen". Het is haar droom om een eigen kamer te hebben. Hoewel ze wiskundige problemen in haar slaap probeert op te lossen, houden die haar namelijk vaak wakker, en ze houdt ervan om 's nachts al denkend rond te lopen. Individualisme gedijt altijd het best op plaatsen waar mensen zich een eigen kamer kunnen permitteren met de daarbijbehorende complexen.

In elk geval is de traditionele rolverdeling binnen het huishouden niets voor Olga. Haar man is haar vrouw. Terwijl zij werkt, zorgt hij voor de kinderen. "Niet alleen op dit punt zijn onze rollen omgedraaid, maar ook dat ik wetenschapper ben en hij kunsthistoricus." Terwijl hij zich schuilhoudt achter zijn baard, praat hij op gedempte toon, beweegt hij zich rustig en glimlacht hij vriendelijk. Als kind was hij altijd ziek, lichamelijk zwak, niet in staat terug te vechten, en school was voor hem een marteling. Het eerste waar hij in zijn leven van overtuigd was, was dat "niemand me aardig vond". Hoewel hij uitstekende cijfers haalde, ging hij zo snel hij kon van school af. Hij werd een anoniem hulpje in een bibliotheek, waar hij boeken op de planken zette. Hij begon om acht uur 's morgens, en om half elf was hij klaar met alles wat hij moest doen. Dan was hij vrij om te lezen, veilig bij zijn fantasie. Op zijn negentiende trouwde hij om zijn ouders te ontvluchten, die hem altijd de les lazen over wat hij behoorde te doen; ze woonden met z'n allen in één enkele kamer. "Ik dacht dat ik verliefd was, maar het belangrijkste was dat ik trouwde."

Zodra hij zijn baan had, was hij begonnen met drinken. En toen hij op zijn 21ste scheidde, wijdde hij zich geheel aan de drank. "Ik was niet gelukkig met wat ik over mezelf wist." Bovendien kwam hij door een aanval van gastritis in het ziekenhuis terecht, waar artsen hem verzekerden dat hij binnen vijftien jaar kanker zou hebben. Dat geloofde hij, en hij wachtte erop. Het wachten op de dood domineerde alles. Aanvankelijk dacht hij dat hij met drinken zou kunnen stoppen als hij dat wilde. Vervolgens realiseerde hij zich dat hij verslaafd was en dat hij niet wilde stoppen, omdat hij dacht dat zijn leven voorbij was. Op zijn dertigste besloot hij dat drinken de beste manier was om zelfmoord te plegen.

De grote troost van drinken was dat het in gezelschap gedaan kon worden. Eenzaamheid achtervolgde hem. Vanaf zijn vijfde was hij bang geweest om alleen te zijn, en niets had dat kille gevoel ooit veranderd. Hij kan het niet uitleggen: "Het is irrationeel." Maar eenzaamheid heeft een zeker nut: ze zorgt ervoor dat mensen bij elkaar komen. "Ik hou ervan om samen te zijn." Toen hij met Olga trouwde, was hij alcoholist. Haar liefde bracht hem van de fles af. "Ze overreedde me niet", zegt hij. Nu staat hij droog, maar hij bekent het aarzelend; het gevaar bestaat altijd dat hij er weer in terugvalt, vooral als hij alleen gelaten wordt. Om hem niet in verleiding te brengen, drinkt Olga niet meer voor de gezelligheid. Maar toen de sovjetregering wodka rantsoeneerde en iedereen het recht gaf op een bepaalde hoeveelheid, konden ze het niet nalaten hun portie te nemen; die werd in de keuken opgeslagen als een arsenaal bommen.

Een andere bescherming tegen eenzaamheid is zijn kunstverzameling. "Het maakt niet uit wat je verzamelt", dringt hij aan. Hij heeft een bijzondere belangstelling voor ansichtkaarten. Die zijn een speciale vorm van Russische kunst, aangezien vele grote kunstenaars specifiek voor ansichtkaarten werk produceerden. Hij is een groot deskundige geworden en heeft een boek geschreven. Maar, zegt hij, het is alleen maar "een manier van bestaan", deels "een vlucht uit de werkelijkheid", en vooral een kans om samen te zijn met mensen die zijn interesses delen.

Hij verdient zijn brood met het kopen en verkopen van deze kunstwerken, wat moedig was om te doen. In de communistische tijd was het een misdaad als je je vaste baan opgaf; het maakte hem officieel tot "parasiet". Maar hij houdt niet van vast werk. Het bevalt hun beiden dat hij voor het huishouden zorgt. Hij heeft zijn eigen soort moed uitgevonden.

Met de komst van de perestrojka schraapte ook Olga al haar moed bij elkaar en gaf haar bevoorrechte baan in overheidsdienst op. Samen met een stuk of tien anderen begon ze een particulier bedrijf dat statistische gegevens en opiniepeilingen verkoopt. Haar salaris is verdubbeld. Maar bovenal is ze nu vrijer dan ooit om over theoretische wiskundige problemen na te denken en haar ideeën toe te passen op medische en politieke computersoftware. Ze begon er echter direct over te denken om naar het buitenland te gaan. "Ik ben een kosmopoliet, een wereldburger. Dat ben ik al vanaf mijn kinderjaren. Patriottisme is voor gekken." Een van haar gedichten, over het Moederland, zegt: "Mijn land is geen moeder, maar de eerste vlam van mijn leven, die dat voor altijd wil blijven, een jaloerse vlam." Ze is te veel "een avonturier" om genoegen te nemen met haar geboorteland. Haar interesse gaat altijd uit naar "wat ik nooit eerder ervaren heb". Ze houdt van het onbekende, of om preciezer te zijn, het bijna-onbekende, visioenen waar ze maar gedeeltelijk een glimp van heeft opgevangen.

Vroeger was Olga dichter, totdat ze zich helemaal aan de wiskunde ging wijden, hetgeen in haar ogen verzen in getallen is. Literatuur blijft een van de belangrijkste dingen in haar leven. Proust mag dan dood zijn, overal heeft hij vrienden, elk jaar meer. Zij behoort tot degenen die in de ban van hem zijn geraakt. Parijs is heilig voor haar. Het was immers het centrum van de wereld voor zoveel grote Russische schrijvers, die, ongeacht wie er in het Kremlin zit, de ware leiders van Rusland blijven, de bewakers van zijn fantasie. Maar ze heeft Proust alleen in vertaling gelezen. Haar Frans is enorm achteropgeraakt bij haar vloeiende Engels. Taal beperkt haar. Dus hoewel ze een kosmopoliet is, heeft ze tot nu toe geen plek in haar hart gevonden voor de beschavingen van het Oosten.

Dat openbaart ten slotte het enige waar ze bang voor is, namelijk het verstrijken van de tijd. Er is geen tijd om te doen wat je moet doen. Het is niet het ouder worden waardoor ze zich zorgen maakt; haar angst voor de tijd dateert immers al vanaf haar 25ste, toen de complexiteit van het leven haar voor het eerst overweldigde. Het is duidelijk dat het genie van vandaag de tijd dubbel of in drieën moet vouwen om hem langer te laten duren.

Ondertussen probeert Olga er mooi uit te zien en zich goed te kleden. Ze houdt ook van kleren omdat "het leuk is bewonderd te worden". Maar ze hoeft niet door veel mensen bewonderd te worden. Ook in haar werk is het voldoende als een of twee mensen haar wetenschappelijke artikelen begrijpen. Een idee leeft, ook al wordt het genegeerd. "Als je je werk gedaan hebt, dan is het voldoende dat je het gedaan hebt."

Slimme mensen beperken zich niet tot één enkel doel, maar hebben veel meer op het oog. Zij vat haar doel in het leven samen als "fatsoenlijk leven, een reden voor zelfrespect hebben. Succes behalen zonder hypocriet te zijn. Er zijn bepaalde dingen die ik nooit zal doen. Ik zal bijvoorbeeld nooit iemands hielen likken." Het kenmerk van genieën is dat ze geen compromis sluiten. Ze moeten vinden dat de andere mensen ongelijk hebben, ze moeten in zichzelf geloven. Olga zegt: "Ik voel me de gelijke van iedereen in de wetenschappelijke wereld, zelfs van leden van de Academie."

Desalniettemin gelooft ze niet dat ze veel invloed op de wereld kan uitoefenen, omdat ze uiterst weinig invloed had op haar tienerzoon. Hij is een fan van de zwaarmoedigste sovjetrock, een liefhebber van de groep Cinema, waarvan hij een lied citeert waar hij helemaal achterstaat: "Als je een pakje sigaretten in je zak hebt, wil dat zeggen dat het vandaag nog zo slecht niet is, en als je een ticket voor een vliegtuig hebt dat zijn schaduw op aarde achterlaat: we wisten dat het altijd al zo was, dat het lot het meest houdt van degenen die volgens andermans wetten leven en van hen die jong sterven." Hij bromt een ander lied: "Geld, geld, geld, de rest is niet belangrijk." Het is zijn ambitie, zegt hij, om modieuze sportschoenen en een leren jack te kopen. Hij is jaloers op de Georgische zakenlieden die het zich kunnen veroorloven om zulke luxeartikelen te dragen dank zij hun winsten uit de verkoop van fruit en groente en die het zich kunnen veroorloven om te roken en bij McDonald's te eten. Zijn hobby is karate; daardoor voelt hij zich sterk, "lichamelijk en moreel in staat om van andere mensen te winnen". Maar op school wint hij van niemand; hij haalt voortdurend slechte cijfers. Hij verdedigt zichzelf door te zeggen dat dat komt doordat hij er geen aandacht aan besteedt, omdat wat hem geleerd wordt niet interessant is – behalve geschiedenis en informatietechnologie (maar volgens zijn moeder haalt hij ook daar geen goede cijfers voor). Wat zou hij doen als hij naar Amerika kon gaan? "Auto's wassen", antwoordt hij.

Deze jongen heeft net zijn eerste vriendinnetje gevonden, met wie hij niets gemeen heeft. "We hebben niet dezelfde houding tegenover het leven; ik ben een optimist", zegt ze. Daarmee bedoelt ze dat ze sinds kort naar de kerk gaat, na op haar tiende te zijn gedoopt en via haar grootmoeder met religie in aanraking te zijn gekomen. Voor haar is de wereld verdeeld in de oprechten en de onoprechten – al degenen die naar de kerk gaan zijn oprecht, en ze is ervan overtuigd dat zij uiteindelijk in de meerderheid zullen zijn. De jongen zegt dat hij soms met haar meegaat naar de kerk, "om mijn morele instelling te zuiveren", alsof zijn ziel een auto is die zo nu en dan gewassen moet worden. Zij is altijd bang om op school slechte cijfers te halen. Hij zegt dat hij niet bang is, omdat hij zeker weet slechte cijfers te zullen halen. Haar ouders, klaagt ze, begrijpen haar niet, omdat "iedereen anders is". Maar ze hoopt dat ze met de jaren nieuwe talenten krijgt, en "misschien zal ik alles vanuit hun perspectief bekijken". Ondanks zijn welgeoefende onverstoorbaarheid, maakt hij zich zorgen dat haar antwoorden misschien beter worden gevonden dan die van hem. Hij brengt haar naar huis, en dan gaat de telefoon: hij was in een vechtpartij verzeild geraakt en is gewond. "Misschien heb ik hem als moeder niet voldoende aandacht gegeven", zegt Olga.

Met hoeveel mensen denk je veel, weinig of helemaal niets gemeen te hebben? Francine is een enorm indrukwekkend iemand, maar ze heeft zo'n scherp verstand dat ze op de hele wereld amper iemand kan ontdekken met wie ze het eens is. Dat komt doordat ze haar gedachten meer laat uitgaan naar de verschillen tussen mensen dan naar hun overeenkomsten: ze zit gevangen in haar eigen uniciteit. Olga kan de meest ingenieuze verbanden leggen tussen wiskundige tekens, maar nauwelijks tussen de denkprocessen van de leden van haar eigen gezin; die blijven voor haar een raadsel, alsof ze allemaal een andere planeet bewonen. Individuen kunnen zichzelf nauwelijks volledig vrij noemen als ontmoetingen met anderen zo moeilijk zijn en als ze zich nog minder verbonden voelen met hun naasten omdat die behoren tot religies, landen, klassen en geslachten, die door de eeuwen heen stuk voor stuk fases hebben doorgemaakt van onbegrip tegenover degenen die anders zijn.

Vinden mensen het makkelijker of minder makkelijk dan vroeger om met vreemden te praten? Het antwoord kan gevonden worden in de geschiedenis van de gastvrijheid. In de rijke landen betekent gastvrijheid tegenwoordig bovenal vrienden of kennissen bij je thuis ontvangen. Maar ooit was er een tijd dat het betekende dat je je huis openstelde voor volkomen vreemden, iedereen die langs wilde komen te eten gaf, hen liet overnachten, sterker nog, hen smeekte om te blijven, hoewel je niets van hen wist. Dit soort oprechte gastvrijheid is in vrijwel elke beschaving die bestaan heeft bewonderd en in praktijk gebracht, alsof ze tegemoetkomt aan een fundamentele menselijke behoefte.

Toen een Europese missionaris in 1568 plotseling in Nagasaki aankwam, kreeg hij een boeddhistische tempel om in te slapen en drie avonden achter elkaar een banket. De gastvrijheid ging door totdat hij de rol van vreemdeling opgaf en zich met de lokale politiek begon te bemoeien. Het Litouwse woord voor gast is 'clanlid' (*svetjas*), omdat een gast lid werd van de clan van zijn gastheer wanneer hij in diens huis at en sliep. In Albanië was een gastheer die een vreemdeling gastvrijheid bood, verplicht om zich op iedereen te wreken die hem schade berokkende voordat hij zijn volgende bestemming had bereikt. In het zevende-eeuwse Ierland verstond koning Guaire van Connaught – van wie gezegd werd dat "hij zo voortdurend geschenken uitdeelde, dat zijn rechterhand langer werd dan zijn linker" – onder gastvrijheid het volgende: toen hij bezoek kreeg van een menigte van honderdvijftig dichters "en evenveel leerlingen, evenveel bedienden en evenveel vrouwen", voelde hij zich verplicht om speciaal voor hen een gebouw neer te zetten en hun alles te geven waar ze om vroegen, ook al stelden ze zijn ruimhartigheid op de proef door op de meest ongehoorde wijze te vragen om de meest vreemde spijzen. Dat hij het een jaar en een dag met hen uithield alvorens te laten doorschemeren dat ze maar eens moesten vertrekken, bleef in de herinnering voortleven als een teken van zijn rechtschapenheid.

China's Grote Plan uit het derde millennium voor Christus noemt "het gastvrij onthalen van gasten" als een van de acht doelen van regeren. Oude Indiase teksten verlangden dat iedereen elke dag vijf offerplechtigheden uitvoerde: de verering van de Wereldgeest, van voorouders, van goden, van alles wat leefde, en ten slotte "de verering van mensen door hen gastvrijheid te verlenen". Zwakke, heel zwakke echo's van zulke tradities leven voort in de kreet: "Hallo, vreemdeling."

Het verval van gastvrijheid werd voor het eerst opgemerkt in het zestiende-eeuwse Engeland, toen bisschoppen ervan beschuldigd werden haar te beperken tot vrienden en verwanten. Zodra de rijken aalmoezeniers aanstelden om hun liefdadigheidswerk voor hen te doen, verloren ze het directe contact met hun bezoekers. Zodra armoede op een onpersoonlijke manier door functionarissen werd aangepakt, veranderde gastvrijheid definitief van karakter. In de achttiende eeuw schreef Smollett dat de Engelse gastvrijheid een schijnvertoning was. De Franse *Encyclopédie* verklaarde het verval door te zeggen dat nu te veel mensen op reis gingen en te veel mensen in commerciële termen dachten. Spontane gastvrijheid werd vervangen door de gastvrijheidsindustrie en bleef slechts voortleven in afgelegen en arme streken: in het twintigste-eeuwse Andalusië werden volkomen vreemden nog steeds uitgenodigd om mee te eten, zelfs in een restaurant; het Griekse platteland en Arabische bedoeïenen bleven de reiziger verbazen. Er waren echter maar weinig plaatsen over waar alle bezoekers het recht hadden om fruit uit boomgaarden te plukken, zoals ze dat ooit in het koloniale Virginia konden doen, waar het een eer was om te geven en een genot om een nieuw gezicht te zien. De marskramer die ongebruikelijke waren verkocht, de zwerver die verbazingwekkende verhalen vertelde en de vreemdeling die interessant nieuws bracht waren niet langer nodig in het tijdperk van televisie en supermarkten.

Wanneer deze oude, eenvoudige gastvrijheid vervangen wordt door een diepgaandere gastvrijheid die de richting van de menselijke ambitie wijzigt, breekt er een nieuwe fase in de geschiedenis aan. Dat gebeurt wanneer mensen zich openstellen voor ongewone ideeën, voor opvattingen die ze nooit eerder gehoord hebben, voor tradities die hun volkomen vreemd lijken, en wanneer ze door ontmoetingen met het onbekende zichzelf anders gaan bekijken. Wanneer reizen naar het buitenland een noodzaak wordt en niet langer een uitzondering is, wanneer televisiejournaals meer gaan over verre streken dan over je eigen stad, wanneer je emoties worden gewekt door de tegenslagen van volkomen vreemden, wordt dat wat elders gebeurt een cruciaal element in hoe je je leven vormgeeft. Het is niet langer mogelijk te bepalen wat je moet doen, als je niet op de hoogte bent van ieders ervaringen. Dit is een diepgaandere gastvrijheid, omdat het niet alleen maar beleefdheid is, maar inhoudt dat je je tijdelijk openstelt voor nieuwe ideeën en emoties. Daartoe moet je wel een andere manier van denken aankweken dan je gewend bent.

Hoewel men ontdekt heeft dat het brein tien miljard cellen bezit die elk vijfduizend verbindingen kunnen maken, komen veel verbindingen nooit tot stand, en berichten, gevoelens, beelden en gedachten dringen niet door, maar botsen domweg tegen elkaar aan zonder dat dat iets oplevert. Ik ging naar Rusland om te zien wat mensen met hun hersenen konden doen toen ze plotseling vrij waren om te denken en te zeggen wat ze wilden. Ik zag hoe politieke vrijheid altijd niet meer dan een eerste stap is: het brein moet zijn best doen om zich aan zijn gewoonten te ontworstelen; politieke vrijheid brengt die bevrijding niet automatisch. Cognitieve wetenschappers hebben aangetoond dat het brein in de verbindingen die het maakt, in de categorieën die het gebruikt, in wat het als relevant beschouwt en wat het negeert, de neiging heeft om, als het aan zijn lot wordt overgelaten, reeds lang gevestigde patronen te volgen. Daardoor zit de geschiedenis zo vol kansen die onopgemerkt voorbij zijn gegaan, daardoor zijn zoveel gedachten en gevoelens vruchteloos gebleven, als zaadcellen en eitjes die elkaar nooit tegenkomen. Niet iedereen ziet in een stuk drijfhout meteen een mogelijke brug naar een kust die onbereikbaar lijkt. De meeste mensen die een nieuw leven probeerden te beginnen, kwamen tot de ontdekking dat ze wederom hetzelfde leven leidden. Dus meer nieuwe informatie in het brein stoppen heeft de verkeersopstoppingen daar alleen maar verergerd. Mensen horen niet veel van wat er tegen hen gezegd wordt, kunnen niet openstaan wanneer ze niet zien wat overduidelijk waar te nemen valt. Pas wanneer ze welbewust hun manier van denken veranderen, de manier waarop ze dingen percipiëren, zich dingen herinneren en hun verbeelding laten werken, kunnen ze ophouden bang te zijn voor ongewone ideeën alsof het monsters zijn.

Het meeste denken gaat altijd vanzelf, onbewust, maar er zijn onderdelen van het proces die gestuurd kunnen worden. Hoewel de percepties die het denken voeden normaal gesproken gerangschikt zijn in traditionele categorieën – zodat vreemdelingen automatisch het etiket gevaarlijk, belachelijk of bizar opgeplakt krijgen — is dat niet altijd het geval. Kunstenaars haalden uit de miljoenen stukjes informatie die ze van de wereld ontvingen wat anderen niet zagen, zoals de vorm van de lege ruimte. Parfumcomponisten ontdekten dertig ingrediënten in één enkele geur. Wat mijn moeder, die tandarts was, onmiddellijk aan mensen opviel, was hun tandbederf en de kwaliteit van de behandelingen die ze hadden ondergaan. Percepties werden veranderd door er andere vragen aan te stellen, door ze een ander doel te laten nastreven of door ze ervan te weerhouden stereotypen te bekrachtigen, wat ze plegen te doen omdat dat hun de minste inspanning kost. Informatie kwam nooit in hapklare brokken, laat staan dat alle implicaties ervan ontcijferd waren of dat duidelijk was aangegeven wat ze allemaal bevatte. De vrachtwagens vol feiten die door ons brein rijden, zijn dus zelden op de juiste manier uitgeladen. Pas wanneer ze hun vracht in kleine pakketten verdelen, kunnen ze die afleveren op een bestemming waar aandacht voor hen is. Dit is de eerste reden dat het brein zoveel verkeersopstoppingen kent: de snelwegen zitten verstopt door konvooien van allerlei containerwagens die hun goederen allemaal op dezelfde paar plekken willen afzetten. Dingen in hun juiste omvang percipiëren, heel gedetailleerd of als een wijds panorama, is een kunst, de basis van elke kunst en elke prestatie. Dit boek heeft geprobeerd te laten zien hoeveel verschil het kan uitmaken voor je dagelijks leven als je de focus van je percepties kunt veranderen. Als je open wilt staan voor de nuances van het leven, heeft het geen zin om het brein als een automatische camera te beschouwen. Alleen door je foto samen te stellen en met licht en schaduw te spelen kun je hopen iets interessants te zien.

Hoe percepties worden geïnterpreteerd, hangt af van de vooronderstellingen waarmee ze worden omringd. De belangrijkste daarvan komen uit het geheugen, de tweede grote bron van opstoppingen in het brein. Het geheugen is van oudsher lui. Het onthoudt liever dezelfde dingen. Sommige herinneringen hebben als tirannen een suprematie gevestigd, waarbij de meeste informatie gebruikt wordt om hen te bekrachtigen, oude opvattingen te bevestigen, in plaats van grondig geanalyseerd te worden om nieuwe feiten te onthullen, die niet makkelijk herkenbaar zijn. Maar er waren mensen die erin slaagden om van hun geheugen een bron van energie te maken in plaats van erdoor beheerst of beperkt te worden. Dat deden ze door uit oude herinneringen nieuwe implicaties te halen, terwijl ze hen prikkelden met nieuwe vragen, of door hun herinneringen uit te breiden, waarbij ze de ervaringen van anderen in hun eigen ervaring incorporeerden. Veel Russen die ik ontmoette, konden niet ophouden om over de herinneringen aan hun eigen land te praten, die traumatisch waren. Ook al waren ze gefascineerd door alles daarbuiten, ze hadden moeite om door de ogen van een buitenstaander naar hun eigen herinneringen te kijken. Het brein moet daarvoor getraind worden. Dit hele boek door heb ik geprobeerd te laten zien hoe het geheugen verkeerd gebruikt, te weinig gebruikt en te veel gebruikt is en hoe veel herinneringen die aan anderen toebehoren maar geleend kunnen worden, veronachtzaamd zijn. Mensen die in de vooruitgang geloven, gingen er doorgaans van uit dat de traditie uit het geheugen moet worden gewist om een betere wereld te creëren. Maar herinneringen zijn onuitwisbaar, hoewel ze zoek kunnen raken. Dat is de reden dat hervormde instituties zich uiteindelijk zo vaak gingen gedragen als die waarvoor ze in de plaats waren gekomen. Omgaan met je geheugen is ook een kunst die je moet leren. Het is niet voldoende om eenvoudigweg dingen te onthouden, een ritueel dat te makkelijk een obsessie wordt.

De versterking van het geheugen door de verbeelding – de derde factor – heeft nu eens mensen door de verkeersopstoppingen in het brein heen geholpen, maar dan weer het tegenovergestelde gedaan en het hun onmogelijk gemaakt om er ooit uit te komen. De verbeelding is lange tijd als gevaarlijk beschouwd. De bijbel veroordeelt haar als het boze (Genesis 6:5), omdat ze ongehoorzaamheid impliceert. Zelfs degenen die de mensheid van tirannie wilden bevrijden, waren bang voor verbeelding als een bedreiging voor het verstand. De filosoof John Locke (1632-1704) bijvoorbeeld, die een vijand was van elk dogmatisme, waarschuwde ouders die een "vleugje verbeelding" in hun kinderen ontdekten om "dat zoveel mogelijk te smoren en te onderdrukken". Hoe ontvankelijk voor menselijke zwakheden Locke ook was – hij leed aan tbc en astma, en pleitte voor onderlinge verdraagzaamheid – toch geloofde hij dat er dingen waren die men de verbeelding niet mocht toestaan te doen, zoals je verbeelden dat God niet bestond.

De romantici, die hun geloof volledig in de verbeelding stelden, verwachtten daar aan de andere kant te veel van. Ze hadden een hekel aan de prozaïsche alledaagsheid van het bestaan en zagen de verbeelding als een vliegend tapijt dat hen snel naar onbekende bestemmingen kon voeren; ze maakte hen goddelijk en stelde hen in staat tot de mysteries van de wereld door te dringen. Met haar hulp hadden ze inderdaad opmerkelijke visioenen van schoonheid en meenden ze soms zichzelf te hebben ontdekt, maar het gebeurde vaker dat ze zich slechts realiseerden wat ze niet konden bereiken. Wanneer de verbeelding de vorm van heldhaftigheid aannam, heeft dat tragische figuren opgeleverd, die doorgaans jong stierven of gek werden, en slechts enkele ogenblikken van onbeschrijfelijke gelukzaligheid ervoeren.

De verbeelding was alleen maar echt bevrijdend wanneer ze constructief was, wanneer ze vruchtbare huwelijken tussen beelden en gevoelens arrangeerde, wanneer ze de obstakels waar ze zich voor gesteld zag niet alleen deed verdwijnen, maar ook opnieuw combineerde zodat ze bruikbaar werden, wanneer ze zowel hun unieke als hun universele kenmerken ontdekte. Maar het brengt risico's met zich mee als je verder kijkt dan naar oppervlakkige uiterlijkheden, als je speculeert over wat mensen of situaties gemeen zouden kunnen hebben, als je betekenis toekent aan schijnbaar betekenisloze gebeurtenissen, of als je emotie investeert in onvoorspelbare ontmoetingen. Je kunt je alleen maar springlevend voelen als je risico's neemt. Degenen die weigerden risico's te nemen en ervan uitgingen dat je verbeelding hebt of niet en dat daar niets aan te doen is, aarzelden dus om ten volle te leven.

De richting waarin mensen denken, wordt bepaald door intuïties. Nu eens zijn dat hypothesen, dan weer oordelen die zo snel gevormd zijn dat je niet weet hoe je ertoe gekomen bent. Vrouwelijke intuïtie is geen kwestie van magie of talent, maar het gevolg van diepgaande aandacht voor minieme signalen en een belangstelling voor onuitgesproken emoties. Ze is even rationeel en ongrijpbaar als een medische diagnose, en maakt bij onzekerheid gebruik van vroegere ervaringen. Maar het is nooit makkelijk om van ervaringen te leren, omdat twee ervaringen zelden precies gelijk zijn. Om overeenkomsten te zien moet je gedachtesprongen maken. Dat betekent dat je moet openstaan voor feiten die normaal genegeerd worden. Hoewel mensen de hele tijd peinzen, denken, broeden, met ideeën spelen, dromen en bezielde gissingen doen naar de gedachten van andere mensen, bestaat er helaas geen *Kamasutra* van het brein om het zinnelijk genot van het denken bloot te leggen, te laten zien hoe ideeën met elkaar kunnen flirten en elkaar kunnen leren omhelzen.

"Hij denkt te veel. Zulke mensen zijn gevaarlijk", zei Shakespeare. Te veel mensen waarschuwden tegen denken, zoals ze dat ook deden tegen seks. Freud zat op die lijn toen hij stelde dat vrouwen geen belangstelling voor denken hadden omdat ze niet over seks mochten denken, wat voor hen het belangrijkste was; zodoende was er sprake van een "fysiologische imbeciliteit van vrouwen" (3 mei 1911, voordracht voor Psychoanalytische Genossenschaft van Wenen). Maar in zijn visie waren mannen niet veel beter, omdat zij zich met denken inlieten om hun erotische verlangens naar bezit te bevredigen. Nu seksistische en militaristische idealen niet langer geloofwaardig zijn, is het mogelijk te ontsnappen aan de vicieuze cirkel waarin verstand en emotie om beurten in de mode zijn. Men heeft wel gezegd dat het leven een tragedie is voor degenen die 'voelen' en een komedie voor degenen die 'denken'. Het is niet nodig om slechts een half leven te leiden. Voor degenen die zowel denken als voelen, is het leven een avontuur. Beide te doen is de manier om open te staan voor alles wat leeft. Hoe dat kan, zal ik nu met enkele voorbeelden illustreren. In de voorgaande hoofdstukken heb ik geprobeerd te laten zien hoe hedendaagse vooroordelen met behulp van de herinneringen van andere beschavingen verduidelijkt kunnen worden. Nu stap ik van het specifieke over naar het algemene en naar de barrières tussen beschavingen als geheel. Van een afstand lijkt elk van hen op een versterkt kasteel, afschrikwekkend vreemd, omgeven door een slotgracht. Maar elk van hen heeft ook veel ramen, waar mensen door naar buiten kijken met wie je kunt communiceren, hoe sterk de verschillen tussen deze beschavingen ook mogen zijn.

Dit is niet de eerste keer in de geschiedenis dat mensen vinden dat alles te ingewikkeld wordt. In het China van de Ming-dynastie bijvoorbeeld klaagden ze dat "de hemel naar beneden kwam" als ze ontevreden raakten over hun regering, geïrriteerd waren over hun bureaucratie, kwaad over de misdaad, wanhopig werden door hongersnood en machteloos tegenover het schijnbare verval van alle waarden. Uit de oneindige rijkdom van hun reacties pik ik er eentje uit: die van Lu K'un (1536-1628), voor wie in de meeste geschiedenisboeken geen plaats is. Hij was magistraat van beroep en klom geleidelijk aan op tot assistent-hoofdcensor. Hij vestigde de aandacht van de keizer op wat zijn censuur aan het licht bracht, namelijk dat "de mensen opstandige ideeën koesterden" en verbolgen waren over het feit dat belastingen gebruikt werden voor verkwistende luxeartikelen. De keizer besteedde er geen aandacht aan. Dus trok Lu K'un zich terug uit de overheidsdienst en besteedde de rest van zijn leven aan wat hij als individu kon bereiken. "Werken om beroemd te worden", concludeerde hij, was niet wat hem interesseerde. Hij was niet langer onder de indruk van zijn titels: "Ik ben gewoon mezelf", zei hij. Hij had niet de ambitie om alle problemen op te lossen. Hij vergeleek zichzelf eerder met een arts, die zijn recept niet van tevoren dient uit te schrijven aangezien ieder individu anders is. Terwijl anderen die zijn ongenoegen deelden de dorpen rondgingen en een terugkeer naar traditionele waarden predikten, probeerde hij daarom iets te doen wat meer praktisch was; hij stimuleerde mensen om elkaar te ontmoeten en samen te werken aan praktische projecten in hun eigen buurt.

Zijn 'Lied van Goede Mensen', geschreven om door ongeletterden te worden gezongen, legt uit wat hij bedoelde. De "scheiding" tussen de hogere en lagere klassen en tussen individuen leek hem "uiterst rampzalig voor menselijke gevoelens". Wat mensen moesten leren was hoe ze zich in de positie van anderen konden verplaatsen, maar zonder illusies, want ieder individu was anders. "Anderen net als jezelf bekijken, terwijl je beseft dat anderen niet per se zoals jij zijn, heet begrip." Scholing was niet het volledige antwoord, want "ontwikkelde kinderen zijn opstandig". Verwacht niets van de overheidsbureaucratie, die enkel papier en vermiljoene inkt verspilt. Probeer niet gewoon door liefdadigheid een einde aan de armoede te maken, want dat laat de afhankelijkheid voortduren. Onderken allereerst dat "alle goede mensen ziek zijn", dat er met iedereen wel iets mis is. Het is gevaarlijk te geloven dat jij goed bent en anderen slecht. De enige remedie is "persoonlijke ervaringen te delen". Maar "alleen verbitterde mensen kunnen ziekten delen en met anderen meevoelen". Gemeenschappelijk lijden zou het begin kunnen zijn van gemeenschapsgevoel. De intellectuelen moesten niet prat gaan op hun verfijning, maar "alledaagse problemen delen met de gewone man". Alleen de mate van inzicht die ze in hun eigen kwalen hadden, en niet hun rijkdom of examenuitslagen, maakte dat ze respect verdienden. Individueel eigenbelang, gaf hij toe, zou altijd aan de basis liggen van wat mensen doen. Maar volgens hem kon dat leiden tot samenwerking en gemeenschappelijkheid, als de preoccupatie met de hiërarchie vervangen werd door de uitwisseling van informatie. De hoofdoorzaak van sociale onenigheid was niet zelfzuchtigheid en hebzucht, maar het onvermogen om jezelf in andermans positie te verplaatsen.

Het was gebruikelijk om functionarissen na hun dood door middel van postume eretitels in rang te bevorderen: Lu K'un werd benoemd tot Minister van de Raad van Straffen. De overheid kon zich niet in zijn positie verplaatsen. Ze begreep niet dat hij niet geïnteresseerd was in straf. Hij maakte echter deel uit van een beweging die dingen probeerde te doen waartoe overheden niet in staat waren. In die tijd werden veel vrijwilligersorganisaties opgericht door mensen zoals hij. Zo had je bijvoorbeeld 'Het Genootschap voor de Uitwisseling van Rechtschapenheid', of 'Het Genootschap voor de Verspreiding van Menselijkheid', die het dagelijks leven in steeds meer opzichten verbeterden; ze bouwden wegen en scholen, en als clubs waar je kon drinken en converseren boden ze ook gelegenheid om je te vermaken. De geschiedenis zit vol mensen die praatten alsof ze in deze tijd leefden. Toch gaat men ervan uit dat de ervaring van het Hemelse Rijk zo exotisch was, dat die voor het Westen van geen belang is. Daar wordt China eenvoudigweg als ontwikkelingsland gezien dat erop wacht om de westerse weg naar voorspoed te volgen. Maar terwijl Europa zich nog in de donkere Middeleeuwen bevond, had China al wel zijn eigen Industriële Revolutie en experimenteerde het met massaproductie. Duizend jaar geleden beleefde China een financiële en communicatierevolutie, toen daar het papiergeld, de kunst van het drukken en een goedkoop systeem van vervoer over water werd uitgevonden. Het creëerde een enorme nationale markt en zo'n gigantische exportindustrie, dat het de voornaamste bron van luxeartikelen ter wereld was. Waarschijnlijk profiteerde China meer dan enig ander land van de ontdekking van de beide Amerika's. De helft van het zilver dat daar vóór 1800 gewonnen werd, kwam uiteindelijk in China's schatkist terecht als betaling voor zijde, keramiek en thee, de toenmalige ijskasten, televisies en computers. Kwantung, dat onlangs de verbazing van het Westen wekte door de snelstgroeiende economie ter wereld te worden, was toen al een voorloper van de dienstverleningseconomie. Het leefde van handwerk en handel en importeerde zijn voedsel. De landbouw was zo efficiënt, dat de opbrengst van tarwe vijftig procent hoger lag dan in Frankrijk. In 1108 na Christus hadden de Chinezen al verhandelingen waarin 1749 basismedicijnen voorkwamen. Het rijk bleef zo lang bestaan, omdat ondanks oorlog en corruptie de belasting door de eeuwen heen van twintig tot vijf procent van het BNP werd verlaagd. In plaats van een zware kostenpost te zijn, boerde het leger zelf en zorgde het voor zijn eigen eten. Het ambtenarenapparaat, waarvoor mensen werden gerekruteerd op grond van examens die van kandidaten vereisten dat ze zowel dichter als wetenschapper waren, was altijd het voorwerp van afgunst voor alle intelligente en ambitieuze Europeanen wier carrière belemmerd werd door geboorteprivileges. Tijdens de Taiping-opstand van 1851-1864 sprak men zich openlijk uit voor de totale gelijkheid tussen de seksen. Vrouwen kregen evenveel land en vormden hun eigen legers. Hoewel de Chinezen net als elk ander land het milieu in de vernieling hielpen, vooral door ontbossing, was hun besef van de aanspraken van de natuur, hun gevoel daar deel van uit te maken, bijzonder intens. Terwijl men in monotheïstische landen meende dat de natuur bestond om de mensheid te dienen, waren de Chinezen immers van mening dat mensen deel uitmaakten van de natuur. De opvatting van de Mahayana-boeddhisten was dat planten en bomen boeddha's konden zijn en allemaal deel uitmaakten van dezelfde morele gemeenschap. De hortensia's, forsythia's, rododendrons, magnolia's, blauweregens en theerozen in westerse tuinen, allemaal afkomstig uit China, zouden een geheugensteun moeten zijn voor de vele andere kunsten van het leven die de Chinezen als eersten beoefenden.

China ervoer ook de ongemakken van voorspoed. Het was zo succesvol, zo geriefelijk, zo vol ontwikkelde mensen, dat er een moment kwam waarop het geen zin meer leek te hebben nog iets nieuws uit te vinden. Idealen die eens bevrijdend waren, raakten verstard. Het ging mensen zo makkelijk voor de wind, dat de aanzienlijke ongelijkheden die ermee gepaard gingen door de rijken werden genegeerd, waarop het land zichzelf bijna verwoestte, vechtend over de vraag wat rechtvaardigheid betekende en buitenlandse concurrenten in staat stellend als aasgieren binnen te komen om van de buit te pikken.

Er zijn beslist diepgaande verschillen van opvatting geweest tussen China en Europa. Na aanvankelijk beleefd te zijn onthaald, stuitten christelijke missionarissen vaak op verbijstering. Confucianisten konden niet begrijpen hoe het rechtvaardig kon zijn dat een boosaardig, asociaal iemand vergeving kon krijgen door gewoon berouw te tonen, en ook niet waarom de geneugten die je op deze aarde kon hebben met zoveel achterdocht bekeken moesten worden. Zij hielden vol dat je mensen niet met de hel hoefde te dreigen om ervoor te zorgen dat ze zich fatsoenlijk gedroegen, en dat een handeling alleen maar ethisch kon zijn als die onbaatzuchtig was, zonder hoop op een beloning. Ze konden het christelijke onderscheid tussen vergankelijke uiterlijkheden en de werkelijkheid niet begrijpen, omdat de werkelijkheid voor hen voortdurend in beweging was, altijd veranderend, een visie die heel dicht bij die van de moderne wetenschap staat. Maar Sun Yat Sen, China's eerste president, was een christen.

De Chinezen waren nooit gevangenen van één enkele filosofie. Het confucianisme, boeddhisme en taoïsme speelden in op verschillende kanten van de persoonlijkheid, en men wist hoe men ze moest vermengen. In de taoïstische tempel bijvoorbeeld, vergaten ze hun meningsverschillen. Die was niet alleen een verblijf voor de goden – vele verschillende goden – maar ook een ontmoetingsplaats waar elk type persoon naartoe kon gaan voor het plezier van conversatie en waar muziek-, theater-, liefdadigheids-, schaak-, lees-, boks- en medische clubs bijeen konden komen; ieder zette zijn eigen beschermgod in de tempel neer. Wat het meest aantrok was "het delen van wierook", het verkrijgen van een gemeenschapsgevoel, of liever het gevoel bij een paar gemeenschappen te horen te midden van vele honderden verschillende gemeenschappen, die losjes met elkaar verbonden waren en een populair, onofficieel cultureel netwerk vormden dat naast de overheid bestond, maar daar niet afhankelijk van was. Hier leken mensen even complex te zijn als het universum. Elk had vele zielen, en om volmaakt te zijn was het nodig dat ze tijdens hun leven zowel hun vrouwelijke als mannelijke eigenschappen in acht namen. Binnen deze tempels genoten vrouwen een gelijke status, ook al was dat daarbuiten niet het geval. Ze konden de rang van Hemelse Meester bezitten, een waardigheid die elke Meester met zijn of haar huwelijkspartner deelde. Je kon alleen als echtpaar geïnitieerd worden, en er waren evenveel vrouwelijke als mannelijke Meesters. Seks betekende meer dan het samenkomen van geslachtsorganen. Volgens hen was het mogelijk om alle zintuigen, "de ogen, de neusgaten, de borsten en de handen", te verenigen op een manier die uitstijgt boven een routinematig orgasme, waarbij eerder gestreefd wordt naar verkwikking en transformatie dan naar seksuele uitputting. Hun ideaal was niet om een god te zijn – ze hadden medelijden met goden, die ze beschouwden als zwervende zielen op zoek naar rust – maar een berg, staande boven de wreedheden van de wereld. Maar zoals dat met de meeste religies gebeurt: uiteindelijk werd magie gebruikt om via een kortere weg de gelukzaligheid te bereiken, en kwakzalverij werd vaak een substituut voor wijsheid.

Natuurlijk heeft China, net als ieder land, geleden onder wreedheid, geweld, onderdrukking, hardvochtigheid en alle slechte dingen die mensen over de hele aardbol elkaar hebben aangedaan. Niettemin kun je je openstellen voor wat er in China gebeurde, zonder dit te vergeten, door het eerst via kleine spleetjes te benaderen, via de intieme ervaringen van individuen, via details, via emoties, niet via de omvangrijke wetten en doctrines die barrières vormen om vreemdelingen buiten de deur te houden. Je zou vele levens nodig hebben om zelfs maar een kleine fractie van de Chinese wijzen, wetenschappers, komieken en dichters te ontmoeten die de moderne tijd iets interessants te zeggen hebben. Het is frustrerend om niet eindeloos over hen te kunnen schrijven, omdat er zoveel plezier aan hen te beleven valt. Maar dit boek is geen samenvatting van de geschiedenis: het heeft zich er welbewust toe beperkt om sloten te vinden die niet open lijken te gaan en om te laten zien hoe ze geopend kunnen worden.

Eén voorbeeld moet voldoende zijn om te laten zien hoe een westerling zich kan openstellen voor al wat Chinees is. De biochemicus Joseph Needham (geboren in 1900), auteur van het uit vele delen bestaande *Science and Civilisation in China* en een van degenen die een belangrijke bijdrage geleverd hebben aan de westerse ideeën over China, was de zoon van een anesthesist uit Aberdeen die in zijn vrije tijd liederen componeerde die nog altijd gezongen worden, maar bijna onophoudelijk ruzie maakte met zijn vrouw. Needham zei dat hij midden in een slagveld opgroeide. Historisch gezien hadden echtelijke ruzies ook een positieve kant. In het geval van Needham stimuleerden ze zijn belangstelling voor verzoening. Hij had zijn leven lang last van "symptomen van angstneurose", maar die bevorderden alleen maar zijn protestantse geloof, dat hij altijd trouw bleef. Hij zei dat dat zo was omdat hij toevallig zo geboren was, maar hij interpreteerde het op zijn eigen manier en werkte actief om de standpunten die het over seks, ras en sociale rechtvaardigheid innam te verbeteren. Naast zijn anglicanisme koesterde hij sympathie voor vele andere religies en filosofieën. Hij stelde dat de essentie van religie niet een dogma was, maar poëzie en ethiek, een besef van iets wat wetenschappelijk niet bewezen kon worden. Hoewel in de leerstellingen van Confucius geen plaats was voor een Schepper, moesten die volgens hem geen moeilijkheden opleveren voor degenen die waren grootgebracht om de oude Grieken te bewonderen. Hij waardeerde de instructie van de meester: "Gedraag je tegenover ieder mens als iemand die een belangrijke gast ontvangt." Het taoïsme sprak hem aan omdat het de nadruk legde op de overwinning van zwakte op kracht, geloofde in spontaneïteit en natuurlijkheid, en een mystieke liefde had voor de natuur. Ook benadrukte hij de leidende rol van de taoïsten bij de ontwikkeling van de natuurwetenschap en de technologie. Aanvankelijk had hij bezwaar tegen het boeddhisme, omdat dat ontkende dat de wereld bevrijd kan worden. Maar later contact met Singalese boeddhisten overtuigde hem ervan dat hun mededogen belangrijker was dan hun idee van de leegheid van alles.

Confucius schreef: "Voor degene die de waardigheid van de mens respecteert en de vereisten van liefde en hoffelijkheid in de praktijk toepast, voor diegene zijn alle mensen binnen de vier zeeën broeders." Needhams belangstelling voor China was meer dan hoffelijkheid, meer dan plezier in de ontdekking dat de wereld een eenheid vormt: hij trof in China ook veel aan dat anders was dan waar hij in geloofde, en hij beschouwde dat als essentieel om zijn eigen principes volledig naar waarde te kunnen schatten.

Het slot dat de islam scheidt van ongelovigen, vormt waarschijnlijk de allergrootste uitdaging. Toch is het Arabisch de enige taal waarin het woord 'mens' afstamt van 'sympathie': 'mens zijn' betekent etymologisch 'beleefd of vriendelijk zijn'. In hun spreekwoorden karakteriseren Arabieren zichzelf als "mensen die graag aardig gevonden willen worden". Is het juist om te geloven dat er geen einde kan komen aan het conflict tussen moslims en hun naasten, aangezien de heilige oorlog (*jihad*) tegen ongelovigen een islamitische plicht is? Het islamitische ideaal van het goede leven is sociabiliteit, niet oorlog. In de vroege, Mekka-hoofdstukken van de koran wordt bijna niet over oorlog gesproken. Toen de Profeet terugkeerde van een van zijn militaire veldtochten, sprak hij zijn genoegen uit over het feit dat hij zich nu niet langer met de minder belangrijke oorlog hoefde bezig te houden, maar zich aan de belangrijker oorlog kon wijden, die binnen in de ziel van elk individu plaatsheeft. Door de eeuwen heen is de spirituele kant van de islam het privé-leven van gelovigen steeds meer gaan domineren. Na de snelle militaire overwinningen van de islam meende men weliswaar dat de 'zwaard'verzen van de koran de vreedzame verzen verdrongen hadden, maar zoals gebruikelijk verschilden de theologen van mening. Sayyid Ahmad Khan (1817-1898) bijvoorbeeld, stelde dat de heilige oorlog alleen maar een plicht was voor moslims als ze uitdrukkelijk gehinderd werden in de beoefening van hun religie. Het gevoel niet voldoende respect te krijgen en vernederd te worden door kolonisatie, bracht de 'zwaard'-verzen nogmaals op de voorgrond.

"Pas op voor vernieuwingen", zei de Profeet. Oppervlakkig bekeken lijkt de islam misschien vijandig te staan tegenover elke vorm van modernisering, maar in de eerste 250 jaar van zijn bestaan werd individuen juist veel ruimte gegeven om logisch na te denken. *Jihad* betekent niet alleen oorlog, maar ook inspanning. Ook een ander type inspanning werd gestimuleerd: *itjihad*; dat hield in dat iedere gelovige voor zichzelf moest uitzoeken hoe hij zich diende te gedragen in zaken waar de heilige teksten zich niet direct over uitlieten. Degenen die de koran bestudeerden en hun best deden om hun eigen standpunt te vormen, waren verzekerd van een beloning van de Profeet, zelfs al hadden ze ongelijk. Abu Hanifah (700-767) verklaarde dat Allah afwijkende meningen (*ikhtilaf*) toestond. Hij was een van de grootste juristen van de islamitische wereld, oprichter van de juridische school die de meeste volgelingen heeft; drie andere juridische scholen werden allemaal als even legitiem beschouwd, hoewel ze anders waren.

Er kwam een moment dat enkele theologen eisten dat er een einde gemaakt werd aan de periode van persoonlijk inzicht (*itjihad*), omdat de inzichten die zij vergaard hadden alle mogelijke onzekerheden uit de weg hadden geruimd. Maar anderen stonden erop dat het bleef bestaan, zoals Ibn Taymiyya (1263-1328) bijvoorbeeld. Hoewel hij conservatieve vormen van de islam stimuleerde, wees hij erop dat een moslim verplicht was slechts God en diens Profeet te gehoorzamen, niet gewone stervelingen; ieder had het recht om "binnen de grenzen van zijn kunnen" zijn mening te geven. Hij en Abu Hanifah zaten een tijd in de gevangenis, omdat andere moslims hun opvattingen verwierpen. Schisma's en geschillen maakten permanent deel uit van de geschiedenis van de islam. Buitenstaanders die de islam zien als een monolitisch, onveranderlijk geheel, gaan volledig voorbij aan de geweldige rijkdom van zijn tradities, de complexe emoties die hij deelt met de geschiedenis van andere religies, en het belang van de uitspraak van de Profeet dat persoonlijke opvattingen slechts door God beoordeeld mogen worden. Hoewel moslims grote nadruk legden op onderwerping aan God, hield de Qadariya-sekte vol dat mensen totale wilsvrijheid hadden. De Kharajist-sekte stelde zelfs dat het aanvaardbaar was om een vrouw als voorbidder (*imam*) te hebben, en bij een van hun opstanden, geleid door Shabib b. Yazid, gebruikten ze een vrouwenleger. De Azraqite-sekte zag het als een plicht om tegen een onrechtvaardige overheid in opstand te komen. En in hun onverzadigbare zoektocht naar ethische volmaaktheid werden de sjiieten heen en weer geslingerd tussen berusting en twijfel ten aanzien van de legitimiteit van de seculiere staat.

Er zitten duidelijk grenzen aan de mate waarin christenen en moslims het met elkaar eens kunnen zijn. De monotheïstische religies waren als broeders die elk hun eigen weg zijn gegaan. Eeuwen van smaad en bespotting worden niet snel vergeten. Het feit dat Jezus 93 keer genoemd wordt in de koran en dat de heilige Thomas van Aquino 251 keer verwijst naar Ibn Sina (Avicenna) doet daar niet veel aan af. Het is niet door theologische geschillen dat mensen uiteindelijk begrip voor elkaar gaan tonen. Maar het is mogelijk om in de islam een even breed scala van opvattingen te vinden als in elke andere beschaving.

Tegenwoordig is de dichter Al-Mutanabbi (915-965) de held van vele moslims. Hij is het symbool van de opstandige mens die weigert zich te laten intimideren, die zich er niet voor schaamt op te scheppen over zijn eigen talenten – hij beweerde dat zijn verzen even mooi waren als de koran – en die tegelijkertijd wereldvreemd, onafhankelijk en ruimhartig is. Maar de blinde vegetariër Al-Maari (973-1057), auteur van de *Brief over vergeving*, wordt evenveel bewonderd. Hij bespotte het dogmatisme en benadrukte dat de enige ware gelovigen diegenen waren die zich behulpzaam opstelden tegenover hun medeschepselen, ongeacht hun opvattingen. Hij bedoelde alle schepselen, want hij was een van de eerste grote dierenbeschermers. De beroemdste Perzische arts, Ar-Razi ('Rhases', 850-925), is met zijn felle antiklerikalisme een voorloper van Voltaire, een toonbeeld van een sceptische wetenschapper. Hij was een expert op het gebied van psychosomatische ziekten, het placebo-effect en kwakzalvers.

Moslims zijn evenzeer als christenen erfgenamen van de nalatenschap van het oude Griekenland. In de roman over een kind op een onbewoond eiland, geschreven door Abu Bakr Ibn Tufayl (gestorven in 1185) uit Granada en een inspiratiebron voor *Robinson Crusoe*, is de essentie van het verhaal dat het mogelijk is om tot de waarheid te komen door zelf na te denken. Nadenken heeft onder moslims evenveel voedsel gegeven aan twijfel als onder anderen. Het bekendste voorbeeld is Al-Ghazzali (1058-1111), die zijn professoraat opgaf om vele jaren in zijn eentje te reizen in een poging zijn twijfels weg te nemen. Uiteindelijk liet hij zien hoe de vele kanten van de islam – rationele, mystieke, wettelijke, politieke – gecombineerd konden worden om ontwikkelde geesten te bevredigen.

Het doel van veel van de vroomste moslims – de mystieke soefi's – was "een vriend van God" te zijn. Menselijk zijn, zei de soefidichter Roemi (1207-1283, van Perzische afkomst, inwoner van het Turkse Konya), betekent dat je je verward en verontrust voelt, pijn hebt, verliefd bent, niet kunt besluiten wat goed is en wat kwaad – maar het was niet nodig om in leed te zwelgen. Via muziek en dans was het mogelijk te ontdekken wat werkelijk belangrijk was.

O, hoor hoe het klagen van de fluit weerklinkt
en hoe hij de pijn van de afzondering bezingt.

Hij stichtte de orde van de dansende derwisjen om mensen in staat te stellen zichzelf vanuit pijn, onzekerheid en afzondering in een toestand van extase te dansen. "Ik weet niet hoe ik mezelf moet karakteriseren", schreef hij. "Ik ben christen noch jood, heiden noch moslim. Ik kom niet uit het Oosten, noch uit het Westen. Ik kom van het land noch van de zee. Ik ben geen schepsel van deze wereld." Onder de vele broederschappen die een leidraad en gezelschap boden tijdens de zoektocht naar eeuwige gelukzaligheid waren er uiteraard enkele die hun spirituele doel uit het oog verloren en toevluchtsoorden werden voor woede en zelfs haat. In vrijwel alle religies werd gezocht naar een mystieke ervaring. Toch zagen ze zelden in hoe ze daardoor verbonden zijn, ook al is het niet dezelfde God die ze vinden.

De positie van vrouwen in de meeste islamitische landen vormt waarschijnlijk het ernstigste, schijnbaar onoverkomelijke obstakel voor westerlingen. Maar ondanks de ogenschijnlijk onbuigzame heilige teksten die werden aangehaald om hun ondergeschiktheid te onderbouwen, is Zainab, de kleindochter van de Profeet, het symbool geworden van de autonome en assertieve vrouw, in tegenstelling tot Fatima, het toonbeeld van gehoorzaamheid en onderworpenheid. De positie van vrouwen in de islamitische wereld is door de tijd heen aanzienlijk veranderd en verschilt per regio en sociale klasse. In economieën waar iedereen op een bestaansminimum leeft maar wel werk heeft, genoten ze soms aanzienlijke macht. In sommige landen waren ontwikkelde vrouwen in staat om ondanks beperkingen een onafhankelijk leven te leiden. De poging van fundamentalisten om vrouwen terug in huis te zetten was deels een stedelijke reactie, een antwoord op een crisis. Dit is niet karakteristiek voor de islam en kan in verschillende mate overal gevonden worden waar fundamentalisme zich ontwikkelt, op elk continent en in elke religie. Zelfs de meest conservatieve moslimsamenlevingen waren niet volledig onbuigzaam: ayatollah Khomeini zelf zei dat het absurd was om de moderne beschaving te willen vernietigen en mensen "voor altijd in kluisters of in de woestijn te laten leven", gaf vrouwen toestemming om op de televisie te komen en liet het gebruik van voorbehoedsmiddelen toe. Maar hij compenseerde dat natuurlijk door andere controlemaatregelen. Er waren moslimleiders die de vrouwenstrijd probeerden te steunen, zoals Mustafa Kemal Atatürk (1881-1938) toen hij van Turkije een seculiere staat maakte. De resultaten mogen dan nu niet afdoende zijn, ze kunnen uiteindelijk wel verrassend zijn als dat land tot Europa wordt toegelaten. De moefti van Caïro, Muhammad Abduh (1849-1905), die vele jaren als politiek balling in Parijs zat, voorzag een feministische beweging binnen de islam; en het is nog niet gedaan met zijn invloed.

Zijn naam leeft nog het sterkst voort in Indonesië, vandaag de dag het dichtstbevolkte islamitische land. Eeuwenlang ondernam de islam hier geen poging om de hindoeïstische en boeddhistische tradities uit te roeien, noch de stevig ingeburgerde overtuiging dat de relatie van een individu met het goddelijke een privé-aangelegenheid was en dat het onaanvaardbaar was om tot orthodoxie gedwongen te worden. De islam begon als een religie van kooplieden; deze werd door de autochtonen erkend als een aanvullende bron van bovennatuurlijke bescherming en werd geïncorporeerd in heidense en mystieke tradities, zodat de godin van de zuidelijke oceaan voor velen een spirituele kracht bleef. Hier werden moslimsteden vijf of zes eeuwen later gesticht dan in het Midden-Oosten, en ze ontwikkelden andere waarden. De islamitische renaissance in Zuidoost-Azië – die plaatsvond vóór de Europese en pas kort geleden is herontdekt op grond van vergeten verzamelingen Maleise manuscripten die men nog maar onlangs is begonnen te bestuderen – gaf deze kooplieden niet een beeld van een onveranderlijke, constante orde, maar juist van het tegenovergestelde: een wereld vol onzekerheid, waar het individu als een vreemde doorheen gaat. Alles was mogelijk, de armen konden rijk worden, en de trouwe eerbiediging van rituelen bood de rijken niet voldoende garantie dat ze zouden overleven. De nadruk lag op de noodzaak van ruimhartigheid en liefdadigheid, uiterlijk vertoon werd veroordeeld en een idee van gelijkheid hooggehouden. Deze stadstaten waren vergelijkbaar met die van renaissancistisch Italië en Vlaanderen. De idee dat de islam altijd verbonden was met oosters despotisme is een mythe. Handel was onvermijdelijk een precaire aangelegenheid, en kooplieden wilden hun belangen zoveel mogelijk over verschillende landen verspreiden en creëerden wijdvertakte internationale commerciële netwerken. Het waren kosmopolieten, die samenwerkten met Chinese, Indiase, Armeense en Arabische kooplieden. In de negentiende eeuw bereikte hun voorspoed zijn hoogtepunt, toen hun handel – en die van de Chinezen – zich sneller uitbreidde dan de handel van de binnendringende Europese kooplieden. Ze werden weliswaar uiteindelijk door de westerse efficiency verslagen, maar omdat ze in het verleden zo lang succesvol waren, konden ze die terugslag slechts als iets tijdelijks zien. De meest gewaardeerde dichter van de Indonesische archipel, Hamzah Fansuri (een andere tijdgenoot van Shakespeare), auteur van *De drank der geliefden*, benadrukte dat God in ieder mens en ieder voorwerp gezien kon worden en dat je je niet moest laten misleiden door de oppervlakkige verschillen tussen mensen:

De zee is eeuwig: wanneer hij oprijst,
spreekt men van golven, maar in werkelijkheid zijn ze de zee.

Toch lijkt het misschien zo dat het fundamentalisme nu een gordijn heeft neergelaten tussen de islam en het Westen en alle mogelijkheden om voor elkaar open te staan heeft afgesneden. Inderdaad brachten de verbittering en het geweld van veel fundamentalistische bewegingen halsstarrige confrontaties teweeg. Het woord 'fundamentalisme' werd voor het eerst in de jaren twintig gebruikt door protestantse sekten in de VS, waar ongeveer een kwart van de inwoners nu hun visie deelt – bijna precies hetzelfde percentage als dat van leden van nieuwe religies in Japan, hoe anders die ook zijn. Fundamentalisme heeft zich als houding steeds opnieuw voorgedaan in het verleden. Als er sprake is van een aanzienlijke bevolkingsgroei en oude instituties daar niet tegen opgewassen zijn, gezinnen niet langer werk kunnen verschaffen en kinderen uit huis moeten om voor zichzelf te zorgen in steden waar geen zekerheid of morele ondersteuning is en waar de rijken en machtigen corrupt zijn en pronken met hun pleziertjes ten overstaan van degenen die zich dat niet kunnen permitteren, dan moet een bepaald soort troost of religie redding brengen. De fundamentalisten in Egypte bijvoorbeeld, reageren voornamelijk op het gebrek aan gastvrijheid in steden. Alle steden zijn ongastvrij. De oude inwoners storen zich altijd aan de nieuwe, hoewel ze van hen afhankelijk zijn voor het verrichten van het onaangename werk. Maar wanneer steden zowel aantrekken als afwijzen, wanneer ze immigranten niet voldoende banen bieden, moeten de sociaal zwakken zichzelf helpen. Daarom zitten er onder de fundamentalisten zowel zeer getalenteerde wetenschappers en studenten als ongeletterden en armen. In verschillende opzichten delen zij het gevoel dat zij in de wereld zoals die bestaat niet welkom zijn, dat er geen geschikte plek is waar ze hun talenten kunnen laten gelden en geen succes van het soort waar ze ethisch trots op kunnen zijn. Vaak willen ze 'gezinswaarden' herstellen omdat hun eigen gezinnen er niet in slaagden zekerheid of harmonie te bieden, of het soort hulp en invloed die gezinnen eens konden geven. Ze zijn halsstarrig nationalistisch, omdat ze dromen van een ideale natie die voor al haar burgers zorgt en hen zelfrespect garandeert. Ze organiseren zich in broederschappen en zusterschappen, die de jongeren bij hun ouders weghalen en een vervangend gezin creëren. Door traditionele kleding te dragen vinden veel vrouwen hier zowel bescherming tegen censuur als vrienden, een gevoel erbij te horen, en vaak de mogelijkheid om een actieve rol te spelen in de organisatie, met de voldoening dat ze de volgende generatie mee helpen vormen. Door te accepteren dat iedere sekse en leeftijdsgroep slechts bepaalde taken dient te verrichten, beperken ze de competitie. Met het klimmen der jaren kan een individu uitkijken naar een nieuwe taak. Ze geloven geenszins dat ze naar de Middeleeuwen terugkeren, maar zijn ervan overtuigd dat ze een bruikbare oplossing bieden voor de crisis van de moderne tijd, dat ze de jeugd in staat stellen om de armoede te overwinnen en een nieuwe ethiek te creëren, gesteund door hun leeftijdsgenoten. Er is een hoop discussie over de vraag hoe je in een vijandige wereld dient te leven, ook al is onvoorwaardelijk conformisme het ideaal van velen. In de toonaangevende krant van Caïro, *Al-Ahram*, citeert Abdul Wahhab, die brieven van lezers beantwoordt, Shakespeare, Balzac, de heilige Franciscus van Assisi, Dante, Einstein en Helen Keller om zijn morele advies te ondersteunen. Zoals altijd scheidt een grote kloof de erudiete redeneringen van filosofen – zoals de Iraniër Abdolkarim Soroush (geboren in 1945), die vastbesloten is dat de islam de vervolging van Galilei niet dient te herhalen en geen belemmering dient te zijn voor de wetenschap – en de werklozen en ongeletterden, voor wie wanhoop het enige alternatief is voor woede.

Er zijn christelijke fundamentalisten in de VS die zeiden dat ze niet willen dat het blikveld van hun kinderen wordt verruimd, dat ze er tegen zijn om meer open te staan voor vreemde ideeën, en dat ze vastbesloten zijn om toezicht te houden op hun kinderen en hen te beschermen tegen het onvoorspelbare gedrag van andere kinderen. Zij geven er dus de voorkeur aan om zich in een veiliger wereld terug te trekken waar de gruwelen van de moderne tijd worden buitengesloten. Het fundamentalisme van de pinksterbeweging in Latijns-Amerika, in Venezuela bijvoorbeeld, benadrukt ook de mannelijke suprematie binnen het gezin. Maar die komt grotendeels uit de koker van vrouwen, die daarmee een antwoord vonden op afwezige, werkloze vaders. Door prestige te verlenen aan mannen binnen het gezin, herstelden ze hun trots; en hun eigen aanvaarding van een ondergeschikte rol verhult eigenlijk de schepping van een nieuw soort gezin, waarin de vrouw een actievere rol speelt en de man huishoudelijker en liefdevoller is aangelegd. In Ecuador heeft persoonlijke bekering, of wedergeboorte, een nieuw statusgevoel gegeven aan mannen en vrouwen die niet in staat waren het hoofd te bieden aan competitief individualisme en die rond hun kerken nieuwe sociale relaties op basis van wederkerigheid en een nieuw stelsel van sociale voorzieningen in het leven riepen.

Fundamentalisme kan niet simpelweg worden afgedaan als extremisme. Het is een even sterke kracht als het communisme eens was en vertegenwoordigt een soortgelijk antwoord op onrechtvaardigheid en verwarring. Hoe meer fundamentalisten onderdrukt worden, hoe meer ze zich buitengesloten voelen. Hun afwijzing van dialoog is gebaseerd op de overtuiging dat ze niet begrepen worden. Het is onmogelijk om open te staan voor geweld, maar slechts degenen die kort van memorie zijn, kunnen geloven dat een nieuwe Koude Oorlog de oplossing is. We moeten niet vergeten dat toen de islam in de tiende eeuw het hoogtepunt van zijn voorspoed beleefde, hij geen moeite had om ruimhartig en tolerant te zijn tegenover buitenstaanders. De Broeders van Zuiverheid uit Basra schreven toen: "De ideale en volmaakte mens dient van Oost-Perzische afkomst te zijn, Arabisch in zijn geloof, een Irakese, dat wil zeggen Babylonische opvoeding te hebben genoten, een Hebreeër te zijn in scherpzinnigheid, een volgeling van Christus in zijn gedrag, even vroom als een Syrische monnik, een Griek in de afzonderlijke wetenschappen, een Indiër in de interpretatie van alle mysteries, maar ten slotte en vooral een soefi in zijn hele spirituele leven."

In een vorig hoofdstuk sprak ik over de geweldige bloei van openheid in India en de kwetsbaarheid daarvan. Ik voeg daar een paar dingen aan toe over andere gebieden waar je nog meer soorten openheid kunt ontdekken. Oost-Azië heeft het voordeel dat het een fase heeft doorgemaakt van wat de Chinezen *chi* (vernedering) noemen, de Koreanen *halm* (wroeging of verbittering) en de Japanners *nin* (lijdzaamheid en geduld, wachtend op betere tijden). De Duitsers en Fransen hadden in 1945 een soortgelijk gevoel. Ze ontdekten welke voordelen vernedering kon opleveren, net als de Amerikanen die terugdenken aan hun tradities van immigratie. De kracht van veel oosterse landen is dat ze zich zowel voor oosterse als voor een heel scala van westerse ideeën openstelden.

Korea bijvoorbeeld, heeft gedurende enkele eeuwen een unieke 'praktische kennis' (*Sirhak*) gedistilleerd uit het confucianisme, boeddhisme, sjamanisme en christendom. De Sirhak-beweging heeft een even lange en opmerkelijke geschiedenis als het socialisme. Ze putte kritisch uit elke bruikbare bron, stortte zich al snel op het katholicisme vanwege de nadruk die het op gelijkheid legde en ontwikkelde uitgebreide programma's voor een ideale maatschappij, zoals in de geschriften van Yi Ik (1681-1763), auteur van het *Verslag van de zorg voor de sociaal zwakken*, en Chong Yag-yong (1762-1836), auteur van het *Ontwerp voor een goed bestuur*. De Koreanen ontlenen hun originaliteit niet zozeer aan het feit dat tussen de 25 en 30 procent van hen nu christenen zijn, als wel aan de manier waarop ze eindeloos gediscussieerd hebben over het tegelijkertijd Koreaans en 'modern' zijn.

De Japanners, om een ander voorbeeld te noemen, maakten van openheid een verfijnde kunst. Daarbij volgden ze hun traditie om van bijna alles een kunst te maken. Het proces waarbij ze de invloed van China, vervolgens van Europa en ten slotte van de VS opslorpten, was subtieler dan imitatie. Om het effect van import te verzachten, hebben ze beschermende kledinglagen aangetrokken om te voorkomen dat hun tradities beschadigd worden. Terwijl ze buitenlandse technologie opslorpen, bespotten ze zichzelf daar bijna om en doen ze oude religies herleven, poetsen die op en herscheppen die om hun geïmporteerde geloofsovertuigingen te compenseren. Het gevolg is dat ze tegelijkertijd in twee of meer werelden leven. Dit is een bijzonder interessante soort openheid, waarbij je niet opgeslokt wordt door de gast en de gast geen indringer mag worden.

Het kan zijn dat gast en gastheer elkaar verkeerd begrijpen, maar de Japanners hebben daar hard over nagedacht, net als over het probleem van communicatie. Ze ontwikkelden een ideaal van directe communicatie van geest tot geest (*isin-denishin*) – zonder woorden, die nooit voldoende zeggen – een ideaal van volmaakt begrip, bijna verwant aan telepathie, of zelfs religieuze openbaring. Soms geloven ze dat de enige met wie je effectief kunt communiceren jijzelf bent. Dat verklaart het nationale gebruik om een dagboek bij te houden, of de wijdverbreide gewoonte om te klagen dat je niet begrepen wordt en de wanhoop van jongeren die van huis weglopen. Maar in tegenstelling tot de Griekse tragedie, die klaagt over het Lot, houdt de Japanse tragedie zich meer bezig met niet begrepen worden. De etiquette vereist dat ze hun gedachten niet te direct blootleggen, want dat zou gebrek aan respect impliceren voor de gevoeligheid van degene tegen wie ze het hebben; en het is een teken van onvolwassenheid om je standpunt te bepleiten met het artillerievuur van de logica.

De imperialistische en militaristische drijfveren van Japan werden zodoende door juist het tegenovergestelde gecompenseerd: een passie voor warmte. Zijn eindeloze onderzoek naar wat het zo bijzonder en onbegrijpelijk maakt in de ogen van anderen (*nihonjinron*) en zijn imago raadselachtig zwijgzaam te zijn, worden gecompenseerd door het gevoel, zoals Suzuki Takao schreef, dat "wij Japanners onophoudelijk verlangen dat een geschikt iemand begrijpt wat we denken en wat onze ware gevoelens zijn. De wens om de instemming en goedkeuring van anderen te winnen, op de een of andere manier hun sympathie te genieten, doet zich op elk vlak van ons gedrag voor in de context van interpersoonlijke relaties." Denken dat zulke gevoelens typisch voor hen zijn, is een teken van de moeite die het kost om je in de positie van andere mensen te verplaatsen.

Door de problemen van openheid te analyseren, hebben de Japanners enkele problemen daarvan aan het licht gebracht. Ze zijn nog lang niet in staat om elk deel van de wereld te interesseren voor hun cultuur en geschiedenis. Dat bereik je niet door jezelf te karakteriseren. Dat idee bespotte de romanschrijver Natsume Soseki al in 1905, toen hij schreef: "Is de geest van Japan drie- of vierhoekig? Zoals de naam al zegt, is de Japanse geest een geest. En een geest is altijd wazig en vaag. ... Iedereen heeft ervan gehoord, maar nog niemand heeft hem ontmoet." Het is echter moeilijk om met oude gewoonten te breken. Ondanks haar lange geschiedenis is de kunst van het ontmoeten nog verre van volmaakt.

Dat hebben Kerken over de hele wereld ook laten zien, die met elkaar probeerden te praten. Onderhandelingen om hun verschillende theologische standpunten met elkaar te verzoenen hebben hen zelden veel dichter bij elkaar gebracht. Die brengen immers met zich mee dat ze hun identiteit moeten karakteriseren, wat er doorgaans toe geleid heeft dat ze strakkere grenzen trokken dan in de praktijk bestonden en de vage randen negeerden. Het eerste Wereldparlement van Religies dat in 1893 in Chicago bijeenkwam, en de Wereldraad van Kerken (gesticht in 1948) waren bijna even vruchteloos als ontwapeningsconferenties, ook al waren er enkele verzoeningen en ook al werken verschillende sekten samen op terreinen als de vertaling van de bijbel. Er is nog altijd geen teken dat er een einde is gekomen aan godsdienstoorlogen. Kerken waren als instituties net zo weinig als landen bereid hun soevereiniteit in gevaar te brengen. De grote vlaag van openheid tussen religies was hoofdzakelijk te danken aan individuen en informele groepen die de primitieve geest van de religie graag wilden doen herleven. Zij hadden geen boodschap aan de voorzichtigheid van de machthebbers en gaven uiting aan hun geloof door zich te wijden aan de minder bevoorrechten.

Maar humanitaire organisaties ontdekten snel dat ze niet immuun waren voor sektarisme en zagen zich ook in rivaliserende sekten uiteenvallen, net als de Kerken. "Als je een broederschap probeert te beginnen, wek je haat op ... de oorlogen tussen filantropen zijn de allerergste", zegt Bernard Kouchner, de oprichter van Médecins sans Frontières. "De organisatoren betwisten elkaar de controle over de slachtoffers van rampen en voeren onderlinge gevechten op leven en dood nadat ze samen hun leven op het spel gezet hebben." Alle ervaring uit het verleden bevestigt dat het delen van dezelfde overtuigingen de opmaat vormt voor geruzie over de interpretatie daarvan. Samenwerking verliep het best tussen degenen die slechts een paar doelen gemeen hebben, geen rivalen zijn en zich niet druk maken over de vraag wie de controle over wie moet hebben. Als ze van verschillende herkomst zijn en van plan terug te keren wanneer hun missie eenmaal is volbracht, is er misschien wel onenigheid, maar zijn er minder voortwoekerende vijandigheden. Intieme ontmoetingen moeten ten dele ook afstandelijk blijven.

Daarom biedt het feit dat gelovigen en ongelovigen zich voor elkaar openstellen bijzondere hoop, nu de oorlog tussen hen bijna voorbij is en de Kerken de overheid niet langer proberen te domineren en, na opnieuw arm te zijn geworden, hun aandacht op de armen richten, waarbij ze de nadruk meer op mededogen dan op dogma's leggen en meer op menselijke relaties dan op rituelen. In de praktijk komen gelovigen en ongelovigen vaak tot de ontdekking dat ze aan dezelfde kant staan wanneer ze geconfronteerd worden met geweld of onrechtvaardigheid. In zulke omstandigheden wordt het cruciale onderscheid tussen hen – geloof in God en een heilige tekst – een prikkel voor beider verbeelding, wanneer de gelovigen over hun twijfels praten en de ongelovigen nadenken over hun eigen zoektocht naar waarden. Op die manier worden ze tussenpersonen in elkaars werelden.

De muziekgeschiedenis verschaft een laatste inzicht in de manier waarop mensen beginnen te horen en te begrijpen wat de ander zegt, na eeuwenlang doof te zijn geweest voor elkaars woorden. Als religies en landen een ziel hebben, dan is muziek de lucht die ze inademen. Toch heeft geen enkel land ooit moeite gehad om uitheemse muziek te leren. Ooit weergalmde de klank van Mozart en Rossini door de wouden van Madagascar, gespeeld door een nationaal orkest dat door koning Radama was opgericht. De sultan van Turkije koos Donizetti als muzikaal leider van zijn hof. Het is zeker waar dat muziek gebruikt werd om etnische of nationale verschillen te bekrachtigen. Sommige patriottistische Afrikanen deden de uitspraak van Nietzsche dat muziek een internationale taal is af als een belediging; ze benadrukten dat het haar functie is om hen met hun eigen goden en geesten te verenigen. Maar niettemin ontmoetten de muzikale tradities van verschillende continenten elkaar, trouwden en kregen prachtkinderen. De manier waarop dit gebeurde, vormt een zeer instructieve les in de kunst van openheid.

De meest succesvolle ontmoeting tussen muzikale tradities was die tussen de muziek van Afrika, Europa en Amerika. Westerse musicologen zien in Afrikaanse muziek nu meer verscheidenheid en complexiteit dan in Europese muziek. En die diversiteit is zodanig, dat er geen basiskenmerk is dat haar tot een geheel maakt. Maar ze bevat wel elementen die pasten in bepaalde elementen van Europese gezangen en volksliedjes, en het samengaan van deze elementen bracht een nieuwe muziek voort die verenigbaar is met beide tradities. Dit is een voorbeeld van wat ik onder zielsverwanten versta: niet een tweetal dat perfect bij elkaar past en één enkel geheel wordt, maar twee verschillende wezens met bepaalde eigenschappen, zoals bepaalde moleculen die zich kunnen verenigen om iets nieuws en interessants te maken.

Een verbintenis wordt niet in eerste instantie mogelijk gemaakt door nabijheid, omdat inheemse Noord-Amerikaanse muziek zich niet verenigde met de muziek van de kolonisten. Ook niet door gelijksoortigheid: Indiase muziek heeft buitengewoon veel gemeen met Europese muziek, maar los van filmmuziek was er amper sprake van interpenetratie, omdat Indiase klassieke muziek een essentieel onderdeel is van religieuze gebeurtenissen en tempeldiensten bij de hindoes, en sterk gebaseerd op de herinnering aan beroemde componisten en bloeiende muziekscholen. In 1900 waren er in de catalogus van slechts één platenmaatschappij al vierduizend opnamen van deze muziek beschikbaar. India nam dus de muziektechnologie over van het Westen, maar niet diens klanken. Er was geen gat waar Europa in kon springen. In Iran daarentegen waren er halverwege de twintigste eeuw maar zo'n tweeduizend kenners van de klassieke muziek van dat land over, en daarom haalden de populaire componisten daar meer inspiratie uit het buitenland. Ondertussen leerden Japan en Korea hun musici zowel westerse als inheemse muziek en cultiveerden ze een tweeledig muzikaal gehoor, twee muzikale tradities naast elkaar.

Degenen die bang zijn dat openheid inheemse tradities zal vernietigen, hebben niet alleen dit tegenvoorbeeld, maar nog veel meer in Afrika. Vroeger dacht men dat Afrikaanse muziek sinds het begin der tijden niet veranderd was. Onderzoek heeft echter aangetoond dat ze een geweldige ontwikkeling heeft doorgemaakt, onafhankelijk van imperialistische druk. Zo werd de juju-muziek van de Joruba, die haar oorsprong vindt in een oudere 'palmwijnmuziek' (muziek die tijdens het drinken van palmwijn werd uitgevoerd), in de loop van de negentiende eeuw uitgebreid met Afro-Braziliaanse elementen, waarna ze teruggreep op traditionele poëzie en een breder scala van traditionele sprekende trommels toevoegde, en vervolgens soul, reggae, country-and-western en Indiase filmmuziek. De 'vader van de juju' was een Afrikaanse christelijke predikant, terwijl een van de toonaangevende vernieuwers daarvan zijn band The International Brothers noemde. Evenzo hebben historici laten zien dat 'Benni'-muziek – waarvan westerlingen dachten dat die een imitatie van henzelf was, omdat de deelnemers marine-uniformen droegen – van oude oorsprong is en nieuw leven kreeg ingeblazen door een opstand van jonge Afrikanen tegen de ouderen, waarbij ze met een zorgvuldige en veranderende kritische smaak nieuwe ideeën incorporeerden. Het Festival of Black Arts in 1977 had waarschijnlijk de grootste invloed op moderne Afrikaanse muziek. Dat bracht nieuwe contacten teweeg en nieuwe vormen van openheid onder Afrikanen die elkaar daarvóór amper kenden. In de Middeleeuwen werd de muziek van het islamitische Spanje door de troubadours naar Europa gebracht. Via hen drongen Arabische ideeën over liefde door in de westerse wereld, waar ze uiteindelijk het gedrag transformeerden van mensen die geen woord Arabisch spraken. In de twintigste eeuw hielp Afrikaanse muziek de afkeer van rassendiscriminatie te versterken. Maar muziek heeft tussenpersonen nodig om haar over grenzen heen te helpen. De meerderheid van de blanken in de vs zonderde zich af voor zwarte muziek, totdat die voor hen werd geherinterpreteerd door mensen met wie ze zich konden identificeren: dat was de prestatie van Elvis Presley en de Beatles. De moderne tussenpersonen tussen Arabische en westerse muziek moeten nog altijd hun doorbraak maken: hoewel de Tunesische zangeres Amina Annabi gekozen was om Frankrijk te vertegenwoordigen tijdens het Eurovisiesongfestival van 1991, had ze meer succes in Japan. De spanning tussen moslims en Europeanen is nog te groot. Mensen kunnen niet gedwongen worden zich open te stellen zolang hun herinneringen star blijven.

Denken
Sophie de Mijolla-Mellor, *Le Plaisir de pensée*, PUF, 1992; Mary Warnock, *Imagination*, Faber, 1976; David Cohen & S.A. MacKeith, *The Development of Imagination: The Private Worlds of Children*, Routledge, 1991; Senko Kurmiya Maynard, *Japanese Conversation*, Ablex, Norwood, NJ, 1989; Lee N. Robins & Michael Rutter, *Straight and Devious Pathways from Childhood to Adulthood*, Cambridge UP, 1990; Douglas Robinson, *American Apocalypses*, Johns Hopkins UP, Baltimore 1988; Frank L. Borchardt, *Doomsday Speculations as a Strategy of Persuasion*, Edwin Mellen, Lampeter, 1990; Doris B. Wallace & H.E. Gruber, *Creative People at Work*, Oxford UP, NY, 1989; Barbara Rogoff, *Apprenticeship in Thinking*, Oxford UP, 1991; Hanna Arendt, *The Life of the Mind*, Secker & Warburg, 1978; Linda Silka, *Intuitive Judgements of Change*, Springer, NY, 1989; Jurgen T. Rehm, *Intuitive Predictions and Professional Forecasts*, Pergamon, 1990; Weston H. Agar, *Intuition in Organisations*, Sage, 1989; D. Kahneman, P. Slovic & A. Tversky, *Judgement under Uncertainty: Heuristics and Biases*, Cambridge UP, 1982; David Le Breton, *Passions du risque*, Metaile, 1991; Margaret Donaldson, *Human Minds*, Allen Lane, 1992; Dan Sperber

& Deirdre Wilson, *Relevance: Communication and Cognition*, Blackwell, Oxford, 1986; Dan Sperber, *Rethinking Symbolism*, Cambridge UP, 1975; Dan Sperber 'The Epidemiology of Beliefs', in C. Fraser & G. Gaskell, *The Social Psychological Study of Widespread Beliefs*, Oxford UP, 1990.

Betrekkingen tussen Oost en West
M.E. Marty & R.S. Appleby, *The Fundamentalism Project*, 3 vols., Chicago UP, 1993; Denis MacEoin & Ahmed El Shahy, *Islam in the Modern World*, Croom Helm, 1983; Henri Corbin, *Histoire de la philosophie islamique*, Gallimard, 1964; Gilles Keppel, *Les Banlieues de l'Islam*, Seuil, 1987; Henri Laoust, *Les Schismes de l'islam*, Payot, 1965; Anne Marie Schimmel, *I am Wind, You are Fire: The Life and Work of Rumi*, Shambhala, Boston, 1992; Patricia Crone, *Meccan Trade and the Rise of Islam*, Blackwell, Oxford, 1987; Richard W. Bulliet, *Conversion to Islam in the Medieval Period*, Havard UP, 1979; Henri La Bastide, *Les Quatres voyages*, Rocher, 1985; G.E. von Grunebaum, *Unity and Variety in Muslim Civilisation*, Chicago UP, 1955; R.M. Savory, *Introduction to Islamic Civilisation*, Cambridge UP, 1976; Bernard Lewis, *The Muslim Discovery of Europe*, Weidenfeld, 1982; J. Berque & J.P. Charnay, *Normes et valeurs dans l'Islam contemporain*, Payot, 1966; J. Berque & J.P. Charnay, *l'Ambivalence dans la culture arabe*, Anthropos 1967; M.R. Woodward, *Islam in Java*, Arizona UP, 1989; Denys Lombard, *Le Carrefour javanais*, 3 vols., EHESS, 1990; Malcolm Wagstaff, *Aspects of Religion in Secular Turkey*, Durham University, 1990; Bernard Lewis, *The Emergence of Modern Turkey*, Oxford UP, 1968; Nehemiah Levtzion, *Conversion to Islam*, Holmes & Meyer, 1979; Sigrid Hunke, *Le Soleil d'Allah brille sur l'Occident*, Albin Michel, 1963; Jacques Gernet, *Le Monde chinois*, Armand Colin, 1972; Jacques Gernet, *Chine et christianisme*, Gallimard, 1982; Joanna F. Handlin, *Action in Late Ming Throught: The Reorientation of Lu K'un and other Scholar Officials*, California UP, 1983; Hung Ying-ming, *The Roots of Wisdom: Saikuntan*, Kodansha, Tokyo, 1985; Mark Elvin, *The Pattern of the Chinese Past*, Eyre Methuen, 1973; Mark Elvin & G.W. Skinner, *The Chinese City Between Two Worlds*, Stanford UP, 1974; J. Baird Callicott & Roger T. Ames, *Nature in Asian Traditions of Thought*, State University of NY Press, 1989; K. Schipper, *Le Corps taoiste*, Fayard, 1982; S.A.M. Adshead, *China in World History*, Macmillan, 1988; S.A.M. Adshead, *Central Asia in World History*, Macmillan, 1993; Tu Wei-Ming, *Confucian Thought: Selfhood as Creative Transformation*, State University of NY Press, 1985; H. Nakamura, *Ways of Thinking of Eastern Peoples*, Hawaii UP, 1984; Joseph Need-

ham, *Science and Civilisation in China*, Cambridge UP, 1954-78; Henry Holorenshaw, 'The Making of an Honorary Taoist' in M. Teich (ed.), *Changing Perspectives in the History of Science*, Heinemann, 1973; K.G. Temple, *China: Land of Discovery*, Multimedia, 1986; Marcel Granet, *La Pensée chinoise*, Albin Michel, 1988; L. Carrington Goodrich, *Dictionary of Ming Biography*, Colombia UP, 1976; Harvey Fox, *Turning East: The Promise and Peril of the New Orientalism*, Allen Lane, 1977; W.D. O'Flaherty, *The Origin of Evil in Hindu Mythology*, California UP, 1976; W.D. O'Flaherty, *Dreams, Illusions and Other Realities*, Chicago UP, 1984; Daniel Gold, *The Lord as Guru*, Oxford UP, NY, 1987; Abbé Pierre & Bernard Kouchner, *Dieu et les hommes*, Laffont, 1993; ; John B. Cobb, jr., *The Emptying God: A Buddhist-Jewish-Christian Conversation*, Orbis, NY, 1990; Peter K.H. Lee, *Confucian-Christian Encounters*, Edwin Mellen Press, Lampeter, 1991; Rodney L. Taylor, *The Religious Dimensions of Confucianism*, State University of NY Press, 1990; Albert H. Friedlander, *A Thread of Gold: Journeys Towards Reconciliation*, SCM Press en Trinity Philadelphia, 1990; Leonard Swidler, *Muslims in Dialogue*, Edwin Mellen, Lampeter/Lewiston, 1992; Robert J. Sternberg, *Wisdom: Its Nature, Origin and Development*, Cambridge UP 1990; John Hick & Hasan Ascari, *The Experience of Religious Diversity*, Avebury Aldershot, 1985; Unni Wikkan, *Managing Turbulent Hearts: A Balinese Formula for Living*, Chicago UP, 1990; L. Swidlir & P. Mojzes, *Attitudes of Religions and Ideologies Towards the Outsider*, Edwin Mullen, Lampeter/Lewiston, 1990; Kenneth Cragg, *To Meet and To Greet: Faith with Faith*, Epworth, 1992; Peter N. Dale, *The Myth of Japanese Uniqueness*, Croom Helm, 1986; J. Eckert, *Korea Old and New*, Ilchokak, Seoul, 1990; Ki-baik Lee, *A New History of Korea*, Harvard UP, 1984; Martina Deuchler, *The Confucian Transformation of Korea*, Harvard UP, 1992; In-sob Zong, *A Guide to Korean Literature*, Hollym, Seoul, 1982.

Wereldmuziek
Irene V. Jackson, *More than Drumming: Essays on African and AfroLatin American Music and Musicians*, Greenwood, Westport, 1985; Bruno Nettl, *The Western Impact on World Music*, Schirmer, NY, 1986; Deanna Campbell Robinson, *Music at the Margins: Poplar Music and Global Cultural Diversity*, Sage, 1991; Marcia Herndon & Susanne Ziegler, *Music, Gender and Culture*, Florian Noetzel, Wilhelmshaven, 1990; Jean-Pierre Arnaud, *Freud, Wittgenstein et la musique*, PUF, 1990; Christopher Page, *The Owl and the Nightingale: Musical Life and Ideas in France 1110—1300*, California UP, 1990; William P. Malm, *Japanese Music and Musical Instruments*, Tuttle, Tokyo, 1959; Daniel

M. Neuman, *The Life of Music in North India*, Chicago UP, 1980; Judith Hanna, *To Dance is Human*, Texas UP, 1979; John A. Sloboda, *The Musical Mind*, Oxford UP, 1985; Philip Sweeney, *The Virgin Directory of World Music*, Virgin Books, 1991.

25

Wat er mogelijk wordt als zielsverwanten elkaar ontmoeten

Het doel dat de mensheid zich het langst heeft gesteld was meer menselijkheid voort te brengen. Ooit betekende dat zoveel mogelijk kinderen te hebben, maar inmiddels is de mate waarin je kinderen vriendelijk bejegent belangrijker geworden dan hun aantal. Tegenwoordig is menselijkheid bovenal het ideaal van zorg en vriendelijkheid, dat zich uitstrekt tot elke leeftijd en elk levend wezen. De eerste rommelende geluiden van deze historische aardverschuiving werden vele eeuwen geleden al gehoord, maar nu worden grote delen van de wereld erdoor aan het schudden gebracht.

Het is moeilijk voor mensen om zich een voorstelling te maken van de vorm die een renaissance zou aannemen die op zo'n fundament is gebouwd, omdat ze nooit in staat zijn geweest een nieuwe kijk op de toekomst te hebben zonder eerst hun idee over het verleden te herzien. De bril die ik mijn lezers heb voorgehouden, is bedoeld om zo'n herziening te vergemakkelijken, om te laten zien dat de geschiedenis niet hoefde te verlopen zoals die verlopen is en dat wat nu bestaat niet het logische gevolg daarvan is. Waar de geschiedenis een dwangbuis is, bestaat geen vrijheid. Ik heb dit boek geschreven om menselijke ervaringen aan te reiken als bron waaraan een gevoel van richting ontleend kan worden, zonder ook maar enige onvermijdelijkheid of noodzakelijkheid te impliceren, want het maakt ook een enorme reeks alternatieven zichtbaar.

Ik zie de mensheid als een familie die elkaar nauwelijks heeft ontmoet. De ontmoeting van mensen, lichamen, gedachten, emoties of handelingen zie ik als het begin van de meeste veranderingen. Elke verbinding die door een ontmoeting wordt gevormd, is als een flinterdunne draad. Als die allemaal zichtbaar waren, dan zou de wereld eruitzien alsof hij met rag was bedekt. Elk individu is losjes of hecht verbonden met anderen door een unieke combinatie van flinterdunne draden, die zich over de grenzen van ruimte en tijd heen uitstrekken. Met behulp van heterogene elementen die van andere individuen worden overgenomen, voegt elk individu vroegere banden, huidige behoeften en toekomstvisies samen tot een web met verschillende contouren. De energie van de mensheid werd voornamelijk door dit voortdurende geven en nemen geprikkeld. Als mensen eenmaal inzien dat ze elkaar beïnvloeden, kunnen ze niet enkel slachtoffers zijn. Iedereen, hoe bescheiden ook, wordt dan iemand die in staat is de vorm van de werkelijkheid te veranderen, hoe minutieus ook. Nieuwe opvattingen worden niet bij wet afgekondigd, maar verspreiden zich bijna als een infectie van de ene persoon naar de andere.

De discussie over hoe je een beter leven kunt verwerven, of dat moet door middel van individuele inspanning of door middel van collectieve actie, heeft geen zin meer. Het gaat hier immers om twee kanten van dezelfde medaille. Het is moeilijk iets te doen zonder hulp of inspiratie van buiten jezelf. Individuele krachtsinspanningen waren tegelijkertijd collectieve. Met alle grote protestbewegingen tegen minachting, segregatie en uitsluiting is een oneindig aantal persoonlijke handelingen van individuen gemoeid. Zij brengen een kleine verandering aan in het geheel door wat ze van elkaar leren en door de manier waarop ze anderen bejegenen. Als je je geïsoleerd voelt, dan ben je je niet bewust van de flinterdunne draden die jou verbinden met het verleden en met delen van de aardbol die je misschien nooit gezien hebt.

Het tijdperk van de ontdekking is amper begonnen. Tot dusver besteedden individuen meer tijd aan pogingen om zichzelf te begrijpen dan aan het ontdekken van anderen. Maar nu breidt nieuwsgierigheid zich uit als nooit tevoren. Zelfs degenen die nooit een voet buiten hun geboorteland hebben gezet, zijn in hun verbeelding eeuwige zwervers. Dat je in alle landen van de wereld en in alle rangen en standen iemand kent, is weldra wellicht de minimale eis van mensen die ten volle willen ervaren wat het betekent om te leven. De ragfijne wereld van intieme relaties is in verschillende gradaties gescheiden van de territoriale wereld, waarin mensen geïdentificeerd worden op grond van waar ze wonen en werken, op grond van wie ze moeten gehoorzamen, op grond van hun paspoorten of banktegoeden. De opkomst van het christendom en andere religieuze be-

De ontmoetingskunst 467

wegingen in het Romeinse Rijk is een voorbeeld van een nieuw rag dat zich uitspreidt over een beschaving in verval. Hoewel keizers en legers ogenschijnlijk bevelen bleven geven alsof er niets veranderd was, zochten individuen troost bij elkaar omdat ze het gevoel hadden dat officiële instituties niet langer tegemoetkwamen aan hun behoeften. Tegenwoordig vindt er een gelijksoortige aandachtsverschuiving plaats: onzichtbare draden beginnen de aarde opnieuw kriskras te doorkruisen en verenigen individuen die op grond van alle conventionele criteria van elkaar verschillen, maar die tot de ontdekking komen dat ze gemeenschappelijke aspiraties hebben. Toen landen gevormd werden, was het de bedoeling dat alle draden op een centraal punt bij elkaar kwamen. Nu is er geen centrum meer. Mensen zijn vrij om wie dan ook te ontmoeten.

Maar gesteld dat iedereen de mensen van zijn dromen zou ontmoeten, dan zou dat nog niet betekenen dat alle ongenoegens als sneeuw voor de zon verdwenen. Zielsverwanten hebben vaak een tragische geschiedenis gehad. De ontmoeting met God belette vrome mensen er niet van om in Zijn naam wreedheden te begaan. Vriendschappen degenereerden vaak tot een vruchteloze routine. De meeste levens kwamen aan het begin van de volwassenheid tot stilstand, waarna nieuwe ontmoetingen niets nieuws meer opleverden. Degenen die het meest te lijden hadden onder zo'n stilgevallen ontwikkeling, wijdden zich aan de misdaad en raakten geïnteresseerd in niemand anders dan zichzelf, wat het definitieve bankroet van de verbeelding betekent.

Desondanks is de verbeelding niet gedoemd te verstarren. Wederzijdse ontdekking heeft mensen er vaak toe gebracht om evenveel belangstelling te hebben voor elkaar als voor zichzelf. Zich nuttig maken voor zijn medemens werd van tijd tot tijd als een veel bevredigender genoegen gezien dan het najagen van eigenbelang, hoewel dat genoegen steeds delicater wordt, gehinderd door steeds ingewikkelder gevoeligheden. Bepaalde relaties zijn gevestigd die verdergaan dan de overtuiging dat mensen eigenlijk dieren zijn, of machines, of levenslange invaliden die permanente medische zorg nodig hebben. Maar de ontmoetingskunst staat nog in de kinderschoenen.

Een nieuw tijdperk brengt altijd een nieuw soort held met zich mee. Vroeger bewonderden mensen helden omdat ze een lage dunk van zichzelf hadden; slechts weinigen geloofden dat ze persoonlijk in staat waren helden te zijn. Maar ze hebben hun helden ook herhaaldelijk als bedriegers ontmaskerd, en de meeste pogingen om nieuwe soorten helden te bedenken liepen op een teleurstelling uit. Machiavelli's held was te gevoelloos en die van Gracian had te veel pretentie.

Het romantische idool was aantrekkelijk, maar ging zover in zijn gevoeligheid dat het zelfkwelling werd. De Held van de Sovjet-Unie was een workaholic die uiteindelijk het gevoel had er ingeluisd te zijn. Eens waren helden veroveraars. Maar onderwerpen is niet langer bewonderenswaardig, en degenen die bevelen geven, worden nu minder gewaardeerd dan degenen die aanmoedigen. Een succesvolle carrière is niet langer voldoende om iemand een held te maken, omdat er nu evenveel waarde gehecht wordt aan het privé-leven als aan publieke prestaties. Religie kan enkele enthousiastelingen nog steeds warm maken voor het martelaarschap, maar slechts weinigen kiezen ervoor om heilige te worden. De charismatische redenaar en de revolutionaire leider worden steeds meer met achterdocht bekeken, want de wereld krijgt genoeg van gebroken beloften en wil liever iemand die luistert.

"Gelukkig is het land dat geen helden nodig heeft", zei Brecht. Nee, ze zullen gemist worden als ze verdwijnen. Maar te veel zagen zichzelf voor goden aan. Er was een tekort aan bescheiden helden. Daarom werden antihelden uitgevonden, die nooit teleur konden stellen. Tegenwoordig is een held niet zozeer iemand die anderen het goede voorbeeld geeft, want de ideale relatie brengt met zich mee dat partners elkaar wederzijds intenser doen leven. Helden moeten in staat zijn om zowel te ontvangen als te geven, omdat invloed die slechts één richting uitgaat kan ontmoedigen of bezoedelen. Om profijt te hebben van een held moet je zelf ook een beetje een held zijn. Je moet moed hebben. De relatie tussen helden is een uitwisseling van moed. Helden moeten tussenpersonen zijn, die de wereld voor elkaar toegankelijk maken. Het ligt binnen ieders bereik om een tussenpersoon te zijn die niet bedriegt.

Maar het is niet voldoende om je slechts te richten op de minieme synapsen van persoonlijke ontmoetingen. Als nooit tevoren is het mogelijk geworden om je aandacht uit te laten gaan naar wat er in elk deel van de aardbol gebeurt. Mensen hebben allemaal een persoonlijk blikveld en durven daar doorgaans niet overheen te kijken. Maar soms wagen ze zich wel verder, en dan schiet hun gebruikelijke manier van denken tekort. Tegenwoordig worden ze zich steeds meer bewust van het bestaan van andere beschavingen. In zulke omstandigheden gaan oude problemen er nieuw uitzien, omdat ze deel blijken uit te maken van grotere problemen. De verschuiving van de belangstelling, weg van nationale kibbelarijen naar brede humanitaire en milieuaangelegenheden, is een teken van de drang om oude obsessies te ontvluchten, alle verschillende dimensies van de werkelijkheid in het oog te houden en je tegelijkertijd te richten op het per-

soonlijke, het plaatselijke en het universele.
   Rechtvaardigheid – de oudste droom van de mensheid – is ongrijpbaar gebleven, omdat de kunst om rechtvaardig te zijn slechts geleidelijk aan geleerd wordt. Vroeger was rechtvaardigheid blind, niet in staat de menselijkheid te onderkennen die ieder mens in zich heeft. Tegenwoordig is ze eenogig en richt ze zich kleingeestig op het principe van de onpersoonlijkheid, dringt iedereen dezelfde regels op om nepotisme en vriendjespolitiek te vermijden, maar is niet in staat te zien wat mensen voelen als ze onpersoonlijk en kil behandeld worden, hoe rechtvaardig of efficiënt ook. De onpersoonlijke financiële compensaties van de verzorgingsstaat waren niet in staat de wonden van oneerlijkheid te genezen. Niets kan immers in voldoende mate een verwoest leven compenseren, en al helemaal niet als zelfs in de vs, dat patent heeft op efficiency, zeven dollar belasting nodig is om de armen per persoon één dollar extra aan inkomen te geven. Alleen als je beide ogen open hebt, kun je zien dat mensen niet alleen maar voedsel, onderdak, gezondheid en scholing nodig hebben, maar ook werk dat niet afstompt en relaties die meer doen dan de eenzaamheid buiten de deur houden. Mensen hebben het nodig om als personen erkend te worden. Dit boek is een geschiedenis van personen.
   De mensheid kan pas een bevredigend gevoel van richting krijgen als ze haar prestaties kan berekenen met behulp van een economie die over personen gaat zoals ze werkelijk zijn, die in haar calculaties irrationeel en altruïstisch gedrag incorporeert, die er niet van uitgaat dat mensen altijd in wezen egoïstisch zijn en die begrijpt dat zelfs in de materiële wereld succes niet behaald wordt door uitsluitend het eigenbelang na te jagen. Deze twee-ogige economie is bezig geboren te worden, net als een twee-ogige politiek. Die houdt zich er niet simpelweg mee bezig om de meerderheid de overwinning te geven, maar om de verliezers wederzijds aanvaardbare alternatieve overwinningen te bieden en zonder afgunst de koestering van veelsoortige banden te stimuleren.
   Religie was altijd twee-ogig, in wezen universeel. Ze omvatte zowel het materiële als het spirituele en zorgde voor een evenwicht tussen persoonlijke verlossing en respect voor anderen, hoewel veel gelovigen ervoor kozen om eenogig te zijn en slechts hun eigen waarheid te zien. In de twaalfde eeuw zei Maimonides dat alle mensen erop konden rekenen in de hemel te komen, welke theologische opvattingen ze ook hadden, mits ze zich fatsoenlijk gedroegen en de "Zeven Wetten van Noach" aanvaardden, die de vader was van iedereen toen "de hele aarde één taal en één spraak kende", en wiens

wetten niet meer verlangden dan respect voor anderen. Joden waren het ermee eens dat een moslim of christen 'rechtschapen' kon zijn. Je herontdekt het universele wezen van religie als je eraan denkt dat een doctrine verdeelt en een daad verenigt. Of dat yin en yang niet tegengesteld zijn, maar in wisselwerking staan. Of dat de devotie van de hindoes (*bhakti*) met zich meebrengt dat je leert om te luisteren en je te ontfermen. Of, zoals de rabbijn van Warschau verklaarde voordat zijn gemeenschap vernietigd werd, dat niemand alleen is – *yahid* (eenzaam) en *yahad* (samen) verschillen slechts één letter. De ontdekking van dingen die verenigbaar zijn over de grenzen van het dogma heen is het volgende agendapunt voor gelovigen en ongelovigen die niet in de war gebracht willen worden door de verschillende metaforen die elk stelsel van overtuigingen hanteert. We kunnen de geesten uit het verleden nuttig werk laten doen; ze hoeven geen ravage aan te richten.

Maar zolang elk deel van de mensheid vergeet dat zoeken naar respect een universele bezigheid is en zolang het uitsluitend voor zichzelf respect opeist, zullen de resultaten middelmatig zijn, net zoals dat in het verleden het geval was. De traditionele methoden van agitatie, wetgeving en geleidelijke infiltratie in machtsposities waren nooit voldoende om mentaliteiten te veranderen. Vrouwen die zich een weg baanden in beroepen waar ze vroeger geen toegang toe hadden, moesten doorgaans de regels aanvaarden van degenen die al aan de macht waren en die alleen concessies doen op voorwaarde dat de nieuwkomers het spel min of meer spelen zoals het altijd gespeeld is. Bovendien zijn economische onafhankelijkheid, het recht om te werken en gelijke betaling geen doelen op zich, maar een middel om tot een volmaakter leven te komen; de meeste banen waren echter niet bedoeld om dat te stimuleren. Achter de strijd om de macht ligt de mogelijkheid om zelfrespect te zoeken door anderen te helpen elkaar te respecteren.

Ik heb geprobeerd een basis te verschaffen, niet voor een zich terugtrekken uit het openbare leven in private zelfgeobsedeerdheid, maar voor een besef van wat onmiskenbaar algemeen is, wat mensen delen. Het unieke van deze tijd is dat de mensheid in bijna elk deel van de aardbol zich nooit zo bewust is geweest van het primaat van haar intieme aangelegenheden en zich daar nooit zo openlijk over heeft uitgelaten. Door te zoeken naar wat we ondanks onze verschillen gemeen hebben, ontdekken we nieuwe uitgangspunten.

"Mijn leven is een mislukking." Dat waren de woorden waarmee ik dit boek begon. Ik eindig met het verhaal van een moordenaar die

die zin vele malen herhaalde, totdat op een dag...

Een halve minuut is voldoende om een schijnbaar gewoon iemand te transformeren tot een voorwerp van haat, een vijand van de mensheid. Hij pleegde een moord en werd veroordeeld tot levenslange gevangenisstraf. In zijn troosteloze gevangenis was vervolgens een halve minuut voldoende om hem opnieuw te transformeren, ditmaal tot een held. Hij redde het leven van een man, waarna zijn straf werd kwijtgescholden. Maar toen hij thuiskwam, ontdekte hij dat zijn vrouw met iemand anders samenleefde, en zijn dochter had nog nooit van hem gehoord. Hij was ongewenst, en dus besloot hij dat hij net zo goed dood kon zijn.

Zijn zelfmoordpoging was ook een mislukking. Een monnik die aan zijn bed geroepen werd, zei tegen hem: "Je verhaal is angstaanjagend, maar ik kan niets voor je doen. Mijn eigen familie is rijk, maar ik deed afstand van mijn erfenis en heb alleen maar schulden. Alles wat ik heb, geef ik uit aan het zoeken van onderdak voor daklozen. Ik kan je niets geven. Jij wilt sterven, en niets kan jou daarvan weerhouden. Maar voordat je zelfmoord pleegt, kom hier en geef me een hand. Daarna kun je doen wat je wilt."

Deze woorden veranderden de wereld van de moordenaar. Iemand had hem nodig. Uiteindelijk was hij niet langer overbodig en een wegwerpartikel. Hij stemde ermee in om te helpen. Ook voor de monnik was de wereld nooit meer dezelfde. Hij had zich overweldigd gevoeld door het vele lijden om zich heen, waar hij met al zijn inspanningen slechts een heel klein beetje aan kon veranderen. De toevallige ontmoeting met de moordenaar bracht hem op een gedachte die uiteindelijk zijn hele toekomst zou bepalen: geconfronteerd met iemand in nood, had hij hem niets gegeven, maar in plaats daarvan iets van hem gevraagd. Later zei de moordenaar tegen de monnik: "Als je me geld, een kamer of een baan had gegeven, zou ik mijn misdadige leven weer hebben opgepakt en iemand anders vermoord hebben. Maar jij had me nodig." Zo werd de Emmaüsbeweging van Abbé Pierre voor de allerarmsten geboren, uit een ontmoeting tussen twee totaal verschillende individuen die een vlam in elkaars hart ontstaken. Deze twee mannen waren geen zielsverwanten in de gewone, romantische betekenis van dat woord, maar ieder heeft aan de ander het richtinggevoel te danken dat een leidraad vormt voor hun huidige leven.

Het ligt in het vermogen van iedereen die een klein beetje moed heeft om een hand uit te steken naar iemand die anders is, om te luisteren en om te proberen de hoeveelheid vriendelijkheid en menselijkheid in de wereld te vergroten, al is het maar een beetje. Maar het is roekeloos om dat te doen zonder eraan te denken hoe eerdere pogingen op een mislukking uitliepen en dat het nooit mogelijk was om met zekerheid te voorspellen hoe een mens zich zal gedragen. De geschiedenis, met haar eindeloze stoet voorbijgangers, van wie de meeste ontmoetingen gemiste kansen waren, was tot dusver grotendeels een kroniek van verspilde talenten. Maar de volgende keer dat twee mensen elkaar ontmoeten, zou het resultaat anders kunnen zijn. Dat is de oorsprong van angst, maar ook van hoop, en hoop is de oorsprong van de mensheid.

Dankwoord

Dit boek is totstandgekomen dankzij de hulp, stimulans en aanmoediging van vele mensen. Graag wil ik al diegenen bedanken die met mij over hun levenservaring hebben gesproken. Ieder heeft op een andere manier mijn respect voor de menselijke soort vergroot. Mijn collega's van St Antony's College, Oxford, zijn erg vriendelijk voor me geweest en maakten mij onbeperkt deelgenoot van hun eruditie. Journalisten in verschillende landen, die veel meer weten dan ze openlijk zeggen of schrijven, waren gulle gevers van waardevolle suggesties tijdens mijn plaatselijke onderzoeken. Na een zeer groot deel van mijn leven te hebben besteed aan het lezen van boeken, ben ik andere auteurs oneindig veel verschuldigd, evenals de bibliothecarissen en boekhandelaars die me hebben geholpen om ze te vinden. Ik heb veel te danken aan de zakenlieden, vrijwilligersorganisaties, politici en overheidsfunctionarissen die me uitnodigden om hun doelen of strategieën met hen te bespreken en mij aldus in staat stelden werelden binnen te gaan die normaal gesproken gesloten zijn voor buitenstaanders en uit de eerste hand de praktische problemen te vernemen waar je met boekenkennis nooit helemaal vat op krijgt. Publiceren werd voor mij een plezier door toedoen van Christopher Sinclair-Stevenson, Claude Durand, Hugh Van Dusen, Christopher MacLehose, Jean-Bernard Blandinier, Eric Diacon, Roger Cazalet, Andrew Nurnberg en Robin Straus, evenals Edith McMorran en Louise Allen. Van de discussies met Christina Hardyment heb ik enorm veel profijt gehad. En zoals altijd was mijn vrouw Deirdre Wilson onvermoeibaar en genereus met haar ideeën en aanmoedigingen. Ik weet niet waarom mensen zeggen dat schrijven een eenzame bezigheid is.

Index

À Suivre 412
Abduh, Muhhamad, moefti van Caïro 452
Abul Farag al Isfahani 80
Abu Hanifah 449
Abu Mashoor 341
Abu Nawas 123
Acteurs 186
Adab (betamelijkheid) 266
Addison, ziekte van 289
Adolescentie 372
Adoptie 390, 370
Affectie 30, 36, 114, 133, 136, 87, 363, 379, 382
Afspraakjes 118-120
Agressie 137, 139-41, 176, 204-20, 227
Ahnef, Al Abbas b. Al 79
Aids 69, 75, 126, 172
Alberoni, Francesco 320
Alcohol 231, 232, 296
Alcott, William 117
Alexander de Grote 125, 289
Alger, Horatio 125
Algren, Nelson 276
Almack's (gemengde club) 329
Althusser, Louis 208
Ambitie 23, 147-65, 168, 384
Amis, Martin 409
Amnesty International 330, 335
Anatomie 195-6
Andersen, Hans Christian 125
Androgynie 207
Angst 7, 56, 76, 82, 102, 166, 169-72, 176-79, 197, 320
    overwinnen van 49
    revolutie tegen 174
    voor de duivel 173
    voor eenzaamheid 59
Animeermeisjes 86
Animositeit 261
Annabi, Amina 461
Anselmus, aartsbisschop van Canterbury 122
Antihelden 468
Antonius, H. 61

Aquino, H. Thomas van 154,
265, 367, 450
Arabieren
 fundamentalisme 454
 gastvrijheid 438
 liefde 78, 125
 idealisering van vrouwen 83
 wetenschap 341-3, 420
Arago, François 200
Archimedes van Syracuse 162
Argentijnse moeders 385
Aristocraten 46
Aristoteles 289, 322
Armoede 247, 295, 384
Asjoka, keizer van India 263, 271
Assyriërs 244, 362
Astrologie 335-344
Attalah, Naim 423
Avicenna (Ibn Sina) 450
Azraqite-sekte 450
Azteken 230

Babyloniërs 319, 339
Bacchus 417
Bacon, Francis 124
Badinter, Elisabeth 207, 208
Balzac, Honoré de 366, 455
Bangwa (stam uit Kameroen) 323
Bannelingen 258
Barthes, Roland 290
Basilius de Grote 245
Bataille, Emmanuelle 189
Baudelaire, Charles 208, 233
Baum, L. Frank 294
Beatles 461
Beauvoir, Simone de 60, 207-9,
274-6, 279
 De tweede sekse 276
Bedin, Martine 316
Begrip 444
Belley, John 330
Bemiddelaars 45, 51, 153-5, 159-
62, 468 (zie ook tussenpersonen)
Benkert, K.M. 124
Benni-muziek 460
Berosus 340
Berzelius, baron J.J. 155
Beschaving 47-8, 138, 172, 266,
433, 468
Beschroomdheid 149, 154
Bevoorrechten 274
Biecht 365
Bijgeloof 350
Blake, William 131
Blaska, Felix 397
Bloch, Ivan S. 213
Bloedbroederschap 387
Blondel, Michèle 222, 225
Boeddha 61, 251, 263
Boeddhisme 271, 446, 448
Bossuet, bisschop 66
Boswell, James 38
Bourgeois, Louise 225
Bourgogne, Ghislaine 335
Bovennatuurlijke krachten 173
Brecht, Bertolt 468
Brillat-Savarin, A. 95
Broederlijkheid 317
Broederschapsbanden 388
Brunhilde 387
Brussel 114
Burd, Bashar b. 79
Bureaucratie 9, 11, 443-4
Burton, Sir Richard 309-12
Byzantium 8, 334

Caesar, Julius 125
Calvijn, Johannes 210
Camarada 321
Camus 207
Canada 115
Canova, Antonio 122
Cardano, Girolamo 64

Carnegie, Dale 319, 320
Carvaggio, Michelangelo Merisi
  da 124
Castraten 122
Castrillo, Alonso de 13
Cellini, Benvenuto 65
Chabrol, Anne 412
Chang Tsang 97
Charisma 204
Chichisveo 37
Chimpansees 139
China 160, 243, 420, 443-449
  eten 95
  en Europa 446
  pornografie 100
  seksualiteit 97, 102, 352, 447
Chong Yag-yong 456
Christelijke fundamentalisten 455
Christendom 131, 142, 388, 416,
  450, 455
Christie, John 68
CIA (Central Intelligence Agency) 212
Citroën 335
Cixous, Hélène 208
Claustrofobie 180
Cocaïne 232
Cognac 22
Cohn-Bendit, Daniel 236, 257
Colé, Gérard 221
Collard, Cyril 126-8
Colette, Sidonie Gabrielle 153
Columbus, Christopher 341
Communicatie 17, 252, 279, 325,
  393, 457
Communisme 210, 231, 388,
  432, 455
Compradors 160
Confucianisme 446
Confucius 243, 364, 448
Congrespartij 269

Consumptiemaatschappij 110,
  274, 292-8
Conversatie 22-42, 76, 90, 112,
  115, 307, 376, 444
Corax 33
Cortés 209
Creativiteit 93, 422
Crescentini 122
Creveld, Martin van 213
Crick, Francis 369
Culpepper, Nicholas 97
Curie, Marie 23

Dankbaarheid 365
Dante Alighieri 455
Dapperen 154
Darwin, Charles 15, 176, 199
Dating 118
Daud van Isfahan 81
Davis, Angela 375
De la Paz, Maria Antonia de San
  José 62
Dean, James 126
Delcroix, Catherine 150
Democratie 14, 33, 131-46, 157,
  171, 205
Deneuve, Catherine 206
Depressie 181
Des Femmes 206
Descartes, René 191, 200
Dialoog 33
Dickens, Charles 385
Diderot, Denis 101, 193
Dienstverlening 157
Dieren 115, 136-37, 193
Dimishqi, Ja'far b. Ali ad- 156
Discriminatie 204
Disraeli, Benjamin 39
Dissident 431
Djengis Khan 260
Dogmatisme 210, 257, 262, 441,
  451

Domesticatie 137
Don Juan 121
Doodseskaders 385
Doodstraf 330
Dostojevski, Fyodor 62
Dragomans 160
Dreyfus, Alfred 215
Dromen 131
Drugs 230
Duitse Democratische Republiek 219
Duitse romantische dichters 75
Duivel 173
Duizend-en-één-nacht 76
Dulles, John Foster 216
Duncan, Isadora 225
Dürer, Albrecht 173

Eenzaamheid 55, 59, 63, 66-7, 434
Efficiency 247, 469
Einstein, Albert 198, 455
Elite 49-54, 150, 153
Elizabeth I, koningin 122, 135
Elle 274, 412
Emmaüsbeweging 471
Emotie 82, 90, 251
Enkidu 319
Enzymen 161
Equitable Life 175
Erasmus, Desiderius 191
Erikson, Erik 380
Escapisten 226-9, 233-4
Eten 92-6, 98, 103
Ethische inquisitie 365
Etiquette 120, 365, 417, 457
    boeken 35
Eunuch-slaven 10
Excentriciteit 67
Exhibitionisme 86
Expedities 307

F Magazine 276
Faalangst 167, 410
Fabiola 245
Fansuri, Hamzah 453
Fantasie 82
Fastfood 95
Fatima 452
Fell, Margaret 329
Feminisme 41, 60, 110, 142, 204-11, 331, 413, 470
Feministen 60, 89, 110, 206-7, 240
Femme 277
Fernandez, Dominique 123
Feyerabend, Paul 339
Filantropie 249
Finkielkraut, Alain 276
Finland 31
Fisher, Mary 329
Fitoussi, Michelle 349
Flirten 102
Fontenelle, Bernard le Bovier de 155
Forsskal, Peter 308
Forster, George 200
Fouque, Antoinette 204-11
Fox, George 329
Française des Jeux 222
Franciscus van Assisi, H. 241, 265, 379, 455
Franse Revolutie 157, 210, 388, 406
Freud, Sigmund 15, 19, 92, 124, 125, 132, 380, 442
Fry, Elizabeth 330
Fundamentalisme 226, 262, 452, 453, 455

Gaab, Marie-Thérèse 236
Galenus Galen, Claudius 194
Gallimard 208
Galton, Francis 367

Gandhi, M.K. 266, 267, 270
Garvey, Marcus 389
Gast 437
Gastheer 437
Gasthuizen voor zieken 244
Gastronomie 92, 96
Gastvrijheid 261, 437-8
Gay-Lussac, Joseph-Louis 200
Geheimtaal 41
Geheugen 50, 440-1
Gehoorzaamheid 13, 364, 416-7
Geille, Annick 274-92
Geisha 86
Genet, Jean 123
Genetica 369
Genootschap der Vrienden 329
Geweld 204
Gezin 13m 352
Grunberger, Bela 206
Guaire van Connaught, koning 437
Guerrilla 214

Haggard, H. Rider 125
Hammond, William 232
Han Fei Tzu 40
Hans en Grietje 385
Hansen, Karen V. 327
Harald de Hardvochtige, koning 170
Haroun al Rasjid 79, 260
Harvey, William 196
Haussmann, baron Georges 261
Hawking, professor Stephen 198
Hedonisme 275
Hefner, Hugh 275
Hehachiro, Oshio 233
Heidenen 417
Helden 16, 468
Heraclitus 233
Heremieten 61, 62
Hess, Rudolf 343

Hindoeïsme 262, 420
Hippocrates 340
Hitler, Adolf 123, 141, 218, 343
Hobbes, Thomas 192
Hofmakerij 116, 128
Homerus 31, 216
Homoseksualiteit 121-24, 182, 281, 322
Honger 96, 230
Honorius, keizer 261
Hoofse liefde 81
Hoover, Herbert 158
Horoscopen 340
Houten, Coenraad van 95
Howard, John 247
Huber, François 138
Hugo, Victor 193
Huiselijkheid 324
Humboldt, Alexander von 198, 199
Humboldt, Wilhelm von 199, 201
Humor 6, 67
Huwelijk 116, 326, 328
Hypochondrie 175
Hypocrisie 236

Ibn Arabi 81
Ibn Battuta 305, 323
Ibn Daud 81
Ibn Hazm 77, 80
Ibn Muhriz 78
Ibn Sayyar 322
Ibn Sina (Avicenna) 450
Ibn Taymiyya 450
Ibn Tufayl, Abu Bakr 451
Idealen 73, 118
Idealisme 14
Ikhtilaf 449
Illusies 51
Immuunsysteem 69
Indianen 383, 460

Individualisme 433
Indonesië 452
Industriële Revolutie 354
Informatie 15, 32, 440
Instinct 82
Intermediairs, zie bemiddelaars
Intimiteit 324, 325
Intolerantie 262, 266
Introspectie 63
Intuïtie 344, 442
Ironie 34
Isfahan, Daud uit 81
Islam 78, 156, 265, 416, 448
Itjihad 449
Ivars, Alicia R. 86

Jainisme 263
Jaloezie 101, 284
Japan 43-6, 281-286, 456-7
Jargon 41
Jeugdcultuur 308
Jezus Christus 131, 251, 450
Jihad (heilige oorlog) 449
Jinnah, M.A. 269
Job, profeet 60
Johnson, Dr Samuel 38
Jones, Franklin 398
Juju-muziek 460
Jung, Carl Gustav 131

Kady, Charlotte 187
Kai Ka'us van Goergan, prins 31
Kamasutra 98, 101, 442
Kastenstelsel 263
Katten 176
Keller, Mary Helen 289
Kenko 285
Kennis 191-203, 420
Kerr, predikant dr. H.J. 370
Ketterijen 79
KGB 431
Khan, Sayyid Ahmad 449

Kharajist-sekte 450
Khomeini, ayatollah 452
Kiesheid 118
Kikuyu 97
Kinderen 57, 75, 94, 112, 152,
    193, 281, 311, 348, 358-95, 380,
    382, 390, 364-6, 403, 441
Kinderrevolutie 72
Kinsey, Alfred Charles 100
Kippen 138
Ko Shou 47
Koka 98
Koketterie 102
Kon, Igor 332
Korea 456
Kouchner, Bernard 458
Krafft-Ebing, Richard, Freiherr
    von 92
Krieger, Michel 237
Krishna (hindoegod) 251
Krishnamurti, Jiddu 397
Kristeva, Julia 208
Kshemendra 98
Kublai kahn 49
Kuhn, Thomas 196
Kweesten 324
Kyoto 281

La Rochefoucauld 324
Laborit, Henri 227, 229, 362
Lacan, Jacques 206, 208
Lambert, markiezin de 329
Lang, Jack 277, 429
Largactil 227
Lasker-prijs 229
Laudanum 231
Lawaai 421
Lawrence, T.E. 125
Lazareff, Hélène 274
Le Blanc, Vincent 304
Le Corbusier 225
Le Neuhof 237

Ledigheid 351
Lee, generaal Robert E. 214
Leibniz, Gottfried Wilhelm 290
Lepèze, Dominique 396, 417
Les Nuits Fauves 127
Lesbische liefde 207
Lévy, Bernard-Henri 275
Libanon 115
Liefdadigheid 153, 158, 249, 390, 438
Liefde 72, 74, 75, 82-3, 278, 287, 325
Liefdezusters 245
Locke, John 441
Lu K'un 443, 444
Luther, Martin 154, 210

Maari, Al- 450
Machiavelli, Niccolo 212, 467
Macht 131, 136, 137, 141, 143
Macmillan, Harold 172
Maecenas 161
Mahoney, Parwin 406
Mai-pan 160
Maimonides, Mozes 159, 469
Majlis 77
Management 141, 151-65
Mandeville, Bernard 293
Mannelijkheid 115-7, 121
Manufacture Familiale, La 317
Marillac, Louise de 245
Martineau, Annette 25
Martinon, Mandarine 72-5, 83-84
Marx, Karl 15
Masai 97
Materialisme 14
Mather, Cotton 175
Mauricius, keizer van Byzantium 8
Maya's 340
McInnis, Barbara 239

Médecins sans Frontières 458
Mededogen 236, 243, 245, 247
Meisjes 74
Mekka 77, 156, 218, 304-6, 311, 449
Melancholie 65
Memphis Design Group 317
Mendel, Gregor 368
Menselijkheid 12, 465
Merton, Thomas 62
Metsjnikov, Ilya Ilich 69
Michelangelo 12, 125
Michelin 335
Milieubeweging 295-6
Minachting 133, 141
Mishima, Yukio 233
Mitterrand, François 222
Mo-Tzu 243
Moeder Teresa 136
Mohammed 156
Mohammed Ali 422
Monnet, Jean 22
Monotheïstische religies 450
Montaigne, Michel Eyquem de 37, 192, 326
Montand, Yves 26
Montesquieu, C.L. de Secondat, baron de la Brède 349
Moslims 156, 268, 304, 450, 452, 461
Mougin, Jean-Pierre 412
Mountbatten, Louis, 1e graaf Mountbatten van Birma 268
Mouvement de Libération des Femmes 207
Mozart, Wolfgang Amadeus 186, 189, 422
Muhammad Abduh 452
Multinationals 158
Murasaki Shikibu 282
Musset, Alfred de 372
Mussolini, Benito 122, 138

Mustafa Kemal Atatürk 452
Mutanabbi, Al- 450
Muziek 77-8, 459
    Afrikaanse 459-461
    Europese 459
    geschiedenis 459
    Indiase klassieke muziek 460
    Noord-Amerikaanse muziek 460
Mysticisme 226

N'dai, Absa 314
Nafis, Al 194
Napoleon I Bonaparte 122, 138, 155, 202, 366
Narcisme 205, 210
Narcissus, bisschop van Jeruzalem 61
Natalini 316
Natsume Soseki 457
Natuurrampen 173
Nazisme 343
Necker, madame 35
Nederigheid 245
Needham, Joseph 447
Nehru, Jawaharlal 267
Neves, president Tancredo 139
Newman, kardinaal John Henry 217
Newton, Sir Isaac 155
Niebuhr, Carsten 309
Nietzsche, Friedrich Wilhelm 459
Nieuwsgierigheid 180, 183, 191, 193, 197, 200, 328, 385
Nightingale, Florence 247
Nouvelle cuisine 96
Nzema (Ghana) 323

Ockrent, Christine 276
Odin 169, 171, 175
Onzekerheid 285, 372

Oorlog 141, 211-19
    Koude 216, 343
    godsdienst 272, 454
Openhartigheid 117
Openheid 118, 456
Opgewektheid 289
Opium 231
Optimisme 290
Orgasme 102, 127, 447
Originaliteit 422
Osborne, Lloyd 125
Ouderschap 372
Overspel 124, 287

Pachomius 62
Palmwijnmuziek 460
Paracelsus (Theophrastus Bombastus von Hohenheim) 231
Parijs 188
Parkinson, wet van 351
Paspoort 406
Passie 89, 108, 111, 118, 328
Paternalisme 153
Patriottisme 434
Paul, H. Vincent de 245
Pepys, Samuel 324
Perestrojka 434
Pessimisme 290
Peter de Grote 8
Petrarca 65
Pfeiffer, Ida 312
Philips, Katherine 36
Pierre, Abbé 471
Pinksterbeweging 455
Plato 154
Playboy 275
Plein van de Hemelse Vrede 360
Plinius de Oudere 11
Politiek 14, 131, 439
Polo, Marco 49
Porot, Anne 412

President van de Verenigde Staten
    136
Presley, Elvis 461
Preutsheid 118
Privacy 419
Promiscuïteit 283
Proust, Marcel 435
Psychiatrie 141
Ptolemaeus van Alexandrië,
    Claudius 340, 341
Publilius 10
Punctualiteit 351
Puritanisme 100

Qadariya-sekte 450
Quakers 329, 330
Quigley, Joan 343
Quijano, Gabriel 38

Rabelais, François 351
Racisme 109, 199, 405, 429
Rambouillet, Madame de 35
Ratten 176
Raymond, Janice 327
Reagan, Ronald 343
Réaumur, René 193
Rechten van de Mens 261
Rechtvaardigheid 469
Reformatie 174
Reizen 299, 304, 307, 312
Recarnatie 455
Relaties 16, 102, 117-28, 252,
Religie 14, 142, 226, 416-7
Renaissance 16
Reputatie 117, 171
Resnais, Alain 227, 229
Respect 131, 136, 137, 142, 143,
    470
Retorica 33
Retoriek 41
Rhases (Ar-Razi) 451

Richard Leeuwehart I, koning
    123
Rievaulx, Aelred van 123
Rituelen 87
Rockefeller, John D. 158
Roemi Jalal ad-Din ar 451
Röhm, Ernst 343
Romains, Jules 153
Romeinen, Romeinse Rijk 142,
    366, 417
Rosier, Lydie 22
Rousseau, Jean-Jacques 67
Routine 93, 114
Royal Society of London 14
Rufus, William 122
Ruimhartigheid 161, 375, 384,
    385
Rumi, Jalal ad-Din ar 451
Ruskin, John 271
Rusland, zie Sovjet-Unie
Sabbat 355
Said, Edward 125
Saikaku, Ihara 287
Saladin, sultan 159
Salons 35-9, 77
Samoerai 122, 286
Sarasvati 31
Sarqawi, Abdallah al 156
Sartre, Jean-Paul 60, 207, 208,
    291
Satan 173, 217
Schjedelrup-Ebbe 138
Schlegel, A.W. von 66
Scholing 187, 444
Schrödinger, Erwin 369
Schubert, Franz 125
Schweitzer, Albert 249, 379
Sears, Richard W. 294
Sei Shonagon 286
Seks 86, 90, 279, 287, 325, 447
    handboeken 97, 99, 102
Seksuele revolutie 121

Seligman, Martin 180
Seuil, Editions du 208
Sevcenko, Tara 8
Shakespeare, William 307, 320, 442
Shao Yung 350
Sharia (heilige wetten) 266
Shaw, Bernard 365
Shiva (hindoegod) 97, 262
Shun, keizer 47
Sierakowski, Piotr 318
Signoret, Simone 208
Simeon, de pilaarheilige 62
Sirhak-beweging 456
Slapen 131
Slavernij 6-11, 330
Smollett, Tobias 438
Snobisme 39
Sociabiliteit 92, 102, 155, 449
Socialisme 132, 142, 210, 456
Sociolinguïstiek 40
Socrates 33, 34
Sollers, Philippe 208
Soroush, Abdolkarim 455
Sottsass, E. 317
Sovjet-Unie 9, 69, 95, 138, 175, 212, 214, 216, 430-7
Spanje 9, 12, 37, 213, 467
Specialisatie 197
Spin 182, 192
St.-Jan van Jeruzalem en Malta 246
Stalin, Joseph 141
Steinem, Gloria 209
Stevenson, Robert Louis 125
Stilte 31, 218
Stoetzel, J. 353
Stoïcisme 142, 342
Straatkinderen 384
Stress 69, 176-7, 227
Strindberg, August 364
Suiker 95

Sukayna 77
Suleyman 322
Sun Tzu 214
Sun Yat Sen 160, 446
Suzuki Takao 457
Swat Pukhtun (Pakistan) 386

Tacitus 387
Taine, Hippolyte 303
Tann, Georgia 370
Tannen, Deborah 40
Tansi, Sony Labou 103
Taoïsme 98, 233, 421, 446-8
Tavernier, Bertrand 187, 190
Tawhidi, Abu Hayyan Al- 322
Technologie 150
Tijd 349-51
Time 275
Tocqueville, Alexis de 15
Toeristen 303
Tolerantie 253, 256, 260, 261, 270, 272
Tolstoj, Leo 175
Tongzhi, keizer 100
Tours, Martinus van 62
Tovenarij 212
Trautmann, Catherine 131
Treitschke, Heinrich von 140
Triomf 237
Troubadours 76, 78, 461
Tu Lung 307
Tughluq, sultan Muhammad 305
Tuincultuur 418
Tussenpersonen 147-149, 153-4, 159, 162

Umar b. Ali Rabia 77
Ungerer, Tomi 148

Vaders 364-5, 381,
Vagevuur 174
Vanderbilt, Cornelius 157

Vanderbilt, William H. 157
Vatsyayana 98
Verbeelding 441, 442, 467
Vergeten 131
Verklaring van de Rechten van de Mens 366
Verlangen 128, 288, 296
Verlegenheid 29, 86, 148
Verliefdheid 87, 278
Verny, Françoise 127
Verpleging 248
Vervreemding 260
Verzoening 448
Vesalius, Andreas 195
Veyron, Martin 412
Vijanden 204, 211-2
Vikings 169-171
Visconti, Luchino 316
Vishnu (hindoegod) 262
Vluchten 228, 230, 233
Voltaire 157, 290, 451
Von Haven 308
Vooroordelen 443
Vredeswevers 143
Vriendschap 26, 279, 314, 317, 319-22, 327-8, 331
Vrije tijd 226, 283, 352
Vrijetijdsmaatschappij 10
Vrijheid 7, 8, 359
    van meningsuiting 32
Vrouwen 26, 68, 75, 120, 281, 312, 423, 442
    beweging 204, 207, 211, 452
    gescheiden 75
    islamitische 451
    haters 206
    literatuur 205
    opgeleide 75
    vraagstuk 74

Wahhab, Abdul 454
Walpole, Horace 36

Wanamaker, John 294
Watson, James Dewey 369
Wavell, veldmaarschalk 269
Weekend 354
Weeshuizen 385
Wei-ling 358
Wereldburgers 44
Wetboek van keizer Theodosius 245
Wetenschap 14, 17, 191-203, 308
White, Edmund 126
Wilde, Oscar 123
Wilskracht 23
Winkelen 5, 115, 293
Winthrop, John 248
Woede 216
Wolf, professor Stewart 177
Wood, dr. George 232
Wright, Quincy 212
Wu Chao, keizerin 100

Yazid, Shabib b. 450
Yi Ik 456
Ying/Yang 470
Yoga 178
Young, Arthur 293

Zainab (kleindochter van de Profeet) 452
Zarathoestra 216-8, 350
Zayas y Sotomayor, Maria de 37
Zekerheid 118, 174, 372
Zelfmoord 231, 471
Zelfopoffering 245
Zelfrespect 249, 470
Zelfvertrouwen 82
Zelfverzekerdheid 147
Zeus 322
Ziekenhuizen 244, 247
Ziekte 244
Zielsverwanten 459, 465
Zinnelijkheid 91

Zola, Emile 215
Zwaardverzen 449
Zwaarmoedigheid 286, 291

Zwangerschap 205
Zwervers 310